# LA GUERRA CIVIL EUROPEA
## 1917-1945

*Carlos Frade*
*Junio '98*

Traducción de
SERGIO MONSALVO CASTAÑEDA

ERNST NOLTE

# LA GUERRA CIVIL EUROPEA
# 1917-1945

*Nacionalsocialismo y bolchevismo*

FONDO DE CULTURA ECONÓMICA

MÉXICO

Primera edición en alemán,    1987
Cuarta edición en alemán,    1989
Primera edición en español,  1994
    Primera reimpresión,     1996

Título original:
*Der europäische Bürgerkrieg 1917-1945. Nationalsozialismus und Bolschewismus*
© 1987, Verlag Ullstein GmbH, Francfort del Meno-Berlín
Publicado por Propyläen Verlag
ISBN 3-549-07216-3

D.R. © 1994, FONDO DE CULTURA ECONÓMICA
Carretera Picacho-Ajusco, 227; 14200 México, D. F.

ISBN 968-16-4301-1

Impreso en México

# PREFACIO

La publicación de este libro, cuya primera versión terminé en la primavera de 1986, topó con grandes e inesperadas dificultades. El motivo principal fue, sin duda, el llamado pleito de los historiadores,[1] cuya parte más visceral derivó del trabajo que integra este libro. Doy las gracias a la editorial Propyläen[2] por

[1] La editorial Ullstein publicó la exposición definitiva de mi posición respecto a este "pleito", que en gran medida representó una campaña. Ernst Nolte, *Das Vergehen der Vergangenheit. Antwort an meine Kritiker im sogennanten Historikerstreit.*

[2] El título principal de este libro fue producto de mis conversaciones con la casa editora. El original era *Motivo de temor y modelo. El nacionalsocialismo y la Unión Soviética.* El subtítulo "Nacionalsocialismo y bolchevismo" no pretende sustituir el término neutral *Unión Soviética* por un concepto polémico o *provocador. Bolchevismo* [término peyorativo alemán para calificar a los comunistas rusos. (N.T.)], al igual que *nacionalsocialismo*, fue un autocalificativo. Términos como *Bolschewiken* o *bolshies* —en el área anglosajona— tuvieron un claro carácter polémico y no se utilizan en el texto a continuación, así como tampoco las injurias contrarias *nazis* y *nazismo*. Todos los partidos de la Tercera Internacional ciertamente se autonombraban *comunistas*, pero *bolcheviki* constituyó por mucho tiempo la denominación secundaria oficial del partido ruso. A mediados de los veinte, los propios directivos del Partido Comunista Alemán expresaron cada vez con mayor ahínco la demanda de *bolchevizar* su organización, y se dirigieron vehemente ataques, por *antibolchevistas*, a un gran número de comunistas (véase pp. 140-142).

No constituye tampoco una degradación incluir en la definición del término *Unión Soviética* del subtítulo original también a los comunistas no soviéticos, primordialmente los alemanes, interpretación en la cual se basa este libro en general. Hasta 1933, e incluso después, los comunistas alemanes aseveraron en forma constante que su patria era la Rusia soviética o bien la Unión Soviética (véase la afirmación de Clara Zetkin en las páginas 13-14 y 171-172). Originalmente esto se refería, sin duda, a la convicción de que *el soviet* no tardaría en abrazar a todo el mundo, por fin liberado del capitalismo, y de que no se trataba, por lo tanto, de un *Estado*. Ser ciudadano del soviet no significaba vivir dentro de ciertas fronteras, de hecho o supuestamente, sino pertenecer a un futuro sin clases y sin Estados, mientras que todos los *reaccionarios* aún formaban parte de un presente malo y estúpido. Por lo tanto, es preciso incluir a los comunistas alemanes en los términos *Unión Soviética* y *bolchevismo*, ya que se consideraban parte de ellos. Siempre debe tenerse presente que desde el momento en que el bolchevismo se dio a conocer como tal en el mundo, es decir desde 1917, fue considerado como *Estado* por observadores neutrales y enemigos, mientras que para sus seguidores representaba la prefiguración del futuro sin estados de la humanidad. No es difícil apreciar la crisis que significó para el movimiento internacional cuando Stalin empezó a construir el *socialismo en un país*, ni la ventaja que de ella derivó para sus adversarios nacionalistas —de ninguna manera sólo los nacionalsocialistas.

El hecho de decir *nacionalsocialismo y bolchevismo* y no, como correspondería mejor al orden cronológico, *bolchevismo y nacionalsocialismo*, se basa en el razonamiento de que el concepto de la *guerra civil* implica la existencia de dos partes dispuestas a llevarla a cabo. No alcanza a ser una guerra civil una simple amenaza de insurrección que tiene como consecuencia un mayor rigor por parte del poder gubernamental y cuyo intento de realización es vencido por la policía. Además, 1917 es una fecha importante para ambos bandos. En ella se establece la primera referencia mutua. Ningún tercero cobró una importancia tan decisiva para la victoria de los bolcheviques como la tuvo el general Ludendorff; y a los pocos años no habría nadie, con excepción de Adolfo Hitler, que desempeñara un papel más significativo dentro del movimiento nacionalsocialista.

haberse hecho cargo del manuscrito, de manera espontánea y enérgica, en cuanto se enteró de las circunstancias. Mucho más que en el caso de mis libros anteriores[3] debo dar las gracias a mis colaboradores, en primer lugar a Kai-Uwe Merz, ejemplo ideal, en lo humanamente posible, de lo que debe ser un asistente y joven científico. Más allá de cualquier agradecimiento específico se encuentra como siempre mi esposa, centro vivo de una existencia abstracta.

ERNST NOLTE
Berlín, junio de 1987

En suma, el nuevo título se relaciona con el contenido de todos mis libros, y el subtítulo constituye una restricción *a fortiori*. La guerra civil europea o bien la premisa central de ésta es el tema de todos mis escritos, incluso de *Deutschland und der Kalte Krieg* (Alemania y la guerra fría), el cual habla de la expansión de aquélla a una *guerra civil mundial* y de la debilitación de ésta. Sin embargo, ninguna oposición fue más drástica, y ningún proceso de aproximación más sorprendente que lo que se dio en la relación entre el nacionalsocialismo y el bolchevismo, es decir, entre el Tercer Reich y la Unión Soviética.

[3] Los lectores de mis otros libros se harán una pregunta a la que debo responder. En el prefacio de *Marxismus und Industrielle Revolution* anuncié, en 1983, que no publicaría otro libro del mismo tipo, porque había concluido la "trilogía sobre la historia de las ideologías modernas". Aún en la actualidad opino que el contenido de mis reflexiones acerca de la historia europea de los últimos dos siglos se ha desarrollado totalmente en esos libros. Por otra parte, incluso entonces estaba consciente de que una historia ideológica de la modernidad que no quisiera reducirse a una mera historia de las ideas adolecería de un hueco esencial si abordara el bolchevismo y la Unión Soviética sólo de manera superficial, sin recurrir al estudio de las fuentes originales. Diversas circunstancias fortuitas me llevaron a refrescar los conocimientos elementales de la lengua rusa que había adquirido décadas atrás, así como a anunciar un curso que habría de convertirse en la semilla del presente libro. La posibilidad de estudiar, en modesta medida, algunas fuentes originales rusas se debió principalmente a mi asistente Stefanie von Ow. Es cierto que básicamente se trata de un solo texto, que encontró cabida en este libro en la versión traducida por mí, pero proviene de una fuente de tan difícil acceso pero tan importante que incluso debe representar una novedad para los especialistas (véase p. 67 y la nota 41). De esta manera y al contrario de mis propias expectativas, la trilogía se convirtió en tetralogía. Creo que ahora será mucho más fácil realizar mi deseo de volver a la filosofía.

# PREFACIO DE LA CUARTA EDICIÓN

Pese a condiciones desfavorables y a diversos contratiempos, se ha hecho necesario, dentro de un plazo relativamente breve, publicar una cuarta edición de este libro. En mi opinión, esto constituye una prueba alentadora de que un gran número de personas no se contenta con sólo hojear el periódico y no teme al esfuerzo de leer un libro voluminoso a fin de formarse una opinión propia acerca de un tema en alto grado polémico. Hasta la fecha, muchos críticos de este libro se han dedicado principalmente a extraer de él frases "escandalosas" o a presentar resúmenes muy simples, como esta sugestiva pregunta, por ejemplo: "¿Tuvieron los bolcheviques la culpa de todo?" Espero que en el futuro se implante la costumbre de no citar nunca una frase en forma aislada, así como de meditar, antes de plantear una definición general, si el texto no sirve asimismo para fundamentar otros resúmenes muy diferentes.

ERNST NOLTE
Berlín, marzo de 1989

# INTRODUCCIÓN

ENFOQUES PARA EL PERIODO DE LAS GUERRAS MUNDIALES

NO PARECE HABER nada más trivial ni menos evidente, al mismo tiempo, que la tesis de que la *guerra civil europea* constituye el enfoque más adecuado para el análisis del bolchevismo y la Unión Soviética, y del nacionalsocialismo y el Tercer Reich.

Es un hecho por demás conocido que el partido bolchevique, en cuanto subió al poder en noviembre de 1917, llamó a los proletarios y a los oprimidos de todo el mundo a sublevarse contra el sistema capitalista responsable de la guerra. Tampoco es terreno exclusivo de los especialistas el hecho de que el recién fundado Partido Comunista de Alemania se consideró partícipe, a comienzos de 1919, "de la guerra civil más vasta de la historia mundial".[1] Unos meses después, la Tercera Internacional incluso creyó justificado proclamar el 1 de mayo de 1919 como el Día de la Revolución Proletaria en toda Europa. Desde 1917 existió, por lo tanto, un Estado y desde 1919 un partido internacional que en todas partes llamaba al "levantamiento armado" y, por ende, a la *guerra civil mundial*. Puesto que evidentemente no se trataba de la fantasía de unos sectarios desprovistos de poder, entró en existencia histórica, de esta manera, una realidad fundamentalmente nueva. Al exigir un grupo poderoso la guerra civil, se crea una situación propicia para ella, aunque no se susciten cruentas luchas de inmediato ni de manera constante. Stefan Possony describió la época como el "siglo de la revuelta"; Hanno Kesting se remontó muy atrás en la historia de las ideas para tratar el tema "filosofía histórica y la guerra civil mundial"; Roman Schnur, a su vez, examinó el periodo de la Revolución francesa como "obertura" de la guerra civil mundial.[2]

Un término tan amplio inevitablemente despierta dudas. El concepto de guerra civil implica, al parecer, que dentro de una nación se enfrentan dos grupos de ciudadanos armados, ya sea que unos insurgentes luchen contra el gobierno o que ambas partes dispongan de un territorio propio, en cuyo caso se produce una clara analogía con la guerra entre naciones. El ejemplo más claro es la Guerra Civil estadunidense de 1861 a 1865, que desde el principio

---

[1] Véase p. 81.

[2] Stefan Possony, *Jahrhundert des Aufruhrs*, Munich, 1965; Hanno Kesting, *Geschichtsphilosophie und Weltbürgerkrieg. Deutungen der Geschichte von der Französischen Revolution bis zum Ost-West-Konflikt*, Heidelberg, 1959; Roman Schnur, *Revolution und Weltbürgerkrieg. Studien zur Ouvertüre nach 1789*, Berlín, 1983.

consistió en las acciones militares de dos ejércitos organizados. Por otra parte, suele hablarse de la Guerra Civil inglesa de 1640-1660, aunque no haya habido enfrentamientos armados en dichos años y a pesar de que el bando finalmente victorioso aún no contaba con fuerzas armadas propias a comienzos de 1660. Ni siquiera esta guerra civil insular se limitó por completo al territorio nacional, porque tanto puritanos como realistas hallaron simpatía y apoyo allende el canal de la Mancha. Durante la Revolución francesa y la era de Napoleón, en muchos casos resultó prácticamente imposible distinguir entre la guerra civil y la internacional. Un Estado que inscribe en sus estandartes el lema *Guerra a los palacios, paz a las chozas* se vuelve contendiente en una guerra civil si en las naciones enemigas también existen numerosas *casas*, y no sólo unos cuantos palacios al lado de millones de chozas. La definición más restringida de guerra civil no parece ser, por lo tanto, la más conforme a los hechos.

Sin embargo, ¿basta eso como justificación para hablar de una *guerra civil europea* entre 1917 y 1945? Existió la Guerra Civil rusa de 1918 a 1920, y la española de 1936 a 1939; se dieron conatos de revolución y levantamientos en Alemania, Estonia y Bulgaria, entre otros países. No obstante, la sublevación de enero de 1919, la *acción de marzo* de 1921 y el golpe de Reval de fines de 1924 fueron sofocados por los gobiernos amenazados, con ayuda de la policía y de los ejércitos. Por otra parte, si bien no debe subestimarse la violencia de los conflictos políticos internos suscitados en Francia e Inglaterra, ni siquiera la definición más amplia del concepto de guerra civil permite interpretarlos como algo más que enconadas luchas partidistas, disturbios ocasionales y huelgas políticas aisladas. Es cierto que en ambos países existió un partido comunista, es decir, un grupo orientado al levantamiento armado. Sin embargo, éstos tuvieron en su contra al gobierno y a una mayoría tan grande de la población que sólo llegó a constituirse en uno de los bandos de la guerra civil, el cual fue inutilizado, por decirlo de alguna manera, por la red, demasiado fuerte, de sus opositores. Al examinar los distintos países de Europa con los mismos criterios y sobre todo respecto a sus relaciones mutuas, sin duda puede hablarse de una "Europa en crisis",[3] pero no de una guerra civil europea.

No obstante, incluso una historia convencional y descriptiva de Europa durante el periodo de las guerras mundiales debe tomar en cuenta, como fenómeno nuevo y del todo inesperado, el hecho de que haya sido en Italia donde primero se formó un partido que no se limitó a oponerse al del socialismo revolucionario o comunismo para luego abandonarlo a su propia evolución, tras haber rechazado su intento real o proyectado de tomar el poder; así lo hacían los partidos establecidos, ya fuera en asociación estrecha

---

[3] Karl Dietrich Bracher, *Europa in der Krise*, Francfort-Berlín-Viena, 1979.

con el gobierno o no. Por lo contrario, se concebía a sí mismo como el segundo y radicalmente opuesto partido de la guerra civil. Por este motivo, el adveni-miento del partido fascista al poder en octubre de 1922 no significó la desaparición política inmediata del partido comunista, y finalmente incluso de los demás partidos, pero ésta fue la consecuencia lógica de su principio constitutivo fundamental.

Con todo, no es indiscutible que se pueda hablar siquiera de una guerra civil italiana. Este término sólo sería incontestable y del todo legítimo si en última instancia hubiese sido el partido fascista el que sofocase un levantamien-to nacional de los comunistas. Pero no ocurrió tal levantamiento; fue ahogado desde su origen por el gobierno, es decir, por el sistema partidista. Por ello se ha afirmado con frecuencia que el partido fascista entró en liza tardíamente y debe considerarse como una especie de parásito que asestó una patada innecesaria a la revolución ya vencida, para luego arrojar de la arena política a su propio huésped, el sistema.

Sin embargo, en su momento dicha interpretación de ninguna manera fue aceptada en forma universal. Como quiera que sea, desde 1922 existieron dos partidos orientados a la guerra civil que proporcionaban un fundamento ideológico a este enfoque. Ambos se habían apoderado de un Estado y contaban con simpatizantes y partidarios en muchos países. La situación de Europa era muy diferente de la que prevalecía antes de la primera Guerra Mundial. Con todo, a fines de la década de los veinte estaba muy difundida la opinión de que las dos naciones ideológicas eran estados marginales, con una fuerza de producción y un dinamismo efectivo muy inferiores a los de las grandes potencias centrales de Europa —Inglaterra, Francia y Alemania—, y unos partidarios internacionales reunidos en sectas sin importancia. En efecto, el Partido Comunista de Francia, fundado en 1920 por la gran mayoría del Partido Socialista, sufrió una pérdida de secuaces verdaderamente alarmante, y con los fascistas italianos sólo simpatizaban pequeños grupos, como la Action Française. Según la opinión general, la Unión Soviética había renunciado a su carácter revolucionario, a fin de dedicarse a construir el socialismo en un país. En 1929, el viajero europeo no encontraba en ninguna parte condiciones propias de una guerra civil; sólo en la Unión Soviética y en Italia se encontraba con regímenes unipartidistas que habían eliminado a todos sus adversarios por medio de una guerra civil, aunque en formas muy distintas entre sí.

Sin embargo, al imprimir su huella en todos los países la crisis económica mundial, el viajero extranjero se formaba una idea muy distinta. Al menos en Alemania debió preguntarse si no habría revivido la situación revolucionaria de 1919-1920. Casi la quinta parte de los electores alemanes parecía identifi-carse con la Unión Soviética, como lo hizo Clara Zetkin de una manera particularmente llamativa desde 1920, al presentar la siguiente asombrosa variación de una línea extraída de un conocido poema de Heinrich Lersch:

"La Rusia soviética debe vivir, aunque por ello tengamos que morir."[4] Más de un tercio apoyaba abiertamente a un partido que por boca de su jefe manifestaba abierta admiración hacia el fascismo italiano y el *duce*. Los disturbios en las calles de las ciudades alcanzaban tal magnitud que una y otra vez se habló de la amenaza o del comienzo de una guerra civil. El advenimiento del NSDAP* constituyó un proceso en cuyo transcurso el poder estatal y un gigantesco partido derrotaron a su enemigo principal de una manera muy propia de una guerra civil, y obligaron a sus demás adversarios a capitular. Cabe dudar que en este caso, como en Italia, sólo se haya tratado de la aparatosa usurpación de una victoria ya lograda. Como quiera que sea, desde ese momento se hizo probable que una nueva era estuviese arrancando definitivamente en Europa. De acuerdo con su factor más nuevo y de ahí en adelante decisivo, debe denominarse la *era del fascismo*, y precisamente por eso fue la era de la guerra civil europea. Aún no podía suscitarse una guerra civil mundial, porque aunque los Estados Unidos de América experimentaban el pánico breve y violento del *red scare*[5] y hasta 1933 negaron el reconocimiento diplomático a la Unión Soviética, no entraban realmente al conflicto. Para poder dilucidar el carácter de dicho periodo no basta con estudiar únicamente al fascismo en su época; es necesario examinar asimismo la condición más elemental para la existencia de éste, el bolchevismo o comunismo soviético. Si la enemistad mutua entre estos dos partidos de Estado, que se concebían a sí mismos como dos bandos opuestos en una guerra civil, realmente era seria y no representaba sólo la reliquia de unos comienzos casi olvidados y sustituidos por la construcción pacífica, forzosamente algún día tenía que desembocar en una guerra internacional que, al mismo tiempo, tenía las características fundamentales de una guerra civil internacional.

El carácter de esta situación sólo puede definirse mediante la selección muy específica y por ende polémica de los hechos. Al escribir una historia general europea del periodo de las guerras mundiales, se enfrenta un número tal de relaciones interestatales y condiciones internas de estados individuales que la correspondencia entre la Unión Soviética y Alemania no empieza a destacar como tema sino hasta 1941 o cuando mucho 1939. Al trazar la evolución de los movimientos fascistas, suelen analizarse sus atributos novedosos y, de esta manera, el carácter peculiar de la época, mas no es posible describir claramente su condición más importante: la intención antibolchevique.[6] A su vez, toda historia de la Unión Soviética o bien se ocupa de manera predominante del

---

[4] *RF*, 2 de noviembre de 1920.

* Nationalsozialistische Deutsche Arbeiterpartei = Partido Nacionalsocialista Alemán de los Trabajadores. [N.T.]

[5] Véase la nota 7 del "Epílogo".

[6] Esto ocurre, en primer lugar, en mis libros *Der Faschismus in seiner Epoche*, 1963, *Theorien über den Faschismus*, 1967[1], *Die Krise des liberalen Systems und die faschistischen Bewegungen*, 1968, así como en Hans-Ulrich Thamer, *Verführung und Gewalt. Deutschland 1933-1945*, 1986.

desarrollo interno de ésta o se dedica a hacer una enumeración de sus fracasos revolucionarios, a los que ciertamente es posible adjudicar un sentido positivo más profundo. La época sólo figura como guerra civil europea si los dos antagonistas principales ocupan el centro del análisis: el bolchevismo, que desde 1917 formó un Estado, y el nacionalsocialismo, que se erigió en Estado en 1933.

Desde luego, no debe descartarse la posibilidad de que dicho enfoque sea erróneo; con toda certeza no es ninguna casualidad que no se haya elegido antes. Los autores comunistas de la actualidad protestarán al ver aparentemente colocado un fenómeno efímero y reaccionario en el mismo plano que su propio movimiento mundial secular que, según ellos, sin duda ha sido temporalmente *deformado*, pero que nunca ha perdido su carácter *progresivo*. Los liberales se preguntarán si dicho planteamiento no equivale a relegar los estados y las tendencias democráticos y liberales a un segundo término. Para el anticomunista resultará sumamente desagradable ver equiparada la resistencia del mundo occidental durante la era de la guerra fría y la actualidad con el anticomunismo del Tercer Reich, que en su opinión pertenece a un fenómeno por completo diferente. Los supervivientes de la *solución final* y los ciudadanos de Israel no serán los únicos en objetar que este planteamiento reduce el antisemitismo de los nacionalsocialistas a un factor secundario de carácter fortuito.

Dichas cuestiones sólo podrán dilucidarse con base en la exposición de las circunstancias. Serán contestadas, por lo tanto, una vez realizada ésta, que, aunque también incluye explicaciones metódicas, debe llegar pronto a la descripción concreta y a los detalles fundamentales. En este proceso, le corresponde la prioridad en el interés analítico al nacionalsocialismo.

Es cierto que el bolchevismo también constituyó un fenómeno confuso y discutido por los contemporáneos desde 1917-1918. No sólo los partidarios del socialismo opinaban que el movimiento obrero tomaría el poder en una nación u otra de la Europa Occidental y Central después de la primera Guerra Mundial. Sin embargo, ¿qué significaba que dicho proceso hubiese ocurrido precisamente en la *rezagada* Rusia, cuya población estaba integrada en su mayor parte por campesinos? ¿Fue degradado el partido socialista, que en este caso subió al poder en oposición a otros partidos socialistas, como un instrumento de la autoafirmación del Estado multiétnico ruso?, ¿o fue Rusia simplemente el material sometido a la voluntad revolucionaria mundial de unos intelectuales marxistas, quienes en su entusiasmo inicial exageraron las posibilidades que se les ofrecían en Europa y el resto del mundo, pero que se aferraron de manera inexorable a su objetivo: la transformación revolucionaria de toda la Tierra en una sociedad humana común, sin clases y sin estados? Desde el principio no faltaron los amigos que se convirtieron en enemigos, e incluso sus partidarios más convencidos muy pronto fueron presa de dudas intensas.

Por otra parte, no existe fenómeno de la historia mundial moderna que haya sido condenado desde tantos puntos de vista, durante tanto tiempo y con tal intensidad como el nacionalsocialismo alemán y el Tercer Reich. No ha habido tampoco otro régimen que haya dado lugar a interpretaciones tan contrarias y que haya brindado a los críticos tantas oportunidades para dirigirse ataques mutuos indirectos, haciendo constar que existía una estrecha afinidad entre el nacionalsocialismo y alguna de las potencias o ideologías que un instante antes parecían pertenecer al frente unánime de los adversarios de éste. Se ha discutido si el nacionalsocialismo se parecía al capitalismo o al comunismo; si debe considerarse de origen alemán o no; si resultó ser antimoderno o modernizador; si fue revolucionario o contrarrevolucionario; si reprimió los instintos o los liberó; si tuvo mandantes o no; si produjo un sistema monolítico o una policracia; si su base entre las masas estuvo formada por pequeñoburgueses o en parte considerable también por obreros; si fue resultado de las tendencias históricas mundiales o si representó una última rebelión contra el curso de la historia.

Dicha situación resulta fundamental para la ciencia histórica y al mismo tiempo constituye un reto para ella. El análisis científico requiere, en primer lugar, un distanciamiento de cada una de las interpretaciones suficientemente desarrolladas hasta el momento. Por lo tanto, es preciso esforzarse ante todo por hacer justicia a la complejidad interna de ese fenómeno juzgado con criterios tan distintos. Con todo, no se debe perder de vista la visión general del asunto, también de significación fundamental, al tomar en cuenta la complejidad y el carácter contradictorio del tema. Si tiene que estar dispuesto a efectuar las modificaciones resultantes de la evaluación de criterios opuestos y de la elaboración de nuevos planteamientos, no puede desechar sin más el consenso que ha sido capaz de conciliar tantas contradicciones. Al hacer apología estaría tomando partido. Por otro lado, desde el punto de vista de cualquier partido, muchas veces se interpreta como apología toda opinión que toma en cuenta el punto de vista contrario. En la segunda mitad de los años veinte, cuando algunos autores estadunidenses, como Harry Elmer Barnes y Charles C. Tansill, pusieron en duda la tesis, hasta entonces incontestable, de que el Reich alemán había tenido toda la culpa de la guerra, fueron acusados de defender al enemigo; en realidad estaban abriendo el camino hacia una apreciación más completa, que integraba dentro de un cuadro general las tesis opuestas planteadas por la propaganda de guerra de los dos lados, sin por ello ubicarse a una distancia uniforme respecto a ambos puntos de partida.

Enfoque significa perspectiva, y sin perspectivas que no tomen en cuenta más que el objeto inmediato no es posible ninguna clase de historiografía. Incluso el historiador que quiera describir los sucesos en una remota isla no podrá hacerlo sin el concepto de la no insularidad, a partir del cual se hace más comprensible el carácter peculiar —insular, en una palabra— de dichos acontecimientos. Mucho más frecuentes son los fenómenos que encuentran su razón de ser misma en la relación con otros factores. La contrarreforma presupone la reforma, y es inconcebible una historia de la contrarreforma que hasta cierto punto no lo sea también de la reforma. Los enfoques por medio de los cuales se ha relacionado al nacionalsocialismo con una realidad anterior o superior a él son numerosos, pero bien definidos. Los más importantes no se basan en teorías eruditas, sino en las experiencias concretas de cientos de miles de personas.[7]

*1)* El enfoque más antiguo, que es el que se impone en primer lugar, es la evaluación del dominio nacionalsocialista como una fase en la historia alemana. Casi todos los estados del mundo lucharon contra el Reich en la primera Guerra Mundial. Reinaba la convicción casi universal de que este Estado situado en el centro de Europa había desencadenado la conflagración mundial debido a su militarismo y a su expansionismo.[8] El partido nacionalsocialista no tardó en ser considerado, sobre todo por los franceses, como la punta de lanza del revisionismo y revanchismo alemanes, en los cuales coincidía prácticamente toda la población alemana. Al tomar Hitler el poder, su partido se identificó aún más con Alemania, y las corrientes más importantes de la historia alemana, desde Lutero o incluso desde Arminio el Querusco, parecían apuntar directamente hacia él. El resto de Europa, dueño de una cultura fundada en la tradición antigua, sobre todo la romana, contrastaba con esta Alemania nacionalsocialista. Esta interpretación pareció hallar su confirmación definitiva al estallar la segunda Guerra Mundial, que expuso a las potencias europeas, Francia e Inglaterra, al ataque de la potencia militar concentrada de Alemania, al igual que en 1914. En esta ocasión, Francia incluso sufrió una grave derrota y se requirió nuevamente la ayuda de todo el mundo para someter a la más fuerte de las potencias militares. Hitler y su partido sólo representaban, por lo tanto, una nueva manifestación de la ambición pangermánica de dominar

---

[7] Estos puntos de vista sólo serán expuestos en términos generales a continuación. Para la clasificación de los nombres y las obras de investigadores y publicistas, véase Ernst Nolte, *Theorien über den Faschismus*, Colonia y Berlín, 1967[1]; Pierre Ayçoberry, *La question nazie. Les interprétations du national-socialisme 1922-1975*, París, 1979; Wolfgang Wippermann, *Faschismustheorien*, Darmstadt, [4]1980.

[8] Las memorias del gran almirante Von Tirpitz son particularmente reveladoras en dos sentidos. En noviembre de 1914 ya apuntó en su diario: "Después de la guerra me haré socialista y buscaré muchos postes para colgarlos." En su opinión, ciertamente, el fracaso de la clase gobernante se debía al hecho de haber convertido a Alemania en el Estado peor visto del mundo, sin que por ello dejara de ser "una oveja ataviada con piel de lobo" (Alfred von Tirpitz, *Erinnerungen*, Leipzig, 1919, pp. 426, 408 y 231).
A pesar de ello revistió enorme peso el argumento contrario —utilizado también por Tirpitz— de que Alemania había dejado pasar los momentos más favorables para iniciar la guerra y que dentro de su clase gobernante el partido de la conciliación, existente en toda Europa, había desempeñado, frente al partido de la victoria, un papel más importante que en Inglaterra y Francia, al menos durante el último año de la guerra. De hecho hizo falta Hitler para mostrar al mundo la forma que debió haber asumido la voluntad alemana para la guerra en 1914.

el mundo, la cual desde antes de 1914 se había aliado con las ideas socialdar-
winistas de la implacable lucha entre las fuerzas biológicas y llegó a convertirse
en el verdadero polo contrario de las tendencias pacíficas y democráticas de
Europa. La única solución era destruir esta concentración de poder e integrar
a los alemanes, una vez reeducados, en una sociedad de las naciones, ya fuera
de Europa o del mundo. Los alemanes también pudieron aceptar este enfoque,
el cual les facilitó la renuncia al Estado hegemónico —es más, al Estado
nacional—, pese a que al invertirse seguía tratándose de un enfoque teutono-
céntrico.[9]

   *2)* Sin embargo, dicha interpretación aún presupone una unidad interna no
conforme con la sociedad moderna, que se divide en múltiples partes o
fragmentos en todos los lugares, según prueba la sociología. Si la sociedad
alemana, al igual que la francesa y la inglesa, se compone de empresarios y
obreros, de ciudadanos cultos y pequeños comerciantes, de empleados públicos y profesionistas, las alteraciones por sí mismas no pueden ser decisivas,
sino que todo depende de su carácter fundamental. Desde este punto de vista
resulta que en todas las naciones europeas, excepto en la Unión Soviética,
reinaba el mismo sistema económico, el capitalista; Inglaterra y Francia no
eran menos imperialistas que Alemania, experimentaron los mismos trastornos y buscaron soluciones en forma parecida; y en todas partes surgieron
movimientos y partidos que pretendían enfrentar la gran crisis de manera
similar al partido nacionalsocialista de Alemania. El enfoque sociológico es,
por lo tanto, de carácter internacional, y los representantes de su variante
marxista estaban convencidos de que sólo un proceso internacional pondría
remedio a la situación, al sustituir el sistema económico capitalista, anárquico
y propiciador de crisis, por una economía socialista dirigida, que debía abarcar
por lo menos a Europa y, de ser posible, al mundo entero. Ciertamente sólo
unos cuantos marxistas erigieron la economía dirigida de la Unión Soviética
en el modelo a seguir, y los socialdemócratas incluso negaron que fuese
socialista. No obstante, éstos percibían tendencias peligrosas entre los empresarios y sobre todo los pequeñoburgueses, apuntadas a defender de manera
violenta un sistema históricamente caduco y que en la forma del fascismo
italiano ya habían tomado el poder en una nación grande. El nacionalsocialismo debía entenderse, por lo tanto, como una manifestación del movimiento
internacional del fascismo.

   *3)* Sólo es posible hablar de una teoría que interpreta el nacionalsocialismo
como fascismo cuando éste no es entendido como mero instrumento en las

   [9] Erigir a Hitler en persona y, por ende, al *hitlerismo* en el punto de referencia decisivo sólo
era posible basándose o en la tesis populista de la causalidad de los alemanes o en la sociológico-
marxista de la culpabilidad de las capas gobernantes. Gozó de cierta plausibilidad la versión de la
*banda de criminales,* cuyo argumento más relevante era la hipótesis de que Göring y la SA habían
incendiado el edificio del Reichstag. Sin embargo, no es posible equipararla con las teorías
expuestas.

manos de fuerzas conocidas, como la industria pesada o el capital financiero. Es necesario, por lo tanto, definir este movimiento como algo nuevo derivado de circunstancias históricamente novedosas o de la reacción producida por ellas: la derrota de las potencias del centro, la Revolución rusa, la ola socialista que se dio en la mayoría de los estados europeos en 1919 y 1920. No obstante, ya sea que los marxistas pongan un énfasis negativo en los temores existenciales de la clase media o la pequeña burguesía; ya sea que los no marxistas se abstengan de condenar clases sociales completas, unos y otros consideran como fundamental la contraposición entre el movimiento fascista y el comunismo y socialismo.

*4)* A comienzos de la década de los años veinte surgió la idea de que dicha contraposición era falsa y de que, al elegirse el enfoque correcto, demostraba que se trataba de una coincidencia. Desde el punto de vista de la democracia, el cual acababa de lograr tan grandes avances en Europa y en el mundo, tanto los partidos fascistas como los comunistas debían entenderse como reacciones dirigidas a establecer una dictadura, cuyas respectivas demandas exclusivistas ponían en peligro la convivencia civilizada entre distintos sectores de la población, partidos y clases, condición y consecuencia de la libertad de los individuos y característica esencial del prototipo de la sociedad moderna. Desde 1918 se expresaron juicios negativos acerca del totalitarismo de los bolcheviques rusos,[10] y sólo había que invertir la acentuación de una palabra empleada con frecuencia por Mussolini para contraponer el totalitarismo de los regímenes dictatoriales a los estados liberales y democráticos. El pacto entre Hitler y Stalin favoreció mucho el análisis científico de dicha contraposición; no cabe duda de que se remitía a una poderosa doctrina que desde el principio de la época moderna había rechazado la tiranía, la dictadura y el despotismo para confrontarlos con el dogma de la división de poderes como garantía de libertad. A partir de la interrupción ocasionada por la alianza de la guerra, la teoría del totalitarismo llegó a constituir, en cierto sentido, la identidad oficial del mundo occidental desde fines de la década de los años cuarenta, y al menos en sus versiones populares tendió a equiparar los regímenes de Hitler y Stalin, fundados ambos en el terror y la represión. No obstante, su influencia ha disminuido desde comienzos de los sesenta, porque la consolidación de las relaciones de poder y la *desestalinización* de la Unión Soviética inauguraron una fase de distensión.

Así, la posibilidad de la autocrítica resurgió en los países occidentales, después de haber sido olvidada casi por completo durante la década de los enfrentamientos agudos, y una generación más joven sintió los vínculos entre preguntas nuevas y viejas tesis. ¿Las clases dirigentes alemanas no habían colaborado de múltiples maneras con los nacionalsocialistas, adquiriendo así

[10] Véase nota 113, capítulo II.

una grave culpa?[11] ¿No desempeñaba el imperialismo de Estados Unidos un papel funesto en el Tercer Mundo, al apoyar dictaduras en muchos lugares y oponerse a los deseos de emancipación del pueblo común? ¿No estaba cometiendo Estados Unidos un auténtico genocidio al intervenir en Vietnam? La generación joven de Israel también hizo preguntas muy críticas: ¿no había contribuido el comportamiento de los círculos establecidos de la comunidad judía europea a crear las circunstancias adecuadas para que millones de víctimas pudieran ser llevadas "como borregos al matadero"?[12]

La identidad tradicional del mundo occidental pareció experimentar una profunda conmoción. De acuerdo con el nuevo enfoque de un mundo libre de represiones políticas y sexuales, basado especialmente en el freudo-marxismo de Wilhelm Reich y Herbert Marcuse, tuvo lugar una gran aproximación, en cuanto representantes de una sociedad represiva, entre nacionalsocialistas y combatientes burgueses de la resistencia, capitalistas estadunidenses y fascistas italianos, estalinistas y a veces también leninistas. En la República Federal de Alemania, esta tendencia anarquista se unió a un teutonocentrismo reducido a la acusación contra las clases dirigentes del momento y del pasado para crear una especie de leyenda predominante, cuyos defensores rechazaban la identificación con el mito estatal de la República Democrática Alemana, pero eran sumamente sensibles a cualquier tipo de anticomunismo, puesto que éste parecía perturbar la coexistencia por fin lograda.[13] Por otra parte, los círculos científicos continuaron sus investigaciones y cuestionamientos y fue posible, en vista del tiempo transcurrido desde el surgimiento del nacionalsocialismo, abogar por su integración en la historia, destacar, más de lo usual, sus rasgos revolucionarios hasta ese momento e incluso atribuirle un papel positivo dentro del proceso de modernización de la sociedad alemana.[14] También se hizo cada vez más difícil

11 De esta manera se revivieron los argumentos esgrimidos por el partido de la conciliación de la primera Guerra Mundial contra los "que se encuentran en el banquillo de los acusados" (Theodor Wolff, *Berliner Tageblatt*, núm. 382, 29 de julio de 1918). Es posible interpretar esta disputa entre liberales de izquierda y pangermanos como anticipación, en cierto sentido, del enfrentamiento entre comunistas y nacionalsocialistas.

12 Véase también *Die Kontroverse. Hannah Arendt, Eichmann und die Juden*, Munich, 1964. La colaboración de Bruno Bettelheim ("Eichmann —das System— die Opfer"), con su distanciamiento del moralismo convencional, es la que más incita a la reflexión.

13 A este contexto pertenece el llamado pleito de los historiadores. Comenzó debido a una conferencia que dicté en Munich en 1980, cuya versión abreviada se publicó en el *Frankfurter Allgemeine Zeitung* el mismo año, y el texto completo, en 1985 en inglés. ("Die negative Lebendigkeit des Dritten Reiches", *FAZ*, 24 de julio de 1980; "Between Myth and Revisionism? The Third Reich in the Perspective of the 1980s", *Aspects of the Third Reich*, editado por H. W. Koch, Londres, 1985.) La versión original alemana fue incluida en la antología documental *Historikerstreit*, Piper, Munich, 1987, pp. 13-35.

14 Véase entre otros Martin Broszat, "Plädoyer für eine Historisierung des Nationalsozialismus", *Merkur*, 39, 1985, pp. 373-385; Horst Möller, "Die nationalsozialistische Machtergreifung —Konterrevolution oder Revolution?", *Vjh. f. Ztg.*, 31, 1983, pp. 25-51; Michael Prinz, *Vom neuen Mittelstand zum Volksgenossen. Die Entwicklung des sozialen Status der Angestellten von der Weimarer Republik bis zum Ende der NS-Zeit*, Munich, 1986.

sostener las advertencias contra un posible resurgimiento del nacionalsocialismo y mucho menos declarar indispensable la constante ilustración popular al respecto a fin de prevenir la repetición de aquellos terribles sucesos. Al mismo tiempo, los profundos cambios ocurridos en la política mundial condujeron al planteamiento de nuevas preguntas.

La transformación hacia la *permissive society*, hacia el Estado social sumamente complejo y diferenciado, continuó en casi todo el mundo occidental sin provocar reacciones serias. El abandono de sus aliados en Vietnam del Sur en 1975 y la temerosa reserva mostrada por Estados Unidos al ser conquistadas grandes naciones africanas por movimientos marxistas de liberación, en lucha contra movimientos occidentales de liberación, pusieron de manifiesto como nunca antes la debilidad del imperialismo. La ola conservadora que llevó a Ronald Reagan a la presidencia se fijó como meta única impedir el desequilibrio que parecía inminente en la política mundial. Por otra parte, la Unión Soviética estaba defendiendo, con extensas acciones militares, un régimen débil y dependiente en Afganistán; un régimen comunista amenazado desde el interior se impuso mediante la toma del poder de los militares del partido, con gran decisión y brutalidad inicial; para asombro del mundo, tuvo lugar en Irán una revolución muy peculiar, pero de tipo verdaderamente clásico que, de acuerdo con los conceptos aceptados, debía calificarse de *progresiva*, en cuanto eliminación de la influencia estadunidense, y de *reaccionaria*, en cuanto establecimiento del gobierno de un pontífice; este país revolucionario fue invadido por una nación vecina y se desató una guerra que en 1985 ya había alcanzado la misma duración que la segunda Guerra Mundial, ante la impotencia del supuestamente todopoderoso Consejo de Seguridad de las Naciones Unidas y de la opinión pública mundial. Sin embargo, dicha opinión pública sí se hizo escuchar al librar Israel una guerra relámpago contra el Líbano, mejor dicho, contra la fuerte base de su enemigo en el Líbano; en esta ocasión, la prensa mundial llegó a hablar con bastante frecuencia de un "genocidio", a veces incluso de una similitud entre sionistas y nacionalsocialistas. Entre tanto, el reunificado Vietnam había conquistado Camboya y se hizo a su vez objeto de una expedición punitiva por parte de la República Popular de China. Al poco tiempo se desintegró, en la República Federal de Alemania, la coalición entre socialistas y liberales, pero el "cambio" anunciado se hizo sentir principalmente al ganar realce e influencia un nuevo partido, de actitud muy crítica hacia el progreso técnico y dotado de un parecido no sólo formal con el nacionalsocialismo, si bien diametralmente opuesto en sus principios esenciales. En la Unión Soviética, a su vez, se desató una nueva ola de reformas, que posiblemente tenga un alcance mayor que las periódicas fases de descongelamiento anteriores, y que en todo caso ha brindado un espacio extraordinario a la crítica contra Stalin y contra ciertos aspectos del propio pasado.

La situación mundial ha cambiado a tal grado que la tesis de una similitud esencial de las circunstancias, única justificación posible para el temor a que se repitan ciertos sucesos, carece de todo fundamento. La idea de que algún día un nuevo Hitler pueda seducir a las grandes masas alemanas a emprender caminos peligrosos, para finalmente erigir incluso una nueva versión de Auschwitz, no tuvo nunca razón de ser y actualmente se reduce a una necedad.

Si el temor a las repeticiones no tiene motivo y las preocupaciones pedagógicas populares salen sobrando, por fin debería ser permitido dar el paso de elegir como tema de análisis principal al aspecto central del pasado nacionalsocialista, el cual no es ni sus *tendencias criminales* ni sus *obsesiones antisemíticas*. Lo fundamental del nacionalsocialismo es su relación con el marxismo, sobre todo con el comunismo en la forma que éste adquirió al triunfar los bolcheviques en la Revolución rusa. No se trata de un planteamiento nuevo, pero su importancia suele ser eclipsada por dos suposiciones muy difundidas. Los comunistas mismos proponen la tesis de que el nacionalsocialismo sólo representó una oposición inútil y por ende criminal contra la voluntad de la historia, es decir, contra la Revolución socialista; en cambio, muchos de los adversarios liberales de los comunistas opinan que Hitler y su gente aprovecharon el miedo infundado al comunismo como "coco" y espantajo a fin de tomar el poder, y que precisamente por ello erigieron un régimen muy parecido al de Stalin.

El presente libro parte del supuesto de que la relación de Hitler con el comunismo, caracterizada por el miedo y el odio, de hecho rigió los criterios y la ideología de aquél, que sólo expresaba con términos particularmente intensos los sentimientos de un gran número de contemporáneos suyos, alemanes y extranjeros, y que estas opiniones y temores no sólo resultaban claros, sino que en gran medida también eran comprensibles y, hasta cierto punto, incluso justificados. En una época en la que los partidos comunistas de muchos países tienen o tuvieron interés en participar en el gobierno y en el que todos, al menos en Europa, procuran colaborar, de manera muy correcta, con el movimiento pacifista y las fuerzas no terroristas de izquierda, hay que esforzarse para recordar que entre 1919 y 1935 "los mismos" partidos comunistas eran partidarios del "levantamiento armado" y que, según Lenin, "la burguesía" estaba "amargada hasta la enajenación" en todo el mundo;[15] en 1930 aún se sentía un miedo intenso en toda Europa y en 1924 Frunse, comisario de guerra suplente, escribió: "El simple hecho de nuestra existencia socava sus fundamentos [del antiguo mundo burgués], destruye su estabilidad e inspira en sus representantes un sentimiento de odio enconado, temor vano y arraigada enemistad contra todo lo soviético."[16] Lo más sorprendente es, en realidad, que no todos los burgueses y pequeñoburgueses de Europa y Estados

---

[15] Lenin AW, t. II, p. 743.
[16] M. W. Frunse, *Ausgewählte Schriften*, Berlín, 1956, p. 292.

Unidos hayan compartido este sentimiento de miedo y odio y que muchos, por el contrario, mostraron interés y simpatía hacia el gran experimento social de Rusia. Sin embargo, aunque las afirmaciones de Lenin y de Frunse no hayan acertado en su intención global, no hay nada más disparatado que suponer que Hitler y un pequeño círculo de personas a su alrededor hayan sido los únicos atormentados por el espantajo imaginario del comunismo. Quien crea que Hitler fue antes que nada pangermano, utilizando el fantasma del comunismo sólo para encubrir sus ambiciones de conquista, debe leer el libro *Groß-Deutschland. Die Arbeit des 20. Jahrhunderts* (Pangermania, la tarea del siglo XX) de Otto Richard Tannenberg, publicado en 1911, con su optimismo ingenuo y jactancioso, y luego *Mi lucha*, a fin de preguntarse en qué radica la diferencia fundamental entre ellos, ya que sus metas pangermanas coinciden en gran medida.

Aunque a fines de los ochenta del siglo XX se haya vuelto por demás evidente que las expectativas de Lenin y Frunse no se cumplieron, no puede ni debe excluirse de antemano la posibilidad de que la pasión anticomunista de los nacionalsocialistas haya sido genuina, no opuesta al curso efectivamente tomado por la historia. La pregunta decisiva es por qué una reacción previsible y esencialmente justificada por la evolución histórica posterior llegó a adquirir un carácter tan extremo, el cual no sólo provocó la mayor guerra de la historia mundial, sino también crímenes masivos sin igual. Es posible anticipar y abreviar la respuesta señalando que el extremo representa el carácter funda-mental de toda ideología, el cual se vuelve tanto más inevitable cuando la ideología engendra una contraideología. El hecho de que esta contraideología haya triunfado en un gran Estado, pese a que el aspecto de dicho extremo que tuvo las consecuencias más trascendentes —la interpretación antisemítica de la experiencia anticomunista— sólo fuera comprensible y se convirtiese en móvil para una pequeña parte de la nación, únicamente se entiende al observar que Hitler supo combinar de manera convincente con aquel fundamento ideológico otras razones más simples y mucho más populares, como por ejemplo la revisión del Tratado de Versalles y la unificación de todos los alemanes. Con todo, estas tesis no pasan de ser alusiones y anticipaciones; no remplazan una exposición bien desarrollada.

El presente libro pretende concentrarse en la relación entre comunistas y nacionalsocialistas, así como en la que se dio entre la Unión Soviética y el Tercer Reich, entendidas como las de mayor trascendencia para Alemania, la Unión Soviética y el mundo entero. Se ciñe a la teoría fenomenológica del fascismo en el sentido de que parte de la idea de una enemistad esencial entre comunistas y nacionalsocialistas, opinando que no se justifica en ningún momento una equiparación entre ambos. Por otra parte, no abandona tam-poco el marco brindado por el análisis del totalitarismo, puesto que se orienta hacia el concepto y la realidad del sistema liberal que, al asegurar la libertad económica e intelectual de los individuos, *no* se rige por una ideología y aun así constituye la cuna tanto de la ideología comunista como de la nacionalsocialista. No obstante, al conservar el punto de partida de la teoría del fascismo adjudica la prioridad a una de las dos ideologías, y la teoría del totalitarismo recibe, de esta manera, una dimensión histórico-genética de la que carecía hasta ahora. Otra característica del movimiento histórico es, asimismo, que la ideología original y la que reacciona no se sostienen como meros complejos de ideas, sino que como tales ya están arraigadas en circunstancias *reales*; adquieren la forma de movimientos y, finalmente, de regímenes expuestos a interacción recíproca y, por ende, a cambios. Por lo tanto, al escribir una historia de las ideologías en el presente contexto, ésta se encuentra muy lejos de ser una simple historia de las ideas. También se trata de una historia de las relaciones recíprocas entre dos potencias, pero en igual medida pertenece al género de la historiografía comparada.

Dicha historia sólo encuentra un reducido apoyo en estudios anteriores. La teoría del totalitarismo, en especial las obras clásicas de Hannah Arendt y Friedrich/Brzezinski, adopta un enfoque de comparación politológica, pero no auténticamente histórico. Hasta la fecha, la historiografía sólo ha elegido a uno de los dos fenómenos como objeto, mas no la relación interna y exterior entre ambos. Es reducido el número de estudios detallados sobre las luchas entre comunistas y nacionalsocialistas durante el periodo de Weimar.[17] Sólo en el ámbito de las relaciones internacionales y por lo tanto de la guerra germano-soviética —que en sus aspectos generales y específicos desde luego ha sido tema de numerosas exposiciones— se han tratado con frecuencia planteamientos como "Alemania y la Unión Soviética" o "Stalin y Hitler".[18] Sin embargo, dichos planteamientos son demasiado limitados para iluminar, aunque sea a grandes rasgos, el *conjunto* que en mi opinión se hace más comprensible

---

[17] *V. gr.* Eve Rosenhaft, *Beating the Fascists. The German Communists and Political Violence 1929-1933*, Cambridge, 1983; David Kramer, *Fascism and Communism in Germany: Historical Anatomy of a Relationship*, Ann Arbor, 1973; Horst Wenkel, *Zur Taktik der faschistischen Nazipartei und zu ihren Methoden im Kampf gegen die Arbeiterklasse und andere demokratische Kräfte in Thüringen 1929-1932*, tesis de doctorado, Jena, 1973; en algunos capítulos también Conan Fischer, *Stormtroopers. A Social, Economic and Ideological Analysis 1929-1935*, Londres, 1983.

[18] Entre los numerosos títulos sólo citaré tres, procedentes de distintos países: Sven Allard, *Stalin und Hitler. Die sowjetrussische Aussenpolitik 1930-1941*, Berna y Munich, 1974; Günther Rosenfeld, *Sowjet-Russland und Deutschland*, Colonia, 1984, 2 vols. (1917-1922; 1922-1933); Alexander Fischer, *Sowjetische Deutschlandpolitik im Zweiten Weltkrieg 1941-1945*, Stuttgart, 1975. A Walter Laqueur (*Deutschland und Russland*, Berlín, 1965) se debe la exposición más informativa sobre las relaciones no estatales entre Alemania y Rusia. El PCUS y la NSDAP son objeto de una comparación detenida en el libro de Aryeh L. Unger, *The Totalitarian Party. Party and People in Nazi Germany and Soviet Russia*, Cambridge, 1974. En fechas muy recientes, Andrzej Kaminski (*Konzentrationslager 1896 bis heute. Eine Analyse*, Stuttgart, 1982) presentó un estudio comparativo de sistemas de terror, principalmente los de la Unión Soviética y la Alemania nacionalsocialista. Otro ensayo interesante de reciente publicación es Gerd Koenen, *Der unerklärte Frieden. Deutschland, Polen und Russland. Eine Geschichte*, Francfort, 1985.

mediante la concentración en el nacionalsocialismo y el comunismo —en forma de la Unión Soviética y la Tercera Internacional— que describiendo los múltiples acontecimientos que conforman la historia mundial de los tiempos modernos o por lo menos los del siglo XX.

Con ello no se pretende afirmar que los textos publicados no contengan un gran número de conclusiones importantes y merecedoras de reflexión con respecto a dicha relación recíproca. Los estudios científicos sobre el nacional-socialismo suelen definir la toma del poder por Hitler como una revolución aparente o falsa; a esto se vincula en la mayoría de los casos, de manera explícita o implícita, la opinión de que la toma del poder por los bolcheviques, en cambio, fue una revolución auténtica acorde con el ejemplo de la Revolución francesa. Por otra parte, no es raro el rechazo expreso de toda comparación con base en el argumento de que las condiciones respectivas eran demasiado diferentes. Es muy difundido, al parecer, el punto de vista de que toda referencia a la Unión Soviética o al estalinismo pudiera conducir a la apología o bien a una restricción del carácter único de los crímenes nacionalsocialistas. Este tipo de equiparaciones se realiza con mucha más frecuencia y mayor despreocupación en la literatura dedicada al bolchevismo y a la Unión Soviética. Louis Fischer, por ejemplo, ex comunista y experto en las condiciones soviéticas, escribe que las purgas de Stalin sólo tuvieron un rival en la historia: las cámaras de gas de Hitler;[19] Mijail Heller y Alexander Nekrij, historiadores soviéticos recién emigrados, definen el sistema estalinista como "el sistema más antihumano" que jamás haya existido en la Tierra;[20] según Milovan Dyilas no existió nunca un "déspota más brutal y cínico que Stalin"[21] y Nikolai Tolstoi expresa en forma concreta la implicación más importante al afirmar que, en comparación con Stalin, Hitler fue casi un dechado de virtudes cívicas.[22] Leonard Schapiro, a su vez, sugiere una comparación entre Lenin y Hitler cuando plantea la tesis de que la obsesión por el poder fue el único elemento permanente del pensamiento de Lenin y que de ella derivó la firme voluntad de no transigir nunca.[23] Adam Ulam, en cambio, limita su afirmación a un periodo relativamente corto de tiempo, al indicar que el régimen de Stalin de 1936-1939 fue sin duda el más tiránico de todo el mundo.[24] Sin embargo, los propios dirigentes bolcheviques pusieron estas comparaciones en boca de las generaciones posteriores, por decirlo así, con las aserciones que desde el principio hicieron. En 1924 Trotski escribió, por ejemplo, que la Revolución

---

[19] Louis Fischer, *Russia's Road from Peace to War*, Nueva York, 1969, p. 286.

[20] Mijail Heller y Alexander Nekrich, *Geschichte der Sowjetunion*, Königstein, 1981, 2 vols., t. II, p. 218.

[21] Milovan Dyilas, *Gespräche mit Stalin*, Francfort, 1962, p. 241.

[22] Nikolai Tolstoi, *Stalin's Secret War*, Nueva York, 1981, p. 28.

[23] Leonard Schapiro, *Die Geschichte der Kommunistischen Partei der Sowjetunion*, Francfort, 1961, p. 250.

[24] Adam B. Ulam, *Russlands gescheiterte Revolutionen*, Munich y Zurich, 1981, p. 499.

procedía con los "métodos de la cirugía más cruel";[25] por su parte, Stalin declaró sin inmutarse que los terratenientes, *kulaks*, capitalistas y comerciantes habían sido "eliminados" en la Unión Soviética.[26] Algunos de los juicios más tajantes provienen de ex comunistas y tuvieron su origen, por lo tanto, en la reflexión revisionista y no en un anticomunismo burgués preexistente. En opinión de Leopold Trepper, el antiguo "Gran Jefe" de la "Capilla Roja", en retrospectiva el estalinismo y el fascismo son "monstruos" por igual,[27] y en el legado de Hans Jaeger, por otra parte, que en 1932 aún escribía artículos para el *Inprekorr*, se encuentra la siguiente frase: "El marxismo tiene la culpa, indirectamente, de los seis millones de judíos muertos. Fue el primero en predicar el odio, el primero en mostrar cómo se extermina a toda una clase social".[28]

Al parecer, hubo otros ex comunistas que tampoco encontraron motivos morales para criticar las medidas de exterminio empleadas por Stalin después de 1945, por considerarlas históricamente inevitables o justificadas: a pesar de sus atrocidades, Stalin era un gran líder revolucionario, escribe Isaac Deutscher, mientras que Hitler, por el contrario, sólo había sido un contrarrevolucionario frustrado.[29] En cuanto a los autores no comunistas, Walter Laqueur también establece una diferencia moral pues se opone a comparar los campos de exterminio nacionalsocialistas con los campos de trabajos forzados de Stalin.[30] Adam Ulam, a su vez, considera que la principal diferencia está en que Stalin era más inteligente y sumamente cauteloso en su manejo de la política exterior.[31] Por otra parte, un considerable número de partícipes en los hechos así como de autores atribuye precisamente a Stalin el haber eliminado la diferencia original entre comunismo y fascismo: Walter Krivitski, Vladimir Antonow-Owsejenko y Franz Borkenau opinan que debido a Stalin el bolchevismo adquirió el aspecto de su adversario, es decir, del fascismo.[32]

Creo que, aunque muy disímiles, estas afirmaciones no son necesariamente incompatibles, y que incluso los juicios negativos acerca de Lenin no derivan de la ignorancia, la incomprensión o la simple hostilidad. En lo sucesivo parto

[25] León Trotski, *Literatur und Revolution*, Berlín, 1968, p. 161.

[26] Merle Fainsod, *How Russia is Ruled*, Cambridge, 1963, p. 371. Cabe mencionar también la frialdad con la que antes de 1933 algunos autores alemanes, como Klaus Mehnert e incluso Otto Hoetzsch, hablaban acerca del exterminio de la antigua intelectualidad y los *kulaks*. Al leer sus textos se impone la pregunta de si allende las fronteras alemanas, después de una eventual victoria de Hitler, posiblemente se hubiese comentado con la misma insensibilidad el exterminio de los judíos.

[27] Leopold Trepper, *Die Wahrheit. Autobiographie*, Munich, 1975, p. 345.

[28] Archiv d. Inst. f. Zg., *Nachlass Hans Jaeger*, ED 210/31, p. 78.

[29] Walter Laqueur, *Mythos der Revolution*, Francfort, 1967, p. 114.

[30] *Ibid, Deutschland und Russland*, Berlín, 1965, p. 375.

[31] Adam B. Ullman, *Stalin. The Man and His Era*, Nueva York, 1973, p. 466.

[32] Walter G. Krivitski, *Ich war in Stalins Dients*, Amsterdam, 1940, p. 273; Franz Borkenau, *Der europäische Kommunismus*, Munich, 1952, p. 64.

del sencillo supuesto básico de que la Revolución bolchevique de 1917 creó una situación del todo nueva dentro del marco de la historia mundial, porque por primera vez en la historia moderna un partido ideológico había tomado el poder en forma exclusiva en un gran Estado y estaba manifestando en forma persuasiva la intención de desencadenar guerras civiles en todo el mundo, a fin de lograr una transformación fundamental que cumpliría las esperanzas del movimiento obrero inicial y realizaría las predicciones del marxismo. Era a todas luces evidente para los propios bolcheviques que una empresa de tal magnitud debía enfrentar una resistencia muy intensa, máxime cuando la experiencia práctica había mostrado que desde su toma violenta del poder el partido luchaba con tesón, mediante una guerra de clases sin precedentes, contra sus numerosos adversarios tanto en el frente de la guerra civil como en el interior del país; es más, que los estaba exterminando.

El más peculiar de dichos movimientos de resistencia y el que más pronto se apuntó cierto éxito fue el Partido Fascista de Italia, encabezado por el que había sido el hombre fuerte del ala revolucionaria del Partido Socialista italiano, Benito Mussolini. Esta circunstancia puso de manifiesto que entre dichos partidos existía una oposición más grande, y al mismo tiempo una relación interna más estrecha, que la que existía entre ambos y los partidos burgueses, los cuales confiaban en poder hacer frente tanto al primer desafío como al segundo por los conductos acostumbrados del sistema parlamentario. Para Hitler, Mussolini representó desde el principio un modelo a seguir, y también el partido alemán, encabezado por aquél, desde el comienzo se consideró como una reacción al desafío comunista, aunque no se agotaba en ello, y asimismo contaba con raíces históricas independientes, como la doctrina pangermana. No obstante, muy pronto esta reacción también adquirió el aspecto de una copia, como lo muestra incluso la simple adopción modificada de la bandera roja. Cuando conquistó el poder, dicha cualidad de copia destacó en mayor medida, y ya en 1933 enemigos y amigos por igual usaban la palabra *checa* para denominar el proceso de lucha contra el adversario. Sin duda Hitler estaba convencido de haber encontrado una respuesta mejor y más duradera al desafío comunista que la de las democracias occidentales. Con todo, ni siquiera el llamado caso Röhm representaba ya una respuesta o una correspondencia, sino una forma extrema de ambas. Durante la guerra, los elementos importantes del bolchevismo fueron convirtiéndose, de una manera cada vez más inconfundible, en un modelo a seguir para Hitler, y en lo que se refiere a las medidas de exterminio llegó a la correspondencia extrema.

En lo sucesivo se dilucidará la historia de las relaciones recíprocas entre ambos movimientos o regímenes con la ayuda de los siguientes conceptos: desafío y reacción, original y copia, correspondencia y correspondencia extrema. A grandes rasgos, se puede resumir el planteamiento de esta manera: para el nacionalsocialismo, el bolchevismo fue motivo de temor y modelo a seguir al mismo tiempo. Sin embargo, la guerra civil librada entre ambos se diferenció notablemente de las guerras civiles comunes.

Un motivo de temor no es lo mismo que un espantajo. Un espantajo puede ser irreal, una mera ilusión; un motivo de temor, por el contrario, cuenta con un sólido fundamento en la realidad, aunque desde el principio encierra la tendencia a adoptar la forma extrema que asimismo es una de las principales características de toda ideología. Se podría hablar de espantajos y fantasías[33] sólo si se probara que la literatura antibolchevique inicial, que en forma de folletos y artículos de periódico llegaba hasta los pueblos más remotos, no fue más que propaganda regida por intereses particulares y desprovista de un contenido real digno de mención. Se demostrará que lo contrario era cierto. No se equivocó quien en ese entonces creía que la Revolución bolchevique significaba un paso gigantesco hacia una nueva dimensión histórica mundial, la dimensión del exterminio social de extensas masas humanas y también, ciertamente, de un nuevo tipo de Revolución industrial. No necesariamente estaba en lo cierto quien opinaba que todo ello tenía lugar en una nación medio asiática y que no tendría repercusiones notables en el marco de la civilización europea. El hecho de que el exterminio social haya sido sucedido por un exterminio biológico y trascendental, de que en algunos de sus aspectos la copia haya superado en intensidad al original, no puede definirse adecuadamente con términos extraídos de la vida cotidiana, como crimen. Por otros motivos es cuestionable que se pueda emplear el concepto de "tragedia", según lo sugiriese George Kennan.[34] Sin embargo, con toda certeza sería un error interpretar todo el periodo comprendido entre 1917 y 1945 sólo como obra de intereses creados. La psicología de los intereses, desarrollada primero por aristócratas franceses del siglo XVIII y luego por el utilitarismo inglés, es de gran utilidad en todos los ámbitos donde se calcula, se mide y se pesa. No obstante, en el fondo, el ser humano no es un ser calculador: su supervivencia lo angustia, teme al futuro, siente odio hacia sus enemigos y está dispuesto a sacrificar la vida por una gran causa. Cuando existen poderosas emociones de este tipo que determinan la acción de extensos grupos de personas, debe hablarse de *emociones básicas*. Una emoción básica de éstas fue la indignación

---

[33] Durante el periodo de Weimar, los motivos de temor y los espantajos no afectaban, por cierto, de ninguna manera sólo a los pequeñoburgueses, supuestamente más temerosos que los demás. A principios de 1929, por ejemplo, cuando casi nadie tomaba aún en serio a Hitler, el diputado comunista Stoecker declaró en el Reichstag: "El presupuesto para la defensa nacional está dedicando cientos de millones a propósitos secretos de rearme. ¿Cuántos trenes blindados poseen los ferrocarriles del Reich, y cuántos han sido adaptados ya al ancho de vías ruso?" Este planteamiento provocó la "hilaridad" de los diputados no comunistas (Schulthess, 1929, pp. 35-36).

[34] "In this way, the pattern of the events that led the Western world to new disaster in 1939 was laid down in its entirety by the Allied governments in 1918 and 1919. What we shall have to observe from here on in the relations between Russia, Germany, and the West follows a logic as inexorable as that of any Greek tragedy" (George Kennan, *Russia and the West under Lenin and Stalin*, Boston y Toronto, 1960-1961, p. 164).

sentida por un gran número de obreros y desempleados debido a las injusticias y desigualdades del sistema capitalista; otra emoción básica fue la apasionada ira de muchos franceses contra los *boches* que en 1871 habían robado a la patria gala dos de sus más bellas provincias. En la vida cotidiana, la política probablemente sea cuestión de cálculo y conciliación de intereses, pero en cuanto ocurren sucesos extraordinarios y amenazadores, las emociones adquieren mucha más importancia que los intereses para un gran número de personas, aunque son raros los casos en que dichas emociones se oponen diametralmente a los intereses establecidos o concebibles: indignación, ira, tristeza, odio, desprecio y miedo, pero también entusiasmo, esperanza y fe en una gran misión.

Tales emociones básicas dominaron a las masas de los soldados rusos en 1917, pues temían tener que sacrificar sus vidas inútilmente en una guerra ya perdida; el mismo tipo de emociones básicas también rigió a los oficiales, a los integrantes de los cuerpos de voluntarios y a la burguesía en Italia y Alemania, bien enterados del trato propinado a sus semejantes en Rusia. Posteriormente, las emociones básicas inspiraron a los núcleos activos de los partidos comunistas y fascistas, aunque también se les había adherido un sinnúmero de oportunistas, interesados y criminales comunes. A continuación se escribirá la historia de los dos partidos más importantes de dos movimientos de alcance mundial como una historia de emociones básicas y de las derivaciones ideológicas de éstas; uno de dichos partidos fue anterior al otro y por ende representó principalmente un motivo de temor para éste, pero con todo fueron transformándose cada vez más en motivo de temor *y también* modelo a seguir el uno para el otro. Por esta razón, la toma del poder por los nacionalsocialistas el 30 de enero de 1933 no constituye más que un punto de partida provisional, y se dedicará el mismo espacio a la historia de la Unión Soviética que al análisis de la lucha entre comunistas y nacionalsocialistas en la República de Weimar y que a la historia de la Alemania nacionalsocialista.

Al concebir el comunismo y el nacionalsocialismo ante todo como ideologías, y como ideólogos a sus líderes, la apreciación de Hitler como político alemán es errónea, al igual que lo es la de Lenin como estadista ruso. Esto no significa que el uno no haya sido también un político alemán y el otro, asimismo, un estadista ruso. Sin embargo, el planteamiento siempre busca, antes que nada, la forma extrema, la novedad y el hiato que constituyen lo específicamente ideológico de lo que derivan los actos más significativos. Las ideologías pueden ser muy distintas, pero todas se caracterizan por adoptar la forma extrema y por formar un núcleo justificado y conforme a la época, el cual tal vez sólo pueda nacer de dicho extremo ideológico, pero que a su vez también puede ser destruido precisamente por éste. El "Diario sionista" de Theodor Herzl permite presenciar el surgimiento de un concepto que posteriormente tendría repercusiones históricas mundiales, pero ¡vaya que en un principio estaba revestido de esperanzas exorbitantes e ideas irreales![35] Con todo, es probable que Herzl se hubiera dado por vencido muy pronto de haber pensado únicamente en forma pragmática y racional. Sólo una situación nueva permite a las generaciones posteriores distinguir entre el núcleo real y la forma extrema irreal; los contemporáneos, en cambio, adoptan o rechazan el conjunto con toda pasión, y es a través de estos enfrentamientos como paulatinamente se va perfilando qué es lo que pertenece al núcleo del asunto y qué a su forma extrema. Hitler no se consideraba sucesor de Stresemann o de Papen, sino anti-Lenin, punto de vista en el que coincidía con Trotski, quien lo denominó el "super-Wrangel de la burguesía mundial".[36]

Desde el punto de vista de Trotski, Lenin ciertamente tenía toda la razón, lo cual se la quitaba a Hitler. No obstante, el que no comparte la convicción de la verdad absoluta de una ideología particular debe opinar que Hitler tampoco pudo estar equivocado en todo; en sus apreciaciones y actos también hay ciertos puntos en los que se revelaba algo conforme a los tiempos, convincente y motivador por lo menos para un número considerable de personas. Al postular la unificación de todos los alemanes en un Estado, en el fondo no pedía otra cosa que lo que había promovido Mazzini con éxito para todos los italianos, y mantenía los mismos derroteros del pensamiento nacionalista como la mayoría de sus contemporáneos. El hecho de que dicha unificación en sí por fuerza provocara aún una resistencia mucho mayor que la de los italianos estribaba en las circunstancias particulares propias de la situación de los alemanes en Europa y no era responsabilidad de Hitler. El factor ideológico fundamental que formaba una dimensión nueva radicaba, en cambio, en su interpretación de la unión pangermana no como propósito absoluto, sino como una etapa hacia una meta superior, y en su explicación peculiar y universal de la resistencia que encontró en el proceso.

La tarea del historiador, y sobre todo del historiador de las ideologías, es analizar dichas conexiones. Debe aceptar las críticas de los que en retrospectiva quieren confrontar el *mal absoluto* y creen estar al servicio del *bien absoluto*. En el cuadro que le corresponde pintar sólo caben diversos matices de gris; el empleo de los colores blanco y negro le está prohibido.[37] Sólo el análisis mismo, y no profesiones de fe y aserciones prematuras, logrará convencer a los lectores de que dichos matices de gris son graduados. El historiador está consciente de que entre el pensamiento histórico y las ideologías no existe una diferencia fundamental, en el sentido de que ambos se ven obligados a la abstracción y

---

[35] Theodor Herzl, *Briefe und Tagebücher*. Segundo tomo: *Zionistisches Tagebuch 1895-1899*, Berlín, Francfort y Viena, 1983.

[36] *Cfr.* p. 175. Hitler es definido como "anti-Lenin" por Ernst Niekisch (*Das Reich der niederen Dämonen*, Hamburgo, 1953, p. 263).

[37] La capacidad incluso de los contemporáneos de crear cuadros muy vivos con distintas tonalidades de gris queda demostrada, entre otros, por el libro de Hans Siemsen, *Russland Ja und Nein*, Berlín, 1931.

la generalización y son incapaces de abarcar toda la riqueza de la realidad multiforme. Puesto que el hombre es un ser pensante, debe desarrollar ideologías y por ende ser injusto. Según las enseñanzas de los teólogos, sólo Dios es justo, porque crea las cosas al pensarlas y por lo tanto no las desfigura mediante los conceptos. Sin embargo, el pensamiento histórico, a partir de la nueva situación creada por otra época, contrapone los contenidos de diversas ideologías y analiza su eficacia, y debe regirse por la decisión de no ceder al deseo de realizar determinados objetivos que constituye la intención básica de toda ideología. Es cierto que desde su planteamiento se ve obligado a seleccionar, pero dentro de este hecho no ha de conocer meta más elevada que la de producir la imagen más completa y cierta posible de su asunto. Hitler no fue el primero en ser definido como enemigo de la humanidad, encarnación del mal y destructor de la civilización; el historiador sabe y así debe señalarlo, que todos estos calificativos fueron aplicados al bolchevismo por observadores serios, cuando casi nadie sabía de la existencia de Hitler; Hitler no fue el primero en declarar en público, desde una posición de poder, que él y su partido no podían compartir el planeta con un grupo de personas que sumaba millones, por lo cual había que exterminarlo.[38] Dichas afirmaciones son ciertas; el que las conoce y calla procede en forma inmoral y poco científica, porque sólo quiere admitir a determinados grupos entre un sinnúmero de víctimas. Además, obra de una manera tan inconsecuente al declarar tan desiguales a los seres humanos que excluye la posibilidad de que él y sus semejantes, en igual situación, hubieran podido ser tan culpables como aquellos a los que acusa. Se sobreentiende que no deben negarse las diferencias, porque en ellas radica la esencia de la realidad. Sin embargo, el pensamiento histórico debe oponerse a la tendencia del pensamiento ideológico y emocional de afianzar las diferencias, pasar por alto las conexiones y excluir del análisis al "otro bando", el contrario.

La pretendida neutralidad del pensamiento histórico no puede ser de carácter divino y por ende estar a salvo de cualquier error. No está libre del peligro de tomar partido, aunque sólo sea de manera por demás encubierta o sutil. Para utilizar una imagen jurídica, no equivale a otra cosa que al deseo de sustituir los juicios sumarísimos y los simulacros de procesos por un procedimiento judicial regular, es decir, por procedimientos judiciales que con seriedad escuchan también a los testigos de descargo y en los que los jueces no se distinguen de los fiscales sólo en la forma. Con todo, las sentencias serán completamente diferentes entre sí, pero, al contrario de las que se pronuncian en los juicios sumarísimos, conocerán grados intermedios entre la pena de muerte y la absolución. A pesar de ello no excluirán la posibilidad del error y por lo tanto tampoco de la revisión.

---

[38] *Cfr.* nota 41, capítulo II.

El pensamiento histórico también debe estar dispuesto a revisarse, siempre y cuando se presenten buenas razones y no sólo voces de indignación renuentes a aceptar que es preciso explicarlo todo en la medida de lo posible, pero que no todo lo explicado es comprensible y no todo lo comprensible se justifica. Por otra parte, es imposible renunciar a la propia existencia, y sólo de ella resulta una toma de partido directa y concreta. De haber triunfado Hitler,[39] la historiografía de una Europa dominada por los alemanes —y probablemente también de grandes partes del resto del mundo— se hubiera limitado a encomiar durante siglos las hazañas del *Führer*. Con toda probabilidad no hubiera sido posible la *deshitlerización*. Quizá la gente —excepto las víctimas, de las cuales no se hablaría— hubiera estado más contenta, por encontrarse libre del dilema de la comparación y el análisis; con certeza muchos de los antifascistas de hoy, nacidos en generaciones posteriores, hubieran sido partidarios convencidos y estimados del régimen. El pensamiento y la revisión históricos no hubieran tenido lugar, motivo por el cual el sistema hubiese considerado como adversarios a los pensadores históricos, que no hubieran tenido el derecho de existir. Sin embargo, ni siquiera esta certeza debe inducirlos a sumarse a posteriori a los combatientes contemporáneos.

[39] *Cfr.* pp. 425-426 y 481-483.

# I. 1933, PUNTO FINAL Y PRELUDIO: LA TOMA DEL PODER ANTIMARXISTA EN ALEMANIA

ES POSIBLE escribir la historia de la toma del poder nacionalsocialista como una historia de intrigas y crímenes. Así, Adolfo Hitler, caudillo de un partido debilitado y sujeto a una decadencia incontenible, hubiera sido "impuesto en el poder" ya fuera por la perfidia del ex canciller del Reich, Von Papen, en beneficio de los agricultores amenazados por el escándalo de la ayuda a las provincias orientales; gracias a la intimidación del hijo del presidente del Reich, Von Hindenburg, o a la intervención de la industria pesada, pero afianzó su poder, de acuerdo con estas teorías, mediante la detención de sus adversarios políticos y, finalmente, el incendio del edificio del Reichstag, a fin de obtener, para él y sus compañeros de coalición, la mayoría de votos en las elecciones del 5 de marzo para el Reichstag. En este contexto desempeñan un importante papel las conversaciones sostenidas en la casa del banquero de Colonia, Von Schröder, y en la villa del matrimonio Von Ribbentrop en Dahlem, así como personas como Werner von Alvensleben; sin embargo, el nombre de Ernst Thälmann por lo general no figura, como tampoco permanece en la memoria de la mayor parte de sus contemporáneos.

Al retirarse el historiador de esta cercanía demasiado estrecha a la mayor distancia posible, obtiene otro panorama. Las elecciones del 31 de julio de 1932 para el Reichstag convirtieron al NSDAP en el partido más fuerte, al lograr 230 escaños y casi 38% de los votos, en un ascenso sin igual en la historia partidista de Alemania. En el sistema parlamentario, cuando un partido es considerablemente más fuerte que los demás, es posible formar contra él una coalición de todos o casi todos los demás partidos. La medida ciertamente no va de acuerdo con el espíritu del sistema y a la larga resulta insostenible, pero puede ser necesaria, si se trata de un partido anticonstitucional. En tal caso, la tarea más importante radica en proteger a la mayoría del pueblo contra una minoría de masas, probablemente caracterizada por convicciones muy fuertes y un grado muy elevado de energía. Sin embargo, si la mayoría no es capaz de formar tal coalición, el gobierno, en cuanto fideicomisario de la mayoría popular, sólo tiene dos opciones: enfrentarse abiertamente a dicho partido grande o intentar debilitarlo en forma decisiva, quizá mediante la escisión. El enfrentamiento abierto se produce forzosamente si el partido toma las calles y llama a derrocar al gobierno. Este caso se dio en 1918-1919, cuando el Consejo de los Comisarios del Pueblo Alemán tuvo que recurrir a la fuerza militar para someter a la minoría de masas, casi predominante en la capital, que quería impedir las elecciones para la Asamblea Constitucional. Los nacionalsocialistas, en cambio, aunque amenazaban frecuentemente con tomar el poder por medios violentos, no llevaron a cabo esta amenaza y persistieron en la táctica de la legalidad. El 13 de agosto de 1932, por ejemplo, el presidente del Reich, Von Hindenburg, negó la dirección del gobierno al jefe del partido más fuerte, que éste sin duda hubiera podido reclamar de no haber exigido, según la versión oficial, todo el poder. Él mismo negaba haber expresado tal petición, pero el recién pasado 1 de junio Alfred Rosenberg había exigido enérgicamente "todo el poder para Adolfo Hitler" en las páginas del *Völkischer Beobachter*, y en todas sus declaraciones el partido realizaba ataques muy fuertes contra el sistema. Por lo tanto, el enfrentamiento con él sólo podía llevarse a efecto apelando al pueblo, y de hecho los nacionalsocialistas perdieron no menos de dos millones de votos en las elecciones de noviembre de 1932 para el Reichstag. No obstante, incluso con 196 escaños seguían siendo con mucho el partido más fuerte. El canciller del Reich, Von Papen, abogó por otra disolución del Reichstag y por el gobierno suprapartidista de la dictadura nacional, solución que halló poco apoyo entre los electores. Hindenburg se negó a tomar esta medida porque temía que estallara una guerra civil. Por consiguiente, confió el gobierno al hasta entonces ministro de Defensa del Reich, Von Schleicher, quien parecía ofrecer una solución pacífica: dividir al NSDAP con la ayuda de su segundo hombre fuerte, Gregor Strasser, y formar otra coalición con el apoyo de los sindicatos. No obstante, a las pocas semanas la oposición de Hitler y del Partido Socialdemócrata hizo fracasar el plan y se acabaron las opciones. Hubo que poner a Hitler a cargo del gobierno, pero éste debía probar que no aspiraba a *todo el poder* y que se contentaría con ser el canciller de un gabinete en el que sus partidarios sólo formaban la minoría y en el que él mismo prácticamente quedaba puesto bajo tutela, debido a una disposición por completo inaudita: sólo podría presentar informes al Presidente del Reich en presencia del vicecanciller Von Papen. De haber algo ilegal en la constitución de este gobierno, fue una ilegalidad o por lo menos una irregularidad dirigida contra Hitler. Domesticar o controlar a Hitler representaba la solución apremiante a una crisis sin precedentes.

Es de suponer que el primer enfoque se distrae demasiado con las apariencias superficiales y el impulso moralista de condenar a ciertas personas o grupos. No cabe duda, por otra parte, que la segunda interpretación posee un carácter demasiado determinista y distanciado. Con todo, salta a la vista que la situación alemana era sumamente difícil. De acuerdo, incluso, con las estadísticas oficiales, había más de seis millones de desempleados, de los cuales una parte considerable estaba obligada a vivir de las subvenciones mínimas ofrecidas por la asistencia pública; si bien los efectos de la crisis económica mundial se sintieron aún con más dureza en Estados Unidos, no existían ahí partidos anticonstitucionales, por mucho que la crítica contra el sistema capitalista hubiese adquirido cada vez mayor fuerza, sobre todo entre los intelectuales de la costa oriental. Por lo contrario, en Alemania no militaba sólo el partido anticonstitucional de los nacionalsocialistas, que dirigía su propaganda principalmente contra el parlamentarismo de Weimar y el Tratado de Versalles, sino que, a su lado y desde antes de su aparición, el Partido Comunista desplegaba actividades orientadas a derrumbar el capitalismo en conjunto y a erigir la dictadura del proletariado, como sección de la Internacional Comunista, por medio de un levantamiento armado según el ejemplo puesto por la Revolución rusa. Este partido era el único que en las cuatro elecciones efectuadas desde 1928 para el Reichstag pudo apuntarse un crecimiento constante, de modo que pasó de 54 escaños en mayo de 1928 a 100 en noviembre de 1932. Cierto es que hubo quienes afirmaban que el KPD* servía, antes que nada, como vehículo de protesta para los desempleados, y que sus amenazas diarias no eran más que retórica revolucionaria, nacida precisamente de un sentimiento de impotencia. Por lo tanto, ¿por qué no habrían de interpretarse como discursos propagandísticos o azuzadores sin fundamento real, antes del 30 de enero, las proclamaciones de Hitler de que pretendía eliminar el marxismo e incluso a los demás partidos?

En todo caso, Hugenberg y Papen contaban con buenos motivos para opinar que Hitler no tardaría en recobrar el juicio y en entregarse al trabajo concreto en un gabinete en el que, además de él, sólo figuraban otros dos nacionalsocialistas y cuyas posiciones más importantes —los ministerios de Relaciones Exteriores y de Defensa del Reich— se encontraban directamente a cargo del Presidente. No pudieron haber anticipado la alegría y regocijada excitación que estallaron en toda Alemania al difundirse la noticia del nombramiento de Hitler. Ningún gabinete del periodo de Weimar había sido tan aplaudido y celebrado por los grandes sectores del pueblo. Se efectuaron desfiles de antorchas incluso en ciudades pequeñas de la provincia más remota, que presenció un sinnúmero de observadores entusiastas; en Berlín, inmensas columnas recorrieron las calles sin requerir protección policiaca, acompañadas por la simpatía de los espectadores, y con sus antorchas, uniformes y orden militar atravesaron la Puerta de Brandemburgo y pasaron delante de las sedes de gobierno del Presidente del Reich y del nuevo canciller. Este desfile de antorchas pronto se hizo legendario y se erigió en un popular tema de la literatura y del cine, pero por muy ciertas que sean su organización consciente y posterior estilización, las descripciones de los contemporáneos nacionalsocialistas transmiten en gran medida la espontaneidad, los estados de ánimo y las interpretaciones que también reinaron en aquella noche del 30 de enero.

---

* Partido Comunista de Alemania. [N.T.]

No decían: "Hitler fue nombrado canciller del Reich"; sólo decían: "Hitler". Se lo decían en la calle, delante de las tiendas, en la barra; se lo gritaban en el metro, en el autobús. Como una chispa eléctrica saltó de persona en persona; encendió a toda la enorme ciudad, encendió millones de corazones [...] Fue como en 1914, cuando el pulso de todo un pueblo latió con fuerza [...] ¡Alarma! Se propaga de calle en calle. La SA, la SS se precipitan a sus habitaciones. Se sujetan los cascos de acero: un desfile de antorchas [...] Duró cuatro horas. Nuevas cohortes, siempre nuevas [...] Ahí está el primer casco de acero acompañado por el gris de campaña: el rostro del frente alemán [...] No lo pronunciaron en voz alta, pero todos lo sabían: lo que estaban viviendo hoy, en esta noche de fuego, era el arranque de la nación, era la contrarrevolución y el desquite del 9 de noviembre.[1]

De hecho, al principio el 30 de enero fue vivido en esa forma: como el día del levantamiento nacional y respuesta a la ignominia de la derrota de 1918. No lo fue de ninguna manera para todos los alemanes, pero sí para la Alemania nacionalista que había experimentado los días de agosto de 1914 como movimiento liberador hacia la verdad de la nación y que a continuación sólo creyó en las victorias, no en las derrotas ni en el cansancio de la guerra que paulatinamente fue extendiéndose entre el pueblo, mucho menos en los "catorce puntos" del estadunidense Wilson. Por otra parte, esta Alemania nacionalista potencialmente penetraba en los corazones de la mayoría de los alemanes, porque la emoción de los días de agosto en efecto había sido casi universal. Aunque los socialdemócratas aspiraron muy pronto a lograr un acercamiento pacífico a los adversarios en aquel conflicto, en 1919 precisamente el presidente socialdemócrata del Consejo de Ministros del Reich, Scheidemann, hubiera preferido que se le secara la mano antes que firmar la injusticia de Versalles. Al principio, lo que triunfó el 30 de enero, más que Hitler, fue la apreciación y la leyenda históricas creadas por la Alemania nacionalista, dotadas de toda la fuerza de convicción propia de los razonamientos muy simples y viscerales. El nuevo gobierno del Reich adoptó este tono en su proclamación inicial del 1 de febrero y no hay motivo para sospechar que Hitler sólo haya fingido compartir estas emociones nacionalistas generales de carácter muy conservador, sin sentirlas en realidad.

No obstante, desde hacía mucho tiempo dicha Alemania nacionalista había rechazado a gran parte de los que en agosto de 1914 estuvieron unidos a ella: no sólo a los socialdemócratas, sino también a los católicos y a los liberales que en 1917 habían participado en la resolución de paz del Reichstag, es decir, a todos los partidos del sistema que habían creado la República de Weimar. Aun en las condiciones irregulares en las que tuvieron lugar las elecciones del 5 de marzo de 1933 para el Reichstag, el número de votos recibido por dichos

[1] Erich Czech-Jochberg, *Vom 30. Januar zum 21. März. Die Tage der nationalen Erhebung*, Leipzig, 1933, pp. 49, 53 y 56.

partidos casi igualó el resultado obtenido por el NSDAP; de habérseles podido sumar los votos otorgados a los comunistas, se hubiera tratado más o menos de la mitad del pueblo. ¿Por qué esta mitad se mostró tan pasiva y apenas se notaba ya? Por sí solo, el entusiasmo de la Alemania nacionalista no hubiera bastado para provocar tamaña parálisis e inmovilidad. Sin embargo, la Alemania de 1932-1933 estaba siendo sacudida con mayor dureza por las consecuencias de la gran crisis económica mundial que otra nación cualquiera. En tales circunstancias, cualquier suceso salido de la rutina cotidiana hubiera sido recibido con esperanzas o al menos con disposición a darle una oportunidad. Es posible que muchos de los desempleados que en noviembre habían votado por el Partido Comunista, en señal de protesta y desesperación, supusieran que Hitler tal vez sí contara con una salida. Los campesinos cuyas propiedades estaban amenazadas por inminentes subastas forzosas; los artesanos cuyo volumen de trabajo disminuía cada vez más; los pequeños comerciantes que no sabían cómo cumplir con sus obligaciones de pago; ninguno de ellos confiaba ya en las medidas de reconstrucción ni en los vales fiscales de Papen y de Schleicher, pero no por ello estaban convencidos de las radicales propuestas de Thälmann, que hubieran atado inextricablemente a Alemania con la Unión Soviética. Por lo tanto, depositaron su confianza en un hombre lleno de determinación y, con todo, opuesto a medidas trascendentales de consecuencias impredecibles, y, aunque sólo se mantuvieran pasivos, paralizaron a los que llamaban a una oposición conducente a un total cambio de régimen.

El miedo a que tal cambio fuese posible y promovido por poderosas fuerzas, probablemente dio el impulso más significativo al levantamiento nacional, que en brevísimo tiempo se transformó en una "revolución nacionalsocialista". El miedo de la Alemania burguesa a una posible revolución comunista tuvo un carácter más básico que el entusiasmo despertado por la Alemania nacionalista y que las esperanzas de un pueblo sacudido por la crisis. De hecho el KPD era el partido más fuerte en la capital del Reich, y durante todo el mes de febrero cundieron los rumores acerca de preparativos comunistas para una guerra civil, transportes secretos de armas e incluso planes para incendiar las iglesias y los museos de Alemania. No cabe duda de que Hitler compartía estas preocupaciones y temores tan ampliamente difundidos. El 30 de enero, el comité directivo del Partido Socialdemócrata rechazó la propuesta comunista de declarar en forma conjunta una huelga general, actitud nada sorprendente en vista de todos los antecedentes de enemistad mutua, pero en todo el país tuvieron lugar diversos choques graves, y los agresores no siempre eran nacionalsocialistas. Al retirarse el desfile de antorchas el 30 de enero, por ejemplo, fue asesinado Eberhard Maikowski, jefe del grupo Tormenta Asesina 33, temido por los comunistas, y al poco tiempo obreros armados tomaron las calles de Lübeck durante una huelga general de 24 horas, de acuerdo con una nota publicada por la *Rote Fahne*. Desde el principio, no cabía duda alguna con respecto a la decisión de Hitler y Göring, quien tenía el mando sobre la policía prusiana, de imponerse por todos los medios. El incendio del edificio del Reichstag ocurrido el 27 de febrero aceleró esta evolución, pero no la originó. Las listas con base en las cuales fueron detenidos numerosos funcionarios y casi todos los diputados comunistas de los parlamentos nacional y local habían sido redactadas por la policía durante los últimos años del periodo de Weimar, y el decreto de tiro de Göring fue emitido el 17 de febrero. Seguramente se hubiese encontrado otra oportunidad para suspender las garantías constitucionales, de no haber existido ocasión para el decreto de emergencia emitido por el Presidente del Reich el 28 de febrero, para la protección del pueblo y el Estado. De no haber sido por el incendio del Reichstag, el gobierno de Hitler probablemente no hubiese obtenido la mayoría absoluta en las elecciones del 5 de marzo, pero incluso sin la mayoría de los mandatos hubiera podido hacer valer tal presión sobre el recién elegido Parlamento, donde una mayoría de dos tercios hubiera aprobado la ley de plenos poderes y con ello su propia destitución, como en efecto lo hicieron los diputados el 23 de marzo, por un lado debido a la concentración de la SA, pero más aún en vista de lo que la opinión pública esperaba de ellos. La identidad del culpable o los culpables del incendio en el edificio del Reichstag, cuestión que aún no ha sido resuelta, sólo tiene importancia dentro del contexto de la pregunta general de si los gobernantes nacionalsocialistas se inspiraban en emociones genuinas o si se trataba de un grupo de hombres cínicos y ávidos de poder, que no vaciló ni siquiera en cometer un crimen sumamente arriesgado con tal de fundar una autocracia que de otro modo no hubiera podido imponer. Todo parece indicar que incluso los dirigentes nacionalsocialistas eran dominados por convicciones y emociones que no hubieran requerido tal crimen, cualesquiera que hayan sido los pasos concretos. Las más intensas de estas convicciones y emociones se relacionaban con los sucesos ocurridos en Alemania en noviembre de 1918 así como con la Revolución rusa; se trataba de emociones antibolcheviques, entendidas con tal naturalidad como antimarxistas, que en intensidad superaban con mucho los sentimientos burgueses en los que evidentemente estaban arraigadas.

El 10 de febrero, Hitler pronunció un discurso en el Palacio de los Deportes de Berlín. Arriba del estrado estaba escrita con grandes letras esta frase: "El marxismo debe morir." En torno a este lema giró todo el discurso, cuyas frases más importantes fueron las siguientes:

El marxismo significa eternizar el desgarramiento de la nación [...] sólo mediante una actitud pacifista hacia el exterior y terrorista hacia el interior se pudo imponer esta ideología de la destrucción y la eterna negación [...] O triunfa el marxismo o el pueblo alemán, y triunfará Alemania.[2]

2 Schulthess, t. 74, 1933, pp. 42 y ss.

El 2 de marzo, Hitler dio otro discurso en el Palacio de los Deportes, y en esta ocasión no lo contuvo la prudencia política, sino que dirigió su mirada allende las fronteras alemanas:

¿Acaso ha eliminado el marxismo la miseria en el país donde triunfó en un cien por ciento, donde reina en forma efectiva y exclusiva? La realidad habla con voz verdaderamente trágica. Millones de personas han muerto de hambre en un país que pudiera servir de granero a todo el mundo [...] Hablan de hermandad. Conocemos esa hermandad. Cientos de miles, es más, millones de personas tuvieron que ser ejecutadas en nombre de esa hermandad y en aras de construir su felicidad [...] También afirman que así han logrado superar al capitalismo [...] El mundo capitalista tiene que ayudarles con créditos, suministrar máquinas e instalar fábricas, poner a su disposición a ingenieros y a capataces: todo lo tuvo que hacer este otro mundo. No pueden negarlo. En cuanto al sistema de trabajo en las zonas madereras de Siberia, quisiera recomendar que sólo por una semana lo vivan quienes en Alemania admiran este principio [...] Una burguesía débil se rindió ante esta locura, pero nosotros le haremos frente.[3]

El mismo número del *Völkischer Beobachter* publicó un gran desplegado en el que 22 obreros que habían vuelto de Rusia apoyaban la elección de Adolfo Hitler. Argumentaban que la Rusia soviética era el infierno para los obreros y los campesinos, porque ni siquiera el más arduo trabajo les permitía llevar más que una vida miserable de hambre constante.

Durante estos meses aparece una y otra vez en los discursos de Hitler la exigencia básica de destruir el marxismo, de exterminarlo en forma consecuente y despiadada. Dicha exigencia se enlaza frecuentemente con el recuerdo de los *espartaquistas de las mochilas* de 1918. El 3 de marzo, Hermann Göring proclamó que sólo cabía destruirlos y aniquilarlos, y unos cuantos días después dirigió a sus adversarios una vehemente acusación: "Cuando hace 14 años retornamos del frente, nuestras hombreras y condecoraciones fueron arrastradas por el lodo, al igual que nosotros mismos; quemaron las banderas que victoriosas habían desafiado al mundo. En aquel entonces pisotearon lo más íntimo de nuestro ser, aplastaron nuestro corazón, del mismo modo en que aplastaron a Alemania".[4] Respecto a los comunistas, de hecho se justificaba su pregunta: "¿Qué hubieran hecho de conquistar el poder en nuestro lugar? Sin pensarlo dos veces nos hubieran cortado las cabezas."[5] El Presidente socialdemócrata del Reichstag, Paul Löbe, expresó lo mismo en 1929, aunque adjudicando a su propio partido el mérito de haber impedido la destrucción mutua de los dos grupos extremistas.[6] En su discurso del 2 de marzo, Hitler también

[3] *VB*, 4 de marzo de 1933 (no incluido en Domarus ni en Schulthess).
[4] *UuF*, t. IX, p. 83.
[5] *Ibid.*
[6] *Cfr.* pp. 184-185.

estableció una distinción tan grande entre la supuesta miseria de los jefes socialdemócratas despedidos de la policía, preocupados sólo por sus pensiones, y por otra parte la firme voluntad y la sed de sangre de los comunistas, que resultaba casi incomprensible cómo dos fenómenos tan distintos podían ser incluidos en el mismo concepto de marxismo. Sin embargo, este *antimarxismo* representaba, precisamente, la característica principal de la ideología nacionalsocialista. En él radicó también su oposición contra la burguesía, cuyas emociones compartía en gran medida, y por su causa realizó otra proyección sobre la historia moderna en su totalidad, según se aprecia en las siguientes palabras, por ejemplo, con las que en julio Rudolf Hess se opuso a los excesos cometidos por la SA:

> La Revolución judeo-liberal de Francia nadó en la sangre de la guillotina. La Revolución judeo-bolchevique de Rusia resuena con los millones de gritos lanzados desde los sótanos de tortura de la checa. Ninguna revolución del mundo se ha llevado a cabo en forma tan disciplinada como la nacionalsocialista [...] Sepan todos que estamos lejos de tratar con indulgencia al enemigo. Sepan que cada asesinato de un nacionalsocialista cometido por comunistas o marxistas será vengado por nosotros en diez líderes comunistas o marxistas [...] Sin embargo, cada nacionalsocialista también debe estar consciente de que los maltratos de los adversarios corresponden a costumbres judeo-bolcheviques y que son indignos del nacionalsocialismo.[7]

De esta manera, las declaraciones de los dirigentes nacionalsocialistas ponen de manifiesto una y otra vez que sus sentimientos y actos se basaban en una experiencia primaria, en un temor original y en un odio elemental: la experiencia que tuvieron los oficiales y los suboficiales en la Revolución de 1918, al perder de súbito su autoridad, al reducirse unidades militares activas a bandas rebeldes de un día al otro; cuando les eran arrancadas las hombreras, se les escupía a la cara y eran tachados de "criminales de guerra" y de "cerdos". Dicha experiencia sólo adquirió su verdadero peso, al parecer, en relación con la Revolución rusa, en la que se realizaron acciones semejantes con consecuencias mucho más graves; así lo indicaban los recuerdos de los combatientes de la zona del Báltico y las memorias de los numerosos emigrantes rusos y fugitivos germano-rusos, así como también extensas publicaciones acerca de la Revolución rusa, escritas tanto por monárquicos como por socialdemócratas. Además, dichos oficiales no estaban aislados; podían considerarse una parte escogida de la burguesía, de la cual con pocas excepciones procedían todos. Un gran número de burgueses había experimentado los mismos sentimientos en algún momento, pero no por eso eran todos partidarios de un antimarxismo radical; conocían a los socialdemócratas como aliados a veces

---

[7] *UuF*, t. IX, pp. 303-304.

incómodos, pero al fin y al cabo tratables. No obstante, los ex oficiales o simples burgueses que creían indicado obrar en forma ideológicamente consecuente necesitaban localizar los orígenes y a los culpables del mal social; para ello no pudieron limitarse sólo al comunismo ni al marxismo; tuvieron que acusar también la debilidad del liberalismo y quizá señalar a los judíos, finalmente, como causa primaria y decisiva.

En vista de tal acumulación de factores negativos, ¿cuáles eran los positivos a los que podían atenerse? En primer lugar figuraban la unidad y la salud del pueblo que debían ser afianzadas contra todo peligro, meta que por cierto sólo se alcanzaría en el largo plazo. Desde luego, no todos los oficiales, y es probable que tampoco la mayoría de los burgueses nacionalistas, y los veteranos nacional-socialistas apoyaban este objetivo; pero hubiera resultado difícil oponerse a la forma consecuente —en la que, paso a paso, todos los partidos fueron disueltos u obligados a disolverse hasta el mes de julio— con la que se impuso el principio ario y con la que se dictó la ley para impedir el nacimiento de niños afectados por enfermedades hereditarias. Si el levantamiento nacional quería llevar su sentimiento antimarxista hasta las últimas consecuencias, tenía que convertirse en una Revolución nacionalsocialista. El término de la Revolución nacionalsocialista, a su vez, hubiera tenido que ser proclamado por Adolfo Hitler en el verano de 1933, porque sólo pretendía ser una transformación política enfocada a reunir todo el poder en las manos de un solo partido y su jefe, y de ninguna manera un vuelco económico acorde con el ejemplo ruso, del que Hitler no era el único en opinar que había tenido consecuencias funestas incluso en su país de origen y que las tendría aún peores en los países industrializados del mundo. En 1933 la Unión Soviética era un motivo de temor absoluto para Hitler y todos los paladines del levantamiento nacional. A pesar de todo, ¿no empezaba también, hasta cierto punto, a servir de modelo a la Revolución nacionalsocialista?

En una conferencia sostenida con un diplomático alemán, el ministro soviético de Relaciones Exteriores, Litvinov, supuestamente expresó que su país comprendía el que Alemania diera a sus comunistas el mismo trato que la Unión Soviética había dado a sus enemigos políticos.[8] Como quiera que sea, desde el primer día el régimen nacionalsocialista se caracterizó por dictar rigurosas medidas contra los comunistas y contra la prensa comunista. El decreto de tiro emitido por Göring el 17 de febrero y la integración de la SA y la SS en un cuerpo de policía auxiliar, el 22 de febrero, estaban dirigidos principalmente contra los comunistas. Desde ese momento se recurrió "sin miramiento alguno a las armas" y se tiraba "a matar a los prisioneros en fuga". Los auténticos actos de terror sólo se dieron después del incendio del Reichstag; pronto rebasaron las filas de los comunistas, aunque, supuestamente, lo

---

[8] Gustav Hilger, *Wir und der Kreml. Deutsch-sowjetische Beziehungen 1918-1941. Erinnerungen eines deutschen Diplomaten*, Berlín, 1955, p. 243.

dispuesto para proteger al pueblo y al Estado sólo debía servir a "la defensa contra actos de violencia comunistas que pusieran en peligro la seguridad del Estado". Los socialdemócratas y algunos políticos burgueses también fueron sometidos a detención preventiva y llevados a los campos de concentración que empezaron a brotar por todas partes y de los que sólo unos cuantos eran de carácter estatal. La mayoría de ellos fueron instalados y dirigidos de manera independiente por unidades de la SA y de la SS. Además del campo de Dachau cerca de Munich, que por lo menos de nombre era de tipo estatal, pronto cobraron fama especial determinados campos irregulares, como Columbia-haus en Berlín, y Oranienburg y Kemna en Wuppertal, entre otros. Sus características principales eran la improvisación y el odio, muchas veces de carácter personal pero siempre concreto, evidente en la actitud de los cuerpos de guardia hacia los detenidos. El campo de Oranienburg, por ejemplo, se ubicó en una antigua cervecería. Los dormitorios de los prisioneros se encontraban en lo que originalmente había sido el sótano de enfriamiento para las botellas de cerveza, donde al principio sólo disponían de costales rellenos de paja. El campo de Kemna también fue establecido en una fábrica abandonada y pasó bastante tiempo para que se realizaran las adaptaciones más elementales para poder alojar ahí a un considerable número de detenidos. En todos los casos se suscitaron confrontaciones violentas y parciales entre adversarios políticos, que desde luego se tenían bien identificados en campos pequeños y que sólo unas cuantas semanas o meses antes habían librado enconadas luchas en las calles. Se saldó un gran número de cuentas políticas y también privadas. Varios cientos de prisioneros perdieron la vida durante los primeros años, por golpizas y ocasionalmente por sádicas torturas. No tardaron en escucharse quejas públicas acerca de todo tipo de abusos y se hizo la promesa de remediar el asunto, pero sólo en raros casos la justicia logró liberar a las víctimas o castigar a los responsables. En 1933, el número de prisioneros en detención preventiva ascendía a unos 30 000 y todos, al ser puestos en libertad, tenían que comprometerse por escrito a no revelar nada acerca de sus experiencias. Con todo, no tardaron en cundir los rumores al respecto y en 1934 se publicaron los primeros informes auténticos escritos por prisioneros que habían escapado. Gerhart Seger, por ejemplo, durante muchos años diputado socialdemócrata en el Reichstag, redactó uno acerca de Oranienburg. En él mencionó de manera fidedigna, evitando con cuidado toda exageración e invectiva, la cámara de tortura o cuarto para los interrogatorios, en el que los detenidos recibían golpizas tan tremendas que muchos de ellos morían de las consecuencias. Habló de las humillaciones a las que se sometía sobre todo a los prisioneros eminentes, como los ex diputados socialdemócratas Ebert y Heilmann, así como de las celdas oscuras en las que se encerraba a los presos durante varios días y noches, en unas especies de ataúdes verticales de piedra, cuando habían violado el reglamento del campo de concentración. Por otra

parte, Seger también expuso el odio permanente que caracterizaba las relaciones entre los reclusos comunistas y los socialdemócratas, que inducía a los
primeros a aplaudir cuando el comandante avisaba del próximo ingreso de
nuevos "caudillos socialdemócratas". Corrigió una antigua antipatía al declarar
que los ejercicios de castigo impuestos por el ejército prusiano habían sido
"una costumbre humanitaria [...] en comparación con la infamia de los actos
correspondientes realizados por la SA".[9] Así, estos campos de concentración
representaban la última instancia, por decirlo de alguna manera, en una guerra
civil cuyo partido victorioso ponía de manifiesto una brutalidad extraordinaria
y una vil crueldad, precisamente por tener la impresión de que por un pelo
hubiera podido ser derrotado. Era comprensible que al arribar al campo se
prometiese dar un trago de su propio chocolate a los detenidos, de los cuales
algunos al principio aún se desplazaban a Dachau cantando la Internacional y
echando vivas al KPD, bajo la vigilancia de la policía. Con todo, fue un abuso
sintomático cuando el primer comandante de Dachau, Hilmar Wäckerle,
ordenó expresamente a sus SS que debían convertirse, para Alemania, en lo
que para Rusia era la checa.[10] Con cierta frecuencia las crueldades llegaron a
sacudir, incluso interpretadas de la manera más liberal posible, la base en la
que debe descansar hasta el terror más riguroso y parcial de cualquier guerra
civil: la de la conservación de la propia identidad. Ningún enemigo fugitivo,
sino el ministro de Justicia del Reich, Dr. Gürtner, escribió en 1935 lo siguiente
acerca de lo que solía suceder en los campos de concentración irregulares antes
de su disolución a principios de 1934:

> En el campo de concentración Hohnstein de Sajonia, los presos tenían que perma-
> necer debajo de un aparato de goteo construido especialmente para este fin hasta
> que su cuero cabelludo estuviera cubierto de graves heridas supurantes, infligidas
> por las gotas de agua que caían a intervalos regulares. En un campo de concentración
> de Hamburgo, cuatro prisioneros estuvieron amarrados a una reja, en forma de
> cruz, durante varios días de manera ininterrumpida —una vez tres días con sus
> noches; la otra, cinco días y sus noches—, y alimentados con raciones tan escasas de
> pan seco que casi murieron de hambre. Estos pocos ejemplos revelan tal grado
> de crueldad, ofensiva a todo buen sentir alemán, que resulta imposible hallar
> circunstancias atenuantes para ellos.[11]

---

[9] Gerhart Seger, *Oranienburg. Erster authentischer Bericht eines aus dem Konzentrationslager
Geflüchteten. Mit einem Geleitwort von Heinrich Mann*, Graphia, Karlsbad, 1934, p. 61. A comienzos
del mismo 1934, el comandante del campo de concentración publicó una respuesta, la cual no es
totalmente inverosímil y se encarga sobre todo de describir gráficamente la situación de guerra
civil que reinaba dentro del campo: *Konzentrationslager Oranienburg. Von SA-Sturmbannführer Schäfer,
Standarte 208, Lagerkommandant. Das Anti-Braunbuch über das erste deutsche Konzentrationslager*,
Berlín, s.f. (1934).

[10] Hans-Günter Richardi, *Schule der Gewalt. Die Anfänge des Konzentrationslagers Dachau
1933-1934. Ein dokumentarischer Bericht*, Munich, 1983, pp. 58, 121 y 113.

[11] IMG, t. XXXIII, pp. 56 y ss.

Otro hecho más impide considerar el terror sembrado por la SA durante el primer año como los excesos propios de la fase final de una guerra civil llevada a cabo sólo de manera incipiente y suspendida o al menos dominada por las autoridades estatales después de unos cuantos meses. Es cierto que Rudolf Diels, el primer jefe de la Comisaría Secreta de Policía fundada a fines de abril de 1933, declaró después con orgullo que en colaboración con otras autoridades había logrado disminuir el número de personas en detención preventiva a 2 800 y sustituir los aproximadamente 50 campos de concentración irregulares por unas cuantas instalaciones estatales.[12] No obstante, precisamente el campo más grande, Dachau, permaneció bajo el mando de la SS y ésta, por medio de la hábil táctica de su jefe nacional, basada en la posición de Himmler como comandante político de la policía de Baviera, fue reuniendo cada vez más poderes policiacos. De esta manera, el terror disminuyó en cantidad, pero por otra parte fue sistematizado y siguió siendo sustraído a un control efectivo por parte de la justicia. Por otro lado, en algunos campos se formaron las llamadas *compañías de judíos*,[13] sometidas a un régimen de particular dureza. También en su caso, indudablemente se trataba de adversarios políticos, de comunistas y socialdemócratas, y ningún judío ingresó, al parecer, por el simple hecho de serlo; pero después de su detención eran señalados como judíos y recibían un trato distinto de los demás. De esta manera se inició la transición hacia el castigo por el hecho de ser, no por el de actuar, y dicha transición fue realizada al mismo tiempo en otras formas, que aunque tampoco constituían medidas punitivas ni terroristas en un sentido estrecho, deben considerarse actos de persecución o de represión. En primer lugar cabe mencionar la "Ley para Reconstituir a los Funcionarios de Carrera" del 7 de abril de 1933, la cual en el tercer párrafo hacía constar lo siguiente: "Los funcionarios que no sean de origen ario deberán ser jubilados. Cuando se trate de funcionarios honorarios, serán separados de su cargo." De esta manera, una ley dirigida contra los funcionarios de la lista del partido, según su encabezamiento, llegó a englobar un principio del todo distinto: la pertenencia a un grupo o raza. En caso sumo, este criterio hubiera sido justificado ante un decreto de proporcionalidad demográfica, pero en ausencia de otra norma aparte de la pertenencia a la "religión mosaica" necesariamente debió parecer una medida de persecución religiosa.

No es de sorprender, pues, que en la información difundida por la prensa extranjera descollara muy pronto la persecución de los judíos. No se requerían circunstancias especiales del delito, porque por primera vez en la historia mundial había llegado al gobierno de un gran Estado un partido que

---

[12] Institut für Zeitgeschichte, *ZS*, 537, t. IV, fol. 00010.

[13] Seger, *op. cit.*, p. 31; *cfr.* Walter Hornung, *Dachau. Eine Chronik*, Zurich, 1936, donde se habla de las barracas de judíos (p. 131).

desde su programa mismo se declaraba abiertamente antisemita. Gran parte de las noticias publicadas por la prensa extranjera sin duda eran sumamente exageradas, como cuando el *Herald Tribune* proclamó, en su edición del 3 de marzo, que estaba próximo "el genocidio de los judíos alemanes", o cuando a fines de abril el *Daily Herald* publicó un artículo enviado desde la "tierra de los asesinos de judíos".[14] De igual modo fue cuestionable la mezcla de propaganda antifascista y projudía debido a la cual empezó a aparecer en manifestaciones públicas la efigie de Hitler, colgada de una horca. No fue muy distinto el caso del movimiento para boicotear los productos alemanes que se echó a andar pocas semanas después de la toma del poder.[15] Sin embargo, en todo ello sólo se refleja, si bien en forma exagerada o prematura, el hecho de que en Alemania había comenzado algo sin precedentes en el mundo: la lucha contra los judíos como tales y su privación de todo derecho, en un Estado moderno en el que su emancipación —es decir, su asimilación jurídica y efectiva a los demás ciudadanos nacionales— había sido concluida desde hacía mucho tiempo.

Un libro publicado el 15 de mayo de 1933 por la editorial de Jakow Trachtenberg, que se había dado a conocer por la edición de material antibolchevique,[16] sirvió para poner de manifiesto la medida en que también se trataba del contraste entre la naciente Revolución nacionalsocialista y el levantamiento nacional. En él se reúne una serie de declaraciones hechas por organizaciones y personajes judíos alemanes contra la "propaganda difamatoria" del exterior. La mayoría está redactada con cautela, como era de esperar en vista de la presión ejercida por parte de los nacionalsocialistas; hablan de "malos tratos", "abusos" o "excesos", pero desmienten las noticias sobre auténticas atrocidades. En algunos puntos salta a la vista la posición nacionalista alemana y burguesa que caracterizaba precisamente a las organizaciones judías más grandes y a algunos de sus hombres más importantes. La Liga de Veteranos Judíos del Reich, por ejemplo, se expresa decididamente contra la "imperdonable campaña difamatoria [...] promovida contra Alemania por supuestos intelectuales judíos en el extranjero". El presidente honorario de la Unión de Judíos Alemanes Nacionalistas, Max Naumann, considera la propaganda difamatoria como "sólo una nueva variante de la propaganda de guerra dirigida contra Alemania y sus aliados de antaño". El presidente de la Asociación Alemana de Rabinos, Leo Baeck, declara que los principales puntos en el programa de la Revolución nacional alemana —vencer al bolchevismo y renovar a Alemania— también eran objetivos perseguidos por los judíos alemanes, que a ningún país de Europa estaban ligados en forma tan profunda y viva

---

[14] Karl Bömer, *Das Dritte Reich im Spiegel der Weltpresse*, Leipzig, 1934, p. 64.

[15] En cuanto a este boicot, véanse los datos incluidos en la ponencia "Lügenpropaganda-Boykottbewegung", en Pol. Archiv AA, PO5 NE.

[16] Entre otros, Jakow Trachtenberg, *Tagebuch eines Sowjetbürgers*, Berlín, 1932.

como a Alemania.[17] En la introducción, el propio Trachtenberg comenta que
la difamación a causa de las supuestas atrocidades cometidas en Alemania
conllevaba el peligro de provocar, con el tiempo, auténticas atrocidades,
porque los autores sin escrúpulos de la campaña de mentiras evidentemente
querían "desencadenar una nueva guerra". Si los nacionalsocialistas no hubieran sido más que nacionalistas alemanes o simples anticomunistas hubieran
podido entenderse fácilmente con gran parte de los judíos alemanes.

No obstante, casi todos los órganos de la prensa extranjera también interpretaban la toma del poder de Hitler como el triunfo de un nuevo nacionalismo alemán, aun cuando dedicaban mucho espacio a las noticias sobre las
persecuciones de los judíos. El *Manchester Guardian* temía y odiaba sobre todo
a los "*junkers* y reaccionarios", y consideraba a Hitler un mero instrumento en
las manos de estas personas, y el *Times* no creía a Hitler capaz de engañar a
sus aliados de la misma manera en que lo había hecho Mussolini, porque
carecía de "las capacidades extraordinarias" del dictador italiano.[18] También
los franceses temían mucho más al Reichswehr y al príncipe heredero que a
Hitler, a quien con frecuencia comparaban despectivamente con el general
Boulanger.[19] En ambos países, las fuerzas de izquierda y de derecha coincidían
en que no identificaban a Hitler como un elemento realmente novedoso, sino
que aún creían estar tratando con los *reaccionarios* o los *militaristas* que les
habían librado una batalla tan difícil durante la Guerra Mundial. Sólo el *Daily
Mail* de lord Rothermere interpretaba a Hitler antes que nada como un
anticomunista; en octubre cedió espacio a un autor muy prominente, Lloyd

---

[17] *Die Greuelpropaganda ist eine Lügenpropaganda sagen die Deutschen Juden selbst*, Berlín, 1933
(alemán, holandés, sueco), pp. 18, 31 y 33. Un informe enviado el 28 de marzo de 1933 por el
embajador inglés en Berlín, sir Horace Rumbold, a su ministro de Relaciones Exteriores, puso de
manifiesto muy pronto a qué se exponía Hitler al declarar la guerra a los judíos no sólo como jefe
de un partido sino como estadista, así como la enorme contradicción existente entre dicha guerra
y las tradiciones del periodo de Weimar e incluso de la época guillermina: "La joven generación
nazi no sabe nada de la actividad desarrollada por judíos alemanes y extranjeros en la lucha contra
las cláusulas vejatorias del Tratado de Versalles. La misma propaganda hábil e incansable que
contribuyó tanto a mejorar la situación internacional de Alemania a lo largo de la pasada década
se dirige ahora contra el movimiento nazi."
   No obstante, en el mismo informe el embajador, que era todo menos amigo del movimiento
nacionalsocialista, escribe lo siguiente: "El ostentoso tren de vida de los banqueros y capitalistas
judíos [...] inevitablemente despertó envidia al generalizarse el desempleo. Los mejores elementos
de la comunidad judía tendrán que sufrir y siguen sufriendo los peores pecados, en especial los
pecados de los judíos rusos y galitzianos que llegaron a este país durante la Revolución de 1918"
(DBFP, segunda serie, Londres, 1956, t. V [1933], p. 6).
   Un conocedor de la historia del sionismo hubiera recordado la predicción de Theodor Herzl:
"La batalla social se llevará a cabo sobre nuestras espaldas, porque del lado capitalista y también
del socialista ocupamos los lugares más expuestos" (Theodor Herzl, "Der Judenstaat", *Zionistische
Schriften*, Tel Aviv, 1934, t. 1, p. 37).
   [18] Brigitte Granzow, *Mirror of Nazism. British Opinion and the Emergence of Hitler*, Londres, 1964,
pp. 218 y 220.
   [19] Maurice Vaïsse, "Frankreich und die Machtergreifung", en Wolfgang Michalka (comp.), *Die
nationalsozialistische Machtergreifung*, Paderborn, 1984, pp. 261-273.

George, primer ministro durante la guerra, quien expuso la tesis de que en caso de que Hitler fracasara, sin duda alguna se establecería el comunismo.[20] Rara vez hubo comparaciones con la Revolución rusa, aunque en una reseña del *Braunbuch über Reichstagsbrand und Hitlerterror*, publicada el 8 de septiembre, el *Berlingske Tidende* comentó que sucedían cosas mucho más atroces en los lugares donde los comunistas detentaban el poder.[21] Con menos frecuencia aún se opinó que Hitler en realidad no era anticomunista ni tampoco conservador. Por lo tanto, si bien cundió una considerable inquietud y se presentaron opiniones muy distintas, ninguno de los periódicos extranjeros interpretó la toma de poder de Hitler como un suceso que ocasionaría consecuencias históricas a nivel mundial.

Los contemporáneos no fueron los únicos en evaluar de manera muy superficial a Hitler y el nacionalsocialismo. Más de medio siglo después, la tendencia científica más intrínseca ha llegado a un resultado semejante. Cuanto más minuciosa es la investigación de los sucesos aislados ocurridos inmediatamente antes y después de la toma nacionalsocialista del poder, más peligro hay de que el trasfondo se torne vago o convencional y mayor margen existe para apreciaciones totalmente subjetivas por parte de los respectivos autores. Al tratar de seguir los acontecimientos políticos en su curso cotidiano y tomando en cuenta toda su complejidad, resulta fácil restar importancia a las declaraciones ideológicas que sólo figuran en forma ocasional. Si Hermann Göring es considerado sobre todo desde el punto de vista de la toxicomanía, probablemente se descartará como frase sentimental su afirmación de que los revolucionarios de 1918 les "pisotearon el corazón" a él y a sus semejantes. El experto en política parlamentaria quizá defina a los comunistas como alborotadores que sólo se hacían notar de vez en cuando, armando algún escándalo, por ejemplo, o presentando mociones poco realistas. El autor que ha elegido el pacto entre Hitler y Stalin como foco de interés principal probablemente interpretará el discurso pronunciado el 2 de marzo por el primero como una muestra de agitación hipócrita y demagógica. Sin embargo, de vez en cuando el espíritu de la ciencia tiene que arremeter, por muy grande que sea el riesgo, contra esta tendencia científica más intrínseca, la progresiva especialización. A fin de clasificar de acuerdo con una jerarquía lo importante y lo secundario, los impulsos auténticos y los recursos tácticos, los motivos más profundos y los menos profundos, las distintas declaraciones hechas por Hitler al tomar el poder y las diversas tendencias del movimiento nacionalsocialista, es preciso volver largamente la vista hacia atrás a fin de lograr una definición concreta de términos empleados con frecuencia, como por ejemplo *burgués*. Esta retrospectiva no debe incluir sólo la primera Guerra Mundial y la Revolución alemana de noviembre, sino también, en forma explícita y con detalles

[20] 13 de octubre de 1933.
[21] Bömer, *op. cit.*, p. 45.

fundamentales, la Revolución rusa, a la cual Hitler, el *Völkischer Beobachter* y muchos jefes del partido se remitían con gran frecuencia. Sólo entonces se apreciará en qué medida la toma del poder nacionalsocialista representó un punto final —el punto final del periodo de Weimar, al que en 1933 prácticamente nadie quería regresar— y, al mismo tiempo, un preludio del mayor trastorno ocurrido jamás en la historia mundial, pese a que incluso los más inteligentes entre sus contemporáneos lo considerasen un mero episodio.

## II. RETROSPECTIVA DE LOS AÑOS 1917-1932: COMUNISTAS, NACIONALSOCIALISTAS Y LA RUSIA SOVIÉTICA

### 1. La desintegración de Rusia y el designio de la revolución mundial: la Revolución de Febrero y la toma bolchevique del poder, 1917

LA REVOLUCIÓN del colapso militar a la que los nacionalsocialistas hacían continua referencia con palabras y hechos ocurrió en Rusia en marzo de 1917, un año y medio antes que en Alemania. No obstante, significó un proceso más largo y doloroso, porque al principio no podía preverse la derrota final; lo que pretendía era precisamente impedirla. La toma del poder de los bolcheviques en noviembre representó, por una parte, la continuación y la culminación de dicho proceso, pero también el comienzo de un contramovimiento enfocado a disolver el poder y la cohesión del vasto imperio, según se pondría de manifiesto después de un tiempo relativamente corto. Con todo, los bolcheviques concibieron su "Revolución de Octubre"[1] como realización y ejecución de las intenciones que desde la Revolución de Febrero regían no a los políticos, sino a las grandes masas de los soldados y al pueblo: el deseo de paz, justicia social y libertad. La relación entre la toma del poder bolchevique y la revolución popular era, por ende, de carácter ambivalente, mientras que en Alemania la toma del poder nacionalsocialista sólo pretendía estar relacionada en forma negativa con dicho colapso revolucionario, en este caso mucho más alejado en el tiempo.

El 8 de marzo de 1917 hubo algunas manifestaciones de protesta contra la escasez de pan en Petrogrado, sumándose a las huelgas que habían estallado unos días antes en varias fábricas importantes. Las manifestaciones atrajeron a un gran número de personas y se repitieron con dimensiones cada vez mayores en el curso de los siguientes días. Desde su comienzo, el presidente del Parlamento exhortó encarecidamente al Zar, quien desde hacía cierto tiempo ejercía personalmente el mando supremo del ejército y se encontraba en su cuartel general de Moguiliov, a que formara cuanto antes un gabinete que gozara de la confianza general, porque los batallones de reserva de los regimientos de guardia ya estaban matando a sus oficiales y un gran número de aspirantes a oficiales estaba participando en las manifestaciones. Nicolás II no quiso tomar las medidas recomendadas. A los pocos días, la mayoría de las

---

[1] El calendario juliano ruso se atrasaba 13 días con respecto al calendario gregoriano; al 7 de noviembre correspondía, por lo tanto, el 25 de octubre. A comienzos de 1918 fue adoptado el sistema usual en el resto de Europa.

tropas de la capital se había pasado al lado de los manifestantes; casi todas las estaciones de policía de Petersburgo estaban reducidas a cenizas; ondeaban banderas rojas por todas partes, incluso sobre el techo del Palacio de Invierno; la dinastía de los Romanov había sido destituida, enormes muchedumbres recorrían las avenidas principales, ebrias de felicidad, y, además del débil "gobierno provisional" integrado por miembros del "bloque progresista" del Parlamento, se había convocado al "Soviet de los Diputados Militares y Obreros". El "Decreto Número 1" de este último dispuso que todas las unidades militares formaran soviets, a los que correspondería el mando en todo asunto político. Si bien seguía exigiéndose a los soldados la "disciplina militar más rigurosa" en el cumplimiento de su servicio, dicho decreto debilitó irreversiblemente la autoridad de los oficiales en todas partes. Se multiplicaron los casos de desobediencia, deserción y asesinato de superiores y se estremeció la estructura misma del gigantesco ejército ruso. En el mismo mes de marzo, el alto mando del ejército recibió informes de que en Kronstadt 90% de los oficiales había sido detenido y se encontraba bajo vigilancia, mientras que los oficiales libres no podían usar hombreras, puesto que éstas les eran arrancadas enseguida "por los peores elementos de la tropa".[2] En abril, en una asamblea celebrada por los marineros y soldados de Helsingfors se redactó una resolución de protesta "contra todas las consignas de guerra difundidas por la burguesía" y se declaró que la escasez de municiones era "culpa de los empresarios".[3] Las cartas escritas por los soldados en el frente y retenidas por la censura hablaban cada vez con mayor frecuencia de una próxima paz y de la inminente repartición de la tierra de los latifundistas. Además de conmovedores testimonios de una mayor autoestima, los censores también leían afirmaciones que se caracterizaban por una violencia alarmante: "El antiguo poder no nos aceptaba como seres humanos [...] Ahora todos hemos despertado a la vida"; "Todos los comités están trabajando aquí y han elaborado proyectos a fin de entregar gratis la tierra al pueblo, sin que le cueste un solo copeck. Si alguien se opone y procede contra la nueva ley, lo mataremos y lo destruiremos; si fuese preciso, no perdonaría ni a mis propios padres".[4] Muy pronto se puso de manifiesto, por lo tanto, que se trataba de una revolución política ocasionada por el cansancio de la guerra que embargaba a los soldados, así como del claro comienzo de una revolución social promovida por la mayoría de los campesinos, que deseaban ver cumplido su viejo deseo de ocupar las fincas de la aristocracia.

En Petrogrado y en los pocos centros industriales que existían además de éste, se hicieron escuchar, al mismo tiempo, las primeras demandas obreras

---

[2] *Die russische Revolution 1917. Der Aufstand der Arbeiter, Bauern und Soldaten. Eine Dokumentation*, editado por Richard Lorenz, Munich, 1981, p. 252.

[3] *Ibid.*, p. 259.

[4] *Ibid.*, pp. 264-265.

de socializar la industria. No parecía probable que el Soviet de los Diputados Militares y Obreros rechazara estas peticiones de principio, puesto que lo integraba una gran mayoría de miembros del Partido Campesino de los Social-revolucionarios y del Partido Marxista Obrero de los mencheviques, mientras que los bolcheviques aún eran relativamente débiles. No obstante, el Soviet estaba perfectamente consciente, por supuesto, de que la cuestión de la paz era mucho más apremiante, en ese momento, que otro asunto cualquiera, por lo cual dirigió apasionadas llamadas a los "proletarios de todas las naciones" y en especial a los obreros y soldados alemanes: debían invertir todas sus fuerzas en obligar a sus respectivos gobiernos a concluir una paz general, ahora que la autocracia había sido derrocada en Rusia y que ya no era válido el argumento de tener que defender a Europa contra el despotismo asiático.[5] El Soviet no quería ocasionar un trastorno inmediato ni exigía el gobierno exclusivo para sí mismo. Estaba convencido, por el contrario, de que Rusia sólo podría ser salvada por la colaboración entre todos los partidos de izquierda, el partido burgués de los "Demócratas Constitucionales" (cadetes) inclusive. Por este motivo se concebía más que nada como Parlamento provisional de un gobierno provisional, al que desde el principio envió a sus delegados. De esta manera eligió, ciertamente, un camino discutido con vehemencia por los socialistas de la Europa occidental hasta estallar la guerra: la colaboración con el enemigo de clase, la burguesía. Sin embargo, tenía buenos motivos para opinar que cualquier otra senda conduciría forzosamente a la solución fatal de una paz por separado, porque las derrotas constantes sufridas por las tropas rusas a manos de los ejércitos alemanes representaban la verdadera causa del deseo de paz, y las tropas de las potencias centrales se habían adentrado mucho en Rusia; ocupaban toda Polonia y extensas partes de las provincias bálticas y estaban llamando a las puertas de Ucrania. De desintegrarse el ejército ruso, el país quedaría a merced del poderío militar alemán. Sólo la pronta conclusión de una paz general protegería a las fuerzas socialistas de la acusación de haber conducido al país a la derrota. Por ello incluso los bolcheviques se pusieron del lado del gobierno, el cual debía salvar al país "de la ruina y la desintegración" ahora que estaba abierto el camino a la "república democrática" y a la convocación de una asamblea constituyente.[6]

La primera gran paradoja de esta Revolución nacida del deseo de paz radicó en el hecho de que sólo había sido posible porque la opinión pública exigía triunfos y había concebido un recelo cada vez mayor hacia la corte zarista; la zarina María Fiodorovna, de nacimiento princesa alemana, supuestamente estaba promoviendo una paz por separado con el Emperador alemán y haciendo propagar un espíritu derrotista por medio de su protegido, Rasputín. Rasputín en efecto se oponía a la guerra y su asesinato en diciembre de 1916

[5] Schulthess, 1917/II, p. 672.
[6] *Illustrierte Geschichte der Russischen Revolution 1917*, Berlín, 1928, p. 143.

significó un triunfo para el partido de la guerra en la corte, la Duma, el cual también contaba con numerosos paladines en el Parlamento. Al fin y al cabo, se estaba haciendo la guerra en alianza con las democracias occidentales Francia e Inglaterra; por medio de dicha alianza, la *inteligentsia* rusa y la fuerte burguesía industrial de Petersburgo desde hacía mucho tiempo esperaban poner fin a la autocracia y transformar el gobierno en una monarquía constitucional. Por lo tanto, una parte poderosa de la opinión pública dio la bienvenida a la Revolución, como un cambio que al lado de los pueblos libres de Occidente conduciría a una Rusia libre y fortalecida por esta libertad, hacia el triunfo definitivo sobre el militarismo prusiano-alemán. La Revolución también fue interpretada de esta manera por muchos observadores extranjeros; algunos estadunidenses compararon al nuevo presidente, el príncipe Lvov, con George Washington.[7] Pero no todos los representantes de los aliados eran tan optimistas; por ejemplo, el conde Louis de Robien, secretario de la legación francesa, en marzo y abril ya sospechaba cuál sería el desenlace de los acontecimientos, al apuntar en su diario que un buen amigo suyo, el general Stackelberg, que se había negado a cumplir con las exigencias de la soldadesca, fue asesinado y arrojado al Neva ante los ojos de su mujer. Robien sintió la misma alarma al reparar, poco tiempo después, que se habían mezclado con los soldados "estudiantes mal rasurados, con largas melenas y gorras verdes... todos ellos típicos nihilistas rusos".[8] Él y todos sus colegas estaban enterados de que los alemanes esperaban aprovechar la Revolución para lograr una paz por separado y que desde hacía mucho tiempo, por medio de dinero y de agentes, se esforzaban por hacer valer su influencia en este sentido.

Tranquilizar a los aliados debió de ser uno de los objetivos del nuevo ministro de Relaciones Exteriores y jefe de los cadetes, Pavel Miliukov, al subrayar en una nota diplomática la voluntad rusa de triunfar y al recordar los objetivos que su país perseguía con la guerra, entre otros llegar a Constantinopla. De esta manera, promovió sin querer la segunda y aún más grande paradoja de la Revolución: el jefe de los bolcheviques, Vladimir Ilich Lenin, recibido ceremoniosamente en Petersburgo a mediados de abril, al regresar del exilio en Zurich, estaba ganando un número cada vez mayor de adeptos con sus "tesis de abril". Con asombro y perplejidad, los mencheviques y también muchos de los compañeros de partido de Lenin se enteraron de que en su opinión el gobierno provisional era un gobierno burgués, un gobierno de capitalistas; según él, los auténticos socialistas debían librar una enconada lucha contra éstos, pero también contra los "adalides de la patria" o los "patrioteros sociales" entre los mencheviques y social-revolucionarios "pequeñoburgueses", a fin de erigir un Estado de "comunas" o de soviets que

---

[7] Alexander Rabinowitch, *The Bolsheviks come to Power*, Londres, 1979, p. XXII.

[8] Louis de Robien, *Russisches Tagebuch 1917-1918. Aufzeichnungen eines französischen Diplomaten in Petersburg*, Stuttgart, 1967, pp. 18 y 23.

eliminara "a la policía, al ejército y a la burocracia" y efectuara una transición inmediata al socialismo. La popularidad de que gozaba esta disputa contra los capitalistas y los *burschui* se puso de manifiesto al verse Miliukov obligado a dimitir, después de una serie de grandes manifestaciones. Al poco tiempo resultó imposible pasar por alto el hecho de que Lenin estaba dando expresión a un poderoso deseo popular abriendo así una enorme brecha dentro de la democracia revolucionaria. Por un lado se encontraban los social-revolucionarios, los mencheviques y algunos partidos socialistas más pequeños, que —formando al principio aún la gran mayoría— procuraron reducir, bajo la dirección de Alexander Kerenski, la distancia entre el Soviet y el gobierno; muy pronto el gobierno provisional llegó a contar con casi la mitad de socialistas. Del lado contrario se colocaron los bolcheviques y los llamados mencheviques internacionalistas agrupados en torno a Julio Martov, así como el pequeño grupo de León Trotski, quien había regresado a Rusia procedente de Estados Unidos. Todos ellos pedían "el poder completo para los soviets", ya que sólo un gobierno libre de capitalistas y defensores de la patria sería capaz de dirigir un llamado creíble a los pueblos de los estados en guerra y de lograr, de esta manera, una paz general.

Por cierto no se trataba de la primera brecha abierta entre otros socialistas y él mismo por Vladimir Uliánov, hijo de un ennoblecido inspector de segunda enseñanza de Simbirsk. En 1903 provocó la división entre bolcheviques y mencheviques del recién fundado Partido Socialdemócrata de los Trabajadores de Rusia, porque pretendía imponer su propio concepto de partido, como una "organización dirigente estable y preservadora de la continuidad" y un "grupito estrechamente unido" de revolucionarios profesionales, a las ideas más democráticas de Martov, quien daba mayor importancia a la espontaneidad de los actos masivos que a la conciencia y la pretensión de gobierno de los intelectuales socialistas. A continuación, Lenin luchó sin cesar contra liquidadores, fideístas y otras desviaciones. Al estallar la guerra, fue el único entre todos los socialistas de Europa que de hecho exigió la derrota de su propio país y "transformar la guerra imperialista en una guerra civil". Al mismo tiempo, este amigo de la paz expresó un desprecio tan abismal contra los pequeñoburgueses chillones y la aversión que en ellos inspiraban la sangre y el empleo de las armas,[9] que cualquier observador hubiese tenido buenos motivos para sospechar que en la cabeza de ese hombre estaba naciendo un tipo de socialismo totalmente nuevo. Kautski y Rosa Luxemburgo no lo consideraban del todo como uno de los suyos, puesto que su táctica parecía ajustarse demasiado a las circunstancias específicas de la autocracia rusa. En 1914, el número de partidarios leninistas era aún muy reducido en comparación con los militantes y electores de la socialdemocracia alemana. A comienzos de 1917, los miembros del partido sólo sumaban unos

---

[9] Lenin, *AW*, t. I, pp. 876 y ss.

50 000. Sin embargo, en ningún otro partido socialista de Europa la autoridad de un solo individuo era tan grande e innegable.

Las implicaciones de esta circunstancia en una situación extrema fueron comprendidas también por el público en general con motivo del Primer Congreso Soviético General de Rusia celebrado en junio de 1917. Lenin pronunció un discurso en el que, además de declararse dispuesto a "hacerse cargo de todo el poder" junto con su partido, anunció que en cuanto triunfara haría detener a los capitalistas más importantes, puesto que, al igual que sus compañeros de clase franceses e ingleses, no eran más que ladrones y peligrosos intrigantes.[10] Kerenski todavía recibió fuertes aplausos al tachar de oriental, con toda la pasión del socialismo humanitario, la sugerencia de detener y castigar a alguien por el único motivo de pertenecer a cierta clase social.[11] Con igual contundencia se opuso a Lenin su antiguo mentor Georgi Plejanov, fundador del marxismo ruso, al atacar "la ambición casi patológica de tomar el poder que anima a los bolcheviques" y declarar a Lenin incapaz por naturaleza de comprender que la derrota de Rusia forzosamente equivalía a la pérdida de la libertad en Rusia.[12]

Entre tanto crecía cada vez más el ansia de las masas por identificar y atacar a unos culpables concretos. En los discursos de Lenin desde el balcón del palacio de la bailarina Kchssinskaia, su cuartel general, propagó sin tapujos el popular principio de "robar lo robado" y evocó el "gallo rojo" que habría de posarse sobre las casas de los terratenientes. Esto ya estaba sucediendo, ciertamente, en toda Rusia, y en algunos lugares la vida comercial se había detenido casi por completo, ya que a fin de cubrir las necesidades locales los campesinos simplemente retenían los envíos de madera o de cereales destinados a otras regiones, aunque ya estuvieran pagados. No obstante, la diferencia entre tensiones sociales inevitables o al menos naturales y su activación y agudización conscientes fue revelada de manera sintomática por una carta dirigida en junio por el coronel de un regimiento siberiano a sus superiores militares:

A los oficiales sólo nos queda ponernos a salvo, porque ha llegado de Petrogrado un partidario de Lenin, soldado de la V Compañía. A las 16 horas tendrá lugar una asamblea. Es cosa decidida ya que Morozko, Egorov y yo seremos ahorcados y que se juzgará a los demás oficiales para ajustar cuentas con ellos. Me iré a Loshany [...] Muchos de los mejores soldados y oficiales han huido ya.[13]

Resulta casi increíble que un ejército inmerso en tal etapa de disolución aún pudiese reunir las fuerzas necesarias para emprender una ofensiva grande e

---

[10] *Ibid.*, t. II, pp. 69 y ss.

[11] Richard Kohn, *Die Russische Revolution in Augenzeugenberichten*, Düsseldorf, 1965, p. 241.

[12] G. V. Plejanov, *God na rodine. Polnoe sobranie statej i rečij 1917-1918 v dvuch tomach*, París, 1921, t. I, pp. 30 y 33.

[13] Lorenz, *op. cit.*, p. 275.

inicialmente exitosa contra el enemigo a comienzos de julio: la llamada ofensiva de Brusílov. El ministro de Guerra Kerenski la dispuso, entre otros motivos, para contrarrestar las crecientes dudas de los aliados acerca de la confiabilidad de Rusia y su fidelidad al convenio con ellos. Pese al ingreso de Estados Unidos en el conflicto, no reinaba un estado de ánimo optimista entre los adversarios de las potencias centrales, y un triunfo ruso en Galitzia hubiese renovado su disminuida confianza en la victoria y aumentado mucho el ascendiente de Rusia. No obstante, el avance militar concluyó muy pronto con una retirada y una derrota catastrófica y el número de soldados que abandonaba el frente por voluntad propia creció de manera incontenible. No es posible determinar con precisión la medida en que la propaganda de los bolcheviques influyó en este proceso, pero no cabe duda de que fue considerable.

Sin embargo, un levantamiento llevado a cabo en julio en Petrogrado y apoyado sólo en forma vacilante por el partido tuvo un saldo de varios cientos de muertos y pareció desbaratar de nueva cuenta todos los éxitos obtenidos hasta la fecha. Cuando el gobierno emitió órdenes de detención contra los dirigentes bolcheviques y encarceló a varios de ellos, Lenin vaticinó, antes de desaparecer en la clandestinidad: "Ahora seremos fusilados uno por uno".[14] Mas el poder seguía en manos de los socialistas humanitarios y León Trotski, desde la prisión, escribió un artículo tras otro para las numerosas publicaciones del partido, que sólo habían cambiado de nombre. Mientras tanto, Lenin se alojó con el jefe de la policía de Helsingfors, un simpatizante de los bolcheviques. En efecto, la situación del partido hubiera sido desesperada de entregarse el gobierno y el soviet con todas sus fuerzas a la lucha, porque el partido bolchevique adolecía de una debilidad que tal vez hubiera resultado decisiva. Lenin y algunos de sus colaboradores más destacados habían regresado a la patria a través de Alemania, y saltaba a la vista que el gobierno alemán se dejó influir por intenciones muy precisas al dar su aprobación para este procedimiento tan singular. Además, el partido contaba con una sorprendente cantidad de recursos. ¿Qué suposición podía ser más natural que la de que Lenin trabajaba, por encargo de los alemanes, por el pronto abandono ruso de la guerra? De hecho ha dejado hace mucho de ser un secreto que precisamente esta intención decidió la actitud del gobierno alemán y también la del general Ludendorff, y que desde 1915 se invertían cantidades considerables de dinero en la agitación revolucionaria en Rusia por mediación del ex socialista de izquierda Alexander Parvus-Helphand, a quien la guerra había convertido en un *socialpatriota*, pero que seguía odiando el zarismo. En septiembre el subsecretario de Estado Von Kühlmann tuvo buenos motivos para escribir que sin el apoyo constante y cuantioso del gobierno alemán el movimiento bolchevique no hubiese adquirido nunca las dimensiones y la influencia que poseía

---

[14] León Trotski, *Über Lenin*, Francfort, 1964, p. 61.

en ese momento.[15] Sin embargo, en julio la actitud de las masas del pueblo y especialmente de los soldados seguía siendo muy patriótica a pesar del cansancio de la guerra, sobre todo en Petersburgo, en gran medida probablemente porque el gobierno había garantizado a la guarnición de la ciudad no enviarla al frente, ya que debía defender la Revolución en la capital. Por lo tanto, hubiera resultado mucho más fácil azuzar a los soldados contra unos agentes alemanes que contra los capitalistas ricos. Sin embargo, los social-revolucionarios y los mencheviques no se mostraron muy convencidos al aprovechar esta oportunidad, cuando lo hicieron. El espíritu humanitario no fue el único factor determinante en esta actitud, sino también la sensación de no poder prescindir, por miedo a la reacción, de los bolcheviques como aliados.

Dicha reacción, por su parte, consistía principalmente en el desesperado esfuerzo del cuartel general militar por dominar las tendencias a la desintegración en el ejército y la armada y restablecer el poder de mando de los oficiales, como condición indispensable para ofrecer resistencia contra Alemania, su enemigo tradicional. Para ello los generales contaban de principio con el apoyo del gobierno, y a fines de julio se volvió a instaurar la pena de muerte. En vista de la situación de emergencia, Kerenski, que desde julio era presidente y estaba sometido a la presión constante de los embajadores aliados, al parecer contemplaba seriamente la posibilidad de instaurar una especie de dictadura. Su intención coincidió con la del comandante en jefe, el general de los cosacos Lavr Kornilov. No obstante, Kerenski quería ser el dictador, y entre los oficiales se había creado mucha desconfianza en su contra. De esta manera, una serie de malentendidos fortuitos, pero naturales, dio como resultado el llamado *golpe de Kornilov*, en septiembre. Kerenski, a fin de conservar el poder, lo calificó de acto dirigido contra el gobierno y por ende de alta traición. En seguida todos los partidos de izquierda se solidarizaron contra este ataque a la Revolución. Los bolcheviques desempeñaron el papel principal en este movimiento, haciendo circular consignas tan eficaces como las siguientes: "El triunfo de Kornilov significaría el fin de la libertad, la pérdida de la tierra, la victoria y la omnipotencia del latifundista sobre el campesino, del capitalista sobre el obrero, del general sobre el soldado."[16] Enviaron a todo un ejército de agitadores contra la avanzada del generalísimo, para convencer a las tropas de que actuaban en contra de sus propios intereses y que obedecer las órdenes de sus oficiales sólo serviría para prolongar la guerra y preparar el camino para la restauración del zarismo.

En efecto, no sólo las tropas que se encontraban en los caminos de acceso a Petrogrado fueron vencidas por la fuerza de convencimiento de estos argumentos, que sólo articulaban sus propios deseos y temores más íntimos,

---

[15] Ladislaus Singer, *Raubt das Geraubte. Tagebuch der Weltrevolution 1917*, Stuttgart, 1967, p. 228.
[16] N. Ja. Ivanov, *Kornilovščina i ee razgrom. Iz istorii borby c kontrrevoluciej v 1917 g.*, Leningrado, 1965, p. 126.

aunque todavía medio ocultos, sino también en otros muchos lugares del país. Ninguno de los oficiales afectados habría de olvidar nunca cómo los soldados se le escurrían de las manos, no bajo el fuego de las granadas, sino debido al torrente de palabras. Cada uno de ellos entendería por bolchevismo, en primer lugar y sobre todo, el impulso causante de la pérdida de autoridad a la que estuvieron expuestos desde el comienzo de la Revolución. Ya no hubo manera de detener el proceso. El frente se disolvió cada vez más; no estaba desertando sólo un sinnúmero de individuos, como hasta la fecha, sino unidades completas. La promesa del próximo reparto de las tierras de los latifundistas se apoderó con fuerza irresistible del espíritu de los soldados-campesinos, quienes sólo querían llegar a casa a fin de no perder la parte que les correspondía. La ocupación alemana de Riga y de las islas Dagö y Ösel, en agosto, favoreció en primer lugar la campaña de agitación de los bolcheviques, quienes acusaron al gobierno de querer entregar la capital al enemigo a fin de sofocar la Revolución. A comienzos de octubre, su partido ganó la mayoría absoluta en las elecciones para el Soviet de los Obreros y los Soldados de Petersburgo y Trotski fue elegido presidente. La influencia de los mencheviques disminuyó rápidamente y el ala izquierda de los social-revolucionarios adquirió cada vez mayor fuerza. Entre las masas se propagó la convicción de que los capitalistas y los *cadetes* tenían la culpa de que la guerra no hubiera terminado aún, y en un paroxismo de miedo y de odio, se restableció la pena de muerte, lo que fue interpretado como prueba de la intención gubernamental de "exterminar a los soldados, los obreros y los campesinos".[17]

Fue entonces cuando se produjo la tercera gran paradoja de la Revolución popular de marzo y sus secuelas. El Segundo Congreso Soviético General de Rusia debía celebrarse a principios de noviembre y las elecciones otorgaron una abrumadora mayoría de votos a los partidos socialistas. La expectativa general era que el Congreso sustituiría al gobierno de Kerenski, a fin de iniciar en el acto los preparativos para elegir una Asamblea Constituyente; dirigir luego, con plena autoridad, un llamado de paz a los pueblos del mundo, y comenzar en forma reglamentada a repartir la tierra de los latifundistas. Justo en ese momento, cuando el triunfo de su programa parecía inevitable, Lenin empezó a pedir cada vez con mayor insistencia a los gremios centrales de su partido, llegando incluso a declarar que cualquier titubeo sería fatal, la resolución de efectuar un levantamiento armado y de tomar el poder como partido *antes* de que se celebrara el Congreso Soviético. El 23 de octubre logró imponer esta decisión en una junta del Comité Central —una asamblea de 12 hombres— a la que asistió disfrazado, a pesar de que sus colaboradores más cercanos, Zinóviev y Kámenev, le vaticinaban consecuencias funestas e hicieron públicos sus reparos.

---

[17] James Bunyan y H. H. Fischer, *The Bolshevik Revolution 1917-1918. Documents and Materials*, Stanford, 1961, p. 25.

Una vez más un hecho fortuito ayudó a los propósitos de Lenin. El gobierno anunció que enviaría la mayor parte de la guarnición de Petrogrado al frente. Con ello estaba violando una promesa formal y de nueva cuenta una campaña de agitación a gran escala pudo afirmar que la Revolución se encontraba en peligro. El Comité Ejecutivo Central del Soviet formó un "Comité Revolucionario Militar" que, aprovechando la "legalidad soviética" y al parecer para defenderla,[18] preparó con enorme energía una sublevación armada contra el gobierno, bajo la dirección de Trotski pero sin la participación de los social-revolucionarios y los mencheviques. Aunque la mayor parte de la guarnición se limitó a declarar su neutralidad, pronto se evidenció que el gobierno prácticamente no disponía de unidades leales. Fue sintomático el hecho de que la defensa del Palacio de Invierno, la sede del gobierno, corriera principalmente a cargo de un batallón femenil. Rara vez ha habido una revolución menos parecida a un movimiento popular, en el que grandes masas de personas se entregan a una enconada lucha contra los abusos de un gobierno despótico. Un animado tráfico llenaba el prospecto de Nevski, los tranvías funcionaban y los teatros estaban repletos. No obstante, algunas partes de las tropas y divisiones de la Guardia Roja, el ejército del partido bolchevique, ocuparon el fuerte de Pedro y Pablo y los puentes; el acorazado *Aurora* disparó varias veces, sin causar daños de consideración; la mayor parte de las tropas gubernamentales apostadas en el Palacio de Invierno se retiró discretamente y cedió la plaza a los sublevados, que poco a poco fueron llegando y que arrestaron al gobierno provisional, incluyendo a los ministros socialistas, con excepción de Kerenski, quien pudo huir a tiempo. Al inaugurarse el Segundo Congreso Soviético ya estaban impresos los carteles que anunciaban la destitución de dicho gobierno. Los delegados fueron recibidos con la noticia de que se había integrado un nuevo gobierno provisional constituido por miembros del partido bolchevique presididos por Lenin. Los delegados social-revolucionarios y mencheviques protestaron con suma vehemencia contra el *criminal advenimiento al poder* de un partido que estaba recibiendo al Congreso con hechos consumados. Al abandonar ellos la sala, Trotski les gritó desdeñosamente que pertenecían al basurero de la historia mundial.

De esta manera, la Revolución de Octubre de hecho fue ante todo un golpe realizado por un partido socialista contra otras agrupaciones también socialistas, así como contra las intenciones del Congreso Soviético, el cual sin duda hubiera obedecido el principal deseo de las masas y formado un gobierno soviético basado en los partidos socialistas, con exclusión de los burgueses. El único motivo que pudo tener Lenin para este proceder era la convicción de que sería imposible contener la tendencia progresiva a la anarquía y la desintegración iniciada desde marzo estando él sujeto a Julio Martov y a Víctor Chernov en el gabinete, y que

---

[18] Esto fue subrayado con particular énfasis por Trotski en su texto "Octubre" de 1924.

sólo una dictadura de su partido podía tomar las medidas necesarias, es decir, salvar a Rusia y echar a andar la revolución mundial. En realidad nada de ello era nuevo en comparación con marzo y con el verano: ni las banderas rojas, ni los discursos sobre la paz y el reparto de las tierras, ni la vehemente apelación a los pueblos de todo el mundo. El factor nuevo era la firme voluntad del Consejo de los comisarios del pueblo y de su presidente. En este sentido, también eran nuevas las proclamaciones y los decretos sobre la tierra y la paz, aprobados con gran entusiasmo por el Congreso en la madrugada del 8 de noviembre. En este punto radica el parecido más claro con la toma nacionalsocialista del poder en Alemania ocurrida el 30 de enero de 1933. También en Alemania, una firme resolución marcó la diferencia frente a los poderosos compañeros de coalición que ya estaban en el gobierno y con cuyo programa se coincidía en gran medida. Asimismo, se habló mucho más pronto de una contrarrevolución bolchevique que de una contrarrevolución nacionalsocialista.[19] Con todo, no cabe duda de que los sucesos de noviembre siguieron la huella de los de marzo y que Adolfo Hitler, de haber estado en Rusia, como Alfred Rosenberg, se hubiera colocado del lado del general Kornilov.[20]

Sin embargo, los acontecimientos del 6 y 7 de noviembre no constituían un simple ataque sorpresivo de los bolcheviques contra sus aliados socialistas y mucho menos una contrarrevolución evidente. Al parecer, los comisarios del pueblo fueron reconocidos por innumerables personas en toda Rusia, sobre todo por los soldados que estaban en el frente, como representantes confiables de las exigencias ventiladas desde marzo, y al cabo de unos cuantos días y semanas se impusieron en las regiones más importantes del imperio ruso. John Reed informa que al finalizar el Segundo Congreso Soviético todos los participantes cantaron la Internacional con fe arrobada; junto a él, un joven soldado lloró, mientras una y otra vez repetía las palabras: "La guerra terminó, la guerra terminó." Por otra parte, después de disolverse bajo el peso de la agitación las tropas reunidas por Kerenski, al igual que antes de ellas las de Kornilov, un viejo obrero al que Reed conoció en las afueras de Petrogrado se volvió hacia la ciudad con rostro extasiado, abrió los brazos y declaró: "Petrogrado, ahora eres todo mío."[21] Este impulso de las grandes masas por apropiarse de lo que hasta ese momento les había sido negado —autoestima, participación, educación— adoptó las más variadas formas. Aunque Lenin lo hubiese querido, no hubiera podido impedir que los obreros se hicieran cargo

[19] Peter Scheibert, *Lenin an der Macht. Das russische Volk in der Revolution 1918-1922*, Weinheim, 1984, p. 303.

[20] Uno de los adversarios más decididos de la Revolución de Febrero, Vladimir M. Purishke-vich, definió las medidas deseables casi con los mismos términos que Hitler habría de utilizar algunos años después en *Mi lucha*: "Si se hubiera pasado por las armas a unos 1 000, 2 000 o incluso 5 000 sujetos de esta chusma en el frente y a unas cuantas docenas en el interior del país, no hubiéramos sufrido esta ignominia sin precedentes" (Rabinowitch, *op. cit.*, p. 45).

[21] John Reed, *Zehn Tage, die die Welt erschütterten*, Berlín, 1957, pp. 188 y 310.

de las fábricas, como pronto sucedió, ni que se hablara cada vez más del socialismo que habría de lograrse mediante la nacionalización de la industria y que pronto se extendería, triunfante, por todo el mundo. No tardó en difundirse la idea de que la Revolución estaba poniendo en efecto el gran levantamiento de todos los esclavos contra los señores, el cual se comunicaría a todas las naciones del mundo; y, de igual manera, la opinión de que todo opositor a dicha liberación de los obreros y los campesinos en el camino de la paz y la felicidad era un enemigo de la humanidad y merecía morir.

Sin embargo, si la gran revolución conducente a la paz mundial y la liberación de las masas no había de consistir en la libre elección de una Asamblea Constituyente; en la colaboración de todos los partidos progresistas o al menos socialistas; en la ordenada restructuración de las condiciones rurales y en la inauguración de un periodo de libre desarrollo económico, y había de ser idéntica, en cambio, a la toma del poder ocurrida el 6 y 7 de noviembre, entonces el partido victorioso debía proceder a eliminar las clases de los terratenientes y los capitalistas, a reprimir a la prensa burguesa y a la enemiga en general y a emprender una lucha despiadada contra todos los demás partidos. Por el contrario, los demás partidos tenían que considerar a los bolcheviques como el partido de la guerra civil, cuyo programa de acción equivalía a una declaración de guerra contra las otras fuerzas políticas y sociales. En este sentido se expresaron los representantes de todos los partidos, desde los cadetes hasta los social-revolucionarios, durante los primeros días después del golpe. La Duma de la ciudad de Petrogrado lamentó "la guerra civil iniciada por los bolcheviques"; los social-revolucionarios de derecha declararon que los bolcheviques hacían todo lo que estaba a su alcance por desencadenar una cruenta guerra civil; y los social-revolucionarios de izquierda protestaron, a sólo 10 días del golpe, contra "el fatal sistema del terror" que estaba asomando la cabeza al prohibirse la publicación de varios periódicos, y que forzosamente debía conducir a una guerra civil.[22] En el interior del partido bolchevique también se despertó una fuerte oposición. Un considerable número de comisarios del pueblo y algunos miembros del Comité Central, entre ellos Zinóviev, Kámenev, Rikov, Ryazanov y Noguin, renunciaron a sus cargos afirmando que un gobierno de constitución enteramente bolchevique sólo sería capaz de mantenerse en el poder por medio del terror político.[23] Desde el punto de vista de Lenin, había que interpretar las circunstancias exactamente al revés: dichas clases y partidos se oponían a los bolcheviques; por lo tanto, la historia ya los había juzgado y había que ejecutar la sentencia contra ellos. Por este motivo, una sublevación de los estudiantes de la escuela para oficiales, mera continuación de la resistencia del 7 de noviembre, fue aplastada inmediatamente, en los primeros días, con extraordinaria brutali-

---

[22] Bunyan y Fischer, *op. cit.*, pp. 119, 147 y 203.
[23] *Ibid.*, p. 202.

dad. En esta ocasión Trotski estableció el principio de matar a cinco aristócratas detenidos por cada bolchevique caído. Incluso la esposa de Lenin, Krupskaya, que seguramente no se caracterizaba por sentir una sanguinaria crueldad, reprodujo en sus memorias de 1934, sin reprobar el hecho en absoluto,
la siguiente exclamación de una vecina: "Ensartaron a un aristócrata en la
bayoneta, como a un bichito."[24] No fue preciso fundar la checa —la "Comisión
Extraordinaria para la Lucha contra la Contrarrevolución y el Sabotaje"— para
echar a andar el terror, que al principio no era otra cosa que la aprobación y
la promoción de la ira masiva contra los *burschui* y sus partidos por parte del
Consejo de los comisarios del pueblo. Con todo, las elecciones para la
Asamblea Constituyente, que tuvieron lugar al poco tiempo de la toma del
poder, pusieron de manifiesto que no sólo los social-revolucionarios de
derecha habían atraído a una considerable mayoría de la población; también
el partido de los cadetes se apuntó una parte sorprendentemente alta de los
votos, que era imposible correspondieran sólo a la burguesía rica.

El 11 de diciembre los miembros de la Asamblea Nacional que ya habían
llegado a Petrogrado se dirigieron a la sede de sesiones, el Palacio Táurico,
acompañados por una vasta multitud, que, según algunos informes, era de
unas 200 000 personas. Los cuerpos de guardia no se atrevieron a negarles el
acceso. No fue posible llevar a cabo la inauguración debido al reducido número
de diputados presentes, pero para Lenin el suceso representó, al parecer, una
amenaza seria. Proscribió el partido de los cadetes como enemigo del pueblo,
alegando su participación en conspiraciones y su apoyo a los cosacos rebeldes.
Fueron detenidos varios dirigentes del partido, entre ellos los muy respetados
ex ministros Shingarev y Kokoshkin. Unas cuantas semanas después, ambos
fueron asesinados por unos marineros que invadieron el hospital de la prisión,
y el gobierno declaró culpables a unos anarquistas que serían castigados en
cuanto se aprehendieran. Sin embargo, la causa del fin de la Asamblea
Constituyente no fueron las presiones anárquicas ni la ira popular, sino que
fue decretado el 21 de enero por el gobierno, después de que los diputados se
reunieron un solo día bajo la mira de los amenazadores rifles de los cuerpos
de guardia y eligieron a Víctor Chernov como presidente, el líder de los
social-revolucionarios de derecha.

Al poco tiempo, el Consejo de los comisarios del pueblo anuló todas las
deudas externas e internas. Esta medida no sólo asestó un golpe muy sensible
a las potencias aliadas; al mismo tiempo arruinó por completo a la burguesía
rusa, pues se le exigió que pagara los salarios y simultáneamente se congelaron
sus cuentas. No fue en absoluto sorprendente que en muchos lugares empezara a notarse cierta resistencia. De manera especial cobraron fuerza las
tendencias a la separación o por lo menos a la autonomía en muchas regiones

[24] N. K. Krupskaya, *Oktjabrskie dni*, Moscú, 1967, p. 23 (primera edición, 1934). Hay detalles
aún más espantosos en Robien, *op. cit.*, pp. 156-157.

periféricas, como la zona del Don, Ucrania, el Cáucaso y las provincias bálticas. Los propios bolcheviques promovían estas tendencias, y Lenin afirmó que Rusia estaba dispuesta a renunciar a su posición de gran potencia, ya que sólo la conquista y la represión habían permitido a los zares crear y conservar su vasto imperio. Por otra parte, en todos los lugares donde surgieron estas pretensiones separatistas también había partidarios de los bolcheviques, y los cosacos del Don se impusieron muy pronto, por fuerza propia, contra el gobierno de Hetmans Kaledin. Había empezado un nuevo tiempo de convulsiones, y aunque se hubiese establecido la Asamblea Constituyente y el partido del poder total no hubiera conservado su hegemonía, Rusia probablemente no hubiera podido evitar la desintegración del imperio.

Poco después se puso de manifiesto que el partido de la guerra civil también lo era de la paz. Desde el 22 de noviembre, Lenin instó a los soldados y a los marinos a sostener negociaciones independientes de armisticio con el enemigo. Su proclama decía así: "Soldados, la causa de la paz está en vuestras manos. No permitáis que los generales contrarrevolucionarios la bombardeen. Rodeadlos con guardias, a fin de impedir una justicia por linchamiento indigna de un ejército revolucionario, pero no los sustraigáis a la sentencia que habrá de pronunciarse en su contra."[25] A los pocos días, un grupo de soldados interpretó esta indirecta a su manera, probablemente no del todo equivocada, y mató en forma salvaje al comandante en jefe, el general Dujonin, en presencia de su sucesor, el aspirante a oficial Krilenko. Los decretos sucesivos del gobierno tocantes a la "democratización del ejército" hicieron comprender con consternación, incluso a uno de los muy pocos generales que apoyaba el poder soviético, Mijail Bonch-Bruyevich, el hecho de que el gobierno estaba destruyendo, con toda intención, los últimos vestigios del antiguo ejército que aún hacía frente al enemigo.[26] ¿Cómo iban los alemanes a dudar de su victoria total en el frente oriental de la guerra? Es cierto que formalmente aceptaron la propuesta del gobierno soviético de participar en una conferencia de paz general, pero, tras la negativa de los aliados a asistir, las negociaciones de Brest-Litovsk sólo versaron sobre una paz por separado. Las insistentes apelaciones que los delegados soviéticos, encabezados por Abram Joffe y luego por Trotski, el nuevo ministro de Relaciones Exteriores, dirigieron al "proletariado alemán" obviamente se basaban en la esperanza de que pronto estallaría una revolución en Alemania, pero, por otra parte, la misma esperanza les resultaba imprescindible para justificar un proceder que terminó por desembocar en una "paz servil y traidora".[27] Lenin tuvo que esforzarse al máximo para obtener la aprobación de los círculos dirigentes, con el argumento de que ningún sacrificio era demasiado grande para preservar el único Estado socialista del

[25] Bunyan y Fischer, *op. cit.*, p. 236.
[26] M. Bonch-Bruyevich, *From Tsarist General to Red Army Commander*, Moscú, 1966, p. 222.
[27] Scheibert, *op. cit.*, p. 297.

mundo hasta el comienzo próximo de la revolución en Alemania y todo el Occidente, pero en el 7º Congreso del Partido se hizo dar plenos poderes para romper los tratados de paz y declarar la guerra al mundo entero en cuanto llegara el momento indicado.[28]

Por primera vez, el gobierno de Lenin tuvo que enfrentar una situación realmente peligrosa. La fracción izquierda del partido lo criticaba con severidad; los social-revolucionarios de izquierda, que después de todo habían ingresado al gobierno, estaban preparando una sublevación; algunos ex oficiales conspiraban y se estaban formando gobiernos opositores en distintas partes del país. Resultó decisiva la enemistad abierta de los aliados, en cuya opinión el tratado de paz de Brest-Litovsk era una violación de acuerdos celebrados conforme al derecho internacional; dedicaron grandes recursos financieros a apoyar la oposición que, según supusieron, se encargaría de integrar nuevamente a Rusia en la guerra contra Alemania. El levantamiento de los checoslovacos, y de los ex prisioneros de guerra austriacos que vía Vladivostok procuraron alcanzar el frente en Francia y que en brevísimo tiempo se apoderaron de casi toda Siberia, se debió a la presión de los aliados, pero también a las órdenes prematuras de desarme dadas por Trotski, quien había sido nombrado comisario de Guerra y estaba armando a un "Ejército Rojo".

En opinión de Lenin, todo eso era obra de la burguesía mundial. Estaba decidido a destruir a la burguesía rusa, el enemigo principal a su alcance, no sólo como clase sino mediante el exterminio físico de un gran número de individuos. En julio de 1918, la privación fundamental de éstos de todo derecho, es más, su virtual expulsión de la comunidad de los ciudadanos, adquirió rango constitucional. Fue notablemente débil la resistencia ofrecida por la burguesía, de por sí severamente afectada y que vegetaba en la miseria, incluyendo a la élite combativa, los oficiales zaristas. Claude Anet menciona a un general que tuvo que acompañar a la delegación del armisticio a Brest-Litovsk; la desesperación que inspiraron en él los preparativos para la paz por separado lo llevó al suicidio, pero en ningún momento se le ocurrió apuntar el arma a los jefes de la delegación.[29] Cuando en julio de 1918, durante el levantamiento de los social-revolucionarios de izquierda, la suerte del gobierno colgaba de un hilo y sólo le brindaban protección unos cuantos regimientos de soldados letones, había por lo menos 20 000 ex oficiales en Moscú, pero sus condiciones de vida evidentemente los habían desmoralizado a tal grado que ni se movieron. La fuerza de convocatoria de los ejércitos de voluntarios encabezados por el general Denikin en el sur y por el almirante Kolchak en el este resultó menor de lo que se esperaba, y las pocas tropas de intervención enviadas por los aliados a Arkhangelsk y a otros lugares se limitaron a poner a salvo el material de guerra suministrado por ellos mismos anteriormente.

[28] Lenin, *Werke*, t. 27, p. 107.
[29] Claude Anet, *La révolution russe. La terreur maximaliste*, París, 1919, p. 150.

Sin embargo, aunque al principio fue reducido el alcance de los actos efectivos de guerra internacional y civil, había mucho peligro de que éstas cobraran fuerza y el gobierno de los bolcheviques tomó una decisión extrema. Sus adversarios llegaron a preguntarse si se trataba de la voluntad de triunfo de unos ideólogos convencidos o de la desesperación de unos hombres brutales y ebrios de poder ante una situación que no parecía ofrecer salidas.

En julio, al avanzar las legiones checas desde Siberia hacia Yekaterinemburgo, donde el Zar se encontraba prisionero con su familia, el Soviet de los Urales mandó fusilar a Nicolás II y con él a su mujer, a su hijo y a sus hijas, al médico de cámara, al cocinero, a los criados y a las criadas. El gobierno de Moscú aprobó el hecho expresamente, aunque durante un tiempo trató de mantener en secreto el asesinato de la zarina y de los niños. Nunca antes en la historia de Europa había ocurrido un acto de esta naturaleza; no era posible compararlo con las ejecuciones de Carlos I y Luis XVI, puesto que el rey inglés estaba combatiendo a los puritanos de Cromwell con el arma en la mano y el francés realmente había conspirado con el extranjero; además, ambos fueron sometidos a juicio y sólo el *terreur* francés brindaba una analogía que distaba mucho de la eliminación de toda una familia. Se multiplicaron los llamados al "terror de masas contra la burguesía", pero fueron los social-revolucionarios Leonid Kannegiesser y Fanniia Kaplan quienes el 30 de agosto perpetraron atentados contra el director de la checa, Uritski, en Petrogrado, y contra Lenin en Moscú. Uritski murió y Lenin sólo sufrió heridas relativamente leves, pero en el acto se fusiló a cientos de oficiales y burgueses detenidos en ambas capitales y a un sinnúmero de personas en el resto del país: todo el que ofreciera resistencia tenía que ser agente de la burguesía, el enemigo real. El decreto del 5 de septiembre sobre el "terror rojo" representó la última etapa en el camino hacia una destrucción de clases sin precedentes en la historia europea, al igual que antes había sido el asesinato de la familia del Zar. No es de sorprender que los observadores emplearan una y otra vez el calificativo *asiático*. El decreto establecía "que es indispensable fortalecer a la República soviética contra sus enemigos de clase, por medio del aislamiento de éstos en campos de concentración; deben ser fusiladas todas las personas que mantengan contactos con organizaciones, conspiraciones o sublevaciones de la Guardia Blanca..."[30] Varios días antes se había proclamado que se responsabilizaría a todos los contrarrevolucionarios y a todos los inspiradores de la contrarrevolución. Las definiciones eran tan vagas que la checa podía matar a cualquiera, sin juicio legal alguno; ni siquiera se trataba de una auténtica innovación, puesto que desde comienzos del año se había ordenado a los guardias a cargo vigilar a los burgueses empleados para trabajos forzados y que recurriesen al arma en caso de resistencia e incluso de réplica.[31]

[30] *Dekrety sovetskoj vlasti*, Moscú, 1957, t. 3, pp. 291-292.
[31] Bunyan y Fischer, *op. cit.*, p. 517.

Sería equivocado afirmar, por lo tanto, que el régimen de los bolcheviques fue asediado e involucrado en la Guerra Civil por sus adversarios, mostrando gran severidad y a veces crueldad extrema al defenderse. Por el contrario, dicho régimen desde el principio constituyó una fuerza activa que, apoyada en un estado de ánimo temporal de las masas, declaró la guerra contra todos sus opositores políticos y todas las fuerzas sociales que no se contaran entre los *pobres* o los *esclavos*, y anunció su destrucción. Muy pronto se puso de manifiesto que los obreros tampoco se salvaban de la persecución y la muerte, si no se sometían a la dictadura del partido. Al reunirse una manifestación de protesta al día siguiente de la disolución de la Asamblea Constituyente, la Guardia Roja disparó contra la multitud y unos veinte muertos quedaron sobre el asfalto. El informe oficial afirmó que se trataba de pequeñoburgueses. No obstante, cuando con el correr de los meses siguientes se desarrolló un movimiento obrero independiente, surgieron algunas publicaciones ilegales en las que se leían frases como ésta: "El obrero que se encontraba en la puerta le indicó [al comisario] que sólo se admitían a obreros en la reunión. Entonces el comisario sacó el revólver y mató al obrero."[32] El relato de otro trabajador acerca de su estadía en Taganka, una prisión de la checa, concluye con el señalamiento de que por toda Rusia estaban dispersos esos "cementerios de los vivos", en los cuales día tras día se efectuaban fusilamientos acompañados del estruendo producido por los motores de camiones de carga.[33]

El testimonio más conmovedor de la supervivencia y posterior extinción paulatina de los impulsos del "socialismo humanitario" se encuentra en las "Reflexiones extemporáneas sobre cultura y revolución" publicadas por Máximo Gorki en 1917 y 1918 en su periódico *Novaya Shisny*. El 20 de noviembre de 1917 declaró que Lenin, Trotski y sus colaboradores estaban infectados "por el pútrido veneno del poder"; a los pocos días lamentó que unos "dogmáticos locos" tomaran al pueblo como materia para experimentos sociales y afirmó que por algo Lenin era un aristócrata ruso, caracterizado por una "actitud por demás despiadada hacia la vida de las masas populares"; según él, la "supresión del partido de los cadetes" era "un agravio contra las personas más cultas de nuestra nación". El 1 de enero de 1918 señaló algunas consecuencias funestas de los ataques incesantes contra "la burguesía": en los talleres, los obreros no calificados ya estaban diciendo que los ajustadores mecánicos y los fundidores eran "burgueses", y unos locos azuzaban en el *Pravda*: "Maten a la burguesía. Maten a los cosacos de Kaledin." Gorki interpretaba todo aquello como deplorable consecuencia de las viejas tradiciones dominantes en una Rusia aún determinada por la idea "asiática" de la nulidad de los individuos, en la cual la "aniquilación masiva de quienes piensan de otra manera" había sido un método común y donde en la actualidad un marinero podía afirmar que, por

---

[32] *Nezavisimoe rabočee dviženie 1918 goda. Dokumenty i materialy*, París, 1981, p. 227.
[33] *Ibid.*, pp. 295-305.

garantizar el bienestar del pueblo ruso, valía la pena matar a un millón de personas. De acuerdo con Gorki, sólo "el pueblo más perverso de la Tierra" pudo concebir la aritmética de la locura según la cual "por cada uno de nosotros caerán 100 cabezas de la burguesía".[34]

Tras proscribirse su periódico, Gorki terminó poniéndose del lado de los bolcheviques; en ello parece haber influido de manera determinante la observación de que los enemigos más acérrimos de los bolcheviques señalaban cada vez con mayor insistencia a los judíos como los únicos culpables, en lugar de los burgueses. Los pocos representantes de la prensa extranjera que se encontraban en Petrogrado y en Moscú más bien recorrieron el camino en sentido inverso, desde la simpatía inicial hasta el horror absoluto. Por ejemplo, Alfons Paquet, corresponsal del *Frankfurter Zeitung* que posteriormente fue expulsado por los nacionalsocialistas de la Academia Prusiana de Literatura, dadas sus inclinaciones culturales bolcheviques, escribió en agosto de 1918 que el terror estremecía a Moscú como una fiebre; según él, había llegado el momento de "movilizar a la humanidad contra los monstruosos sucesos que actualmente tienen lugar en todas las ciudades de Rusia: la aniquilación sistemática de toda una clase social, el exterminio de innumerables vidas humanas, vinculadas por mil hilos de educación y profesión con los demás pueblos del mundo".[35] A su vez, el corresponsal del *Berliner Tageblatt*, Hans Vorst, interpretó el terror masivo como una obra montada por el partido con la intención de "azuzar de nueva cuenta las pasiones políticas de la fatigada clase obrera".[36] Este tipo de noticias fue difundido ampliamente tanto en Alemania como en los países aliados, pese a las dificultades de transmisión. En el otoño de 1918, todos los lectores europeos de periódicos estaban enterados, con todo detalle, de que en Rusia acontecían cosas que representaban algo cualitativamente nuevo, nunca antes visto en Europa. El *Vorwärts* opinó, por ejemplo, el 3 de septiembre de 1918: "Hacer responsable, con este rigor, a toda una clase por los actos de algunos individuos es algo nunca antes visto en el derecho penal; es muy posible que algún día sirva como justificación para que otro sector social responsabilice a toda la clase obrera por los actos de un solo fanático, como a menudo ha sucedido ya, aunque en forma más moderada."

No obstante, incluso Louis de Robien, quien tomaba en consideración la idea de formar un frente común de defensa entre todas las naciones de Europa, contra la fuerza que estaba destruyendo la civilización en el Este, admitió ser incapaz de evitar una curiosa simpatía hacia Lenin y Trotski,[37] y un sinnúmero de soldados y obreros alemanes y franceses consideraron plausible la defini-

---

[34] Máximo Gorki, *Unzeitgemässe Gedanken über Kultur und Revolution von 1917 bis 1918*, editado por Bernd Scholz, Francfort, 1972, pp. 88, 98, 106, 121, 142, 156-157 y 159.

[35] Alfons Paquet, *Im kommunistischen Russland. Briefe aus Moskau*, Jena, 1919, pp. 112-113.

[36] Hans Vorst, *Das bolschewistische Russland*, Leipzig, 1919, p. 153.

[37] De Robien, *op. cit.*, p. 35.

ción bolchevique de la guerra como un "genocidio de clases"[38] cometido por la burguesía contra la masa de la población, y extrajo esperanza de frases como: "Conquistar Rusia y luego el mundo."[39] Si los bolcheviques eran hombres de poder, esto se debía principalmente a su calidad de ideólogos que creían poseer un remedio para el mundo, hundido en el pantano de la carnicería efectuada por los estados: la solidarización de todos los *esclavos* contra los *señores*, a quienes correspondía la única culpa en el sufrimiento que debían padecer muchos millones de personas en todos los países. Una revista de la checa expresó la nueva moral de manera clásica al escribir: "Nuestro carácter humano es absoluto; descansa en los ideales de destruir toda coacción y toda represión. Todo nos es permitido, por primera vez en el mundo levantamos la espada [...] en nombre de la libertad universal y la liberación de la esclavitud."[40]

En dicho contexto también entra una declaración que debido a su monstruosidad parece inverosímil a primera vista; se trata de las frases pronunciadas por Grígori Zinóviev el 17 de septiembre de 1918 ante una asamblea del partido en Petrogrado: "De los cien millones con que cuenta la población de la Rusia soviética, debemos ganar a noventa para nuestra causa. En cuanto a los demás, no tenemos nada de qué hablar; hay que exterminarlos."[41]

[38] Scheibert, *op. cit.*, p. 82.
[39] Reed, *op. cit.*, p. 163.
[40] Scheibert, *op. cit.*, p. 85 (*Krasnyi Meč*, 18 de agosto de 1919).
[41] La declaración es citada en la siguiente forma por David Shub (*Lenin*, Wiesbaden, 1957):

A fin de vencer a nuestros enemigos, tenemos que contar con nuestro propio militarismo socialista. De los 100 millones con que cuenta la población de Rusia bajo los soviets, debemos ganar a 90 para nuestra causa. En cuanto a los demás, no tenemos nada qué decirles; hay que exterminarlos.

Como fuente se menciona *Severnaia Kommuna*, edición vespertina del 18 de septiembre de 1918, p. 375.

Puesto que de hecho dicha afirmación parece inverosímil a primera vista, pese a la mención de la fuente, hice todo lo posible por confirmarla. En Alemania no existen ejemplares del *Severnaia Kommuna. Izvestija Petrogradskogo Soveta rabočich i krasnoarmeiskich deputatov*, y la Biblioteca Estatal de Leningrado no cuenta con microfilms. Finalmente conseguí un microfilm de la Hoover Institution on War, Revolution and Peace de Stanford. La cita de David Shub resultó ser en esencia correcta, aunque se encuentra en la página 2 del número 109, del 19 de septiembre de 1918; además, la resolución de la que habla Shub no se tomó a raíz del discurso de Zinóviev.

El contexto general sólo modifica el cuadro en el sentido de que el tema principal no son los culpables de la guerra, sino los *kulaks* que instaban a la introducción del libre comercio, apoyados en ello incluso por comunistas como Larin. La primera parte del discurso pronunciado por Zinóviev en la séptima conferencia comunista de todas las ciudades en Smolny trató de la situación de la política exterior y de ahí pasó a la política interior. Según explicó, la lucha de clases había llegado a su culminación cuando el atentado contra Lenin fue aplaudido no sólo por los explotadores rusos, sino por toda la burguesía mundial, incluyendo a supuestos socialdemócratas como Scheidemann. De acuerdo con Zinóviev, los *kulaks* representaban un peligro particular, ya que deseaban imponer condiciones a cambio de asegurar el abastecimiento de la población urbana con alimentos. Por este motivo, el "trabajo en los pueblos" era la clave de todo. Continuó con las siguientes palabras:

Por lo tanto, los sucesos de 1917 en Rusia, al igual que los de 1933 en Alemania, representaban la toma y el sostenimiento del poder por un partido, una revolución de partido, por decirlo de algún modo. No obstante, en Rusia el proceso fue de carácter más elemental y monumental. El objetivo de los bolcheviques, reiterado una y otra vez, era la paz eterna en un mundo que no conociera estados ni clases, porque sólo en estas condiciones podría establecerse una paz duradera; el objetivo declarado de los nacionalsocialistas era liberar a Alemania de las cadenas del Tratado de Versalles y establecer la armonía de una *comunidad del pueblo*. Los bolcheviques tomaron el poder en

> Debemos proceder como un campamento militar que envía tropas al pueblo. Si no aumentamos el ejército, la burguesía nos pasará a cuchillo. No tenemos opción. Ellos y nosotros no podemos vivir en el mismo planeta. Necesitamos un militarismo socialista propio para vencer a nuestros enemigos. De los 100 millones con que cuenta la población en la Rusia soviética, debemos ganar [literalmente: arrastrar] a 90 para nuestra causa. Con los demás no tenemos nada de qué hablar; tenemos que exterminarlos [*uničtožať*]. Cargamos con una gran responsabilidad ante el proletariado mundial, el cual está presenciando que sólo en Rusia el poder pasó a las manos de la clase obrera.

Tras concluir con la exhortación a luchar por la victoria con todas las fuerzas, el discurso del "jefe de la comuna septentrional" fue premiado con "aplausos tumultuosos".

Puesto que la fuente es tan poco accesible y al mismo tiempo muy importante, como publicación de Zinóviev, a continuación parafraseo y traduzco otros pasajes reveladores.

El 31 de agosto de 1918, el asesinato de Uritski figura como noticia principal, mientras que el atentado contra Lenin sólo aparece como una especie de última noticia. Respecto a la detención del asesino Leonid Akimovič Kanegiesser, se afirma que es un burgués de la Escuela de Artillería de Mijailov, judío y también aristócrata. Participó en la revolución de 1905 y tomó la decisión de asesinar a Uritski cuando la prensa publicó notas acerca de las ejecuciones masivas avaladas por Uritski y Yoselevich. De esta manera, ahora la principal tarea del comité de investigación era aclarar la pregunta de si el atentado había sido un crimen individual o si lo respaldaba alguna organización. Al averiguarse que Kanegisser había tratado de esconderse en la casa de la sociedad inglesa en la Millionaia, al día siguiente se practicó un registro de la legación inglesa, durante el cual se intercambiaron disparos y hubo víctimas de ambos lados. Además se afirmaba que todos los familiares de Kanegisser estaban detenidos, para que aclararan si tenían relación con los planes criminales de éste (1 de septiembre).

Por lo tanto, aunque la investigación no obtuvo resultados confiables ni en Petrogrado ni en Moscú, el 2 de septiembre se publicó una resolución según la cual el proletariado sabría responder en tal forma a los tiros traidores "que hará temblar de terror a toda la burguesía y sus cómplices". El mismo día se informó de un discurso de Zinóviev en el que expresaba la convicción de que pronto sesionaría un soviet mundial de comisarios del pueblo, presidido nada menos que por el camarada Lenin. Al mismo tiempo, Zinóviev instó a su público a ejercer "venganza, venganza despiadada" contra todos los opositores del pueblo trabajador: "¡Extinguid toda compasión en vuestros corazones!" El mismo día llegó de Moscú la noticia de que la autora del atentado (Fanniia Kaplan) era una intelectual (*intelligentka*) que había calificado a los bolcheviques de enemigos del pueblo; y a Lenin, de traidor del socialismo (*cfr.* p. 387). El 4 de septiembre se publicó la proclama de Smilga, entre otras, incluida más adelante en la página 325; y el 5 de septiembre se publicó una orden del comandante Bersin del Ejército "n" para "vengar con el fuego y la espada el motín más insignificante, el menor intento de una sublevación contra el poder soviético, tanto en el interior como en el frente".

Durante todo el mes de septiembre, el periódico estuvo lleno de exhortaciones y proclamas semejantes. La atmósfera de guerra civil salta a la vista, pero también la tendencia a la forma extrema revelada con mayor intensidad el 17 de septiembre por la declaración de Zinóviev citada al principio.

un momento de derrota y de posible desintegración del Estado; los nacional-socialistas sucedieron al gobierno anterior de manera casi completamente legal y, pese a la crisis económica mundial, existía en Alemania una vida social moderna y multifacética. En Rusia se suscitó una auténtica guerra civil; en Alemania, los adversarios del partido gobernante fueron aplastados por completo con unos cuantos golpes duros, y el número de víctimas fatales entre los no combatientes fue mucho menor. A pesar de ello, en el extranjero Hitler fue recibido con mucha menos simpatía y comprensión que Lenin. Puede suponerse que en ello no haya influido sólo el miedo ancestral de la mayoría de los europeos a Alemania, sino también, en importante medida, su antisemitismo, el cual no se basaba en ningún principio social directo y se antojaba especialmente repugnante y medieval ante el fondo de la relativa normalidad general de la vida. Con todo, no basta una simple comparación paralela. La diferencia principal radica en el hecho de que la Alemania de 1933 conocía la Rusia de 1917 y la percibía sólo como un modelo al que había que temer, mientras que los bolcheviques de 1917 tuvieron al Reich alemán de Guillermo II y de Ludendorff en su propio país, como colaborador y enemigo.

La situación se modificó de manera fundamental cuando esta última Alemania pidió el armisticio a los aliados occidentales en noviembre de 1918 y se vio obligada a retirar a sus tropas de las profundidades del territorio ruso, que tenía ocupado hasta más allá de Rostov y Járkov. Era posible pensar que ahora una fuerza mayor, más antigua y más respetada se colocaría a la cabeza de la lucha por la paz y el socialismo: la masa de los obreros industriales alemanes, reunidos antes de la guerra en el Partido Socialdemócrata de Alemania. Al parecer, Lenin estaba convencido de que el avance de los bolcheviques sólo había sido momentáneo y que la hegemonía pronto volvería al movimiento obrero alemán, el cual antes de la guerra había representado para él un gran modelo a seguir. De hecho, los bolcheviques no habían encontrado vía de expresión alguna en Rusia antes de la Revolución de Febrero, y en lo sucesivo su propio proceder les pareció, sin duda, necesario, aunque también irregular. El fenómeno que en realidad constituían puede reconocerse si se compara con el partido que en el centro de Europa fue el primero en profesar el marxismo y al que Hitler se opuso rotundamente.

2. EL NACIMIENTO DEL PARTIDO COMUNISTA DE ALEMANIA,
DE LA GUERRA MUNDIAL Y LA REVOLUCIÓN RUSA

El marxismo no creó el movimiento obrero, sino que él mismo era, en cierta forma, un producto del cartismo inglés. Con todo, fue su derivación más importante, incluso cuando se limitó a adoptar ciertas bases de pensamiento. Otorgó a las palabras obrero y clase obrera un peso que hizo olvidar su estrecho vínculo genético con las ideas y las formas de pensar de los oficiales de artesano; estableció una oposición extrema entre los obreros y el capital y erigió los conflictos entre el trabajo y el capital en la principal oposición de la época; concibió la multiplicación de los obreros hasta que formaran la "abrumadora mayoría" que en un futuro próximo —de manera simultánea en todos los países desarrollados de la Europa Occidental y Central— habría de eliminar como tales a los pocos "magnates del capital" aún existentes, reduciéndolos a sus "siervos pagados". De esta manera se integró por completo al movimiento objetivo que desde los comienzos de la Revolución industrial había creado, con base en campesinos, oficiales de artesano y pobres de todo tipo, a una nueva clase de personas, los trabajadores de la gran industria, que transformaron primero el semblante de Inglaterra y que durante la segunda mitad del siglo XIX surgieron cada vez en mayor medida también en el resto de Europa.[42] Cuando a fines de la década de 1880 era un hecho indiscutible que el marxismo se había impuesto a sus rivales en los países más importantes de la Europa continental —contra el anarquismo de Bakunin y el sindicalismo de Proudhon, contra el reformismo de los posibilistas franceses y el socialismo de Estado de Lassalle, y contra la teoría de la insurrección de Blanqui—, era posible considerarlo, con razón, un fenómeno histórico mundial, aunque en ningún lugar tuviese participación en el gobierno: en el momento en que llegara a existir un partido obrero unido, éste tendría que determinar el futuro más que otro partido cualquiera, porque en toda Europa la tendencia al sufragio general parecía irresistible, una vez que los franceses habían seguido, aunque de modo peculiar, los pasos de Estados Unidos, y que el Reich alemán de Bismarck decidió imitar su ejemplo. La opinión general era que, en cuanto el sufragio general se impusiera y se sostuviera en todas partes, los partidos obreros alcanzarían la mayoría o por lo menos participarían en la toma de decisiones en todos los países europeos.

Todos los partidos obreros, incluso los no marxistas, se consideraban partidos de la paz opuestos a las empresas del imperialismo que ponían en peligro a éste, como la conquista de regiones coloniales o la violación de Estados pequeños; es decir, opuestos a la política imperialista de las potencias en general. En este sentido no se encontraban solos, como tampoco lo estaban respecto a su convicción acerca del futuro papel político de los obreros: el progresivo desplazamiento de las clases feudales tradicionales y sus inclinaciones belicosas ante la creciente importancia del comercio y la industria representaba un antiguo dogma del liberalismo. Fue motivo de asombro general cuando el Zar ruso tomó la iniciativa para las conferencias de paz realizadas en la ciudad neerlandesa de La Haya, las cuales pretendían abrir el camino hacia la limitación de la soberanía de los estados y, de esta manera, asegurar la paz mundial. Sin embargo, el marxismo en particular no se daba por satisfecho con constituir sólo un impor-

---

[42] Respecto al marxismo en general, *cfr.* Ernst Nolte, *Marxismus und Industrielle Revolution*, Stuttgart, 1983.

tante fenómeno parcial en la transformación del mundo de condiciones agrarias a industriales; en la participación en todos los asuntos de unas masas hasta entonces mudas o impotentes; en la restricción de la soberanía de los estados y, algún día, en hacer técnicamente imposible la gran guerra. Desde su punto de vista, los obreros pronto ejercerían el poder total en todas partes y lo emplearían precisamente para eliminar de una vez por todas el poder del hombre sobre el hombre, así como para acabar con la explotación, la miseria, las hostilidades nacionalistas, los estados, las clases, la profesionalización de las actividades, la burocracia y, en resumidas cuentas, todas las divisiones entre los hombres. Este tipo de esperanzas no era de ningún modo característico del mundo moderno —como lo eran la orientación hacia la gran industria y la anticipación de un cambio fundamental en la relación de los estados entre sí—; estas esperanzas eran antiquísimas, en cierta forma tan antiguas como la humanidad misma. En última instancia equivalían a la idea de un estado primitivo que los filósofos sociales de los siglos XVII y XVIII habían contrapuesto, en forma de "sociedad natural" (*societas naturalis*), a la "sociedad burguesa" (*societas civilis*), y que casi siempre —salvo con algunas grandes excepciones, como la del joven Rousseau— definieron como un punto de partida irrecuperable. El marxismo, en cambio, se remitía a un estado primitivo (el comunismo primitivo) contrario a la enajenación y la alienación de la vida moderna, que habría de recuperarse en un grado superior de desarrollo. Esto fue de lo que él hizo una fe y una ideología capaz de desechar radicalmente todo el presente del capitalismo y de fijar la mirada en el aspecto completamente distinto de un futuro que para toda la humanidad sería socialista. Así, el marxismo constituía el gran partido de la protesta y la esperanza que sin falta, en su opinión, tendría que formarse —en todos aquellos lugares donde los trastornos de la Revolución industrial habían destruido las formas de vida tradicionales y obligaban a las grandes masas de personas a vivir en condiciones desacostumbradas—, *en la medida* en que dichas experiencias lograran expresarse y adquirir libertad de acción.

Por otra parte, Marx y Engels de ningún modo carecieron de sensibilidad respecto al estrecho vínculo que con frecuencia unía dicha protesta y esperanza con algunos conceptos reaccionarios o primitivistas, como en el caso de Bakunin. Por este motivo quisieron instaurar como característica principal e inconfundible de su doctrina el hecho de que el socialismo, en cuanto disolución de toda disonancia en un estado de armonía definitiva, presuponía precisamente la evolución extrema de las separaciones y los conflictos típicos del mundo moderno hasta ese momento. Por lo tanto, el socialismo sólo podía suceder a un capitalismo plenamente desarrollado e incapaz de cualquier evolución ulterior. El marxismo constituía, por una parte, la base para el partido de protesta y esperanza de la era industrial, orientado hacia un sueño antiquísimo de la humanidad, y justificaba, por otra, las convicciones de una clase de obreros calificados, cada vez más fuerte, que exigía el derecho de participar en la nueva civilización, aunque sin fijar seriamente las miras en su propia hegemonía como grado previo a la ausencia global de toda hegemonía. Muchos observadores contemporáneos, entre ellos Max Weber, tomaron en cuenta a esta clase y dicho carácter, y con frecuencia hablaban en forma despectiva de los hombres vulgares que se hacían notar dentro del movimiento obrero. Sin embargo, dichos "hombres vulgares" contaban con sus propios pensadores, calificados de revisionistas por los adversarios ortodoxos y a menudo acusados, incluso, de sostener ideas burguesas. Los revisionistas, por su parte, se remitían al tiempo como el medio más eficaz para inducir revisiones. En su opinión, que se oponía a lo supuesto por Marx, el número de burgueses —es decir, de personas no involucradas directamente en la producción sino en múltiples tipos de servicios— no se estaba reduciendo, sino que aumentaba en sorprendente medida; además, la oposición entre capitalistas y obreros no era rígida pero de carácter negativo, puesto que existía un trabajo del capital (o sea, de los empresarios) y también un capital del trabajo (calificado e imprescindible). Según los revisionistas, sólo esta oposición permitía la existencia de auténticos sindicatos y la participación de los obreros para fijar la cuota de inversiones de una economía; la supuesta homogeneidad del proletariado no existía ni siquiera en los estados industriales y mucho menos en el mundo en general; el destino de cada obrero dependía estrechamente del destino de su Estado; el capitalismo no se hallaba a punto de desmoronarse ni mucho menos, sino que tenía un gran futuro por delante, aunque ciertamente iría transformándose cada vez más en dirección del Estado social y sólo llegaría al socialismo tras un largo periodo de transición.

Es cierto que también los revisionistas —Bernstein, Schippel y Vollmar, entre otros— eran ideólogos, es decir, personas que buscaban explicar la totalidad inexplicable de la evolución histórica mediante la selección y combinación particular de los hechos. Con todo, liberaron al movimiento obrero del impulso utópico y auténticamente ideológico implícito en la fe social-religiosa de una redención repentina y la eterna salvación. Proclamaron su doctrina de la evolución como el núcleo del marxismo, aunque en verdad representaba sólo uno de sus componentes.

El triunfo definitivo del revisionismo pareció confirmarse en vista del comportamiento observado por los obreros en todas las naciones al estallar la guerra. También en Alemania, los trabajadores se congregaron unánimemente alrededor de la bandera al igual que los demás ciudadanos, es más, con un entusiasmo que dejaba ver cuán poco consideraban al proletariado mundial como su verdadera patria y cuán conscientes estaban de que las condiciones en Alemania, pese al feudalismo y quizá incluso a causa de éste,[43] eran mejores para ellos que la situación creada por el capitalismo mucho más libre de Inglaterra o por la

---

[43] "En una palabra, fue nuestro atraso económico y democrático el que nos llevó a la vanguardia [...] A primera vista sorprende el hecho de que las clases trabajadoras hayan podido

monarquía absolutista del Zar. Si la fracción parlamentaria del Partido Socialde-mócrata hubiera negado su aprobación para los créditos de guerra el 4 de agosto de 1914, es muy probable que hubiera sido barrida por la indignación de sus compañeros de partido. Poco tiempo después, algunos de los representantes más radicales del ala izquierda del partido se convirtieron en paladines de una belicosidad estrechamente vinculada con ciertas ideas claras pero poco conocidas de Marx, al interpretar la lucha de clases como una lucha de clases de los pueblos, en cuyo curso la supremacía obsoleta del capitalismo inglés sería vencida por Alemania, la potencia industrial más moderna y fuerte.[44] Según ellos, la revolu-ción mundial de la guerra daría como resultado la formación de un nuevo sistema mundial de estados, en el que Alemania ascendería a ocupar el centro natural de Europa, fuera de Rusia e Inglaterra. Esto sucedería mediante la simple autoafirmación, sin necesidad de una conquista política, y por lo mismo podría ser aceptado por los demás pueblos de la Europa Central como protección y punto de partida para alianzas federativas. En opinión de hombres como Paul Lensch, dicho desarrollo ciertamente suponía que el Partido Socialdemócrata no se limitara a abandonar, titubeante, la posición opositora sostenida hasta ese momento, sino que se concibiera como fuerza directriz de la Alemania presente y futura, aunque sin levantar la demanda irreal de un dominio exclusivo; además, dependía de que sus adversarios tradicionales, sobre todo los *junkers* al este del Elba, se contentaran con las restricciones a su posición y no presentaran peticiones territoriales, procedentes de un egoísmo nacionalista que sin falta sembraría el odio contra Alemania entre sus vecinos. Otra condición previa para la realización del concepto era que no se formara una coalición demasiado fuerte contra Alemania —cuyo punto de unión más sólido sería la resistencia contra las peligrosas demandas de hegemonía mundial, que carecían de sentido, expresa-das por Alemania con fanfarronería intimidatoria—, puesto que una Alemania no vencida figuraría entre las potencias mundiales como el Estado del "gran pueblo central de Europa".[45] Las posibilidades de lograr la supremacía europea para Alemania, a la defensiva, así como una evolución no marxista de la socialdemocracia, dependían, por ende, también de sus adversarios, tanto de los que integraban la derecha pangermana como de los que ocupaban el ala ideológica del Partido Socialdemócrata.

La noche del 4 de agosto, todas las esperanzas de dicha ala del partido

conquistar una posición de poder mucho más sólida en la vida social de la Alemania reaccionaria que en Inglaterra o incluso en Francia" (Paul Lensch, *Drei Jahre Weltrevolution*, Berlín, 1917, pp. 26 y 209).

[44] *Ibid.*, p. 51: "Así, los países de economías estancadas —Inglaterra como nación de rentistas burgueses; Francia, de rentistas pequeñoburgueses, y Rusia, como potencia conquistadora casi bárbara— se echaron, cual gatos obesos, sobre su *propiedad* y no dieron ninguna entrada al elemento progresista alemán [...] El resultado fue la revolución de la Guerra Mundial, con Alemania de portaestandarte."

[45] *Ibid.*, p. 185.

parecieron destrozarse por completo. Sólo un pequeño grupo de delegados se reunió en el departamento de Rosa Luxemburgo para debatir la situación. En el fondo, Karl Liebknecht, Rosa Luxemburgo, Franz Mehring y en ese entonces también Paul Lensch no pudieron disimular que las propias masas habían traicionado la misión mundial que ellos les adjudicaran. La verdadera lucha debía librarse contra la ideología nacionalista, que (de acuerdo con uno de los boletines iniciales del grupo espartaquista) había cambiado a las personas de manera inquietante y "penetrado profundamente en nuestras filas", al grado de hacerles olvidar por completo toda fraternidad hacia sus compañeros de clase de otras naciones, en los que sólo veían al enemigo ruso, francés o inglés.[46] Con todo, el pequeño grupo no renunció en ningún momento a acusar de traidores, en forma por demás tajante y personal, a los integrantes del Comité Directivo y de la fracción parlamentaria del SPD,* quienes en su opinión se habían apartado de la antigua fe de todos los socialistas y habían arrastrado por el lodo la pureza de la doctrina. En este sentido la oposición de quienes al poco tiempo publicaron el primer y único número de la revista *Die Internationale* y luego las *Spartakusbriefe* no representaba más que el antagonismo de los tradicionalistas del Partido Socialdemócrata, que no querían permitir que se dieran nuevos sucesos consternantes que sacudieran su antigua fe. Se percibe un elemento sobremanera defensivo en la pasión extraordinaria con la que Karl Liebknecht justificó su negativa a aprobar los nuevos créditos de guerra, así como en la siguiente declaración, hecha tras su arresto en mayo de 1916 respecto a la acusación de haber traicionado a la patria: "La traición a la patria es un concepto que carece de todo sentido para el socialista internacional [...] Derribar todas las potencias imperialistas al mismo tiempo, en interacción internacional con los socialistas de otros países, es la quintaesencia del esfuerzo de éste."[47] No obstante, mientras más se alargaba la guerra, más atención tenía que recibir esta pasión vieja y al principio defensiva, en gran parte, entre las personas cuyos padres, hermanos e hijos llenaban, en cantidades cada vez mayores, las fosas comunes de los campos de batalla, y que padecían un hambre intensa, viéndose obligadas a cumplir largas y difíciles jornadas de trabajo en las industrias militares y en el campo. Cada vez más gente leía los boletines ilegalmente impresos por el "Grupo de la Internacional", y las autoridades se inquietaron seriamente. Declaraciones como la publicada en el número 11 de las *Politische Briefe*, a fines de 1915, causaron gran impresión:

El mundo escupe sangre. La masa de los muertos segados por el estrangulador de la guerra en el este y el oeste ha subido ya a más de un millón, la de los heridos al triple [...] La idea de que la guerra respeta al ciudadano pacífico se ha vuelto una

[46] Ernst Meyer, *Spartakus im Kriege. Die illegalen Flugblätter des Spartakusbundes im Kriege*, Berlín, 1927, p. 21.

* Partido Socialdemócrata de Alemania. [N.T.]

[47] *Spartakusbriefe*, editado por el Instituto para Marxismo-Leninismo del Comité Central del Partido Socialista Unido de Alemania, Berlín, 1958, pp. 224-225.

frase huera y ridícula tanto en el agua como sobre la tierra, tan destrozado yace el derecho internacional público, roto en mil pedazos bajo la fuerza del puño bruto de la guerra. Del miasma de sangre y cenizas emana cada vez más densa la nube del odio, que ofusca la conciencia de la humanidad en su camino ascendente hacia la solidaridad socialista.[48]

Por lo tanto, Rosa Luxemburgo y Karl Liebknecht consideraban la guerra como el "mayor de todos los crímenes", no como un eslabón en el orden mundial de Dios —según sus adversarios de la derecha— ni como una fase inevitable en la vasta lucha de clases de los pueblos que habría de dar como resultado un nuevo sistema mundial permanente compuesto por grandes estados y confederaciones de estados. Desde la perspectiva de la segunda mitad del siglo XX, sin duda tuvieron razón en el sentido de que el desarrollo de los medios técnicos con los que se estaba librando la guerra ya había adquirido el impulso que al cabo de unas cuantas décadas crearía la posibilidad de destruir a la humanidad. En todo caso, ya había llegado al extremo de las pérdidas intolerables y de la destrucción de lo que se llamaba cultura europea, sobre todo si se tomaba en cuenta que, de no poner pronto fin a la guerra sin perjudicar seriamente a ninguna nación o grupo extenso, en un futuro, en opinión de los observadores de todos los bandos, el conflicto tendría que engendrar tanto odio que inevitablemente suscitaría más guerras.[49] La Liga Espartaco y los socialistas internacionalistas que en 1915 y 1916 se reunieron en los pueblos suizos de Zimmerwald y Kinethal pisaban, por lo tanto, el suelo firme del derecho futuro y, de manera parcial, incluso del contemporáneo. Esto sólo era parcial, porque el rechazo total de la guerra también implicaba negar el valor individual y el deseo de defender a las mujeres y a los niños, actitud que aún era posible en esta guerra de dos caras, y porque la resistencia contra la guerra también podía ser un simple producto de la cobardía. Ciertamente compartían su derecho con los pacifistas de todos los matices, cuya opinión predominante es posible resumir de la siguiente manera: el verdadero crimen era que todos los participantes se aferraban al concepto de una soberanía ilimitada de los estados, pues de ello derivaba necesariamente la conclusión de que los conflictos mayores sólo podían decidirse mediante la guerra. Por lo tanto, lo importante era que al finalizar la Guerra Mundial se renunciara a dicha soberanía absoluta de los estados, a fin de erigir una sociedad de naciones cuya tarea principal fuera asegurar la paz. La instauración del sufragio general en todos los países importantes debía garantizar que no se pudiera imponer ningún impulso belicoso por parte de los militares o de fracciones aisladas de los grupos dominantes, puesto que la abrumadora mayoría

[48] *Ibid.*, p. 83.

[49] Véase a Rosa Luxemburgo respecto a una posible "paz violenta" contra Rusia: "O bien Rusia es humillada y pierde parte de sus provincias occidentales, las más desarrolladas y revolucionadas [...] [entonces] tendríamos otra guerra germano-rusa en 10 años, a más tardar en 20 [...]" (*Spartakusbriefe*, pp. 70-71).

de todos los pueblos llegaría a amar la paz, debido a su experiencia en esta guerra, y no permitiría que los inevitables conflictos se decidieran por vías militares.

No obstante, la Liga Espartaco y los otros socialistas de tendencias internacionales manejaban una estrecha relación entre el derecho de oposición a la guerra y una interpretación particular de los sucesos contemporáneos, la cual se deducía en forma muy indirecta del *Capital* de Marx. Un boletín repartido en ocasión del 1 de mayo de 1916 afirmaba lo siguiente:

> Por segunda vez el día del 1 de mayo alumbra el mar de sangre de la carnicería de masas [...] ¿En bien y en provecho de quiénes ocurren todos estos horrores y bestialidades?, ¿con qué fin? Sólo es para que los *junkers* del este del Elba y los capitalistas oportunistas en contubernio con ellos se llenen los bolsillos sometiendo y explotando a otros países. Para que los azuzadores de la industria pesada y los proveedores del ejército acumulen en sus graneros las cosechas doradas de los sangrientos campos de cadáveres. Para que los agiotistas realicen operaciones usurarias con los créditos de guerra. Para que los especuladores con alimentos engorden a expensas del pueblo hambriento [...] [en resumen] millones de hombres ya han perdido la vida por orden de la burguesía.[50]

Dichas afirmaciones aparentemente pueden aplicarse a todos los países. No definen la guerra como crimen por el hecho de oponerse a una paz mundial que objetivamente ya era posible, es más, hasta necesaria, sino que la representan como el crimen cometido por malhechores concretos, regidos por propósitos egoístas. Dicha banda de criminales en esencia es la burguesía, aunque en otros boletines este término se refiere sólo a los supuestos instigadores en Alemania y Austria-Hungría.

Cabe detenernos en este aspecto por un momento. Sin duda hubo en todas partes logreros de la guerra, traficantes con alimentos, especuladores de bolsa o *tiburones* (como se decía en Italia), y en todas partes el hombre común los odiaba sobremanera. Dichos fenómenos eran inevitables, puesto que la economía alemana de guerra, así como las demás, no había eliminado la libertad de movimiento económico de los individuos y de las empresas, la premiación de servicios especiales ni el sistema de los precios como indicadores de escasez. Sin embargo, era una tesis muy audaz, es más, insostenible, afirmar que este pequeñísimo grupo hubiera desencadenado la guerra a fin de satisfacer su codicia. Al hablar de burguesía se pisaba, ciertamente, el terreno familiar de la contradicción principal marxista entre burguesía y proletariado, capital y trabajo. Mas era imposible reducir la burguesía a dicho pequeño grupo. Cuando menos pertenecían a ella todos los empresarios y es de suponer que también todas las personas al servicio de los empresarios y del Estado capitalista: los oficiales, los empleados públicos, los maestros de todos los niveles, las

---

50 *Ibid.*, p. 174.

profesionales libres. Incluso era posible asignar a sus filas a los *obreros aristócra-tas*, que siempre aparecían cuando se buscaba una explicación sociológica de la traición del 4 de agosto. *Esta* burguesía, ciertamente una minoría, aun cuando fuera relativamente fuerte en todas las naciones del oeste y centro de Europa, en comparación con los obreros y los trabajadores de campo sencillos, *no* sacaba provecho de la guerra. Enviaba a sus hijos a la guerra, al igual que los demás ciudadanos de la nación; de sus filas provenían prácticamente todos los oficiales de reserva, y el cuerpo de oficiales en conjunto sufría el doble de bajas que las tropas.[51] No podía haber afirmación más injusta que la de acusar a este cuerpo de oficiales de asesinar a las tropas, mucho menos a cambio de beneficios materiales.

De nueva cuenta, los autores de los artículos y boletines de la Liga Espartaco estaban confundiendo la causa real y las circunstancias secundarias, al igual que en el caso de la *traición* de los líderes socialdemócratas. Eran autores humanos y por lo tanto criminales los que determinaban las grandes caracte-rísticas suprapersonales del sistema, que se definía con el concepto de "capi-talismo", pero que bien se hubiera podido especificar con mucha más precisión con el término *soberanía absoluta de los estados individuales*. De acuerdo con la doctrina marxista tradicional, la revolución mundial del proletariado no acabaría sólo con dicho carácter absoluto, sino con los estados como tales y, al mismo tiempo, con las clases y con la división fija del trabajo de acuerdo con el tipo de clase a que se pertenecía, de tal modo que las propias masas gobernarían, sin que mediaran las instituciones profesionales, y crearían un mundo armonioso sin fronteras estatales o nacionales, es más, sin idiomas diferentes.

De esta manera, el pacifismo de los socialistas internacionalistas se distin-guía considerablemente del que concebían los otros pacifistas, los burgueses. Se trataba de un universalismo militante y sin restricciones, que probó una contradicción tajante con la burguesía en otro sentido más amplio: con todas las personas que no compartían la fe en el surgimiento inminente de una sola humanidad pacífica, armoniosa y sin divisiones, una fe antiquísima, en efecto, que incluso había hallado expresión en algunos conocidos libros de la Biblia. Por lo tanto, la Liga Espartaco y los socialistas internacionalistas formaban el partido de la fe, el partido de los campeones de Dios, según podría decirse recurriendo a analogías evidentes, o al menos el de los luchadores por la justicia. Sin embargo, desde siempre los campeones de Dios han pretendido exterminar a los impíos y borrar el reino de la injusticia de la faz de la Tierra. Por ende, el gran derecho de la oposición a la guerra estaba vinculado con una fe que forzosamente procuró, bajo Liebknecht, sustituir la tregua política por la guerra política o bien, bajo Lenin, transformar la guerra en una guerra civil.

---

51 Schulthess, 1918/I, p. 591.

Si este partido insistía en no responsabilizar del crimen original de la guerra a las características del sistema o a una fase en el desarrollo histórico, sino dirigir a autores humanos, los *criminales*, su acusación y la correspondiente intención de exterminio, paradójicamente tenía entonces que convertirse en un partido de guerra de tipo muy particular, en caso de que no lograra imponerse pronto, por completo y en todas partes.

Se entraba en otro plano diferente al apartarse el partido, en la práctica, de la atribución universal de culpa, para al principio dirigir su lucha contra unos cuantos grupos especialmente culpables. Desde el comienzo existía el gran peligro de que no todos los socialistas, de todos los países involucrados en la guerra, se entregasen a la lucha con la misma energía y los mismos buenos resultados. En tal caso, sería derrotado precisamente el Estado que albergara al partido socialista más fuerte y activo. Éste fue el argumento sostenido por todos los *defensores de la patria* o *socialpatriotas* en los partidos socialistas, que durante largo tiempo resultó mucho más convincente, sobre todo desde el punto de vista de las masas de los trabajadores alemanes, que la estigmatización como criminales de los logreros de la guerra, los militaristas o la burguesía. No obstante, cuanto más duraba la guerra, más patente se hacía la orientación primaria de la propaganda espartaquista contra el Reich alemán, al que en el primer semestre de 1918 al parecer se le atribuían considerables posibilidades de triunfo. Rosa Luxemburgo, que se encontraba presa pero que estaba desarrollando, bajo el dominio del militarismo prusiano, una actividad de agitación tan intensa como la de Trotski desde la prisión de Kerenski, invirtió una contraposición original de Paul Lensch, según se aprecia en la *Spartakusbriefe* núm. 9, de junio de 1918:

> Los imperialismos inglés y francés están arraigados en una política colonial antigua y sujeta a vías tradicionales; el alemán se encontraba en estado embrionario hasta estallar la Guerra Mundial, y sólo en el curso de ésta empezó a adquirir dimensiones monstruosas. Sigue creciendo día con día y se está colmando, intoxicado con la sangre de la carnicería millonaria, de un ansia de conquista mundial que no sabe de tradiciones, ataduras ni consideraciones.[52]

No obstante, ¿será un pequeño grupo de *junkers*, logreros de la guerra y especuladores de bolsa capaz de hechos tan tremendos? ¿Qué hubiera hecho sin los soldados, que según la Liga Espartaco sólo eran proletarios disfrazados, pero que grandes partes de la población ucraniana y rusa esperaban ansiosamente como portadores del orden, incluso de acuerdo con las observaciones de sus adversarios en la guerra, como Louis de Robien y un poco después Churchill? Ningún *junker* o burgués insultó jamás a los obreros alemanes con palabras más duras y metáforas más fuertes que Rosa Luxemburgo en la décima *Spartakusbriefe*:

---

[52] *Spartakusbriefe, op. cit.*, pp. 423-424.

El proletariado alemán de hecho supera el ejemplo más famoso de fidelidad servil: la guardia suiza que se dejó matar por la enfurecida turba revolucionaria ante el palacio de los últimos Borbones [...] Si se encontrara a un segundo Thorwaldsen para esculpir en mármol la imagen de esta conmovedora fidelidad de esclavos en beneficio y provecho de estirpes distantes, tras cuatro años de Guerra Mundial, ¡definitivamente no elegiría como símbolo a un león sino a un perro![53]

Estas duras palabras no eran sólo expresión de una confianza burlada, que en opinión de Rosa Luxemburgo algún día volvería a justificarse; se basaban ya en "la gran Revolución rusa", nombre que le daba la Liga Espartaco a la Revolución de Marzo,[54] y fueron escritas con conocimiento de la toma del poder de los bolcheviques. Las precedió el motín de la flota alemana que en el otoño de 1917 reforzó mucho a Lenin en sus decisiones, así como las huelgas de enero de 1918 en Berlín, los boletines y los escritos que a través de Noruega habían llegado a Alemania y que contenían exhortaciones como las siguientes: "Para vencer, la revolución no cobrará ni las víctimas de un solo día de batallas en el campo de la locura [...] Matad a la bestia de la guerra, colgad a vuestros verdugos y os reuniréis redimidos, libres y felices con vuestros hermanos en todo el mundo."[55] Por otra parte, también se conocían las noticias sobre los fusilamientos masivos efectuados por la checa y sobre las atrocidades cometidas por los bolcheviques, y Rosa Luxemburgo de hecho anotó comentarios muy críticos acerca de la dictadura autoritaria de Lenin y Trotski. No obstante, para ella y sus compañeros de lucha resultaba evidente que toda barbarie y todo caos derivaban principalmente de la resistencia que oponían los enemigos. En su opinión, la revolución rusa se tornaría europea y marxista en cuanto, por fin, estallara también la revolución en las naciones capitalistas desarrolladas, para liberar a los acosados camaradas rusos de su fatal aislamiento. Por eso ella y Karl Liebknecht, una vez salidos de la cárcel, colaboraron enérgicamente con los llamados prohombres revolucionarios y con algunos grupos de los "socialdemócratas independientes" que ya existían desde marzo de 1917, así como con la embajada rusa soviética en Berlín, a fin de promover dicha revolución portadora de paz y redentora del mundo.

Lo que sucedió fue que en noviembre se dio el derrumbe militar alemán. Nadie puede determinar con seguridad a qué grado contribuyeron a él, además de los fracasos de las ofensivas de la primavera y el verano de 1918 en Francia, los revolucionarios, por una parte, y Ludendorff, por otra; este último porque trató de imputar la responsabilidad al nuevo régimen de la monarquía parlamentaria. En todo caso, Karl Liebknecht y Rosa Luxemburgo estaban

[53] *Ibid.*, p. 440.
[54] *Ibid.*, p. 322.
[55] Leo Stern (comp.), *Die Auswirkungen der grossen sozialistischen Oktoberrevolution auf Deutschland*, Berlín, 1959, pp. 820-821 (*Archivalische Forschungen zur Geschichte der deutschen Arbeiterbewegung*, t. 4/II).

convencidos de que la Revolución alemana —sin duda una revolución del desmoronamiento, al igual que la rusa de marzo de 1917— había entrado a su "etapa Kerenski" con el gobierno de los delegados del pueblo, integrado por socialdemócratas de la fracción mayoritaria y por independientes. Ahora se trataba de impulsarla hasta el socialismo, como hegemonía de las masas trabajadoras sin ejercicio efectivo de dominio. No obstante, por mucho que Friedrich Ebert fuese el Kerenski alemán, había logrado la paz, al contrario de su contraparte rusa. No se cansaba de señalar el *caos ruso* y el *terror bolchevique* que causarían la ruina de Alemania, entregándola a la ocupación por los aliados, en caso de que Espartaco consiguiera imponerse. En los disturbios de noviembre y diciembre, los espartaquistas fueron al mismo tiempo víctimas y culpables, pero el temor a una *situación rusa* surtió efectos decisivos. No puede negarse tampoco que algunos elementos del lumpen-proletariado y simples militantes se habían adherido a su causa y contribuyeron a incrementar la antipatía y el odio generales hacia el espartaquismo. Resultó muy sintomático que ni Karl Liebknecht ni Rosa Luxemburgo obtuviesen un mandato para participar en el primer Congreso del Reich de los Soviets de los Obreros y los Soldados, el cual tuvo lugar en Berlín a mediados de diciembre. Con todo, recibió mucha atención la asamblea realizada por los delegados de la Liga Espartaco en el congreso prusiano, del 30 de diciembre de 1918 al 1 de enero de 1919, en la que se fundó el "Partido Comunista de Alemania (Liga Espartaco)".

El hecho de que no se tratara simplemente de la reunión de un partido alemán se puso de manifiesto en forma simbólica con el gran discurso de un prestigioso representante del partido bolchevique, Karl Radek. Y asimismo resultó característica la forma expresa de señalar a la clase obrera alemana como el hermano mayor de la clase obrera rusa, mucho más joven y menos experimentada en cuestiones organizativas; la aparición de aquélla en el escenario de la historia mundial colmaba de profunda alegría a los trabajadores rusos. De hecho, desde su protesta pública contra la guerra el 1 de mayo de 1916 y por lo menos hasta la toma del poder de los bolcheviques, Karl Liebknecht era un nombre mucho más conocido entre los pacifistas de todas las naciones que Vladimir Ilich Lenin. Por lo tanto, resultaba del todo congruente que Radek diera voz a la esperanza de que pronto sesionaría en Berlín el soviet internacional de los obreros, el gremio de la victoria definitiva del partido pacifista, puesto que en el fondo el bolchevismo no era más que "las lágrimas de las viudas y los niños, el dolor por los muertos y la desesperación de los que han vuelto a casa".[56] Sin embargo, el partido de ningún modo quería ser un partido pacifista en forma exclusiva o en primera instancia, tal como podrían hacerlo sospechar estas conmovedoras palabras de Radek. El progra-

---

[56] Hermann Weber (comp.), *Der Gründungsparteitag der KPD. Protokoll und Materialien*, Francfort, 1969, p. 84.

ma que aprobó, redactado por Rosa Luxemburgo, abarcaba gran cantidad de demandas de gran alcance.

Se basaba en una marcada tesis de culpa: la hegemonía de la clase burguesa era la verdadera culpable de la Guerra Mundial en Alemania y en Francia, en Rusia y en Inglaterra, en Europa y en Estados Unidos. Ella, y de ningún modo sólo el dominio feudal de los *junkers* en Alemania, había perdido su derecho de existencia en vista del desenlace de la Guerra Mundial. Del inmenso abismo abierto por ella no había otra salida que el socialismo. Por lo tanto, la consigna del momento debía ser: "¡Abajo el sistema de salarios!" Sin embargo, el socialismo sólo lograría el triunfo mediante la guerra civil más violenta de la historia mundial, contra la enconada resistencia de la "clase imperialista de los capitalistas", la cual se serviría de los campesinos y los oficiales para prolongar la esclavitud de los salarios e incluso azuzaría a "grupos retrógrados de obreros" contra la vanguardia socialista.[57] Por ende, la Liga Espartaco no debía de ningún modo prestarse a compartir el poder gubernamental con los "cómplices de la burguesía, con los Scheidemann y los Ebert", y sus peticiones inmediatas eran, entre otras: desarmar a la policía, los oficiales y los soldados no proletarios; formar una guardia roja; crear un tribunal revolucionario; establecer la jornada máxima de trabajo de seis horas; anular las deudas del Estado y otras deudas públicas; confiscar toda fortuna a partir de cierta cantidad. Todo ello debía imponerse "con férrea decisión". También se declaró, ciertamente, que la revolución proletaria no requería de terror para conseguir sus fines, puesto que odiaba y aborrecía el acto homicida. Sin embargo, todo esto sonaba muy distinto de las formulaciones semejantes hechas por el socialismo humanitario, como las que presentó Kurt Eisner en Baviera, por ejemplo, sobre todo al leerse a la luz de las frases finales: "¡Vamos, proletarios! ¡A luchar! Hay un mundo por conquistar y un mundo por vencer. En esta postrera lucha de clases de la historia mundial, por los objetivos más encumbrados de la humanidad, el enemigo sentirá lo que aquí decimos: ¡el pulgar en el ojo y la rodilla en el pecho!"[58]

Al aprobarse dicho programa, de hecho se creó a un partido de tipo muy peculiar.

Ningún partido hubiera podido proponerse algo más extraordinario y trascendental que "la reforma completa del Estado y la transformación total de los fundamentos económicos y sociales de la sociedad";[59] es decir, eliminar, en última instancia, la propiedad privada en los medios de producción, el Estado y la estructura clasista de la sociedad. Tal programa hubiera puesto a disposición de un solo grupo, al menos durante un periodo de transición, todo el patrimonio nacional y todos los cargos en el Estado. De esta manera, se fijaba una meta

---

[57] Hermann Weber (comp.), *Der deutsche Kommunismus. Dokumente*, Colonia y Berlín, 1963, p. 38.
[58] *Ibid.*, p. 42.
[59] *Ibid.*, p. 35.

incomparablemente más alta que la de cualquier otro partido, que, a pesar de todo, se podía conciliar con "el más elevado idealismo"[60] precisamente porque su objetivo era acabar con todos los intereses de los individuos y de los grupos. Formalmente no se trataba más que del viejo programa prerrevisionista de la socialdemocracia, pero en el marco de la posguerra se convirtió en algo nuevo. Al perderse el vínculo con la aspiración de los obreros calificados a la emancipación social y con el reformismo práctico de los sindicatos, el elemento ideológico-utópico cobró mucha más importancia que antes. Sin embargo, también se distinguía del programa bolchevique por derivar de la situación marxista clásica que no se dio nunca en Rusia. Este partido podía adjudicarse el mérito de haber puesto fin a la guerra o al menos la distinción de ser un probado opositor del conflicto, adquiriendo así una fuerza de convocatoria que rebasaba con mucho las filas proletarias. Podía atraer a todos los que protestaban contra la opresión y las crisis de la vida moderna bajo el estandarte del anticapitalismo. Podía también levantar demandas, como por ejemplo la de la jornada de seis horas, que cualquier otro partido hubiera tenido que calificar de irreal y demagógica. No era sólo el gran partido de la protesta y la esperanza, sino también el partido de una fe antiquísima y por lo mismo cuestionable; el partido de un gran derecho que, no obstante, amenazaba con caer en la injusticia al personalizar las causas de la guerra, y el partido de la guerra civil nacional e internacional. Precisamente por ello tuvo que provocar la enconada enemistad de todos los que poseían alguna propiedad o deseaban adquirirla, es decir de los burgueses en el sentido más amplio de la palabra. En lo particular, tuvo que provocar el odio desmedido de casi todos los oficiales, quienes se preciaban de haber hecho mayores sacrificios de sangre en defensa de la patria que cualquier otro grupo de la población, y quienes habían seguido las noticias provenientes de Rusia con suficiente atención para saber qué significado tendría para ellos la exhortación "el pulgar en el ojo y la rodilla en el pecho". Tuvo que provocar por lo menos el cauteloso distanciamiento de quienes no creían que la destrucción del orden en un Estado industrial sumamente complejo, por fuerza daría como resultado otro orden mejor. De manera implícita, en cierta forma este partido tenía a casi todos los alemanes de su lado; de manera implícita, en otra forma, los tenía a casi todos en su contra.

No obstante, ante todo se encontraba en la posición completamente nueva —a diferencia del SPD de la preguerra— de poder fijar la mirada en un partido hermano que ya dirigía el gobierno de una gran nación, la más grande del mundo, pese a que en términos marxistas dicho partido hermano era más joven e inmaduro y que en realidad todavía no le hubiese correspondido tomar el poder. Si el KPD era en efecto "el hermano mayor", entonces pronto debía lograr la victoria y acudir en ayuda del partido de Lenin, que ya no tenía en

[60] *Ibid.*, p. 36.

su contra al "gigante" del militarismo alemán,[61] pero que estaba involucrado en una dura lucha contra los ejércitos blancos y contra las tropas intervencionistas de las potencias aliadas y sus asociados.

### 3. EL TRIUNFO DE LOS BOLCHEVIQUES Y LAS DERROTAS DEL PARTIDO COMUNISTA DE ALEMANIA, 1919-1921

Hacia fines de diciembre de 1918, la situación alemana en apariencia era muy parecida a la que existió en Rusia durante los meses siguientes a la Revolución de Febrero. La disciplina del ejército estaba desmoronándose; por todas partes se habían formado soviets de los soldados; los oficiales habían perdido el poder incontestable de mando y con frecuencia les arrancaban las hombreras; había manifestaciones que recorrían las calles; en muchos sitios ondeaban banderas rojas; la guarnición de la capital era de poca confianza; al lado del gobierno fungía el Soviet de los Obreros y los Soldados, encabezado por un Consejo Ejecutivo.

Sin embargo, a diferencia del caso ruso, el gobierno no se enfrentaba al gran deseo insatisfecho de paz por parte de la abrumadora mayoría de la población, y las tropas estaban volviendo ordenadamente del frente a la patria, bajo la dirección de los oficiales y con la participación de los soviets de los soldados. Hubo choques ocasionales con éstos en algunas zonas, ya en Alemania, y se escucharon las primeras quejas de una inminente contrarrevolución, pero en ningún lugar se mataba a los oficiales ni se expulsaba a los terratenientes y la administración seguía funcionando sin fricciones, pese a todas las dificultades. El cuartel general, que seguía bajo el mando de Hindenburg y de Groener, se estaba ateniendo a los hechos, y los oficiales, que después de una gran guerra siempre constituyen la punta de la democratización, conservaban una fuerza potencial considerable, en la medida en que se pretendiese imponer, como revolución, otra cosa que no fuera la democracia en el sentido de la soberanía del pueblo y la elección de una Asamblea Nacional.

La Asamblea Nacional había representado una consigna unánime en Rusia aún después de la Revolución de Octubre. En Alemania, por el contrario, la Liga Espartaco luchó con encono contra ella, al igual que algunos elementos de los Prohombres Revolucionarios y del USPD.* En la *Rote Fahne* del 20 de noviembre, Rosa Luxemburgo la llamó "una herencia caduca de las revoluciones burguesas" y un "requisito de los tiempos de las ilusiones pequeñoburguesas sobre la unidad del pueblo"; en la Alemania contemporánea, en cambio, había que perseguir la "democracia socialista", que se oponía a la "democracia burguesa". De esta manera, se levantó formalmente la demanda marxista de que la mayoría del

---

[61] Lenin, *Werke*, t. 27, p. 49.
* Partido Socialdemócrata Independiente de Alemania. [N.T.]

proletariado, en cuanto mayoría del pueblo, ejerciera la hegemonía directa por medio de los soviets; sin embargo, de hecho se trataba de la ambición de una minoría activista para alcanzar el ejercicio único del poder, ya que Rosa Luxemburgo sabía muy bien que su partido no representaba ni con mucho, ni siquiera uniéndose al USPD, la mayoría de los obreros alemanes y mucho menos la mayoría del pueblo. Por lo tanto, el *Vorwärts* pudo y tuvo que oponerle la siguiente demanda, como lema de la mayoría socialdemócrata: "No el terror, sino la libertad; no la dictadura, sino la democracia."[62] De hecho el gobierno de Ebert, al apoyarse en la Asamblea Nacional, representaba el derecho del pueblo empírico y, de esta manera, el concepto de la democracia occidental. El Consejo Central de los Soviets de los Obreros y los Soldados se le unió, pero la minoría más activa siguió oponiéndose, porque adjudicaba a la situación alemana una madurez que debía rebasar la democracia burguesa o formal.

La diferencia principal entre Alemania y Rusia era de carácter político. Ningún suceso en otro país había servido de modelo o de motivo de temor a los revolucionarios rusos. En Alemania, por el contrario, el gobierno y la prensa emitían constantes advertencias tales como: "¡Que los obreros alemanes dirijan sus miradas hacia Rusia y se consideren advertidos!" "Entonces se producirá el caos ruso"; según ellos, el espartaquismo pretendía "erigir un régimen asiático de hambre y de terror, como en Rusia"; se planeaba la "dictadura de sangre de la Liga Espartaco".[63] Este tipo de afirmaciones no hubiera podido derivarse únicamente de la situación alemana. Sin embargo, este tipo de declaraciones y suposiciones resultaba verosímil puesto que durante los meses recientes ni siquiera había sido necesario exagerar las noticias de prensa para convencer a la opinión pública alemana de que los bolcheviques, en efecto, ejercían un régimen de terror sin precedentes en Rusia.

Se hicieron tanto más verosímiles cuando quedó fuera de toda duda la intervención del gobierno soviético. El 11 de noviembre, el Soviet de los Comisarios del Pueblo dirigió un telegrama a los obreros alemanes, en el que los instaba a no dejarse "engatusar" por el señuelo de una Asamblea Nacional y al mismo tiempo prometía enviar granos, a pesar de ser del dominio público que en Rusia reinaba el hambre.[64] Varios pasajes del discurso pronunciado por Radek el 30 de diciembre adoptaron el mismo tono: según él, nada despertaba en los obreros rusos tanto entusiasmo como escuchar que posiblemente llegara el momento "en que los trabajadores alemanes soliciten nuestra ayuda y tengamos que luchar a su lado en el Rin, como ellos lucharán por nosotros en los Urales". ¿No se suponía que el deseo de paz había sido el impulso más poderoso de la Revolución rusa? De estar Radek hablando en serio, en Alemania dicho impulso hubiera tenido que beneficiar a Ebert.

[62] *Vorwärts*, 7 de noviembre de 1918 (Schulthess, 1918/I, p. 420).
[63] *Vorwärts*, 2 de diciembre, 10 de noviembre, 24 de diciembre y 27 de diciembre de 1918.
[64] *RF*, 18 de noviembre de 1918.

Durante los primeros días de enero de 1919 se produjo una situación en Berlín que enfrentó a la mayoría del proletariado, y posiblemente a la mayoría de la población capitalina, con el gobierno, cuya convocatoria a elecciones para una Asamblea Nacional se realizaba en representación de la mayoría del pueblo alemán, pero que casi no disponía de instrumentos de poder. Se trató del llamado *levantamiento de enero*.

En sus comienzos no fue más que una gigantesca manifestación de protesta contra la destitución del jefe de la policía Emil Eichhorn, miembro del USPD, por un gobierno en el que predominaba la fracción socialista mayoritaria. Sin embargo, en contra del deseo de Rosa Luxemburgo, los grupos dirigentes tomaron la decisión de derribar al gobierno. El documento correspondiente fue firmado también por Karl Liebknecht, de modo que el 8 de enero el gobierno pudo proclamar a su vez, limitándose astutamente al más odiado de sus adversarios: "El espartaquismo quiere conquistar todo el poder [...] Quiere prohibir al pueblo que hable [...]"[65] Puesto que prácticamente no había tropas republicanas confiables, el comisario del pueblo, Gustav Noske, tuvo que recurrir, en colaboración con el general Von Lüttwitz, a algunas unidades del ejército viejo y a los recién fundados cuerpos de voluntarios. Esta situación se puede comparar con la que se hubiera dado en Rusia de haber colaborado Kerenski y Kornilov. En todo caso, la *Rote Fahne* y Rosa Luxemburgo se colocaron sin reservas del lado de los combatientes: Friedrich Ebert fue calificado de "enemigo mortal de la Revolución" y el periódico se expresó con gran vehemencia contra los "elementos blandos" dispuestos a negociar.[66] Las noticias de los enfrentamientos se leían como informes militares, pero los dominaba un apasionamiento moral incomparablemente mayor, basado en la convicción de que los obreros estaban reivindicando un derecho histórico frente a la burguesía. Se esperaban atrocidades desesperadas por parte de ésta, como el fusilamiento de parlamentarios a manos de las tropas del gobierno. El 14 de enero se publicó el último editorial de Rosa Luxemburgo, intitulado "El orden reina en Berlín", en el que derrochaba furia y desprecio contra la "turba pequeñoburguesa de Berlín" y los "tristemente derrotados de Flandes y las Argonas", y finalizaba con una manifestación de fe inquebrantable en el triunfo último de la revolución:

> Los dirigentes han fracasado. Pero [...] las masas son decisivas, la roca en la que se construirá el triunfo final de la Revolución [...] "¡El orden reina en Berlín!" Esbirros torpes. Vuestro "orden" está edificado sobre la arena. Mañana mismo la Revolución volverá a "levantarse con fragor" y os sobresaltará al proclamar al son de trompetas: "¡Fui, soy y seré!"

[65] *UuF*, t. III, p. 67.
[66] *RF*, 6 y 7 de enero de 1919.

Un día después, Karl Liebknecht y Rosa Luxemburgo habían muerto. El hecho de que se buscara encubrir las circunstancias de estas muertes, y de que hasta 1933 también los adversarios hablaran de un homicidio perpetrado por algunos soldados y oficiales de la división de cazadores de la caballería de guardia, es una prueba fehaciente de la fuerza que aún tenía en Alemania la conciencia del Estado constitucional y de la poca identificación que había con la idea de que se estuviera llevando a cabo una auténtica guerra civil, continuación de la rusa. Cuando Eugen Leviné, jefe de la República Soviética de Munich, fue condenado a muerte y ejecutado, pocos meses después, en una publicación del USPD se lamentaba que fuese precisamente un gobierno socialista el que hubiera hecho cumplir la primera sentencia de muerte política en Alemania desde 1848.[67] La acción del cazador Runge y de sus instigadores no tuvo justificación moral ni legal, porque significaba matar a unos prisioneros indefensos. Sin embargo, al pronunciar esta verdad, se mentiría de no agregar que Karl Liebknecht y Rosa Luxemburgo habían encabezado una rebelión contra el gobierno, aunque fuese totalmente o a medias, en contra de su voluntad original; que desde hacía un año la checa fusilaba en Rusia, sin juicio, a cientos de miles de adversarios encarcelados y por lo tanto indefensos, entre ellos a los 350 prisioneros del levantamiento de Yaroslav; y que de ello estaban enterados los oficiales que incitaron al cazador Runge. Mucho más acertadas que las declaraciones correctas —y al mismo tiempo falsas, en su mayoría— sobre el "asesinato de Karl Liebknecht y Rosa Luxemburgo", son las frases publicadas en un comunicado del KPD en abril de 1921, acerca de la supuesta traición de Paul Levi, que podemos parafrasear como sigue: Paul Levi atacó a traición a sus camaradas de lucha, al contrario de Karl Liebknecht y Rosa Luxemburgo. Ellos estaban en contra del levantamiento de enero de 1919, pero participaron en la lucha y cayeron.[68]

Los enfrentamientos de marzo de 1919 también tuvieron lugar en una situación muy peligrosa para el gobierno. Graves disturbios y grandes huelgas sacudían Alemania Central y la cuenca del Ruhr, provocados, en gran medida, por la ira contra un gobierno que no estaba promoviendo la socialización prometida. No obstante, desde las elecciones del 19 de enero, en las que sólo 45% de los votos, aproximadamente, fueron para los partidos socialistas —a diferencia de Rusia—, se había constituido la Asamblea Nacional en Weimar. Por lo tanto, posiblemente no carezca de fundamento la sospecha de que el gobierno deseaba imponer su control en forma terminante a la situación en Berlín, disponiendo una auténtica conquista militar de la ciudad, en cuyo curso murió un total de 1 200 personas y durante la cual las tropas gubernamentales se ensañaron en las manifestaciones de brutalidad que suelen caracterizar a las unidades relativamente pequeñas de tropa cuando se enfrentan a grandes

[67] BAK, *Nachlass Rosa Meyer-Leviné*, t. 32, fol. 32.
[68] *RF*, 15 de abril de 1921.

cantidades de civiles mal armados. El teniente Marloh, por ejemplo, mandó fusilar a 29 marinos sin motivos suficientes. Los rumores exagerados acerca de las atrocidades supuestamente cometidas por los espartaquistas en Lichtenberg habían agitado sobremanera a las tropas, y si a esto se añaden otros fusilamientos el rencor que se creó fue indeleble, en la gran masa de la población del este de Berlín, contra los "noskides" o los "perros de Noske". Los manifiestos de la *Rote Fahne* de ningún modo guardaban una actitud únicamente defensiva, al proclamar, por ejemplo: "La Revolución sólo podrá avanzar sobre la tumba de la mayoría socialdemócrata [...] Abajo la Asamblea Nacional [...] Vuestros hermanos están en huelga. Los capitalistas se tambalean. El gobierno está a punto de caer."[69]

El gobierno acababa de imponerse en Berlín cuando se proclamó la República Soviética de Munich, luego del asesinato de Kurt Eisner. Durante una semana, hasta el 14 de abril, fue dirigida por socialistas anarquistas, como Gustav Landauer y Erich Mühsam, hasta ser sustituidos por los comunistas Eugen Leviné, Max Levien y Tobias Axelrod, entre otros. No se produjeron hechos de sangre de consideración, excepto el fusilamiento de varios rehenes en la escuela de enseñanza media de Luitpold. Sin embargo, la seudorrepública soviética anarquista dio un gran susto a los burgueses al anunciar, el 10 de abril, la instauración de tribunales revolucionarios, cuyas sentencias se ejecutarían "en el acto" y sin recurso de apelación. En este caso, el ejemplo ruso resultó verdaderamente arrollador. El gobierno del socialdemócrata Hoffmann, por ejemplo, refugiado en Bamberg, emitió un comunicado que decía: "La ciudad de Munich es asolada por el terror ruso desencadenado por elementos extranjeros [...]"[70] Con certeza, se trató más de una amenaza que de una realidad. No obstante, el 27 de abril Lenin firmó un documento para dar la bienvenida a la República Soviética de Baviera, en el que, en forma de preguntas, daba instrucciones muy amplias:

¿qué medidas [han] tomado en contra de los verdugos burgueses Scheidemann y compañía? ¿Han armado [...] a los obreros y desarmado a la burguesía [...] reducido el espacio residencial de la burguesía en Munich, para la asignación inmediata de obreros a las viviendas de los ricos [...] [y] detenido a rehenes burgueses?[71]

Por otra parte, la aversión contra los extranjeros y contra la intervención extranjera no se limitaba a la derecha, según lo demostró Ernst Toller cuando el 26 de abril afirmó ante una asamblea decisiva de los grupos dirigentes, que el gobierno actual era una calamidad, porque siempre manejaba el argumento de que "En Rusia lo hicimos de otro modo". Según Toller, "inosotros los

69 *RF*, 3 de marzo de 1919.
70 *Revolution und Räterepublik in München in Augenzeugenberichten*, Düsseldorf, 1969, p. 327.
71 Lenin, *Werke*, t. 29, pp. 314-315.

bávaros [no somos]" rusos![72] Aún más característica resulta una frase anotada por Thomas Mann en su diario el 2 de mayo de 1919, cuando por todas partes se escuchaban los tiros que se cruzaban entre los cuerpos de voluntarios, al penetrar en la ciudad, y los espartaquistas que cedían ante ellos:

> Hablamos al respecto [de si todavía será posible salvar la cultura europea] [...] o si se impondrá el modelo kirguís de asolamiento y destrucción [...] También hablamos del tipo del judío ruso, el jefe del movimiento mundial, de esa explosiva mezcla de radicalismo intelectual judío y exaltación cristiana eslava. Un mundo que aún posee su instinto de autoconservación debe proceder, con toda la energía a su disposición y contundencia sumaria, contra esa ralea [...][73]

En Rusia, durante los meses de marzo y abril de 1919 se vivió la primera culminación de la esperanza de una inminente revolución mundial. Para Lenin, la formación del Partido Comunista de Alemania, "con dirigentes conocidos y famosos a nivel mundial, como Liebknecht, Rosa Luxemburgo, Clara Zetkin y Franz Mehring",[74] de hecho ya significaba el comienzo de la nueva Internacional, la comunista. Desde su punto de vista, la junta constitu- tiva efectuada en Moscú a principios de marzo sólo fue una especie de tardía ratificación formal. Es cierto que ésta tuvo lugar en un marco sumamente modesto y casi sin delegados de partidos importantes pero, sobre todo, contra la voluntad de Rosa Luxemburgo, quien había opinado que las circunstancias aún no maduraban. De hecho, la Rusia soviética se encontraba en una situación muy difícil. Enfrentaba diversas intervenciones de los aliados y el avance de poderosos ejércitos blancos, estaba prácticamente aislada del resto del mundo y sufría una desorganización económica total. No obstante, rara vez en la historia ha sido tan grande la discrepancia entre una base material sobrema- nera pobre y una fe llena de entusiasmo desbordante que abrazaba al mundo entero. Los manifiestos y los llamamientos dirigidos a todo el mundo por esta pequeña asamblea de 51 delegados, en su mayoría rusos, estaban impregnados de tal fuego y fuerza de entusiasmo que no hubiera podido rivalizar con ellos ninguna declaración de victoria de los aliados ni ningún bien intencionado esbozo del futuro por parte de Wilson. Los "Lineamientos de la Internacional Comunista" redactados por Bujarin decían:

> Ha nacido la nueva era. La era de la disolución del capitalismo, de su descomposición interna, de la revolución comunista del proletariado [...] Doblegará el dominio del

---

[72] Allan Mitchell, *Revolution in Bayern 1918-1919. Die Eisner-Regierung und die Räterepublik*, Munich, 1967, p. 286.

[73] Thomas Mann, *Tagebücher 1918-1921*, editado por Peter de Mendelssohn, Francfort, 1981², p. 223.

[74] Lenin, *Werke*, t. 28, pp. 441-442 ("Carta a los obreros de Europa y América", el pasaje citado fue escrito el 12 de enero de 1919; la carta se concluyó el 19 de enero).

capital, hará imposibles las guerras, borrará las fronteras entre los estados, transformará todo el mundo en una comunidad que trabaja para sí misma, hermanará y liberará a los pueblos.

Al mismo tiempo se ponían estas exigencias del universalismo militante en relación con una magna evolución histórica:

Al rechazar la hipocresía, la falsedad y la podredumbre de los partidos socialistas oficiales que aún sobreviven, nosotros, los comunistas unidos en la Tercera Internacional, nos sentimos como los sucesores directos de los heroicos esfuerzos y el martirio de una larga serie de generaciones revolucionarias, desde Babeuf hasta Karl Marx y Rosa Luxemburgo.[75]

Estas esperanzas y predicciones optimistas alcanzaron su culminación en el llamamiento para el 1 de mayo dirigido por el Comité Ejecutivo de la Internacional a los comunistas de Baviera, con la conciencia de que ahora existían, además de la República Soviética rusa, también la húngara y la bávara:

La tormenta se desata. El fuego de la revolución proletaria arde con fuerza incontenible en toda Europa. Se aproxima el momento esperado por nuestros predecesores y maestros [...] El sueño de los mejores representantes de la humanidad se hace realidad [...] Ha llegado la hora de nuestros opresores. El 1 de mayo de 1919 tiene que ser el día del avance, el día de la revolución proletaria en toda Europa [...] En 1919 nació la gran Internacional Comunista. En 1920 nacerá la gran República Soviética Internacional.[76]

A un observador escéptico ciertamente le hubiera parecido más probable que el año 1919 marcase el fin de la República Soviética. Desde el sur de Rusia estaba avanzando mucho hacia el norte el ejército de voluntarios encabezado por el general Denikine y apoyado con mucho material y misiones militares por los aliados y en especial por el nuevo ministro inglés de Guerra, Winston Churchill. En Siberia, el almirante Kolchak había derrocado al gobierno de los partidos y a fines de abril sus tropas, reforzadas por los checoslovacos, se encontraban ante Samara, no lejos de Simbirsk. En las antiguas provincias bálticas, las tropas alemanas y el Ejército Nacional Báltico aún luchaban contra los bolcheviques y también contra los letones y estonios nacionalistas burgueses; Petrogrado todavía corría peligro. En el norte, las tropas aliadas seguían ocupando Arkhangelsk y se empeñaban en erigir un régimen ruso bajo la dirección de un social-revolucionario. El territorio rojo era apenas mayor que el gran ducado de Moscú durante el tiempo anterior a Pedro el Grande y sufría un hambre terrible, puesto que estaba cortado el acceso a las más importantes regiones productoras de cereales

---

[75] *Manifeste, Richtlinien, Beschlüsse des Ersten Kongresses. Aufrufe und offene Schreiben des Exekutivkomitees bis zum Zweiten Kongress*, Hamburgo, 1920, pp. 21 y 17.

[76] *Ibid.*, pp. 78 y ss.

y no podía suministrar bienes industriales a sus campesinos; Lenin se vio obligado a enviar a los pueblos a comandos de requisa compuestos por obreros urbanos, quienes ahí procuraban unirse con los pobres de los pueblos para efectuar saqueos despiadados de los *kulaks*.

En forma paralela a la guerra civil externa estaba teniendo lugar, por lo tanto, una lucha de clases interna, cuyas características no tenían precedentes. Nunca antes en la historia moderna se había dado un jefe de gobierno que calificara a grandes grupos de su propia población de "perros y cerdos de la burguesía moribunda", de "arañas" y "parásitos" contra los cuales había que librar una despiadada lucha.[77] En los frentes, por el contrario, la lucha tenía lugar con el mismo encono por ambas partes. Muchos observadores neutrales también informaron con frecuencia que los soldados blancos procedían con mayor crueldad que los rojos, ya que estos últimos muchas veces mataban sólo a los oficiales presos y liberaban a las tropas, por ser sus hermanos de clase. De hecho, el paso de unidades enteras al enemigo contribuyó de manera considerable a la derrota sufrida por el ejército de Kolchak en mayo y junio, antes de poder establecer un enlace con Denikine. Tras la grave derrota de los checoslovacos, la retirada se convirtió en una huida dramática a lo largo de los miles de kilómetros de la vía ferrocarrilera transiberiana, en cuyo curso cientos de miles cayeron y otros cientos de miles de civiles fugitivos murieron de inanición.

Al avanzar Denikine en dirección a Moscú, Kolchak ya estaba vencido; y cuando el ejército noroccidental del general Yudenich llegó a las afueras de Petrogrado en octubre, Denikine ya había iniciado la retirada. Los ejércitos blancos, los aliados, los nacionalistas letones y estonios, los campesinos anarquistas encabezados por Majno en Ucrania y los nacionalistas ucranianos bajo Petliura, los polacos y los caucáseos peleaban juntos contra los bolcheviques y al mismo tiempo, en secreto y a veces abiertamente, unos contra otros. Algunos querían restablecer el imperio ruso, y otros, debilitarlo; los unos luchaban por la propia independencia, y los otros, por aumentar su territorio o asegurar el suministro de materias primas. Además, los social-revolucionarios y los mencheviques, tanto en territorio soviético como tras los frentes blancos, de hecho se colocaron del lado de los bolcheviques cuando parecía inminente el peligro de que un general reaccionario hiciera su entrada triunfal en Moscú. Lenin estaba perfectamente consciente de que debía su victoria en la guerra civil a la falta de unión entre sus adversarios, del mismo modo en que debía remitir el triunfo de su revolución a la adopción del programa agrario de los social-revolucionarios. Hacia fines de 1919, grandes partes del antiguo imperio zarista se habían independizado —además de los nuevos estados bálticos y de Finlandia, también Georgia, entre otras—, pero sólo las tropas de Denikine en el norte de la Crimea, cuyo mando supremo no tardó en pasar al general Von

---

[77] Lenin AW, t. II, pp. 886 y 408.

Wrangel, podían considerarse como un ejército eficaz y no totalmente desalentado de la guerra civil. La única amenaza del exterior eran los polacos, que soñaban con restablecer las fronteras de 1772. La burguesía y la aristocracia rusas habían dejado de existir, aunque numerosos individuos consiguieran sustraerse al exterminio físico, refugiándose en alguna parte de la inmensa burocracia soviética: las clases explotadoras habían sido liquidadas, como lo pedía el programa del partido, y mucho más de un millón de sus miembros encontraron un pobre asilo en los otros países de Europa, en uno de los mayores movimientos de refugiados conocido por el mundo hasta entonces.[78] La revolución mundial, por su parte, perdió dos países en 1919, Hungría y Baviera, aunque el motivo principal por el que Churchill no logró imponer con Lloyd George sus peticiones de apoyo más efectivo para los blancos, era la gran inquietud que despertaban en el primer ministro las tendencias revolucionarias aparentes en Inglaterra; prefería que existiera una Rusia bolchevique y no una Inglaterra bolchevique. Y el año de 1920 no tardaría en producir otro avance de la revolución.

Durante la segunda mitad de 1919 ya no se habló mucho del Partido Comunista en Alemania, pero sí de las condiciones intolerables del Tratado de Versalles, de la mentira en cuanto a la responsabilidad alemana por la guerra, según la expresaba el Artículo 231, y de la infame petición aliada de que se entregara a los criminales de guerra alemanes, en particular al antiguo emperador. El partido fue prohibido; en una asamblea ilegal efectuada en Heidelberg se separó de los radicales de izquierda que en la primera asamblea vencieran a Rosa Luxemburgo, por mayoría de votos, en la cuestión de la participación electoral, y de los cuales algunos mostraban ahora tendencias nacional-bolcheviques, como los dos hamburgueses Heinrich Laufenberg y Fritz Wolffheim. Con todo, no es inverosímil que el general Von Lüttwitz, cuyas tropas habían salvado al gobierno socialdemócrata de Alemania un año antes, se haya inquietado no sólo debido a la reducción de la fuerza militar exigida por los aliados, sino también a causa del crecimiento del bolchevismo, porque en primera instancia tenía el ojo puesto en el USPD, que parecía ganar cada vez más fuerza. De estas preocupaciones, y también del deseo comprensible de ver fijadas pronto las primeras elecciones parlamentarias, nació el llamado *golpe de Kapp*, en el que se entregó la ciudad de Berlín al poder de la amotinada "Brigada Ehrhardt" durante algunos días y obligó al gobierno del Reich a huir primero a Dresde y luego a Stuttgart.

La huelga política general convocada entre los obreros por los miembros socialdemócratas del gobierno del Reich, además de la resistencia de los empleados públicos de Berlín y la neutralidad de la mayor parte del ejército, resultó decisiva para la pronta dimisión del canciller golpista del Reich, Wolfgang Kapp,

---

[78] Respecto al tema de la "Emigración", *cfr.* capítulo IV, apartado 7.

quien había encontrado mucho apoyo sobre todo en Alemania del Este. Dicha convocatoria en el fondo hablaba el idioma de la revolución proletaria:

> No hicimos la revolución para hoy reconocer de nueva cuenta al sanguinario régimen de los lansquenetes. No transigiremos con los criminales del Báltico [...] Obreros, camaradas [...] Recurrid a todos los medios para destruir esta restauración de la sanguinaria reacción [...] Declaraos en huelga, suspended el trabajo y cortad el aire a esta dictadura militar [...] ¡Proletarios, uníos![79]

No era de sorprender que dicha huelga general se dirigiese también contra el gobierno, entre cuyos miembros figuraba Gustav Noske, y que el ala izquierda del USPD tratara de reparar el error cometido en 1918. Con todo, aparentemente el gobierno se sorprendió ante la velocidad con la que en muchas partes de Alemania se formaron unidades de un Ejército Rojo y el buen éxito que tuvo la asociación de éstas al menos en la región de la cuenca del Ruhr. Aquí fueron derrotadas no sólo unidades del Ejército del Reich sino también de la policía, y con razón se ha hablado de una "Revolución de Marzo" alemana.[80] El KPD por cierto sólo tuvo poca participación en ello y al principio incluso pretendió guardar una maliciosa neutralidad en el conflicto entre "ebertinos" y "lüttwitzes", pero los rumores no tardaron en adjudicarle un papel protagónico, al igual que a los *rusos*. Esto contribuyó a agudizar los enfrentamientos, y el gobierno se vio obligado a recurrir incluso a las tropas contra las cuales sus miembros socialdemócratas habían llamado a la huelga general. Durante poco más de dos semanas, Alemania fue una especie de Rusia, en la que hacía estragos una auténtica guerra civil entre grandes unidades armadas. El discurso pronunciado por Gustav Stresemann el 28 de marzo de 1920 ante el Comité Ejecutivo de su partido se refería totalmente al ejemplo ruso: según él, se había comprobado la presencia de oficiales del Ejército Rojo ruso en Berlín y el envío, por encargo de Lenin, de oradores populares a Alemania. Además, la situación en Alemania estaba siguiendo exactamente el mismo derrotero que en Rusia. "Así como aquí se desarma a las tropas y se pretende crear batallones de obreros, así lo hizo Kerenski, y Lenin fue su sucesor. Si esto sigue así, el bolchevismo será el mar en el que finalmente nos ahogaremos." De acuerdo con Stresemann, lo peor era que el Partido Demócrata estuviese participando en los ataques contra el Ejército del Reich, traicionando así los intereses de la burguesía. "¿Es de sorprender que los oficiales flaqueen en la lucha contra el bolchevismo?"[81]

A fin de cuentas, el Ejército del Reich no flaqueó. Aplastó el levantamiento, a veces con una brutalidad tan extrema que un joven soldado confió a su diario:

---

[79] *Illustrierte Geschichte der deutschen Revolution*, Berlín, 1929, p. 469 (facsímil).
[80] Erhard Lucas, *Märzrevolution 1920*, Francfort, 1970, 1973, 1978, 3 vols.
[81] *UuF*, t. IV, p. 122.

"En el campo de batalla tratamos en forma mucho más humana a los franceses."[82] De esta manera, la corta Guerra Civil alemana intensificó el odio en
ambas partes y sustrajo aún más confianza y autoridad moral a las fuerzas del
Centro: acrecentó el odio de un gran número de independientes y comunistas
contra la soldadesca y el gobierno socialdemócrata, que de nueva cuenta había
traicionado a la revolución; aumentó el odio de los soldados contra los
bolcheviques y más aún contra los marxistas socialdemócratas, que una y otra
vez se hacían defender por los soldados y no obstante insistían en ofender y
denostar a sus salvadores. Por otra parte, también había nacido —como entre
los blancos rusos— una profunda aversión contra la burguesía, la cual resultó
ser filistea y falta de energía, pese a que durante las luchas en el Vogtland, por
ejemplo, Max Hölz mandó pegar carteles en los que amenazaba con prender
fuego a toda la ciudad y masacrar a la burguesía, sin distinción de sexo o de
edad, en caso de que se aproximara el Ejército del Reich.[83]

Las consecuencias del golpe de Kapp fueron curiosas. Las elecciones
parlamentarias tuvieron lugar el 6 de junio de 1920 y le costaron la mayoría
a la coalición de Weimar. El USPD creció mucho, hasta casi igualar en fuerza a
los socialdemócratas, pero también los nacionalistas alemanes lograron avances considerables. El socialdemócrata Hermann Müller trató de negociar con
el líder de los Independientes, Arthur Crispien, pero éste rechazó la oferta de
participar en el gobierno, porque su partido aspiraba a "la toma del poder
político por el proletariado y el ejercicio único del poder por éste, hasta
realizarse el socialismo".[84] Finalmente se formó un gobierno burgués con
Fehrenbach, un político del Centro. Puesto que en Baviera el socialdemócrata
Hoffmann fue sustituido, en seguida del golpe, por Gustav von Kahr, los
partidos burgueses terminaron sacando el mayor provecho a la guerra civil,
aunque en principio se limitaron al papel de observadores.

A los comunistas se les había cumplido la exigencia mínima de que se
pusiera fin a la coalición socialdemócrata-burguesa, pero de una manera muy
distinta de como se lo habían imaginado. La alianza de todos los partidos
socialistas y el ejercicio del gobierno por un representante de los sindicatos al
menos hubieran significado un paso en la dirección soviética, hacia la situación
cuyo desarrollo había sido cortado por los bolcheviques al asumir el poder.
Ahora todo parecía indicar que ya no se requeriría de maniobras parlamentarias para desatar la revolución mundial en Alemania. En la primavera, Josef
Pilsudski, ex jefe del Partido Socialista de Polonia y actual fundador de un
Estado aún no definido en sus fronteras ni en su papel, había atacado a la Rusia
soviética en asociación con el nacionalista ucraniano Petliura, a fin de crear
una gran federación europea oriental que se extendiese desde el mar Báltico

[82] Hagen Schulze, *Freikorps und Republik 1918-1920*, Boppard, 1969, p. 315.
[83] *UuF*, t. IV, p. 128.
[84] *Ibid.*, pp. 145-146.

hasta el mar Negro y que hiciera a la Rusia soviética inofensiva para la Europa *civilizada*. Sin embargo, el 11 de junio hubo que evacuar de nueva cuenta la apenas conquistada ciudad de Kiev, y de ahí en adelante los aliados polacos y ucranianos sufrieron una derrota tras otra. La pregunta era si los rusos se detendrían en la llamada línea de Curzon, pero Lenin impuso su voluntad y por primera vez el Ejército Rojo traspasó las fronteras de su país, a fin de llevar la libertad a los obreros y campesinos de Polonia, oprimidos por los *pany* —los señores feudales—, según las proclamaciones del nuevo gobierno que provisoriamente fue formado. No obstante, la verdadera meta de Lenin era Alemania, es decir, la revolución en Alemania, y Trotski también creía que estaba cerca el momento en que rusos y alemanes en conjunto librarían la gran batalla del Rin contra las potencias aliadas.[85]

El odio contra Polonia era tan fuerte entre muchos nacionalistas alemanes que dicha perspectiva fue recibida con entusiasmo, y las noticias de prensa sobre las tropas soviéticas, detenidas ahora en las fronteras de la Prusia Oriental, generalmente resultaban muy positivas. Europa Occidental contuvo la respiración y, durante un tiempo, pareció paralizarse completamente, máxime cuando las apelaciones dirigidas por el gobierno soviético a los obreros para que impidiesen todos los envíos de municiones y material a Polonia cayeron en terreno fértil, sobre todo entre los sindicatos ingleses. Muchos artículos de prensa retrataban a Polonia como un baluarte demasiado débil que con desesperado valor trataba de salvar a toda Europa de la embestida de las hordas orientales. Los estadunidenses se limitaron al comunicado emitido por el subsecretario de Estado Colby, quien equiparaba el comunismo militante con la autocracia militar y le contraponía el americanismo de manera contundente. Los franceses apoyaron al general Wrangel en la última ofensiva de la Guerra Civil rusa, aliviando un poco la situación de los polacos. Sin embargo, la misión militar del general Weygand tampoco hubiera podido cambiar el desenlace de los acontecimientos, de no haber sido el tradicional odio de los obreros y campesinos polacos hacia los rusos más fuerte que su aversión a la clase feudal de su propio país, que desde hacía mucho tiempo había dejado de ejercer el mando en forma exclusiva. De esta manera, Pilsudski pudo reorganizar su ejército y ganar la batalla por Varsovia. En la paz preliminar de Riga le fueron prometidas la Ucrania occidental y grandes partes de Bielorrusia, y abandonó a Petliura y Wrangel a cambio, en la misma forma en que los aliados habían abandonado a Kolchak a comienzos del año. En la Crimea, Wrangel y sus tropas se embarcaron hacia Constantinopla en noviembre, con lo que la Guerra Civil rusa llegó a su fin, fin que, ciertamente, fue interpretado por muchos emigrantes sólo como provisional.[86]

---

[85] Según *Protokolle der USPD-Parteitage*, 1920, t. 3, p. 215 (Martov).

[86] *Ibid.* La dificultad fundamental y principal enfrentada por los Blancos radicaba en el hecho de que, aunque no considerasen la entrega de la tierra de los terratenientes a los campesinos como

Más o menos al mismo tiempo, el Partido Comunista de Alemania se convirtió en un partido de masas, pues se unió con el ala izquierda del USPD para formar el Partido Comunista Unido de Alemania (VKPD). El impulso para ello fue dado por las decisiones tomadas durante el Segundo Congreso Mundial de la Internacional Comunista, reunido en Moscú justo durante la etapa decisiva de la guerra soviético-polaca; los delegados observaban con enorme entusiasmo el avance constante de las líneas del frente sobre el gran mapa fijado en la pared del edificio donde se estaba celebrando el Congreso. Lenin decretó las 21 condiciones que provocaron la escisión de los grandes partidos socialistas de izquierda en Europa; a saber, el USPD alemán, el Partido Socialista de Italia y la Sección Francesa de la Internacional Obrera. Dichas condiciones establecían a la Internacional Comunista como un partido mundial centralizado y dividido en secciones que de principio excluían a todos los reformistas, centristas, social-pacifistas e incluso a los seguidores de las federaciones amarillas de sindicatos, aunque éstos hubieran sido, como el italiano Filippo Turati, adversarios decididos de la guerra. Cada una de las secciones debía crear organismos paralelos ilegales, a fin de preparar la fase de la guerra civil: dirigir una sistemática propaganda de desmoralización contra los ejércitos; asumir el compromiso de prestar ayuda incondicional a "todas las repúblicas soviéticas" (lo cual en la práctica significaba la Rusia soviética); y no dejar lugar a duda alguna, en su comportamiento, respecto al hecho de que la Internacional Comunista había "declarado la guerra a todo el mundo burgués y a todos los partidos socialdemócratas amarillos".[87] En opinión de todos los observadores escépticos, estas condiciones no podían interpretarse más que como el esfuerzo de una Rusia derrotada en la Guerra Mundial por asegurar su propia conservación, de manera sutil e insidiosa al mismo tiempo, y por preparar su revancha, al procurar incitar a las masas de obreros y campesinos de las naciones enemigas a rebelarse contra los grupos dirigentes de sus países, explotando así la libertad de propaganda y organización que en la propia Rusia se negaba a los adversarios supervivientes. Los socialistas de derecha, a su vez, debían opinar que Lenin evidentemente estaba equiparando el imperialismo occidental con la integración de gran parte de los socialistas al sistema parlamentario, que había comenzado alrededor de 1900 en Francia, y en 1917 incluso parecía imponerse en Rusia; esta integración poseía profundas raíces

una injusticia o un fraude, no podían simplemente sancionar los hechos, sino que·debían guardar esta decisión para un futuro parlamento o una asamblea nacional constituidos por elecciones libres. Por lo tanto, sus declaraciones carecían de carácter concreto, como por ejemplo en el siguiente caso: "Aspiramos a establecer un mínimo de orden, que permita al pueblo reunirse libremente y dar libre expresión a su voluntad" (*Vospominanija generala Barona P. N. Wrangela*, reimpresión, Francfort, 1969, p. 123).

Era mucho más emotiva la profecía de que la sociedad democrática europea tendría que asumir por sí misma la defensa armada de sus logros culturales y políticos contra el enemigo de la civilización, en caso de que el sacrificio del ejército de voluntarios resultase inútil.

[87] Hermann Weber (nota 57, capítulo II), p. 206.

en la historia europea y debía servir para impedir otra gran guerra, en caso de llevarse a cabo con el apoyo de la gran mayoría y sin reserva alguna. Sin embargo, las fuertes alas izquierdas de todos estos partidos al parecer compartían con Lenin la convicción de que los socialistas no debían participar en el gobierno sino ejercerlo en forma exclusiva, porque sólo de esta manera sería posible eliminar todo gobierno. Sólo esta tercera interpretación era capaz de despertar entusiasmo y, en efecto, ningún partido hubiera podido expresar una aspiración más extrema que la contenida en la última frase del manifiesto aprobado por el Congreso: "¡Trabajadores y trabajadoras! En la Tierra existe un solo signo merecedor de que por él se luche y se muera. Este signo es la Internacional Comunista."[88] Y no se trataba de un entusiasmo sin fundamento. ¿En qué otro lugar del mundo hubiera sido posible enseñar a los delegados un palacio real convertido en hogar para niños, como el de los zares en Zarskoye Selo?; ¿dónde había tanto empeño en erradicar el analfabetismo?; ¿dónde los obreros comunes contaban con posibilidades tan amplias para desarrollar su talento literario u ocupar los cargos más elevados del Estado? ¿No había el *partido del progreso* tomado efectivamente el poder en la Rusia soviética?

El inmenso prestigio adquirido por el comunismo soviético debido a su victoria no se manifestó en ningún otro lugar con tanta claridad como en Alemania. Cuando los delegados del USPD se reunieron en Halle en octubre de 1920 para decidir la aceptación o el rechazo de las 21 condiciones, el enviado de la Internacional Comunista, Grígori Zinóviev, fue recibido con tumultuosos aplausos, pese a que una fuerte minoría ni se movió para saludarlo. Zinóviev habló durante varias horas, con una fuerza de convicción tan arrebatadora que las crónicas de algunos periódicos lo calificaron como el máximo orador del siglo. Con gran énfasis reprochó a la derecha reunida en torno a Crispien y Hilferding el miedo a la revolución, manifiesto en toda su política. Confrontó esto con su propia fe, la cual según él le había llenado los ojos de lágrimas cuando unas semanas antes en Bakú, durante el congreso de los pueblos de Asia, que también estaban despertando, cientos de turcos y persas cantaron en coro la Internacional. Según él, la luz para toda la humanidad llegaría del Este, y los opositores de la unificación estaban completamente equivocados al quejarse de la ingenuidad de las masas, porque "la fe religiosa supuestamente ingenua de las masas proletarias es de hecho el factor revolucionario más importante en la historia mundial".[89] Esta tesis sin duda alguna mostraba una modificación radical, es más, una verdadera inversión del marxismo. Sin embargo, los marxistas ortodoxos, entre ellos Rudolf Hilferding y Julio Martov, no recibieron ni con mucho el mismo aplauso por sus discursos "contra la tiranía de Moscú", aunque se escucharon voces de indignación cuando Martov

---

[88] *Die Kommunistische Internationale*, núm. 13, p. 31.

[89] G. Zinóviev, *Die Weltrevolution und die III. Kommunistische Internationale. Rede auf dem Parteitag der USPD in Halle am 14. Oktober 1920*, Hamburgo, 1920, pp. 29-30 y 59.

describió el proceder de la checa y agregó que se avergonzaba de su país, en el que tales cosas eran posibles.[90] La mayoría de los delegados aprobó la resolución, integrada por Zinóviev en un marco histórico muy amplio al afirmar, al final de su discurso: "En Alemania se formará ahora un gran partido comunista unido, y éste es el mayor suceso histórico de estos días."[91] De esta manera, el pequeño Partido Comunista de Alemania, Sección de la Internacional Comunista, se convirtió en el gran Partido Comunista Unido de Alemania (VKPD), que por supuesto también era una sección de la Internacional Comunista. Hubo 300 000 miembros del USPD que se pasaron a sus filas, mientras que 300 000 se quedaron con el partido viejo, que dos años después volvió a integrarse a la mayoría socialdemócrata. El VKPD contaba con unos 350 000 miembros y fue encabezado por Paul Levi, un abogado muy culto y discípulo de Rosa Luxemburgo, y Ernst Däumig del USPD, que fungían como presidentes con igualdad de poderes.

Poco tiempo después, Zinóviev publicó un informe acerca de sus "Doce días en Alemania". Tuvo buenos motivos para afirmar que la enorme mayoría de los obreros alemanes estaba del lado de la Revolución rusa y que la propaganda dirigida por los intelectuales de derecha y los pequeñoburgueses obreros aristócratas contra el "látigo de Moscú" o los "déspotas de Moscú" había caído sobre terreno estéril. Todavía más interesantes fueron las impresiones recibidas en Alemania por el jefe del partido de Petrogrado, ciudad que según todos los informes estaba desierta y hambrienta, impresiones de "tiendas opulentas, desbordantes de manjares" y de los "burgueses bien alimentados y estúpidos" que lo manejaban todo.

> ¿Cuándo llegará todo esto a su fin? ¿Cuándo, cuándo este gigante, el proletario alemán, enderezará las espaldas y se sacudirá a los canallas burgueses que ocupan la punta de la pirámide? Maldito sea, tres veces maldito sea el mundo capitalista "civilizado" que pisotea al alma viva y convierte a millones en siervos [...] Sólo cuando del menchevismo alemán ya no quede ni una piedra sobre otra estará libre el camino; sólo entonces las poderosas organizaciones obreras de Alemania [...] se transformarán en la vigorosa palanca con la que la clase obrera alemana derribará a la antigua Alemania y acabará con la burguesía.[92]

Rara vez el vínculo interno entre crítica de la civilización e intención destructiva, una de las características del temprano bolchevismo, fue expresado con tanta claridad como en este caso por el presidente de la Internacional Comunista. Zinóviev citó la eliminación total del dinero y el pago en especie de los salarios como los remedios, ya casi completamente realizados en Rusia.

---

[90] *Protokolle der USPD-Parteitage*, 1920, t. 3, p. 217.
[91] Zinóviev, *op. cit.*, p. 68.
[92] G. Zinóviev, *Zwölf Tage in Deutschland*, Hamburgo, 1921, pp. 77-78 y 74.

Pero a los pocos meses estos remedios fueron desechados también por la Rusia soviética.

El periodo de la Guerra Civil rusa lo había sido del comunismo de guerra, vinculado, por una parte, con la gran esperanza de la inminente realización de una forma de vida no capitalista, en la que "todo [pertenecería] a todos", y caracterizado por un enorme impulso agitador y cultural. Esto trajo consigo, al mismo tiempo, una clara disminución de la espontaneidad, el fortalecimiento de los organismos centrales del partido y del Estado y una mayor disciplina en el ejército y la industria. De esta manera, surgió la pregunta del papel que correspondería a los sindicatos en el Estado obrero. ¿Seguirían representando los intereses de los obreros, se convertirían, al mando de éstos, en órganos encargados de administrar la industria, o bien servirían de correas de transmisión para el partido, que algún día quizá haría requisar a la mano de obra de la misma manera como había hecho requisar los granos de los campesinos? En 1919 y 1920 aparecieron los primeros indicios de una oposición obrera y varios grupos trataron de constituirse en oposición o fracción. El impulso más fuerte para ello fue dado por las quejas contra la burocracia soviética, pero también contra el gobierno autocrático, el papel de los especialistas, el conformismo y el oportunismo. De acuerdo con los opositores, todo ello conducía al resultado paradójico de que (según lo expresara Alexandra Kollontai) "sólo la clase más importante de la República soviética [debía sufrir] una existencia vergonzosamente miserable dedicada a trabajos forzados".[93]

Lenin a su vez poseía una aguda sensibilidad para identificar las circunstancias que llegasen a extremos insoportables y sin salida. Procuró remediarlas creando un espacio económico para la espontaneidad, al sustituir las requisas por impuestos en especie y otorgar así a los campesinos la oportunidad de vender sus excedentes en el mercado libre. Esto necesariamente tuvo que resultar en cierta medida de libre comercio y en un grupo de empresarios y comerciantes dedicados a múltiples formas de actividades capitalistas. Lenin bautizó el fenómeno como la "Nueva Política Económica" (NEP) e hizo delinear sus rasgos fundamentales por el 10º Congreso del Partido, que inició sesiones a principios de marzo. Tanto mayor fue su resolución de mantener el principio de la dictadura política del Partido, y no vaciló en emplear el término "capitalismo de Estado". De hecho venía haciendo declaraciones muy peculiares desde 1918, las cuales repitió insistentemente en el texto "Sobre el impuesto en especie":

> Si la revolución se demora más tiempo en "estallar" en Alemania, nuestra tarea será asimilar el capitalismo de Estado de los alemanes, dedicar todas nuestras fuerzas a adoptarlo y no titubear ante ningún método dictatorial para acelerar dicha transfe-

[93] Frits Kool y Erwin Oberländer (comps.), *Arbeiterdemokratie oder Parteidiktatur*, Munich, 1972 (edición original: Olten, 1967), 2 vols., t. I, p. 184.

rencia de la cultura occidental a la Rusia bárbara, sin vacilar en la aplicación de métodos bárbaros para luchar contra la barbarie.[94]

A comienzos del año 1921, la revolución aún no estallaba en Alemania. No obstante, si Rusia iba a convertirse en una dictadura enfocada al desarrollo, en la que el gremio dirigente del partido controlaba incondicionalmente la gran industria nacionalizada, y si por debajo de este nivel la situación era determinada en principal medida por el libre comercio y un grupo de pequeños capitalistas —comerciantes y empresarios—, el apasionamiento anárquico-utópico que parecía formar el meollo del comunismo, en la versión establecida por el gobierno soviético, tenía que redoblar sus esfuerzos contra una situación que a todas luces era peor que la del capitalismo desarrollado que reinaba en Occidente.

El levantamiento de los marinos y de la población de Kronstadt fue la primera manifestación de dicha crítica y asimismo la más contundente, pues estaba bien organizada y armada, aunque todavía se dirigía fundamentalmente contra algunos aspectos específicos del comunismo de guerra. Coincidió con el 10º Congreso del Partido, lo cual probablemente no fue una simple casualidad, porque desde antes se habían dado numerosos disturbios y huelgas, sobre todo en Petrogrado, y por otra parte ya se apreciaban varios indicios del próximo relajamiento.

Las siguientes demandas fueron presentadas por la asamblea plenaria celebrada por las dotaciones de la primera y la segunda brigadas de los cruceros de combate el 1 de marzo de 1921: nuevas elecciones de los soviets, ahora con la condición de que el voto fuera secreto; de que hubiera libertad de expresión y de prensa para los obreros y campesinos, los anarquistas y los partidos socialistas de izquierda; libertad de reunión; libertad para formar sindicatos y organizaciones campesinas; liberación de todos los presos políticos pertenecientes a partidos socialistas; elección de una comisión para revisar los autos de todos los encarcelados en prisiones y campos de concentración; libertad de disposición de los campesinos sobre su tierra, mientras no empleasen mano de obra asalariada, y producción artesanal libre basada en el propio trabajo.[95]

En gran parte se trataba, por lo tanto, de las demandas de 1917, supuestamente ya realizadas por el Partido Comunista ruso. Esta circunstancia era, precisamente, la que Lenin y el partido al parecer consideraron una amenaza intolerable. En el acto tomaron medidas para someter el motín con la fuerza militar, lo cual sólo sirvió para radicalizar el tono de los sublevados de Kronstadt:

¡A todos, todos, todos! [...] Hundido hasta la cintura en la sangre hermana de los trabajadores, el sanguinario mariscal de campo Trotski fue el primero en abrir fuego

[94] Lenin AW, t. II, p. 830.
[95] Kool y Oberländer, *op. cit.*, t. 2, p. 343.

contra la revolucionaria ciudad de Kronstadt, por haberse levantado contra el dominio de los comunistas a fin de restablecer el verdadero poder de los soviets [...] En este mar de sangre, los comunistas están ahogando todas las grandes y resplandecientes promesas y consignas de la revolución obrera [...] La vida bajo el yugo se ha vuelto peor que la muerte [...] Aquí en Kronstadt se ha colocado la primera piedra de la Tercera Revolución [...] que abrirá un nuevo y ancho camino hacia la actividad creativa acorde con el espíritu del socialismo.[96]

Al tomar en cuenta la significación clave que para la Revolución rusa poseían los términos "masa", "espontaneidad", "liberación" y "ausencia de mando", evocados aquí como testimonio en contra de dicha Revolución, resultaba más que comprensible la orden de la Internacional Comunista de que el nuevo partido de masas por fin asestara el golpe decisivo en Alemania, para o bien forzar la victoria o al menos distraer la atención mundial de Kronstadt. Durante la Semana Santa, en medio de la situación sobremanera difícil en la que se encontraba el gobierno de Fehrenbach debido a las excesivas reparaciones exigidas por los aliados y los impotentes esfuerzos por oponerles alguna resistencia, de hecho estalló la llamada "acción de marzo". En realidad fue un levantamiento de amplios alcances efectuado en la zona industrial del centro de Alemania. También podría calificarse de "revolución de marzo", especialmente porque al mismo tiempo se suscitaron actos de violencia en Hamburgo y en otras grandes ciudades, mientras que el KPD convocó a una huelga política general. Los preparativos, realizados al principio de acuerdo con la llamada teoría de la ofensiva revolucionaria, coincidieron, por cierto, con una acción del presidente de la policía Hörsing, de modo que nuevamente fue posible remitirse a actos de provocación y resistencia. La *Rote Fahne* manejaba un lenguaje sumamente agresivo: "La burguesía alemana y la chusma de los dirigentes socialdemócratas han arrebatado las armas al proletariado [...] El proletariado tiene que hacer, por su lado, lo mismo que Kahr por el suyo: reírse de la ley. Cada uno de los contrarrevolucionarios tiene su arma. Los obreros no pueden ser peores revolucionarios que los contrarrevolucionarios."[97]

La diferencia radicaba en que en esta ocasión los contrarrevolucionarios, identificados principalmente con la organización bávara de defensa propia Escherich (Orgesch), *no* habían perpetrado un golpe como el del año anterior. No reinaba ni con mucho la misma agitación espontánea entre los obreros como en marzo de 1920, de modo que el partido tuvo que recurrir a muchos métodos artificiales: atentados, explosiones y provocaciones de los cuerpos de seguridad, con lemas como el siguiente: "¡Derribad los tranvías, lanzad granadas!"[98] Es cierto que cientos de miles participaron en la lucha, según indicacio-

---

[96] *Ibid.*, pp. 385 y ss.
[97] *RF*, 18 de marzo de 1921.
[98] *Die Enthüllungen zu den Märzkämpfen. Enthülltes und Verschwiegenes*, editado por el Comité Central del KPD, Halle, 1922, p. 20.

nes del propio partido, más que un año antes en la cuenca del Ruhr, pero no llegaron a sumar millones, y sólo una fuerza de millones hubiera podido otorgarles la victoria en esta guerra civil. Por este motivo, algunos dirigentes del partido habían opuesto fuerte resistencia y los enviados de la Internacional Comunista, entre ellos Matias Rakosi y Bela Kun, tuvieron que hacer valer toda su autoridad para imponerse.

Lo peor de la derrota fue la publicación en abril de un texto del dirigente del partido, Paul Levi, en el que calificaba la acción del "mayor golpe bakunista de toda la historia", como una guerra librada por los comunistas contra las cuatro quintas partes de los obreros alemanes, insultadas en forma inaudita por la *Rote Fahne*. Levi señaló a los enviados de la Internacional Comunista como los verdaderos responsables y les asestó el desagradable epíteto de "turkestanes".

Por supuesto fue expulsado del partido, pero al fundar la Comunidad Comunista de Trabajo (KAG) llevó a cabo la primera separación oficial del VKPD. De esta manera, surgió un comunismo europeo occidental que pareció confrontar al comunismo soviético y con cierta frecuencia empezó a hablarse del antibolchevismo de los comunistas heterodoxos.

En la primavera de 1921, el Partido Comunista de la Rusia Soviética obtuvo el triunfo definitivo en la gran Guerra Civil, pero la introducción de la NEP al mismo tiempo pareció transformarlo en forma peculiar. Durante la guerra había formado parte del gran partido general europeo de la protesta y la esperanza; después de ella logró un triunfo histórico a nivel mundial, como el partido ruso de la guerra civil y el exterminio social de las clases enemigas, si bien implicó también aplastar magnos levantamientos campesinos, que difícilmente podían achacarse sólo a la actividad de los *kulaks*. ¿No tenía que extenderse ahora a toda Europa, como el partido de la revolución mundial, o bien convertirse en el partido de la industrialización y emprender un camino que nadie había recorrido antes?[99] ¿Se transformaría incluso en un "partido de la guerra", según se lo reprochó el menchevique Noe Jordania,[100] cuando en febrero de 1921 las tropas soviéticas por segunda vez cruzaron una frontera reconocida por el derecho internacional público, en esta ocasión para someter a Georgia?

Dicho dilema se debió a las derrotas sufridas por el partido alemán, es decir,

---

[99] *Cfr.* a este respecto *Marxismus und Industrielle Revolution* (nota 42, capítulo II), pp. 520-534, y *Deutschland und der Kalte Krieg*, Stuttgart, 1985², capítulo I.3, pp. 61-74.

[100] Noe Jordania, *Imperialismus unter revolutionärer Maske. Eine Antwort an Trotzki*, Berlín, s.f.

En cualquier país debe ser posible encontrar un grupúsculo de bolcheviques. Si el gobierno de Moscú se adjudica el derecho de acudir con sus ejércitos en ayuda de todos los grupúsculos de bolcheviques en otros países, se les presenta la perspectiva de sostener guerras por todos los rincones del mundo [...] La verdadera razón de esta conquista [...] sin querer fue revelada en público por Radek cuando en la conferencia berlinesa de las tres Internacionales declaró que el gobierno de Moscú había conquistado Georgia porque necesitaba conservar el control sobre las salidas del petróleo de Bakú al Mar Negro [pp. 15-16].

por la Revolución alemana. La adopción de la NEP sólo significó un breve respiro, antes de producirse una nueva situación y la necesidad de tomar otras decisiones en 1923, el año de la gran crisis alemana. Si en 1920 y 1921 ya empezaba a surgir el antibolchevismo incluso en las filas de los comunistas, hubiera sido más que raro que en el suelo del mundo burgués, en cuyo verdugo se había erigido el comunismo, no hubiese nacido, entretanto, un antibolchevismo mucho más marcado que aquél, el cual habría de echar una palabra y también una espada a la balanza de las decisiones futuras.

### 4. EL TEMPRANO ANTIBOLCHEVISMO Y EL ASCENSO INICIAL DE HITLER

Más sorprendente que el antibolchevismo resulta, sin duda, el filobolchevismo que no tardó en surgir del lado burgués, en este caso del lado no socialista. En sus comienzos tuvo tan poca relación con motivos sociales como el primer antibolchevismo: se refería a los bolcheviques como el partido de la paz, que debía despertar una simpatía natural en todos los que criticaban la guerra y sus partidarios. En Estados Unidos e Inglaterra se trató del ala antiimperialista de los liberales y del Partido Laborista. Se borraron las líneas claras cuando el tratado de Brest-Litovsk puso de manifiesto que la paz de los bolcheviques otorgaba una ventaja inmensa al partido de la guerra en Alemania. No obstante, al concluir el conflicto dicha simpatía fue restablecida en parte, entre otras causas, porque los promotores liberales y laboristas del progreso en muchos casos no dudaban de su parentesco profundo con los bolcheviques, aun cuando ponían grandes reparos contra los métodos empleados por éstos. Hombres como los estadunidenses William Bullitt y Raymond Robins o los ingleses M. Phillips Price del *Manchester Guardian* y Arthur Ransome del *Daily News* de Londres conservaron, para siempre o al menos por mucho tiempo, sus simpatías iniciales hacia los bolcheviques, porque reconocían claramente la novedad que éstos significaban en la arena de la historia mundial y deseaban ver en ella un factor positivo. El *Berliner Tageblatt* tampoco tomó en cuenta sólo el aspecto nacional de la Revolución de Octubre, sino que puso énfasis en la circunstancia de que dicho suceso "otorgará a la cuestión social una posición sobresaliente";[101] algunos de los titulares publicados en relación con la Guerra Civil rusa parecían expresar una simpatía aún más profunda con los bolcheviques. No todos los políticos liberales y laboristas de tendencias pacifistas y sociales se dejaron influir a tal grado por su aversión contra los reaccionarios e imperialistas de sus propios países como para aprobar lo que muy pronto sería bautizada como la *política de exterminio* de los bolcheviques, pero Bernard Shaw expuso un punto de vista sintomático al señalar, adoptando sólo una

---

[101] *L'opinion publique européenne devant la Révolution russe de 1917, avec une introduction de Fernand l'Huillier*, París, 1968, p. 67 (*Berliner Tageblatt*, dos días después del triunfo de los bolcheviques).

actitud de leve distanciamiento, que los bolcheviques habían planteado las preguntas correctas y fusilado a las personas indicadas.[102]

El fenómeno más peculiar dentro del filobolchevismo fue el nacionalbolchevismo burgués de Alemania, nacido de la consternación que provocaron las condiciones de la paz de Versalles. Sólo concebía *una* salida posible, el bolchevismo, que según esta corriente adoptaría en Alemania un carácter menos despótico que en Rusia, siempre y cuando llegase al poder con el apoyo de los círculos acomodados y cultos. Sin embargo, por lo menos Paul Elzbacher, nombre con el cual esta tendencia fue vinculada al principio, manifestó cierta simpatía hacia el bolchevismo también desde el punto de vista de su política interior; le parecía laudable que Lenin se hubiese pronunciado "por el castigo despiadado de los trabajadores descuidados y perezosos", y uno de los principales beneficios que esperaba de una colaboración con el bolchevismo era la defensa ante la destrucción de las culturas antiguas "a manos de la insípida 'civilización' de Inglaterra y Estados Unidos".[103]

Del mismo modo en que no todos los burgueses eran antibolcheviques, no todos los socialistas eran filobolcheviques. En su caso no tardó en desarrollarse una enconada hostilidad, aunque ésta probablemente fue más marcada entre los grupos dirigentes que dentro de las masas proletarias. Por otra parte, este hecho no tiene nada de sorprendente si se considera que al tomar el poder los bolcheviques dirigieron sus esfuerzos ante todo a la eliminación de los demás partidos socialistas.

Los primeros compañeros de lucha de Lenin, los anteriores editores de la *Iskra*, interpretaban dicha toma del poder como una simple continuación consecuente de la conocida táctica leninista de formar un partido de seguidores leales mediante la expulsión de los verdaderos marxistas y de las mentes independientes. Ya se ha citado la afirmación de Plejanov sobre la "ambición casi patológica [de Lenin] de tomar el poder".[104] En 1918, Martov llamó "partido de verdugos" a los bolcheviques;[105] la crítica más dura fue ejercida

---

[102] E. Malcolm Carroll, *Soviet Communism and Western Opinion 1919-1921*, Chapel Hill, 1965, p. 15.

[103] Paul Elzbacher, *Der Bolschewismus und die deutsche Zukunft*, Jena, 1919, pp. 40, 21 y 33-34.

[104] *Cfr.* p. 54.

[105] *Seeds of Conflict*, serie 4, *The Opposition at Home and Abroad*, t. 1, p. 8 (reimpresión: Nendeln, 1975). Una aportación notable para determinar la nueva cualidad del terror bolchevique fue hecha varios años después por J. Steinberg, un social-revolucionario de izquierda que en el invierno de 1917-1918 fue comisario de Justicia en el Soviet de los Comisarios del Pueblo. En su libro *Gewalt und Terror in der Revolution (Oktoberrevolution oder Bolschewismus)*, Berlín, 1931, escribe:

> Mencionaré tan sólo un acto del poder estatal socialista que abrió el camino para la futura administración directa de la justicia desde arriba (o sea, no desde abajo). Se trató de la declaración hecha contra el partido liberal burgués de los cadetes en diciembre de 1917. Dicho partido fue "proclamado fuera de la ley" [...] El decreto significaba que a partir de ese momento ya no se estaba acusando a una persona real de un crimen real, sino que se estaba entregando una abstracción política y social (*el partido de los cadetes*) a la sospecha y la ira generales; es más,

contra ellos por Pawel B. Axelrod. Desde su punto de vista, el bolchevismo era "asiático", una traición de los principios más elementales del marxismo, una "dictadura contra el proletariado [y los campesinos]", un grupo que resucitaba "la barbarie, la brutalidad y la atrocidad de tiempos hacía mucho tiempo muertos" y que se constituía en "la nueva casta dominante" en el marco de un "régimen esclavista" de nuevo tipo. Por este motivo, Axelrod veía confirmada la tesis que planteara desde antes de estallar la Guerra Mundial, en el sentido de que "el grupo de Lenin [debía señalarse] como una banda de 'centurias negras' y como criminales vulgares dentro de la socialdemocracia".[106]

Los anarquistas ejercieron una crítica aún más fundamental que la de los mencheviques. Ciertamente no pudieron negar que los fines ulteriores de los bolcheviques eran idénticos a sus propias metas —crear una sociedad mundial de individuos libres—, pero reprobaban el medio del que se servían los bolcheviques, es decir, el desarrollo de un poder estatal sobremanera fuerte; no creían que este medio, tarde o temprano, llegase a engendrar lo contrario de sí mismo. Por lo tanto, el anarquista estadunidense Alexander Berkman, amigo de la más conocida Emma Goldman, escribió inmediatamente después del sometimiento de Kronstadt: "La experiencia de Kronstadt muestra de nueva cuenta que el gobierno o el Estado —cualquiera que sea su nombre o forma— es siempre el enemigo mortal de la libertad y la autodeterminación. El Estado no tiene alma ni principios. Sólo conoce una meta: asegurar el poder y conservarlo a toda costa. Ésta es la lección política de Kronstadt."[107]

En 1921, también Rosa Luxemburgo probablemente hubiera sido tachada de antibolchevique por los seguidores ortodoxos de Lenin, al igual que su amigo Paul Levi. En su folleto sobre la Revolución rusa, redactado en 1918 en la cárcel y publicado en 1922 por Levi, expresaba una serie de objeciones de carácter fundamental, a pesar de todo su respeto por Lenin y Trotski. Es cierto que al

las personas pertenecientes a esta abstracción dejaron de existir en cuanto seres que también vivían y sufrían [...] Con este acto, contradicción manifiesta del espíritu del socialismo, por primera vez se dijo a las masas: en sus sufrimientos actuales o futuros ya no tienen la obligación de confirmar la culpa de los acusados [...] pueden desquitarse con el chivo expiatorio que sea, vengarse en forma directa, castigar y destruir a sus enemigos como a criminales. Este decreto del gobierno soviético creó la mutua responsabilidad civil y la institución de tomar rehenes que actualmente ciñen toda la revolución como un aro de hierro (p. 35).

Respecto a la posibilidad de comparar los crímenes de masa, es importante la siguiente declaración, tomada del *Boletín* núm. 1 (enero de 1919) publicado por el Comité Central del Partido de los Social-revolucionarios de izquierda: "En la región gubernamental de Tambov tuvo lugar un levantamiento totalmente espontáneo de 40 comunidades. Fueron reprimidas de la manera más atroz. Se recurrió a tanques y a gases venenosos [...]" (p. 71).

En la página 329, el ex comisario del Pueblo califica a Lenin categóricamente de "autor del terror".

[106] *Die russische Revolution und die sozialistische Internationale. Aus dem literarischen Nachlass von Paul Axelrod*, Jena, 1932, pp. 180-205, especialmente pp. 180, 183 y 186-187.

[107] Alexander Berkman, *Die Kronstadt Rebellion*, Berlín, 1923, p. 29.

definir la libertad como la "libertad del que sustenta una opinión diferente", Rosa Luxemburgo con toda probabilidad no estaba refiriéndose a la libertad liberal de todos los ciudadanos y por lo tanto también de los "reaccionarios". No obstante, al asociar la "vida en los soviets" con "elecciones generales, libertad total de prensa y de reunión y libre debate de opiniones", de principio estaba rechazando la dictadura del partido para defender la democracia soviética de todos los trabajadores socialistas, tal como quisieron imponerla las masas de Petersburgo en octubre de 1917 y como en 1921 la volvieron a exigir los sublevados de Kronstadt. De hecho no pasó mucho tiempo antes de que el KPD emprendiese la lucha contra el "luxemburguismo", al que acusaba de exagerar la espontaneidad de las masas y de descuidar el papel del partido.[108]

Todo ello trata de disputas comunistas internas. Se aprecia otro tono en la crítica socialdemócrata, la cual, si bien seguía interpretando el asunto como socialista interno, pone de manifiesto la inconfundible tendencia a expulsar el bolchevismo del campo socialista y a subordinarlo al concepto burgués.

Según Otto Bauer, la revolución bolchevique llevó a cabo lo que en la Europa Occidental había sido impuesto por las revoluciones burguesas: destruir el sistema agrario feudal y establecer un orden burgués de propiedad en el campo. En Rusia ciertamente gobernaban los proletarios y en las elecciones un voto obrero equivalía, por lo tanto, a cinco votos campesinos. No obstante y de acuerdo con el mismo autor, muy pronto empezaron a prevalecer cada vez más los dirigentes del partido, de modo que en todo caso debía hablarse de un socialismo despótico. Dicho camino no carecía de consecuencia y de urgencia históricas, pero de ninguna manera podía ser emprendido por las naciones industriales de la Europa Occidental, a las que correspondía el desarrollo gradual de la democracia burguesa. Según Bauer, el comunismo ruso, por el contrario, estaba estrechamente emparentado con el socialismo prusiano de Spengler, porque ambos se habían entregado a la ilusión de la fe en el Estado, al creer que "la omnipotencia de una minoría dominante puede y debe obligar a la masa obediente a adoptar formas más avanzadas de vida".[109]

Fue mucho más severa la opinión expresada no sólo en artículos de periódico sino también en varios ensayos por el hombre que en la socialdemocracia de la preguerra había representado la máxima autoridad en cuestiones de doctrina: Karl Kautski. Según Kautski, el marxismo formaba parte del proceso de humanización que había liberado al movimiento obrero de su

---

108 El texto de Clara Zetkin, "Um Rosa Luxemburgs Stellung zur russischen Revolution", publicado en 1922, representa un intento inicial por defender a Rosa Luxemburgo. Sin embargo, el resultado fue más una defensa del terror rojo que una fundación del concepto de la democracia soviética. Es característico el reproche de que "gente como Reventlow, Friedberg, Erzberger [...] sin parpadear condujeron al matadero a un millón y medio de hombres y jóvenes alemanes" y que por lo tanto no tenían derecho a "vociferar en ronco coro el terror de la dictadura del proletariado" (p. 97).

109 Otto Bauer, *Bolschewismus oder Sozialdemokratie*, Viena, 1920, p. 119.

estado salvaje original y también de la proximidad íntima con la fase terrorista de la Revolución francesa. El bolchevismo significaba, por lo tanto, una recaída en la bestialidad, porque deseaba sustituir otra vez la lucha de clases marxista por la guerra civil. De acuerdo con Kautski, el motivo esencial para ello era la inmadurez de la situación rusa. Los bolcheviques aprovechaban el impulso de una psicosis de masas; por ello concebían la cualidad social denominada "burguesía" prácticamente como un factor biológico, contra el cual procedían con la ferocidad y la brutalidad del naciente movimiento obrero. Por consiguiente, la victoria del bolchevismo equivalía a la derrota del socialismo, lo cual también se manifestaba en el surgimiento de una nueva burocracia, de una nueva clase de amos que restauraba el militarismo e instauraba el terrorismo: "Fusilar: esto es el abc de la sapiencia gubernamental comunista." Por lo tanto, el bolchevismo constituía un retroceso a condiciones bárbaras, antihumano y antisocialista, y por eso Kautski finalmente lo califica de "socialismo tártaro".[110]

No obstante, ya sea que los destacados socialdemócratas interpretasen el bolchevismo en principio como camino especial ruso o como regresión bárbara, todos lo contraponían rotundamente a lo europeo. La relación de un viaje hecho por un socialdemócrata expresa el deseo de "dejar atrás lo más pronto posible las fronteras de la Rusia soviética", puesto que la monotonía y la estrechez de la vida, el hambre, la ausencia de libertad de prensa y el terror constante sembrado por los actos de la nueva "Santa Inquisición", la checa, eran sencillamente insoportables.[111] Sin embargo, casi nunca se insinúa la pregunta de si lo europeo pudiese estar relacionado también con la libre existencia de las tendencias reaccionarias y si los socialistas no bolcheviques de Rusia quizá debieron haberse aliado mejor con Kolchak y Denikine, porque sólo de esta manera se hubiera dado la oportunidad de crear una sociedad de las diferencias sociales productivas, como en Europa. Por el contrario, la equidistancia respecto a los bolcheviques y los reaccionarios siguió caracterizando, abiertamente o no, a todos los socialdemócratas, y en la práctica esta equidistancia también había determinado la política de los mencheviques y los social-revolucionarios, hasta su supresión definitiva en 1921.

El multifacético liberalismo europeo tendía más bien a identificarse con la cultura europea o al menos con la civilización occidental, salvo en el caso que, como marcado liberalismo de izquierda, se concentrase en la crítica contra las injusticias de una sociedad muy poco transparente. Según el *Times*, no había "espacio suficiente en el mundo para el bolchevismo y la civilización".[112] El término *totalitarismo*[113] ya era de uso común como concepto equivalente a

---

[110] Karl Kautski, *Terrorismus und Kommunismus. Ein Beitrag zur Naturgeschichte der Revolution*, Berlín, 1919, pp. 140 y 152.

[111] Paul Olberg, *Briefe aus Sowjet-Russland*, Stuttgart, 1919, pp. 146 y 113.

[112] Carroll, *op. cit.*, p. 34.

[113] Alfons Paquet hablaba del "totalitarismo revolucionario de Lenin" en las cartas enviadas desde Moscú, p. 111 (*cfr.* nota 35, capítulo II).

bolchevismo. La frontera poco definida entre los liberales de derecha y los conservadores se reconocía con mayor facilidad en la diferencia de si hacían constar sólo la participación extremadamente fuerte de elementos ajenos al pueblo en la Revolución rusa o si veían en los judíos una causa particular de ésta. Durante los primeros meses que siguieron a la Revolución de Febrero, hubo numerosos observadores, sobre todo de Francia e Italia, que se irritaron mucho de que los promotores de la paz con tanta frecuencia tuviesen o hubieran tenido apellidos alemanes como Zederbaum, Apfelbaum o Sobelsohn. Más adelante, algunos autores relacionaron esta observación con las ideas tradicionales que desde la primera mitad del siglo XIX circulaban entre los conservadores. Nada menos que Winston Churchill escribió en uno de sus ensayos:

> Este movimiento no es nuevo entre los judíos. Desde los días de Spartakus Weishaupt hasta los de Karl Marx y Trotski (Rusia), Bela Kun (Hungría), Rosa Luxemburgo (Alemania) y Emma Goldman (Estados Unidos), está tomando fuerza la conspiración mundial apuntada a destruir la civilización y restructurar la sociedad a partir de un desarrollo frenado, rivalidad envidiosa y una igualdad imposible [...] [Este movimiento] fue el móvil que impulsó a todas las corrientes subversivas del siglo XIX, y ahora la misma banda de personajes extraordinarios salida del inframundo de las grandes ciudades de Europa y Estados Unidos ha agarrado del cuello al pueblo ruso y prácticamente se ha convertido en el amo indiscutible de un inmenso reino.[114]

No obstante, aunque en estas frases se percibe una resonancia del miedo a las conspiraciones que caracterizaba al abad Barruel y al príncipe Metternich, Churchill se hallaba lejos de atribuir las tendencias subversivas de muchos judíos a cualidades raciales inmutables propias de todos ellos; dio mucha importancia a las aspiraciones sionistas del doctor Weizmann, las cuales armonizaban "de manera especial con los intereses más legítimos del Imperio británico".[115]

Los intereses políticos del Imperio británico preocupaban de manera aún más patente a Churchill cuando defendió la idea de que se debía hacer de la Alemania derrotada un baluarte firme contra los peligros del bolchevismo, una "barrera colmada de fuerza pacífica, legal y paciente contra la marea de la barbarie roja que se acerca desde Oriente".[116] El punto de vista de dichos intereses llegó también a despertar la esperanza de que el establecimiento de relaciones comerciales sirviese para suavizar el despotismo inquietante, a los ojos de Europa. Lloyd George sostenía esta posición y en 1921 pudo imponer el establecimiento de relaciones comerciales con la Rusia soviética.

De esta manera, cada una de las ideologías y los partidos establecidos

---

[114] Alex P. Schmid, *Churchills privater Krieg. Intervention und Konterrevolution im russischen Bürgerkrieg. November 1918-März 1920*, Zurich, 1974, p. 312.
[115] *Idem.*
[116] Carroll, *op. cit.*, p. 153.

desarrolló su propio antibolchevismo, hasta el USPD y las filas del Partido Comunista. Esto era muy comprensible, porque, según la concepción que el propio
bolchevismo tenía de sí mismo, había declarado la guerra a todo el mundo y
acusado a todos los partidos existentes de ser los lacayos de la burguesía internacional. No obstante, se efectuó una transición importante cuando organizaciones enteras hicieron del antibolchevismo el contenido principal de sus esfuerzos.

La primera de dichas organizaciones fue la Secretaría General para el Estudio
del Bolchevismo y la Lucha en su Contra. La fundó Eduard Stadtler, quien antes
de la guerra había ocupado una posición dirigente en la organización juvenil del
Centro, luego fue prisionero de guerra de los rusos y regresó antes de finalizar
la conflagración. De acuerdo con sus relaciones posteriores, desde noviembre
de 1918 se entregó febrilmente a actividades para evitar que Alemania sufriese
el mismo destino que Rusia; para ello contó con el apoyo de destacados políticos,
como Friedrich Naumann y Karl Helfferich. El 10 de enero de 1919 habló ante
una reunión de directivos económicos en la sede de la Asociación de Aviación,
en la que participaron magnates industriales y de la banca como Hugo Stinnes,
Albert Vögler, Felix Deutsch y Arthur Salomonsohn, entre otros. Los conjuros
de Stadtler culminaron con el éxito extraordinario de que se fundara un fondo
antibolchevique en el que, según sus propias afirmaciones, fueron depositados
no menos que 500 millones de marcos. Dichos fondos financiaron el "colosal
movimiento antibolchevique" nacido a principios de enero, a través de todo tipo
de conductos, como por ejemplo los cuerpos de voluntarios, que con grandes
carteles y costosos anuncios en los periódicos pretendían reclutar voluntarios
para proteger la patria del bolchevismo y de los polacos; el movimiento de juntas
burguesas; la Liga Antibolchevique; la Unión para la Lucha contra el Bolchevismo y otras organizaciones semejantes.[117] El propio Stadtler escribió un folleto
intitulado *Der Bolschewismus und seine Überwindung*.[118] En el texto pone de
manifiesto un grado sorprendente de apreciación analítica y objetividad; hasta
el final aparece la palabra *peste*. No se percibe nada de antisemitismo, aunque
esto era obligado si se toma en cuenta la lista de los responsables de financiarlo.
Sin embargo, este marcado antibolchevismo sólo representó una fase efímera
en las actividades de Stadtler, en su opinión evidentemente el resultado de una
crisis transitoria.

Los propios comunistas mencionaban con mucha más frecuencia a otra
organización antibolchevique militante que a la Liga Antibolchevique, por decir
algo, y su nombre era empleado a menudo como calificativo genérico para
designar a todos los cuerpos de voluntarios, organizaciones de defensa propia,
etc. Se trataba de la Organización Escherich, que en sus comienzos y en su
carácter fundamental constituyó una organización burguesa de autodefensa que
no pretendía limitarse a Baviera y que presentaba las siguientes demandas

---

117 Eduard Stadtler, *Als Antibolschewist 1918-1919*, Düsseldorf, s.f. (probablemente 1935), pp. 46 y ss.
118 Berlín, 1918.

principales: preservar la Constitución; defender a las personas, el trabajo y la propiedad; conservar el Reich alemán y rechazar cualquier tipo de aspiraciones separatistas; mantener la paz y el orden y oponer resistencia a cualquier golpe, tanto de derecha como de izquierda. Esta última exigencia sin duda expresaba su tarea principal, desde el punto de vista práctico. Entre los 10 puntos establecidos en octubre de 1920, también aparecía sólo en tercer lugar la "lucha contra el bolchevismo y el nacionalbolchevismo; el rechazo de todas las aspiraciones apuntadas a desmoralizar al pueblo". No obstante, en este caso dicho punto se subraya de manera especial, tal como lo indica su explicación, en la que se enumeran diversas declaraciones subversivas hechas por dirigentes del KPD. Como mérito particular de Escherich se pone de relieve, por otra parte, que hubiera logrado "apartar el antisemitismo, lo cual representa una hazaña en Baviera".[119]

Para dar una idea clara de las condiciones en las que nació la organización antibolchevique que pronto se convertiría en la más conocida e históricamente importante, no hay que reducirse al nacionalismo exaltado de oficiales como Ernst Röhm ni al socialismo antimarxista de Gottfried Feder. Es necesario dirigir la mirada hacia el círculo de emigrantes bálticos y rusos y hacia las personas allegadas a ellos, quienes encontraron un punto de convergencia en Munich. El hombre más importante entre ellos era el poeta Dietrich Eckart, quien desde fines de 1918 sostuvo una especie de antijudaísmo místico en su revista *Auf gut deutsch*; la experiencia de la República Soviética de Baviera lo impulsó a la actividad práctica y partidista.[120] Al principio, ésta se regía por opiniones muy semejantes a las expresadas por las frases citadas de Thomas Mann.[121] La experiencia de ambos era en esencia la misma: el miedo de la minoría burguesa y culta a la desaparición, en vista de las amenazadoras masas proletarias; y en ambos casos se asoció con dicha experiencia una interpretación por medio de la cual se buscaba hacer de esta amenaza algo más fácil de comprender y de dominar, o sea, el desafío de una clase dirigente extranjera. No obstante, lo que en Thomas Mann representó un estado de ánimo temporal y un arrebato momentáneo se convirtió, para Dietrich Eckart, en el eje central de una ideología y de la actividad política resultante de ésta.

---

[119] Günther Axhausen, *Organisation Escherich. Die Bewegung zur nationalen Einheitsfront*, Leipzig y Berlín, 1921, p. 21.

[120] Respecto a Dietrich Eckart y los comienzos del NSDAP, *cfr.* Ernst Nolte, *Der Faschismus in seiner Epoche*, Munich, 1963, pp. 385-409, sobre todo 403 y ss.

Los 25 puntos redactados el 24 de febrero de 1920 para el "programa del partido" ciertamente fueron formulados con mayor dureza que los primeros comunicados del Partido Obrero Alemán de Drexler, pero de todas formas es evidente que datan de la segunda mitad de 1919, es decir, del periodo comprendido entre la aceptación del tratado de paz y el golpe de Kapp. Puesto que no aparece el término *comunismo* o *bolchevismo* ni se establece, por consiguiente, ninguna relación entre éste y los judíos, el programa sólo representa en forma parcial el pensamiento inicial de Hitler y su partido. Es probable que en ello radique también el motivo del desprecio que Hitler posteriormente manifestó hacia dicho programa.

[121] *Cfr.* p. 87.

Es muy dudoso que la amenaza del tribunal revolucionario e incluso el asesinato de los rehenes en la escuela de enseñanza media de Luitpold hubiesen tenido repercusiones tan trascendentales de no haber proporcionado la actualidad concreta de las experiencias rusas un trasfondo monumental y convincente a dicho miedo a la desaparición. Uno de los hombres que pudo transmitir esta experiencia a Eckart fue el doctor Max Erwin von Scheubner-Richter, quien durante la Guerra Mundial desempeñó por un tiempo el cargo de vicecónsul alemán en Erzerum. Ahí se empeñó con todas sus fuerzas en hacer frente al destierro y al exterminio de la población armenia a manos de los turcos, a los que evidentemente concebía como *asiáticos*.[122] En 1918 regresó a su natal Riga, donde presenció cómo la nobleza báltica y de hecho todos los alemanes de la región fueron declarados fuera de la ley por los bolcheviques locales y por los que llegaban de Rusia, haciendo de ellos objeto de una política de exterminio, que fundamentalmente no parecía distinguirse de aquellas matanzas de los armenios, aunque por supuesto también Scheubner-Richter sabía que los alemanes del Báltico constituían una clase alta de extensión reducida. De ahí se trasladó a Munich, donde en 1921 fundó la publicación *Wirtschaftspolitische Aufbau-Korrespondenz über Ostfragen und ihre Bedeutung für Deutschland* (Correspondencia sobre el desarrollo de la política económica vinculada a la cuestión oriental y su significado para Alemania), que seguía de cerca los sucesos en Rusia y publicaba muchas traducciones de textos editados por la prensa de los emigrantes rusos. Asimismo organizó el congreso de emigrantes de Bad Reichenhall, que en junio de 1921 reunió a numerosos monarquistas que en sus discursos se dirigieron vehementemente contra los bolcheviques como una "banda de criminales y fanáticos ajenos al pueblo ruso", pero también contra los cadetes, por haber traicionado a Rusia en contubernio con los ingleses y los franceses. Gran parte de la prensa alemana dedicó a este congreso el menosprecio receloso muchas veces adoptado ante un grupo vencido que no quiere aceptar su derrota; incluso el *Neue Zürcher Zeitung* habló de los "bolcheviques de derecha" que, tolerados por el gobierno de Kahr, se habían reunido en el balneario bávaro, en tanto que el *Vorwärts* creyó presenciar la formación de un "nuevo Coblenza" de reaccionarios.[123] Sin embargo, no cabe duda de que para dichos hombres resultaban verosímiles las noticias consideradas como exageraciones tremendas por muchos de sus contemporáneos, por ejemplo, la de que el dominio bolchevique había cobrado no menos que 35 millones de víctimas, incluyendo a los muertos por inanición. Igualmente verosímil era para ellos la información publicada pocos

---

[122] Paul Leverkuehn, *Posten auf ewiger Wache. Aus dem abenteuerreichen Leben des Max von Scheubner-Richter*, Essen, 1938, p. 46. (El verdadero autor del libro era Erik Reger, hecho duramente criticado por los nacionalsocialistas. *Cfr.* Adolf Kriener, "Eine Ehrung für von Scheubner-Richter? Eine notwendige Betrachtung", *Berliner Börsen-Zeitung*, núm. 571, 7 de diciembre de 1938.)

[123] Véase la colección de informes de prensa en BA, NS 26/vol. 1197. La *Rote Fahne* habló, como era de esperarse, sobre el "congreso ruso de la centuria negra" (9 de julio de 1921).

meses antes por el *Berlingske Tidende*, que al poco tiempo apareció también en el *Völkischer Beobachter;* la checa china estaba cometiendo la peor de las atrocidades imaginables: colocaba una rata sobre el cuerpo de un condenado dentro de un tubo o una jaula, y le acercaba fuego para obligar al animal a roer el cuerpo.[124]

En principio, también Winston Churchill y Thomas Mann hubieran podido creer tales noticias. Sin embargo, se pone de manifiesto una interpretación cualitativamente nueva en el folleto redactado por otro alemán báltico, que asimismo pertenecía al círculo de Dietrich Eckart: *Pest in Russland*, de Alfred Rosenberg. En esencia se trata del enlace entre dos hechos que como tales no pueden negarse, sino en todo caso corregirse en lo particular: la desaparición de los "intelectuales nacionales rusos" y de la burguesía, por una parte, y, por otra, el alto porcentaje de "judíos", es decir, de personas de ascendencia judía, en los puestos dirigentes del Partido y del gobierno soviético. Esto lo interpretó Rosenberg como el exterminio sistemático de toda cultura y libertad por elementos "ajenos al pueblo" y, de manera especial, por los judíos. Según él, a diferencia de los letonios, los chinos y los caucáseos, la "Internacional roja" de los judíos sólo adoptaba el principio de su propia "Internacional dorada", el capitalismo, con la meta de crear "un estado de esclavos centralizado y organizado". Sin embargo, es preciso regresar aún más en la historia. La checa, por ejemplo, ciertamente representaba en muchos aspectos una continuación de la jornada zarista, pero ésta se encontraba lejos de "ejercer de manera tan fría [su crueldad], de organizarla en forma tan metódica y de llevarla a cabo de modo tan desalmado y sistemático", puesto que aún era posible adjudicarle cierto

---

[124] Ute Döser, *Das bolschewistische Russland in der deutschen Rechtspresse 1918-1925. Eine Studie zum publizistischen Kampf in der Weimarer Republik*, Berlín, 1961, p. 169. En el *VB*, la noticia apareció el 26 de abril de 1920, en un ensayo de Arnold Rechberg intitulado "Der Bolschewismus in Russland"; en 1924, fue mencionada en un libro de S. P. Melgunov, historiador y socialista popular al que puede considerarse como una fuente fidedigna: *Der rote Terror in Russland*, Berlín, 1924, p. 247. Melgunov asimismo realizó el estudio muy persuasivo *Kak Bolševiki zachvatili vlast*, París, 1953, en el que pone mucho hincapié en las debilidades de la democracia revolucionaria. Como prueba de su confiabilidad queda el hecho de haber puesto un signo de interrogación a las detalladas estadísticas sobre las víctimas del terror rojo proporcionadas por un autor llamado Sarolea, las cuales son citadas también por Churchill y Schulthess (*Der rote Terror*, p. 168). Tanto más convincente resulta lo que informa acerca de la quebrada de la muerte en Saratov (p. 203), la muerte de oficiales en calderas y el empalamiento de religiosos (p. 248). Uno de los detalles más inocuos es que en muchos lugares se exigía que los excusados se limpiaran únicamente con las manos, suerte a la que no escapó el ex general en jefe Russki (p. 297). Por otra parte, Melgunov no oculta tampoco las atrocidades cometidas por los campesinos sublevados contra los comunistas presos (p. 192). Con razón señala como diferencia esencial el hecho de que del lado de los Blancos no existía nada correspondiente a los llamamientos públicos al terror masivo, es decir, al exterminio de acuerdo con criterios sociológicos. El concepto checa china era empleado por los propios bolcheviques, según se aprecia en el libro de F. Fomin, *Zapiski starogo Čekista*, Moscú, 1964, que contiene un capítulo sobre los "combatientes de la checa china" (pp. 54-60). En él no se mencionan, por supuesto, métodos de tortura específicos. El procedimiento se dio a conocer mundialmente cuando George Orwell lo describió en su libro *1984*, como un método aplicado por la policía secreta del "Big Brother". El novelista no cita el posible origen de esta anécdota en la literatura antibolchevique.

"carácter europeo". Los judíos de la checa, por el contrario, estaban reanudando la antigua lucha del Islam y de las huestes mongolas y no eran más que un "nuevo avance del espíritu propio del Cercano Oriente contra Europa". Dicho ataque, de acuerdo con Rosenberg, volvía a colocar a Alemania en el centro del acontecer mundial, porque la peste que había destruido a Rusia procedería a acabar con Alemania, si no salía oportunamente al encuentro del "internacionalismo ajeno a todos los pueblos" un concepto del mundo nuevo y al mismo tiempo germánico antiguo, propio del varón alemán, para vencer el "espíritu sirio-asiático, enemigo mortal de todos nosotros", arrancar a Alemania del fatal rumbo de la "kerenchina" e impulsar la "expiación de los actos de vileza cometidos por los terroristas judíos".[125]

No podría haber nada más infundado que la declaración de que el antibolchevismo de personas como Eckart, Scheubner-Richter y Rosenberg representaba un fenómeno aislado, curioso o incomprensible en el mundo contemporáneo. Sin embargo, al mismo tiempo pone de manifiesto rasgos específicos que admiten compararlo sin reservas con afirmaciones semejantes hechas por Thomas Mann, Churchill y Kautski. La peculiaridad radica sobre todo en el valor explicativo, dentro de la teoría histórica, adjudicado al antisemitismo, de modo que necesariamente debió surgir una mitología histórica que pretendía ser la contraparte de la teoría histórica marxista, pero que era muy susceptible de entrar en conflicto con todo lo que realmente había caracterizado a Europa a lo largo de la historia: cristianismo y Renacimiento, Ilustración e idealismo alemán, capitalismo *y también* socialismo. Otra cualidad nueva surgió cuando dicha teoría, de por sí muy alejada de la base empírica, se erigió en fuente de una ideología agitadora y de trascendencia eficaz entre las masas. Precisamente aquí es donde se encuentra la posición tipológica de Adolfo Hitler.

Adolfo Hitler no veneró a nadie tanto como a Dietrich Eckart; sólo a Scheubner-Richter, después de muerto, lo calificó con vehemencia de "insustituible" en la Feldherrnhalle; sólo con Alfred Rosenberg permaneció en contacto constante, durante toda la vida de éste como director del *Völkischer Beobachter*, aunque durante mucho tiempo le negó una posición de poder estatal. Con todo, no cabe duda de que el antisemitismo de Hitler se remitía a tiempos en que todavía no conocía a estos hombres. En algunos textos aparece como reliquia del antisemitismo de Lueger y del anhelo pangermano y antihabsburgo de Schönerer; Walter Laqueur incluso ha afirmado que en los años de la posguerra Hitler todavía no sabía nada de antibolchevismo y que tampoco prestó gran atención a Rusia.[126]

De hecho, el primer documento probatorio, en este sentido, escrito por Hitler con su propia mano —la carta a un tal Gemlich que por petición de un

[125] Alfred Rosenberg, *Pest in Russland. Der Bolschewismus, seine Häupter, Handlanger und Opfer*, edición abreviada editada por el doctor Georg Leibbrandt, Munich, s.f., pp. 13, 36 y 30.
[126] Walter Laqueur, *Deutschland und Russland*, Berlín, 1965, p. 67.

superior redactó el 16 de septiembre de 1919 como oficial de entrenamiento en el Ejército del Reich, o sea, antes de su tiempo partidista— sólo muestra un antisemitismo convencional: según él, los judíos se caracterizaban sobre todo por la "danza en torno al becerro de oro"; como fuerza principal tras el "mammonismo"; representaban la "tuberculosis racial de los pueblos", contra la que sólo un "gobierno de fuerza nacional" podía luchar con buen éxito, si su objetivo último y "definitivo" era la eliminación de todos los judíos. Sólo hacia la conclusión del texto, una frase incidental comenta que los judíos "también constituyeron la fuerza que impulsó la Revolución".[127]

No es posible negar, por otra parte, que en los discursos pronunciados por Hitler de 1919 a 1921 para el aún insignificante Partido Obrero Alemán y el NSDAP destacan —en cuanto a la frecuencia con que se mencionan— la tiranía de Versalles y consignas como "Alemania sola".

No obstante, se plantea la pregunta de cuáles eran los puntos respaldados por el impulso más emotivo. Mucho parece indicar que el "exterminio de la intelectualidad" o la "matanza de la intelectualidad", expresión que aparecía una y otra vez, representaba tal impulso; ninguna advertencia se pronunciaba con tanto ahínco como que en Alemania no debía permitirse el surgimiento de condiciones como las rusas, con sus "300 000 ejecuciones" durante los últimos años; la "matanza de los intelectuales" en la "casa mortuoria rusa" se reproduciría en Alemania de no ponerse remedio, mediante una "contradictadura" nacional, a la "desgraciada escisión del país en dos clases que hoy se enfrentan como enemigos mortales". Casi siempre esto era seguido en el acto por la interpretación y la explicación de que se trataba de una "dictadura judía de sangre", de que el judío era "la sanguijuela" y el "estrangulador".[128]

No obstante, de vez en cuando se percibe otro tono; por ejemplo, en una relación sobre un discurso pronunciado en mayo de 1921 se afirma:

> Hitler dirigió palabras de suma seriedad a sus hermanos trabajadores: Olvidad vuestros prejuicios contra las otras clases del pueblo. No existe la burguesía que os ha enseñado la pantalla cinematográfica, dedicada a la champaña y a las fiestas; no existe el oficial retratado por las publicaciones judías; no existe el estudiante que desea teneros bajo su férula. Mirad la realidad [...] ésas son las partes sanas de la "burguesía". Y vosotros, los otros, no veáis en el obrero alemán a un tipo sin patria [...] no es el obrero alemán quien roba y saquea, liberadlo de sus seductores. Entre grandes apuros se anuncia el nacimiento del nuevo pueblo alemán.[129]

En dichas palabras casi no se aprecia antisemitismo. Aquí y en otras partes, Hitler se presenta como el campeón de la reconciliación de clases, en beneficio

[127] Hitler, *Sämtliche Aufzeichnungen 1905-1924*, editado por Eberhard Jäckel y Axel Kuhn, Stuttgart, 1980, pp. 88-90.
[128] *Ibid.*, pp. 202, 275, 279 y ss. y *passim*. El texto dice "sanguijuelas" y "burgueses", pero evidentemente se trata de una errata.
[129] *Ibid.*, p. 379.

del Estado de poder o también del Estado social nacional; y lo hace desde el punto de vista de la intelectualidad nacional, entre la que evidentemente se incluye él mismo. El giro contra la doctrina marxista de la lucha de clases es el decisivo; y la referencia al exterminio de la intelectualidad por el bolchevismo, la más emotiva. Es muy posible que tal antimarxismo esté acorde con el curso natural de la historia; en todo caso, fue el desarrollo que siguieron todos los estados occidentales. Este punto en sí ciertamente bastaba para inducir al apasionamiento. Así se pone de manifiesto claramente, por ejemplo, en el *Völkischer Beobachter* del 10 de abril de 1920, donde bajo el titular "La burguesía, fuera de la ley" se dice: "Que los bolcheviques hagan con los 'burshoa' lo que quieran, el canciller del Reich [Müller] no moverá ni un dedo por ellos [...] No tiene ningún caso encubrir o siquiera suavizar la dureza de los hechos. La burguesía está sufriendo el suplicio de la rueda y será triturada más con cada día que pase, si no se arranca por la fuerza de su inactividad." Como ejemplo algo posterior y aún más inequívoco, es el llamamiento lanzado por los dirigentes del NSDAP al poco tiempo del asesinato de Rathenau:

¿Queréis esperar hasta ver colgados de los postes de luz a miles de alemanes en todas las ciudades? ¿Queréis esperar a que, como en Rusia, una comisión bolchevique asesina entre en acción en todas las ciudades y despache a la eternidad, por "contrarrevolucionarios", a todos los que no quieren someterse a la dictadura? ¿Queréis tener que tropezar, como en Moscú y Petersburgo, con los cadáveres de vuestras mujeres e hijos, a los cuales hay que matar por ser los "reproductores de la burguesía"? "No", gritaréis. Y no obstante os decimos: todo esto se llevará a cabo de manera tan metódica como en Rusia si no os dais cuenta de que, para vivir, hay que luchar ahora.[130]

Dicho llamamiento omite una palabra. Sin ella estas frases, al igual que las anteriores, equivalen a una exhortación a la decidida defensa propia, tal como se impone y resulta por completo justificada en una guerra civil en cuanto ésta ha estallado realmente o amenaza con estallar. Éste es el núcleo racional de la declaración, si bien concebido de acuerdo con una suposición que en realidad no existía, ni siquiera en Alemania y mucho menos en las demás naciones occidentales, y que sólo pudo adquirir verosimilitud con el ejemplo ruso. No obstante, la palabra *judía* después de *dictadura* ya se perfila como una interpretación que en cierta forma envuelve al núcleo del razonamiento.

La amenaza contra Alemania e incluso la actualidad del ejemplo ruso, al parecer no le alcanzaron al partido de la contradictadura y la contraguerra civil para despertar una contrafé auténtica, la forma extrema de una contrapasión que igualase la fe y la pasión de los enemigos. Esto es particularmente cierto para el caso de Adolfo Hitler. Lo animaba en extraordinaria medida la necesidad de identificar una causa fundamental, un agente patógeno, a un culpable, y lo

130 *VB*, 19 de julio de 1922.

encontró en el judío. De esta manera, dio otro paso en el camino hacia la concreción, en el que los comunistas lo habían precedido al sustituir el sistema históricamente caduco de los estados totalmente soberanos por la burguesía, culpable también en el sentido moral. Dicho paso de Hitler no fue espontáneo ni fortuito. De manera semejante, sólo que a la inversa, Karl Marx efectuó la transición de los judíos, considerados por muchos representantes iniciales del socialismo como la causa del mammonismo, a los capitalistas y finalmente al sistema capitalista; en relación con esta transición transformó un viejo concepto de exterminio[131] en la idea de la simple separación de un pequeño grupo de magnates del capital, convertido en obstáculo. Por lo tanto, Hitler regresó, en cierta forma, a la posición de los primeros socialistas. De esta manera, creó la posibilidad de contraponer a la doctrina universal del marxismo no sólo las palabras citadas, serias y posiblemente acertadas, sino una doctrina apasionada y apasionante sobre la desgracia del mundo contemporáneo y las causas de ésta, nacidas de una remota historia. Este antisemitismo necesariamente condujo a la equiparación de capitalismo y bolchevismo, de liberalismo y socialismo, como fenómenos de idéntico carácter internacional, y así a la tendencia a desechar a la burguesía, aunque de ella hubiese partido. Por otra parte, esto enfrentó al nacionalismo simple, el otro punto de partida, a tantos y tan poderosos adversarios que debió buscar una base más fuerte, como por ejemplo la raza germánica. Así, en cierta forma la burguesía y el nacionalismo se volvieron contra sí mismos y se convirtieron en una doctrina antiburguesa y antinacional capaz de entrar en el mismo extenso plano que el marxismo.

Por consiguiente, la verdadera experiencia de Hitler, la que más lo conmovió —reforzada pero no engendrada por el trato con hombres como Eckart, Scheubner-Richter y Rosenberg— con toda probabilidad fue la experiencia del bolchevismo o del comunismo que había provocado la derrota alemana por medio de la agitación, en el entendimiento de Hitler; estaba dividiendo a la nación con su doctrina de la oposición irreductible entre *burguesía* y *proletariado*, y amenazaba con destruir a la burguesía o a la intelectualidad nacional de acuerdo con el ejemplo ruso. El paso al antimarxismo era natural, pese a la hostilidad socialdemócrata hacia los comunistas, y en efecto fue dado por Mussolini y el fascismo italiano. El antisemitismo, por el contrario, representaba una interpretación específica, una clave que por una parte se reducía a llevar a expresiones extremas e ilustrar una auténtica particularidad del adversario —la diferencia entre los dirigentes, en su mayoría intelectuales, y las masas—, pero que permitía, sobre todo, el surgimiento de una contraideología de tendencias universales y el desarrollo de una contrapasión fanática que siempre le fue ajena a Mussolini. En cuanto antibolchevismo y antimarxismo, el nacionalsocialismo pertenece al tipo de los movimientos fascistas; en cuanto

---

131 *Cfr.* Ernst Nolte, *op. cit.* (nota 42, capítulo II), p. 180 (sobre Piercy Ravenstone), pp. 280-285.

doctrina de los judíos como los culpables a nivel universal, representa la manifestación más radical de este tipo, es decir, un fascismo radical. Todos sus rasgos fundamentales ya están presentes en los primeros discursos pronunciados por Hitler durante los años 1920 y 1921.

Sería posible objetar que Hitler fue antisemita desde su tiempo en Viena, antes de la guerra, de modo que su antisemitismo era de carácter más primordial que el supuesto núcleo de éste, el antibolchevismo. No obstante, la posterior relación hecha por Hitler en *Mi lucha* pone de manifiesto con gran claridad que también en este caso la base de su experiencia fue un suceso social concreto de gran envergadura: las inmensas manifestaciones realizadas por los obreros socialistas.[132] Una mirada al antibolchevismo de sus contemporáneos también probará que es posible hacer una distinción lógica, por lo menos, entre una experiencia productora de miedo y la clave conducente a una ideología.

Sería sin duda correcta la objeción de que Hitler no fue de ningún modo *sólo* un antibolchevique o antimarxista de tendencias antisemíticas, ni siquiera al principio, sino que lo animaban múltiples motivaciones, que lo enlazaban con sus contemporáneos en varios aspectos y con alcances muy diferentes entre sí.

Compartía la motivación de la oposición a Versalles prácticamente con todos los alemanes y, además, con todos los revisionistas de Europa, incluyendo a la Rusia soviética, donde Lenin subrayaba con la misma insistencia que Hitler, que el Tratado de Versalles era mucho peor que el de Brest-Litovsk.[133]

Con igual claridad, aunque ya no compartida por todos los alemanes, se manifestaba la motivación pangermana, la cual solía implicar, también en el caso de Hitler, el derecho a la autodeterminación.

En 1919 y 1920 apenas se insinuaba la motivación del *espacio vital*, vinculada con un concepto darwinista liberal y radical de derecho natural: según ella, era injusto que por cada ruso hubiera 18 veces más territorio que por cada alemán.[134] Es probable que muy pocos de sus compatriotas hubieran aceptado la equiparación de tierra de labor y tundra de la que dependía este razonamiento, pero a pesar de ello también esta motivación se basaba en una experiencia concreta: el bloqueo inglés y el dominio alemán en Rusia entre Brest-Litovsk y la derrota.

La motivación antibolchevique era la más europea entre todas las que animaban a Hitler. La compartía con casi todos los europeos y estadunidenses burgueses, y para esto hay que interpretar el término *burgués* en su sentido más amplio, para incluir también a los socialdemócratas y a los socialistas de derecha. No obstante, en el caso de Hitler esta motivación se oponía con particular intensidad al filobolchevismo, el cual también era un fenómeno burgués, si bien marginal. Al abrazar también el antimarxismo e incluso el

---

[132] *Cfr.* p. 142.
[133] Jane Degras, *Soviet Documents on Foreign Policy*, Londres, 1952, t. 1, pp. 217-218.
[134] Jäckel-Kuhn, *op. cit.*, p. 96.

antiliberalismo, se agudizó y acrecentó a tal grado que terminó ubicándose lejos de la corriente general.

Una concreción extraordinaria tuvo lugar en la motivación antisemítica, la cual permitía la siguiente síntesis: los judíos eran la causa de la derrota y, sobre todo, del desgarramiento interior de Alemania; impedían establecer el natural dominio alemán en Europa y asegurar al país de manera definitiva contra las amenazas de destrucción representadas por el bolchevismo y el americanismo y asimismo provocadas por los judíos. Hitler no era el único que sostenía esta motivación ni en Alemania ni en Europa; había fuertes tradiciones, tanto de izquierda como de derecha, que apuntaban en la misma dirección. No obstante, en cuanto a su totalidad, estructura interna y sobre todo la pasión desenfrenada que producía y por la que al mismo tiempo era impulsada, constituía un fenómeno individual. La afirmación de que Hitler fue más un burgués alemán, incluso europeo, que un alemán burgués, acertaría, en cierto modo, pero al mismo tiempo emprendería un camino erróneo, pues implicaba una identificación con demasiadas personas diferentes. Desde el punto de vista de la necesidad interna de oponer al principal adversario, el comunista, una contrafé adecuada, Hitler mostró tendencias antiburguesas y antialemanas al mismo tiempo: aunque no lo admitiese, el odiado motivo de temor del bolchevismo representaba para él simultáneamente, en cierto sentido, un modelo a seguir.

No obstante, incluso respecto a las primeras dos motivaciones es posible decir que la forma radical otorgada a ellas por el apasionamiento de Hitler sólo podía imponerse, en la práctica, mediante un "totalitarismo revolucionario".[135] Al considerarlas todas en conjunto, no cabe duda de que contenían un tipo de disposición a la guerra ajeno, es más, desconocido para el *kaiser* alemán y el zar ruso en 1914. Sólo la disposición a la guerra civil y la guerra mostrada por los bolcheviques le era análoga, aunque en sus objetivos y trasfondo ideológico representase algo diametralmente opuesto.

Por lo tanto, desde aquellos primeros años en que era prácticamente desconocido en Alemania, e incluso en Munich se le consideraba sólo un revoltoso y demagogo, Adolfo Hitler ya ocupaba un sitio tipológico inconfundible dentro del marco del antibolchevismo, el cual no representaba de ningún modo un fenómeno exclusivo de Alemania sino propio de toda Europa, es más, de todo el mundo occidental. Sin embargo, hasta julio de 1921 fue sólo el jefe de propaganda de un partido minúsculo, mientras que los comunistas desde hacía tres años reclamaban el centro de la atención pública. Entonces exigió y recibió poderes dictatoriales, los cuales le permitieron crear, como la encarnación más poderosa de una contrafé y una contrapasión, un partido autocrático con la tendencia inherente a ubicarse en el mismo rango que cualquier otra "organización de un solo jefe" (según la definición de Lenin) y

---

[135] *Cfr.* nota 113.

a buscar la destrucción de todas éstas. El año 1923 fue en el que el Reich alemán y su sistema capitalista o burgués conocieron la peor crisis de su historia. En su transcurso se pusieron de manifiesto con gran claridad las posibilidades de destrucción contrarias, aunque a fin de cuentas todo desembocara en la supervivencia del sistema y en la simple prohibición, sujeta a estrechos límites temporales, de las dos alas extremas entre los partidos existentes en el país.

### 5. ¿"REVOLUCIÓN MUNDIAL" O "GOBIERNO NACIONAL" EN ALEMANIA? 1923, EL AÑO DE LA CRISIS

La derrota del Reich alemán en la Guerra Mundial no terminó cuando se solicitó el armisticio y se aceptó la paz de Versalles. Fue repetida dos veces más, en los intentos de resistencia contra otras exigencias o medidas del enemigo: en 1921, el gobierno de Fehrenbach suspendió las negociaciones en vista de la suma, al parecer exagerada, que se estaba pidiendo por concepto de reparación, y los aliados obligaron a Alemania a aceptar su ultimátum mediante el gobierno de ejecución de Wirth, y en 1923, cuando los franceses y los belgas ocuparon la cuenca del Ruhr por una razón que no era más que un pretexto, dando comienzo así a algo parecido a una guerra en tiempos de paz. En Berlín estaba en funciones el gobierno marcadamente burgués de Cuno, un industrial de Hamburgo, pese a que en dos ocasiones una fuerte sacudida izquierdista ·recorrió al país: después de agosto de 1921, debido·al asesinato de Erzberger, y desde el 24 de junio de 1922, con motivo del atentado fatal dirigido contra Rathenau. Con todo, el gobierno de Cuno se sentía lo bastante fuerte como para convocar a la "resistencia pasiva" y apelar a la "comunidad del pueblo". En la práctica esto equivalió a una huelga general sancionada y pagada por el Estado; los franceses y los belgas, que casi no recibían ya suministros de carbón, respondieron con una plétora de medidas coercitivas. Los comunistas, por su parte, llamaron a derrotar a Poincaré en el Ruhr y a Cuno en el Spree. De esta manera se excluyeron de la comunidad del pueblo, al igual que lo había hecho la Liga Espartaco durante la Guerra Mundial, y una vez más pidieron que la tregua fuese sustituida por una guerra civil. No sólo en la cuenca del Ruhr, sino en muchos otros lugares, en abril y mayo se dio una serie de "movimientos en pro del aumento de los salarios, huelgas, huelgas de hambre, saqueos de comercios y requisas de alimentos efectuadas por obreros urbanos en el campo", según lo expusiera después Clara Zetkin ante los participantes en el 5º Congreso Mundial de la Internacional Comunista, en junio y julio de 1924.[136] En vista de la inflación —provocada en primer término por los gastos

---

136 *Protokoll. Fünfter Weltkongress der Kommunistischen Internationale*, Hamburgo, s.f. (1924), t. I, p. 323.

públicos extraordinarios, pero fomentada también por las maniobras hechas por empresarios y especuladores alemanes en la bolsa–, que crecía cada vez más rápido, así como de ciertas tendencias separatistas, los comunistas creyeron hallarse frente a una situación revolucionaria y con mucha energía empezaron a prepararse para la guerra civil. Acerca de esto también se informó con gran franqueza en el 5º Congreso:

> Organizamos cuadros de combate; pusimos escuelas a fin de entrenar, como oficiales rojos, a nuestros camaradas aptos para el servicio militar; formamos grupos de partisanos y comisiones especiales para los ferrocarrileros; emprendimos por primera vez la organización de un servicio de información [...] dedicado al contraespionaje, al descubrimiento de espías, etcétera.[137]

De hecho se establecieron, por orden de la Internacional Comunista, los llamados organismos M (militar) y N (de información), así como una organización militar-política (MP) especial, como unidad de combate para un Ejército Rojo alemán. Un general soviético se convirtió en jefe de la MP a nivel nacional y Alemania fue dividida en seis secciones generales, encabezadas por los encargados alemanes y por generales soviéticos en función de asesores. Al mismo tiempo se creó un organismo de terror (T), que debía eliminar a los espías y organizar golpes específicos con miras a la preparación del terror masivo.[138]

Los comunistas no eran los únicos, por cierto, ocupados con actividades violentas o con preparativos para futuros enfrentamientos militares. Las tropas de sabotaje formadas por ex miembros de los cuerpos de voluntarios pasaron a la resistencia activa en la cuenca del Ruhr; en Baviera, varias asociaciones nacionales, entre ellas la sección de asalto (SA) del NSDAP, se preparaban para la guerra civil. En mayo los franceses condenaron a muerte a uno de los culpables de haber hecho saltar varios puentes, el veterano de los combates bálticos Albert Leo Schlageter, y lo fusilaron cerca de Düsseldorf, pese a las vehementes protestas alemanas. La fuerza evidente cobrada por la derecha impulsó a los comunistas a complementar sus preparativos con una nueva línea política, el llamado "curso Schlageter". El 20 de junio de 1923, Karl Radek pronunció en Moscú su famoso discurso "Leo Schlageter, el caminante hacia el vacío", en el que trató de convencer a la derecha activista de colocarse del lado de los obreros en lucha, si realmente deseaba lograr la liberación nacional de acuerdo con el modelo establecido por Gneisenau y Scharnhorst. Sólo cuando la causa del pueblo se erigiera en causa de la nación, la causa de la nación se convertiría en causa del pueblo, porque únicamente entonces nacería la *falange de hierro* compuesta por los trabajadores intelectuales y los manuales, la cual debía formar

---

137 Heinrich Brandler, *idem.*, p. 221.
138 Erich Wollenberg, *Der Apparat. Stalins Fünfte Kolonne*, Bonn, 1952, pp. 10-11. El propio Wollenberg fue uno de estos directores generales.

parte del bando del trabajo y no del capital.[139] Los comunistas y los representantes de la derecha nacional se pasaron todo el verano discutiendo; durante el proceso, Radek presentó tesis sobremanera interesantes, como la siguiente, por ejemplo: "Si la clase obrera alemana no es capaz de inculcar en las grandes masas pequeñoburguesas esta fe [en la superación conjunta de la calamidad nacional como única salida], será derrotada o al menos tendrá que posponer su victoria por mucho tiempo."[140] Radek señaló el "gobierno de los trabajadores" como el medio correcto, que deberían abrazar, además de los comunistas, los socialistas de izquierda, y se adjudicaría sobre todo la simpatía de dichas masas pequeño-burguesas, ya que, de ser necesario, prepararía "valientemente la lucha armada contra los alcaides de Versalles".[141] Radek manifestó cierto respeto incluso hacia los auténticos fascistas, los seguidores de Hitler y de Ludendorff, por el hecho de que, mientras los comunistas se aproximaban a la conquista de la mayoría de los obreros alemanes más activos, mediante la celebración constante de innumerables asambleas, reinaba un silencio mortal entre los socialdemócratas, y la fuerza activa de la contrarrevolución sólo se hallaba, según él, entre los fascistas.[142]

En el marco del "curso Schlageter" incluso se suscitaron, de vez en cuando, verdaderas ofertas de alianza. Ruth Fischer, una de las principales representantes de la izquierda dentro del partido, supuestamente dijo lo siguiente ante los estudiantes reunidos en el auditorio de la escuela de enseñanza media de Dorotheenstadt, el 25 de julio de 1923:

> Quien llama a la lucha contra el capital judío se ha integrado a la lucha de clases, aunque no lo sepa [...] ¡Bien hecho! Derribad a los capitalistas judíos, colgadlos de los postes, pisoteadlos. Pero, caballeros, ¿qué posición sustentáis ante los grandes capitalistas, los Stinnes y los Klöckner?[143]

Es posible que el cronista Franz Pfemfert se haya permitido cierta licencia poética al reproducir el discurso, pero tanto en 1923 como después de esta fecha surgió un número suficiente de declaraciones semejantes que justificaron la afirmación de que muchos comunistas, en ciertos momentos de descuido, consideraban el antisemitismo nacionalsocialista, cuando éste se refería a los judíos burgueses, como una versión primitiva e inferior de las aspiraciones de exterminio auténticas de los comunistas.[144]

Con todo, en términos generales no cabe duda de que el KPD no buscaba

---

[139] *RF*, 26 de junio de 1923.

[140] *Schlageter. Eine Auseinandersetzung. Karl Radek/P. Frölich/Graf Ernst Reventlow/Moeller van den Bruck*, Berlín, 1923, p. 7.

[141] *Ibid.*

[142] *RF*, 2 de agosto de 1923.

[143] *Die Aktion*, 1923, p. 374.

[144] Según la *RF* del 25 de julio, por ejemplo, sin duda era necesario combatir a los aliados y a los capitalistas judíos, pero en primera instancia había que enfrentar a Haniel, Thyssen, Klöckner, Krupp y Stinnes.

sólo neutralizar, sino también exterminar a los verdaderos fascistas, a los partidarios de Hitler y de Ludendorff, a pesar de que Radek, al igual que estos últimos, veía sumida a Alemania "en la más profunda impotencia y humillación" y calificaba de hueras las "frases pacifistas, en boca de los representantes de un pueblo subyugado y despedazado", de una "cobardía o mentira" contra la que debían rebelarse todos los instintos sanos del pueblo.[145] El 12 de julio, por ejemplo, la dirección del partido declaró que se debía fusilar a uno de cada cinco fascistas si éstos querían ejecutar a uno de cada diez obreros en huelga;[146] en abril, la *Rote Fahne* publicó el largo informe de un comunista refugiado en Rusia, en el que se mostraba con gran claridad que no se interpretaba la próxima revolución sólo como un suceso interno de Alemania; de acuerdo con el autor, "la burguesía rusa, en su trance mortal", había intentado obtener un plazo de gracia a fin de alargar su vida con los mismos medios empleados ahora por la burguesía alemana, es decir, mediante la apelación nacionalista al proletariado. La conversación con el general en jefe del frente occidental, el camarada Tujachevski, había convencido al articulista, en cuanto representante del Comité Central del KPD, de que el Ejército Rojo, lleno de entusiasmo, estaba dispuesto a acudir en ayuda del proletariado alemán, y que para ello no dejaría valer ningún obstáculo: "Como un tallo de hierba, el ejército ruso aplastará la barrera polaca que pretende separarlo del proletariado alemán en la hora decisiva de su lucha."[147]

El Partido Comunista logró su máxima victoria cuando el 12 de agosto, las huelgas y las manifestaciones masivas organizadas por él obligaron al gobierno de Cuno a dimitir. Por lo visto, Gustav Stresemann, quien asumió la sucesión con la ayuda de los socialdemócratas, se consideraba la última carta en una situación que en breve podría conducir a un trastorno revolucionario y a la desintegración del Reich alemán. No obstante, precisamente por la fuerte participación de los socialdemócratas en el gobierno, la derecha reunida en torno a los nacionalistas alemanes aspiraba, resuelta, a un gobierno de la dictadura nacional más enérgico.

Así, se desarrollaban tres ramas de preparativos en forma paralela. El 26 de septiembre, Stresemann suspendió la resistencia pasiva, que entretanto había causado el desmoronamiento completo de la moneda alemana, y despertó una gran esperanza general al anunciar la creación de una nueva moneda estable. Los nacionalistas alemanes depositaban su confianza en el general Von Seeckt, contaban con la Baviera del comisario general del Estado, Von Kahr, o bien hacían planes para la formación de un Directorio Nacional. Heinrich Brandler viajó a Moscú y sostuvo largas conferencias con los dirigentes soviéticos,

---

[145] *RF*, 18 de septiembre de 1923: "Schlageter...", *op. cit.*, pp. 7-8.
[146] *RF*, 12 de julio de 1923.
[147] *RF*, 22 de abril de 1923: "Bereitschaft im Osten", de J. Eisenberger.

asimismo llenos de entusiasmo por la inminente revolución alemana. De esta manera, llegó el *octubre alemán*.

La *Rote Fahne* publicó cartas de aliento firmadas por Trotski, Zinóviev, Bujarin y Stalin. La carta de Stalin se dirigía a August Thalheimer y decía lo siguiente:

> La revolución próxima en Alemania es el acontecimiento mundial más importante de nuestros días. El triunfo de la revolución en Alemania revestirá mayor importancia para el proletariado de Europa y Estados Unidos que la victoria de la Revolución rusa hace seis años. El triunfo del proletariado alemán sin duda hará que el centro de la revolución mundial se desplace de Moscú a Berlín [...][148]

En el *Inprekorr*, Zinóviev publicó una larga serie de artículos sobre los "problemas de la revolución alemana", en la que se trasluce de manera verdaderamente conmovedora el alivio de un marxista perdido en "condiciones subdesarrolladas" ante la inminencia de una "revolución proletaria clásica"; llegó a pronunciar una frase que desde el punto de vista ruso tal vez parezca generosa, pero que pone de manifiesto con toda claridad la profunda inverosimilitud de los esfuerzos hechos por Radek para atraer a las masas pequeñoburguesas o nacionalistas: precisamente por existir en Alemania una mayoría de proletarios, el proletariado alemán no pasaría por alto brutalmente, "por lo menos al principio", los intereses vitales de la población pequeñoburguesa urbana.[149]

A comienzos de octubre, los comunistas se integraron a los *gobiernos obreros* de Sajonia y Turingia, donde desde hacía bastante tiempo se habían formado centurias proletarias. Heinrich Brandler, dirigente del partido, se dedicó casi en forma exclusiva a la adquisición de armas, según las declaraciones hechas posteriormente por él mismo, en su nuevo cargo como director general de la cancillería de Estado en Dresde.[150] El 21 de octubre, una conferencia de los comités obreros de las empresas debía convocar a la huelga general desde Chemnitz y así echar a andar la lucha por el poder. No obstante, a pesar de la gran popularidad de los lemas defensivos contra los "fascistas bávaros", los aliados socialistas de izquierda y en el fondo también las masas se negaron a dar comienzo a una guerra civil con la intención ofensiva que regía a los dirigentes de partido tanto soviéticos como alemanes. Sólo en Hamburgo estalló el levantamiento, debido a un error en la transmisión de noticias, pero fue reprimido por la policía local, aunque con dificultad y considerables bajas. Stresemann actuó rápido y de manera muy resuelta. Envió las tropas del Ejército del Reich a Sajonia y Turingia y sustituyó al gobierno sajón del socialdemócrata de izquierda, doctor Zeigner, por un comisario del Reich. En Friburgo

---

[148] *RF*, 10 de octubre de 1923.
[149] *Inprekorr*, núm. 163, 19 de octubre de 1923, pp. 1387 y ss.
[150] *Protokoll...*, *op. cit.*, p. 231.

murieron 23 personas cuando la agitada turba insultó a las tropas del ejército y trató de atacarlas a manos limpias o con armas primitivas. Por lo demás, no se opuso una resistencia activa digna de mención. Una consecuencia importante de estos sucesos fue la renuncia de los socialdemócratas en el gobierno de Stresemann; los molestó el hecho de que éste no procediera con la misma contundencia contra los reaccionarios y los nacionalsocialistas bávaros como contra los comunistas sajones y los socialdemócratas de izquierda. A pesar de ello, la revolución nacional planeada para Baviera fracasó del mismo modo que el *octubre alemán*. Las dos acciones estaban relacionadas entre sí y ambas tentativas revolucionarias eran al mismo tiempo ofensivas y defensivas. De tomar en cuenta sólo a una de ellas, se estaría observando sólo la mitad del año más rico en crisis del Estado nacional alemán.

Ciertamente es grande la tentación de considerar el golpe efectuado por Hitler y sus antecedentes como un suceso local bávaro y, en este contexto, incluso como una especie de macabro jolgorio. La expresión inglesa *beer hall putsch* o "golpe de cervecería" conduce irremediablemente a esta dirección. No es posible relatar los acontecimientos con detalle sin mencionar los nombres y la ubicación de determinadas cervecerías o establecimientos para tomar cerveza: la Löwenbräu, cerca de la estación principal de trenes; la Hofbräu, cerca del ayuntamiento; la Bürgerbräu, del otro lado del Isar, entre el Deutsche Museum y el Maximilianeum. De hecho, buena parte de la política bávara se decidía en tertulias y grandes reuniones realizadas en estos lugares, que le agregaban, por decirlo de algún modo, el colorido local. No obstante, la política bávara era, por cierto, al mismo tiempo alemana y europea, incluso en sus tendencias monárquicas y separatistas, que por lo común aspiraban a una especie de "alianza del Danubio". Durante el periodo comprendido entre el fin de la República Soviética de Baviera y el golpe de Hitler existió una plétora de asociaciones patrias, de caracteres muy distintos entre sí: el Orden Teutónico, la Sociedad de Thule, la Liga Bávara, la Liga Baviera y Reich, la Liga Defensiva y Ofensiva del Pueblo Alemán, la Liga Oberland, la Bandera del Reich, la Organización Escherich, etc. Dentro de este contexto, el NSDAP formaba sólo un pequeño elemento; al intensificarse su militancia a partir de mediados de 1922, fue predominando cada vez más, pero de ninguna manera en forma total. Como sea, es poco probable que pudiese contar con más de la mitad de la población de Munich entre sus simpatizantes, aun de sumársele el Partido Bávaro del Pueblo que estaba en el gobierno. Incluso después de mayo de 1919, el marxismo seguía ejerciendo considerable fuerza y los comunistas no habían desaparecido, ni mucho menos. El 1 de mayo de 1923 todavía podían atreverse a desplegar banderas soviéticas en las manifestaciones de los sindicatos, cuyas estrellas Adolfo Hitler no fue el único en interpretar como estrellas de David. Desde hacía mucho tiempo ya no perturbaban las asambleas masivas del NSDAP, pero en la primavera de 1922 aún se suscitaban ardientes discusiones y Adolfo Hitler llegaba a dirigir la palabra a algún "camarada del KPD", a fin de ilustrarlo.[151]

El Ministerio General del Estado Libre de Baviera estaba involucrado, por lo tanto, en una lucha de tres frentes: contra las intromisiones del gobierno del Reich en la soberanía bávara; contra el marxismo, considerado siempre como un gran peligro; y, finalmente, contra las unidades de combate nacionalistas, entre las que también figuraba el NSDAP. Siempre se volvía a llegar a un acuerdo con el Reich: en 1921, el BVP* sustituyó a Von Kahr, presidente del Consejo de Ministros, por el conde Lerchenfeld, debido a la posición demasiado intransigente adoptada por aquél; a fines de 1922, Lerchenfeld fue remplazado por Von Knilling, por haber ido demasiado lejos en el giro hacia la devoción al Reich. Por lo general no se hacía mucha distinción entre socialdemócratas y comunistas, por lo cual el político Fritz Schäffer, del BVP, llegó a afirmar que, si bien su partido no era aficionado al NSDAP, sí estaba completamente de acuerdo con éste en cuanto a su oposición al marxismo. En opinión del gobierno, representaba un peligro mayor Ludendorff, oficial del Estado Mayor de la Guerra Mundial, porque todas las unidades del ejército parecían hacerle caso. Sólo sostenía una relación verdaderamente buena con las asociaciones de marcado carácter federalista, como la Liga Baviera y Reich del consejero de Sanidad, Pittinger.

Todos los acontecimientos de 1923 en Baviera tuvieron una relación estrecha con los sucesos del Reich en general.

Hitler adoptó una posición extrema respecto a la ocupación del Ruhr, complemento directo de la demanda comunista de iniciar una guerra civil: era preciso ajustar primero las cuentas con los "criminales de noviembre", los "sinvergüenzas en el propio país", y sólo después sería posible aspirar a tener algún éxito en la lucha defensiva contra Francia.

El 1 de mayo de 1923, poco faltó para que se produjeran fuertes choques entre las ligas nacionalistas, el Ejército del Reich y los obreros sindicalistas de las manifestaciones, y Hitler sufrió una considerable pérdida de prestigio.

Del 1 al 2 de septiembre, tuvo lugar un "Día Alemán" con grandes galas en Nuremberg. Luego se formó una "liga de combate" con base en varios grupos de choque, entre ellos la SA del NSDAP, que desde sus comienzos como encargada de la seguridad en los auditorios y "división de gimnasia y deporte" había ido convirtiéndose cada vez más en una unidad militar. El teniente coronel Kriebel asumió la dirección militar; y Adolfo Hitler, la política. Así pues, dos agrupaciones civiles, los comunistas y los nacionalsocialistas, crearon divisiones militares durante el mismo periodo.

El 26 de septiembre, Von Kahr fue nombrado "comisario general de Estado",

---

[151] Jäckel-Kuhn, *op. cit.* (nota 127, capítulo II), p. 630.
* Partido Bávaro del Pueblo. [N.T.]

es decir, se convirtió en un dictador que ejercía sus funciones dentro de un estado de emergencia no militar, en forma paralela al gobierno, que siguió existiendo. También en el Reich se proclamó muy pronto el estado de emergencia correspondiente y se suscitaron graves tensiones entre Munich y Berlín. El meollo del asunto radicaba en la existencia simultánea de varios conceptos de lo que debía ser el gobierno nacional. Dada la situación extremadamente difícil del momento, ¿debía formarse un gobierno con base en la restructuración del gobierno de Stresemann; debía Stresemann ser sustituido por un Directorio Nacional; o debía ponerse en movimiento desde Baviera una "marcha hacia Berlín", bajo el mando de Von Kahr y del comandante de la división bávara del Ejército del Reich, Von Lossow? En el tercer caso, ¿qué posición adoptarían Hitler y Ludendorff, cuyo apoyo resultaba esencial para el éxito del plan?

Hitler estaba convencido de ser el único a la altura de la situación, porque ya no se sentía un simple "revoltoso". Es posible seguir distinguiendo en sus discursos de esta época entre la experiencia, interpretada en forma racional, y la interpretación más amplia, empleada como clave. A fines de octubre de 1922 declaró, por ejemplo, que los simpatizantes marxistas del pueblo representaban no menos de 40% de la población y eran los más activos y enérgicos. En el fondo estaba diciendo lo mismo que Radek, al afirmar que la mayoría activa de los obreros ya había sido conquistada por los comunistas. Una aseveración hecha por Hitler a comienzos de septiembre de 1923 tuvo el mismo sentido: la voluntad de los comunistas, dirigidos desde Moscú, era más fuerte que la de los burgueses blandos como Stresemann. También era idéntica a las correspondientes afirmaciones comunistas la apreciación de que los marxistas sólo conocían a triunfadores y aniquilados, según lo mostraba el ejemplo de Rusia. Es de suponer que Hitler en verdad haya estado convencido de que un gobierno tipo Kerenski sustentaba el poder en Berlín y que en la Alemania central ya existía una Sajonia soviética. A pesar de ello, mantuvo siempre que los judíos eran los autores de la situación realmente desesperada del país.

También resulta interesante un artículo de Max von Scheubner-Richter, publicado por el *Völkischer Beobachter* en primera plana y a cuatro columnas el 21 de septiembre, bajo el título "La bolchevización de Alemania". Al principio, Scheubner-Richter expresa su profunda desilusión respecto a la ceguera de los dirigentes alemanes, quienes se negaban a reconocer "el peligro y el método inherentes a la bolchevización practicada en Alemania desde Moscú, por medio del delegado de Moscú, el señor Radek". Von Scheubner-Richter decía estar consciente de este peligro desde que, durante el último año de la guerra, observó las peligrosas repercusiones que ejercería sobre los propios soldados la propaganda alemana enfocada a desmoralizar al ejército ruso. En ese entonces no se atendió a su apremiante consejo de instalar un gobierno nacional ruso aliado. Desde entonces, el enemigo interno destilaba su veneno prácticamente con toda libertad, y gran parte de la culpa corría a cargo de los círculos empresariales. Por lo tanto, era muy probable que no estuviese lejos el día "en que, en lugar del estandarte negro, rojo y amarillo del señor Ebert, en el palacio del presidente del Reich se ice la bandera del señor Radek, roja como la sangre". No obstante, para la "Alemania popular" había surgido a última hora un nuevo profeta llamado Adolfo Hitler, de modo que la conclusión del artículo suena optimista, a pesar de todo: "La lucha será resuelta bajo el lema 'Por este lado la estrella soviética; por éste, la cruz gamada'. Y la cruz gamada triunfará."

Casi el mismo día, el 26 de septiembre, el *Inprekorr* publicó la siguiente frase: "La estrella soviética está adquiriendo un peso cada vez mayor sobre la cruz gamada."

Hitler no prestó atención a las amplias medidas tomadas por Stresemann respecto a Sajonia y Turingia: vivía entregado a la dicotomía, al igual que los comunistas.

Hay que considerar su golpe perpetrado por la noche del 8 de noviembre como el intento de sustraer la dirección en la lucha de las manos incapaces de hombres como Kahr, Lossow y Seisser, a fin de entregarla a las del *profeta*, es decir, las suyas. Las curiosas circunstancias y la deficiente preparación del golpe no deben inducir a pensar que de antemano haya carecido de probabilidades de éxito, representando sólo un acontecimiento local. Un número considerable de hombres y asociaciones estaba dispuesto, también en el resto de Alemania, a integrarse a una marcha hacia Berlín. Nadie sabe con certeza si en esta ocasión "el Ejército del Reich [hubiera disparado] contra el Ejército del Reich", de haberse puesto la división bávara en movimiento hacia el norte. Sin duda es posible señalar analogías notables respecto al golpe de mano realizado por los bolcheviques en Petrogrado, aunque en Munich la motivación principal no fue el deseo de paz, sino la autodeterminación nacional y social en una situación peligrosa. Incluso para el temor documentado de Hitler de que sus hombres pudiesen "radicalizarse hacia la izquierda" y pasarse al bando de los comunistas, existía un paralelo en Petrogrado, donde Lenin al parecer temió que prevaleciera una ola anárquica y separatista incontenible. El fracaso de Hitler no era inevitable, porque fue ocasionado en forma directa por la confianza imprudentemente depositada por Ludendorff en la palabra de honor de Lossow, como oficial, quien juró no emprender nada contra el "nuevo gobierno". No obstante, si Hitler de hecho hubiera logrado instalarse en Berlín al lado del general en jefe del Ejército, Ludendorff, al igual que Kapp pero gozando de muchísima más popularidad que éste, los aliados occidentales sin duda hubieran intervenido, y el Reich alemán no contaba con los espacios rusos necesarios para defenderse con éxito contra unas bien armadas tropas de intervención. La alternativa estrella soviética o cruz gamada mostró ser falsa, pero el resultado de la lucha que nunca se libró se hallaba, para hablar en sentido figurado, mucho más cerca de Munich que de Dresde o de Moscú: la noche del 8 de noviembre se puso en circulación en Berlín, debido a las noticias acerca del golpe de Hitler, una versión de los planes nacionales, al ser transferido el poder ejecutivo al jefe del Alto Mando del ejército. Durante los cuatro meses en los que Von Seeckt ejerció la dictadura, se introdujo una nueva unidad monetaria, el marco renta; se derrotó al separatismo y tuvo lugar una especie de capitulación liberadora ante Francia. La República de Weimar estaba emprendiendo el camino hacia la estabilización.

### 6. La Unión Soviética desde la muerte de Lenin hasta el establecimiento de la autocracia de Stalin

Al estabilizarse la República de Weimar, se conservó y siguió evolucionando un sistema social compartido por el Reich alemán con los otros estados occidentales, a cuya creación y desarrollo los alemanes habían hecho importantes aportaciones, a pesar de todas las diferencias particulares que hubiese.[152] El popular término *capitalismo* definía sólo una parte o aspecto de dicho sistema, la orientación de su economía hacia el mercado mundial. Rusia, por el contrario, emprendió a partir de noviembre de 1917 un rumbo que desde el principio se diferenciaba de dicho sistema, a tal grado que no existía ninguna analogía convincente en la historia de Europa. Puesto que en este sentido la evolución de Rusia representaba lo nuevo, cabe examinarla antes de proseguir con la historia de Alemania.

El hecho de que la Rusia bolchevique de 1923 constituyera un fenómeno nunca antes visto resultaba fácil de explicar con base en la doctrina de su partido gobernante: mostraba a Europa su propio futuro, en forma aún rudimentaria; representaba el impulso paradigmático por medio del cual Europa alcanzaría su futuro distintivo de la sociedad sin clases, dejando atrás de manera definitiva el pasado y ayudando también a Rusia, de este modo, a alcanzar el desarrollo total de la sociedad comunista. No obstante, durante los últimos años de su vida, Lenin se aproximó cada vez más a la concepción diametralmente opuesta, según la cual su obra se le aparecía como el principio del camino particular de Rusia hacia la modernidad. Este camino era esencialmente distinto del principal, elegido por Europa, porque las circunstancias eran diferentes, sobre todo respecto al atraso del país y a la falta de cultura de sus habitantes. Por eso el sistema pluripartidista europeo, el sufragio general y un parlamento nacional no serían capaces de resolver los problemas pendientes; por eso Lenin se equiparaba a sí mismo y a su partido con toda naturalidad con el zar y la aristocracia rusa;[153] por eso se orientaba hacia la economía de guerra alemana y por eso era incapaz ya de encontrar en Marx a un consejero y aliado. Con todo, no sacó la conclusión lógica de que por causa de él y del partido bolchevique Rusia se había convertido en

---

[152] *Cfr.* la colaboración breve pero importante de Ernst Fraenkel, "Deutschland und die westlichen Demokratien", en *Deutschland und die westlichen Demokratien*, Stuttgart, 1964, pp. 32-47.

[153] Lenin, *Sämtliche Werke*, t. XXVI, p. 351.

una dictadura subdesarrollada obligada a seguir a Europa por otros caminos, para volver a conciliarse y a unirse con ésta sobre bases nuevas algún remoto día. En cambio, conservó la parte negativa de la doctrina marxista, o sea, la crítica de la "vieja Europa" y la convicción del próximo "ocaso de la burguesía mundial". Por otra parte, la Revolución rusa dejó de significar, en su opinión, el impulso paradigmático de la revolución marxista clásica en Europa; ahora creía que lo sería de un nuevo tipo de trastorno en las regiones coloniales y semicoloniales del mundo, que se estaban alzando contra "el saqueo y la represión de la mayoría de la población mundial por el imperialismo".[154] Lenin no renunció, por lo tanto, al término *revolución mundial*, a pesar de tener una visión clara del camino peculiar que le tocaba a Rusia y pese a que su vieja enemistad contra la burguesía estaba transformándose en una nueva oposición respecto a la Europa antigua o burguesa, incluyendo a la aristocracia obrera existente dentro de ella.

Nadie sabe qué consejo les hubiera dado Lenin a sus discípulos y partidarios de no haber estado ya moribundo en el otoño de 1923. Sólo es seguro que la esperanza de retornar al concepto original por medio del triunfo de la revolución en Alemania fue la última emoción compartida por Trotski y Stalin, Zinóviev y Bujarin. Poco después del octubre alemán, la disputa por la sucesión de Lenin estalló abiertamente. Al principio adoptó la forma de una discusión sobre el octubre ruso, que volvió a ser cuestionado a la luz de las lecciones de los acontecimientos en Alemania. Trotski, por un lado, y Zinóviev y Stalin por el otro, tomaron el partido de determinadas agrupaciones internas del KPD; Trotski y Radek, al principio a favor de Brandler, y Zinóviev, de Ruth Fischer y los izquierdistas. A continuación Trotski inauguró, con las lecciones de octubre del otoño de 1924, el ataque contra la troica formada por Zinóviev, Stalin y Kámenev, que habían aprovechado una enfermedad de aquél para empuñar las riendas. Trotski se presentó como el mejor discípulo de Lenin, en cierta forma incluso como el maestro de éste, al abrir viejas heridas mediante el ataque público de la actitud no leninista adoptada por Stalin durante las semanas que siguieron a la Revolución de Febrero, así como la resistencia ofrecida por Zinóviev y Kámenev a la voluntad de Lenin, con ocasión del levantamiento armado de octubre. La troica, aliada con hombres como Bujarin, Béla Kun y Otto Kuusinen, a su vez emprendió un violento ataque no sólo contra Trotski sino contra "el trotskismo", que según ellos desde siempre había constituido algo distinto del leninismo y que en la actualidad incluso debía considerarse como un "sistema enemigo".[155]

Dicho enfrentamiento entre los más altos dirigentes del partido fue llevado principalmente como disputa sobre la historia y la doctrina de éste, muchas veces con detalles asombrosos: a Trotski se le acusó de negar el papel de los

---

[154] Lenin, *Werke*, t. 33, pp. 335 y ss.
[155] Trotski/Kamenew, Zinóviev, Béla Kun, Stalin, Bujarin, Kuusinen, *Um den Oktober*, Hamburgo, 1925, p. 141 (Kun).

campesinos, de defender un método ecléctico y no dialéctico y de tener a Parvus como verdadero maestro y precursor; tanto ante Brest-Litovsk como respecto a la NEP, supuestamente había adoptado una posición equivocada, la cual no permitió un respiro y condujo a la derrota; se le reprochó negar el papel del partido como representante de la conciencia del proletariado y estar haciendo el "intento monstruoso de aprovechar la derrota alemana de octubre para poner en la picota al presidente de la Internacional Comunista".[156] A su vez, Trotski criticó la burocracia, el gobierno institucional y la falta de democracia interna del partido, y no cabe duda de que contaba con muchos seguidores entre los oficiales del Ejército Rojo y dentro de la juventud universitaria. No obstante, precisamente él fue quien durante el comunismo de guerra también había querido militarizar a los sindicatos, y muchos de sus argumentos podían interpretarse como simples medios para promover sus aspiraciones personales, de carácter definitivamente dictatorial. Era genuina la desconfianza que despertaba como posible Napoleón, y de su parte se observaba cierta vacilación en tomar algunas medidas, lo cual dio pábulo a dicha desconfianza de los viejos bolcheviques. Sin embargo, en el fondo el conflicto giraba en torno al asunto mismo y no a rivalidades personales. Se trataba del concepto de la "revolución permanente" defendido por Trotski, contra el del "socialismo en un país" apoyado por Stalin. En última instancia se reducía a la pregunta de si aun después de haber fracasado la revolución en Alemania el Partido Comunista de la Unión Soviética podía conservar el poder, con la conciencia tranquila, y seguir luchando por su meta, el socialismo, o si debía continuar supeditando su propio destino al triunfo de la revolución marxista en la Europa Occidental. Es posible tener por seguro que fue Stalin quien en este sentido siguió las huellas de Lenin. Por lo tanto no representó una simple maniobra en la lucha por la sucesión cuando Zinóviev, un declarado internacionalista, se unió a Trotski y Kámenev a fines de 1925 para formar una nueva oposición contra Stalin, la cual constituía, particularmente, una oposición de intelectuales y fue combatida por Stalin como una pequeña minoría que se había separado de la corriente principal de la voluntad del partido. De nueva cuenta debían decidirse algunos puntos importantes: el asunto de la relación hostil o amable con el campesinado, la cuestión de la velocidad de la industrialización, el tema de la burocracia, etc. Dicha oposición era de pronunciado carácter izquierdista y contaba con amigos entre muchos comunistas de izquierda en Europa; en asociación con Bujarin, Stalin aparecía, en cambio, como representante de la derecha, al abogar por el desarrollo gradual de la economía estatal e industrial y por una relación amable con los campesinos medios, como aliados del proletariado. Pudo imponerse con todo ello, seguramente no sólo por ser el que preparaba el sistema y las asambleas del partido, sino porque la

---

[156] Lo anterior fue tomado principalmente de la colaboración de Kun; la cita es de la de Kuusinen, p. 226.

masa de los seguidores de éste manifestaba una gran aversión hacia los intelectuales, sentimiento que los propios miembros de la oposición definieron como "antisemitismo" en el programa presentado ante el 15º Congreso del Partido.[157] La demanda de una "libre discusión" dentro del marco del partido llegó a su momento culminante y final con las manifestaciones de noviembre de 1927, y enseguida de esto el Congreso del partido expulsó a los miembros más importantes de la oposición trotskista. Al poco tiempo el propio Trotski fue desterrado al Asia Central y expulsado de la URSS a comienzos de 1929.

No debe pasarse por alto que dichos años de los enfrentamientos entre Stalin y Trotski, que ocupan un gran espacio en las historias del partido, fueron los años buenos de la Unión Soviética. La NEP y las actividades de la nueva burguesía habían conducido a un periodo de prosperidad sorprendente. En comparación con la terrible hambruna de los años 1920 y 1921, la población se encontraba muy bien; abundaban los alimentos. La producción industrial era relativamente baja, sin duda, y de nueva cuenta se habló de la tijera formada por los precios de los productos agrícolas y los manufacturados. La tasa de desempleo era bastante alta, pero en conjunto se podía confiar en que continuaría la mejora. Sin embargo, el tono con el que en las disputas sostenidas dentro del partido durante estos años se habló del campesinado resultó sintomático de las cosas por venir. De acuerdo con la relación estadística de una obra soviética sobre la "liquidación de las clases explotadoras en la URSS", en 1913 había 17 millones de proletarios industriales en Rusia, 90 millones de campesinos pobres y 22 millones de *explotadores*, entre ellos 17 millones de *kulaks*.[158] Habían dejado de existir los burgueses y los terratenientes, pero pese a las bajas ocasionadas por la guerra y la Guerra Civil (que de acuerdo con algunos cálculos ascendían a más de 20 millones de personas) el número de los *kulaks*, es decir, de los campesinos acomodados, seguía siendo casi igual que el de los proletarios industriales, mientras que los campesinos pobres invariablemente constituían la mayoría abrumadora. No obstante, incluso los derechistas sin excepción calificaban a los *kulaks* de "enemigos"; al llamar "aliados" a los campesinos pobres se ponía de manifiesto con gran claridad que esta mayoría de la población prácticamente carecía de representación y que era considerada por el partido gobernante como un objeto al que por prudencia había que tratar bien, pero que en caso de necesidad podía ser combatida en forma despiadada. Incluso durante los años buenos, un campesino pagaba un impuesto mucho más alto que un obrero por la misma cantidad de ingresos; en las elecciones para los soviets locales, un voto obrero equivalía a cinco votos campesinos. En los vericuetos de las elecciones indirec-

---

[157] *Der Sowjetkommunismus. Dokumente*, editado por Hans-Joachim Lieber y Karl Heinz Ruffmann, Colonia y Berlín, 1963, t. I, p. 242.

[158] G. Glezerman, *Likvidacija eksploatorskich klassov i preodolenie klassovych različij v SSSR*, Moscú, 1949, p. 70.

tas para los cargos más elevados, el peso de los votos campesinos disminuía hasta la insignificancia total. Por lo tanto, la gran mayoría de los pobladores del país era manejada como cera por el "granito", según designara Lenin al partido; es decir, por la todopoderosa punta del partido, que todo lo transformaba y que "sacudía y revolcaba" incluso a los proletarios.[159] Desde el punto de vista socioeconómico, el régimen de los bolcheviques constituía, por ende, una severa dictadura del proletariado urbano sobre los campesinos, su explotación extrema y la privación de la mayoría de sus derechos.

No obstante, los campesinos y un gran número de obreros añoraban los tiempos en que Stalin había dado la señal para lanzar el "ataque contra los *kulaks*", cuando todos los esfuerzos se dedicaron a superar el "ánimo pequeñoburgués que se ha extendido dentro de la clase obrera".[160] Stalin hizo suyas las demandas izquierdistas de eliminar a los *kulaks* y a la burguesía de la NEP, así como de poner en marcha la rápida industrialización del país, en cuanto hubo dejado fuera de circulación a Trotski y suprimido la doctrina de la revolución permanente; esto hizo inevitable el conflicto con el ala derecha del partido, hasta ese momento aliada suya. De nueva cuenta, Stalin mostró ser el alumno más apto de Lenin. Pese a su separación de los *kulaks*, Bujarin defendió con tal ahínco el programa del comunismo de previsión social que incluso creyó en la desaparición de todas las misiones militares y sólo fijó las miras en la colaboración, provechosa para ambas partes, entre la agricultura y la industria. De esta manera debía lograrse un incremento constante en el nivel de vida y la "lenta asimilación" de los campesinos al socialismo.[161] No obstante, para que la colaboración pudiese ser la consigna, y no la lucha de clases, el partido, ante todo un partido de lucha, ya no debía tener enemigos en el país y hubiera tenido que limitarse en el ejercicio del poder. Por lo tanto, también en el enfrentamiento con la derecha Stalin asumió totalmente la posición leninista fundamental: la conservación, el afianzamiento y la confirmación del poder del partido; tanto su autocracia como la colectivización y la industrialización eran más bien secuelas que objetivos directos. En noviembre de 1928, Stalin proclamó que el rápido desarrollo de la industria en general, y sobre todo de la elaboración de medios de producción, tenía que erigirse en el principio básico para restructurar toda la economía, sin vacilar ante el esfuerzo máximo. Sólo de esta manera se lograría alcanzar y rebasar "la desarrollada tecnología de los países capitalistas". Por lo tanto, la independencia militar del país avanzó enseguida al primer plano, y Stalin mencionó tres veces seguidas a Alemania, como ejemplo de una nación capitalista desarrollada. Al tener

---

[159] Lenin, *Werke, op. cit.*, t. 33, pp. 428 y 209.

[160] F. M. Vaganov, *Pravyj uklon v. BKP (B) i ee razgrom (1928-1930 gg.)*, pp. 216 y 218. Probablemente sea significativo que la lucha exitosa contra la agrupación de la derecha se haya designado con el mismo término que la victoria lograda sobre Kornilov: "destrucción" (*razgrom*).

[161] *Der Sowjetkommunismus, op. cit.*, pp. 255 y ss.

presente que el 6º Congreso Mundial de la Internacional Comunista acababa de anunciar el fin de la estabilización capitalista y el principio de una nueva era de guerras y revoluciones, sería posible inferir que a fines de 1928 Stalin quiso echar a andar los preparativos para una guerra defensiva contra Alemania, pese a que el miedo a la guerra, alimentado de manera deliberada, hacía referencia principalmente a Japón y a Inglaterra como las potencias más hostiles del cerco capitalista. ¿O querría prepararse para el día en que tuviese que defender a la Alemania soviética contra las potencias occidentales? Como sea, dicha industrialización no podía llevarse a cabo sin enormes fondos de inversión. ¿De dónde iban a salir? De haber permanecido Rusia, bajo un zar constitucional, al lado de sus aliados hasta vencer en la guerra, sin duda se le hubieran concedido enormes créditos, con cuya ayuda hubiera podido impulsar la industrialización que ya se encontraba en plena marcha. Sin embargo, los bolcheviques habían cancelado las deudas públicas y en principio debían pagar en efectivo todo el equipo industrial que compraban a Occidente. Para lograr la industrialización "rápida" a través de un "esfuerzo máximo",[162] quedaba como única opción la "acumulación socialista", definida por la derecha reunida en torno a Bujarin y Rikov como la "explotación militar-feudal del campesinado". De la misma manera en que se habían cancelado las deudas externas y expropiado los bienes de la burguesía y de la Iglesia ortodoxa, ahora había que quitar sus propiedades al sector relativamente acomodado del campesinado; había que exportar millones de toneladas de granos, aunque por ello toda la población nacional padeciera hambre; y había que talar grandes extensiones de los bosques nacionales, a fin de reunir los fondos necesarios para la inversión y poder pagar a los especialistas extranjeros. El mundo presenció una revolución industrial como ninguna otra en la historia, una revolución industrial llevada a cabo por orden de los dirigentes del Estado, cuya base fundamental era la lucha de clases contra una minoría grande y completamente indefensa de la propia población.

La política de liquidar a los *kulaks* como clase social y de colectivizar la agricultura se tradujo en la puesta en marcha, en todo el país, de una inmensa campaña de expropiaciones. Los *kulaks* fueron expulsados de sus propiedades y deportados a regiones remotas con sus mujeres e hijos; muchos murieron de hambre o trabajando en los campos ubicados en los bosques de los Urales o en la construcción del canal del mar Blanco. Las experiencias de estos campesinos sólo fueron dadas a conocer en el mundo por vía indirecta,[163] pero el llamado Archivo de Smolensk, que cayó en manos de las tropas alemanas en 1941 y de ahí llegó a Estados Unidos, proporciona una imagen detallada de

---

162 *Ibid.*, pp. 259-260.
163 Aparecen impresionantes descripciones, por ejemplo, en Iwan L. Solonewitsch, *Die Verlorenen*, 2 vols., 1934 y 1937. *Cfr.* también J. Steinberg, *op. cit.* (nota 105, capítulo II), p. 332, donde se utiliza el término *deskulakización*.

los acontecimientos ocurridos en la región occidental de Rusia, y que fueron retratados por Merle Fainsod en su libro *Smolensk under Soviet Rule*.[164] Primero, las delegaciones compuestas por miembros del partido y de la GPU* llegaban a los pueblos y requisaban, sin consideración alguna, todo el grano de los *kulaks*, quienes por lo común no constituían un grupo claramente definido de la población, sino que estaban entrelazados por múltiples vínculos con los campesinos medios y con los pobres del lugar; asimismo se detenía a algunos pobres, acusados de ser *kulaks* ideológicos. Le quitaban a los *kulaks* y a sus mujeres hasta la ropa interior caliente, para luego llevarlos a los páramos y a las zonas pantanosas; cientos y miles fueron reunidos en las poblaciones más grandes, cargados en vagones para el transporte de ganado y conducidos a Carelia o a los Urales, en recorridos que muchas veces duraban semanas. Grandes sectores de la población urbana se llenaron de pánico; de acuerdo con los informes de la GPU, afirmaciones como las siguientes eran comunes en boca de los campesinos pobres y los obreros: "También a nosotros nos tocará pronto" y "El hambre nos matará a todos". Pero millones de personas no se dejan quitar las propiedades y la libertad sin oponer resistencia alguna. Un número considerable de miembros del partido murió en atentados terroristas y millones de cabezas de ganado fueron sacrificadas. La consecuencia fue la gran hambruna de 1931-1933, en la que perecieron millones y sobre todo en Ucrania, donde se extinguieron pueblos enteros. Todos los sufrimientos y tormentos acarreados por la Revolución industrial a los obreros de Inglaterra o Alemania se antojan insignificantes en comparación con estas experiencias. En Alemania se contaba con información bastante buena al respecto, porque los sucesos afectaron a un considerable número de campesinos de ascendencia alemana, cuyas conmovedoras llamadas de auxilio fueron difundidas por la Acción de Socorro Hermanos en Apuros.[165]

Sin embargo, a diferencia de Inglaterra y Alemania, no existía una clase definida de personas que sacara un provecho notable de la miseria de los demás. El nivel de vida de la población en general, de por sí deplorablemente bajo, disminuyó una tercera parte entre 1928 y 1932. Incluso las mujeres de los comisarios suplentes del Pueblo debían hacer cola para adquirir los alimentos,

---

[164] Londres, 1958, sobre todo el capítulo 12, "The Story of Collectivization", pp. 238-264.

* Administración Política Estatal, la policía secreta soviética. [N.T.]

[165] *Brüder in Not. Dokumente des Massentodes und der Verfolgung deutscher Glaubens –und Volksge-nossen im Reich des Bolschewismus*, editado por el Informationsabteilung des Evangelischen Presse-verbandes in Deutschland, Berlín, 1933. Según una carta enviada desde la región del Volga en marzo de 1933: "El pueblo grande (de unos 8 000 habitantes) está medio vacío [...] Y luego los padres se dirigen al Soviet para preguntar si se les permite comer a los hijos muertos de inanición." Desde la región del Kubán: "Todos los días nuestra situación se torna más difícil. En muchos pueblos, la tercera parte de la población ha muerto de hambre y siguen cayendo muchos" (pp. 6-7). De acuerdo con el mejor conocedor del tema, Stalin tenía la intención expresa de destruir a gran parte de la población ucraniana, particularmente a los intelectuales (Robert Conquest, *The Harvest of Sorrow: Soviet Collectivization and the Terror Famine*, Nueva York, 1986).

pese a gozar de otros privilegios. Al parecer sólo la cumbre más alta del partido no pasaba hambre, y su trabajo de hecho era el más imprescindible para asegurar que el proceso se mantuviese en movimiento. Se impone la pregunta de si la explotación hubiera podido llegar a esos extremos de haber tenido beneficiarios evidentes. Con todo, las optimistas notas publicadas por la prensa comunista y filocomunista del extranjero sobre las hazañas del socialismo, como la construcción de Dnieprostroi y Magnitogorsk, no carecían totalmente de fundamento. Nunca antes se había industrializado de manera tan rápida un país, y nunca antes esta industrialización había sido impulsada por el genuino entusiasmo de una minoría de masas que desde hacía mucho tiempo dejara de constituir un simple granito, atrayendo con su exhortación al sacrificio y al trabajo concentrado a grandes partes de la juventud. Lo terrible y también lo extraordinario nacieron de la voluntad y el entusiasmo; son precisas ambas mitades para dibujar en su totalidad este cuadro sin precedentes.

De hecho es posible interpretar el periodo del primer plan quinquenal y de la colectivización como la recuperación acelerada del terreno perdido en un proceso universal y la fundación de una agricultura colectiva adecuada a las tradiciones y condiciones rusas. Bajo esta luz, las víctimas aparecen como un costo lamentable pero inevitable, y la reclamación totalitaria del partido y su dirigente es justificada, porque cumplió con lo necesario y era, por lo tanto, de carácter racional.

No obstante, es igualmente probable, cuando menos, que el deseo de lograr el exterminio físico de una clase considerada como enemiga haya constituido el verdadero móvil del partido, afectando justo a los miembros más activos y capaces del campesinado, de modo que la agricultura sufrió un daño imposible de remediar por varias décadas. Este daño no hubiera sido en absoluto racional.

El título de un libro publicado en Berlín en 1931 y escrito por el judío comunista Otto Heller pone de manifiesto claramente que el objetivo real era el exterminio de determinadas clases y tradiciones calificadas de reaccionarias, aunque en realidad no lo fuesen o a lo más sólo una parte de ellas. Se llamaba *Der Untergang des Judentums* (El ocaso del pueblo judío). No se refería a la desaparición física, sino al fin del "pueblito judío con su suciedad, su abandono, su falta de cultura", gracias al socialismo soviético, el cual había abierto a la nacionalidad judía nuevas y modernas posibilidades de vida y de asentamiento en Birobidzhan, librándola de la presión ejercida por una tradición caduca. Según Heller, también el pueblo judío occidental enfrentaba el ocaso, aunque de manera muy diferente: a causa de la asimilación, la baja en la natalidad y los matrimonios mixtos. De este modo, el pueblo judío se erigía en beneficiario de la Unión Soviética, mientras que en Occidente era víctima de las consecuencias del "pecado original de la humanidad", el cambio de la producción colectiva de los tiempos primitivos a la sociedad productora de mercancías, al que los judíos, los "primeros habitantes urbanos" y un pueblo netamente comerciante, habían contribuido en gran medida y que actualmente estaba siendo abolido por medio del socialismo. Por eso estaba normalizándose cada vez más la proporción de judíos, al principio muy exagerada, entre los miembros del partido en la Unión Soviética, mientras que en Occidente "el último, más desesperado y más extraño nacionalismo", es decir, el sionismo, ese "producto de la pequeña burguesía", estaba exhalando "el último suspiro".[166]

El mismo concepto del progreso y del "avance férreo de la historia" condenó a muerte, después de los terratenientes y la burguesía, también a los campesinos independientes y a los judíos comerciantes. Esta muerte no *tenía* que significar su exterminio físico, pero con demasiada facilidad *podía* ser así. Heller tuvo razón en señalar que la gran mayoría de los intelectuales judíos había optado por el menchevismo. De acuerdo con dicha idea del progreso, también estaban condenados a desaparecer los socialdemócratas y los socialistas de derecha, al igual que el orden social de Occidente en general, ese orden social de las diferencias productivas que había hecho posible el concepto de progreso.

¿No mostraba la industrialización soviética una consecuencia y cualidad paradójica semejantes? Respecto a las primeras dos décadas del siglo XX, ¿no acertó Stalin al comentar, en su famoso discurso sobre los cometidos de los economistas, que la antigua Rusia había sufrido constantes derrotas a causa de su rezago y que ésta era la razón "por la cual ya no podemos quedarnos atrás"?[167] Sin embargo, al desarrollar con un esfuerzo máximo la industria pesada y de esta manera la producción de armamento, ¿no tenía que convertirse muy pronto, la nación más grande del mundo, de nueva cuenta, en la misma poderosa amenaza contra los derechos de sus vecinos, es más, contra la existencia independiente de éstos, que Karl Marx había percibido en la monarquía zarista del siglo XIX, máxime cuando ahora disponía, en dichos países vecinos, de partidos propios que consideraban a la nación soviética como su patria?

En Alemania, ni una pregunta ni la otra fueron planteadas con mucha frecuencia entre 1924 y 1929. Con todo, el nuevo fenómeno del Este estaba presente cuando la situación vieja, esencialmente propia de todo el Occidente, volvió a estabilizarse en el Reich alemán.

### 7. El periodo de estabilización de la República de Weimar, 1924-1929

La estabilización de la moneda no puso remedio a la situación en Alemania como por arte de magia. Las elecciones del 4 de mayo de 1924 para el Reichstag aún estuvieron dominadas por una profunda agitación, y el Partido Popular Alemán, al igual que el Partido Comunista, lograron avances notables. El Partido Nacio-

---

[166] Otto Heller, *Der Untergang des Judentums. Die Judenfrage/Ihre Kritik/Ihre Lösung durch den Sozialismus*, Viena y Berlín, 1931, pp. 123-124, 77, 21-22 y 154.

[167] Stalin, *Werke*, t. 13, p. 36.

nalsocialista de la Libertad, una nueva agrupación formada por integrantes del Partido Popular y partidarios de Hitler, ahora contaba con 32 mandatos, pero los comunistas lo superaban ampliamente con 62. El SPD sólo conservó 100 escaños, y los Nacionalistas Alemanes más o menos lo igualaban en fuerzas. Con todo, el político del centro Wilhelm Marx, quien sustituyó a Stresemann en diciembre de 1923, pudo retener el gobierno y, con la ayuda de algunos representantes de los Nacionalistas Alemanes, logró que se aprobaran las leyes de Dawes, las cuales crearon una nueva base para los pagos de reparación por Alemania y pusieron en marcha la llegada de créditos extranjeros al país. El gobierno supo aprovechar la mejora en la situación, y en las elecciones del 7 de diciembre de 1924 para el Reichstag los comunistas se quedaron sólo con 45 escaños y el Partido Popular con 14, en tanto que el SPD recuperó 30 mandatos y los Nacionalistas Alemanes mantuvieron su posición. No obstante, los social-demócratas seguían excluidos del gobierno, y hasta 1928 un bloque civil de integración cambiante formó los gobiernos bajo los cancilleres Luther y Marx, en los que los Nacionalistas Alemanes participaron desde 1925 hasta su separación debido a los Tratados de Locarno, y luego otra vez de 1927 a 1928. En las elecciones del 20 de mayo de 1928 para el Reichstag, los socialdemócratas y los comunistas se adjudicaron avances considerables, lo cual condujo a la formación del gabinete de una Gran Coalición bajo el socialdemócrata Hermann Müller, que tras un año y medio, a fines de 1929, había recibido ya varias fuertes sacudidas por los efectos de la emergente crisis económica mundial. En marzo de 1930, la era de los gobiernos auténticamente parlamentarios llegó a su fin, con el nombramiento del gabinete presidencial de Brüning.

Al no enfocar la atención únicamente en los resultados electorales y los sucesos en el Reichstag, es posible interpretar como símbolo del fin de la crisis de 1923 y principio de la estabilización a dos juicios en los que se falló sobre el proceder de los nacionalsocialistas y los comunistas: el proceso formado contra Hitler en Munich y el *proceso de la checa* en Leipzig. De ambos pleitos salieron muy bien librados los acusados, pero esto sólo resultó así porque el proceso de Leipzig tuvo su contraparte en otro que se llevó a cabo en Moscú: el llamado "juicio de los estudiantes".

El procedimiento judicial contra Adolfo Hitler, Erich Ludendorff y otros acusados más, tuvo lugar ante el Tribunal del Pueblo en Munich de fines de febrero a fines de marzo de 1924. Muy pronto se mostró que el protagonista era Hitler, quien asumió la responsabilidad primordial en los sucesos del 8 y del 9 de noviembre. Su defensa consistía en la afirmación de haber perseguido el mismo objetivo que los gobernantes bávaros Kahr, Lossow y Seisser; alegó que el móvil de todos los participantes había sido el amor por la patria, la cual estaba enfrentando el peligro mortal de los conatos de revolución de los comunistas, por un lado, y de la debilidad del gobierno burgués-marxista en Berlín, por otro. La única diferencia entre los aliados había radicado en la magnitud de su energía y determinación. Para que su intento por salvar a la nación tuviese alguna oportunidad de éxito, él y su partido hubieran tenido que arrastrar consigo, en el camino conjunto hacia el frente, al Estado bávaro, al Ejército del Reich y a la policía. Nombró como modelos inspiradores a Mussolini y a Kemal Ataturk y afirmó que la aspiración a un puesto ministerial era indigna de "un gran hombre". "Quise ser quien destrozara el marxismo", porque la actividad subversiva de éste era la culpable de la derrota alemana en la Guerra Mundial y se erigía en obstáculo del "último juicio de Dios", al que "estamos más que dispuestos a presentarnos" bajo las viejas banderas.[168]

El discurso final de Hitler, que evidentemente causó gran impresión tanto en el tribunal como en el auditorio, fue antes que nada un discurso de incriminación. En extensos pasajes se dirigía contra los mismos hombres acusados también por los comunistas, es decir, "Ebert, Scheidemann y camaradas", pero partía de un impulso diametralmente opuesto: no a causa de su supuesta traición social, sino por traición a la patria y alta traición. En conjunto no se trató más que de una declaración potencial de guerra contra un mundo enemigo, además de mostrar una disposición manifiesta a la guerra en general. Formaba, por lo tanto, el contraste más extremo posible con la pasión internacionalista del Primer Congreso Mundial celebrado por la Internacional Comunista. No obstante, en el discurso de Hitler también se percibía el aliento de una gran pasión capaz de arrebatar a enormes masas, de una pasión nacionalista y estatal en cuyo trasfondo se reconocía fácilmente, al mismo tiempo, un elemento *social*. La acusación y la defensa estaban vinculadas de manera estrecha. Puesto que el tribunal evidentemente sostenía convicciones semejantes, Hitler sólo fue sentenciado, por alta traición, a la pena mínima de cinco años de prisión militar, haciéndose constar un reconocimiento expreso de sus "servicios a la patria", y se le indicó que podía esperar pronto la suspensión condicional de la pena.

El llamado *proceso de la checa* llevado a cabo ante el Tribunal Estatal para la Protección de la República en Leipzig un año más tarde, del 10 de febrero al 22 de abril de 1925, tuvo otro resultado por completo diferente. Su verdadero objeto era la tentativa comunista por tomar el poder en 1923. La ocasión fue el arresto por las autoridades del jefe del grupo T (terror), Felix Neumann, así como del supremo jefe militar soviético del levantamiento, Alexander Skoblevski (alias Rose, Gorev o "Helmut"). Neumann presentó una amplia confesión sobre todo respecto al asesinato de un traidor, así como acerca del atentado planeado contra el general Von Seeckt. Este juicio también poseía una fuerte carga política y propagandística, puesto que los abogados o eran comunistas o manifestaban abiertamente su simpatía con el comunismo. El presidente del tribunal, a su vez, no se mostró nada indulgente, y hubo choques fuertes y frecuentes.

[168] Jäckel-Kuhn, *op. cit.* (nota 127, capítulo II), pp. 1210 y 1215-1216.

El tribunal daba por probado que el grupo de la checa había actuado por orden de las autoridades competentes del partido. La objeción hecha por la defensa de que el Partido Comunista no apoyaba el terror individual fue rechazada con buenos argumentos. Sin embargo, el juicio sólo se concentró en ciertos aspectos limitados del gran movimiento revolucionario de 1923, pese a que el fiscal no fue rebatido al afirmar que los comunistas también tachaban de fascistas a los poderes constitucionales y que su señalamiento de la voluntad de defender a los gobiernos legales de los obreros había constituido un mero encubrimiento de sus intenciones ofensivas. Tres de los principales acusados, entre ellos Neumann y Skoblevski, fueron condenados a muerte; los demás, a prisión, en algunos casos por periodos considerables.

También en relación con la forma como fueron llevados, ambos procesos representaron ejemplos notables de la diferencia en el trato dado a la derecha y a la izquierda, hecho que en aquel entonces fue atacado públicamente sobre todo por Emil Julius Gumbel y que hoy lo es casi sin excepción. No obstante, en primer lugar habría que preguntar si alguna vez ha habido, en toda la historia del mundo, un sistema que al recibir un ataque haya tratado con el mismo criterio a sus enemigos y a quienes querían ayudarle; y, en segunda instancia, si no se estará privando a los comunistas de un merecido honor al negar que el derrocamiento violento del sistema capitalista, es decir, del europeo-industrial, debía interpretarse como una intención mucho más trascendental y revolucionaria que la implantación de una dictadura antiparlamentaria como defensa contra dicho ataque. El hecho más notable es que el gobierno del Reich no haya instruido otro juicio contra los que en realidad fueron declarados culpables, o sea los dirigentes del Partido Comunista, y que no se hayan ejecutado las sentencias de muerte. Es probable que lo primero haya sido determinado por consideraciones políticas y de política exterior generales, pero esto último resulta incomprensible de no tomar en cuenta un tercer juicio, el llamado "proceso de los estudiantes" que tuvo lugar en Moscú durante los meses de junio y julio de 1925.

Los acusados eran estudiantes alemanes, el doctor Kindermann, Wolscht y Von Ditmar. En septiembre de 1924, en un viaje de investigación y conferencias, salieron a la Unión Soviética, con los documentos en orden y tras extensas negociaciones con la embajada soviética. Después de 14 días en Moscú, fueron arrestados por la GPU e internados en la Lubianka. Tras dilatados preparativos para el proceso, se formuló la acusación de que los tres estudiantes habían sido enviados a Rusia por la Organización Cónsul, como espías y para matar "a Stalin y a Trotski". Durante el juicio, el *Pravda* y el *Isvestiya* publicaron caricaturas al respecto; una de ellas mostraba la figura maciza y brutal de un estudiante de armas con el brazal de la cruz gamada, disparando con una pistola a los retratos de Stalin y Trotski. Según las crónicas del juicio, era "la primera tropa de choque del fascismo" que invadía la Unión Soviética y a la que se debía eliminar. Como instigadores se señaló a Hilger, el consejero de la embajada; a Theodor Wolff, el editor en jefe del *Berliner Tageblatt*; e incluso a Michaelis, ex canciller del Reich. Sin embargo, ante todo se encontraban en la mira el capitán Ehrhardt y la Organización Cónsul (disuelta desde hacía mucho tiempo). Al principio, confiaba tanto en las autoridades de instrucción que creyó la afirmación de que los "sicarios" tenían indicaciones para matarlo también a él,[169] pero luego desplegó gran actividad en su defensa. La prensa alemana también prestó mucha atención al caso. No tardó en mostrarse la insuficiencia o trivialidad de las supuestas pruebas presentadas por el Ministerio Público para apoyar la existencia de una conspiración antisoviética de vastos alcances, como los pagos realizados por Theodor Wolff. Gustav Hilger también pudo rebatir de manera convincente las sospechas levantadas en su contra. A pesar de ello, los acusados fueron sentenciados a muerte. La "justicia infame de Moscú" provocó gran indignación en Alemania. El *Vossische Zeitung* recordó los principios en los que debían basarse los fallos revolucionarios, de acuerdo con lo establecido por el francés Sadoul durante el juicio de 1922 contra los social-revolucionarios; eran contrarios a todos los valores propios de un Estado constitucional, porque erigían en único criterio "el bien de la Revolución" y no la culpabilidad particular de los acusados;[170] el *Vorwärts* se expresó con dureza contra "la tendencia oriental presente en el Ministerio de Relaciones Exteriores", que a toda costa quería evitar una desavenencia entre Alemania y Rusia.[171] Algunos conocidos de Kindermann dieron fe de las grandes ilusiones y simpatías con las que había viajado a Rusia, y de que no podía tener vínculos con organizaciones radicales de derecha por el simple hecho de ser judío. Las personas informadas no tardaron en convencerse de que los estudiantes habían sido detenidos como objetos de intercambio, porque en febrero de 1925 el presidente del Consejo de los Comisarios del Pueblo, Rikov, le había comentado a Brockdorff-Rantzau que si se anulaba el juicio de Leipzig, se suspendería el proceso contra los estudiantes.[172] Éste fue, precisamente, el resultado de los acontecimientos: en octubre se concedió el indulto simultáneamente a Skoblevski y a Kindermann, así como a sus respectivos camaradas.[173] De tal manera, las autoridades judiciales de Weimar a fin de cuentas no procedieron con mayor dureza contra el comunista soviético Alexander Skoblevski que contra el nacionalsocialista austriaco Adolfo Hitler.

La evolución del Partido Comunista de Alemania durante el periodo de su

---

169 Pol. Archiv AA, IV Ru 366/2, t. 1, fol. 091, informe del 28 de enero de 1925.
170 Edición del 3 de julio de 1925.
171 Edición del 29 de junio de 1925.
172 Pol. Archiv AA, IV Ru 366/3, fol. 167, informe del 24 de febrero de 1925.
173 Es posible encontrar abundantes informaciones en los siete volúmenes de documentos secretos sobre el proceso de los estudiantes, guardados en el Archivo Político de la Cancillería de Relaciones Exteriores (en IV Ru 366). Karl Kindermann posteriormente escribió un libro acerca de sus experiencias en la Lubianka, intitulado *Zwei Jahre in Moskaus Totenhäusern. Der Moskauer Studentenprozess und die Arbeitsmethoden der* OGPU, Berlín y Leipzig, 1931.

proscripción, de noviembre de 1923 a marzo de 1924, al igual que después de éste, se caracterizó por discusiones en torno a la *derrota de octubre*, engranadas, a su vez, con los primeros enfrentamientos entre Stalin, Zinóviev y Trotski en la presidencia del partido ruso. Resultaba por completo natural que ahora ocupase el primer plano la izquierda que había criticado con severidad la política del frente unido propuesta por Brandler, es decir, la colaboración con los socialde-mócratas de izquierda. Después de cada revés en los intentos de la derecha por atraer a los obreros socialdemócratas y a algunos de sus jefes, el péndulo suele regresar al extremo izquierdo de los vacilantes e indecisos. El 9º Congreso General del Partido, celebrado en abril de 1924 en Francfort, presenció un giro radical en este sentido. De la presidencia del partido se hizo cargo la izquierda, es decir, Ruth Fischer, Arkadij Maslow, Werner Scholem, Ernst Thälmann, Arthur Rosenberg e Iwan Katz, entre otros. La derecha, o sea los partidarios de Brandler, fue excluida por completo. No se dio crédito a las reflexiones acerca de una posible estabilización del capitalismo, y el nuevo programa de acción proclamaba, por una parte, la creación de un frente unido desde abajo, que debía incluir también a los clasemedieros convertidos en proletarios, pero pedía con ahínco todavía mayor que se proveyera de armas al proletariado y se desarmara a los organismos burgueses del Estado, legales e ilegales, es decir, que las masas fueran preparadas para la lucha final. El manifiesto electoral presentado por el partido para las elecciones de mayo de 1924 para el Reichstag evidentemente interesó a muchas personas, porque dirigía una acusación muy fuerte contra el sistema de Weimar y también, como era natural, contra el sistema capitalista en conjunto. La incriminación se concentraba no sólo en los capitalistas "cristianos y judíos" sino también en los socialdemócratas, quienes, se decía, habían traicio-nado de nueva cuenta al proletariado en lucha. Hitler sólo es mencionado de paso con menosprecio, como "provinciano megalómano" y criatura de los grandes capitales, mientras que el Partido Comunista nuevamente es erigido en el "líder en la lucha por la liberación de todos los oprimidos".[174]

Sin embargo, después de las segundas elecciones para el Reichstag de ese año ya no se pudo negar que en efecto había ocurrido una estabilización. Mientras que la Alemania de Weimar, bajo la dirección del ministro del Exterior Stresemann, se esforzaba por llegar a un arreglo con las potencias occidentales y por ingresar a la Sociedad de las Naciones, los comunistas parecían empeñados en desgarrarse mutuamente. La presidencia del partido emprendió una intensa lucha en su seno contra el trotskismo y el luxembur-guismo, y por otra parte se cristalizó una oposición ultraizquierdista, cuya postura se fue acercando cada vez más al antibolchevismo o antiestalinismo, puesto que criticaba a la NEP y el predominio de la política exterior entre los intereses de la nación de campesinos rusa, de acuerdo con la política seguida por la Internacional Comunista.

[174] Hermann Weber, *op. cit.* (nota 57, capítulo II), pp. 88-93.

Resultó especialmente característico de dicha etapa un texto, *Was ist Bolsche-wisierung?* (¿Qué es la bolchevización?), escrito por el joven Heinz Neumann, hijo intelectual de una adinerada familia judía, y publicado a comienzos de 1925. Según Neumann, en la época contemporánea "de interminables conflictos internacionales y guerras civiles", la lucha del KPD contra la socialdemocracia estaba transformándose en un conflicto de clases que debía ser "una guerra sin cuartel contra el partido oportunista de la aristocracia obrera". No obstante, sólo la solidaridad y centralización máximas, en efecto, harían del partido la sección de un partido mundial; sólo así sería posible preparar de manera eficiente el levantamiento armado y sostener formaciones militares, así como una red de comunicaciones que informara a la central del partido acerca de "dónde se encuentran los puestos de policía y los cuarteles, las posiciones y las fuerzas del enemigo"; cuáles eran las empresas importantes en el sentido militar, y cuál el funcionamiento de su sistema de producción. Sólo entonces el partido podría dirigir sus esfuerzos en forma eficaz a la desorganización del Estado capitalista y perturbar la "paz del proceso productivo" que interesaba a los capitalistas. Sólo una solidaridad bolchevique absoluta, aunada a la paciencia y la concertación perfecta con la central internacional, llevarían al Partido Comunista a la victoria: "Con un partido bolchevique en Alemania, desquiciaremos al país."[175]

No es de sorprender que dichas opiniones hayan suscitado protestas dentro del partido. Entre los adversarios —incluyendo a los socialdemócratas, consi-derados parte de la burguesía y amenazados, por ende, de extinción—, fomen-taron la idea de que el KPD no era más que una máquina de guerra y organización de espionaje en manos de una potencia extranjera. En la prima-vera de 1925 —después de la muerte de Friedrich Ebert, denostado por el partido aun en la tumba—, los comunistas presentaron al mismo candidato, Thälmann, al segundo escrutinio de las elecciones presidenciales del Reich, y de esta manera aseguraron, de hecho, el triunfo de Hindenburg, pese a que sólo recibieron dos millones de votos, muchos menos que en las elecciones para el Reichstag. Así, se puso de manifiesto que los comunistas, al tratarse de la confianza de la población en una persona concreta y no de la aprobación de un programa radical de protesta, sólo podían contar con una pequeña minoría de poco más de 5% de los electores. El candidato de los nacionalso-cialistas, Ludendorff, por cierto recibió menos de 300 000 votos. En la prima-vera de 1925, Hitler y su partido habían perdido toda visibilidad.

Sería un gran error pensar que Hitler y su partido desaparecieron del mapa inmediatamente después del 9 de noviembre de 1923. La población de Munich y de Baviera en general permaneció fuertemente conmovida y todavía conservó una actitud hostil hacia el gobierno durante muchas semanas después del golpe; por orden de Hitler, Alfred Rosenberg fundó una nueva organización, la

---

[175] Hamburgo, 1925, pp. 12, 14, 133, 101 y 47.

Comunidad Pangermana del Pueblo; la opinión pública se interesó vivamente en el juicio de Hitler; una postal que lo retrataba como preso solitario en Landsberg fue distribuida con un tiraje de millones; y por primera vez, aunque sólo fuese por poco tiempo, Hitler se convirtió en un personaje nacional. Los triunfos electorales del "bloque popular" en Baviera y del Partido Nacionalsocialista de la Libertad en el Reich superaron por mucho las expectativas. No obstante, al poco tiempo Hitler se dio cuenta de que desde Landsberg no podía dirigir a las distintas organizaciones sucesoras y se retiró por completo de la política cotidiana, a fin de dedicarse en forma exclusiva al libro que posteriormente se intitularía *Mi lucha*. Al ser liberado en la temporada navideña de 1924, se encontró con una situación muy diferente, y efectuó una visita con el nuevo presidente bávaro del Consejo de Ministros, Held, para asegurarle que su intención no era combatir al gobierno sino sólo al marxismo. El 27 de febrero de 1925 fundó su partido de nueva cuenta, con un discurso en la cervecería Bürgerbräu. Logró llenar de exaltación a los presentes y provocar una conmovedora reconciliación entre sus secuaces enemistados. En esta ocasión quedó claro desde el principio que Hitler encabezaría el partido solo, sin mantener a ningún Ludendorff a su lado. Las autoridades bávaras ciertamente le prohibieron hablar en público, al igual que la mayoría de los *länder* alemanes, y de esta manera le quitaron su mejor y más importante arma. No obstante, el 18 de julio de 1925, la editorial Eher publicó el primer tomo de *Mi lucha*. En el presente contexto no viene al caso describir, analizar o intentar una crítica de su contenido, sino que es preciso comparar las motivaciones básicas delineadas en el libro con los antiguos discursos de Hitler y preguntar, sobre todo, si el antimarxismo o antibolchevismo aún ocupaba el centro de su atención.

La relación autobiográfica es una novedad y se erige en punto de partida para la historia del partido, que a su vez es interrumpida reiteradamente por diversas reflexiones acerca de asuntos políticos generales y consideraciones antropológicas. Dentro de la historia de su vida, la motivación pangermana destaca desde las primeras páginas, retratando a Hitler ante todo como un alemán austriaco. No obstante, el relato de sus experiencias en Viena pone de manifiesto de manera por demás sorprendente, a pesar de su estilo personal, el grado en que su sensibilidad era propia de un burgués europeo. Así lo demuestra la crónica de su primer encuentro con socialdemócratas en una obra de construcción; aún más reveladora es la descripción de cómo se topó un día con una manifestación masiva de obreros socialdemócratas, y observó "con la respiración contenida al inmenso dragón humano" que lentamente desfilaba delante de él. "Abatido y desasosegado, por fin abandoné el lugar y me dirigí a casa."[176] Se trataba, de manera verdaderamente paradigmática, de una reacción "burguesa", pero en absoluto de "la" reacción burguesa, puesto

---

[176] *MK*, p. 43.

que hombres como Max Weber y Clement Attlee respondieron de una manera completamente distinta. No es posible negar la indignación sentida por Hitler ante la pretensión totalitaria, generalmente pasada por alto, del movimiento obrero inicial, la cual se expresaba en las "brutales exigencias" de asistir sólo a asambleas rojas y de leer sólo libros rojos. Sin embargo, justo en este punto plantea la propuesta, igualmente totalitaria, de oponer a la socialdemocracia "un dogma caracterizado por una mayor veracidad, pero igualmente brutal en la ejecución".[177] No carece de consecuencia cuando en el mismo contexto ejerce una severa crítica contra la falta de comprensión de la burguesía ante los problemas sociales, a la cual atribuye de manera inequívoca la responsabilidad de dicha evolución funesta. No obstante, más adelante Hitler escribe: "Al reconocer en el judío al líder de la socialdemocracia, la venda se me cayó de los ojos [...] Recordaré para siempre los apellidos Austerlitz, David, Adler y Ellenbogen."[178] Resulta evidente que Hitler estaba erigiendo en causa un fenómeno secundario, del mismo modo, básicamente, en que las *Spartakusbriefe* acusaban a los especuladores y logreros de la guerra de haber provocado el conflicto. Con certeza se puede decir que no es ninguna casualidad que las autobiografías de marxistas también mencionen con mucha frecuencia la "venda que se cae de los ojos".[179] Sin embargo, en el caso de Hitler la incriminación de los "agentes" y "autores" de la calamidad era mucho más apasionada, probablemente por ser menos plausible, lo cual fomentó que derivara en conceptos monstruosos en verdad, como el de que el planeta volvería a recorrer el éter despoblado, como lo estuvo millones de años atrás, en caso de que el judío, con la ayuda de su credo marxista, venciera a los pueblos del mundo. Sólo de esta manera Hitler obtuvo, para sí mismo y para su imaginario "reino germano de la nación alemana", una misión que a su modo pretende ser tan universal como la que se adjudicaba el marxismo: "Al defenderme contra el judío, estoy luchando por la obra del Señor."[180] De este modo, además de largas descripciones y reflexiones sobre el "principio aristocrático de la naturaleza" y el "libre juego de fuerzas", entre otras, *Mi lucha*, al igual que los primeros discursos de Hitler, contiene el apasionamiento afirmativo y nacionalista de la experiencia positiva de la Guerra Mundial, por una parte,[181] y, por

[177] *Ibid.*, pp. 44-45.
[178] *Ibid.*, pp. 64, 66.
[179] *Cfr.* Margarete Buber-Neumann, *Von Potsdam nach Moskau. Stationen eines Irrweges*, Stuttgart, 1968, p. 61: "Las semanas en la *KiHi* fueron para mí un periodo de intensa formación comunista [...] Todo de súbito me pareció maravillosamente fácil de comprender."
[180] *MK*, pp. 69-70.
[181] *Ibid.*, p. 182:

Aunque transcurran milenios, no se podrá hablar de heroísmo sin recordar al Ejército alemán de la Guerra Mundial. Entonces se vislumbrará, bajo el velo del pasado, el frente de hierro formado por los cascos de acero gris que no vacilaron ni cedieron, erigiendo un monumento a la inmortalidad. Mientras haya alemanes, recordarán que éstos fueron hijos de su pueblo.

otra, el apasionamiento negativo y social que se derivaba del motivo de temor constante encarnado por el "ejemplo ruso" y el "exterminio de la intelectualidad nacional": "Está comenzando la última gran revolución. Al alcanzar el judío el poder político, arroja de sí las pocas máscaras que todavía le quedan, y el judío democrático del pueblo se convierte en el judío sanguinario y tirano de los pueblos. En unos cuantos años trata de exterminar a los representantes nacionales de la inteligencia [...] El peor ejemplo de este tipo es Rusia [...]"[182]

Más o menos por la misma época el coronel Max Bauer, uno de los compañeros de lucha mejor conocidos de Hitler, describió un viaje a la "tierra de los zares rojos"; admitió con franqueza haber cambiado de opinión acerca de la Unión Soviética y los dirigentes de su partido de Estado, después de observar ahí demasiados puntos de coincidencia con sus propios principios conservadores y militares.[183] También Hitler era el tradicionalista de una fe antigua, al igual que Rosa Luxemburgo, si bien de un modo muy diferente. Con base en la vida que para él conservaba el pasado, escribió una *biblia* para su movimiento, que se distinguía en forma característica de los libros básicos escritos por Karl Marx en 1867 para el movimiento obrero, y por Lenin en 1902 para el joven bolchevismo. Ninguno de los tres textos reflejaba la realidad ni acertaba en su esbozo para el futuro, pero cada uno se ubicó con carácter positivo en medio de trascendentales sucesos históricos. No obstante, la situación en la que se redactó *Mi lucha* y para la que fue escrita era la más particular y menos repetible de las tres. Por consiguiente, incluso a las personas que no se sumaron a la mofa general de las *habladurías sin ton ni son* de Hitler, sino que tomaron en serio su libro, les debió parecer que probablemente ese hombre y su partido no estarían a la altura de sus adversarios demócratas y marxistas. Y es posible que esta suposición en ningún momento haya tenido mejor fundamento que

---

[182] Hitler permaneció en estrecho contacto con las experiencias rusas (si se prefiere, con los relatos de los emigrantes sobre supuestas atrocidades) también después de la muerte de Dietrich Eckart y Scheubner-Richter. Así lo muestra, por ejemplo, una nota publicada por el VB en la edición del 2 y del 3 de abril de 1926. En la primera plana se informa, a seis columnas, acerca de una asamblea efectuada por el NSDAP en Munich, en la que el profesor Gregor, un emigrante ruso, pronunció un discurso estremecedor sobre las atrocidades cometidas por la checa. Fue interrumpido constantemente por el escándalo y las risas emitidas por comunistas, muestra de la "brutalidad sin par" de éstos. Se señala expresamente la presencia de Adolfo Hitler. La confrontación directa, a veces peligrosa para Hitler, continuó hasta 1933, según se aprecia en las memorias del ex director del partido para la sección de Halle-Merseburg, Rudolf Jordan, quien se integró al NSDAP como joven maestro católico, a raíz de sus convicciones anticomunistas. Cuenta de una asamblea presidida por Hitler en Halle. En el camino de regreso desde el lugar donde se efectuó la reunión, Hitler corrió grave peligro cuando los miembros de la "antifa" alejaron por un momento de su coche, a empujones, a la policía: "Sumidos aún en obstinado silencio, nos bajamos del coche. También en Hitler latía la cólera. Con mirada amenazadora me dijo: 'Entre esa chusma asesina y nosotros no puede haber entendimiento ni perdón. El último enfrentamiento será entre ellos y nosotros'" (Rudolf Jordan, *Erlebt und erlitten. Weg eines Gauleiters von München bis Moskau*, Leoni, 1971, p. 49).

[183] Hamburgo, 1925.

en el año de 1926, cuando los comunistas hicieron pública la controversia sobre la expropiación de los príncipes y gran parte de los demócratas y republicanos apoyaron la misma causa.

En realidad no parecía probable que la presidencia izquierdista del partido adoptase la política del frente unido que resultó clave para dicho triunfo. Sin embargo, el 5º Congreso de la Internacional Comunista, celebrado en el verano de 1924, aunque no dejó de condenar severamente a la derecha, fijó la línea de la lucha de masas. Debía ponerse en efecto en forma de un frente unido desde abajo, pero a pesar de ello ofrecía múltiples posibilidades para gestos conciliadores con los socialdemócratas. Además, los ultraizquierdistas ejercían cada vez más presión sobre los dirigentes del partido, obligándolos a aceptar algunos de sus postulados, y en la Internacional Comunista nació el temor de que tendencias antibolcheviques o europeas occidentales estuvieran ganando terreno dentro del KPD, en relación con el acercamiento a Occidente ejecutado por el gobierno encabezado por Stresemann. Stalin hizo que Zinóviev enviara una "Carta abierta", fechada el 1 de septiembre de 1925, a los miembros y las organizaciones del KPD, carta que también Ruth Fischer tuvo que firmar, aunque significase el fin de su carrera dentro del partido. El largo texto presentaba varias características de la futura jerigonza del partido, pero era clara su intención. Instaba a la bolchevización efectiva del partido, en el sentido de luchar contra el surgimiento de fracciones y tendencias antibolcheviques y de supeditar el trabajo del Partido Alemán a los intereses de la Unión Soviética, así como en mayor medida a la lucha de masas. Esta "Carta abierta" dio lugar a vehementes discusiones y no tardó en perfilarse la separación de los comunistas de izquierda y de ultraizquierda, pero la cúpula del partido reaccionó tal como se esperaba. El grupo en torno a Ernst Thälmann se hizo cargo de la presidencia, y al poco tiempo se le presentó una excelente oportunidad para poner en marcha la lucha de masas.

En 1918-1919, la caída de las monarquías no condujo a las mismas consecuencias radicales en Alemania que en Austria, es decir, a la confiscación completa de las fortunas de las casas reales. Por el contrario, prevaleció la tradición de distinguir entre las fortunas del Estado y las particulares, y la delimitación entre ellas quedó a cargo de los *länder*, es decir, de los tribunales. Una vez frenada la inflación levantaron mucho polvo algunos nuevos fallos dentro de las disputas que aún estaban en proceso, y la inquietud se acrecentó cuando algunos príncipes pidieron que se revalorizaran sus pensiones y otros beneficios, mermados por la inflación, en una tasa mucho mayor que la concedida a los pequeños pensionistas y a los ahorradores. En diciembre de 1925, el KPD presentó un proyecto de ley que preveía la expropiación, sin indemnización alguna, de todas las fortunas de las antiguas casas reales.

Dicha demanda, hecha bajo el lema "¡Ni un centavo a los príncipes!", gozó de enorme popularidad entre los perjudicados por la revalorización, al igual que entre los desempleados y los arruinados por la guerra, que según el proyecto debían ser los beneficiarios de las utilidades obtenidas. Por otra parte, el derecho a expropiar por motivos políticos los bienes de grupos enteros de la población, sin indemnizarlos, no estaba previsto por la Constitución, y los comunistas no ocultaron que con esto sólo pretendían abrir la primera brecha en el orden de propiedad. Sin embargo, procedieron de manera muy hábil y cedieron la iniciativa de solicitar el plebiscito a un comité mixto encabezado por Robert René Kuczynski, profesor liberal de izquierda. De esta manera, los dirigentes socialdemócratas enfrentaron una situación difícil; por miedo a perder a un gran número de simpatizantes, tuvieron que hacer causa común con el KPD. La demanda de plebiscito tuvo el resultado sorprendentemente propicio de 12.5 millones de votos a favor, muchos más de los necesarios, y de esta manera quedó abierto el camino al plebiscito, después de que el Reichstag, como era de esperar, hubo rechazado el proyecto de ley. Se suscitó una apasionada polémica pública, en la que también intervino el presidente Von Hindenburg. Puesto que el proyecto implicaba un cambio en la Constitución, se hubiesen requerido 20 millones de votos para su aprobación; el 20 de junio de 1926, sólo fueron emitidos 14.5 millones de votos a favor. Aun así fue un gran triunfo para el KPD. Había obligado a la presidencia del SPD a apoyarlo y logrado, además, que muchísimos electores del Centro emitiesen un voto favorable. Por primera vez, el ejemplo ruso pareció perder un poco de su fuerza como escarmiento y los electores votaron más o menos de acuerdo con los límites sociológicos: obreros comunistas, socialdemócratas y cristianos aparentemente formaron un solo frente bajo la dirección de los comunistas.

No obstante, el resultado principal fue el siguiente: la más popular y al parecer más mesurada de todas las consignas posibles sin duda le sirvió al KPD para obligar al SPD a alinearse con él y para atraer, además de los proletarios del Centro, también a muchos demócratas de izquierda (entre éstos, es probable que a todos los intelectuales), pero aun así no pudo rebasar 40% de los votos. Era prácticamente imposible que con sus propias consignas —como la dictadura del proletariado, por ejemplo— pudiera imponerse por vía legal. Sin duda tenía razón al opinar que, incluso en el caso de una dura crisis, sólo el "levantamiento armado" sería capaz de conducirlo a la victoria.

La oposición que los nacionalsocialistas hicieron valer en torno a este suceso importante y ante todo sintomático únicamente fue de carácter episódico y contribuyó a fomentar la imagen cómica e insignificante del diputado Frick y sus camaradas, quienes presentaron al Reichstag la petición de expropiar las fortunas "de los príncipes de la banca y de la bolsa, así como de los demás parásitos del pueblo", contraparte exacta del proyecto de ley comunista-socialdemócrata que por supuesto carecía de toda posibilidad de ser sometida siquiera a un debate serio. Pero sin duda se trataba de una idea subversiva y, a partir de entonces, el Partido ya no contó con las simpatías naturales de los capitalistas. Si bien el plebiscito significó, a fin de cuentas, un fracaso para los comunistas, por lo menos lograron un triunfo —no sólo de carácter cuantitativo o material— sobre sus enemigos más radicales.[184]

Sin embargo, ya no tomaban en serio a dichos enemigos. Muestra inequívoca de ello son los enfrentamientos internos a los que se entregaron los comunistas durante los años subsiguientes, en los cuales no se prestaba ya atención alguna a la relación con el fascismo y los mejores métodos para combatirlo. El asunto principal seguía siendo, en cambio, la bolchevización del partido. Para imponerla y continuarla, Thälmann y sus secuaces debieron sostener una enconada lucha. Sus adversarios más decididos eran los ultraizquierdistas, reforzados por el sector de la izquierda reunido en torno a Ruth Fischer y Arkadij Maslow, después de que perdió la presidencia del partido. La primera agrupación se congregó alrededor de Werner Scholem, Iwan Katz y Arthur Rosenberg en 1925. Censuraba a los dirigentes comunistas, al parecer convencidos "de que el Ejército prusiano anterior a la guerra encarnaba el ideal de lo que debe ser un partido leninista".[185] La posición contraria recriminaba a los ultraizquierdistas el ver en el bolchevismo un extravío burgués, y con ello sin duda dio en el blanco. No obstante, puesto que Katz, Rosenberg y Scholem eran "intelectuales judíos", algunos observadores creyeron percibir visos antisemíticos en la campaña lanzada contra los intelectuales por el grupo de Thälmann, de acuerdo con el modelo establecido por la discusión iniciada por Stalin contra Trotski, Zinóviev y Kámenev. Por otra parte, los intelectuales tampoco estaban de acuerdo entre sí y también había obreros entre los adalides de la oposición. Por momentos existían nada menos que diez grupos de oposición; casi una docena de diputados del Reichstag terminaron por contarse entre los comunistas de izquierda. La presidencia del partido adoptó una táctica muy hábil y fue eliminando de uno en uno a los grupos de la oposición. El primero en experimentar esta suerte fue el reunido en torno al ex director del Departamento Comunal de la Central del Partido Comunista, Iwan Katz. De hecho era muy radical, porque según él recibir el calificativo de "antibolchevique" constituiría un honor mientras "bolchevique" significaba adjudicar menos importancia a "los intereses del proletariado internacional que a los del Estado ruso, es decir, los de la mayoría capitalista de los campesinos rusos", y sustituir la disciplina partidista por la obediencia ciega dentro del KPD. Posteriormente, este grupo se unió a los comunistas soviéticos alrededor de Franz Pfemfert, que llamaban a Stalin un "Napoleón de los campesinos" e incluso creían ver en Rusia el "último baluarte de la burguesía", una gran potencia nacionalcapitalista y enemiga del proletariado.[186]

---

[184] La historia detallada de este plebiscito se encuentra en Ulrich Schüren, *Der Volksentscheid zur Fürstenenteignung...*, Düsseldorf, 1978.

[185] Siegfried Bahne, "Zwischen 'Luxemburgismus' und 'Stalinismus'. Die 'ultralinke' Opposition in der KPD", *Vjh. f. Ztg.* 9 (1961), p. 362.

[186] *Ibid.*, pp. 366, 369.

Karl Korsch, Hugo Urbahns, Arthur Rosenberg, Arkadij Maslow y Ruth Fischer, izquierdistas y ultraizquierdistas, tomaron otros rumbos, aun cuando éstos fueran semejantes. Algunos se distanciaron del comunismo e incluso del marxismo; otros retornaron después al partido. En el presente contexto no cabe analizar con detalle estas escisiones y polémicas,[187] porque lo que importa, en primer término, es un hecho particular: a ninguna de estas agrupaciones se le ocurrió señalar como punto a su favor el estar más cerca del nacionalsocialismo o del fascismo, pese a las enormes diferencias respecto a éstos, que de los dirigentes de su propio partido. Es posible hacer una afirmación semejante respecto a la polémica misma. Aunque se estuviese combatiendo intensamente el "socialismo en un solo país" propuesto por Stalin, no se le tachaba de fascista; incluso cuando en 1930 Trotski aplicó el término "nacionalsocialismo" al proceder de Stalin,[188] no pretendía establecer un vínculo con el partido de Hitler, quien en su opinión seguía siendo un producto de la contrarrevolución, mientras que Stalin, a pesar de todo, era *termidoriano*. Era muy distinto el caso de los enfrentamientos que más o menos al mismo tiempo tuvieron lugar dentro del NSDAP, hecho que constituye otra prueba de la prioridad del comunismo y de la importancia mucho mayor que éste revistió hasta 1930.

Se trató de la controversia entre nacionalsocialistas de derecha y de izquierda que se entabló al poco tiempo de fundarse el partido de nuevo y que se alargó hasta 1930. Era considerado como de izquierda el organismo creado por el partido en el norte de Alemania, cuya constitución fue encargada por Hitler, en marzo de 1925, a Gregor Strasser, farmacéutico y oficial de tropa dueño de altas condecoraciones, originario de Landshut. Colaboraba con él su hermano Otto, ex miembro del Partido Socialdemócrata que había encabezado a una compañía de estudiantes contra las tropas de Kapp. El potencial humano en el que esta ala debía basarse era principalmente de carácter popular-protestante. Por otra parte, sólo era posible granjearse el apoyo de las masas proletarias en la cuenca del Ruhr y en Berlín para un socialismo nacionalista mediante la oposición al capitalismo o por lo menos a los burgueses conservadores. Ambos puntos encerraban un posible conflicto con Munich, pues no sin razón se afirmaba que Hitler había hecho las paces con Roma y estaba buscando contactos con los círculos económicos más importantes. En todo caso, en septiembre de 1925 se fundó la Comunidad de Trabajo de las Secciones Norte y Poniente de Alemania, a la que como órgano periodístico sirvieron, desde el 1 de octubre, las *Nationalsozialistische Briefe* publicadas por Gregor Strasser y editadas por el doctor Joseph Goebbels, administrador de la sección Renania en Elberfeld. El primer esbozo del programa proponía

---

[187] Así lo hace, con el mayor detenimiento, Hermann Weber, *Die Wandlung des deutschen Kommunismus. Die Stalinisierung der KPD in der Weimarer Republik*, Francfort, 1969, 2 vols.

[188] León Trotski, *Wer leitet heute die Kommunistische Internationale?*, Berlín, 1930, p. 42. *Ibid.*, *Die Wendung der Komintern und die Lage in Deutschland*, Berlín, 1930, p. 14.

traspasar la gran industria a la propiedad parcial del Estado y de las comunidades, así como transformar a todos los propietarios de tierra en enfiteutas. La idea no fue aceptada por Munich, así como tampoco la primera posición —favorable— adoptada respecto a la expropiación de los príncipes. En una junta directiva celebrada en Bamberg el 14 de febrero de 1926, Hitler se impuso totalmente con un discurso de varias horas de duración, y logró ganarse particularmente a Goebbels, a quien nombró director de la sección de Berlín al finalizar el año. A pesar de ello, el ala del partido correspondiente al norte de Alemania conservó características propias, predominantemente izquierdistas, y encontró una fuerte base de poder en la editorial *Kampf-Verlag*. Los periódicos y las "cartas nacionalsocialistas" publicadas por esta editorial proclamaban una guerra de aniquilación contra el capitalismo (internacional), en lo cual mostró mucha comprensión hacia la doctrina marxista de la lucha de clases, no interpretada en absoluto como una invención judía, según la definía Hitler. En primer término, se manifestó una marcada orientación hacia el Este, puesto que el objetivo más importante —sacudirse los yugos de Versalles y de Saint-Germain— no podría cumplirse sin la ayuda de la Unión Soviética y sin la alianza con todos los pueblos oprimidos del mundo. El bolchevismo como tal era rechazado de manera resuelta, ciertamente, por lo común con argumentos antisemíticos, pero el discurso "¿Lenin o Hitler?" pronunciado por Goebbels en febrero de 1926 en Königsberg planteaba una equiparación tan amplia entre el bolchevismo y el nacionalsocialismo, señalados como los dos movimientos revolucionarios del siglo XX, que el único contraste resultó ser, a fin de cuentas, el de que Lenin quiso salvar al mundo y, por este medio, también a Alemania, mientras que Adolfo Hitler perseguía el objetivo de salvar a Alemania y, por este medio, también al mundo.[189] Algunos nacionalsocialistas de izquierda incluso llegaron a presentar verdaderas proposiciones de alianza al KPD, porque en su opinión éste y la SU eran, "en la medida de lo posible, nuestros aliados contra Weimar, Versalles y Wall Street en la situación actual", aunque en última instancia persiguiesen otros objetivos.[190] Los socialdemócratas, a su vez, se apoyaban en este tipo de afirmaciones para alegar un cercano parentesco entre comunistas y nacionalsocialistas.

Es de suponer que Adolfo Hitler tenía en mente, entre otros, a los nacionalsocialistas de izquierda cuando escribió el segundo tomo de *Mi lucha* en 1925 y 1926, que fue publicado en diciembre de 1926. De nueva cuenta dejó claro que la posición antiburguesa no equivalía en absoluto, en su caso, a una suavización de su radical antibolchevismo. Antes que nada profundizó en el dogma del espacio vital, hasta entonces sólo esbozado, en una forma que hacía imposible cualquier entendimiento con el concepto de la orientación hacia el Este. Es probable que el fuerte énfasis puesto en la teoría racial también deba

189 Zwickau, s.f., p. 26.
190 Reinhard Kühnl, *Die nationalsozialistische Linke 1925-1930*, Meisenheim, 1966, p. 196.

considerarse dentro de este contexto. De acuerdo con ella, había que desechar por completo la idea de una alianza con las naciones oprimidas, ya que la situación de éstas se debía a su inferioridad racial. El segundo tomo de *Mi lucha* está marcado, mucho más que el primero, por un agudo y empedernido "europeísmo", el cual interpreta el dominio del pueblo de amo inglés, y de los alemanes como los futuros aliados de éste, como un hecho "de raza";[191] de éste deriva el derecho de aplicar la "política territorial del futuro" en el Este, la cual acabaría con el Estado ruso, ya que, después de la desaparición de los bolcheviques, esos "criminales vulgares y sanguinarios", no quedaría ya ninguna capa dirigente capaz de mantener unido al Estado. La fuerte preocupación de Hitler con la situación de la Guerra Civil rusa se observa en el "Testamento político" con el que concluye el capítulo 14 sobre la "Orientación al Este o política del Este": "No toleréis nunca el surgimiento de dos potencias continentales en Europa. Considerad cualquier intento por erigir a una segunda potencia militar en las fronteras alemanas como [...] un ataque contra Alemania... Aseguraos de que la fuerza de nuestro pueblo se base no en colonias sino en el territorio patrio dentro de Europa..."[192] Del mismo modo en que Hitler busca explicar el dominio mundial inglés durante la segunda mitad del siglo XIX con una teoría racial en la que incluye a Alemania, en este punto quiere conservar la situación de los años 1917-1918, cuando dejó de existir la segunda potencia militar, la rusa, en las fronteras de Alemania, la cual había constituido una realidad fundamental y evidente durante los siglos XVIII y XIX. El miedo a la propia destrucción, que estampó su huella claramente sobre los discursos iniciales de Hitler y el primer tomo de *Mi lucha*, aquí se traduce en una voluntad de destrucción política exterior y estatal muy ajena a los nacionalsocialistas de izquierda en lo referente a Rusia.

Por lo tanto, existían auténticas diferencias entre Munich y el norte de Alemania. En 1928 aún no se decidía cuál de los dos conceptos prometía más, la identificación de nacionalismo con socialismo efectuada por Hitler o el socialismo nacional de Strasser. Asimismo, era incierto si el partido se escindiría o si sólo se separaría de él un pequeño grupo. Se anticipó una importante definición en este sentido al llegar las elecciones de 1928 para el Reichstag, las cuales resultaron en una derrota para los nacionalsocialistas y en un considerable triunfo para los comunistas.

El partido más beneficiado fue el SPD. Llegó a 152 mandatos, una fuerza mayor que la esgrimida en cualquier parlamento anterior, a excepción de la

---

[191] También en este caso sería bueno tener presente el extremismo contrario, como el planteamiento de Theodor Lessing de que el único peligro que amenazaba al mundo era la raza blanca, afirmación discutida con vehemencia por Alfred Rosenberg en el Congreso General del partido celebrado en Nuremberg en 1927 (*Der Reichsparteitag der Nationalsozialistischen Deutschen Arbeiterpartei, Nuremberg, 19-21 August 1927. Der Verlauf und die Ergebnisse der Beratungen*, editado por Alfred Rosenberg y Wilhelm Weiss, Munich, 1927, p. 37).

[192] *MK, op. cit.*, p. 754.

Asamblea Nacional. Por el contrario, los Nacionalistas Alemanes bajaron de más de 100 escaños a 78, y también los partidos del Centro perdieron varios mandatos. Los comunistas subieron de 45 a 54, y el NSDAP, pese a que invirtió un esfuerzo máximo en la campaña, sólo logró conquistar 12 mandatos, en lugar de los 14 que sostenía hasta entonces. Sin embargo, los 12 diputados eran secuaces de Hitler, y entre los 54 comunistas ya no figuraba ningún comunista de izquierda. De todas maneras pareció repetirse el resultado de diciembre de 1924, cuando los nacionalsocialistas parecían representar un partido pequeño e insignificante en comparación con los comunistas. De hecho, el nuevo gobierno de la Gran Coalición no les prestó mucha atención y el gobierno prusiano anuló una prohibición del partido referente a Berlín. Parecía mucho más importante la tendencia radical que estaba extendiéndose entre los Nacionalistas Alemanes, la cual condujo, en octubre, a la elección del magnate de la prensa Alfred Hugenberg para presidente del partido, mientras que las fuerzas más moderadas fueron empujadas al camino de la separación.

En retrospectiva, el periodo de la Gran Coalición, que duró del verano de 1928 a la primavera de 1930, muchas veces parece comprender los últimos años buenos de la República de Weimar. Sin embargo, no todos los contemporáneos lo veían así, y un indicio sintomático de la debilidad del gobierno fue la polémica desatada en torno al acorazado *A*, la cual provocó una confrontación muy peculiar entre los ministros socialdemócratas y la fracción parlamentaria del mismo partido. Por otra parte, representó una auténtica señal de mal agüero el llamado "mayo sangriento" de 1929, que otorgó la sanción popular, por decirlo así, al giro extremo hacia la izquierda efectuado por Stalin y la Internacional Comunista en 1928.

El debate acerca de la construcción de un nuevo acorazado se inició en 1927, cuando también se ventilaron los argumentos más importantes. Según los representantes del SPD y del Partido Demócrata, el acorazado era superfluo y sólo un juguete peligroso, pues había que concentrarse en el desarme en lugar del rearme; los Nacionalistas Alemanes y los miembros del Partido Popular objetaron que se trataba de una reposición permitida por el Tratado de Versalles e imprescindible, además, para la defensa de Prusia Oriental. Prevalecieron estos últimos y el acorazado se convirtió en tema de las campañas electorales. Los socialdemócratas manejaron, entre otras, la consigna *Alimento para los niños, no acorazados*, la cual probablemente influyó en considerable medida en su triunfo electoral. A pesar de ello, la decisión de iniciar la construcción del acorazado tomada por el gabinete en agosto de 1928 también fue apoyada por los ministros socialdemócratas, a fin de evitar el desmoronamiento de la coalición, de suyo muy frágil todavía. Al reanudarse los debates parlamentarios, en cambio, los ministros socialdemócratas, ahora en calidad de diputados, votaron en contra de la decisión tomada por ellos mismos como miembros del gabinete. Los comunistas, a su vez, presentaron una demanda de plebiscito en septiembre, la cual consistía en una sola frase: "La construcción de cualquier tipo de cruceros y buques acorazados debe prohibirse." En esta ocasión, el número de votos favorables quedó muy por debajo del que recibieron en las elecciones para el Reichstag. La demanda no era popular, lo cual probablemente se debió a varias razones, entre ellas la sospecha de que la sección alemana de la Internacional Comunista deseaba lograr una ventaja de armamento para su Estado, la URSS. También era característica la actitud de los socialdemócratas, que en la mitad del pueblo alemán con tendencias derechistas debió alimentar la sospecha de que este gran partido aún no hallaba una posición adecuada respecto a las prioridades básicas del Estado, ya que hubiera sido posible llevar sus argumentos contra el acorazado a la conclusión de que también era superfluo el Ejército del Reich, cuyo presupuesto podía invertirse mejor en un fondo para desempleados o en la alimentación infantil. Por lo tanto, el asunto dio pábulo a la añeja convicción de que existía un *marxismo global*.

No obstante, la vieja oposición existente dentro de dicho marxismo supuestamente global se expresó de nueva cuenta, más o menos al mismo tiempo y en forma por demás cruenta, en los sucesos de mayo.

En diciembre de 1928, el jefe socialdemócrata de la policía de Berlín, el ex tonelero Karl Friedrich Zörgiebel, prohibió todas las manifestaciones y asambleas al aire libre, debido a los fuertes choques recientemente ocurridos entre la Liga de Combatientes del Frente Rojo y la SA. Albert Grzesinski, ministro prusiano del Interior, emitió una "última advertencia" el 29 de marzo de 1929, en la que casi expresó la amenaza abierta de proscribir al KPD. Por otra parte, era muy comprensible que el KPD se opusiera intensamente a dicha disposición, puesto que los desfiles del 1 de mayo constituían una herencia antigua y venerable de todo el movimiento obrero. Las autoridades efectivamente tomaron en cuenta la posibilidad de permitir las manifestaciones del 1 de mayo, pero el asesinato de dos miembros de la orden de la Bandera del Reich volvió a recrudecer la situación. Las declaraciones del KPD no estaban muy lejos de la exhortación al levantamiento armado: "El ímpetu revolucionario y la voluntad de los obreros alemanes para la lucha mostrarán al jefe socialdemócrata de la policía instalado por la burguesía de los *trusts* que el proletariado se ríe de sus prohibiciones."[193] El SPD, por su parte, puso en circulación frases como "El KPD requiere cadáveres" y "por orden de Moscú", lo cual a su vez agudizó la situación. La noche del 30 de abril, los comunistas asaltaron a policías de tránsito en los cruces de las calles, por medio de cientos de miembros de la RFB* y de la organización juvenil espartaquista, y la mañana del 1 de mayo la *Rote Fahne* presentó el titular "Mayo de combates, 1929",

193 Thomas Kunz, "Arbeitermörder und Putschisten. Der Berliner 'Blutmai' von 1929 als Kristallisationspunkt des Verhältnisses von KPD und SPD vor der Katastrophe", *IWK*, año 22, núm. 3, septiembre de 1986, pp. 297-317 y 299.
    * Liga de Combatientes del Frente Rojo. [N.T.]

mientras que el editorial hablaba de los "indicios del nacimiento de una nueva ola de la revolución proletaria". Sin embargo, sólo unos cuantos miles de manifestantes se congregaron en las calles, por lo cual parece posible que el partido haya movilizado, simplemente, a todos los miembros de la RFB, vestidos de civil, para asegurar que hubiese manifestación. Esto fue, a todas luces, lo que supuso la policía, que se sirvió de métodos muy violentos para disolver los desfiles. Hacia mediodía se produjeron los primeros tiros en los principales centros de los disturbios, a lo largo de la calle Kösliner en Wedding y en la Hermannplatz de Neukölln, probablemente por parte de la policía, recibida con una lluvia de piedras y botellas e indignados gritos de "perros sanguinarios", entre otros. Enseguida intervinieron carros de combate, las barricadas fueron arrolladas y se escuchó la temida advertencia "Apártense de las ventanas", puesto que por miedo a tiradores emboscados se abría fuego inmediatamente contra cualquier ventana abierta. La noche del primer día se registró un saldo de nueve muertos y 63 heridos de gravedad. Hasta el 4 de mayo ocurrieron reiterados choques fuertes, los cuales fueron provocados principalmente por grupos de jóvenes y despertaron manifestaciones de simpatía entre la población. El 2 de mayo, la *Rote Fahne* formuló apasionadas acusaciones contra el "partido de asesinos" y el "gobierno manchado de sangre de la coalición" y publicó un llamamiento a la "huelga masiva", al que casi nadie respondió. En el Landtag prusiano hubo incidentes enardecidos: el diputado Jendretzky se presentó vestido con el uniforme completo de la RFB; Wilhelm Pieck arrojó a la cara de los socialdemócratas la palabra "¡Banda de asesinos!"; la fracción comunista se puso de pie para cantar la Internacional y luego abandonó el parlamento. Hubo un total de más de 30 muertos, en gran parte personas ajenas a los acontecimientos, incluyendo mujeres, mientras que la policía no sufrió bajas fatales y sólo uno de sus heridos lo era de bala. Con todo, la Liga de Combatientes del Frente Rojo, el Frente Juvenil Rojo y la Marina Roja fueron prohibidos el 6 de mayo.

También de parte de los burgueses, y no sólo en el *Frankfurter Zeitung* y el *Berliner Tageblatt*, se hicieron escuchar muchas críticas contra la brutalidad de la policía, que se había comportado "como en tierra enemiga". El *Vorwärts* se expresó, por el contrario, en tono militante: "Los comunistas necesitaban cadáveres y movilizaron al lumpenproletariado [...] ¡Abajo los parásitos comunistas del movimiento obrero!"[194] De hecho era posible, incluso sin mucha malicia, concebir la sospecha de que los comunistas habían querido ensayar, si no es que ejecutar, el levantamiento armado que una y otra vez evocaban, y que debía serles muy bienvenida y era sin duda compartida por ellos la profunda indignación contra los "cosacos de Zörgiebel" y la "bestia policiaca"[195] que ahora llenaba a considerables sectores de la población berlinesa. El lenguaje de los periódicos de

---

[194] Edición del 3 de mayo de 1929.
[195] *Die Rote Sturmfahne*, 4 de mayo de 1929.

derecha, por su parte, adoptó matices extremadamente violentos. Una y otra vez se habló del periodo alemán de Kerenski, que al parecer había comenzado de nuevo; el *Deutsche Zeitung* mencionó la "depravación conglobada de la escoria de la humanidad en nuestro siglo de las máquinas";[196] el *Deutsche Tageszeitung* pidió "fumigar de manera tan concienzuda los nidos de alborotadores criminales que nadie pueda volver a instalarse ahí jamás".[197] El viejo miedo a la guerra civil y el recuerdo de los años 1918 a 1923 cobró nueva vida, máxime cuando ya se hacían notar los primeros indicios de la inminente crisis económica mundial. Los comunistas aún consideraban a los socialdemócratas y el Estado de la burguesía de los *trusts* de Weimar como sus adversarios principales en la futura guerra civil, de acuerdo con el ejemplo ruso. Sin embargo, ya se había iniciado el ascenso de otro partido que gritaba "¡Fuera Grzesinski, Severing, Zörgiebel!" al igual que los comunistas, pero por razones diametralmente distintas. No pasaría mucho tiempo antes de que las calles de Alemania y, en otra forma, también los periódicos y los teatros del país se convirtieran en el escenario de una guerra civil de alcances limitados, porque el gobierno, la policía y el Ejército del Reich en principio conservaron el control sobre la situación. Sin embargo, no les resultó fácil guardar la equidistancia necesaria, porque hasta ese momento habían recibido primordialmente los ataques de uno de los dos partidos, el más fuerte por mucho.

Por otra parte, también estaba participando en el juego otro Estado, y precisamente en ocasión del 1 de mayo de 1929 intervino de manera trascendental en los asuntos de Alemania por medio de un discurso pronunciado por su comisario de Guerra. Su influencia no era del todo negativa y hostil. Es hora de echar una mirada a las relaciones estatales entre el Reich alemán y la Unión Soviética, antes de enfocar el tema de la guerra civil interna de Alemania.

## 8. Las relaciones estatales entre Alemania y la Unión Soviética

Las relaciones germano-soviéticas han sido tratadas con gran detenimiento, mucho más que la relación entre comunistas y nacionalsocialistas. Al colocarse ésta en el primer plano del interés, aquéllas deben ceder, por lo menos hasta 1933, porque los nacionalsocialistas fueron los principales representantes de la línea política social adoptada por la política alemana en su posición frente a la Unión Soviética y el comunismo, es decir, de la línea que ante todo percibía la voluntad de ésta de impulsar una revolución mundial así como su intención de exterminar a la burguesía y que coincidía con los comunistas, por lo tanto, en el polo opuesto de la escala de valoraciones. No era simplemente opuesta

---

[196] Edición vespertina del 2 de mayo de 1929.
[197] Edición del 3 de mayo de 1929; éstas y otras muchas voces de la prensa en GStA, Rep. 219, núm. 47.

a la línea política estatal, sino que se produjeron múltiples entrelazamientos y tensiones, rara vez una oposición definitiva.

En cierto sentido, la línea política estatal era la más antigua. Debido al apoyo brindado, por causas estratégicas, a la propaganda revolucionaria soviética durante la guerra, y sobre todo al permitir que Lenin cruzara su territorio, en cierta forma Alemania fundó a la Rusia soviética y durante varios meses decisivos, después de Brest-Litovsk, contribuyó a la permanencia de ésta. Sin embargo, el terror rojo, las llamadas de auxilio de muchos miembros de la burguesía y la propaganda revolucionaria que circulaba en el ejército alemán y detrás del frente no dejaron de obrar su influencia sobre los gobernantes alemanes; tanto el emperador como el canciller del Reich, Hertling, al igual que el general Max Hoffmann, jefe del Estado Mayor de Oberost, debatieron seriamente la posibilidad de enviar tropas alemanas a Petrogrado y Moscú a fin de instituir allí a un gobierno blanco aliado con Alemania. Sin embargo, no todos los blancos eran germanófilos y muchos de ellos eran más bien rojos. Ningún partido ruso apoyó de manera tan resuelta a los aliados como lo hicieron los social-revolucionarios, y precisamente el asesinato del embajador alemán, el conde Mirbach, por unos social-revolucionarios de izquierda, acabó de convencer al gobierno alemán de que los bolcheviques constituían en Rusia la única fuerza poderosa y organizada radicalmente opuesta a reanudar la guerra. El nuevo secretario de Relaciones Exteriores, Von Hintze, se impuso a todos los puntos de vista discrepantes[198] y a fines de agosto de 1918 firmó los llamados "acuerdos adicionales" con el gobierno soviético, los cuales otorgaron un nuevo respiro a Lenin.

Sólo dos meses más tarde, los dirigentes de Moscú, aliviados y triunfantes, establecieron el primer contacto con el gobierno revolucionario alemán. Grande fue su decepción cuando el comisario del Pueblo Haase se mostró frío y reservado y cuando el gobierno de Ebert protestó con vehemencia, al poco tiempo, contra el entrometimiento en los asuntos internos de Alemania del que se había hecho culpable el gobierno soviético, en su opinión, por medio de llamamientos y proclamaciones. Por este motivo no se reanudaron las relaciones diplomáticas, suspendidas por el gobierno imperial alemán en uno de sus últimos actos oficiales. Tras las muertes de Rosa Luxemburgo y Karl Liebknecht, al que ya se estaba viendo como el futuro presidente de la república soviética alemana, las relaciones empeoraron más todavía, lo cual también se debió en gran medida a la resistencia sostenida por las tropas alemanas en el Báltico contra el avance de los rojos rusos y locales. No obstante, al mismo tiempo incluso un hombre como el conde Brockdorff-Rantzau, ministro de Relaciones Exteriores, reconocía con claridad la enorme ventaja que el gobierno de los bolcheviques podía significar para la Alemania vencida,

---

198 Winfried Baumgart, *Deutsche Ostpolitik 1918. Von Brest-Litowsk bis zum Ende des Ersten Weltkrieges*, Viena y Munich, 1966, p. 317.

ya fuera en relación con las cada vez más evidentes preocupaciones políticas sociales de los aliados, que posiblemente convirtiesen a Alemania en un valioso aliado de éstos, o en forma de una estrecha asociación entre Alemania y Rusia contra aquéllos.[199]

Ambas posibilidades eran consecuencia forzosa de la situación política del Estado alemán así como de la posición geográfica del país: orientarse hacia Occidente con matices antibolcheviques, es decir, adaptar la línea política estatal a la línea política social u orientarse hacia el Este, en forma de un acuerdo con la Rusia bolchevique. La profunda decepción y la humillación sufridas por Brockdorff en Versalles lo hicieron partidario de la segunda línea, aunque su acercamiento al Este nunca llegó tan lejos como el del general Von Seeckt, por ejemplo, interesado sobre todo en destruir Polonia y dispuesto a hacer considerables concesiones políticas internas a cambio de ello.[200] Ebert y casi todos los socialdemócratas, por su parte, brindaban un apoyo total a la línea de la orientación hacia Occidente, que en su opinión representaba la única posibilidad de autoafirmación alemana ante los comunistas.

También entraba en juego una tercera línea, la de la política económica. Fue defendida por muchos empresarios alemanes y no tenía necesariamente que ser siempre apolítica o filobolchevique, en todos los casos, puesto que a veces estaba ligada a la convicción de que el establecimiento de relaciones comerciales podía servir para mitigar el carácter bárbaro o asiático del bolchevismo. Esta misma idea era sostenida en Inglaterra por Lloyd George, y desde 1920 ingleses y alemanes empezaron a competir por el mercado ruso. Del lado soviético, Karl Radek fue el primero en dar pasos hacia la reconciliación pragmática con el gobierno burgués alemán, la cual ciertamente era sólo el preludio, en su opinión, de la unión ideológica y material de las repúblicas soviéticas rusa y alemana:

> No soy tan diplomático como para fingir que estoy convencido de la larga permanencia de las condiciones alemanas actuales. La burguesía alemana no cree que nosotros podamos durar. Por lo tanto compartimos la misma opinión. Pero ¿por qué no habríamos de cambiar lino por medicamentos y madera por aparatos eléctricos? ¡Nadie exige un certificado de inmortalidad a la gente a la que pretende vender unas trusas![201]

[199] *Cfr.* su memorándum de abril de 1919 en Herbert Helbig, *Die Moskauer Mission des Grafen Brockdorff-Rantzau (Forschungen zur osteuropäischen Geschichte*, Berlín, 1955, t. 2), pp. 286-344 y 291-292.

[200] Otto Gessler, *Reichswehrpolitik in der Weimarer Zeit*, editado por Kurt Sendtner, Stuttgart, 1958, pp. 185-188.

[201] Karl Radek, "Deutschland und Russland. Ein in der Moabiter Schutzhaft geschriebener Artikel für 'richtiggehende' Bourgeois", Berlín, 1920, p. 12. El texto fue escrito en la primavera de 1919, cuando Radek recibía no sólo a los comunistas en su celda de Moabit, sino también a los representantes de la burguesía, como políticos y economistas, entre otros (incluyendo a Rathenau), en el papel de una especie de embajador no oficial de la República soviética. Fue publicado por primera vez en *Die Zukunft*, núm. 19, 7 de febrero de 1920.

Los primeros contactos formales entre los dos gobiernos sirvieron para resolver el problema de los prisioneros de guerra de ambos lados. Había más de un millón de prisioneros de guerra rusos en Alemania; y en Rusia, además del considerable número de prisioneros de guerra alemanes, también había numerosos presos civiles. A comienzos de 1919 se creó la Oficina Central del Reich para Prisioneros de Guerra y Civiles, dirigida por un ex sargento segundo llamado Moritz Schlesinger. Respaldado por Brockdorff-Rantzau, frustró los planes aliados de reclutar a un ejército antibolchevique entre los prisioneros de guerra recluidos en Alemania, y en noviembre de 1919 llegó a Berlín Viktor Kopp, como hombre de confianza del gobierno soviético, a fin de atender a la cuestión de los prisioneros de guerra y de establecer, en lo posible, otros contactos. En abril de 1920 se concluyó un acuerdo y después de cierto tiempo se otorgaron algunas facultades consulares y la inmunidad personal a los representantes de ambos lados, Viktor Kopp en Berlín y Gustav Hilger en Moscú.

En Alemania circulaban rumores constantes sobre la participación de rusos en diversas acciones revolucionarias, sobre todo después del golpe de Kapp, pero no se presentaron pruebas irrefutables. Las relaciones, que aún no eran oficiales, llegaron a un punto culminante durante los meses de julio y agosto de 1920, cuando el objetivo principal de Lenin era trazar una frontera común con Alemania. El gobierno alemán declaró su neutralidad, pero los políticos pertenecientes a la línea antioccidental y antipolaca, aunque no por ello menos derechistas, también ejercían una influencia considerable sobre el Ministerio del Ejército del Reich y el Ministerio de Relaciones Exteriores. Dicha línea fue adoptada no sólo por Seeckt sino también por el diplomático Ago von Maltzan y el posterior canciller del Reich Josef Wirth. De esta manera, se puso de manifiesto en forma impresionante la fuerza de la tradición rusófila prusiano-germana y la confianza que ésta tenía en recuperar el poder político explotando la oposición entre Occidente y Oriente; a más tardar al fundarse el VKPD* en diciembre de 1920, ya nadie pudo pasar por alto que la situación era completamente distinta a la de antes de la guerra, porque ahora la Rusia soviética tenía mucha más razón para creer que contaba con un partido propio en Alemania que la idea alemana de contar con influencia en Rusia en 1917-1918, en forma del partido de los bolcheviques. Con todo, Lenin siguió trabajando obstinadamente en la aproximación entre los dos estados, porque también él esperaba beneficiarse de cualquier división política, además de tener en alta estima, al igual que otros muchos rusos, la organización y la técnica alemanas. Del lado alemán, por su parte, las deliberaciones estratégicas de Seeckt y Maltzan no eran las únicas de peso; también contaba el interés de muchos empresarios en reanudar las relaciones comerciales, es decir, la presión de la línea política económica relativamente independiente. El minis-

---

* Partido Comunista Unido de Alemania. [N.T.]

tro de Relaciones Exteriores Simons se refirió de manera favorable a la Rusia soviética en la primavera de 1921, al afirmar que, a pesar de la oposición ideológica, ambos países podían tratarse en el ámbito de la política real. La acción de marzo no cambió esta actitud de manera fundamental, pese a que en esta ocasión fue completamente probada la participación de la Internacional Comunista. Esto se debió en considerable medida, sin duda, a la preocupación que despertaba el Párrafo 116 del Tratado de Versalles, en el que se permitía a Rusia hacer valer demandas de reparación. Además, el canciller de ejecución Wirth era enemigo declarado del Estado invasor Polonia. En septiembre de 1921 fueron nombrados delegados recíprocos, aunque sin recibir todavía plena autoridad diplomática, el profesor Kurt Wiedenfeld, que fue enviado a Moscú, y Nikolai Krestinski, quien se dirigió a Berlín. Después de la decisión tomada por los aliados con respecto a la Alta Silesia, que decepcionó profundamente a Alemania, Ago von Maltzan fue designado director del Departamento para Asuntos Orientales del Ministerio de Relaciones Exteriores. Más o menos al mismo tiempo se establecieron los primeros contactos entre el Ejército del Reich y el Ejército Rojo. Por otra parte, en Occidente se fraguaban múltiples planes respecto a la formación de una sociedad financiera internacional a fin de apoyar la reconstrucción económica de Rusia; entre sus partidarios figuraban Lloyd George y el ministro de Relaciones Exteriores del Reich, Walther Rathenau, de orientación completamente occidental. Lenin juzgaba todo esto como conspiración del capitalismo contra la independencia de su país, y son muy interesantes las instrucciones que dio a su delegación cuando Rusia y Alemania fueron invitadas a participar en una conferencia económica mundial en Génova.[202] El resultado más importante y notable de la reunión fue el Tratado de Rapallo, firmado el 16 de abril de 1922. Los detalles de la historia de su elaboración son curiosos y hasta la fecha no han sido esclarecidos por completo, debido a la falta de acceso a las actas soviéticas. En el fondo el tratado fue aprobado contra la voluntad de Rathenau y también de Ebert, pero aun así, se trató de un paso consecuente: los dos grandes derrotados de la Guerra Mundial se unían para renunciar mutuamente a derechos sumamente inciertos, aunque en principio importantes —los rusos, al Párrafo 116; los alemanes, a los pagos de indemnización por la nacionalización de propiedades alemanas—, y para reanudar relaciones diplomáticas plenas. La conclusión del tratado dio un verdadero susto a las potencias occidentales, porque de repente había entrado una nueva posibilidad a la arena de la política internacional: la posible unión futura de Alemania y Rusia en una auténtica alianza contra Occidente. La radical alternativa contraria defendida por Churchill contra Lloyd George pareció extinguirse en forma irremediable: convertir a Alemania en un aliado para la guerra de liberación antibolchevique. ¡Cuánto

---

[202] Lenin, *Werke, Ergänzungsband Oktober 1917-März 1923*, pp. 421-423.

más fuerte hubiera sido el susto de haber firmado una Alemania soviética un tratado mucho más amplio! Los comunistas alemanes en efecto experimentaron una mezcla de triunfo y decepción, porque, si bien el tratado rompía con el aislamiento de la Rusia soviética, por otra parte también fortalecía al gobierno burgués alemán y, de esta manera, a la oposición contrarrevolucionaria. ¿En verdad se trataría de una etapa en el camino correcto? ¿No se había errado también al creer que el gobierno de Ebert de 1918 a 1919 constituía una etapa, o sea, un gobierno correspondiente al de Kerenski? No sonaban convincentes ni convencidas, en realidad, las afirmaciones hechas por la *Rote Fahne* el 18 de abril con el título "Tratado de paz germano-ruso":

> Es posible que el giro en la política actual acarree importantes consecuencias para Alemania. Si Rathenau aprovecha el momento y continúa la tendencia política iniciada, es posible que se replanteen todos los asuntos entre Alemania y los Estados aliados. No queremos ocultar que no creemos al señor Rathenau capaz de continuar esta política de manera consecuente. No creemos que ningún gobierno burgués sea capaz de ello.

El *Völkischer Beobachter*, en cambio, habló de la "venta del pueblo alemán" y del "crimen de Rapallo";[203] el 28 de junio de 1922, con motivo del asesinato de Rathenau, comentó lo siguiente: "En Cannes, Rathenau propuso un gobierno supranacional de banqueros. El apellido del mismo hombre también se encuentra inscrito en el Tratado de Rapallo, el cual ata Alemania a la Rusia bolchevique, supuestamente anticapitalista hasta la muerte. He aquí la unión personal entre la plutocracia internacional judía y el bolchevismo internacional judío."

La línea política estatal era, por lo tanto, una línea del centro apuntada a conservar la posición céntrica de Alemania. A pesar de que Brockdorff-Rantzau se sentía orgulloso de la confianza que en su opinión lo unía a Chicherin, también estaba convencido de estar tratando en Moscú con "fanáticos sin escrúpulos", cuya intención era adelantar algún día los "límites de Asia" hasta el Rin.[204] Stresemann a su vez respaldaba todos los esfuerzos de sus funcionarios por proteger de cualquier perjuicio la relación ruso-germana, aunque esto significara ceder a la extorsión, pero a sus ojos el matrimonio con la Rusia soviética hubiera

---

203 Números del 22 y del 29 de abril de 1922.
204 Helbig, *op. cit.*, pp. 329 y 334. Son sumamente reveladoras las conversaciones secretas sostenidas por Brockdorff-Rantzau entre 1923 y 1928 y recopiladas en el Pol. Archiv AA con el título *Kupferberg gold*. En una de las últimas (Berlín, 1 de agosto de 1928), define la "intimidad" de las relaciones germano-rusas como "un gran *bluff*"; habla de los "cerdos aliados" (conversación con el general Hasse del 21 de febrero de 1923) y expresa su opinión acerca de la "campaña difamatoria del señor Zinóviev o Apfelbaum" (conversación con Chicherin del 25 de febrero de 1925). A pesar de ello, el 11 de septiembre de 1928 el *Pravda* dedicó un elogioso artículo necrológico al "embajador burgués más leal, mejor intencionado, más accesible y, por lo tanto, más agradable que se haya conocido en el Moscú rojo", como lo fue "el conde ambicioso y aristocráticamente arrogante" (Gustav Hilger, *op. cit.* [nota 8, capítulo I], p. 99).

equivalido a "meterse a la cama con el asesino del propio pueblo".[205] Brockdorff-Rantzau y Stresemann sólo continuaron la política de Rapallo porque la posición de Alemania en cuanto gran potencia parecía depender del espacio para maniobrar que conservase frente a los aliados occidentales; de hecho, con el Tratado de Berlín de abril de 1926, le hicieron un gran favor a la Unión Soviética al oponer un contrapeso a la política de conciliación con Occidente, excluyendo toda posibilidad de que Alemania alguna vez pudiera servir de territorio de avance a Inglaterra o Francia en una guerra contra la Unión Soviética. Durante estos años, la política de los dirigentes del KPD también perseguía en importante medida el fin de impedir una orientación definitiva de Alemania hacia el Occidente y de erradicar las tendencias "europeas occidentales" entre los propios comunistas.[206] Es dudoso que de hecho el gobierno soviético haya creído en el peligro de una guerra conjurado con tanta insistencia, pues había buenos motivos para que tanto sus partidarios como sus detractores supusieran que una guerra ofensiva de las potencias occidentales contra la Unión Soviética despertaría una resistencia insuperable tras el frente y en el territorio patrio de aquéllas.[207] Con todo, las relaciones se volvieron sumamente tirantes cuando el gobierno de Baldwin, una vez pasada la amenaza de la gran huelga general de mayo de 1926, procedió con mucha energía contra la red soviética de influencias y espionaje extendida en el país y finalmente llegó hasta la suspensión de las relaciones diplomáticas, en la primavera de 1927. Titulares como "El soviet contra la civilización" no eran nada raros en Inglaterra. De nueva cuenta cobraron fuerza ciertas teorías que desde 1920 prácticamente habían tenido como único defensor a Winston Churchill: de acuerdo con ellas, un virtual estado de guerra reinaba entre Moscú y los estados capitalistas, que se caracterizaba por el ataque permanente de los bolcheviques, en tanto que hasta la fecha el lado burgués —en ese momento Inglaterra y en el futuro tal vez Estados Unidos— sólo había sido víctima y ni siquiera comenzaba a defenderse en serio.[208] Al poco tiempo, el embajador francés en Moscú enfrentó una situación muy semejante a la que conoció el general Hoffmann en el verano de 1918: según él, en la Unión Soviética estaba llevándose a cabo una nueva revolución dirigida contra los campesinos y los últimos vestigios de la burguesía, "la cual es consumada a sangre fría en un estado de paz absoluta hacia el exterior y de orden completo en el interior, con el fin de erradicar todo lo que aún queda en cuanto a libertad personal y propiedad privada". Por esta razón, Jean Herbette sugirió a su ministro de Relaciones Exteriores, Aristide Briand, que era mejor tomar en cuenta suspender las relaciones con la Unión Soviética que mostrar "complacen-

---

[205] Günter Rosenfeld, *Sowjet-Russland und Deutschland*, Colonia, 1984, 2 vols., 1917-1922 y 1922-1923, t. II, p. 121.

[206] *Cfr.* p. 145.

[207] *Cfr.* G. Hilger, *op. cit.*, p. 218.

[208] Augur, *Soviet versus Civilization*, Londres, s.f. (1926), pp. 74-75.

cia hacia el mal".[209] De hecho, en Inglaterra y Francia existía el deseo de realizar una *cruzada*, pero nunca adquirió fuerza, puesto que se imponía la conciencia de que la estructura de la sociedad no soportaría un tipo tan especial de guerra.

La existencia de un poderoso movimiento socialista, que en gran parte simpatizaba con los soviéticos, no era el único obstáculo; también lo era la política alemana de buscar la posición central. Dentro de esta política, el Ejército del Reich formaba el ala izquierda, por decirlo de alguna manera, y mantenía los vínculos más estrechos con la Unión Soviética. Cuando en 1923 reprimió el inminente levantamiento de los comunistas en la Alemania Central, ya existía la "Plana Especial R" en el Ministerio del Ejército del Reich; los oficiales alemanes y rusos ya habían negociado a espaldas del embajador y ya se estaba construyendo una fábrica alemana de aviones cerca de Moscú. Esta colaboración se prolongó hasta después de 1923, época en que se instalaron la escuela de aviación de Lipezk cerca de Voronesh, una escuela para la guerra química cerca de Saratov y un campo de maniobras para carros de combate cerca de Kazán. La situación no cambió sustancialmente ni siquiera después de que el *Manchester Guardian* y a los pocos días Philipp Scheidemann, en su discurso del 16 de diciembre de 1926 ante el Reichstag, hicieran públicas dichas relaciones, hasta entonces completamente secretas, y cuando tanto el SPD como el KAPD iniciaron una extensa campaña contra las granadas soviéticas. Dentro del Ejército del Reich se creó una imagen mucho más positiva de la Unión Soviética y de su ejército que la de los Nacionalistas Alemanes, por no hablar de los nacionalsocialistas. Mientras las publicaciones comunistas elogiaban la unidad y la fuerza interna del Ejército Rojo, "de tal magnitud que un ejército burgués no se atrevería ni a soñar con ellas",[210] el general Von Blomberg, jefe de la Intendencia, llegó a una conclusión muy semejante en 1928, después de un extenso viaje de inspección, y no dejó de ponderar la intervención entusiasta hecha por el comisario de Guerra Voroshílov "a favor del mantenimiento de estrechas relaciones militares con el Ejército del Reich".[211]

Sin embargo, fue precisamente Voroshílov quien al año siguiente provocó un grave trastorno en las relaciones germano-soviéticas.

El 1 de mayo de 1929, Herbert von Dirksen, sucesor de Brockdorff, informó que durante el desfile del Día del Trabajo realizado en Moscú se había exhibido la maqueta de un acorazado provista de una inscripción que decía que Alemania sacrificaba 80 millones de marcos por un acorazado, pero dejaba morir de hambre a los desempleados. Encima del buque marcado con los colores de Alemania se paseaban, según Dirksen, unas figuras caricaturescas

---

[209] Jean Herbette, *Ein französischer Diplomat über bolschewitische Gefahr*, Berlín, 1943, pp. 147-148.
[210] *Die Rote Armee und die Rote Flotte*, Hamburgo y Berlín, 1932, p. 23.
[211] F. A. Krummacher y Helmut Lange, *Krieg und Frieden. Geschichte der deutsch-sowjetischen Beziehungen. Von Brest-Litowsk bis zum Unternehmen Barbarossa*, Munich y Esslingen, 1970, pp. 502-503.

que de acuerdo con los letreros representaban a los ministros socialdemócratas del Reich, al del Ejército, al ministro prusiano del Interior y al jefe de la policía de Berlín. En su discurso, Voroshílov declaró que en la Alemania supuestamente democrática el jefe socialdemócrata de la policía, Zörgiebel, había prohibido las manifestaciones del 1 de mayo, pero que los trabajadores saldrían a la calle para manifestarse por sus objetivos, a pesar de dicha prohibición. En esta ocasión, Stresemann no se anduvo con rodeos e indicó al embajador que presentara una fuerte protesta por los "descarados insultos contra la bandera del Reich" así como por el entrometimiento inadmisible de Voroshílov en los asuntos internos de Alemania.[212] En una conferencia con Stresemann, el embajador Krestinski dio como explicación de lo sucedido que los desfiles del 1 de mayo eran preparados con meses de anticipación por los obreros y que ni siquiera las autoridades del partido, y mucho menos del gobierno, podían intervenir en ello. Según Krestinski, Voroshílov sólo había atacado al Partido Socialdemócrata, no al gobierno alemán.[213] El gobierno alemán se dio por satisfecho con esta explicación un poco inverosímil, pero no debe haber tenido ninguna duda respecto a la fragilidad de los fundamentos en que se basaban sus relaciones estatales *amistosas*.

El Estado denominado Unión Soviética al mismo tiempo pretendía identificarse con un partido alemán específico, el cual había construido, entretanto, una extensa red de información cuya dirección se encontraba del todo en manos de especialistas soviéticos[214] y que potencialmente era capaz de convertir la industria alemana en un edificio de cristal, cuyo interior quedaría expuesto por completo a la vista de Moscú. Es cierto que algunos de los ingenieros alemanes que trabajaban en la Unión Soviética también colaboraban, supuestamente, con el servicio secreto alemán, según se llegó a declarar durante el llamado juicio de Schachty en 1928. Sin embargo, no era posible albergar la menor duda respecto a la inmensa diferencia entre el enorme dispositivo creado por el KPD y el servicio secreto del Ejército Rojo, aunado al aislamiento casi total de la Unión Soviética, por un lado, y las organizaciones correspondientes controladas por Alemania. Con todo, los mejores amigos no comunistas que la Unión Soviética tenía en Alemania eran, además del Ejército del Reich y de los intelectuales reunidos en la Sociedad de Amigos de la Unión Soviética, como Thomas y Heinrich Mann, los representantes de la burguesía monopolista, por paradójico que esto parezca. Algunos de ellos —incluyendo a hombres tan influyentes como Peter Klöckner, Ernst von Borsig y Ernst

---

212 ADAP, Serie B, 1925-1933, t. 11, p. 481.
213 *Ibid.*, pp. 502-503.
214 *Cfr.* Heinz Höhne, *Krieg im Dunklen. Macht und Einfluss des deutschen und russischen Geheimdienstes*, Gütersloh, 1985, pp. 270 y ss.; Walter Krivitski, *Ich war in Stalins Dienst*, Amsterdam, 1940, p. 64; Franz Feuchtwanger, "Der militärpolitische Apparat der KPD in den Jahren 1928-1935. Erinnerungen", *IWK*, pp. 485-533 y 492.

Poensgen— efectuaron un recorrido por Rusia en la primavera de 1931 y regresaron a Alemania animados por grandes esperanzas y expectativas, ya que se les había prometido que la Unión Soviética adquiriría en Alemania una parte aún mayor de los equipamientos industriales que requería para cumplir con su plan quinquenal de los que ya había comprado. El viaje fue duramente criticado por la prensa alemana, las relaciones estatales fueron expuestas a otra severa prueba cuando en enero y noviembre de 1932 la Unión Soviética firmó tratados de no agresión con Polonia y Francia. Esto pareció fortalecer el sistema de Versalles, a pesar de que desde 1919 la Unión Soviética figuraba entre los críticos más intransigentes de éste y pretendía conservar tal posición también en el futuro, según las declaraciones de Stalin.[215] No existió nunca en la historia mundial una relación más extraña entre dos estados: desde el punto de vista de la política económica, las esperanzas alemanas de superar la crisis mundial se cifraban en gran medida en los pedidos rusos; respecto a la política estatal, la posición central de Alemania entre Oriente y Occidente dependía de la existencia de la Unión Soviética; pero en lo que se refería a la política social, la Unión Soviética representaba uno de los bandos en la guerra civil que empezó a librarse en Alemania después del *mayo sangriento*, cuando el *jueves negro* de la bolsa de Nueva York provocó, en octubre de 1929, una situación análoga a la crisis de la posguerra de 1919 a 1923.


## 9. LA GUERRA CIVIL LIMITADA EN ALEMANIA

Sólo la crisis económica mundial logró crear en Alemania las condiciones propicias para que los dos partidos de la guerra civil incrementaran mucho el número de sus seguidores, pero, en sí, no engendró a estos partidos. En cambio, ambos tenían una relación específica con la crisis y resultaba muy probable que ahora se les prestara mucha atención.

El Partido Comunista encarnaba la doctrina de la crisis general del capitalismo. Pudo declarar que la evolución mundial había confirmado sus postulados cuando las acciones y otros valores experimentaron una caída sin precedentes aquel *jueves negro* de la bolsa de Nueva York, el 24 de octubre de 1929 y cuando a continuación se inició un descenso en la producción, también sin precedentes, que no tardó en extenderse a las demás naciones industrializadas y en entrelazarse con la severa crisis agrícola que venía preparándose desde hacía bastante tiempo. Había sido motivo de extrañeza e incluso de burla

---

215 El 13 de diciembre de 1931, Stalin dijo a Emil Ludwig: "¿Acaso se trata de un reconocimiento del sistema de Versalles? No. ¿O de una garantía de las fronteras actuales? No. No hemos sido nunca garantes de Polonia, ni nunca lo seremos." J. W. Stalin, *Werke*, Berlín, 1955, t. 13, pp. 103 y ss. Es posible encontrar una declaración anterior y aún más severa de la posición revisionista de la Unión Soviética en *Ibid.*, t. 7, pp. 235 y ss.

cuando durante el 6º Congreso de la Internacional Comunista, en el verano de 1928, se anunció el fin de la fase de estabilización del capitalismo, porque en ese entonces la economía mundial aún se encontraba en un periodo de gran prosperidad. Sin embargo, a comienzos de 1930 el desempleo empezó a incrementarse de manera incontenible, sobre todo en Alemania, y los integrantes de la Gran Coalición no consiguieron resolver si la carga principal de la crisis debía ser asumida por los empresarios, oprimidos por los altos costos directos e indirectos de la mano de obra y debilitados en su capacidad de competir en el mercado mundial; o bien por los trabajadores, cuyos ingresos la mayoría de las veces no estaban muy lejos del mínimo de subsistencia. A fines de marzo de 1930 se disolvió el gobierno de Müller y se creó un gobierno presidencial de la crisis encabezado por Heinrich Brüning. Ernst Thälmann afirmó que con éste el fascismo había llegado a reinar en Alemania, pero si bien el presidente del Reich ejercía una especie de dictadura por medio del canciller, con base en el Artículo 48, sin duda alguna se trataba de una dictadura provisoria que no se distinguía de la democracia partidista normal en mayor medida de lo que la crisis económica se distinguía del estado normal de una coyuntura media. Examinadas con detenimiento, no existía tampoco una diferencia fundamental entre la coyuntura y la crisis; en el sistema capitalista, es decir, en la economía del mercado mundial, la producción y el consumo no están relacionados directamente entre sí, como en una granja autárquica o en una comunidad rural aislada, sino que su entrelazamiento implica numerosas etapas intermedias y actores independientes. Por lo tanto, el sistema de suyo constituye una crisis permanente, es decir, un proceso incesante de adaptación y desarrollo en el que de vez en cuando se repiten crisis mayores, como los nudos en una red. Sin embargo, puesto que los comunistas partían precisamente del modelo de aquella granja y aquella comunidad rural, las cuales pretendían reproducir en un nivel más elevado por medio de una economía dirigida, eran los voceros y paladines más apropiados para los más afectados por la crisis o para los que más se escandalizaban ante las injusticias y desigualdades que inevitablemente resultaban del individualismo de este sistema, es decir, de la libertad de movimiento, enfocada a la ganancia, de los individuos y las empresas. Los comunistas no planteaban la pregunta de si el sistema —gracias a su carácter general, que no se limitaba al ámbito económico y que era determinado por muchos siglos de desarrollo histórico— era capaz de brindar, a pesar de todo, una mayor medida de seguridad y prosperidad a todos los individuos que cualquier otro sistema, siempre y cuando continuara en el camino hacia un perfeccionamiento más completo; desde su punto de vista era evidente que la sustitución por el socialismo de este sistema injusto, caótico, turbio y poco eficaz erradicaría para siempre la miseria y la explotación, la enemistad entre los pueblos y la guerra. La crisis económica mundial les permitió reconstituirse como el gran partido de la protesta y la esperanza que habían formado al finalizar la guerra, debido a su crítica de la matanza de los pueblos.

Sin duda también existían causas particulares que pudieran explicar la insólita intensidad de la crisis. A comienzos de los veinte, nada menos que John Maynard Keynes había escrito un librito sobre las consecuencias económicas del tratado de paz, en el que prevenía contra los efectos imprevisibles que forzosamente tendrían que resultar de los pagos alemanes a título de reparaciones, ya que se trataba de transferencias de capital basadas en motivaciones políticas y, por lo tanto, ajenas al sistema. ¿No disminuiría en mucho la crisis de suspenderse dichos pagos de tributo? Si bien esta solución parcial probablemente hubiera sido la más realista, también presentaba dificultades extraordinarias, puesto que los acreedores de dichas reparaciones, Inglaterra y Francia, a su vez estaban obligados a efectuar grandes rembolsos de créditos de guerra a Estados Unidos. Si el país americano no se mostraba dispuesto a renunciar a sus derechos, la agitación nacionalsocialista contra los pagos de tributo daría como resultado el establecimiento de una autarquía alemana. Los Nacionalistas Alemanes y los nacionalsocialistas de hecho no temían esta posible consecuencia al lanzar, desde antes de dicho jueves negro, una amplia campaña de agitación contra el Plan Young, por el que los aliados y el gobierno alemán deseaban sustituir el de Dawes. El nuevo plan ofrecía considerables ventajas a Alemania, pero también fijaba un plazo a los pagos a título de reparaciones, 1988, lo cual parecía equivaler a la esclavización del pueblo alemán durante dos generaciones.

La oposición contra dicho plan era inevitable y propia del sistema, pero la intensidad demagógica con la que fue llevada a cabo por el Comité del Reich para la Petición Alemana de Plebiscito, en el que Hugenberg y Hitler colaboraron como iguales al lado de representantes de la organización Casco de Acero y de la Liga Pangermana, contribuyó básicamente a otorgar una posición de importancia nacional al NSDAP e incrementó en forma sustancial el número de votos recibido por éste en las elecciones para los Landtags y municipales. El plebiscito ciertamente fracasó de manera contundente en diciembre, pero de todas maneras había mostrado, de manera sorprendente, de lo que era capaz la agitación demagógica, a pesar de su necedad evidente, ya que el rechazo del Plan Young por el pueblo alemán no hubiera eliminado los pagos de tributo, sino sólo confirmado la vigencia del Plan Dawes. No obstante, después de que en julio de 1930 el presidente disolvió el Reichstag, que había exigido la anulación de un importante decreto de emergencia, el KPD publicó en agosto de 1930, con motivo de las nuevas elecciones, su programa para la liberación nacional y social del pueblo alemán, cuyo radicalismo y demagogia irresponsable superaban ampliamente las demandas nacionalsocialistas. El partido prometía solemnemente declarar nulas y de ningún efecto, en caso de alcanzar el poder, todas las obligaciones derivadas de la paz de Versalles y ya no pagar ni un *pfennig* de los intereses causados por los préstamos, créditos e inversiones de capital imperialistas. Además, exigía la jornada de siete horas y la semana laboral de cuatro días y prometía asegurar la posibilidad de una integración a la Alemania soviética para las regiones alemanas que expresaran el deseo de hacerlo (o sea, también el sur del Tirol y los Sudetes), "de conformidad con los obreros revolucionarios de Francia, Inglaterra, Polonia, Italia, Checoslovaquia, etc.".[216] No hubiera sido posible llegar a mayores extremos de demagogia e ingenuidad, y en comparación, Hitler, que siempre se había manifestado a favor del pago de las deudas privadas, debía parecer un hombre moderado y razonable o por lo menos un político con orientación occidental que no deseaba romper de entrada el lazo alemán con la economía mundial, mientras que los comunistas pedían una hegemonía mundial germano-rusa, cuando no se limitaban a adaptar frases nacionalistas a sus necesidades. De todas maneras tuvieron mucho éxito en las elecciones del 14 de septiembre y no se cansaron de celebrar este triunfo electoral, que los convirtió en el partido más fuerte de Berlín e incrementó su número de mandatos a 77. No obstante, el éxito de los nacionalsocialistas fue considerablemente mayor; 6.5 millones de electores mandaron a más de 100 diputados nacionalsocialistas al Reichstag. Ningún otro partido había dado jamás un salto de tal magnitud —de 12 a 107 diputados— en toda la historia parlamentaria de Alemania.

La *Rote Fahne* orgullosamente publicó las felicitaciones recibidas por el *Pravda* y la Internacional Comunista, y el editorial del 16 de septiembre hablaba, confiado, de preparar el golpe que crearía a la Alemania soviética, en la que ya no habría "ningún Hitler, ni ningún Goebbels, pero tampoco precursores socialfascistas del fascismo".

Los nacionalsocialistas a su vez interpretaron el resultado electoral como "una sentencia de desaparición pronunciada contra toda la política de ejecución", y el 25 de septiembre publicaron un artículo escrito por el magnate de la prensa lord Rothermere para su periódico *Daily Mail*, en el que asignaba a los nacionalsocialistas la tarea de proteger en forma definitiva a toda Europa del bolchevismo, a cambio de lo cual podrían pedir considerables concesiones a Polonia y también a Checoslovaquia.

Al inaugurarse el Reichstag el 13 de octubre de 1930, los 107 nacionalsocialistas hicieron su entrada vestidos con los uniformes pardos y, formando una llamativa mancha de un solo color, ocuparon, con creces, la mayor parte del espacio del lado derecho de la sala. Sin embargo, dos años y medio antes, al inaugurarse el Reichstag de 1928, habían llamado en igual medida la atención de los observadores los uniformes de la RFB en las filas de los comunistas, así como las figuras enérgicas de muchos de sus diputados.[217] De hecho se produjeron alborotos de inmediato. Los dos partidos de la guerra civil, que querían

---

[216] Texto incluido en Hermann Weber, *Der deutsche Kommunismus, op. cit.* (nota 57, capítulo II), pp. 58-65.
[217] Heinrich Fraenkel y Roger Manvell, *Hermann Göring*, Hannover, 1964, p. 57.

destruirse mutuamente y que de ninguna manera eran sólo de carácter alemán en lo que se refería a su significación y objetivos, ahora se enfrentaban en el Parlamento por medio de representaciones de fuerza considerable. Es hora de echar un ojo a la guerra civil que se estaba librando en las calles de Alemania y, de otra manera, también en los puestos de periódicos, las librerías y los parlamentos.

Cabe destacar, en primera instancia, que sólo se trató de una guerra civil limitada, porque, pese a los roces callejeros y a la violencia verbal desplegada en folletos y revistas, el gobierno no perdió el control de la situación. Después de que los bolcheviques tomaron el poder en Rusia, se había desatado una auténtica guerra civil entre grandes unidades armadas carentes de autoridades superiores, lo cual principalmente se debía al estado de guerra que aún predominaba en el país y a la extensión territorial de éste, demasiado grande como para que el partido que había triunfado en las capitales se impusiera enseguida en todas partes. También en Italia, donde por primera vez en la historia del mundo un gobierno parlamentario tuvo que enfrentar a dos fuertes partidos entregados a una guerra civil de 1920 a 1922, las luchas entre socialistas y fascistas a ratos dominaron algunas regiones por completo, poniendo prácticamente fuera de circulación al Estado. En Alemania, por el contrario, el gobierno presidencial de Brüning durante la crisis, y el gobierno desde hacía mucho tiempo establecido de la Coalición de Weimar, se defendieron de la situación en Prusia, para lo cual hicieron intervenir a la policía, recogieron ciertas ediciones de los periódicos, prohibieron el uso de uniformes, restringieron el derecho de manifestación e incluso colocaron inserciones obligatorias en los periódicos. Todos los periódicos de Prusia tuvieron que publicar, por ejemplo, la declaración gubernamental sobre el plebiscito efectuado en agosto de 1931 respecto a la disolución del Landtag de Prusia, propuesto por la organización Casco de Acero y el NSDAP y apoyado a última hora también por los comunistas, con la designación rápidamente inventada de "Plebiscito Rojo". La autoafirmación del gobierno culminó con la prohibición de la SA y la SS decretada por el ministro del Interior, el general Groener, cuando por segunda vez, gracias a los esfuerzos de Brüning y a un giro sintomático realizado por el SPD, Hindenburg fue elegido presidente del Reich en abril de 1932, superando con amplia ventaja a Hitler. La historia de este gobierno ha sido examinada muchas veces, y basta con señalar aquí algunos de sus puntos claves: el apoyo recibido por parte del SPD, que se fijó como principal objetivo impedir la creación de "un gobierno fascista del tipo italiano, dirigido contra la clase obrera"; el incremento en los pagos por créditos después de las elecciones de septiembre; la política del ahorro y de la deflación que agudizó la crisis, pero que se aproximó a cumplir una meta de la política exterior, la eliminación de los pagos a título de reparaciones; el incremento en el número de desempleados que alcanzó 6 millones en 1932; el fracaso de las negociaciones para una unión aduanera germano-austriaca a causa de las presiones ejercidas por Francia; la "moratoria de Hoover" en julio de 1931; el desafío de la Alemania nacionalista en octubre de 1931, por medio del Frente de Harzburg; la multiplicación de los votos nacionalsocialistas hasta su culminación en las elecciones del 24 de abril de 1932 para el Landtag prusiano; la creciente pérdida de confianza en Hindenburg, y la dimisión del canciller el 30 de mayo de 1932. En ninguno de estos momentos existió el peligro de que el gobierno perdiese el control, pero tampoco despertaba todavía el temor de que comunistas y nacionalsocialistas unieran sus fuerzas fuera de los grupos de votación negativa en los parlamentos.

Si bien era limitada, la guerra civil no se manifestó sólo en roces callejeros, sino que también se llevó a cabo —y éste era su foro principal— en tratados teóricos, folletos polémicos y belicosos artículos en los periódicos. En cuanto guerra civil intelectual, su inicio no coincidió con el del gobierno de Brüning, sino que databa de los albores de la República, al margen de los enfrentamientos normales entre los partidos sustentadores del Estado y como la negación mutua de sus respectivos derechos de existencia de comunistas y militantes anticomunistas.

Dichos comienzos han sido descritos ya, pero el punto de partida y más importante elemento básico siguió siendo el mismo también durante la fase de estabilización y luego, al estallar la crisis: los discursos de los comunistas sobre sentencias de muerte, verdugos y tumbas, en los que plasmaban su fe en el inminente ocaso del sistema capitalista. Intensificaban esta fe las descripciones de los triunfos cosechados por el desarrollo socialista en Rusia, donde los obreros por fin podían sentirse amos del Estado; dicho presagio buscaba confirmarse, además, en los viajes efectuados por las delegaciones que, al regresar de recorridos preestablecidos en los que recibían un trato especial, debían llegar a la conclusión de que las mansiones de los capitalistas alemanes posiblemente pronto serían convertidas en hogares infantiles y escuelas, al igual que los palacios de la aristocracia rusa.[218] ¿Cómo no iba a despertar indignación el señalamiento de que la explotación minera de Otto Wolff en Mansfeld había recibido 7 millones de marcos procedentes de los bolsillos de los contribuyentes, sólo porque el multimillonario había amenazado con despedir a los obreros, porque "los millonarios que despiden a los obreros deben ser pasados por las armas, no premiados"?[219] Según los comunistas no era posible hacer distinción alguna, como pretendían los nacionalsocialistas, entre capitalistas cristianos y judíos en la lucha por la liberación y la protección

---

[218] *Im Lande der Roten Fahne. Bericht der zweiten Arbeiterdelegation über Sowjetrussland*, Berlín, s.f. (probablemente 1927), p. 152. Sin embargo, también llegaba a ocurrir, con cierta frecuencia, que después de su regreso los participantes se distanciaran de las declaraciones colectivas firmadas en la Unión Soviética, como lo hizo, por ejemplo, un librepensador proletario, que en 1926 criticó severamente la veneración de Lenin y el culto a Stalin (Erich Mäder, *Zwischen Leningrad und Baku. Was sah ein proletarischer Freidenker in Sowjetrussland?*, Windischleuba, 1926).

[219] *"Kampf um die Scholle." Das Bauernhilfsprogramm der* KPD, Berlín, 1931, p. 19.

de los obreros, porque ambos eran explotadores por igual y por igual habían sido condenados a muerte por la historia, mientras que los proletarios alemanes y judíos (en la medida en que éstos existieran) debían unirse.[220]

De esta manera, pese al gran relieve adquirido por los nacionalsocialistas entre 1925 y 1933, en el fondo tuvo lugar sólo un ligero cambio de actitud en los comunistas, puesto que su verdadero enemigo seguía siendo el sistema capitalista y, en el interior de éste, la socialdemocracia había acaparado durante demasiado tiempo su atención. En 1925, el caso Barmat fue aprovechado menos por Karl Radek que por los nacionalsocialistas; también él habló en su folleto *Die Barmat-Sozialdemokratie* de los "especuladores polacos, judíos, holandeses y alemanes" que habían favorecido de manera particular a la socialdemocracia, mientras que Stresemann, por ejemplo, se concentró en la empresa del "judío ruso Litvin". De acuerdo con Radek, la razón fundamental de toda corrupción se encontraba en el apoyo que la socialdemocracia había brindado al capitalismo. Por lo tanto, sólo mediante la eliminación de los dirigentes de este partido sería posible crear condiciones no corruptas, es decir, sanas: "Cuando la revolución alemana cuelgue a hombres como Scheidemann y a toda la camarilla socialdemócrata de Barmat [...] habrá que cincelarles un monumento en mármol: un perro que lame, abnegado, el látigo del amo."[221]

A su vez, en 1932, Walter Ulbricht no pasó por alto (como Radek tampoco, en otros textos) que una parte de los obreros era sobornada por la burguesía mediante salarios más altos y que los nazis, debido a la política de coalición practicada por el Partido Socialdemócrata de Alemania y la Federación General Alemana de Sindicatos, habían "ganado adeptos entre los pequeñoburgueses e incluso los obreros". Por lo tanto, proponía "expulsar a los parásitos capitalistas, a los grandes industriales, a banqueros, *junkers*, grandes comerciantes, políticos burgueses, traidores obreros, especuladores y traficantes", de acuerdo con el "ejemplo luminoso" puesto por la Unión Soviética.[222]

No es difícil apreciar por qué la opinión pública alemana no se alarmó mucho cuando Hitler hizo afirmaciones como "las cabezas caerán", y ni siquiera por su antisemitismo: incluso Radek trataba de explotar los sentimientos antisemíticos, y el concepto monumental de exterminio de Ulbrecht también incluía entre sus víctimas a la mayoría de los judíos, aunque sólo fuese mediante la expropiación total.

Todo ello prácticamente no disminuía la atracción especial ejercida por el comunismo sobre intelectuales y las personas dueñas de un sentido de la ética.

---

[220] *Marxismus für Antimarxisten. Ein Wegweiser für Gegner, die ihn kennenlernen wollen*, Berlín, 1931, p. 7.
[221] Hamburgo, 1925, pp. 11, 9 y 17.
[222] *Volksrevolution gegen Faschismus. Rede des Genossen Walter Ulbricht vor den Funktionären der* KPD, Berlín, s.f., pp. 25 y 32.

Eckert, el pastor de la ciudad de Mannheim, por ejemplo, dio como razón de su salida del SPD e incorporación al KPD que quería estar con quienes realmente trataban de ayudar a los oprimidos y sojuzgados: "El capitalismo debe morir, para que el pueblo pueda vivir." En su opinión, sólo el bolchevismo pondría fin a la terrible miseria de las masas, porque en la actualidad el bolchevismo no era más que el propio pueblo trabajador y necesitado.[223]

No resultó fácil a la propaganda nacionalsocialista oponerse a argumentos tan simples y conmovedores. El ejemplo ruso no servía de escarmiento ni siquiera a todos los campesinos, máxime cuando el KPD evitaba hablar de colectivizaciones, y respecto a los obreros era imposible pasar por alto la medida en que las concepciones marxistas les eran prácticamente innatas. Por lo tanto, la Organización de Núcleos Nacionalsocialistas en Empresas criticaba la explotación, la arbitrariedad empresarial y en términos generales el capitalismo con la misma dureza que los marxistas; simplemente procuraba sustituir el concepto internacional por uno de carácter nacional.

Su cometido era más fácil cuando se trataba de conservar los valores tradicionales. En el folleto *Der rote Krieg. Mutter oder Genossin?*, Hans Schemm planteaba a los lectores las siguientes alternativas: "¡Optimismo cristiano ante la vida o exterminio bárbaro! [...] ¡Hitler o Stalin!", y los instaba a decir esta jaculatoria al escuchar doblar las campanas por la noche: "Guárdanos, Señor, de la pestilencia, de la destrucción por la bestia bolchevique."[224]

Joseph Goebbels se expresó de manera mucho más burda en el texto *Der Nazi-Sozi*, en el que la polémica antiburguesa se revela tanto como la antijudía, sin llegar a definir una identidad clara: "No hay nada más hipócrita que un burgués gordo y bien alimentado que protesta contra el ideal proletario de la lucha de clases [...] Claro que el judío también es un ser humano [...] La pulga también es un animal, pero nada agradable. Puesto que la pulga no es un animal agradable no tenemos [...] el deber de cuidarla y de protegerla [...] sino de neutralizarla."[225]

El alcance de dicha dependencia interna se pone de manifiesto en títulos como "Die kommunistischen Kapitalistenknechte" (Los siervos comunistas del capitalismo), texto que presentaba como pruebas los anuncios comerciales de grandes almacenes publicados por la *Rote Fahne* y los préstamos concedidos por Wall Street a la Unión Soviética.

Con respecto a la Unión Soviética misma resultaba fácil, por supuesto, hacer resaltar el otro lado de los panegíricos comunistas. Una fuente importante eran las citas y los extractos tomados de los textos de comunistas desilusiona-

[223] *Stadtpfarrer Eckert, Mannheim, kommt zur KPD. Kirche und Kommunismus*, Mannheim, s.f., pp. 21 y 24.
[224] Bayreuth, 1931, pp. 29 y 3.
[225] Doctor J. Goebbels, *Der Nazi-Sozi. Fragen und Antworten für den Nationalsozialisten*, Munich, 1929, pp. 4 y 7.

dos, como *Russland nackt*[226] de Panait Istratis, en el que por medio de experiencias personales y las publicaciones de la prensa soviética se pinta un cuadro que ya no se concentra principalmente en las atrocidades de la checa, sino en las condiciones laborales y en la situación de los salarios.

Los hechos de agitación y propaganda organizados por los grupos comunistas no contaban con un paralelo nacionalsocialista, puesto que difícilmente pueden contarse como tales los primeros intentos hechos con "Thingstätten", así como tampoco la lucha por la cultura alemana. Caracterizaba las veladas de recitaciones y teatro de dichos grupos el hecho de no limitar sus ataques a los nacionalsocialistas, sino de incluir todo lo relacionado con el capitalismo. Una canción satírica intitulada "Suleika Destapar" y dirigida contra el Partido Alemán del Estado, sucesor del Partido Demócrata Alemán, decía, por ejemplo:

> [...] La mezcla es fatal,
> ¡étnica, judía y nacional!
> Las piernitas son raquíticas,
> la naricita es semítica,
> los ojitos azules, de pura raza:
> ¿Y el papá? No aparece.[227]

El mismo ejemplar del *Rote Sprachrohr* describe una escena teatral en que Hitler, Goebbels y varios nazis simples emiten el grito "Judá, revienta". Del otro lado del escenario hay unos capitalistas, entre ellos también judíos, y uno de éstos dice: "Desgraciadamente costó dinero, pero ya lo recuperaremos." Al final los nazis se arrancan los brazales, sujetan emblemas comunistas y cantan: "Y los judíos también se soportan si donan algo para vuestros fondos; está bien un pogromo de vez en cuando, pero no debe desembocar en odio de clases."[228] Evidentemente se estaba interpretando el nacionalsocialismo como una versión inferior del comunismo; y el antisemitismo, como el primer paso por el camino correcto, siempre y cuando se refiriese a los capitalistas judíos.

Destaca la frecuencia con que las burlas se dirigían contra los *clerizontes* y el centro político, aparentemente con la intención de defender a la Unión Soviética. Esta voluntad positiva se expresaba de la siguiente manera en una "canción para la tropa":

> Te defendemos, Unión Soviética, nuestra patria roja
> [...] El fascismo amenaza en todo el mundo [...]
> [...] Proletario, sólo existe un camino, la república roja de los vengadores.[229]

---

226 Munich, 1930.
227 Geh. StA, Rep. 219, núm. 68, fol. 264.
228 *Ibid.*, fol. 191-192.
229 *Ibid.*, fol. 147.

Con la misma intensidad se expresaba la orientación del ataque político interno: "¡Que muera la burguesía! [...] ¡Guerra civil! [...] Nuestra patria es la Unión Soviética."[230]

De acuerdo con los informes policiacos, con mucha frecuencia los grupos infantiles presentaban las canciones más violentas: "Atizamos e incitamos a la lucha de clases, listos para dar el puñetazo y asestar la patada al cuerpo de la burguesía [...] Apriétenle el pescuezo al Estado burgués [...]" Al terminar los coros hablados, los Pioneros Rojos se precipitaban sobre los miembros del grupo disfrazados de policías y los derribaban a golpes, acompañados por los aplausos atronadores del público. Luego fijaban unos retratos a la pared y repetían la misma pregunta una y otra vez: "¿Contra quién dispararemos el primer tiro? ¡Contra Hitler [...] contra Goebbels [...] contra Brüning [...] contra Severing [...] contra Grzesinski!"[231]

Por regla general no formaban parte de los sucesos nacionalsocialistas discursos y escenas tan sanguinarios, y es comprensible, hasta cierto punto, que de 1930 a 1933 la policía prusiana, entre otros, también haya considerado a los comunistas como los enemigos principales; y a los nacionalsocialistas, a veces hasta como aliados, máxime que sólo el lado comunista llevaba a cabo una extensa campaña de desmoralización dentro de los cuerpos policiacos, aunque sólo logró influir con ella sobre un pequeño porcentaje de sus integrantes. Tampoco era sorprendente la opinión de un funcionario del SPD en el sentido de que el fenómeno fascista volvería a desaparecer en algún momento, mientras que la pregunta clave del futuro era estar "a favor o en contra del bolchevismo".[232]

Con todo, la manifestación más perturbadora de esta guerra civil ideológica no se encuentra en la literatura comunista, sino en la publicación editada por los intelectuales de izquierda, el *Weltbühne*, y el ataque no se dirigía a los nacionalsocialistas, sino contra las clases altas en general. Con el título "Dänische Felder", Kurt Tucholski escribió en el verano de 1927:

¡Que el gas penetre en los cuartos donde juegan sus hijos! Que se vayan desplomando lentamente estos muñequitos. Deseo una muerte difícil y dolorosa a la mujer del consejero eclesiástico y a la esposa del editor, a la madre del escultor y a la hermana del banquero, a todas ellas. Porque quieren que las cosas sigan así, sin quererlo. Porque son perezosas. Porque no oyen ni ven ni sienten nada.[233]

---

230 *Ibid.*, fol. 174.
231 *Ibid.*, fol. 69.
232 *Ibid.*, núm. 34, fol. 67.
233 *Die Weltbühne*, año 23 (1927), núm. 30, pp. 152-153 ("Dänische Felder" de Ignaz Wrobel). En las *Gesammelte Werke* de Tucholski (t. 5, p. 266), este pasaje es alterado agregándole la frase: "Por desgracia siempre toca a los equivocados." El concepto básico es el contraste entre los campos de Dinamarca, pacíficos desde 1917, y la Alemania de 1927, en la que supuestamente volvía a prepararse una guerra. Este texto no fue descubierto apenas por autores neonazis como Emil Aretz (*Hexeneinmaleins einer Lüge*, Pähl/Obb., 1973, p. 106), sino que ya lo citaba la literatura

No cabe duda de que incluso en este texto se inspiraba Tucholski en las motivaciones pacifistas más nobles. Sin embargo, el mal nunca es consecuencia de sentimientos mediocres y rara vez de la infamia. El veredicto de culpabilidad colectiva pronunciado por Tucholski hacía parecer muy probable que las medidas de exterminio de una guerra civil no se limitarían a los populares especuladores, ni siquiera a la burguesía, es más, que no perdonarían siquiera a las mujeres y a los niños.

Sin embargo, hay que señalar a favor de Tucholski que estaba enterado de las brutalidades cometidas por los *lansquenetes*, las cuales tenían que enfurecer mucho más que los asesinatos de la Vehme de supuestos o verdaderos criminales. En todo caso, desde 1928 ya hubiera podido leer la descripción de una escena repugnante incluida por el ex oficial del cuerpo de voluntarios y en ese momento alto dirigente de la SA, Manfred von Killinger, en su librito *Ernstes und Heiteres aus dem Putschleben.* Killinger relata que durante las escaramuzas de 1919 en Munich le llevaron a una *hembrita pintora* que se mostraba recalcitrante. Ordenó a un suboficial levantarle las faldas, con la ayuda de dos soldados, y propinarle unos provechosos latigazos en el trasero desnudo.[234] En efecto, es difícil determinar cuál de las dos posiciones, la imaginación desenfrenada de Tucholski o la brutalidad muy real de Killinger, provocaría la saña más profunda y el odio más implacable en los respectivos grupos públicamente atacados y amenazados de destrucción.

Para los que en medio de estas orgías de odio confiaban en la razón y buscaban la objetividad, resultó sumamente difícil encontrar una posición superior a dicho conflicto y al mismo tiempo políticamente eficaz, puesto que ellos mismos eran blancos de violentos ataques. Los socialdemócratas tendían a dirigir sus diatribas contra las clases dominantes de antes de 1914, que según ellos ahora constituían la fuerza esencial de las filas pardas, mientras que la clase media y los obreros en realidad debían estar con el SPD. Anton Erkelenz, diputado del Reichstag, escribió que los *junkers* prusianos y la población vulgar de Pomerania olían a Asia. Sin embargo, a pesar de que juzga a los comunistas como lacayos del fascismo, pretende equiparar la matanza de la guerra internacional proyectada por los camisas pardas con el viejo grito de batalla "guerra contra los palacios".[235]

Son muy raras las palabras de comprensión y aprobación hacia la situación alemana en conjunto. Un ejemplo de esto se encuentra al final de la relación hecha por Herbert y Elisabeth Weichmann de un viaje a la Unión Soviética, en la que describen, de manera verosímil y sin meterse en polémicas, la "vida

nacionalsocialista, como por ejemplo Hermann Esser, *Die jüdische Weltpest. Judendämmerung auf dem Erdball*, Munich, ²1939, p. 218. Por lo tanto es muy posible que Hitler también lo haya conocido.

[234] Berlín, 1928, pp. 14-15.

[235] *Der Rattenfänger von Braunau. Die Tragödie Deutschlands*, Meissen, 1932, pp. 3 y 7.

cotidiana en el Estado soviético": la miseria generalizada, sin distinción de clases; la ausencia de todo recogimiento y ocio tras la destrucción de la clase intelectual; la "vida cotidiana apresurada y llena de humo, en la que prevalecen el ruido de las máquinas y la lucha entre los hombres". Regresaron con un nuevo estado de conciencia: "No nos haría daño enfrentar con más paciencia y cariño la situación que vivimos en Alemania, conscientes de que nuestra existencia es mucho más libre y humana de lo que a veces queremos pensar."[236]

Sin embargo, a los ojos de los comunistas, Herbert y Elisabeth Weichmann no eran más que unos socialfascistas. La guerra civil intelectual incluso invadió el ámbito teórico y de la reflexión al parecer imparcial, pero el concepto del socialfascismo no derivaba en primera instancia de consideraciones teóricas, sino que estaba profunda y emocionalmente arraigado en experiencias y valoraciones pasadas, como el odio de los marxistas ortodoxos contra los reformistas y después, durante la guerra, contra los *traidores*, o sea, los socialpatriotas y los socialchauvinistas. Con todo, se alcanzó una nueva dimensión en la polémica cuando en enero de 1924, después de la derrota alemana de octubre, Zinóviev acusó a los socialdemócratas de izquierda de formar un "ala del fascismo"; Stalin hizo otro tanto en septiembre de 1924, con la tesis de que el fascismo y la socialdemocracia eran gemelos. Significó un paso lógico cuando después de las elecciones de septiembre de 1930 se afirmó que había comenzado el reino del "fascismo de Brüning" y que todos los opositores a la revolución proletaria pertenecían al bando del fascismo. De hecho se imponía la pregunta de cuáles eran las características privativas del fascismo, si la democracia burguesa no era más que la dictadura de la burguesía y si sólo una de las dos clases principales podía ejercer la dictadura. Por lo tanto, debía darse prioridad a la lucha simultánea contra las dos tropas auxiliares de la burguesía: contra el NSDAP, por representar el nacionalfascismo; y contra el SPD, por representar el socialfascismo; en este proceso, el ataque principal debía dirigirse contra la socialdemocracia, por ser la más insidiosa de las dos fuerzas enemigas.

Los grupos de oposición interna del KPD veían en dicha tesis una causa de perdición y desde comienzos de 1930 decían a los directivos del Partido más o menos lo siguiente: "Ese camino —el concepto del socialfascismo— acarreará la derrota." La más importante de estas agrupaciones fue el KPD-O, que reunía a la derecha excluida del partido, encabezada por Heinrich Brandler y August Thalheimer. También los Combatientes Rojos hicieron contribuciones significativas dirigidas en su totalidad a reintegrar a los comunistas en un movimiento obrero unido, si bien la severa crítica contra el burocratismo y la dependencia del partido, así como la propia insistencia en conservar el concepto de la "dictadura del proletariado" desde el principio, parecieron restar toda posibilidad de éxito a este esfuerzo.

<hr>

[236] Herbert y Elisabeth Weichmann, *Alltag im Sowjetstaat. Wie heute der Arbeiter in Sowjetrussland lebt*, Berlín, 1932, pp. 18, 79 y 94.

Los críticos de la teoría del socialfascismo adquirieron un poderoso compañero de lucha en la persona de León Trotski, que desde 1929 se sumó a los
emigrantes rusos. Trotski reconocía, con más claridad que cualquier otro, el
peligro de que la toma del poder fuera de hecho regalada a los nacionalsocialistas por la lucha de los comunistas contra el socialfascismo y de que Hitler
no fuera destituido, a las pocas semanas o meses, por los proletarios al fin
unidos bajo la dirección del KPD, como suponía la Internacional Comunista
que sucedería. En cambio, opinaba que el gobierno nacionalsocialista sería el
único gobierno burgués capaz de librar una guerra contra la URSS, una guerra
en que Hitler sería el órgano ejecutor del capitalismo mundial en su totalidad,
el "super-Wrangel de la burguesía mundial".[237]

Se trataba de una profecía asombrosa, pero a fin de llegar a esta conclusión
Trotski de hecho sólo tuvo que proyectar sobre la Alemania burguesa el
proceder seguido por él mismo contra social-revolucionarios y mencheviques,
así como sus propias guerras ofensivas contra Polonia y Georgia. De igual
manera, Trotski cifraba sus esperanzas en una analogía con la Revolución rusa,
su desdén hacia la mayoría cuantitativa de votos:

> En la balanza de las estadísticas electorales, mil votos fascistas pesan lo mismo que
> mil votos comunistas. Pero en la balanza de la lucha revolucionaria, mil obreros de
> una gran empresa representan una fuerza cien veces mayor que mil empleados
> públicos y privados, con todo y sus mujeres y suegras. El grueso de los fascistas se
> reduce a polvo humano.[238]

En este punto Trotski se equivocaba, porque estaba pasando por alto el
hecho de que, si bien muchos millones de pequeñoburgueses y obreros no
concientizados habían engrosado las filas del NSDAP, su núcleo consistía en un
gran número de oficiales de la primera Guerra Mundial, a cuyas contrapartes
rusas el partido bolchevique había destruido u obligado a ingresar al Ejército
Rojo. Mas no cabía la menor duda de la oposición de Trotski al nacionalsocialismo, ni tampoco de la del KPD-O o de los Combatientes Rojos.

Era distinto el caso de los grupos de oposición dentro del nacionalsocialismo
o en su periferia. También ellos estaban molestos por el burocratismo y el
caudillismo de los que adolecía su partido así como por la estrategia de la
legalidad seguida por Hitler, pero no sacaron de ello la conclusión de que el
Partido Nacionalsocialista debía librar una lucha más resuelta y contundente
contra el comunismo. En cambio, pedían un proceder más decidido contra
Versalles, las potencias occidentales y el capitalismo y se aproximaron, de esta
manera, al KPD, o incluso se cambiaron a las filas de éste. El ejemplo más

---

[237] León Trotski, "Soll der Faschismus wirklich siegen? Deutschland —der Schlüssel zur
internationalen Lage", *Schriften über Deutschland*, Francfort, 1971, t. 1, pp. 157-158.
[238] *Ibid.*, p. 159.

famoso fue Ernst Niekisch, quien en su revista *Widerstand* combatía a los nacionalsocialistas por constituir una romanizada fuerza enemiga sobre suelo alemán, que embotaba la punta a la lucha contra Versalles, los emporios comerciales, la decadencia burguesa y la economía financiera capitalista al rechazar, bajo la forma del bolchevismo, la vida ruso-asiática que representaba la única esperanza para la liberación de Alemania del "pantano de la prostitución inglesa".[239] La mayor sensación fue provocada por la conversión al comunismo de Richard Scheringer, uno de los tres tenientes del regimiento encabezado por el coronel Ludwig Beck, apostado en Ulm, que en 1930 habían sido sentenciados a prisión por llevar a cabo una campaña nacionalsocialista de desmoralización dentro del Ejército del Reich. En dicho juicio, Hitler prestó su juramento de legalidad. Fue precisamente esta táctica de legalidad la que Scheringer rechazó con vehemencia después de haber ingresado, en la fortaleza de Gollnow, a una especie de universidad comunista, donde comprendió que la verdadera "política de la violencia contra las potencias occidentales" sólo sería posible de haber acabado antes con el capitalismo y, al mismo tiempo, con el liberalismo, el pacifismo y la decadencia occidental.[240] Después de abril de 1931, el KPD adoptó durante algún tiempo la llamada *línea de Scheringer*, comparable, más o menos, con el curso Schlageter emprendido por Radek en 1923, y supo atraer a un número considerable de nacionalsocialistas y nacional-revolucionarios, entre ellos Bodo Uhse, el capitán Beppo Römer, ex líder de la Liga Oberland, y el conde Stenbock-Fermor. Todos ellos, al igual que el propio Richard Scheringer, estaban convencidos de haberse cambiado de un partido que sólo era radical en apariencia a uno verdaderamente radical. Ningún comunista de relieve se pasó al bando de los nacionalsocialistas por una razón semejante. Resultaba evidente que la lucha contra los judíos sólo constituía una débil maniobra de distracción si el verdadero cometido se encontraba en el exterminio del capitalismo o de Occidente.

Desde el punto de vista contrario, ¿no era el antisemitismo también señal de autoengaño y de flojera si se suponía que la lucha contra el comunismo representaba el asunto principal? En todo caso, Scheringer pudo señalar que en el Comité Central del KPD no había ni un judío; sin embargo, algunos de ellos formaban parte de la dirección de la empresa de Hugenberg.[241] ¿Sería posible que no se estuviera dando la debida importancia al fenómeno del comunismo, al interpretarlo cómodamente como algo originado dentro de un

---

[239] La cita proviene de un texto de E. Mahlmeister, *Russland und der Bolschewismus. Russland und wir*, Freiberg i.S., 1926, y es reproducida aquí según Louis Dupeux, *"Nationalbolschewismus" in Deutschland 1919-1933*, Munich, 1985, p. 288. El texto es interesante como anticipación, en espíritu, de la división de Alemania en una mitad oriental y una occidental, pero Niekisch básicamente expone una posición muy semejante en su diatriba contra el suroeste romanizado de Alemania.

[240] *Erwachendes Volk. Briefe an Leutnant a.D. Richard Scheringer*, Berlín, 1931, p. 6.

[241] *Ibid.*, p. 13.

grupo de la población específico y fácil de reconocer? Por otra parte, también se podía preguntar si esta concreción simplificadora podía equipararse a la concreción de los capitalistas o incluso de los especuladores, con la única diferencia de que aquélla mostraba un menor grado de abstracción.

Por lo menos en la medida en que la guerra civil intelectual se presentaba como instructivo para una guerra civil violenta había que reconocerles una gran ventaja a los comunistas. Desde 1923 distribuían una revista llamada *Vom Bürgerkrieg* (La guerra civil), que después se intitularía *Oktober*; publicaban libros que contenían consejos concretos para el levantamiento armado, si bien la mayoría de las veces en forma de relaciones sobre guerras civiles victoriosas o frustradas del pasado, como el octubre ruso, la rebelión de Reval de 1924 o la de Cantón a fines de 1927. En el libro *Der Bewaffnete Aufstand* (El levantamiento armado) de A. Neuberg, publicado en 1928, en el que además de Erich Wollenberg y Hans Kippenberger también colaboraron Mijail Tujachevski y Ho-Chi-Minh,[242] se dilucidan con todo detenimiento los distintos problemas de la toma violenta del poder. Se describe con detalle, por ejemplo, el levantamiento de Hamburgo de 1923, presentado en términos generales como una versión no del todo lograda del golpe de Petrogrado; se aprueba totalmente el terror individual en épocas revolucionarias y se exige, basándose en Lenin, "liquidar a los dirigentes de la contrarrevolución" o "despachar oportunamente a los principales dirigentes enemigos". En la vista de conjunto resultaba decisivo, según esto, "liquidar la fuerza viva del enemigo", lo cual implicaba, asimismo, aplicar el "terror de clases" a la burguesía.[243] Todos estos consejos se fundaban en hechos verídicos; no cabía la menor duda de que los autores eran combatientes experimentados realmente convencidos de lo que estaban diciendo.

En comparación con esto, los llamados Documentos de Boxheim, que a fines de 1931 llamaron mucho la atención y fueron considerados una prueba de los preparativos nacionalsocialistas para la guerra civil, no eran más que un ejercicio intelectual. Su autor, el doctor Werner Best, de ninguna manera estaba concibiendo planes para la toma violenta del poder, sino que partía del supuesto hipotético y no del todo inconcebible de que a causa de un levantamiento de los comunistas desaparecieran las hasta entonces autoridades supremas del Estado, de modo que la nación sólo contara con la representación y protección del otro partido militante (SA, milicias). Para tal caso proponía un proceder muy duro, aunque sólo excedía en muy poco las medidas que las autoridades militares hubieran tomado en caso de un levantamiento. La diferencia más notable era la indicación de que sólo estarían obligados a prestar sus servicios, por orden de las autoridades, "todos los alemanes [no judíos]" desde los 16 años de edad.[244] Si bien este documento pone de manifiesto una firme y radical voluntad de lucha,

---

[242] Reimpresión Francfort/Meno, 1971.
[243] *Ibid.*, pp. 217 y 219.
[244] *UuF*, t. VII, pp. 377 y ss.

no es posible equipararlo con *Der Bewaffnete Aufstand* ni con otras publicaciones comunistas semejantes.

Ciertamente es posible hacer constar una gran semejanza entre los principales órganos de expresión de los dos partidos, en cuanto a sus descripciones concretas de la guerra civil limitada que tenía lugar en las calles y en los comentarios, las declaraciones y las demandas que hacían en relación con ella. Es posible hacer al azar la siguiente selección de consignas, titulares y notas breves publicados por la *Rote Fahne*:

Asesinos de la esvástica [...] bandidos sanguinarios [...] soldadesca de Zörgiebel [...] Nazis y soldados policiacos abren fuego contra la casa de Liebknecht [...] Hordas nacionalsocialistas atacan a estudiantes rojos [...] Orgía de sanguinaria persecución [por la prensa burguesa después del asesinato de los capitanes de la policía Lenk y Anlauf] [...] Guarida de asesinos nazis [...] Guarida principal de los asesinos [...] Invadid el barrio de los instigadores a la guerra [...] el Oeste, las zonas residenciales de incitadores a la guerra y fascistas [...] Ellos [los miembros del Ejército Rojo de China] están pasando por las armas a los Siemens chinos, a los oficiales de policía y los generales chinos [...] Para la Jefatura de Policía de Berlín, el comunista es el enemigo por antonomasia [cita de un artículo de Ossietzky] [...] Nuestro líder: Stalin [...] [Imágenes de Siemensstadt] Las fábricas de la futura Leninstadt [...] Hoy todavía es una fábrica de Siemens. En el futuro lo será de Marx. Hoy todavía es una fábrica de Werner. En el futuro lo será de Stalin [...] La guerra civil de la SA contra los barrios obreros de Berlín [...] Canallas asesinos pardos.

Las expresiones correspondientes del *Völkischer Beobachter* son las siguientes:

Ataques salvajes y sanguinarios de la chusma bolchevique [...] La matanza roja se extiende [...] El inframundo bolchevique en Berlín [...] Comunistas abren fuego contra nacionalsocialistas [...] Integrantes de la legión extranjera soviética rusa [...] Los rojos quieren la guerra civil [...] Asesinos rojos [...] Las atrocidades brutales de las bestias rojas [...] Los bandidos de Hörsing [...] El cruento camino del marxismo: 8 359 nacionalsocialistas muertos y heridos de gravedad.[245] [...] El joven hitleriano Herbert Norkus es apuñalado por comunistas [...] Persecución sanguinaria por el "Frente de Hierro" marxista [...] El general de caballería moscovita Thälmann [...] Asesinato rojo en la Alta Silesia [...] bestias rojas [...] Liga asesina de la Bandera del Reich.

A pesar de sus semejanzas, también se aprecian ciertas diferencias claras. Ninguno de los dos partidos combate en forma exclusiva al otro, pero los comunistas también incluyen a la policía entre sus adversarios ("bandidos de Zörgiebel"), mientras que los nacionalsocialistas comparan la Liga de la Bandera del Reich con los comunistas. Éstos aprovechan la gran ventaja de

---

[245] Los cálculos contrarios efectuados al poco tiempo por los comunistas hablaban de 15 000 simpatizantes muertos o heridos.

la caracterización sociológica acusando de asesino de obreros a cada policía que frente a una muchedumbre amenazadora recurre al derecho de defensa propia; los nacionalsocialistas, a su vez, explotan la autoidentificación de los comunistas con Moscú y el hecho de que el lumpenproletariado en su mayoría apoyaba al bando comunista. (Los comunistas también utilizaban, por cierto, este término completamente marxista, que aplicaban a los integrantes desempleados de la SA.)

Tres ejemplos servirán para retratar esta guerra civil gráficamente.

El 20 de marzo de 1927, la SA de Berlín (cuya fuerza apenas alcanzaba la décima parte de la Liga de Combatientes del Frente Rojo) celebró el primer aniversario de su fundación con un evento nocturno en Trebbin (Marca de Brandemburgo), en el que el jefe de sección, el doctor Goebbels, pronunció un discurso ante la fogata. A su regreso, al día siguiente por la noche, los integrantes de la SA se percataron de que los primeros compartimientos del tren que arribaba a la estación estaban ocupados por gente de la RFB. Éstos los saludaron con los puños en alto, lo cual interpretó la SA como una provocación, de modo que trató de invadir el compartimiento en cuestión. Los Combatientes del Frente Rojo sacaron las pistolas para disuadir a sus adversarios, que estaban sumamente alterados. A cada parada del tren bombardea el vagón con piedras. En la estación de Lichterfelde-Ost, la SA bajó del tren y trató de invadir el compartimiento comunista. El portaestandarte recibió un tiro en el abdomen. Otro hombre de la SA también cayó bajo los disparos. Sin embargo, el vagón de los comunistas, muy inferiores en número, había sufrido graves daños por las pedradas, y cuando por fin llegó una brigada especial de la policía, se descubrió que casi todos los 23 comunistas estaban heridos de gravedad. Los aproximadamente 1 000 integrantes de la SA partieron de la estación hacia la plaza de Wittenberg, vía Steglitz y Friedenau. "Los judíos insolentes eran apaleados sin más ni más." No obstante, al día siguiente ya nadie pudo salir a la calle con el uniforme de la SA. El gobierno prusiano proscribió la sección local del NSDAP en Berlín.[246]

El 17 de julio de 1932, la SA de Hamburgo llevó a cabo una manifestación, bajo protección policiaca, que debía recorrer principalmente los barrios

---

[246] Martin Broszat, "Die Anfänge der Berliner NSDAP 1926-1927", *Vjh. f. Ztg.* 8, 1960, pp. 85-118. Los documentos reproducidos son del fundador de la NSBO, Reinhold Muchow, la descripción parafraseada se encuentra en las pp. 115-118. En la introducción, Martin Broszat indica que el adversario aceptado era sobre todo el KPD. "Es la referencia casi obligada, la justificación de la propia existencia, modelo y al mismo tiempo enemigo combatido con fanatismo" (p. 91). Desafortunadamente Broszat recurre, a pesar de todo, a términos como "extirpación de la sociedad burguesa" y "horda". Sin embargo, la lectura de las memorias de ex integrantes de la SA reunidas en el Archivo Federal (NS 26/528) no admite dudas respecto al hecho de que de ambos lados la mayor parte de los secuaces provenía del *pueblo común* y que en muchos casos la división destrozaba a familias enteras. Es posible encontrar una buena descripción de las luchas por el dominio de auditorios y barrios enteros en Eve Rosenhaft, *Beating the Fascists. The German Communists and Political Violence 1929-1933*, Cambridge, 1983.

obreros de Altona. Los comunistas y grandes sectores de la población evidentemente interpretaron este propósito como una provocación. No fue posible determinar quién disparó el primer tiro, pero la SA y la policía se vieron expuestas a violentos ataques por doquier, como en territorio enemigo, a los que respondieron en forma semejante a como lo había hecho la policía en el *mayo sangriento* de 1929. Hubo 18 muertos y 16 heridos de gravedad como saldo de un suceso que constituía una agresión de los comunistas, si se juzgaba que el derecho de manifestarse debía poseer una validez incuestionable, cuya responsabilidad corría, en cambio, a cargo de los nacionalsocialistas, si el desfile de hombres uniformados y probablemente armados por zonas hostiles no era una manifestación, sino una provocación intolerable.

Cuando el 25 de mayo de 1932 se reunió en su primera sesión el Parlamento prusiano recién elegido, que en su mayoría consistía en comunistas y en los tres veces más fuertes nacionalsocialistas, no tardó en suscitarse una vehemente discusión acerca de la justicia prusiana, acusada con mucha pasión por ambos bandos de parcialidad y prejuicios. Al tomar Wilhelm Peick la palabra, les gritó a los nacionalsocialistas: "Sólo con el advenimiento de su partido a la vida política se inició la matanza de los obreros revolucionarios. Entre sus filas hay un enorme número de asesinos."[247] A continuación, algunos diputados nacionalsocialistas se abalanzaron hacia el púlpito para bajar a Pieck; los integrantes de la fracción comunista acudieron en su ayuda y se suscitó una auténtica batalla, en la que los comunistas, inferiores en número, pronto fueron expulsados de la sala, varios de ellos con heridas de gravedad. Los socialdemócratas y la fracción del Centro habían abandonado la sala de sesiones al iniciarse los actos de violencia, por lo cual los comunistas posteriormente les dirigieron duros reproches, aunque aquéllos respondieron a su vez con la pregunta de si se les podía pedir que defendieran a las mismas personas que con mucha frecuencia los habían tachado de "asesinos de obreros" y amenazado con "juicios sumarios".[248]

Ciertamente había buenos motivos para imputar la verdadera culpa del *domingo sangriento de Altona* al nuevo gobierno del Reich encabezado por Von Papen, el cual se había formado tras la destitución de Brüning y bajo la influencia decisiva del jefe del Ministerio del Ejército del Reich, el teniente general Von Schleicher. Se trató del primer gobierno del Reich en cuya formación influyó la guerra civil limitada entre comunistas y nacionalsocialistas, y el primero en verse obligado a tomar en cuenta seriamente la posibilidad de una guerra civil ilimitada contra ambos partidos extremistas. Con él llegó la víspera de la toma nacionalsocialista del poder.

---

[247] *UuF*, t. VIII, p. 444. Es posible encontrar descripciones de este incidente y también del domingo sangriento de Altona tanto en el *VB* como en la *RF*, así como en otros muchos periódicos. Las discrepancias principales son de interpretación.

[248] Según la *RF* del 9 de junio de 1931: "Y nuestros juicios serán sumarios."

### 10. La víspera de la toma nacionalsocialista del poder

El hecho de que el presidente del Reich le negara el voto de confianza al canciller el 30 de mayo de 1932 tuvo muchos motivos, entre ellos el rencor que Hindenburg le guardaba a Brüning precisamente a causa de la elección que lo había convertido en candidato de los rojos y los católicos, distanciándolo así de la derecha. Con mayor ahínco había insistido en un giro hacia la derecha, al que Brüning se resistía. Otro de los motivos principales fue la prohibición de la SA, por medio de la cual el gobierno dio prueba de su imparcialidad, puesto que desde mayo de 1929 también estaba prohibida la Liga de Combatientes del Frente Rojo. Sin embargo, ni Hindenburg ni Groener estaban convencidos de poder equiparar a comunistas y nacionalsocialistas, ya que parecían ser del todo distintas su relación con el Estado, su idea de la nación y su disposición a la defensa nacional. Por lo tanto, aprovecharon el decreto de la prohibición para manifestar una especie de intención pedagógica, al establecer una distinción entre el "maravilloso material humano" reunido en la SA, y los Combatientes, que básicamente eran bolcheviques, a fin de ganar a aquél para la colaboración con el Estado.[249]

Aun así, Hindenburg opinaba que la prohibición iba demasiado lejos, máxime que no estaban afectadas las unidades militares de otros partidos. Tenía entre ojos sobre todo a la Liga de la Bandera del Reich, aunque se concibiera a sí misma como entidad imparcial y republicana. Por lo tanto, el 1 de junio fue nombrado canciller del Reich el poco conocido diputado del Centro, Franz von Papen, lo cual causó la sorpresa general. Formó un gobierno que en gran medida consistía en aristócratas, y los socialdemócratas no fueron los únicos en apodarlo *el gabinete de los barones*. Enseguida se tomaron dos decisiones de enorme trascendencia: revocar la prohibición de la SA y también de los uniformados y disolver el Reichstag. La fecha del 31 de julio fue fijada para las nuevas elecciones.

En sí, estas resoluciones eran democráticas, lo cual las diferenciaba de la política de Brüning, quien había hecho hincapié, al formar su segundo gabinete en octubre de 1931, en que ahora disfrutaría aún más independencia de los partidos. Las elecciones de los últimos meses no habían dejado lugar a dudas respecto al hecho de que el Reichstag elegido en septiembre de 1930 ya no correspondía al espíritu popular. Sin embargo, ampliar la democracia en esos momentos necesariamente equivalía a radicalizar más aún la situación, y en este sentido dicha resolución *no* era democrática.

[249] Véase la correspondencia entre el que fue príncipe heredero de Alemania y el general Groener en Dorothea Groener-Geyer, *General Groener-Soldat und Staatsmann*, Francfort, 1955, pp. 311 y ss.

Se aprecia una paradoja semejante en el golpe de Estado que derrocó al gobierno de Braun en Prusia el 20 de julio, el cual fue sustituido por un comisario del Reich, el propio canciller Von Papen. Después del grave revés electoral sufrido por el gobierno de Braun el 24 de abril, únicamente conservaba sus funciones administrativas e incluso esto sólo era posible porque el Landtag anterior había dispuesto, en el último instante, un cambio muy discutido al reglamento de las sesiones. En este sentido, su autoridad no era democrática y resultaban inequívocas las señales de resignación entre sus integrantes. Para justificar el derrocamiento se recurrió a las perturbaciones del orden público que el gobierno de Braun supuestamente había sido incapaz de controlar, aunque era en primera instancia el gobierno del Reich el que tenía el deber de responder por ellas, sobre todo los disturbios del domingo sangriento de Altona, por haber permitido la marcha de los uniformados de la SA por un barrio hostil. Los verdaderos motivos eran otros, como la añeja aversión de los partidos de derecha hacia el *zar rojo* Otto Braun y el bolchevismo cultural supuestamente fomentado por el gobierno prusiano, pero sobre todo la preocupación que despertaron ciertas tendencias manifiestas al antifascismo; por ejemplo, en las conversaciones sostenidas por el subsecretario de Estado Abegg con comunistas.

Por otra parte, es probable que también haya influido el deseo de sustraer a los nacionalsocialistas la autoridad sobre la policía prusiana, en caso de que un posible acuerdo con el Centro los llevara a encabezar el gobierno. De esta manera, en dicho acto autoritario también confluyó una extraña mezcla de factores democráticos y antidemocráticos, y no fue sorprendente que no hubiese resistencia por parte del gobierno de Braun o del Partido Socialdemócrata. Las circunstancias eran por completo distintas que las que se dieron al convocarse la huelga general contra Kapp en marzo de 1920, por una parte debido a los 6 millones de desempleados y también, por supuesto, porque en esta ocasión había que suponer de antemano que los comunistas tratarían de sacar ventaja de la situación para sus propios fines. Por esta razón no era de ninguna manera posible confiar plenamente en la policía prusiana.

En un decreto emitido a finales de agosto de 1931, Severing, ministro prusiano del Interior, señaló expresamente que el creciente número de disturbios y asaltos se originaba sobre todo entre tropas comunistas reclutadas, en su mayoría, entre los integrantes de la disuelta RFB, que, probablemente, también podían encontrarse en la Liga de Combate contra el Fascismo.[250] Por ende, la capitulación del gobierno prusiano ocurrida el 20 de julio no resultó ni infundada ni incomprensible, pero de hecho constituía un paso importante en el camino que llegó a un fin provisional con las elecciones del 31 de julio, que suscitaron en el Reich en general una situación que carecía de todo

---

250 *UuF*, t. VIII, p. 339.

precedente en cualquier potencia moderna. Los nacionalsocialistas lograron un triunfo inaudito, pero de ningún modo inesperado en vista de las elecciones presidenciales y los resultados en Prusia: reunieron casi 14 millones de votos y 230 mandatos.

No obstante, también los comunistas pudieron afirmar, y con razón, que habían conseguido un gran triunfo electoral: 5.3 millones de votos y 89 escaños en el Reichstag correspondieron a su lista; eran ahora más fuertes que los socialdemócratas, no sólo en Berlín, sino también en amplias partes de la cuenca del Ruhr y en la Alemania Central. Pero ¿de veras estarían encaminados a erigirse en el partido de la clase obrera alemana, según lo pretendían desde el inicio de la República? En el distrito electoral Chemnitz-Zwickau, uno de los baluartes más antiguos del movimiento obrero, los nacionalsocialistas recibieron aproximadamente 550 000 votos; los socialdemócratas, 260 000, y los comunistas, 230 000, mientras que los demás partidos en conjunto no sumaron más que 80 000. Como sea, ningún gobierno iba a disponer de una mayoría en este Reichstag en caso de contar a los nacionalsocialistas entre su oposición, porque junto con los comunistas éstos sumaban una mayoría negativa de 52% de los escaños. La única salida parecía ser una coalición entre los nacionalsocialistas y el Centro y hubo muchos que tomaron en cuenta seriamente la posibilidad de entregar la cancillería a Hitler, entre ellos al parecer el ministro del Ejército del Reich, Von Schleicher, quien empezaba a figurar cada vez más en el primer plano. Sin embargo, las negociaciones entre los partidos no parecían avanzar y la decisión fue tomada por Hindenburg, quien no deseaba un gobierno de partido y se oponía aún más a una dictadura de partido.

A su vez, Papen buscaba incorporar a los nacionalsocialistas a su gobierno, pero no quería cederles el mando. El resultado fue la famosa conversación del 13 de agosto, en que el presidente del Reich comunicó una negativa breve y poco indulgente al jefe del partido que por mucho era el más fuerte, afirmando que su conciencia no le permitía nombrar canciller del Reich a un hombre que exigía el poder absoluto para él y su partido. Es probable que esta negativa al mismo tiempo haya interpretado dicha demanda, de manera sin duda justificada de contenido pero no de forma, y al parecer le provocó un trauma duradero a Hitler. El gobierno autoritario de Papen ahora enfrentaba la tarea de ofrecer resistencia a la voluntad popular dividida, cuya manifestación había sido permitida por él mismo. De esta manera, emitió el decreto del 9 de agosto contra el terror político, en el que se preveía la pena capital para los homicidios por motivos políticos. Enseguida esto le acarreó una situación difícil, cuando el tribunal especial de Beuthen sentenció a muerte a cinco nacionalsocialistas, que habían matado de manera brutal a un comunista; en un telegrama, Hitler aseguró a sus "camaradas" su solidaridad incondicional ante la "monstruosa y sanguinaria sentencia de muerte". El indulto que al poco tiempo se concedió a los culpables debía parecer una transigencia, aunque se haya basado en el hecho de que los acusados aún no tenían conocimiento del decreto al cometer el crimen.

Resultó sintomática y al mismo tiempo curiosa la historia del hasta entonces más breve Reichstag de la República. Fue inaugurado el 30 de agosto por la decana Clara Zetkin, que pronunció un agresivo discurso comunista y antifascista y concluyó expresando la esperanza de poder muy pronto inaugurar como decana el primer congreso soviético de Alemania. A continuación, el Reichstag fue disuelto de una manera muy extraña: el presidente nacionalsocialista, Göring, en circunstancias irregulares sometió a votación una moción de falta de confianza presentada por los comunistas, la cual fue aprobada con 512 votos contra 42 (nacionalistas alemanes). El acto representó el máximo triunfo de la colaboración que a pesar de su enemistad mortal se dio entre comunistas y nacionalsocialistas, pero no duró, porque el presidente del Reich tenía que confirmar la legalidad de la orden de disolución. Papen hizo aún más hincapié en el principio del gobierno autoritario, pero no pudo evitar la convocatoria de nuevas elecciones, para las cuales fijó la fecha del 6 de noviembre. Con estas elecciones dio comienzo la víspera inmediata de la toma del poder por Hitler.

Cabe detenerse otra vez a fin de hacer la siguiente pregunta: ¿qué alternativas existían en esta situación extraordinaria? Sólo la Italia de 1922 había presentado un cariz semejante, aunque ahí el Partido Comunista era relativamente pequeño y también el partido de Mussolini, si bien muy fuerte en las calles, sólo contaba con un número muy reducido de diputados en el Parlamento.

La primera alternativa fundamental, que en 1918-1919 pareció prevalecer por completo, era la de capitalismo o socialismo, democracia burguesa o socialista. No obstante, los acontecimientos en Rusia y la aplicación positiva del término de dictadura por los comunistas no tardaron en restarle mucha fuerza. Karl Kautski, Otto Bauer, Friedrich Stampfer y básicamente todos los socialdemócratas formularon en los mismos años 1918 y 1919, por lo tanto, el postulado "democracia, no dictadura". No querían renunciar a la primera alternativa, pero, al contrario de los bolcheviques, sostenían decididamente la opinión de que sólo la democracia formal o burguesa permitiría progresar hacia el socialismo. Desde los primeros años de la posguerra se manejaban como conceptos contrarios, además de dictadura, también términos como totalitarismo o derecho de exclusividad, que coincidían con la línea principal de la teoría de Estado europea desde Montesquieu; durante muchos años se opusieron sobre todo al bolchevismo, el cual precisamente por ello era con frecuencia calificado de asiático por muchas voces. Por otra parte, en 1920 surgió el término *bolcheviques de derecha*; en 1929 Paul Löbe, el presidente del Reichstag, presentó una definición gráfica del naciente "concepto del totalitarismo" al dirigirse con las siguiente frases a los comunistas y a los nacionalsocialistas:

De haberse cumplido la voluntad estatal de los señores de la derecha, se les hubiera garantizado a ustedes [los comunistas] que serían fusilados. De haberse cumplido su propia voluntad estatal, hubieran fusilado a los señores de la derecha. Somos nosotros quienes les dimos sus derechos cívicos tanto a unos como a otros. Tal vez hasta lleguemos a conceder un asilo liberal al señor Trotski en Alemania.[251]

En marzo de 1932, Alfred Hugenberg no le dijo otra cosa a Adolfo Hitler, al negarse en forma contundente a unir todos los cargos de poder en manos de éste, con la explicación de que un caso semejante "no se ha dado bajo ningún emperador ni bajo ningún rey en tierras germanas".[252] En su llamamiento de agosto de 1931, el gobierno prusiano se manifestó en otra forma, si bien con intención similar, oponiéndose al plebiscito propuesto por la organización Casco de Acero y los nacionalsocialistas, que al mismo tiempo pretendía ser un plebiscito rojo: "Los nacionalsocialistas y los comunistas quieren el caos, quieren acabar con las condiciones actuales. Cada quien pretende sustituir lo derrocado por su propio dominio y cree que podrá pisotear a los otros, quienes acaban de servirle de gratos cómplices en el plebiscito."[253] Lo insólito de este punto de vista, y en ello se basa su preeminencia, es el hecho de expresar un enfoque positivo también hacia los propios adversarios, a quienes se pretende disuadir de una guerra de destrucción mutua, porque también su existencia es considerada digna de conservarse y necesaria para el sistema. Sin embargo, para llegar a este punto de vista era imprescindible el deseo inequívoco de conservar lo que ya existía, es decir, de fomentar por medios no revolucionarios la evolución de las circunstancias ya dadas por el sistema liberal, y justo en ello radicaba la dificultad para la socialdemocracia. Una y otra vez, la alternativa más antigua demostraba su fuerza, y destacados representantes del partido a menudo se expresaban con tal vehemencia contra el sistema capitalista que parecía imposible distinguirlos de los comunistas. Un llamamiento emitido por la presidencia del SPD con ocasión de la crisis bancaria de julio de 1931 afirmaba, por ejemplo, que la mentira de la "mala administración marxista" sólo se había inventado a fin de "distraer de los verdaderos culpables: el sistema capitalista y sus representantes".[254] Esta discrepancia se puso de manifiesto con particular claridad en un discurso pronunciado por el diputado Sollmann durante un debate ocurrido en el Reichstag en febrero de 1931. Por un lado hacía constar que el nivel de vida de las masas en los dos países con gobiernos dictatoriales, Rusia e Italia, era muy inferior al nivel de vida en todas las naciones democráticas del mundo. Sin embargo, esto no le impidió declarar casi enseguida: "No es el marxismo el que ha fracasado, sino el capitalismo."[255]

[251] Schulthess, 1929, p. 25.
[252] Erich Matthias y Rudolf Morsey (comps.), *Das Ende der Parteien 1933*, Düsseldorf, 1960, p. 629.
[253] *RF*, 7 de agosto de 1931 (y en todos los demás periódicos de Prusia).
[254] *UuF*, t. VIII, p. 193.
[255] *Ibid.*, p. 143.

Por lo tanto, la tradicional alternativa entre socialismo y capitalismo fue capaz de restar fuerza a la primera de las alternativas realmente privativas de la posguerra, o sea, democracia contra dictadura totalitaria. Por otra parte, ésta a su vez se pudo incorporar a la segunda alternativa, que rezaba autoridad o caos. Ésta era la consigna de Papen y también de Brüning, y ambos pudieron basarse en el hecho de que la democracia ya no servía como realidad contraria a la dictadura si el método democrático conducía a la destrucción de la democracia, al ser ésta rechazada por una fuerte minoría o incluso por el mayor número de los electores. En tal caso, evidentemente sólo podía ayudar una fuerza independiente, o sea el presidente del Reich, elegido por votación popular, así como el gobierno de confianza de éste, el cual conservaba los mejores elementos de la democracia, como por ejemplo el Estado constitucional, y suspendía, al menos por un tiempo, sus características malas y peligrosas, como la agitación ilimitada de los partidos y las consignas que pretendían incitar a la guerra civil. En este caso, sólo un Estado fuerte sería capaz de contener a una sociedad desatada y preservarla de la autodestrucción. Esta posición, que dio pie a toda una doctrina sobre el *nuevo Estado*, también encerraba graves contradicciones. Si en realidad equiparaba por completo las fuerzas con tendencias dictatoriales, las posibilidades de imposición eran reducidas en una época con libertad de prensa. Por lo tanto, Franz von Papen se opuso insistentemente a la equiparación de comunistas y nacionalsocialistas en su discurso radiofónico del 20 de julio:

> Puesto que los círculos políticos influyentes no han podido tomar la decisión de abandonar la equiparación política y moral de comunistas y nacionalsocialistas, se ha producido una polarización artificial que ha agrupado a las fuerzas del comunismo, hostiles al Estado, en un frente unido contra el pujante movimiento del NSDAP.[256]

Sin embargo, no habían transcurrido ni tres meses cuando el canciller del Reich afirmó, en otro discurso, que el 13 de agosto Hitler había pedido el cargo de canciller "con base en el principio de la 'totalidad', de la 'exclusividad'", al que rendía homenaje su partido. Indicó que el presidente del Reich y él mismo rechazaban esta exigencia de totalidad por razones de principio, porque existía una diferencia inconciliable entre una política conservadora apoyada en la fe y una fe nacionalsocialista apoyada en la política.[257] No obstante, ¿lograría un gobierno que sólo era conservador y cristiano reunir la fuerza suficiente para imponerse a dos movimientos totalitarios que levantaban demandas de exclusividad mutuamente excluyentes? Con certeza lo hubiese logrado de haber existido una disposición constitucional que obligara a todos los partidos fieles a la Constitución a unirse en cuanto la proporción de votos de los partidos

256 *Ibid.*, p. 575.
257 *Ibid.*, p. 658.

totalitarios pasara de cierto límite. Sin embargo, no existía tal disposición y era muy dudoso que un gobierno de carácter marcadamente cristiano pudiera ganar el apoyo de los socialdemócratas y los demócratas. La última y más extrema posibilidad para evitar la tercera alternativa era intervenir por medio de amplias prohibiciones y la entrada en acción plena del Ejército del Reich y de la policía, lo cual a fin de cuentas equivalía a la disposición a librar una guerra civil.

La tercera alternativa rezaba: estrella soviética o cruz gamada. Se formuló desde 1923,[258] y era muy difundida y popular durante el gobierno de Brüning. Los comunistas ciertamente la consideraron siempre una simple variante de forma de la contraposición entre socialismo y capitalismo sostenida por ellos de manera invariable. En julio de 1930, el diputado Koenen afirmó ante el Reichstag, por ejemplo:

Bajo el signo de la huelga política de masas se efectuará la lucha entre comunismo y fascismo, la unión de todas las fuerzas reaccionarias, desde los burócratas del SPD hasta los nazis, bajo la dirección del capital financiero. Este paso hacia la dictadura financiera se malogrará gracias a la férrea voluntad del Partido Comunista, que se colocará a la cabeza de la clase obrera para inaugurar con huelgas políticas de masas la lucha por la Alemania soviética.[259]

Un año después, Hermann Remmele se expresó de la siguiente manera: "Hoy por hoy, una cosa es segura: el mundo capitalista moribundo, en vías de extinción, ya no dispone de los medios necesarios para salvarse o mantenerse en pie. Ningún recurso autoritario le podrá servir ya. Somos los triunfadores del mañana y ya no se plantea la pregunta: ¿quién vencerá a quién? Esta duda está resuelta."[260] A tal recuperación de la alternativa de Lenin para la guerra civil, "*Kto kogo*", con su promesa de muerte, se oponían, con certeza y resolución semejantes, las líneas una y otra vez repetidas de la canción de Horst Wessel: "Las banderas de Hitler ondean ya en todas las calles, la servidumbre no se prolongará durante mucho tiempo más", así como las reiteradas aseveraciones de Hitler de que destruiría al marxismo y de que la estrella soviética se hundiría en el polvo ante la cruz gamada. A pesar de ciertas declaraciones contradictorias, el triunfo de la cruz gamada no se interpretaba como simple variación de forma del capitalismo, sino que aparentemente debía conducir al destino nacional del socialismo mediante la oposición al "frente rojo y a la reacción". Con frecuencia la situación era entendida en forma muy semejante también en el extranjero, como por ejemplo por el periodista estadunidense H. R. Knickerbocker; además de presentar en su libro *Deutschland so oder so?*[261]

---

[258] *Cfr.* p. 126.
[259] *UuF*, t. VIII, p. 48.
[260] *Ibid.*, p. 315.
[261] Berlín, 1932 (título original: *German Crises*).

(o sea, bajo la cruz gamada o el martillo y la hoz) descripciones gráficas de la miseria de los pobres y la opulencia de grandes sectores de la burguesía industrial, atribuía a Hitler, como representante de la "resistencia alemana", muchas más posibilidades de triunfo que a los comunistas; sin embargo, terminaba con la sombría afirmación de que Estados Unidos debía estar agradecido por la existencia del océano Atlántico, mientras que entre la Europa Occidental y la Unión Soviética no mediaba ningún océano.

La esperanza más sencilla para el regreso de Alemania a un estado normal quedó destrozada el 6 de noviembre. En 1924 también habían tenido lugar dos elecciones parlamentarias en un mismo año y los votos recibidos por los comunistas, el Partido Popular Alemán y los nacionalsocialistas disminuyeron considerablemente en la segunda vuelta electoral, de acuerdo con las esperanzas e intenciones del gobierno. Sin embargo, en esta ocasión sólo unos cuantos optimistas creyeron percibir una mejoría coyuntural de la situación; de hecho no se trataba de la segunda elección importante del año, sino de la quinta. Por lo mismo, el resultado fue completamente distinto del de 1924. Los nacionalsocialistas perdieron dos millones de votos y bajaron de 230 a 190 mandatos. Algunos de sus adversarios ya creían poder esperar con confianza el momento en que dicho partido volviese a desaparecer en la nada, del mismo modo en que en 1930 pareció haber surgido de la nada. Sin embargo, en términos relativos el NSDAP perdió muchos menos votos que en 1924 y se reafirmó como el partido más fuerte con gran ventaja. La mayoría de los votos perdidos por él permanecieron del lado de la derecha y beneficiaron a los Nacionalistas Alemanes de Hugenberg. Aun así, fue preciso abandonar en forma definitiva la esperanza de lograr la mayoría absoluta por cuenta propia, y en este sentido en efecto era posible interpretar el resultado como un fortalecimiento de las fuerzas no radicales de la derecha prácticamente no debilitada, aunque incluso en su totalidad sólo hubiera podido lograr la mayoría parlamentaria junto con el Centro. Debió parecer mucho más novedoso e inquietante el resultado electoral que se dio dentro del marco de la izquierda. Los comunistas continuaron su avance y ahora contaban con 100 mandatos. Su triunfo se produjo a expensas del SPD, el cual perdió 12 escaños. Dentro de la izquierda, por lo tanto, se fortalecieron las fuerzas radicales, y lo más llamativo de las elecciones fue el hecho de que en Berlín los comunistas superaron por mucho al SPD, al ganar unos 140 000 votos más, de modo que en la capital del Reich casi igualaban en fuerza a los socialdemócratas y los nacionalsocialistas en conjunto. Además, ahora superaban al SPD en un considerable número de distritos electorales aparte de la capital, sobre todo en la cuenca del Ruhr y la Alemania Central. De esta manera, dieron un gran paso hacia la meta de convertir al SPD en un pequeño partido de obreros aristócratas y de constituirse ellos mismos en el partido del proletariado alemán. Según lo ponía de manifiesto el ejemplo de Berlín, el Partido Socialdemócrata podía considerarse en su totalidad como un depósito potencial de electores para los comunistas.

Aún más que estos resultados electorales, causó sensación entre la opinión pública un suceso extraparlamentario que tuvo lugar del 3 al 7 de noviembre, la huelga en las empresas de transportes de Berlín. Se trataba de una huelga irregular convocada en conjunto, contra la voluntad de los dirigentes sindicales, por la Oposición Sindical Roja (RGO) comunista y por la Organización de Núcleos Nacionalsocialistas de Empresas (NSBO). Además de tres sindicalistas independientes, el comité directivo estaba integrado por ocho miembros de la RGO y cuatro de la NSBO. La huelga resultó tan popular que la votación inicial casi alcanzó la mayoría necesaria de tres cuartos. Se oponía a la proyectada reducción de los salarios que las corporaciones municipales deseaban imponer a fin de igualar los salarios en las distintas empresas urbanas; se trataba, por lo tanto, de una huelga realizada para conservar una desigualdad. A pesar de ello, o quizá precisamente por esta causa, la radicalización del movimiento adquirió dimensiones considerables, y de acuerdo con la mayoría de los informes los nacionalsocialistas eran aún más violentos que los comunistas. Los registros hechos por la policía de las personas dedicadas a lanzar pedradas contra los tranvías y de los participantes en la construcción de barricadas, etc., incluyen casi al mismo número de miembros del NSDAP y del KPD.[262] La empresa de transportes de Berlín logró mantener activa, con enormes esfuerzos, una parte de sus servicios; el día de las elecciones, la red de transportes de Berlín se paralizó casi por completo. La RGO lanzó la convocatoria para una huelga política de masas, a fin de "preparar la caída del sistema gobernante", y evocó el recuerdo de las huelgas "que barrieron con Cuno y Kapp".[263] Sin embargo, no tardó en mostrarse que los demás empleados de las empresas municipales no se unirían a la huelga, que en cierta forma estaba dirigida contra ellos mismos, ni tampoco los trabajadores de las grandes empresas privadas. Cuando el 8 de noviembre ya no fue posible impedir que las personas dispuestas a trabajar volvieran en masa a sus lugares de trabajo, los 400 nacionalsocialistas presentes en una asamblea efectuada en los salones Hohenzollern votaron por continuar la huelga, mientras que la RGO abogó por suspenderla. Según los informes presentados por el personal de confianza de la policía acerca de posteriores juntas de funcionarios de la RGO, prevalecía en ellas una actitud muy autocrítica, pero principalmente por parte de "la izquierda", y también se presentaron quejas "de que los dirigentes últimamente han insistido en enviar a instructores [...] que ni siquiera saben hablar bien el alemán". En esta ocasión, el presidente de la junta declaró "que no es posible renunciar a la colaboración de los camaradas rusos, puesto que se trata de los elementos más apropiados para dar el empujón revolucionario adecuado al espíritu de las masas obreras".[264]

En todo caso, los informes que el jefe de la policía de Berlín rindió al ministro del Interior, el 14 de enero de 1933, sobre una encuesta llevada a cabo por el KPD en las empresas —la cual señaló como uno de los muchos preparativos de éste para hacer frente con buen éxito a las luchas decisivas que estaba seguro ocurrirían en un tiempo no lejano— no se rindieron con fines propagandísticos. El informe prosiguió de esta manera:

> Puesto que la radicalización de la clase obrera adquiere dimensiones cada vez mayores, el KPD cuenta con certeza con la posibilidad de poder tomar en breve el poder en Alemania. De nueva cuenta está haciendo preparativos para sobrellevar con éxito una guerra civil.[265]

Las palabras optimistas, es más, triunfantes, expresadas por el Comité Central del KPD después de las elecciones no carecían, pues, de fundamento. Asimismo debieron extraer confianza y esperanza del hecho de que no sólo estaba progresando a grandes pasos la "infiltración en las masas obreras de la socialdemocracia", sino que también "se habían conquistado cantidades significativas de obreros nacionalsocialistas y otros trabajadores partidarios del movimiento hitleriano".[266] Pero existía una gran debilidad que, por supuesto, no se pasaba por alto y que fue mencionada en una junta interna por un funcionario de la RGO con mayor franqueza de lo que era posible en público: no estaba seguro de que sus compañeros sintieran todavía algún impulso revolucionario o si el miedo a perder el empleo los dominaba en tal forma que no querían saber nada de la huelga general.[267] Esta falta de entusiasmo revolucionario entre los obreros alemanes pretendía ser corregida por los camaradas rusos, pero evidentemente las verdaderas esperanzas de triunfo no se cifraban en una huelga general para impedir el gobierno de Hugenberg o de Hitler, sino en el enorme potencial de los obreros que habían votado por los nacionalsocialistas, de los que cientos de miles, tras unas cuantas semanas o cuando mucho varios meses de dicho gobierno, con certeza se incorporarían al KPD, decepcionados y amargados, en la misma forma en que miles de trabajadores nacionalsocialistas de las empresas de transporte de Berlín se habían declarado en huelga junto con la RGO. Sólo entonces el levantamiento armado triunfaría también en Alemania, de la misma manera en que había triunfado en 1917 en Rusia.

Comunistas, nacionalsocialistas, la Unión Soviética como modelo a seguir o como espantajo, pero también las instrucciones e influencias directas recibi-

---

[264] *Ibid.*, fol. 187 y ss.
[265] *Ibid.*, fol. 259.
[266] Matthias y Morsey, *op. cit.*, pp. 723 y ss.
[267] Rep. 219, Nr. 80, fol. 220.

das de la Internacional Comunista: este campo de fuerza y de tensión no era el único que reinaba en Alemania durante los meses postreros de 1932, pero sí el más importante al lado de la policía y del Ejército del Reich, y ciertamente más significativo que los partidos del centro político, desde el SPD hasta el del Centro y los Nacionalistas Alemanes, los cuales se limitaban a pensamientos defensivos; dos de ellos se orientaban hacia la derecha, mientras que la tercera y más grande echaba miradas preocupadas hacia la izquierda, para no perder aún más seguidores de los comunistas.

No cabe duda alguna de que estaban perfectamente conscientes de esta situación los políticos que después de dicha elección catastrófica, verdaderamente, tuvieron que tomar una decisión acerca del futuro de Alemania. Adolfo Hitler probablemente fue el que más se dejó guiar por fines tácticos al afirmar, durante las negociaciones con el presidente del Reich realizadas en noviembre de 1932, que la bolchevización de las grandes masas estaba avanzando rápidamente; si su movimiento desaparecía, habría en Alemania "18 millones de marxistas y entre ellos quizá 14 o 15 millones de comunistas". Resultaba, por el contrario, completamente creíble la aseveración del prelado Kaas, jefe del Centro, quien comentó a Hindenburg el 18 de noviembre: "Nos espera un invierno duro. De un lado hay 12 millones de alemanes en la oposición de derecha; del otro, 13.5 millones en la oposición de izquierda. Es, pues, una necesidad ineludible lograr una concentración nacional que incluya a los nacionalsocialistas."[268] De nueva cuenta fue Hindenburg, seguramente apoyado por sus asesores más cercanos, quien se negó a encargar al jefe del partido más fuerte la formación de un gabinete presidencial. En esta ocasión se basó en argumentos más generales, al decir que el NSDAP como tal siempre había hecho hincapié en su exclusividad, de modo que había que temer el advenimiento de una dictadura de partido. No obstante, al concluir su respuesta también expresó la esperanza de que con el tiempo fuese posible ganar a Hitler y su movimiento "para la colaboración con las demás fuerzas de la nación animadas por una voluntad constructiva"; es decir, lo remitió al camino de la formación de coaliciones y a la voluntad de transigir.[269] No obstante, al encarar el que quizá era el más terrible dilema en que jamás se había encontrado un estadista de 85 años de edad, Hindenburg también rechazó la primera alternativa sugerida por Papen para evitar a Hitler: emprender simultáneamente la lucha contra "las fuerzas militantes comunistas y nacionalsocialistas", sin retroceder ante el peligro de que esto derivase en una guerra civil. De acuerdo con Papen, el presidente del Reich, con los ojos llenos de lágrimas, respondió que era demasiado viejo para asumir aún, en el ocaso de su vida, la responsa-

268 *Zeitschrift für Geschichtswissenschaft*, VI (1958), pp. 547 y ss.
269 *UuF*, t. VIII, p. 694. (Oficialmente, el remitente de la carta era el subsecretario de Estado Meissner.)

bilidad de una guerra civil, por lo cual debía permitir, en el nombre de Dios, que probara suerte el señor Von Schleicher.

Kurt von Schleicher también tenía un plan de acción, el segundo de los tres posibles. Quería apoyarse en los sindicatos y al mismo tiempo integrar en ellos al sector de los nacionalsocialistas dispuesto a cooperar. Se trataba del llamado "concepto del frente unido",[270] resultado de la imposibilidad de elegir el camino al parecer más lógico y unir a los partidos democráticos, desde el DNVP hasta el SPD, en un frente cerrado de defensa contra el totalitarismo de derecha y de izquierda. Si el SPD se negaba a participar, la Federación General Alemana de Sindicatos (ADGB) debía entrar en acción, y, puesto que al parecer era imposible disuadir a Hitler de la exigencia del *todo o nada*, había que fundar las esperanzas en el segundo hombre de su partido, el jefe de Organización Nacional Gregor Strasser. Era cierto que hasta entonces se había considerado a Strasser como uno de los radicales del Partido y los donativos de algunos industriales al NSDAP servían principalmente para el fin de apoyar a Hitler, por ser el moderado, contra las tendencias socialistas de Strasser, pero Schleicher era conocido como un general con intereses sociales y Strasser creyó oportuno apoyar sus planes. También los sindicatos respondieron a la propuesta de Schleicher, y por un momento pareció vislumbrarse el camino por el que Alemania lograría salir de la crisis política y después también de la económica. Sin embargo, Strasser era un nacionalsocialista demasiado convencido como para rebelarse contra Hitler y dividir al partido; y los integrantes de la ADGB tenían vínculos demasiado cercanos con la socialdemocracia como para pasar por alto la opinión de los directivos de este partido. Resultó negativa, y en unas cuantas semanas Schleicher había perdido su gran juego. Sólo le quedaba recurrir al plan de Papen, pedir la autorización de Hindenburg para disolver el Reichstag y enfrentar la posibilidad de una guerra civil.

Resultaba muy comprensible que en esta situación se estudiasen muchas posibilidades diferentes y que los representantes de todo tipo de intereses quisieran entrometerse, puesto que así sucede precisamente antes de la formación normal de cualquier gobierno. Sin embargo, los interesados sólo podían elegir entre la alternativa de Papen, ejecutada por Schleicher o por otro funcionario militar o político, o bien la "solución Hitler", dotada de cierto cariz parlamentario y transigente y sugerida por Meissner en nombre de Hindenburg. Todos los que tenían la palabra o ejercían cierta influencia, se encontraban bajo la impresión de determinados sucesos y posibilidades que tenían presentes, aun cuando no los mencionaran en forma expresa o cuando desconocieran uno que otro proceso. El 27 de enero, por ejemplo, el *Inprekorr* publicó un discurso pronunciado por un destacado miembro del Comité Ejecutivo de la Internacional Comunista en Moscú, el cual afirmaba lo siguiente:

---

[270] *Cfr.* Axel Schildt, *Militärdiktatur mit Massenbasis? Die Querfrontkonzeption der Reichswehrführung um General von Schleicher am Ende der Weimarer Republik*, Francfort y Nueva York, 1981.

Un mínimo de 200 000 obreros pertenece al NSDAP y sus unidades de asalto. Se habla de que entre las personas que votan por los nazis hay más de dos millones de obreros, entre ellos muchos desempleados. Han sido engañados por la demagogia anticapitalista de los nacionalsocialistas [...] Es inconcebible que sigan para siempre a los nacionalsocialistas. Por todas partes se observan ya indicios de desmoralización.[271]

De hecho, al día siguiente la *Rote Fahne* dio gran realce a la noticia de que no menos que 1 500 integrantes de la SA de Berlín estaban por separarse de la organización. Asimismo se dio parte repetidas veces de la integración en el KPD de ex miembros de la Liga de la Bandera del Reich o de la disposición de ésta a colaborar con los comunistas en una lucha común de conformidad con la Acción Antifascista. Mucho más impresionantes aún eran las noticias publicadas por la prensa comunista sobre los acontecimientos que tenían lugar en las calles. El 22 de enero la SA efectuó, por ejemplo, un gran desfile dirigido a la plaza de Bülow, la "marcha hacia la casa de Karl Liebknecht", sede del KPD, pero los 20 000 hombres de la SA fueron acompañados —y protegidos— por un extraordinario despliegue policiaco; en algunos tramos del recorrido tuvieron que pasar entre la multitud hostil y en otras partes las calles y las plazas estaban desiertas. En ningún punto fueron recibidos siquiera con una mínima señal de simpatía, ni siquiera —si es posible creer el informe de la *Rote Fahne*— en la parte occidental de la ciudad, donde "grupos de pequeñoburgueses" expresaron su silencioso repudio. Por lo tanto "se enfrió" el estado de ánimo de los manifestantes y al llegar a la plaza Bülow tuvieron que observar, impotentes, que sobre el techo de la sede del partido enemigo ondeaba "altiva la bandera soviética".[272] Fue por completo distinta la situación de tres días después, al realizar el KPD una manifestación contraria, y la *Rote Fahne* orgullosamente intituló su crónica: "Ésta es la comuna." De acuerdo con la nota, los combatientes del Berlín rojo inundaron la plaza Bülow durante cuatro horas para desfilar delante del Comité Central y el jefe del partido, Ernst Thälmann. Muchos más de 100 000 fueron aclamados por la población, sin necesidad de protección policiaca; entre ellos figuraban "las columnas de defensa propia de las masas, que ya han sofocado la primera ola de terror de los nazis con mano de hierro y que también aplastarán cualquier otra ola de terror con la fuerza de su masa".[273]

Quien crea que los comunistas integraban el sector más radical dentro del movimiento obrero; quien esté convencido de que Hitler se había manifestado de manera inequívoca como el futuro autor de la solución final; quien opine que la Unión Soviética deseaba impedir una revolución comunista en Alemania, a fin de poder continuar su propia industrialización sin problemas, debe

---

[271] Año 13, 1933, núm. 13, 27 de enero (discurso de Knorin).
[272] *RF*, 24 de enero de 1933.
[273] *Ibid.*, 26 de enero de 1933.

enterarse de que, desde noviembre, el NSDAP acusaba un retroceso y que en las elecciones siguientes perdió otros varios millones de votos. Los contemporáneos no entendían la situación de esta manera y por regla general no podían entenderla en esta forma. Percibían a dos partidos que levantaban exigencias radicales y que sin duda se oponían al orden constitucional. Sin embargo, uno de ellos quería eliminar el sistema capitalista y el otro, el sistema de Versalles. Uno de ellos era enemigo del Estado de Weimar y el otro, del Estado propiamente. Uno de ellos pedía suspender todos los tributos y el otro pretendía cancelar, además, todas las deudas externas e internas, es decir, separar a Alemania de su filiación con la economía mundial. El uno pedía revocar el derecho de ciudadanía a una pequeña minoría, apenas naturalizada por completo durante la segunda mitad del siglo XIX, y el otro postulaba la desaparición social de toda la burguesía, los oficiales e incluso los grandes agricultores, y se identificaba de manera incondicional con una nación vecina que había exterminado físicamente gran parte de estas clases o al menos las había privado de sus derechos y perseguido de una manera inconcebible en Alemania. Los contemporáneos forzosamente tenían que ver en los comunistas, por mucho, al más extremista de los dos partidos radicales. Por ello, debió llenarlos de considerable preocupación el hecho de que el partido más grande y menos extremista parecía encontrarse al borde del desmoronamiento, el cual acarrearía consecuencias imposibles de prever, mientras que el más pequeño y más extremista al parecer tenía la capacidad de atraer a un gran número de personas que normalmente votaban por el SPD o el NSDAP. Los que opinaban, ciertamente, que los electores perdidos por el NSDAP volverían al NDVP y a los partidos liberales, debieron creer muy exagerados dichos temores, y los que creían justos y adecuados para la época los objetivos del KPD, quizá hasta acusaran, llenos de indignación moral, precisamente a las potenciales víctimas de éste. No obstante, la gran mayoría de la gente que tenía algo que perder o que se preocupaba, sobre todo, por el funcionamiento de una nación industrial sumamente compleja y entrelazada de múltiples maneras con la economía mundial, necesariamente debía ver las cosas de otro modo.

Por otra parte, tampoco a ellos les hubiera resultado imposible efectuar la proyección contraria. La proclama de Año Nuevo presentada por Adolfo Hitler el 1 de enero de 1932 se concentraba en la defensa contra el comunismo y en lo demás se mostraba bastante optimista; no obstante, un año más tarde reaparecieron en su discurso ciertos tonos que de ningún modo eran sólo antisemíticos, en el sentido antes definido, sino que de nueva cuenta ponían de manifiesto un radicalismo histórico, es más, antropológico, que igualaba en intensidad al de los comunistas, pero que a pesar de todo era muy distinto de éste en su contenido:

La humanidad liberal, perdidas sus raíces religiosas e ideológicas, ha llegado al término de su era [...] El judío internacional encabeza en casi todas las naciones del mundo, como autor intelectual, esta lucha de las razas inferiores subdotadas y primitivas contra la capacidad [...] de creación cultural [...] de una humanidad superior, cuya fuerza de resistencia ha sido debilitada por el liberalismo [...] En una nación que tiene en su interior a 6 millones de comunistas, 7.5 millones de social-demócratas y 6 millones de elementos más o menos contaminados por el pacifismo, sería mejor ya no hablar de igualdad de derechos ni de "rearme" [...] Frente a este inmenso peligro sólo surtirá efecto una defensa de iguales dimensiones.[274]

De ser correcta la apreciación de Hitler, había que cambiar las convicciones internas de aproximadamente cuatro décimos de la población, aunque no tocara sus propiedades materiales, y contraponer a Alemania, en un antago-nismo abismal, no sólo a la Unión Soviética, sino también a Inglaterra y al mundo occidental en general, con los que por otra parte afirmaba querer aliarse. ¿No era posible lograr un resultado semejante con sólo someter nuevamente a los 500 000 judíos al derecho para extranjeros, ya que éstos se encontraban mucho más cerca de sus parientes y amigos que los muchos millones de burgueses y *kulaks* rusos? Asimismo, ¿qué iba a suceder si el radicalismo antipacifista expresado en la proclama no fuera sólo una finta amenazadora, sino que manifestara la voluntad de librar una gran guerra?

En retrospectiva, la solución de Papen se impone como la mejor, al aceptar la posibilidad de una guerra civil contra ambos extremos, pero sin provocarla necesariamente. Por otra parte, debe tomarse en cuenta que la guerra civil, en caso de que se diera, muy fácilmente hubiera podido dar como resultado la división de Alemania. Francia no se hubiera detenido ante las fronteras de haberle parecido posible una toma del poder por los comunistas en Berlín; y el ejército soviético, al terminar el primer plan quinquenal, de hecho estaba en situación de "aplastar como un tallo de hierba"[275] a Polonia y de avanzar por lo menos hasta el Elba. Alemania seguía siendo la potencia industrial más grande del continente, y si Europa había de afirmarse como potencia mundial en el mismo nivel, Alemania tenía que constituir el núcleo de los nuevos "Estados Unidos", pero en su situación momentánea de debilidad militar se hubiera con-vertido en el objeto de trascendentales medidas de precaución por parte de sus ve-cinos en el instante de ocurrir algo fuera de lo común dentro de sus fronteras. Y sus vecinos eran tan burgueses como la propia Alemania. La amenaza de la toma del poder por los comunistas hubiera motivado con mucha más facilidad la inter-vención por parte de aquéllos que la toma del poder por el NSDAP. No obstante, de haber existido realmente el peligro de una división del país, la mayoría de los alemanes ciertamente hubiese preferido la guerra internacional a la civil.

Por lo tanto, no es posible dar una respuesta inequívoca a la pregunta hecha al principio.[276] Las referencias a la culpabilidad de los intrigantes no carecen

---

[274] *VB*, 1 y 2 de enero de 1933.
[275] *Cfr.* p. 121.
[276] *Cfr.* p. 33.

completamente de fundamento: Schleicher nombró canciller del Reich a su amigo "Fränzchen", pese a que lo juzgaba "un sombrero, no una cabeza",[277] y su propia forma de pensar era demasiado optimista y militar para un estadista de primer orden. Aparte de Brüning, el que mejor papel hizo entre todos los actores que participaron en los últimos años de Weimar fue el anciano Hindenburg. No obstante, aunque todos los protagonistas hubieran sido excelentes estadistas y casi tan listos como ahora pueden serlo sus descendientes, de todas maneras habrían tomado en cuenta seriamente la solución aprobada por Hindenburg cuando el 28 de enero Schleicher le pidió que asumiera la misma responsabilidad propuesta por Papen el 2 de diciembre: la responsabilidad de una posible guerra civil. Ya no se opuso más a Hitler cuando éste pareció haber cumplido con la condición del 24 de noviembre y estar dispuesto, pese a amplias reservas, a colaborar con otras fuerzas constructivas. Sin embargo, Hindenburg no tomó en cuenta una cosa: Mussolini también había colaborado con fuerzas semejantes al comienzo de su gobierno. En caso de haber acertado Zinóviev con un comentario hecho desde 1922,[278] es decir, de haber entrado Europa realmente a una época del fascismo, entonces Hitler tenía que recorrer el camino hacia la autocracia en forma aún más rápida y radical que Mussolini y encarar de un modo especial el Estado que había pretendido inaugurar la época de la revolución mundial proletaria.

De esta manera se enfrentaron en Europa dos grandes estados ideológicos, cuyas acciones eran determinadas básicamente por conceptos que interpretaban la evolución pasada y futura de la historia mundial y el sentido de la vida humana. Sus acusaciones mutuas adoptaban casi sin excepción formas aforísticas y propagandísticas, pero se basaban en hechos reales que de ambos lados despertaban las pasiones de un sinnúmero de personas. Ambos contaban con aliados ideológicos en todo el continente y fuera de éste: la Unión Soviética, con los partidos comunistas; Alemania, en una situación mucho más ambivalente, con los movimientos fascistas, en su mayoría aún pequeños, y en potencia con el régimen fascista de Italia. Ambos se encontraban inmersos, ciertamente, en toda una red de relaciones y hechos, y durante muchos años la relación entre Alemania y la Unión Soviética, o bien entre los movimientos fascistas y los regímenes comunistas, todavía parecía representar un asunto menor dentro del contexto de la historia mundial. Sin embargo, finalmente mostró ser el contraste clave que estaba determinando el sino del mundo en mucho mayor medida, por decir algo, que la guerra entre Japón y China, la conquista de Etiopía por Italia o los esfuerzos hechos por Roosevelt para que Estados Unidos pudiera regresar a la arena de la política mundial.

---

[277] Lutz Graf Schwerin von Krosigk, *Staatsbankrott. Die Geschichte der Finanzpolitik des Deutschen Reiches von 1920 bis 1945...*, Gotinga, 1974, p. 106.
[278] *Protokoll des Vierten Kongresses der Kommunistischen Internationale*, Hamburgo, 1923, pp. 44-45.

# III. LOS ESTADOS IDEOLÓGICOS HOSTILES DURANTE LA PAZ DE 1933-1941

## 1. LA ALEMANIA NACIONALSOCIALISTA Y LA UNIÓN SOVIÉTICA COMUNISTA, 1933-1934

NUMEROSOS contemporáneos, tanto dentro como fuera de Alemania, presenciaron con asombro perplejo la rapidez con la que después de la toma del poder por Hitler este país se convirtió en un Estado nacionalsocialista. Los bolcheviques habían eliminado de hecho y muy pronto a los otros partidos socialistas, pero no los prohibieron formalmente sino hasta 1921, y sólo sucesos de carácter trascendental, como la crisis de Matteotti, impulsaron a Mussolini a acabar con los demás partidos cuatro años después de la marcha hacia Roma. En Alemania, el proceso de la conquista del poder por un solo partido concluyó el 14 de julio de 1933 en forma de un acto legislativo, la Ley contra la Fundación de Nuevos Partidos. No se trataba sólo de un avasallamiento aparente. En todos los partidos, también en el DNVP, hubo muestras de oposición e incluso de resistencia; pero estaban ampliamente difundidas en todos ellos, hasta en el SPD, no sólo una actitud de resignación, sino también la disposición a colaborar con la nueva *comunidad del pueblo*, así como a analizar las propias omisiones o errores cometidos durante la República de Weimar.[1] Si bien la manifestación cada vez más clara de la revolución nacionalsocialista despertó nuevos impulsos de resistencia, el comportamiento de los líderes y los militantes del Centro, de los vestigios de los partidos liberales y de las iglesias católica y protestante, causaba la impresión de que estaban permitiendo, y no de mal grado, que se les obligara a una adhesión hacia la que desde antes habían tendido en considerable medida. Incluso para los comunistas, los meses que siguieron al 30 de enero no significaron sólo la persecución física, sino también un estado de confusión y desorientación internas, el cual no fue provocado sólo por la inesperada violencia de los golpes asestados al partido. Las memorias de Herbert Wehner pintan un cuadro gráfico de esta confusión

---

[1] En la junta de la fracción parlamentaria del SPD del 10 de junio de 1933, Max Westphal afirmó: "En todo caso, una cosa es segura: este enorme movimiento nunca podrá ser sacudido por pequeños grupos de nuestro partido ubicados en el extranjero (animadas manifestaciones de aprobación)" (*Das Ende der Parteien* [nota 252, II], p. 258).

El 9 de julio de 1933, Julius Leber escribió lo siguiente a su mujer desde la prisión preventiva: "El socialismo marxista era demasiado doctrinario y por ende muy estéril y pasivo; el comunismo, demasiado ruso. Pero vendrá algo nuevo; aunque no sea a través de Hitler, habrá algo nuevo" (Dorothea Beck y Julius Leber, *Sozialdemokrat zwischen Reform und Widerstand*, Berlín, 1933, p. 249).

y de la tendencia común, entre funcionarios y militantes, a desalentarse o incluso a rendirse. Según Wehner, un sinnúmero de comunistas desilusionados se incorporó al NSDAP y a la SA, e incluso dos funcionarios que habían sido particularmente radicales publicaron un folleto intitulado *Vom Sowjetstern durch das Konzentrationslager zum Hakenkreuz* (De la estrella soviética al campo de concentración y a la cruz gamada); varios destacados funcionarios colaboraron además con la Gestapo.[2] Ernst Thälmann fue arrestado y no tardó en correr el rumor de que uno de sus colaboradores más cercanos lo había entregado. El poeta obrero Max Barthel, que durante muchos años fue amigo íntimo y compañero de lucha de Willi Münzenberg, aunque desde 1923 pertenecía al SPD, sacó un texto titulado "Brief an die Freunde, die über die Grenze gingen" (Carta a los amigos que cruzaron la frontera), en *Angriff*, la publicación de Goebbels. En el texto se podía leer la siguiente frase: "En comparación con los antiguos partidos obreros, el NSDAP es una floreciente pradera primaveral."[3] En el verano, la revista de la Internacional Comunista admitió que en marzo y abril había tenido lugar una "conversión en masa de los obreros al fascismo" y que "una sensación de pánico" se estaba difundiendo por amplios sectores, es más, que la primera impresión era la de un "triunfo colosal del fascismo".[4] Sin embargo, ahora el partido se había repuesto, según esta nota, y se estaba mostrando que la NSBO ciertamente había atraído a gran parte de la clase obrera, pero que sólo una pequeña fracción de ésta era "en verdad nacionalsocialista, fanáticamente hitleriana". De nuevo estaban llevándose a cabo huelgas y manifestaciones en muchos lugares, y en Chemnitz un grupo de obreros armados incluso se había colocado a la cabeza de una manifestación. Por lo tanto, se recobraba la esperanza de la próxima unificación de toda la clase obrera bajo los estandartes del Partido Comunista y en muchos trabajadores seguía viva la convicción: "Después de Hitler tendrá que llegar el bolchevismo, y la estrella soviética brillará victoriosa sobre los escombros putrefactos de la dictadura de la cruz gamada."[5] Sonaban muy parecidas las aseveraciones hechas por destacados representantes de la Internacional Comunista, que insistían en que era correcta la política seguida hasta la fecha por el Partido Comunista de Alemania así como de manera especial su lucha contra el socialfascismo; sin titubeos apoyaban la consigna de que el partido

[2] Herbert Wehner, "Notizen", *Zeugnis*, editado por Gerhard Jahn, Colonia, 1982, pp. 34, 63 y ss. Son sumamente interesantes las biografías de 504 miembros del cuerpo directivo del KPD contenidas en el segundo tomo de H. Weber, *Die Wandlung des deutschen Kommunismus*. Uno solo (Bertold Karwahne) se convirtió en un destacado nacionalsocialista desde 1927. Sin embargo, un número no del todo insignificante se arregló con el Tercer Reich. De éstos le faltó mencionar a Weber la diputada del Reichstag Maria Reese.

[3] Martin Rector, "Über die allmähliche Verflüchtigung einer Identität beim Schreiben. Überlegungen zum Problem des 'Renegatentums' bei Max Barthel", en *Literaturwissenschaft und Sozialwissenschaften 10. Kunst und Kultur im deutschen Faschismus*, Stuttgart, 1978, pp. 261-284 y 262.

[4] *Rundschau über Politik, Wirtschaft und Arbeiterbewegungen 1933*, p. 827.

[5] *Ibid.*, p. 884.

debía desplegar una actividad visible. Sin embargo, no tardó en mostrarse que todos los intentos comunistas por restablecerse y dar prueba de su presencia por medio de volantes y consignas, eran aplastados rápidamente por la policía secreta, lo cual de nuevo acarreó numerosas bajas al partido. En cambio, los socialdemócratas que no se habían resignado y retirado, limitaron sus esfuerzos, a grandes rasgos, a tratar de mantener vivo el contacto entre ellos y esperar el advenimiento de una situación mejor. No transcurrió mucho tiempo antes de que la sede de la presidencia emigrada del partido empezara a distribuir, desde Praga, los *Deutschland-Berichte* (Informes sobre Alemania), que evidenciaban la atención con la que numerosos miembros del partido proscrito estaban observando la situación en Alemania. Ciertamente no registraban sólo voces de descontento entre todos los sectores de la población, por el hecho de que la batalla del trabajo hubiera logrado un éxito más aparente que real ni porque el nivel de vida hubiera empeorado en lugar de mejorar, puesto que una y otra vez hicieron constar que Hitler era mucho más popular que el NSDAP, precisamente dentro de amplios grupos de la clase obrera.[6]

En el curso de unos cuantos meses, Hitler logró algo a lo que ningún político burgués se había aproximado siquiera antes que él: eliminó a los partidos Comunista y Socialdemócrata así como a los sindicatos, y no obstante seguía gozando de tanta aceptación entre los obreros que empezó a disolverse el ambiente de los barrios obreros y ya ni siquiera las zonas rojas eran refugios seguros para los comunistas perseguidos.[7] En ellas, y también en las colonias de la región del Ruhr, prácticamente en cada casa había por lo menos un nacionalsocialista convencido o incluso fanático, quien fungía de "conserje" o "jefe de manzana" y ejercía una función de vigilancia que ni la policía más perfecta hubiera podido igualar en un medio hostil.

De esta manera, Alemania se convirtió en un Estado ideológico en que un hombre y un partido sostenían el poder político absoluto, con la aprobación entusiasta de una parte considerable de la población. Con todo, los *Deutschland-Berichte* pudieron defender con buenos argumentos la afirmación de que en el fondo la situación había cambiado poco en Alemania, puesto que los verdaderos amos seguían siendo los grandes industriales, los latifundistas del Este y los generales del Ejército del Reich, y Hitler se limitaba a ejecutar la voluntad de éstos. De hecho, Hitler declaró concluida la revolución desde julio de 1933. Debido a que un gran número de *caídos de marzo* había ingresado al NSDAP, en esencia el antiguo cuerpo de funcionarios seguía siendo el mismo; no ocurrieron cambios sustanciales en los cuadros de mando del Ejército del Reich; el organismo central de la industria sólo había cambiado de nombre y sustituido a algunos

---

[6] *Deutschland-Berichte der Sopade*, año I, 1934, reimpresión: Francfort, 1980, pp. 10, 29 y ss., y *passim*.

[7] Detlev Peukert, *Die KPD im Widerstand. Verfolgung und Untergrundarbeit an Rhein und Ruhr 1933 bis 1945*, Wuppertal, 1980, pp. 121-122.

funcionarios, y la Iglesia católica abandonó el catolicismo político al celebrar el concordato, pero al mismo tiempo fortaleció su posición jurídica. Dentro de la Iglesia protestante tuvieron lugar cambios de mayor envergadura, pero pudo protestar contra la introducción del artículo ario y contra las tendencias nacionalistas de los Cristianos Alemanes casi sin sufrir represalias. Es posible considerar la aprobación de la ley de plenos poderes, el 23 de marzo, como un hecho correspondiente a la disolución de la Asamblea Constituyente en enero de 1918, máxime cuando también intervinieron amenazas directas de violencia. Pero la persecución de los comunistas no podía equipararse con el ataque a la burguesía. Aunque además de los asesinatos cometidos en los campos de concentración se registró sobre todo la terrible semana sangrienta de Köpenick, no ocurrieron fusilamientos masivos en ninguna parte, y con mayor razón sólo se dieron analogías muy remotas y tenues de la nacionalización de empresas, la expropiación de propiedades agrícolas, el desalojo de viviendas y el congelamiento de las cuentas bancarias de sectores enteros de la población. La medida más llamativa fue el boicot del 1 de abril contra los negocios judíos, pero encontró poco apoyo entre la población y fue suspendido tres días después. Por lo tanto, se ha señalado frecuentemente, y con razón, que la toma del poder por los nacionalsocialistas ciertamente constituyó un trastorno político en su desarrollo posterior, pero no una revolución social. Lo único que esto significa es que se trataba de una revolución no derivada de una guerra, que no condujo a una guerra civil y que no rompió los lazos económicos y políticos con el resto del mundo. Sin embargo, dentro de este marco y en estas condiciones representó la revolución política más extensa y profunda que hubiese tenido lugar en un Estado europeo durante los siglos XIX y XX.

Es posible hacer afirmaciones semejantes respecto a la política exterior. Después de tomar Hitler el poder no se rompió ni una sola de las muchas relaciones diplomáticas que unían a Alemania con los estados del mundo; nada estaba más lejos de las intenciones del ministro de Relaciones Exteriores Von Neurath que la idea de "cerrar el negocio" (como Trotski quiso hacerlo al asumir el cargo de comisario de Relaciones Exteriores en 1917). La inquietud experimentada en París y Londres, seguramente considerable, se desvaneció en gran parte gracias al "discurso de paz" pronunciado por Hitler el 17 de mayo y aprobado también por los socialdemócratas; la conclusión del "Pacto de los Cuatro" en julio de 1933, promovida mucho por Mussolini, significó que Alemania se colocaba con igualdad de derechos al lado de las grandes potencias de la Europa Occidental, Inglaterra, Francia e Italia. Por otra parte, en noviembre de 1933 Alemania se retiró en forma espectacular de la Sociedad de las Naciones, otro acto sin precedentes en Europa, porque hasta ese momento sólo Japón había dado el ejemplo en este sentido (en marzo de 1933), y de hecho el país asiático ya estaba involucrado en una guerra contra China por el dominio de Manchuria. Por ende, incluso respecto a su política exterior, la Alemania nacionalsocialista era mucho menos revolucionaria que la Unión Soviética, la cual no firmó el Tratado de Versalles ni siquiera posteriormente, y en 1918 dio a conocer por boca de Lenin la intención de "declarar la guerra a todo el mundo", en el momento oportuno,[8] y que ciertamente reconoció la independencia de sus antiguas provincias bálticas, pero sin dejar de protestar nunca contra la separación de Besarabia. Si Alemania se convirtió en un Estado ideológico durante el gobierno de Hitler, el concepto no poseía la misma amplia significación que tenía el caso de la Unión Soviética.

El grado en que la ideología de Hitler estaba determinada principalmente en forma negativa por su oposición a la Unión Soviética y el comunismo, se reveló en dos ocasiones durante el año 1932 de manera aún más inequívoca que por las declaraciones hechas por él al poco tiempo de tomar el poder. En un discurso pronunciado ante un grupo de industriales en Düsseldorf el 27 de enero de 1932, partió del dominio efectivo de la raza blanca sobre el mundo y lo remitió a una superioridad hereditaria que por lo tanto constituía un derecho, si bien un derecho amenazado. Había surgido en su contra una concepción del mundo que ya había logrado conquistar un Estado y que a partir de ahí arruinaría a todo el mundo de no ser destruida a tiempo: "Si este movimiento continúa desarrollándose, dentro de 300 años Lenin ya no será conocido sólo como un revolucionario de 1917, sino como el fundador de una nueva doctrina mundial, al que se rendirá la misma veneración, quizá, que a Buda."[9] Resulta evidente que Hitler no despreciaba a este "personaje de talla gigantesca", y contradijo expresamente a los empresarios que no creían posible la industrialización completa de Rusia. Más bien, Hitler se consideraba él mismo, de manera por demás obvia, como el antilenin, el único hombre capaz de detener dicha evolución; o sea, fundamentalmente se asignó el mismo papel que Trotski le había adjudicado al llamarlo el "super-Wrangel de la burguesía mundial",[10] sólo que a sus ojos era síntoma de degeneración humana y decadencia todo lo que para Trotski significaba progreso y emancipación, puesto que la industrialización de Rusia y la presunta expansión del bolchevismo a Asia sólo podían fundarse en la explotación de los logros occidentales y en la despiadada perpetuación del bajo nivel de vida de las masas rusas y asiáticas. Por otra parte, Hitler no atribuía de ninguna manera al mundo occidental el mérito de haber mejorado las condiciones de vida de los asiáticos y de otros pueblos, y dentro de este contexto no titubeaba en declararse paladín del egoísmo occidental, que desde su punto de vista no era más que el dominio

---

[8] *Cfr.* nota 28, capítulo II.

[9] Max Domarus, *Hitler. Reden und Proklamationen 1932-1945*, Würzburg, 1962, t. I, pp. 68-90 y 77. (El texto no se mantuvo en secreto, sino que al contrario fue publicado dos veces, una [abreviado] en el *VB* del 19 de abril de 1932, y luego en el folleto *Vortrag Adolf Hitlers vor westdeutschen Wirtschaftlern im Industrie-Klub zu Düsseldorf*, Munich, 1932.)

[10] *Cfr.* p. 175.

natural de la humanidad superior y más civilizada sobre la inferior y bárbara. Debido a que se trata de una hasta entonces inconcebible profesión de fe del imperialismo más reaccionario o de la forma extrema de una idea en el fondo correcta (nadie puede proponerse algo de magnitudes mayores que desempeñar un papel decisivo al servicio de una causa dentro del trascendental proceso histórico mundial), se queda corta cualquier interpretación que sólo quiera ver en Hitler a un nacionalista alemán. Un simple nacionalista seguramente no hubiera dicho lo que Hitler dijo al coronel Von Reichenau en diciembre de 1932: en su opinión, la diplomacia soviética era incapaz de negociar y de contratar, puesto que esto sólo era posible entre contratantes que compartían la misma concepción del mundo.[11]

Por lo tanto, es lógico pensar que las múltiples relaciones contraídas por Hitler el estadista con Francia e Inglaterra, Italia y Estados Unidos, Polonia y el Vaticano sólo podían ocupar un rango inferior y estar apuntadas a alejar peligros momentáneos, mientras que la relación, si bien no diplomática, con el rival en la arena de la historia mundial tuvo que adquirir una importancia sobresaliente. También para la Unión Soviética debió estar muy claro que la situación política mundial se había modificado por completo al aparecer en Europa un segundo Estado ideológico, enemigo y dueño de una fuerza potencial similar. Los diplomáticos de ambos lados intentaron sosegar los ánimos, pero el discurso del 2 de marzo pronunciado por Hitler provocó protestas airadas, y a partir de ese momento no se interrumpió una serie de incidentes que hizo a las agencias comerciales soviéticas y especialmente a la extensa red de gasolineras Derop, víctimas de abusos a veces violentos por parte de la SA y la SS. Por otra parte, es cierto que en dicha ocasión Hitler no se expresó de manera más brusca de lo que con regularidad solían hacerlo los políticos soviéticos sobre la situación en los países capitalistas,[12] y los diplomáticos soviéticos no pudieron negar que muchos de los empleados de la Derop eran comunistas.[13] Las relaciones se deterioraron rápidamente y la colaboración entre el Ejército del Reich y el Ejército Rojo llegó a su fin. En el *Pravda*,

---

[11] Thilo Vogelsang, "Hitlers Brief an Reichenau vom 4. Dezember 1932", *Vjh. für Ztg.*, t. 7 (1959), pp. 429-437 y 434.

[12] Véase, por ejemplo, el discurso de Stalin sobre los resultados del primer plan quinquenal, el 7 de enero de 1933:

Se niega a los desempleados el alimento, porque no pueden pagarlo; se les niega un refugio, porque no pueden pagar la renta. ¿De qué viven, y dónde? Viven de las escasas migajas que caen de las mesas de los señores; hurgan en los basureros, donde encuentran alimentos podridos; viven en los barrios pobres de las grandes ciudades, en miserables chozas afuera de éstas, que los desempleados arman provisionalmente con tablas tomadas de cajas y con la corteza de los árboles.

Stalin, *Werke*, t. 13, p. 177. *Cfr.* capítulo I, p. 39. Ningún diplomático pudo protestar contra el discurso de Stalin, puesto que no hacía referencia a ningún Estado en particular.

[13] ADAP, serie C, t. I.1, p. 252.

de súbito Karl Radek se opuso en forma muy contundente al revisionismo por poner en peligro la paz, y los franceses aprovecharon sus oportunidades de manera muy hábil.[14]

Con todo, sí hubo cierta reacción a las protestas. Después del 2 de marzo, Hitler evitó hacer declaraciones provocativas en público e incluso recibió al embajador Jinchuk para una conversación, y sobre todo se mostró dispuesto a ratificar el acta de prórroga para el Tratado de Berlín, provisionalmente firmado desde 1931, pero que aún no adquiría fuerza legal. De acuerdo con un informe presentado el 15 de mayo por el embajador alemán en Moscú, Herbert von Dirksen, del lado contrario también existían varias tendencias diferentes: el Ejército Rojo y los políticos allegados a él conservaban una actitud positiva y amistosa hacia Alemania, mientras que entre los políticos soviéticos intelectuales se seguía mostrando una "postura ensañada y amargada hacia Alemania".[15] Con todo, era evidente que había llegado a su fin la curiosa relación especial entre Alemania y Rusia, basada en el revisionismo conjunto, y el 14 de agosto Dirksen incluso mencionó la "preocupación cada vez mayor, casi el temor a las posibles repercusiones ideológicas de la victoria nacionalsocialista en Alemania sobre el bolchevismo y la revolución mundial", así como la "desconfianza acrecentada hasta la histeria de si la Alemania de la revolución nacional, a pesar de sus declaraciones oficiales, posiblemente albergue o pudiese albergar en el futuro próximo planes hostiles hacia la Unión Soviética [quitarle Ucrania]".[16]

Si bien la motivación de la Unión Soviética era otra muy diferente de la de Francia, estas dos potencias inconfundiblemente fueron acercándose cada vez más la una a la otra y Alemania se encontró en un estado de aislamiento casi total después de su salida de la Sociedad de las Naciones. En enero de 1934, Hitler firmó un pacto de no agresión con Polonia, que en la primavera de 1933 había llegado a tomar en cuenta la posibilidad de una guerra preventiva. De esta manera demostró que tenía su posición bien asegurada y que en la cúspide del Estado ideológico alemán era posible tomar decisiones que durante toda la República de Weimar hubieran provocado de inmediato la caída del gobierno, porque parecían implicar el reconocimiento de las fronteras orientales. Hitler pudo guiarse, en principio, por su simpatía hacia el mariscal Pilsudski, la cual se basaba en el antibolchevismo compartido por ambos. No era un político con convicciones ideológicas, como lo habían sido Stresemann y Brüning, sino un ideólogo dotado de voluntad política y flexibilidad táctica,

---

[14] Cfr. idem, p. 143. Por parte de los franceses desempeñó un papel de particular importancia Edouard Herriot, quien después de las elecciones de mayo de 1932 para la Cámara fungió como presidente del Consejo de Ministros hasta diciembre de 1932, por ser el líder de los socialistas radicales, y porque al poco tiempo efectuó un recorrido muy difundido por la Unión Soviética que despertó acerbas críticas no sólo en los círculos de los emigrantes rusos.

[15] ADAP, op. cit., p. 418.

[16] Ibid., t. I.2, p. 737.

cuyas decisiones determinaban solas, ya a comienzos de 1934, todas las cuestiones políticas de importancia.

En la misma época, la Unión Soviética efectuó en su política exterior un cambio de alcances aún más profundos. Durante quince años, su razón de ser había sido la acusación contra los imperialistas, contra Versalles y en general contra el capitalismo, cuyos principales representantes había que ver en Francia, Inglaterra y Estados Unidos. Los pactos de no agresión firmados con Polonia y Francia todavía no marcaron un giro fundamental, pero después de llegar Hitler al poder la prensa soviética no tardó en adoptar otro tono, y el ministro de Relaciones Exteriores, Maxime Litvinov, se erigió en el vocero principal —aunque no fuese su autor— de la nueva línea occidental con la que la Unión Soviética se acercó a las potencias antirrevisionistas y que muy pronto llegó a su primera culminación con el ingreso de este Estado en la Sociedad de las Naciones, a la cual durante tanto tiempo había definido como una asociación de antisoviéticos incendiarios de la guerra. No hubo resistencia alguna contra este giro, puesto que casi se imponía por sí solo, y evidentemente se tomaba ya como algo natural que la política de Stalin, según él mismo afirmaba, se orientara "hacia la URSS y sólo la URSS".[17] Si la Unión Soviética no era un Estado común, como Stalin invariablemente lo afirmaba, entonces no se trataba de simple nacionalismo; además, era posible remitirse a Lenin al aprovechar las divisiones y las dificultades del *enemigo imperialista*. Asimismo, Stalin no se comprometía en forma incondicional, sino que trataba de evitar que el lazo con Alemania se rompiera del todo.[18] Por otra parte, en Francia y especialmente en Inglaterra seguía viva la desconfianza hacia la Unión Soviética.

Por lo tanto, el cambio más significativo de la situación se encontraba en la realización del plan leninista de *electrificar*, es decir, industrializar al país por medio del comunismo. Las noticias triunfales sobre la terminación de inmensas construcciones industriales y la información sobre los gigantes del plan quinquenal —como las fábricas de tractores en Stalingrado, el centro siderúrgico de Magnitogorsk, el aserradero Molotov cerca de Arkhangelsk, el centro químico de Stalinsk y los altos hornos de Dniepropetrovsk— al principio despertaron gran escepticismo en Occidente, y además no se carecía de sensibilidad hacia el hecho de que una parte considerable de estas maravillas de la técnica moderna había sido construida mediante el trabajo forzado de cientos de miles de *kulaks* deportados, el hambre de toda la población y la

---

[17] Stalin, *op. cit.*, p. 270.

[18] "Claro, estamos muy lejos de sentirnos encantados con el régimen fascista de Alemania. Sin embargo, el asunto importante aquí no es el fascismo, como lo muestra el hecho de que en Italia, por ejemplo, el fascismo no fue obstáculo para que la URSS estableciera relaciones excelentes con este país" (*idem*, p. 269). Desde el punto de vista de Stalin, el problema radicaba más bien en un giro efectuado por la política de Alemania desde antes de enero de 1938, al abandonar la antigua línea (de Rapallo). En este contexto menciona (¡en enero de 1934!) a Hugenberg y a Rosenberg como defensores particularmente destacados de la nueva línea.

dolorosa muerte de varios millones de campesinos, y hacía que la utilidad del canal que unía el mar Báltico con el Blanco e incluso la de la central eléctrica de Dnieprostroi no estuvieran justificadas del todo. El año 1932 fue el más difícil y sombrío para la Unión Soviética, y es probable que haya que considerar el suicidio de la esposa de Stalin, Nadeshda Alliluyeva, dentro de este contexto, porque provocó que en el interior del partido surgieran movimientos de oposición que señalaban a Stalin como el autor de todas las calamidades. ¿Acaso hubieran podido decretarse medidas más drásticas que la Ley para la Defensa de la Propiedad de Empresas Estatales y Koljoses, que estipulaba la pena de muerte para robos de poca monta? Es posible decir otro tanto de la introducción de pasaportes nacionales a fines de 1932, los cuales dieron pie a otra desigualdad inconcebible en la Europa Occidental, puesto que los campesinos de los koljoses no recibieron pasaportes y de esta manera fueron otra vez atados a la tierra, al igual que sus antepasados. A manera de compensación se brindaba a la población el resurgimiento del nacionalismo y el orgullo de la historia rusa, según lo permitió Stalin desde 1930 cuando en una carta a Demyan Bedny reprochó a este *poeta proletario* que en sus poemas la Rusia del pasado apareciera como "un montón de atrocidades y corrupción".[19] Al poco tiempo, el enfoque marxista del eminente historiador Pokrovski fue sustituido por una valoración mucho más positiva del pasado ruso, incluyendo a varios zares y generales. Términos antes proscritos reaparecieron al decretarse en junio de 1934 una ley para regir la "traición a la patria", la cual castigaba con la muerte cualquier intento de huir de la Unión Soviética y estipulaba para todos los familiares del *traidor* el ingreso a un campo de detención, aunque no hubiesen tenido conocimiento de los planes de aquél.[20]

Por lo tanto, lo que tenía lugar en la Unión Soviética era una industrialización en condiciones propias de una guerra, con base en una doctrina que se hacía llamar marxista. Tanto respecto a su violencia como a su brevedad, formaba un agudo contraste con la Revolución industrial desarrollada a lo largo de muchas décadas primero en Inglaterra y luego en los otros países occidentales. Puesto que su concentración prioritaria en la industria pesada necesariamente significaba que el país de mayor extensión territorial en el mundo estaba adquiriendo un inmenso potencial de armamento, fue inevitable que provocara preocupación y miedo en todo el Occidente, aunque también gozaba de mucha simpatía entre los intelectuales que criticaban la decadencia de los estados occidentales, su alienación, su belicosidad o bien todo el conjunto. Sidney y Beatrice Webb escribieron un libro sobre la Unión Soviética en el que la describieron como "la nueva civilización", y Bernard Shaw sintió que estaba volviendo de una "tierra de la esperanza" a una región

19 *Ibid.*, pp. 13 y 23.
20 Mijail Heller y Alexander Nekrich, *Geschichte der Sowjetunion*, Königstein, 1981, 2 vols., t. I, pp. 247-248.

mundial de la desesperanza al emprender el viaje de regreso de Moscú a Londres.[21]

Algunos hablaban del país de la esclavitud impuesta por el Estado, del neodespotismo a la antigua, y otros de los valores totalmente nuevos que animaban a los obreros rusos, quienes exigían que su trabajo les diera "algo mejor y más grande de lo que puede obtenerse con dinero".[22] Ambos bandos tenían razón a su manera: nunca antes en el mundo se había dado una industrialización como ésta.

Cuando la cosecha de 1933 resultó buena y por fin la población pudo respirar con un poco más de tranquilidad, Stalin estuvo en situación de presentar un balance favorable al 17º Congreso del Partido en enero de 1934, el "Congreso de los Vencedores", en el que confirmaba de manera definitiva algo que no había logrado convencer a todo el mundo cuando en enero de 1933 se refirió con las siguientes palabras a los "resultados del primer plan quinquenal": "No teníamos una industria siderúrgica, fundamental para la industrialización del país. Ahora la tenemos. No teníamos una industria de tractores. Ahora la tenemos... No había fabricación de máquinas-herramientas. Ahora la tenemos... No teníamos una industria aeronáutica. Ahora la tenemos... Todo ello ha ayudado a transformar nuestro país de una nación agraria en una nación industrial."[23] A continuación mencionó cifras para probar que la Unión Soviética había cuadruplicado su producción industrial en comparación con 1913, mientras que Estados Unidos y Francia habían permanecido más o menos en el mismo nivel e Inglaterra y Alemania ni siquiera habían igualado las condiciones de la preguerra.

Por muy cuestionables que fuesen dichas cifras en lo particular, no cabía duda de que había surgido una nueva gran potencia industrial cuyo desarrollo no dependía de los vínculos de la economía mundial, productores de crisis y por ello niveladores, y que precisamente por esta razón estaba encaminada a erigirse en una potencia política y militar a nivel mundial. El "testamento político" plasmado por Hitler en *Mi lucha* había entonces contado realmente con un fundamento sólido incluso todavía en 1926, pese a las aseveraciones hechas por la prensa comunista de ese entonces en el sentido de que la Unión Soviética era una potencia mundial, pero ahora se había vuelto obsoleto. Incluso había buenas razones para temer que en el terreno militar Alemania fuera a rezagarse cada vez más. Aunque Stalin, al presentar su gran informe ante el Congreso del partido, posiblemente no estuviera pensando en el discurso pronunciado por Hitler el 27 de enero de 1932, lo confrontó directamente al tratar la teoría de las razas superiores e inferiores. Indicó:

[21] *Ibid.*, p. 244.
[22] Stalin, *op. cit.*, p. 238. Declaración de R. Robins en una entrevista con Stalin.
[23] *Ibid.*, pp. 160-161.

Es sabido que la antigua Roma veía a los antepasados de los alemanes y franceses de la actualidad en la misma forma en que los representantes de la "raza superior" miran ahora a las estirpes eslavas [...] El resultado fue que los no romanos, es decir, todos los "bárbaros", se aliaron contra el enemigo común y atropellaron a Roma [...] ¿Qué garantías hay de que los políticos y escritorzuelos fascistas de Berlín vayan a tener más suerte que los aguerridos conquistadores de Roma? ¿No sería más lógico suponer lo contrario?[24]

En una entrevista efectuada en mayo de 1933 por Raymond Robins, que desde la Revolución de 1917 venía encabezando una campaña, por fin exitosa, por lograr el reconocimiento de la Unión Soviética en Estados Unidos, Stalin expresó la misma idea en términos más generales al dar la siguiente explicación: "En la cuestión de cómo los obreros de una u otra nación dominan la tecnología no intervienen factores biológicos ni hereditarios, sino que es cuestión del tiempo: si hoy no ha sido dominada, será aprendida y dominada mañana. Cualquiera puede dominar la tecnología, incluso el bosquimán, si se le ayuda."[25] Por el contrario, Hitler había afirmado que la industria de Bohemia había sido construida en su totalidad por alemanes, con lo que pasó por alto que una considerable parte de la industria alemana fue introducida por ingleses entre 1800 y 1850. Por lo tanto, pese a su retorno a la historia rusa, Stalin seguía defendiendo la posición del universalismo basado en el tiempo, mientras que Hitler sostenía la inalterabilidad de las distintas materias raciales. Es altamente probable que Stalin haya tenido razón. Sin embargo, el concepto de la autoafirmación de los *bárbaros* eslavos contra el ataque de las *razas superiores* ya no tenía relación alguna con las ideas de Marx y de Engels, y tal vez fuese una mala señal que entre los políticos burgueses, cuyos planes para la guerra estaban condenados a fracasar, se opinara que Stalin sólo había mencionado el nombre de Churchill. Además, es posible que ya fuera obsoleta su confianza en que también se librarían combates, en caso de una guerra contra la URSS, "en el interior de los países enemigos".[26] La GPU estaba a cargo de que en la Unión Soviética no hubiera enfrentamientos detrás del frente, pero ¿no servía la GPU o la checa de modelo a la Gestapo, al menos en forma objetiva y es probable que también desde el punto de vista de los responsables?

Por otra parte, ¿podía Stalin estar seguro de que la GPU le fuera a obedecer incondicionalmente a él? ¿No había todavía un gran número de trotskistas y bujarinistas en su Estado, que ahora recomendaban el camino de la paz y la conciliación? ¿Qué significaba el hecho de que Kirov, el secretario del Partido en Leningrado, hubiese recibido más votos que él en las elecciones celebradas durante el Congreso?[27] La lealtad personal de Kirov ciertamente estaba del todo

24 Stalin, *op. cit.*, p. 264.
25 *Ibid.*, p. 265.
26 *Idem.*
27 Jean Elleinstein, *Histoire de l'URSS*, París, 1973, t. II, p. 197. También Stalin fue calificado

probada, y durante el mismo Congreso éste llamó a Stalin "el hombre más grande de todos los tiempos y de todos los pueblos".[28] Pero era posible que los enemigos se escudaran detrás de él, y Stalin todavía debía enfrentar a un gran número de enemigos. Probablemente tuvo un sentido oculto lleno de alusiones el hecho de que su telegrama de felicitación respecto a los 15 años de existencia de la GPU, en diciembre de 1932, no calificase la "labor del exterminio de los enemigos del proletariado" de acabada, sino de "complicada".[29]

Se había destruido a los *kulaks*, pero Stalin creó un nuevo blanco para la hostilidad del partido en forma de los "jefes de almacén, directores de cultivos, contadores, secretarios, etcétera" de los koljoses, según él compuestos en gran parte por representantes de los "de antes", de las "clases moribundas".[30] Es muy factible que haya guardado rencor a los miembros del Politburó y del Comité Central que le habían impedido fusilar a los *enemigos del partido* escondidos dentro de éste mismo. Desde hacía casi una década se alzaban estatuas suyas en todo el país, una interminable serie de discursos aduladores lo aclamaban como el "gran líder de los pueblos", ciudades importantes y un sinnúmero de calles portaban su nombre, pero no sería gobernante único en forma definitiva mientras aún tuviese enemigos dentro del partido.

Durante la primera mitad de 1934, Hitler tampoco era gobernante único todavía, pero la forma resuelta en que a continuación se deshizo de sus enemigos parece haberle causado gran impresión a Stalin. La omnipresencia en la Alemania nacionalsocialista de retratos que presentaban a Hitler al lado de Federico el Grande, Bismarck y Hindenburg, como el hombre que había consumado la unificación nacional, era una simple imitación del modelo soviético, en el que se retrataba a Stalin al lado de Marx, Engels y Lenin como el paladín de la clase obrera. Sin embargo, el caso Röhm erigió por primera vez a Hitler en modelo para Stalin, al menos de manera objetiva y es probable que también desde el punto de vista de éste.

## 2. EL "GOLPE DE RÖHM" Y EL ASESINATO DE KIROV, 1934

Ernst Röhm, jefe del Estado Mayor de la SA, no era un simple secuaz de Hitler; durante la época inicial de éste en Munich, había figurado entre sus protectores y como uno de los oficiales más poderosos del Ejército del Reich. La SA no constituía una simple "división" del NSDAP, sino que, hasta el 30 de enero de

---

sólo de *secretario*, al igual que Kirov, Kaganovich y Schdanov, lo cual difícilmente pudo deberse a un descuido (Leonard Schapiro, *Die Geschichte der Kommunistischen Partei der Sowjetunion*, Francfort, 1961, p. 422).

[28] Heller y Nekrich, *op. cit.*, t. I, p. 238.
[29] Stalin, *op. cit.*, p. 141.
[30] *Ibid.*, pp. 205 y 185.

1933, encarnaba a ojos del público el partido visible y activista en sí; después de esta fecha, los uniformes pardos formaron la mancha dominante de color en el levantamiento nacional y con mayor razón de la revolución nacionalso-cialista. No obstante, estas tropas de combate del partido gubernamental no remplazaron al ejército viejo, como lo había hecho la Guardia Roja en la Rusia soviética, y Hitler estaba lejos de querer llevar a cabo una guerra de exterminio contra el poder armado del Estado, de acuerdo con el ejemplo de Lenin. La situación era muy diferente, porque el Ejército del Reich había superado desde hacía mucho tiempo las consecuencias de la guerra y ningún político podía tomar el poder en Alemania contra su voluntad. La SA, a su vez, en principio no sentía hostilidad hacia el Ejército del Reich, porque su cuerpo de mando también consistía en gran parte, al igual que el de éste, en oficiales de la Guerra Mundial y miembros del cuerpo de voluntarios, sólo que en otras proporcio-nes. Por lo tanto, era en igual medida un producto de la experiencia positiva de la guerra, cuyos representantes rusos habían sido vencidos por la embestida de las masas que odiaban la guerra o al menos la guerra del Zar y de los terratenientes. Con todo, la SA era una fuerza que no creía que la revolución nacionalsocialista hubiera acabado el 14 de julio de 1933. Entre sus filas se hablaba de una segunda revolución, la cual debía eliminar a los todavía numerosos reaccionarios incrustados en las fuerzas armadas y la economía y crear un ejército popular nacionalsocialista, con Ernst Röhm como ministro de Guerra. De esta manera, la SA se presentaba como una nueva manifestación de la izquierda o de la tendencia socialista dentro del NSDAP, y no resultaba casual que Otto Strasser tuviese muchos buenos contactos con altos diri-gentes de esa institución. Todo ello no significaba, ciertamente, que hubiese hostilidad hacia Adolfo Hitler; antes bien se creía tener la obligación de liberar al *Führer* de la alianza con la reacción a la que había accedido con tal de alcanzar el poder.

Nada pudo ser más natural que el establecimiento de una alianza informal entre los amenazados: el Ejército del Reich bajo el ministro Blomberg y su jefe del Estado Mayor Reichenau, los nacionalistas alemanes del gabinete encabe-zados por Papen y los industriales bajo la dirección de Krupp y Thyssen. De los ministros nacionalsocialistas, Göring y Frick se colocaron por convicción del lado de los adversarios de la SA; Goebbels parecía indeciso. Al anunciar el "fin de la revolución" en julio de 1933, Hitler tomó una decisión preliminar, pero siguió empeñado en mediar entre los dos grupos y se reservó el arbitraje en el conflicto. No obstante, mientras que al principio el Ejército del Reich no tomó ninguna medida, la SA experimentó una expansión extraordinaria en 1933: se incorporó la organización Casco de Acero, sometió a las universidades mediante la instalación de Secciones Universitarias de la SA, creó su propia Policía Militar de la SA y en muchos lugares dispuso guardias armadas de plana mayor, con frecuencia en relación con campos de asistencia social administrados por ellos mismos. En julio se llegó a un arreglo provisional entre el Ejército del Reich y la SA: el líder superior de grupo, Friedrich Wilhelm Krüger, fue nombrado jefe de instrucción, lo cual convirtió a la SA en el organismo director de todo lo relacionado con la instrucción paramilitar. Las unidades de la SA en el este del país vieron realizado un objetivo al que aspiraban desde hacía mucho tiempo: obtuvieron acceso a los depósitos de armas de la policía fronteriza. En total, las fuerzas de la SA sumaban aproximadamente cuatro millones de hombres hacia fines de 1933. La organización contaba, por lo tanto, con un punto de partida con el que los comunistas no hubieran podido ni soñar al hacer sus llamamientos para la guerra civil. Sin embargo, por lo general aún se consideraba que el Ejército del Reich era más fuerte.

Mas, ¿por cuánto tiempo seguiría siéndolo? ¿No ejercería un peso decisivo, a final de cuentas, la simple cantidad numérica? ¿Sería Hitler acaso, como se afirmaba entonces en los círculos nacionalbolcheviques, el Kerenski de la revolución alemana o el más importante de sus líderes girondinos? Con mayor razón y haciendo referencia a Mussolini hubiera sido posible afirmar que todas las analogías basadas en la historia revolucionaria anterior estaban equivocadas, porque se trataba de un tipo de revolución nuevo y por ende distinto, el fascista.

A comienzos de 1934, Hitler no enfrentaba una situación fácil. Las esperanzas de un levantamiento nacional de duración milenaria no se habían realizado ni por asomo porque la reducción del desempleo lograda principalmente con medidas administrativas avanzaba muy lentamente, y los comienzos del enfrentamiento con la Iglesia así como la prohibición de viajar a Austria provocaban mucha desazón. Los salarios reales bajaban en lugar de aumentar. Goebbels tuvo que echar a andar una campaña propagandística contra los "descontentos y derrotistas", que gozaban de plena libertad de expresión. La SA se encontraba inquieta y extensos círculos conservadores estaban insatisfechos. El nombramiento de Röhm, junto con Hess, para ministro del Reich sin cartera el 1 de diciembre de 1933, sólo podía considerarse como un premio de consolación. Sin embargo, Röhm empezó a desplegar actividades diplomáticas; se reunió, entre otros, con el embajador francés François Poncet, y el 18 de abril pronunció un gran discurso ante el cuerpo diplomático y la prensa extranjera en Berlín, en el que afirmó:

[...] La SA se erige como un firme baluarte contra la reacción, el espíritu burgués y la hipocresía, ¡porque encarna todo lo que implica el concepto revolucionario! [...] La revolución nacionalsocialista en Alemania significa la irrupción de una nueva ideología. El carácter racial de su asunto básico, la comunidad del pueblo, prueba que el nuevo nacionalismo idealista alemán no tiene deseos de conquista, sino que vuelve sus energías hacia el interior [...][31]

31 *UuF*, t. X, p. 152.

En esto estribaba el punto decisivo. Los diplomáticos extranjeros de ninguna manera temían a Röhm tanto como lo hacían los conservadores alemanes, porque la transformación del Ejército del Reich en una milicia hubiera retrasado y quizá incluso impedido un rearme efectivo. A su vez, la canción de Horst Wessel, convertida en parte del himno nacional, atacaba a la reacción, y la interpretación pacífica de la doctrina racial, concentrándose en la situación política interior, era manejada con frecuencia por Hitler, si bien el rearme rápido y eficiente constituía, por el momento, el punto más importante en su programa, y no permitía que nadie lo pusiera en peligro. Por otra parte, aunque no se hubiera sentido presionado por el tiempo, es muy poco probable que Hitler hubiese apoyado a Röhm, porque en conjunto el partido de ninguna manera era revolucionario en el sentido dado por Röhm a esta palabra; además, Hitler no ignoraba el hecho de que numerosos comunistas se habían integrado a la SA, posiblemente con la esperanza de poder conducir una revolución de este organismo hacia un trastorno social aún más completo. Hitler podía contar con el apoyo de los subordinados de Röhm, Himmler y Lutze; de suyo, Göring y la Gestapo estaban de su lado. El Ejército del Reich difundía noticias inquietantes acerca de los supuestos preparativos de la SA para la rebelión, y en el centro de esta red se encontraba el partidario más confiable de Hitler entre los altos oficiales, el general Von Reichenau. No obstante, al parecer le costó mucho a Hitler llegar a tomar una decisión definitiva.

A comienzos de junio aún sostuvo una larga conferencia con Röhm, en la que aparentemente le sugirió que se fuera de vacaciones. Röhm lo hizo e incluso dispuso vacaciones generales para toda la SA, pero el 8 de junio emitió una orden del día de tono amenazador en que —torpeza increíble— no mencionaba el nombre de Hitler. Sí mencionaba, en cambio, a los enemigos de la SA y las esperanzas inútiles que animaban a éstos, y terminaba con la patética frase: "La SA es y será el destino de Alemania."[32]

El 17 de junio se estableció un importante contrapunto independiente de Hitler. El vicecanciller Von Papen pronunció un discurso en Marburgo por invitación de la Liga Universitaria, en el que habló de la "escoria" producida por la situación revolucionaria, se opuso de nueva cuenta a la pretensión totalitaria anticristiana y previno contra la división del pueblo entre espartanos e ilotas. Las frases decisivas fueron las siguientes:

> Quien entretenga tales ideas [de una segunda revolución], no debe pasar por alto que a una segunda ola es fácil que le siga la tercera; quien amenace con la guillotina será el primero en caer bajo su cuchilla [...] Se habla mucho sobre la inminente socialización. ¿Hemos experimentado una revolución antimarxista para poner en efecto el programa del marxismo? [...] Ningún pueblo puede permitirse el eterno

[32] *Ibid.*, p. 157.

levantamiento desde abajo si pretende subsistir ante la historia [...] El dinamismo eterno no permite dar forma concreta a nada. Alemania no debe convertirse en un tren con destino desconocido del que nadie sabe cuándo se detendrá [...][33]

Hitler no interpretó este discurso como una manifestación de apoyo sino como un desafío. Fue prohibida su reproducción y se arrestó al autor, Edgar Jung, antes un eminente paladín de la *revolución conservadora*. Hitler decidió llevar a cabo una guerra de dos frentes.

El 28 de junio convocó para una asamblea de los dirigentes de la SA en Bad Wiessee y anunció su propia presencia en ella. El 30 de junio voló de Hangelar a Munich después de haber efectuado una visita a Essen junto con Goebbels y Lutze. Justo antes le llegaron muchas noticias sensacionalistas, entre ellas una acerca de un atentado planeado en su contra por el portaestandarte Uhl y sobre los preparativos para un levantamiento efectuados por Ernst, el líder de la SA de Berlín (quien en realidad estaba a punto de salir en su viaje de bodas). Aún no se ha determinado hasta qué punto Hitler tomó en serio estas noticias y dejó que influyeran en su proceder. Como sea, en cuanto llegó a Munich fueron arrestados varios jefes de la SA y en Wiessee se detuvo a Röhm, quien fue tomado completamente por sorpresa, así como a sus partidarios más importantes. Un camión transportó a los prisioneros a la cárcel de Stadelheim. En el camino fueron arrestados otros jefes de la SA que se dirigían a Wiessee. El ministro de Justicia de Baviera, Frank, al principio tranquilizó a Röhm señalando que se encontraba en un palacio de justicia, pero al recibir un recado firmado por Hitler entregó 19 hombres a la SS, que los fusiló en el acto. Se concedió a Röhm la oportunidad de suicidarse; cuando no la aprovechó, fue muerto el 1 de julio por Theodor Eicke, segundo comandante de Dachau y posterior inspector de los campos de concentración. Mientras tanto, en Berlín, Göring y Himmler habían ampliado sus órdenes por cuenta propia y también Gregor Strasser y los generales Von Schleicher y Von Bredow fueron fusilados. Entre las víctimas figuraban asimismo dos colaboradores de Papen, Von Bose y Jung; incluso el propio vicecanciller fue recluido en su casa.

Hitler recibió telegramas de agradecimiento de Blomberg y Von Hindenburg. El 3 de julio fue emitida la Ley sobre Medidas Tomadas en Legítima Defensa del Estado, en la que se declaraba que las medidas aplicadas el 30 de junio así como el 1 y 2 de julio, a fin de derrotar varios ataques de alta traición y de traición a la patria, habían sido "legítimas como defensa del Estado". En su discurso del 13 de julio ante el Reichstag, Hitler presentó la siguiente explicación:

Si tres culpables de alta traición conciertan y llevan a cabo en Alemania una entrevista con un estadista extranjero, calificada por ellos mismos de "oficial", asisten a ella en ausencia de cualquier miembro de su personal y me la ocultan

---

[33] *Ibid.*, pp. 157 y ss.

mediante órdenes estrictas, entonces los mandaré fusilar, aunque sea cierto que en una junta sustraída de esta manera a mi conocimiento sólo se haya hablado, supuestamente, sobre el tiempo, las monedas antiguas y otros temas semejantes.[34]

Se trató de una justificación inaudita para un suceso inaudito. La legislación de cualquier país castiga la traición a la patria, muchas veces con la muerte, ¡pero sólo tras realizar un procedimiento judicial! La SA había asesinado a cientos de adversarios desde el 30 de enero, pero se hablaba de excesos y la mayoría de las veces intervenía la justicia. En la Unión Soviética se había destruido a millones de *enemigos*, pero los culpables se remitían al *derecho revolucionario* y recibieron aplauso incluso en los antiguos estados constitucionales. Pero nunca antes en la historia moderna se había perpetrado una matanza de esta naturaleza dentro del gobierno de un Estado, ni siquiera en la Unión Soviética. La acusación de homosexualidad y orgías preparada con la idea de provocar la indignación del gran público, y falsa, era aún más difícil de tomar en serio que la de conspiración, la cual por lo menos no era del todo inverosímil, ni siquiera respecto al general Von Schleicher. Asimismo, se agregaron circunstancias sumamente agravantes. Varios hombres habían sido fusilados por venganza o como escarmiento, aunque carecían de toda relación con la SA o con los posibles planes de los círculos conservadores: Gustav von Kahr de 73 años de edad, el presidente de la Acción Católica, Klausener, y la mujer de Von Schleicher, que murió al lado de su esposo. En realidad no se aprecia ninguna diferencia entre este proceder y los fusilamientos de masas llevados a cabo después de los atentados perpetrados contra Lenin y Uritski, y en este caso ni siquiera es posible poner como pretexto una apremiante situación de guerra civil. Había surgido en el centro de Europa un régimen que no sólo mataba a sus adversarios políticos sin consideraciones para sus familiares y sin procedimientos judiciales, sino que era capaz de cometer un derramamiento masivo de sangre a fin de destruir a la oposición dentro del propio gobierno. También respecto al régimen nacionalsocialista era posible afirmar ahora que el fusilamiento constituía el alfa y omega de sus recursos gubernamentales.[35]

Si uno no quiere limitarse a usar el término "banda de criminales", como durante muchos años lo hicieron los emigrantes rusos respecto a los bolcheviques, sólo es posible encontrar una explicación digna de tomarse en serio, la cual fue dada por el propio Hitler en un discurso ante el Reichstag:

En ese momento yo era el responsable del sino de la nación alemana y representaba, por ende, la suprema autoridad jurídica del pueblo alemán. Desde tiempos inmemoriales, divisiones amotinadas han sido sometidas nuevamente al orden por medio de purgas. *Un solo* Estado no recurrió a los artículos de su código militar y por ese

---

[34] *Ibid.*, p. 219.
[35] *Cfr.* p. 106.

motivo se desmoronó: Alemania. No quise condenar al joven Reich al mismo destino que sufrió el viejo.[36]

No obstante, aunque se dé por probado que los dirigentes de la SA pretendían en efecto desobedecer a Hitler, era condición de dicho argumento que existiese un estado de guerra. Por lo tanto, las palabras del propio Hitler revelaron a su régimen como un régimen en estado de guerra, aun en tiempos de paz.

Y fue justo en ese momento cuando Hitler logró instalar, debido a la muerte del presidente del Reich, Von Hindenburg, una autocracia como Mussolini nunca pudo alcanzar y que ni siquiera Stalin poseía en ese momento, ni formal ni efectivamente. Además, el ministro de Guerra del Reich, Von Blomberg, acabó con la autonomía interna del Ejército del Reich por medio de un cambio casi golpista del juramento a la bandera.

El 1 de agosto de 1934, un día antes de la muerte de Hindenburg, el gobierno decidió unir el cargo de presidente con el de canciller del Reich, aunque ni siquiera la Ley de Plenos Poderes servía de fundamento para tal acción. Aún más importante resultó la nueva fórmula de juramento impuesta por el gobierno mediante Blomberg, la cual comprometía a las fuerzas armadas a guardar fidelidad personal hacia el "líder del Reich y del pueblo alemanes, Adolfo Hitler". En este sentido también se trataba de un cambio ilegal y por lo tanto revolucionario. No obstante, la prestación del juramento personal se vinculaba con la tradición monárquica y fue aceptada de buen grado por los oficiales. El hecho de que se trataba de una especie de trueque se hizo evidente cuando el 20 de agosto Hitler dirigió una carta de agradecimiento a Blomberg, en la que prometía solemnemente que "en cumplimiento del testamento del difunto mariscal general" consideraría siempre como su máximo deber "cimentar al Ejército como el único portador de armas de la nación".[37]

De esta manera, en cierto modo Hitler estaba dando a las fuerzas armadas una garantía contra determinadas tendencias dentro de su propio partido, pero él mismo pudo erigirse en un autócrata como no se había visto nunca en la historia del Reich alemán: no era un monarca sustituto, como Hindenburg supuestamente lo había sido durante el periodo de Weimar, sino un supermonarca, justamente "*Führer* [líder] del Reich y del pueblo alemanes", dueño de facultades ilimitadas.

Ni siquiera se hizo acompañar ya por un vicecanciller. Pese a la profunda humillación que había sufrido, Von Papen aceptó el cargo de enviado extraordinario a Viena, con la misión de mitigar las consecuencias del atentado nacionalsocialista llevado a cabo el 25 de julio de 1934 contra el canciller federal Dollfuss, las cuales consistían sobre todo en un grave conflicto con

[36] *UuF*, t. X, p. 218.
[37] *Ibid.*, p. 282.

Mussolini. Sólo es posible explicar el comportamiento del Ejército del Reich en el sentido de que veían en Hitler a "su hombre", que estaba garantizando la realización de su máximo deseo: la conquista de la "libertad militar". De hecho, ya no existía fuerza alguna que hubiera sido capaz de oponerse a un rearme más intenso y eficiente. El incremento de las tropas a 300 000 hombres, que Schleicher había proyectado concluir en 1938, fue adelantado por Hitler para el otoño de 1934. Todavía transcurrió algún tiempo antes de que el alto mando de las fuerzas armadas comprendiera que la realización extraordinaria de los deseos conlleva peligros para el que desea: había desaparecido, en efecto, el concepto de la milicia nacionalsocialista, pero la afluencia de las masas modificó el rostro de las propias fuerzas armadas y las hizo perder su antigua solidez. Además se comenzaron a formar unidades armadas de la SS, en violación de la promesa recibida, y resultaba probable que en un tiempo no muy lejano el ejército tuviese que enfrentar a un nuevo rival.

Las medidas tomadas por Hitler contra la SA fueron acogidas, sorprendente-mente, con mucho aplauso por el pueblo alemán, al parecer porque dichas tropas del partido habían sido vistas como una fuerza amenazadora y revolucionaria. Con todo no se carecía de sensibilidad ante las implicaciones del hecho de que tras un año y medio de la revolución nacionalsocialista, Hitler se había apoderado por completo hasta de la cúspide del Estado, sustrayéndose prácticamente a todo control. Cuando el 19 de agosto fue sometida a la votación del pueblo la Ley de Sucesión, 4.5 millones de personas, más de 10% de los electores, votaron en su contra, a pesar de múltiples trucos y maniobras. Era un resultado sin igual en cualquier Estado totalitario y en ausencia de toda propaganda legal de oposición.

No fue sorprendente que un gran número de observadores de todo el mundo juzgara el caso Röhm como una fuerte sacudida para el régimen nacionalsocialista, es más, incluso como el principio del fin para éste. Sin embargo, Stalin no figuraba entre ellos. De acuerdo con el informe de Walter Krivitski, posteriormente director del Servicio Secreto Militar de la Unión Soviética en Europa Occidental, Stalin quedó "profundamente impresionado por la forma en que Hitler eliminó a su oposición, y estudió hasta en los detalles más insignificantes cada uno de los informes relacionados con los sucesos de aquella noche que nuestros agentes enviaron desde Alemania".[38] Según Kri-vitski, su jefe, el general Bersin, jefe supremo del servicio secreto, salió de la junta del Politburó en la que fue tratado dicho acontecimiento con la tesis propuesta por Stalin de que los sucesos en Alemania no anunciaban de ningún modo el desmoronamiento del régimen nazi; antes bien conducirían, por el contrario, a una consolidación del régimen y al fortalecimiento de Hitler.[39]

---

[38] Walter G. Krivitski, *op. cit.* (nota 214, capítulo II). Krivitski es un testigo fidedigno también por el hecho de que, al poco tiempo de pasarse al bando occidental, es decir, al estadunidense, fue asesinado por agentes de la NKWD en Nueva York.

[39] *Ibid.*, p. 18.

Debido a esto y a las revelaciones hechas por Jruschov en el 20º Congreso del Partido, ya no es posible dudar de que el asesinato de Kirov, ocurrido el 1 de diciembre de 1934, fue ordenado por el propio Stalin,[40] que creó así las condiciones necesarias para efectuar una purga del partido que habría de imitar el ejemplo hitleriano hasta en los detalles verdaderamente microscópicos.

Con todo, las cosas tuvieron un comienzo completamente distinto en la Unión Soviética que en Alemania. En el caso de esta última, la aparente unidad del levantamiento nacional triunfante reveló, mediante una sangrienta explosión, el choque entre conceptos y tendencias irreconciliables que tenía lugar en su interior. Por el contrario, en la Unión Soviética, después de un largo enfrentamiento por fin pareció surgir algo similar a una reconciliación en 1934, la reconciliación entre la mayoría del partido y la oposición que durante todo este tiempo habían debatido sobre el enfoque adecuado que debía darse al socialismo en un país, sobre la revolución internacional, sobre los campesinos y ante todo sobre la industrialización del país. Este debate culminó en 1932 con la llamada "plataforma de Riutin", la cual señalaba a Stalin como el único culpable de la catastrófica situación del país. Éste de buen grado hubiera respondido con sentencias de muerte, de haber podido imponerse; sin embargo, aún estaba demasiado presente el legado de Lenin de que los bolcheviques por ningún motivo debían repetir el error de los jacobinos, entregándose a una guerra de exterminio entre sí; por eso no fue pronunciada una sola sentencia de muerte durante los intensos conflictos tanto con los trotskistas como con los zinovievistas. Para ejecutar a un camarada del partido, como a Blumkin, por ejemplo, asesino del conde Mirbach, que desde hacía algún tiempo había vuelto a desempeñar un papel importante, debían mediar circunstancias que pudieran interpretarse como "traición a la patria" o algo semejante. Hasta Trotski fue sólo desterrado. Riutin, en cambio, sólo pareció constituir la punta de un iceberg. La GPU había advertido una y otra vez que precisamente entre la juventud estaban difundiéndose ciertas tendencias que pretendían continuar la tradición de la Narodnaya Volya y otras organizaciones terroristas. En 1934, Ivan Solonévich se encontró con estudiantes de tales inclinaciones en un campamento penitenciario del extremo norte; eran hijos de altos funcionarios del partido que con toda franqueza describieron su intento de asesinar a Stalin mientras éste asistía al teatro.[41] Al parecer, Kirov figuraba entre los opositores más resueltos de la pena de muerte para los autores intelectuales, por la que Stalin abogaba, aunque indudablemente era

[40] Jruschov no hace referencia expresa a Stalin, sino sólo habla de que mediante el asesinato posterior de los responsables de la NKWD "se" pretendió borrar las huellas de quienes organizaron el asesinato de Kirov. Sin embargo, el sentido otorgado a sus palabras por el público resulta del todo evidente en la "conmoción" descrita por la crónica del hecho ("Chruschtschows historische Rede", *Ost-Probleme*, año 8, 1956, pp. 867-897 y 875).

[41] Iwan Solonewitsch, *Die Verlorenen. Eine Chronik namenlosen Leidens*, segunda parte: *Flucht aus dem Sowjetparadies 1934*, Berlín, Essen y Leipzig, 1937, pp. 150 y ss.

un leal partidario del secretario general y le había hecho grandes servicios como sucesor de Zinóviev en Leningrado. Desde el verano de 1933, la situación se relajó considerablemente, sobre todo debido a la perspectiva de una buena cosecha. Ya nadie podía poner en duda que de hecho el primer plan quinquenal había concluido, en buenos términos, en un plazo de cuatro años, y aumentó la confianza de que en el futuro ya no haría falta que millones de personas muriesen de hambre para que se pudieran realizar los grandes objetivos del partido y del Estado. Por el contrario, pareció anunciarse la posibilidad de reducir la velocidad del desarrollo y de aliviar en forma perceptible la situación de la población. Ni siquiera Stalin parecía ajeno a este estado de ánimo, y en el 17º Congreso del Partido la palabra fue cedida a varios ex miembros de la oposición, entre ellos a Kámenev. Al mismo tiempo Máximo Gorki, que gozaba de gran influencia con Stalin en ese tiempo, dedicaba grandes esfuerzos a lograr la reconciliación de éste con los intelectuales del partido y a apoyar el "liberalismo" de Kirov. El entorno inmediato de Stalin, en cambio, encabezado por Kaganóvich y Yeshov, se oponía a dicha tendencia y procuraba alimentar la desconfianza que llevaba a Stalin a percibir la actividad de *enemigos* por doquier. Es probable que esta desconfianza haya sido despertada de nuevo cuando en noviembre de 1934 el pleno del Comité Central decidió adelantar la transferencia de Kirov de Leningrado a Moscú, resuelta ya por el Congreso del partido, a fin de que iniciara sus actividades como secretario del partido al lado de Stalin.

El 1 de diciembre de 1934 Kirov fue muerto de un tiro en su residencia oficial de Leningrado, el Smolni, por Nikolayev, un joven comunista. Stalin se trasladó a Leningrado de inmediato, a fin de dirigir personalmente la investigación. No tardó en mostrarse que los hombres de la NKWD (como desde hacía poco se llamaba la GPU) habían descuidado sus deberes, es decir, la protección de Kirov, de una manera muy extraña. Con todo sólo fueron sentenciados a penas leves o murieron en accidentes de tránsito. El propio Nikolayev era un camarada que había rendido muchos servicios al partido, pero que desde hacía bastante tiempo se contaba entre los descontentos, porque le molestaba la creciente burocratización y lamentaba la pérdida de las relaciones personales vivas dentro del partido que habían caracterizado los años de lucha de la guerra civil y el primer tiempo después de ella. También él emprendió, a raíz de esto, la vuelta a un pasado más remoto, enfrascándose en la literatura de los terroristas rusos del siglo XIX. Todo parecía indicar que no había tenido cómplices, aunque con frecuencia había conversado con algunos ex miembros de la oposición, según reveló su diario, que no ocultaban su actitud crítica hacia la política actual de los dirigentes del partido. Sin embargo, Kirov mismo había tratado con indulgencia a los restos de la oposición zinovievista, con la intención de volver a atraerlos al régimen; permitió, por ejemplo, que regresara a Leningrado uno de los opositores más antiguos y tenaces, David

Riatsanov, editor de las obras completas de Marx y Engels. ¿Figuraría, no obstante, el sucesor de Zinóviev entre los traidores a la revolución, desde el punto de vista del desilusionado ex comunista? ¿Quién hubiera podido tener interés en dejar sin protección al paladín del liberalismo estalinista (como sería posible definirlo), entregándolo, por así decirlo, al revólver de su adversario? ¿De veras serían los opositores críticos, o más bien el propio Stalin, quien andaba en busca de un pretexto para acabar por completo con sus viejos adversarios? Hoy ya no es posible mantener dudas al respecto, si bien aún se desconocen algunos detalles del asunto, el cual también en este sentido muestra un parecido evidente con el caso del incendio del Reichstag.

Ciertamente era posible una tercera explicación: que una potencia extranjera le hubiese guiado la mano a Nikolayev. Sobre todo Radek defendió la tesis de la "mano de la Gestapo", la cual tenía la ventaja de sacar de la línea de tiro a la antigua oposición y de evitarles preguntas demasiado peligrosas. De hecho, el deshielo no llegó a su fin de inmediato, si bien se intensificó la diatriba interna del partido contra la oposición e incluso se entabló un primer juicio contra Zinóviev y Kámenev, el cual resultó en penas de prisión para los acusados. Se mantuvo en secreto la directiva del partido emitida el día del atentado, la cual ordenaba apresurar de inmediato los juicios entablados contra todos los acusados de preparar o realizar actos terroristas. Por lo pronto esta disposición sólo fue aplicada, en forma de una auténtica "carta de ilegalidad", a los Guardias Blancos detenidos.[42]

Pero más importante fue que Stalin sospechara que Kámenev, quien le había ocultado mucho durante una conferencia personal que concluyó con muestras de sumisión absoluta por parte de éste. A todas luces Stalin juzgaba dicho silencio como un crimen digno de castigarse con la muerte, al igual que Hitler respecto a Röhm. No obstante, después del asesinato de Kirov, Stalin se limitó a preparar el terreno para la gran purga, aunque al principio pareció continuar la política de la atenuación y la conciliación. Fueron tomadas las primeras disposiciones encaminadas a adoptar una nueva constitución, la "más democrática del mundo", con la colaboración importante de Bujarin. Incluso se permitió que éste viajara a París, donde sostuvo con Boris Nikolayevski las largas conversaciones de las que derivó aquella "Carta de un viejo bolchevique" a la que se debe la mayor parte de la información sobre la situación soviética en torno al asesinato de Kirov.[43] En efecto, Stalin acababa de imponer, de manera definitiva, un giro en la política exterior que implicaba colaborar con las potencias occidentales, y una gran cantidad de publicidad negativa en la prensa occidental hubiera perjudicado mucho la consecución de esta meta.

[42] Schapiro, *op. cit.* (capítulo III, nota 27) p. 425.
[43] Janet D. Zagoria (comp.), *Power and the Soviet Elite. "The Letter of an Old Bolshevik" and other Essays by Boris I. Nicolaevski*, Londres, 1966, pp. 26-65. Me he basado principalmente en este texto.

## 3. LA POLÍTICA MUNDIAL, 1935-1936

Al hacerse cargo Trotski de la Comisaría de Relaciones Exteriores en 1917, estaba convencido de que su tarea consistiría principalmente en "cerrar el negocio", porque de ahí en adelante dejaría de existir la política exterior en el sentido tradicional. Según él, la política interior de la Rusia soviética, es decir, la derrota del capitalismo, se erigiría a la brevedad en el verdadero contenido de la política mundial, conforme el proletariado erradicara el capitalismo primero en toda Europa y luego en el mundo entero. Las opiniones de Hitler eran contrarias a las de Trotski, pero tampoco para él existía una separación clara entre política interior y política internacional. La mayoría de los europeos lo veía a él y a su régimen como la punta de lanza del revisionismo alemán y, por lo tanto, como una fuerza que amenazaba la paz; entre más énfasis ponía en su voluntad para conservar el estado de paz o entre más convincente era la descripción hecha por Rudolf Hess, por ejemplo, de los horrores de la guerra,[44] más se incrementaban las posibilidades de que la "liberación de las cadenas de la tiranía de Versalles", sin duda una de sus principales metas en el ámbito de la política internacional, pudiera lograrse por vías pacíficas, mediante una simple presión ejercida por el Reich una vez recuperadas sus fuerzas. Mas los discursos pacíficos y las declaraciones diplomáticas no eran los únicos elementos significativos. Puesto que Alemania, la nación grande del centro de Europa, estaba estrechamente vinculada con el resto del mundo y de ningún modo podía cerrar sus fronteras en forma casi hermética como lo había hecho la Unión Soviética, todo lo que sucedía en el ámbito de su política interna tenía que producir repercusiones directas o indirectas en la política internacional. Los partidos proscritos u obligados por Hitler a disolverse subsistían, en una u otra forma, en el resto de Europa, y hubiera sido extraño que no surgiesen sentimientos de solidaridad con ellos. Incluso, algunos de los partidos alemanes seguían vivos como tales, con las modificaciones históricas pertinentes, en otros territorios de habla alemana como el centro, en Austria y en la región del Saar, y la socialdemocracia en Checoslovaquia e incluso en Dantzig, pese al gobierno de los nacionalsocialistas. Si los mencheviques rusos habían hecho una contribución fundamental a la posición antibolchevique adoptada por los partidos socialdemócratas de Europa después de 1918, ¿cómo no iba a ejercer una influencia semejante sobre los otros partidos de la Internacional Socialista de los Obreros la presidencia emigrada del SPD en Praga? Sin embargo, en lo que se refiere a las iglesias y los cultos, los sentimientos de solidaridad y por ende las repercusiones internacionales fueron aún más fuertes que en el caso de los partidos.

[44] *Weltgeschichte der Gegenwart in Dokumenten 1934-1935*, primera parte, editado por Michael Freund, pp. 65 y ss. (Discurso pronunciado con motivo de la asamblea del distrito de Prusia Oriental en Königsberg, 8 de julio de 1934.)

Por otra parte, en las iglesias era mucho más marcada cierta ambivalencia que se hacía notar incluso en algunos de los partidos, como el Partido Socialcristiano de Austria, por ejemplo, que era adversario de la socialdemocracia, al igual que el NSDAP, y aliado de Mussolini, como Hitler deseaba serlo. Tanto para la Iglesia católica como para la protestante, el nacionalsocialismo representaba por una parte una amenaza, y por otra una promesa.

Al principio, la Iglesia católica fue la más sensible a la amenaza contenida en el Artículo 24 del programa del partido, el cual vinculaba el "cristianismo positivo" del partido al "sentido de la ética y la moral propio de la raza germana". Esto ponía en entredicho el carácter absoluto y el universalismo de la doctrina cristiana, y resultó lógico que hasta 1933 la Iglesia prohibiera a sus fieles militar en el NSDAP. Por otro lado, existían buenos motivos para que la Iglesia católica simpatizara con el levantamiento nacional, y dicha prohibición fue suspendida en marzo de 1933, aunque con inquietud evidente. El Concordato del 20 de julio de 1933 nació de estos sentimientos contradictorios: la Iglesia renunciaba al catolicismo político a fin de obtener una sólida posición jurídica para la defensa del núcleo religioso. Para Hitler, a su vez, el reconocimiento por parte de la potencia internacional del Vaticano representaba un gran éxito en la arena de la política internacional, el cual le valió más respeto que la prórroga del Tratado Germano-Soviético de Neutralidad en mayo y que la firma provisional del Pacto de los Cuatro en junio. Sin embargo, en 1934 y 1935 se produjeron graves tensiones, manifiestas principalmente en la lucha de la Iglesia contra el "mito del siglo XX" de Alfred Rosenberg y el "neopaganismo". Con todo siempre se conservó el factor de la afinidad patriótica y anticomunista, el cual demostró su eficacia no sólo en el plebiscito acerca de la cuestión del Saar efectuado en enero de 1935, sino asimismo en un sinnúmero de sermones que hizo de los campos de concentración soviéticos el blanco de sus ataques, aunque implícitamente siempre se refiriesen también a los alemanes.

Entre los protestantes, tanto la afinidad como la oposición eran de otra índole. Estaban mucho más abiertos que los católicos a las corrientes del pensamiento moderno y por lo tanto también a las ideas nacionalistas y populistas, pero por otra parte tenían una relación mucho más íntima con el Antiguo Testamento. Las tendencias a la renovación, marginadas dentro de la Iglesia católica, llegaron a constituir una fuerza muy grande dentro de las iglesias protestantes nacionales en forma de los cristianos alemanes, que entendían el nacionalsocialismo como una "segunda Reforma", en la cual se repetía la hazaña del "varón alemán Lutero". La resistencia con la que se toparon era ortodoxa y en cierta forma reaccionaria, porque estaba dirigida contra la democratización y la parlamentarización y, por ende, contra la centralización, todas aspiraciones de los cristianos alemanes. Sin embargo, la lucha contra el Artículo Ario y contra la discriminación de los judíos conversos al cristianismo fue pasando cada vez más a primer término dentro de la Confederación de Emergencia de los Pastores y la Iglesia Confesora. Muchos de los cristianos alemanes se acercaron al Movimiento Religioso Alemán anticristiano, en el que eran de uso común giros como "la venenosa mala hierba del cristianismo judeomarxista asiático".[45] Con todo, nadie hubiera podido abrazar sentimientos más nacionalistas que el ex comandante de submarino y combatiente del cuerpo de voluntarios Martin Niemöller, que no tardó en erigirse en la figura más conocida de la resistencia eclesiástica a nivel internacional.

Ni siquiera entre los adversarios y las víctimas judías del antisemitismo nacionalsocialista estaba completamente ausente dicho factor de afinidad, de la misma manera en que con certeza los judíos no eran los únicos que se sentían amenazados por la hostilidad profesada hacia ellos. Se trataba de un fenómeno complejo en el que es posible distinguir cuatro ideas directrices de distintos orígenes históricos:

De acuerdo con la primera, el antisemitismo nacionalsocialista era una especie de socialismo de poca monta que concentraba en los judíos todas las acusaciones normalmente dirigidas por los socialistas contra el capitalismo: explotación, parasitismo y un carácter ajeno al pueblo. Sin embargo, muchos de los primeros socialistas sólo habían luchado contra Rothschild y los judíos por ser los "reyes de la época"; tuvo que llegar Karl Marx para transferir esta crítica al objeto mucho más trascendental del capitalismo, aunque también él definió el mundo moderno como "judío hasta en su fuero más íntimo".[46]

De acuerdo con la segunda, el antisemitismo nacionalsocialista contenía también, además de la idea social, una nacional, que acusaba una identidad inconfundible con su contraparte del lado judío, el sionismo. Ciertamente, el sionismo constituía a su vez, en gran parte, una reacción contra el antisemitismo, sobre todo el ruso y el francés, pero con todo poseía una raíz independiente en el surgimiento del sentimiento nacional manifiesto en el movimiento italiano para la liberación y la unificación; esta conexión es evidente en el libro básico del sionismo, *Rom und Jerusalem* de Moses Hess, publicado en 1862. Por lo tanto, no fue sólo una medida defensiva cuando los sionistas alemanes erigieron en condición para sus miembros, desde antes de 1914, estar dispuestos a emigrar a Palestina.

La tercera idea habla de que la justificación histórica de la hostilidad nacionalsocialista hacia los judíos era una versión del mito de la puñalada artera: supuestamente los judíos se habían sustraído al servicio armado durante la Guerra Mundial, cometiendo traición desde antes de derrumbarse el país; sin embargo, la clave de esta idea directriz evidentemente no se encontraba en las declaraciones dudosas o falsas sobre los porcentajes y la burocracia

---

45 Hans Buchheim, *Glaubenskampf im Dritten Reich*, Stuttgart, 1953, p. 170.
46 *MEW*, t. 2, p. 116.

económicos durante la guerra, sino en el recuerdo del papel que judíos como Leviné, Levien, Eisner y Rosa Luxemburgo habían desempeñado en la Revolución alemana; se trataba, por lo tanto, de la idea directriz del bolchevismo judío, diametralmente opuesta a las dos primeras.

Por último, según la cuarta idea el antisemitismo nacionalsocialista culminaba en la doctrina causal ideológica y al mismo tiempo mitificadora que remitía todo lo malo en la historia mundial a la influencia de una fuerza demoniaca, la del judío. En una conferencia pública sobre "La escuadrilla de defensa como organización de lucha antibolchevique" presentada en 1935, el comandante nacional de la SS, Heinrich Himmler, veía "relampaguear en el transcurrir de los tiempos la incansable espada del verdugo de Cannstatt y de Verden", arder en llamaradas las hogueras de los procesos contra brujas, despoblar España la Inquisición, y ejecutar a los mejores hijos de su pueblo el régimen del terror de la Revolución francesa, y en todo ello, en su opinión, metió la "mano en el asunto el enemigo eterno de todos nosotros, el judío, en alguna forma o por medio de alguna de sus organizaciones". En otro punto, el mismo discurso remitía todas las dificultades y catástrofes de la historia alemana, de un modo racional en comparación, al ansia de libertad e individualismo germanos; de esta manera, Himmler puso de manifiesto que su experiencia fundamental era simplemente el bolchevismo y que estaba convirtiendo el "*kto kogo?*" de Lenin en la tesis de que en la lucha racial no cabía la paz y que, para cualquiera de los pueblos, estar derrotado significaba estar muerto.[47]

La primera idea directriz, la más real, poseía la menor influencia y fuerza. El boicot del 1 de abril, dirigido entre otros contra los almacenes judíos, tuvo que ser suspendido muy pronto, y hasta 1938 la participación de los judíos en la economía continuó relativamente sin trabas, en importante medida gracias a la protección de Schacht, el ministro de Economía del Reich.

En la segunda idea directriz se basaban las Leyes de Nuremberg del 15 de septiembre de 1935, las cuales convirtieron a los judíos en simples "súbditos", aunque rebasaron en mucho este aspecto del derecho público al introducir el concepto de la "sangre" en la legislación, de acuerdo con el modelo feudal y por cierto también con el estadunidense, y al penar los matrimonios y las relaciones extramaritales entre judíos y alemanes. Por otro lado, era de carácter totalmente sionista el convenio de transferencia (Haavara) que debía facilitar la emigración de los judíos a Palestina.

La tercera idea directriz representaba un esquema tenaz, pero de tipo más bien propagandístico.

Las consecuencias de la cuarta idea directriz hicieron de ella la punta de lanza del aspecto revolucionario del nacionalsocialismo. Cabe aquí preguntar si no se trataría de una verdadera declaración de guerra contra "el Occidente", aunque

---

[47] Munich, s.f., pp. 5 y 8.

al mismo tiempo se hiciera hincapié en querer proteger a éste, al contrario de lo que habían pretendido Ernst Niekisch y otros nacional-revolucionarios.

El enfrentamiento con las iglesias y la discriminación de los judíos produjo a Hitler enemigos en muchos países, sobre todo en Inglaterra, que se hubieran mantenido neutrales ante el simple nacionalismo alemán. Sirva como muestra de los pensamientos de muchos la declaración hecha por una inglesa que dijo: "Pensé que las persecuciones racistas pertenecían a otra era."[48] Por otra parte, incluso Nahum Goldmann afirma en sus memorias que por un lado había proclamado "el boicot judío contra la Alemania nazi" en el Congreso Mundial Judío, pero que a pesar de violentos ataques también había apoyado enérgicamente el convenio de transferencia.[49]

Todo parecía indicar, por lo tanto, que un régimen cuya política interna era capaz de provocar enemistades tan poderosas se toparía con la resistencia unida de todas las naciones en cuanto ya no limitara la lucha por sus demandas revisionistas sólo a la propaganda y la diplomacia, sino que las cimentara con un fuerte rearme. Europa era aún el continente dominante en el mundo, por mucho que su hegemonía hubiera sido debilitada por la primera Guerra Mundial y por el ascenso de potencias no europeas como Estados Unidos y Japón. Alemania era, en potencia, el Estado más fuerte de este continente, pero también el más temido, y ni siquiera la cultura alemana contaba ya con amigos y aficionados desde que un movimiento antisemítico había asumido el poder. Nada parecía imponerse más que la renovación de la coalición de la guerra y una política de la gran resistencia. No obstante, una condición básica para el éxito de esta política era el apoyo de la Unión Soviética, la cual de hecho estaba dispuesta a ello, porque entre todas las naciones era la que más amenazada se sentía. Pero, ¿no había proclamado solemnemente alguna vez, por boca de sus partidarios, que quería erigirse en "el sepulturero de la sociedad burguesa"?[50] ¿No llevaba quince años defendiendo un revisionismo a ultranza? ¿No había perseguido a las iglesias cristianas desde mucho tiempo antes de que los nacionalsocialistas lo hicieran, y con mayor dureza y de manera más contundente? ¿No había sustraído al sionismo todo margen de movimiento y de acción, mientras que en Alemania las comunidades judías poseían una animada vida interior y el sionismo incluso era promovido? Briand ya no vivía, pero las advertencias contra "el mal" pronunciadas por Jean Herbette no habían sido olvidadas por completo en el Ministerio de Relaciones Exteriores de París, y muchos ingleses compartían el punto de vista de "Augur".[51] Cuando en septiembre de 1934 se debatió la cuestión del ingreso de la Unión Soviética al gremio de la Sociedad de las Naciones, el consejero federal Motta, de Suiza,

---

48 Martin Gilbert, *Britain and Germany between the Wars*, Londres, 1964, p. 73.
49 Nahum Goldmann, *Mein Leben als deutscher Jude*, Munich, 1980, p. 311.
50 Jane Degras, *The Communist International 1919-1943*, Londres, 1956, t. I, p. 348.
51 *Cfr.* p. 160-161.

expresó el sentimiento de desconfianza extrema que aún tenía presentes las experiencias hechas a comienzos de la posguerra:

> Nuestra legación en Petersburgo fue saqueada en 1918 y uno de sus funcionarios, asesinado. No hemos recibido nunca ni la sombra de una disculpa. Cuando en 1918 nos amenazaba la tentativa de una huelga general acompañada por el horror de la guerra civil, tuvimos que recurrir a la fuerza militar para expulsar a la delegación soviética que habíamos tolerado en Berna, porque estaba involucrada en la agitación [...] En todos los ámbitos, el comunismo significa [...] la negación absoluta de todos los conceptos en que descansa nuestra forma de ser y nuestra vida [...] Su espíritu vital [del comunismo] se funda en la intención de propagarse más allá de sus fronteras políticas. Si renunciara a ello, se estaría negando a sí mismo. Al mantenerse fiel se convierte en enemigo de todos nosotros, porque a todos nos amenaza.[52]

Motta no consiguió impedir que la Sociedad de las Naciones aceptara a la Unión Soviética, pero pese a todos los discursos y esfuerzos de Litvinov no se abandonó por completo la posibilidad contraria, considerada durante mucho tiempo por los teóricos comunistas la más importante y hasta inevitable: la política del gran acuerdo entre las potencias capitalistas, es decir, la anuencia de éstas para que Alemania fuera la potencia suprema en el este de Europa tras haber destruido al régimen comunista. Esto correspondía, evidentemente, a las verdaderas intenciones de Hitler, y parecía asegurar los imperios coloniales de Inglaterra y Francia, motivo por el cual contaba con partidarios en grupos influyentes dentro de las potencias occidentales, y aunque no logró trascender públicamente, debilitó en forma considerable la política de la gran resistencia. En mayo de 1935, el ministro del Exterior francés, Pierre Laval, concluyó una alianza defensiva con la Unión Soviética, pero al dar lugar a que Stalin elogiara públicamente los esfuerzos hechos por Francia para armarse lo estaban animando, en primer lugar, intereses políticos internos. En efecto, la declaración de Stalin significó un duro golpe para la extensa agitación antimilitarista realizada por los comunistas franceses y al mismo tiempo despejó el camino, a pesar suyo, para la alianza del Frente Popular, que en el curso de los siguientes 12 meses habría de unir a comunistas con socialistas y con socialistas radicales de orientación burguesa izquierdista bajo la insignia del novedoso concepto del "antifascismo". Sin embargo, Laval no procedió a presentar el acuerdo a la cámara y el senado para su ratificación, porque en realidad se había convertido ya en un paladín de la política de la pequeña resistencia.

El eje sobre el cual giraba esta última era la Italia fascista de Mussolini. Si se lograba convertir a Mussolini en un aliado confiable de las potencias occidentales, la situación obligaría a Hitler a permanecer quieto sin necesidad de incluir a la Unión Soviética, paso de consecuencias imprevisibles temido

---

[52] *Weltgeschichte der Gegenwart, op. cit.*, pp. 209 y ss.

sobre todo por Inglaterra. En abril de 1935, la Cumbre de los Tres en Stresa marcó la culminación de esta política. De manera contundente se manifestó el rechazo unánime a la violación del Tratado de Versalles cometida por Hitler al proclamar la implantación del servicio militar obligatorio el 16 de marzo de 1935, supuestamente en respuesta a la extensión del servicio activo a dos años en Francia, lo cual no dejaba lugar a dudas respecto al amplio rearme emprendido por Alemania. Sin embargo, Mussolini opinaba que podía pedir un alto precio a las potencias occidentales a cambio de su colaboración: la tolerancia de éstas hacia su intención de convertir a Italia en una gran potencia colonial de acuerdo con el ejemplo dado por sus interlocutores, por medio de la conquista de Etiopía, que desde 1923 pertenecía a la Sociedad de las Naciones y por lo tanto gozaba de la protección de la seguridad colectiva. Aunque no recibió garantías al respecto, el 2 de octubre de 1935 el Duce se atrevió a convocar a millones de personas en las plazas de Italia para dirigir a la "Italia proletaria y fascista" un llamamiento para por fin ganarse, mediante una campaña en el este de África, el "lugar en el Sol" que desde hacía tanto tiempo le negaban las naciones burguesas de Occidente. De esta manera Mussolini acabó muy pronto con la política de la pequeña resistencia, pero los vestigios de ésta eran lo bastante fuertes, como habría de mostrarse, para finalmente asegurarle el éxito.

Entretanto, Inglaterra había dado por su propia cuenta varios pasos tras-cendentales hacia la concertación de la segunda posibilidad pequeña de la política internacional, la política del pequeño acuerdo. Al poco tiempo de introducirse el servicio militar obligatorio y general en Alemania, el gabinete inglés mandó preguntar a Hitler si aún sería bienvenida la visita del ministro de Relaciones Exteriores sir John Simon y del lord del sello privado, Anthony Eden, prevista desde hacía algún tiempo. Por supuesto Hitler no dijo que no, y en las conversaciones que sostuvieron el 25 y 26 de marzo causó, a todas luces, una muy buena impresión a sus huéspedes ingleses, quienes proba-blemente esperaban conocer a un demagogo, pero se convencieron de encon-trarse ante un estadista. Simon y Eden continuaron su viaje justamente hacia Moscú, pero a su regreso se apropiaron de lo sugerido por Hitler y mediante rápidas negociaciones con el embajador extraordinario Joachim von Ribben-trop fue preparado un acuerdo naval que se presentó a la sorprendida opinión pública mundial el 18 de junio. La fuerza total de la marina de guerra alemana fue fijada en 35% de la inglesa, y en submarinos se le concedió incluso la paridad. De esta manera, Inglaterra logró el objetivo de tener atado a Hitler con nuevos tratados para cuando caducaran las disposiciones de Versalles, pero también estaba sancionando las anteriores rupturas de este tratado y persuadiendo a Hitler de que no tenía por qué esperar una oposición decidida en caso de librarse de las últimas y más importantes cadenas impuestas a Alemania después de la derrota.

Mussolini se encargó de crear las condiciones para ello. La puesta en marcha de sus tropas contra Etiopía provocó una resistencia inesperada, y a las pocas semanas 50 países habían impuesto sanciones a Italia. Sin embargo, el Duce mostró ser dueño de unos nervios de acero y los países de la Sociedad de las Naciones no llevaron sus medidas al extremo en que éstas hubieran sido peligrosas para el régimen italiano. El 2 de marzo de 1936, Flandin, el nuevo ministro francés de Relaciones Exteriores, logró postergar una vez más, gracias a una "última apelación", la decisión sobre un posible embargo petrolero.

Entretanto, el gobierno francés, cuya atención siempre permanecía fija ante todo en Alemania, presentó el tratado con la Unión Soviética a los cuerpos legislativos, regresando así a la política de la gran resistencia. No obstante, la oposición política interna resultó muy fuerte por parte de la derecha y algunos sectores del centro. Con certera sensibilidad psicológica, Hitler estaba convencido de que los franceses no estarían dispuestos a tomar decisiones trascendentales, mucho menos cuando faltaba muy poco tiempo para las elecciones parlamentarias decisivas en que el Frente Popular esperaba obtener el triunfo. Además, probablemente tenía razón al opinar que, pese a su referencia a los estatutos de la Sociedad de las Naciones, el pacto franco-ruso representaba un estado novedoso de las cosas, el cual no se había podido prever cuando en 1925 Stresemann aceptó, en Locarno, la "desmilitarización" de Renania, es decir, una pérdida extraordinaria de soberanía por un tiempo indefinido con fin de tranquilizar a Francia. Por lo tanto, al poco tiempo de ratificar la Cámara francesa el pacto, el 7 de marzo de 1936, Hitler mandó tropas alemanas a ocupar Renania y de esta manera cometió por mucho la más grave de todas sus violaciones del tratado hasta ese momento. Existen múltiples testimonios de su nerviosismo extremo durante las primeras 48 horas, y las tropas tenían órdenes para retirarse en caso de necesidad. Es imposible saber si el régimen nacionalsocialista hubiese sobrevivido a la ocupación extranjera de Maguncia y Colonia.

Sin embargo, este hecho puso de manifiesto que el miedo de los militares franceses no era menor que el de los alemanes, ya que al no movilizarse las fuerzas armadas en Alemania, no creían poder hacerse responsables de un avance, además de que los políticos no consiguieron llegar a ningún acuerdo, de modo que se limitaron a apelar a la Sociedad de las Naciones. Según los informes del agregado militar alemán, en Inglaterra el hombre común opinaba que se tenía que estar loco para volver al Somme y Paschendaele sólo porque los alemanes habían ocupado su propio territorio.[53] De esta manera, Hitler volvió a imponerse y obtuvo un auténtico triunfo el 28 de marzo en las elecciones parlamentarias anunciadas a corto plazo, porque, con una participación electoral de más de 99%, 98.8% de las personas con derecho a votar optaron por el Partido Nacionalsocialista.

[53] Freiherr Geyr von Schweppenburg, *Erinnerungen eines Militärattachés, London 1933-1937*, Stuttgart, 1949, p. 88.

Entretanto, también Mussolini estaba encaminado a la victoria. El 5 de mayo de 1936, los italianos entraron a Addis Abeba bajo la dirección del mariscal Badoglio, y ya no sirvió de nada que el 11 de mayo el delegado etíope denunciara, en un apasionado discurso, el "crimen" cometido por los italianos al robar a los etíopes su libertad "por los medios más crueles de la civilización moderna", y su "exterminio" de una parte considerable de la población.[54] Al poco tiempo se suspendieron las sanciones contra Italia, y las potencias occidentales dieron a entender que a pesar del pacto franco-soviético tratarían de revivir la línea de la pequeña resistencia. No obstante, Hitler había posibilitado el triunfo de Mussolini y Mussolini el de Hitler. No era de sorprender que empezaran a acercarse cada vez más el uno al otro, puesto que siempre había sido notoria la admiración de Hitler hacia Mussolini y el fascismo, y Mussolini, a su vez, incluso durante periodos de aguda tensión política entre los dos estados, con frecuencia había señalado la afinidad ideológica y la semejanza estructural entre éstos. Una indicación de Mussolini dio a Hitler la oportunidad de firmar un acuerdo con Austria el 11 de julio de 1936, el cual confirmaba la independencia estatal y obligaba al sucesor de Dollfuss, Kurt von Schuschnigg, a permitir una especie de unificación. Hitler ya no estaba aislado, porque las tres posibilidades reales más importantes de oposición política a sus acciones habían encontrado tantos obstáculos que ninguna pudo realizarse de manera efectiva.

¿Qué probabilidades tenía la cuarta y más antigua posibilidad básica, la del gran acuerdo? Las declaraciones oficiales de los estadistas occidentales casi no contienen indicios positivos a este respecto, pero por lo menos Laval parece haber deliberado seriamente si no sería mejor encauzar el dinamismo alemán hacia el Este, y en los grupos dirigentes de los estados occidentales hubo múltiples alusiones y conversaciones en este sentido, las cuales a su vez llenaban de indignación al embajador estadunidense en Berlín, William Dodd. Las tendencias contrarias eran sin duda considerablemente más fuertes, aunque en público con frecuencia fuesen representadas por escritores que observaban con mucha simpatía el gran experimento social de la Unión Soviética. En Francia, el Frente Popular se adjudicó la victoria en las elecciones parlamentarias del 3 de mayo, y también en Inglaterra ganó terreno el antifascismo, aunque los conservadores contaban con una mayoría parlamentaria segura. La diplomacia del comisario de Relaciones Exteriores Litvinov encajaba perfectamente con dichas tendencias. Su carácter y tono eran tan distintos de las declaraciones soviéticas hechas durante los veinte que debieron haber tenido lugar acontecimientos extraordinarios para producir este cambio. Por otra parte, es muy dudoso que Stalin haya manifestado sus verdaderas inquietudes al hacer distinción, en el 17º Congreso del Partido, entre la "vieja" y la "nueva" línea de la política alemana, las cuales según él habían chocado

---

[54] *Weltgeschichte der Gegenwart, op. cit.*, t. 3, pp. 248-249.

desde antes de tomar Hitler el poder: la política de Rapallo, por una parte, y la tendencia a restaurar la política del ex emperador alemán, por otra, "quien por un tiempo ocupó Ucrania, realizó una campaña contra Leningrado y convirtió a los países bálticos en una región de avance militar para dicha campaña".[55] Era muy comprensible que con una metáfora gráfica, Stalin estuviera previniendo a los defensores de esta nueva política en el sentido de que la nueva fuerza industrial y militar de la Unión Soviética les impediría "meter sus trompas de marrano en nuestro jardín soviético".[56] Sin embargo, ¿no sería su verdadera preocupación que las potencias occidentales pudiesen juzgar su propia nueva línea, la política de Litvinov, como una simple estratagema, y finalmente optaran por la política del gran acuerdo? En tal caso, cualquier campaña del gobernante alemán e intervención de los aliados en el futuro ya no se opondrían entre sí, sino que estarían coordinadas. Por ende, Alemania tenía que constituir el meollo de las preocupaciones de Stalin, y se le presentaban dos esperanzas: por un lado, la vuelta de Alemania a la política de Rapallo y, por otro, la paradójica separación de Alemania, con su fascismo de pronunciado carácter capitalista, de los estados capitalistas menos agresivos. En todo caso, la Unión Soviética tenía que acelerar el rearme, para lo cual ya se habían puesto los cimientos en 1928, con el primer plan quinquenal. En mayo de 1935, Stalin pudo interpretar la colectivización de manera más convincente, también desde el punto de vista occidental, cuando en un discurso ante los egresados del Ejército Rojo afirmó que el cometido del partido había sido el de "pasar de los senderos de la Edad Media y de la ignorancia a los rieles de la industria moderna y la agricultura mecanizada", con un país sumido en el atraso técnico y la casi indigencia y poblado por semianalfabetas. Según indicó, esto había sido logrado y ahora la Unión Soviética contaba con una poderosa industria de primer orden y con un Ejército Rojo bien organizado y provisto de excelente equipo técnico.[57] Poco antes, en el 7º Congreso Soviético realizado en enero de 1935, el comisario suplente de Guerra, Mijail N. Tujachevski, había dado a conocer datos más precisos: en 1934, el gasto hecho por la Comisaría del Pueblo en la defensa había ascendido aproximadamente a 5 000 millones de rublos, y para 1935 se contaba con un presupuesto de 6 500 millones de rublos. El contingente efectivo del Ejército Rojo, según él, sumaba 960 000 hombres, y la meta era "que no haya otro ejército en el mundo que lo iguale".[58]

Si Alemania ocupaba el centro de las preocupaciones de Stalin, la Unión Soviética a su vez tenía que ser el principal objeto de la atención de Hitler, aunque en primer término estuviera ocupado con Italia, Francia, Inglaterra y

---

[55] Stalin, *Werke*, t. 13, p. 270.
[56] *Ibid.*, p. 272.
[57] Stalin, *Fragen des Leninismus*, Berlín, 1955, pp. 665-668.
[58] *Weltgeschichte der Gegenwart*, *op. cit.*, 1934-1935, primera parte, pp. 408-413.

Polonia. Dicha declaración de Stalin implicaba que el rearme de la Unión Soviética constituía una reacción a la toma del poder por Hitler, pero sus orígenes quedaban mucho más atrás y en magnitud superaban a tal grado el rearme alemán que cualquier gobierno en Berlín hubiera sentido una inquietud extrema. En 1934 Hitler no gastó más de 3 000 millones de marcos en armamento; 5 000 millones de rublos equivalían por lo menos a cuatro veces esta cantidad, y las estadísticas de una economía dirigida no permiten identificar los gastos indirectos en armamento.

No cabe duda alguna de que también en 1935-1936 la Unión Soviética y el bolchevismo ocupaban el centro emocional en el pensamiento de Hitler. Durante sus conversaciones con sir John Simon y Anthony Eden, de acuerdo con la relación del intérprete Paul Schmidt, "sus aletas nasales temblaban ligeramente por la agitación al describir los peligros del bolchevismo para Europa". Con "excitación apasionada" hizo hincapié en el hecho de que cientos de sus compañeros de partido habían sido asesinados por los bolcheviques y que muchos soldados y civiles alemanes habían perdido la vida en la lucha contra levantamientos bolcheviques. Según Schmidt, éste su "tema preferido, la Unión Soviética" ocupó parte sustancial de la conversación; lleno de indignación, Hitler se refirió a Checoslovaquia como el "brazo adelantado de Rusia", porque estaba negociando un pacto de asistencia con Moscú.[59]

Todo ello no era muestra de simple táctica, sino una defensa apenas disimulada de la verdadera posición de Hitler respecto a la política exterior, la de una política del gran acuerdo, que correspondía exactamente a su proceder en el ámbito de la política interior: la alianza con Papen y Hugenberg a fin de someter al enemigo común. Esta alianza también representó para Hitler más que simple táctica; era una manifestación de sus convicciones más profundas.

Por lo tanto, el gran análisis de la Unión Soviética y el bolchevismo hecho por Hitler en su discurso del 21 de mayo de 1935 ante el Reichstag tampoco debe evaluarse sólo respecto a sus metas políticas exteriores a corto plazo. En ningún otro momento se definió a sí mismo y a su movimiento de manera tan inequívoca como respuesta al bolchevismo.

De acuerdo con dicho discurso, la doctrina del nacionalsocialismo se refería exclusivamente al pueblo alemán, mientras que el bolchevismo hacía hincapié en su cometido internacional; el nacionalsocialismo estaba convencido de que la felicidad y el progreso de Europa estaban vinculados indisolublemente con la existencia de un sistema de estados nacionales libres e independientes, en tanto que el bolchevismo predicaba el establecimiento de un imperio mundial y pretendía erigir sólo subsecciones de una Internacional central; el bolchevismo ejecutaba una revolución mundial internacional con las armas del terror y la violencia, mientras que el nacionalsocialismo luchaba por la iguala-

---

[59] Paul Schmidt, *Statist auf diplomatischer Bühne 1923-1945*, Bonn, 1950, pp. 294 y ss.

ción consecuente de las diferencias vitales y por la unión de todos a fin de lograr hazañas comunes; el bolchevismo sacrificaba a millones de personas y valores inconmensurables de la cultura tradicional en aras de realizar una teoría, y con todo alcanzaba sólo un muy bajo nivel de vida, mientras que la Alemania nacionalsocialista, en cambio, se sentía feliz de pertenecer a una comunidad cultural europea que había estampado en gran medida el sello de su espíritu sobre el mundo actual; para el nacionalsocialismo, la propiedad privada era "un desarrollo superior de la evolución económica humana", y el bolchevismo no sólo destruía la propiedad privada sino también la iniciativa privada y la disposición a asumir responsabilidades.[60]

En gran parte se trató, ciertamente, de lugares comunes del pensamiento contemporáneo en Europa y Estados Unidos, pero nada indica que no hayan sido al mismo tiempo convicciones sinceras de Hitler. Sin auténticos puntos en común hubiera sido imposible llevar a cabo una política del gran acuerdo. Al mismo tiempo, la respuesta alemana debía ser en gran medida la respuesta de Europa y de Estados Unidos. Por otra parte, el carácter peculiar de esta forma de pensar se hizo muy palpable a principios de 1934 en otro discurso pronunciado por Hitler ante el Reichstag: la peculiaridad estaba en que la respuesta, al menos en forma incipiente, era al mismo tiempo una copia: "En vista de que en su último gran discurso el señor Stalin expresó el temor de que en Alemania pudiera haber fuerzas activas hostiles hacia los soviéticos, cabe corregir este punto de vista ahora para señalar que, de la misma manera en que no se toleraría nunca la presencia de una tendencia nacionalsocialista alemana en Rusia, Alemania tampoco toleraría una tendencia comunista y mucho menos su propaganda."[61] ¿No consistía la libertad de la comunidad cultural europea precisamente en la circunstancia de tolerar propaganda e incluso actividad enemigas, porque había espacio para todas las opiniones y acciones y hasta el momento había mostrado tener la fuerza suficiente para sacar de ello ventaja para su desarrollo? ¿No existía el peligro de tener que prohibir toda actividad libre y toda opinión particular en caso de llevar hasta las últimas consecuencias dicha exigencia de correspondencia exacta? ¿No tenía que constituir la suerte de Papen y Hugenberg una lección y una advertencia para Simon y Eden? ¿No representaba el propio Hitler el máximo obstáculo para la realización de la política que más aspiraba a poner en efecto? ¿No tenía razón Bertrand Russell al afirmar, ciertamente en tono derrotista: "Al tratar de detenerlos, llegaremos a ser como ellos"?[62] Aquí no sólo estaban entrando en juego los viejos sentimientos antialemanes, sino también las convicciones antitotalitarias profundamente arraigadas en la cultura occidental. Por lo tanto, los obstáculos que se oponían a la política del gran acuerdo

---

[60] *UuF*, t. X, pp. 342-343.
[61] *Weltgeschichte der Gegenwart*, op. cit., 1934-1935, primera parte, p. 162.
[62] Gilbert, *op. cit.*, p. 82.

eran por lo menos tan grandes como los enfrentados por la política de la gran resistencia.

Sin embargo, a mediados de 1936 ya era un hecho indiscutible que los dos derrotados de la Guerra Mundial habían vuelto a ser grandes potencias militares y que tenían buenas razones para sentirse mutuamente amenazados. Aún no se decidía en forma definitiva cuál de las cuatro posibilidades básicas de la política internacional que se perfilaban después de la toma del poder por Hitler se realizaría. Al parecer, la quinta posibilidad básica había dejado de existir, no obstante que en su discurso Stalin aludió a ella con cierta nostalgia: la posibilidad de que Alemania y la Unión Soviética lograran un acercamiento en la misma forma que en el Tratado de Rapallo. En cambio, ambas potencias recurrieron a las armas, si bien fuera de sus zonas de soberanía, al intervenir en la Guerra Civil española en frentes opuestos después del levantamiento del general Franco.

## 4. ALEMANIA Y LA UNIÓN SOVIÉTICA EN LA GUERRA CIVIL ESPAÑOLA

De acuerdo con los testimonios de los participantes en los hechos, los rumores acerca del arribo de buques soviéticos a España con una supuesta carga de armas para apoyar la toma del poder planeada por fuerzas bolcheviques, constituyeron una causa importante para desencadenar el levantamiento del Ejército Español contra el gobierno de los partidos pertenecientes al Frente Popular el 17-18 de julio de 1936. Por otro lado, hasta la fecha se maneja información acerca de la participación de Hitler en los preparativos. Lo primero es falso, lo segundo, en alto grado improbable. La Guerra Civil española tuvo orígenes españoles. Sin embargo, al poco tiempo —y no sin cierta razón— los acontecimientos que tuvieron lugar en España entre 1931 y 1936 fueron comparados con lo sucedido en Rusia entre febrero y octubre de 1917, y en noviembre de 1936 aviones y tanques soviéticos y alemanes tripulados o comandados por soldados alemanes y soviéticos ya se estaban midiendo en encarnizada lucha por Madrid. La victoria en esta guerra fue lograda mediante la intensa entrada en acción de unidades regulares y milicianas enviadas por la Italia fascista, y la intervención conjunta que unió a Alemania e Italia en el Eje. Por otro lado, en secreto y siendo casi ignorado por la opinión pública mundial al principio, del lado de los republicanos o rojos se llevó a cabo un enfrentamiento de otro tipo muy diferente: una pugna entre bolcheviques y mencheviques en frentes invertidos que es posible considerar como una consecuencia del contraste entre las fases temprana y tardía de la Revolución rusa.

El Estado español, al igual que el ruso, nació de la lucha contra una potencia no cristiana. Si bien el dominio de los moros era aún más remoto que el de los *tátaros*, el recuerdo estaba vivo y una de sus repercusiones era, al igual que en Rusia, la gran importancia de la religión estatal. También en España la industria se desarrolló en forma muy dispareja hasta la primera Guerra Mundial; la mayor parte del país era aún de carácter completamente agrario, y en muchas regiones la mayoría de la población estaba constituida por campesinos sin tierra o sin tierra suficiente para cubrir sus necesidades. También entre los intelectuales de España existía una aguda oposición entre europeizantes y tradicionalistas, lo cual demuestra que España, al igual que Rusia, tenía una difícil relación con Europa. También en España el descontento social estaba vinculado en múltiples formas con aspiraciones regionales a la independencia, las cuales en el caso de los vascos y de los catalanes poseían todos los rasgos de unas luchas de liberación nacional contra la supremacía castellana.

Las diferencias entre ambas naciones ciertamente también eran apreciables. Desde el término de la primera guerra carlista en 1839, España se contaba entre las monarquías liberales y había experimentado reiteradas sacudidas revolucionarias, la mayoría de ellas provocadas o concluidas mediante un "pronunciamiento" del Ejército; desde 1889 las elecciones parlamentarias tenían lugar de acuerdo con la regla del sufragio universal; el Partido Socialista Obrero existía en forma legal y los anarquistas no difundían su doctrina sólo entre los campesinos de Andalucía, sino también entre los obreros fabriles de Cataluña. En 1931, la monarquía fue sustituida mediante elecciones por la Segunda República, la cual no sólo emitió una Constitución, tal como lo hiciera la República de Weimar, sino que su sistema partidista no parecía distinguirse en absoluto de los sistemas partidistas propios de los demás estados europeos, excepto en lo que se refería a la inusitada fuerza de los anarquistas.

No era de sorprender que el nuevo Estado tuviese grandes adversarios tanto entre la derecha monárquica como dentro de la izquierda anarquista, porque al principio lo gobernaban fuerzas burguesas de izquierda que pretendían continuar el proceso de reprimir a la Iglesia, reducir el ejército y disminuir las grandes propiedades. Revestía una trascendencia aún mayor el hecho de que bajo la dirección de Largo Caballero, quien había colaborado estrechamente con el dictador Primo de Rivera hasta 1930, los socialistas fueron convirtiéndose cada vez más en un partido revolucionario y que el partido cristianodemócrata de Gil Robles no renunció a sus reservas fundamentales ante el gobierno. Sin embargo, en ambos procesos influyeron las circunstancias internacionales: para los socialistas, la toma del poder por Hitler y el violento sometimiento de los socialdemócratas austriacos en febrero de 1934; para el partido cristiano, la CEDA, el clima generalizado de culto a un líder y unidades uniformadas, cuyas repercusiones se extendieron por todas partes. El levantamiento asturiano de 1934, sometido en cruentos combates por el tercio extranjero bajo el mando del general Franco, contribuyó enormemente a la agudización de los contrastes: a Largo Caballero no le desagradaba que lo llamaran el "Lenin español", y considerables partes de la CEDA simpatizaban con la recién fundada Falange y su líder, José Antonio Primo de Rivera.

Las elecciones del 16 de febrero de 1936 pusieron de manifiesto que se estaban enfrentando dos bloques electorales de fuerzas casi idénticas, correspondientes a la derecha y la izquierda, mientras que el centro era casi inexistente. Sin embargo, a causa del sistema electoral se produjo una gran victoria para el Frente Popular, que ahora incluía también a los anarquistas. Esto provocó grandes disturbios sociales en extensas regiones del país, puesto que sobre todo los trabajadores del campo exigían el cumplimiento inmediato de las promesas electorales y en muchos lugares procedieron sin tardanza a ocupar la tierra de los latifundistas. En las ciudades y el campo fueron incendiadas docenas de iglesias, y el número de muertos sumaba cientos. La prensa socialista hablaba mucho sobre la inminente revolución proletaria, y algunos observadores creyeron percibir, con cierta razón, la influencia de la Internacional Comunista en la unificación de las asociaciones juveniles socialista y comunista. Por otra parte, la Falange buscaba provocar lo más posible mediante atentados, y los carlistas de Navarra se preparaban casi abiertamente para la guerra civil. No obstante, también un número creciente de generales del ejército, tanto republicanos como monárquicos, se convencieron de que la agitación social y separatista amenazaba al país con la disolución y que el presidente Manuel Azaña, paradigma del culto hombre burgués de izquierda, era el Kerenski de la revolución española.

De esta manera se preparó el levantamiento, que en opinión de los hombres que lo dirigieron no sería una revuelta, sino la toma del poder y el restablecimiento del orden, de acuerdo con el ejemplo de los pronunciamientos del siglo XIX y del golpe de Estado de Primo de Rivera en 1923. El asesinato del político monárquico Calvo Sotelo por algunos miembros de una especie de policía del régimen fue más un pretexto que la causa, y la noche del 17 de julio de 1936 las unidades de mayor fuerza combativa del Ejército Español, apostadas en el norte de África —donde habían experimentado graves derrotas y grandes victorias—, se apoderaron de la colonia, mientras que al día siguiente se alzaron muchas unidades del ejército en la patria. Sin embargo, sólo en el norte y el extremo sur del país los soldados se impusieron con el beneplácito y el apoyo de la población o bien por medio de un contundente golpe de mano; en las grandes ciudades, por el contrario, no tardaron en reunirse multitudes agitadas que exigían armas al gobierno. Aunque todavía le eran fieles considerables partes del ejército y de las fuerzas policiacas, así como casi toda la aviación y la armada,[63] el gobierno del nuevo primer ministro cedió a dichas exigencias, y en unos cuantos días la sublevación del Ejército fue derrotada en Madrid y en Barcelona, en Valencia y en Badajoz, en Cataluña y en Extremadura. No obstante, al mismo tiempo la revolución se propagó como un incendio forestal en la España *loyalista* y redujo a un simple y frágil cascarón

[63] Las cifras exactas pueden encontrarse en Raymond Carr (comp.), *The Republic and the Civil War in Spain*, Londres, 1971, p. 161.

el poder del gobierno burgués de izquierda. Las masas armadas inundaron las calles, redujeron las iglesias a cenizas, expulsaron o mataron a los empresarios y particularmente a curas y monjes, instalaron cooperativas y organizaron la defensa. En casi todas partes reinaba un ambiente festivo: los *esclavos* habían expulsado a los amos y estaban organizando una vida igualitaria, muchas veces caracterizada por regresiones conmovedoras a tiempos antiguos, sobre todo en Cataluña, donde un gran número de comunidades rurales se portó como si fueran estados independientes y suprimió todos los síntomas de lujo y vicios como el café y el alcohol, pero de vez en cuando también mediante la implantación experimental de economías dirigidas con grandes aspiraciones. En todo el mundo, la izquierda percibía la liberación y la alegría, el nuevo comienzo y el entusiasmo de las masas; la derecha de todas partes contemplaba con horror los asesinatos, el desorden y la expropiación, y enseguida empezó a hablar de bolchevismo español. La izquierda denunciaba los fusilamientos masivos aplicados por los blancos en muchos sitios, y la derecha difundía noticias como las crucifixiones de sacerdotes y la cruel muerte por ahogamiento de personas inocentes a manos de los rojos. La opinión pública se polarizó aún más que durante la Guerra Civil rusa. De manera más inequívoca que en aquel entonces, las voces liberales se pronunciaron a favor de los republicanos y los loyalistas, pero a comienzos de agosto incluso el *New York Times* expresó el temor de que, en caso de salir victorioso el gobierno, el comunismo fuera a adueñarse muy pronto del poder;[64] y en Inglaterra los conservadores no fueron los únicos en indignarse porque los marinos de varios buques de la armada española habían arrojado por la borda a sus oficiales, exactamente en la forma retratada por Serguei Eisenstein en su película *El acorazado Potemkin*.

Ningún Estado podía mantenerse indiferente ante este tipo de acontecimientos. La noche del 23 de julio, la prensa francesa de derecha reveló que el gobierno francés había recibido un pedido de armas del primer ministro español Giral y que pensaba suministrarlas. El gobernante de Francia era Léon Blum, jefe del gabinete del Frente Popular. Era posible sospechar cierta afinidad ideológica, aun sin saber que Giral había concluido su telegrama "con saludos fraternales".[65] La derecha francesa sostenía la tesis de que dicha afinidad pronto suscitaría en Francia consecuencias semejantes a la situación del momento en España, y se opuso a dicha intervención con suma vehemencia y sombrías amenazas. Por lo tanto, probablemente no hubieran hecho falta las noticias periodísticas para despertar en Hitler una disposición favorable hacia la solicitud de Franco de suministrarle 20 aviones de transporte, la cual le fue entregada la noche del 25 de julio en Bayreuth por dos hombres de negocios alemanes. La solicitud a todas luces parecía una improvisación y el Ministerio de Relaciones Exteriores con toda

---

[64] John F. Coverdale, *Italian Intervention in the Spanish Civil War*, Princeton, 1975, p. 81.
[65] David W. Pike, *Les Français et la guerre d'Espagne*, París, 1975, p. 65.

certeza la hubiese rechazado por considerar demasiado grandes los riesgos y no querer poner en peligro, además, la vida de los alemanes radicados en la España republicana. Sin embargo, Hitler se convenció en el acto de que el bolchevismo pretendía apoderarse de España y que era necesario cerrarle el camino. Ninguno de sus consejeros se atrevió a contradecirlo, y desde comienzos de agosto los aviones Junkers tuvieron una parte importante en el transporte de las tropas marroquíes y de los soldados del tercio extranjero de Franco sobre el estrecho de Gibraltar a Andalucía. Sólo así fue posible continuar la Guerra Civil, la cual se presentaba como un choque armado entre regiones y, hasta cierto grado, entre clases sociales. Cataluña, dominada por el sindicato anarquista CNT, formaba un solo frente con Madrid y su gobierno predominantemente socialista, así como con el País Vasco católico y no revolucionario, y se oponía a Navarra con sus milicias carlistas y a Castilla la Vieja, bastión de la Falange, así como a las partes de Andalucía donde los trabajadores urbanos y rurales habían sido sorprendidos por el golpe de mano efectuado por el general Queipo de Llano, republicano convencido y probado.

La Internacional Comunista intervino en la lucha con la misma presteza que Hitler y Mussolini, quien también envió varios aviones, pero con mayor resolución; sin embargo, dicha intervención hubiera sido impotente sin la organización y los recursos financieros puestos a su disposición por el servicio secreto del Ejército Rojo y la GPU. Por lo tanto, en realidad se trataba de una intervención soviética, la cual a su vez no hubiera sido posible en esta forma de no haber habido un gran número de hombres, de ninguna manera sólo comunistas, dispuestos a arriesgar sus vidas a fin de rechazar el "ataque del fascismo". Una gran cantidad de voluntarios afluyó a los puntos de reunión en Francia e Inglaterra: a ellos se sumaron emigrantes alemanes e italianos, y otros acudieron desde Yugoslavia y Grecia por caminos clandestinos; incluso de Estados Unidos llegó un número tal que pudieron formar su propio batallón. El lado contrario tampoco carecía de la ayuda de voluntarios procedentes de naciones extranjeras, sobre todo franceses, ingleses e irlandeses; pero resultó sintomático del clima antifascista de la época que ningún estadunidense figurara entre ellos. Al terminar los extensos preparativos y transportes, las Brigadas Internacionales fueron formadas en octubre; todos los informes coinciden en el gran entusiasmo que animaba a estas tropas, con su abigarrada mezcla de naciones y convicciones, y en el hecho de que realmente entendían a la "Internacional", que entonaban en muchos idiomas, como el himno de una humanidad nueva y mejor. Los grados superiores ciertamente fueron ocupados por comunistas, casi en su totalidad, y el Quinto Regimiento era considerado el instrumento más útil del partido, que con su demanda de "disciplina, jerarquía y organización"[66] desde el principio se distinguió claramente de los anarquistas y sus indisciplinadas milicias.

[66] Burnett Bolloten, *The Grand Camouflage. The Communist Conspiracy and the Spanish Civil War*, Londres, 1961, p. 221.

Francia apoyaba a los loyalistas de múltiples maneras, pero oficialmente había cerrado sus fronteras cuando Inglaterra con mucha insistencia hizo la sugerencia de que se tratara de lograr una política general de no intervención. En esta propuesta de Inglaterra con certeza no influyó únicamente la consideración de la política de la pequeña resistencia, que posiblemente pudiera negociarse de nueva cuenta ahora que había terminado la campaña etíope de Mussolini, sino que sin duda también pesó la circunstancia de las enormes inversiones inglesas en España, las cuales probablemente correrían peligro en caso de triunfar el gobierno de Madrid, es decir, las fuerzas revolucionarias. De hecho, casi todos los estados de Europa se adhirieron a esta política, que habrá que llamar la política de la intervención limitada, porque nadie dudaba que armas alemanas, soviéticas e italianas estuvieran llegando a España y seguirían llegando ahí.

Entretanto, las tropas nacionales lograron establecer en Badajoz una conexión entre sus territorios del norte y del sur, y a fines de septiembre rescataron a los oficiales y cadetes que durante dos meses se habían defendido contra fuerzas muy superiores en el Alcázar de Toledo. La derrota de Madrid parecía inminente.

Al poco tiempo de estallar la Guerra Civil tuvieron lugar en la Unión Soviética grandes actos de solidaridad y protesta así como recaudaciones de fondos, y se pronunciaron muchos discursos severos contra la amenaza que el fascismo significaba para la paz. Con todo, al principio Stalin parecía opinar que la organización de las Brigadas Internacionales bastaba como ayuda directa. Dada la situación política internacional del momento, nada le hubiera resultado más desagradable que la indicación de que en España se estaba poniendo en marcha una revolución bolchevique acorde con el ejemplo ruso. Tan sólo la sospecha fundada de tal hecho hubiera acabado con cualquier posibilidad de organizar una política de la gran resistencia, y originado el peligro de un entendimiento entre Inglaterra y Alemania, el cual deseaba prevenir, precisamente, al anunciar la política del frente popular en el 7º Congreso de la Internacional Comunista realizado en julio y agosto de 1935. Sin embargo, no podía quedarse con los brazos cruzados mientras Alemania enviaba armas a España.

Desde septiembre empezaron a llegar a Berlín noticias enviadas por sus delegaciones en el extranjero acerca de la salida de Odessa o bien la llegada a puertos españoles de tropas rusas que llevaban cargas de armamento,[67] así como sobre la salida de mucho oro de España, evidentemente destinado al pago de estos suministros de material de guerra. En octubre aparecieron en ambos bandos, casi en forma simultánea, tanques alemanes, italianos y soviéticos. Cuando a comienzos de noviembre se iniciaron las luchas por Madrid, participó en ellas un gran número de aviones alemanes y soviéticos. Los asesores rusos no

---

[67] ADAP, serie D, t. III, *Deutschland und der Spanische Bürgerkrieg*, pp. 95, 102, 104-105, etcétera.

participaban directamente en los enfrentamientos, pero los "ratas" rusos, al contrario de lo previsto, mostraron ser superiores a los He 51 alemanes, y lo mismo es cierto con respecto a los tanques. El dominio aéreo de los nacionales no duró mucho; cuando la XI y la XII Brigadas Internacionales desfilaron por la ciudad el 10 de noviembre a fin de intervenir en los combates, entre las muestras de regocijo de la población, los marroquíes que avanzaban por la periferia de la ciudad fueron detenidos y ésta permaneció en manos del gobierno, encabezado desde comienzos de diciembre por Largo Caballero.

No obstante, más o menos al mismo tiempo la ayuda alemana adquirió por primera vez un carácter amplio y sistemático, como consecuencia del apoyo soviético y también, de manera simultánea, como causa para el incremento de éste. A mediados de noviembre llegó a España una gran unidad de aviación, la Legión Cóndor, que consistía en unos 5 000 hombres, nominalmente voluntarios, reforzados por algunas divisiones de tanques e infantería dedicadas sobre todo a dar instrucción de combate a los españoles. La participación de varios aviones de caza Messerschmitt restableció la superioridad anterior en términos generales, pero la Legión y el gobierno alemán cobraron conciencia del hecho de que los triunfos militares sólo constituían factores parciales dentro del contexto de una magna lucha cuando a fines de abril de 1937, en conexión con la ofensiva llevada a cabo por Franco en el frente del norte, la ciudad de Guernica fue destruida por aviones alemanes y una ola de indignación inundó a los países occidentales. Los italianos tuvieron una experiencia aún más dura después de mandar a divisiones enteras a España desde diciembre, las cuales sumaban una fuerza total de aproximadamente 50 000 hombres. Los "camisas negras" efectivamente conquistaron Málaga el 8 de febrero, en gran medida debido a los errores cometidos por las milicias apostadas en esta ciudad, pero cuando a fines de marzo se encontraron, cerca de Guadalajara, con las Brigadas Internacionales, entre ellas el batallón italiano Garibaldi, sufrieron un sensible revés. No influyó tanto el hecho de tener que volver a entregar gran parte del territorio conquistado, sino la circunstancia de que el espíritu combativo del enemigo resultó ser mucho mayor. Nadie menos que el general Mario Roatta admitió que las Brigadas Internacionales habían peleado "hábilmente y, sobre todo, con fanatismo y odio",[68] mientras que a los camisas negras evidentemente les faltaba motivación. Lo peor fue que la propaganda de los antifascistas italianos llegó a oídos de los milicianos y que unidades completas se rindieron sin necesidad o incluso se pasaron al otro bando. Por el contrario, la apelación a la solidaridad proletaria y la propaganda dirigida contra la falta de sentido y la injusticia de esta guerra no causó impresión alguna a los oficiales y soldados de la Legión Cóndor, salvo en el caso excepcional de unos cuantos prisioneros. Los que no se veían como meros técnicos de guerra, para quienes España sólo representaba una

---

[68] Coverdale, *op. cit.*, p. 258.

especie de campo de maniobras, compartían más o menos la convicción de estar defendiendo a la cultura contra un ataque artero, y todos estaban seguros de pertenecer a un orden superior, de modo que muchos miraban con desprecio a los españoles de ambos bandos. Ciertamente llegaron a manifestarse dudas ocasionales, y no es en absoluto difícil de creer la declaración hecha después de la guerra por un testigo en el sentido de que precisamente los nacionalsocialistas entre los legionarios a menudo se preguntaban si no estarían peleando del lado equivocado.[69] Sin embargo, este tipo de preguntas no derivaba de una auténtica simpatía hacia el adversario, sino de la aversión a los generales reaccionarios y exageradamente precavidos del propio bando, así como al importante papel desempeñado por la Iglesia católica del lado de los españoles nacionales.

Si en esta acción contra los alemanes, la primera desde la Guerra Mundial, los rusos se hubieran preguntado sin prejuicios qué conclusiones se podían sacar de la experiencia, seguramente hubieran constatado que las tropas de la Alemania nacionalsocialista eran aún menos susceptibles de conmoverse con un ataque propagandístico, como el que logró la victoria sobre Kornilov, que el ejército alemán de 1918; es más, que tal vez aquella victoria había constituido una excepción determinada por circunstancias muy particulares, mientras que desde entonces todos los "Kornilovs", desde Horthy hasta Franco, por no hablar de personajes tan inesperados como Mussolini y Hitler, triunfaban o por lo menos tenían buenas posibilidades de triunfar. A los alemanes, por su parte, les hubiera podido dar mucho qué pensar el simple hecho de que las masas españolas que estaban produciendo el caos bolchevique de ninguna manera habían sido azuzadas por agitadores judíos, como quizá fue el caso en Rusia, porque prácticamente no existía ninguna minoría judía en España. Por lo tanto, no es de sorprender que se hablara mucho sobre España en el Congreso del Honor del Partido Nacionalsocialista celebrado en septiembre de 1936, ni que Rudolf Hess señalase como objetivo de este congreso "desarrollar la gran tesis y antitesis del siglo, bolchevismo y nacionalsocialismo", pero debió resultar muy inquietante para los más inteligentes entre los nacionalsocialistas que Alfred Rosenberg replanteara el viejo discurso sobre la "Judea soviética" y que Goebbels de nueva cuenta calificara al bolchevismo de una "dictadura de los seres inferiores".[70] Si las impresiones de 1917-1918 se perpetuaban de esta manera, sin variación alguna, era muy grande el peligro

---

[69] Wilfred von Oven, *Hitler und der Spanische Bürgerkrieg. Mission und Schicksal der Legion Condor*, Tubinga, 1978, p. 61.

[70] *Der Parteitag der Ehre vom 8. bis 14. September 1936. Offizieller Bericht über den Verlauf des Reichsparteitages mit sämtlichen Kongressreden*, Munich, 1936, pp. 27, 82 y 98. Hubiera sido posible, por cierto, deducir una modificación considerable del cuadro general de un cambio introducido por Hitler en su discurso de clausura:

En su momento alejamos el bolchevismo de Alemania, pero no por querer conservar o incluso revivir al mundo burgués. Si el comunismo de veras sólo hubiese pretendido efectuar cierta

de errar en el juicio sobre un adversario cuya industria producía armas de excelente calidad y cuyos partidarios reunidos en las Brigadas Internacionales, en gran parte judíos, realizaban hazañas con las que unos seres inferiores y brutos no hubieran podido soñar siquiera. Por otra parte, los puntos de vista tradicionales de ambos bandos hubieran tenido que registrar con consternación el hecho de que un hombre señalado como representante particularmente malvado del bolchevismo por Joseph Goebbels en Nuremberg desapareciese sin rastro alguno varios meses después, tras recibir fuertes ataques por parte de la prensa comunista: Andrés Nin, el líder más importante del partido comunista de izquierda, POUM.

Lo que el mundo exterior no simpatizante veía en la España roja era sobre todo el caos y el terror bolcheviques: las masas mal vestidas y armadas de rifles que llenaban las calles; los paseos en los que se ejecutaba a los enemigos; la turba indisciplinada de los anarquistas; las momias de monjas sacadas de sus tumbas y colocadas en las calles; las apropiaciones violentas; las colectivizaciones forzosas. No obstante, en medio de este caos había una fuerza que desde el principio defendió el orden, se opuso a las socializaciones y detenía y mataba en sus propias prisiones no sólo a grandes capitalistas y oficiales, sino también, justamente, a bolcheviques: el Partido Comunista de España, aunque definitivamente no era el único en opinar que ante todo había que ganar la guerra y que, por lo tanto, debía dirigirse de manera eficiente. Largo Caballero, el primer ministro, también trató de someter las milicias anarquistas a una dirección central; también él pretendía crear un ejército regular basado en rangos de servicio y una rigurosa disciplina; también él proponía eliminar los soviets de los soldados y, en términos generales, el "gobierno de los comités". Sin embargo, los comunistas no sólo ponían su propio y sobresaliente ejemplo, sino que desde el principio defendieron tesis que despertaban gran desazón entre sus aliados socialistas y con mayor razón entre los anarquistas: según ellos, el pueblo español no luchaba por erigir la dictadura del proletariado, sino para defender el orden republicano, el cual comprendía el respeto hacia la pequeña y mediana propiedad; había que rechazar la colectivización forzosa practicada por los anarquistas; se tenían que reabrir las iglesias y garantizar públicamente la libertad de cultos; no debía erradicarse sólo el fascismo, sino de igual manera a los trotskistas y a los "incontrolables" (es decir, los anarquis-

limpieza mediante la eliminación de determinados elementos podridos de los círculos de la llamada crema de la sociedad o de la población de hombres vulgares, igualmente carentes de todo valor, hubiera sido posible dejarlo hacer por un tiempo. Sin embargo, el bolchevismo no persigue la meta de liberar a los pueblos de sus elementos enfermizos, sino de erradicar, por el contrario, todo lo sano, hasta lo más sano, para sustituirlo por lo más degenerado (*ibid.*, pp. 294-295).

Posteriormente, en sus "conversaciones de sobremesa", Hitler habría de referirse con frecuencia y en términos bastante positivos a los "españoles rojos", y de manera negativa a las fuerzas reaccionarias reunidas en torno a Franco.

tas radicales). Lo mismo expresaba una carta firmada por Stalin, Voroshílov y Molotov y entregada al primer ministro Caballero por el embajador Marcel Rosenberg en diciembre: lo importante era ganar el apoyo de la pequeña y mediana burguesía; había que defenderla contra las expropiaciones y en lo posible asegurarle su libertad de acción. Según el documento, era de importancia decisiva sostener una buena relación con las fuerzas burguesas de izquierda reunidas en torno al presidente Azaña, porque el peor peligro, amenazante de la victoria de la causa común, era provocar la impresión de que había que considerar a España como una república comunista.[71]

Salta a la vista la estrecha conexión entre la política interna seguida por el Partido Comunista de España y la política exterior de Stalin, y no es posible negar que durante la Guerra Civil rusa el partido de Lenin procedió con la misma resolución contra los anarquistas y la falta de disciplina. Con todo, se justifica la afirmación de que el Partido Comunista Español sostenía las mismas tesis defendidas en Rusia por los mencheviques: las circunstancias aún no eran las adecuadas para establecer el socialismo, era preciso colaborar con la burguesía y sólo se podía llevar a cabo una revolución burguesa. No es de sorprender, por lo tanto, que el Partido Comunista de España prácticamente se erigiera en la potencia protectora de los campesinos independientes, los comerciantes y los artesanos, y que el enorme incremento en el número de sus miembros se debió en importante medida a la afluencia procedente de estos gremios. Tampoco es de sorprender que Camillo Berneri, emigrante italiano y vocero intelectual de los anarquistas catalanes, acusara al Partido Comunista de ser la "legión extranjera de la democracia española y del liberalismo español".[72] En este bolchevismo existían, por lo tanto, al menos dos partidos embargados por un odio mortal recíproco. Los comunistas representaban la parte agresiva, y las acusaciones que dirigían especialmente contra el POUM, el partido comunista de izquierda o anarquista de derecha encabezado por Andrés Nin, constituían en sí una amenaza de muerte: según ellos, este partido era trotskista y lleno de gente de la Falange, su posición ante la ayuda rusa era negativa y su fuerte posición en Cataluña resultaba contraria a los intereses de la guerra. A comienzos de mayo de 1937 estalló en Barcelona una guerra civil dentro de la Guerra Civil: los simpatizantes de la CNT y del POUM se opusieron violentamente a la orden de desalojar la central telefónica que se encontraba bajo su control, y por varios días recuperaron el poder absoluto sobre la ciudad, pero finalmente fueron derrotados por las tropas del gobierno, en su mayoría comunistas, que acudieron rápidamente. Hubo por lo menos 500 muertos. Andrés Nin fue arrestado y asesinado después de sufrir graves torturas, al igual que Berneri.

Así fue doblegado el anarquismo catalán, pero también se perdió el poder del ímpetu revolucionario y de la espontaneidad. De ahí en adelante el enfrenta-

71 Pierre Broué y Émile Témime, *La révolution et la guerre d'Espagne*, París, 1961, pp. 242-243.
72 *Ibid.*, p. 254.

miento en España se llevó a cabo entre dos ejércitos regulares y, tras la sustitución de Largo Caballero por Juan Negrín, encabezó el gobierno un hombre juzgado como intelectual liberal y culto. Los comunistas y los asesores soviéticos ejercieron sobre él una influencia mucho mayor que los oficiales alemanes e italianos sobre el general Franco. Este último incluso se sustrajo al pago completo de los enormes suministros recibidos, mientras que los españoles rojos pagaron hasta el último centavo de la ayuda soviética con las reservas de oro del banco nacional. Los alemanes e italianos no pasaron de ser cuerpos auxiliares extranjeros, y muy pocos de sus oficiales contaban con experiencia que se remitiera a los años 1918-1920. Por el contrario, los asesores rusos y los comandantes de las Brigadas Internacionales eran en gran parte veteranos de la revolución y de la Guerra Civil (por ejemplo el cónsul general soviético en Barcelona, Antonov-Ovseyenko, los generales "Kleber" y "Lukacz" y los comandantes Ludwig Renn y Hans Kahle), y no cabe duda que aún se mantenían por completo leales a su antigua fe, la cual no cambió ni por la lucha contra los anarquistas ni por la defensa de la república burguesa por parte de sus camaradas españoles. Tampoco iban a perder la convicción de estar peleando del lado correcto por hechos como el de que Franco y sus tropas auxiliares alemanas e italianas lograsen los mayores triunfos militares; como que Alemania e Italia fueran acercándose cada vez más la una a la otra dentro de la arena de la política internacional como "potencias del eje", y como que con ocasión de su visita triunfal a Alemania hacia fines de septiembre de 1937 Mussolini calificara al bolchevismo de "la forma moderna del despotismo bizantino más oscuro" y se aventurara a vaticinar que la Europa de mañana sería fascista.[73] Lo que sí debió inquietarlos, por el contrario, fueron las noticias provenientes de la Unión Soviética.

En junio de 1937, Ilya Ehrenburg visitó la XII Brigada Internacional en el frente aragonés, donde habló, entre otros, con un "hombre bajo, corpulento y sobremanera adusto", evidentemente un alto oficial perteneciente a las filas de los asesores soviéticos, que tenía delante una edición del *Pravda*. El hombre tomó un sorbo de té frío y de repente preguntó: "¿Ya se enteró de las novedades? Tujachevski, Yakir y Uborévich fueron condenados a morir fusilados. Son enemigos del pueblo."[74]

Mientras un considerable número de sus mejores soldados y la flor de la Internacional Comunista peleaban en España, en Moscú Stalin había puesto en marcha la gran purga. Muchos de los combatientes de España figurarían entre sus víctimas, entre ellos Antonov-Ovseyenko, famoso en la Unión Soviética como el conquistador del Palacio de Invierno. Hitler fue o colaborador o engañado en este proceso. Con todo no se extinguió la gran exaltación del desarrollo que embargaba a la nación soviética desde sus comienzos, y sobre todo desde 1928.

[73] *Weltgeschichte der Gegenwart in Dokumenten*, t. 5, pp. 340-341.
[74] Ilja Ehrenburg, *Menschen, Jahre, Leben. Autobiographie*, Munich, 1965, t. 2, p. 184.

### 5. LA "GRAN PURGA" Y LA EXALTACIÓN DEL DESARROLLO EN LA UNIÓN SOVIÉTICA

A los ojos de la opinión pública mundial, la gran purga empezó el 19 de agosto de 1936, cuando en el Salón de Octubre de la Casa Sindical de Moscú se inauguró un juicio contra varios viejos bolcheviques, precedido por una amplia campaña periodística, al que tuvieron acceso periodistas extranjeros y algunos oyentes soviéticos escogidos. En el banquillo de los acusados estaban varios antiguos miembros de la oposición, entre ellos Grígori Zinóviev y Lev Kámenev, antaño los colaboradores más íntimos de Lenin. Entre 1924 y 1926 estos dos hombres habían formado, junto con Stalin, la troica conductora del país, en oposición a Trotski. Sin embargo, durante el juicio confesaron haber planeado, como miembros del centro trotskista-zinovievista, atentados contra los hombres dirigentes de la Unión Soviética, sobre todo contra Stalin, y afirmaron haber tenido éxito en este propósito en el caso de Kirov. Casi todos los acusados se declararon culpables. Zinóviev incluso aseveró que por el trotskismo había llegado al fascismo, y Kámenev instó al pueblo a seguir a Stalin, puesto que era justa su propia condena y la de sus camaradas. Un viejo bolchevique llamado Mrachkovski —que sin duda igualaba a los combatientes de España en resolución y valentía— incluso exigió él mismo su propio fusilamiento, puesto que su ejemplo demostraba que también los obreros podían convertirse en contrarrevolucionarios. El fiscal Vyshinski de hecho pidió "que se fusile a todos estos perros rabiosos", y la corte aceptó su solicitud.[75] No habían transcurrido ni 24 horas cuando se anunció que los acusados habían sido ejecutados.

En la Unión Soviética la opinión pública se mostró satisfecha. Los periódicos habían sostenido una auténtica campaña de odio y a lo largo y ancho del país asambleas masivas habían emitido declaraciones que pedían la muerte de los traidores. En Occidente, por el contrario, se escucharon muchas dudas. ¿De veras resultaba digno de fe que esos viejos bolcheviques, probados en múltiples ocasiones, se hubieran convertido en terroristas y asesinos a fin de perjudicar a su partido y a su propio régimen? ¿Qué o quién los había inducido a hacer tales autoacusaciones? ¿No era cierto que en algunos puntos la acusación se basaba evidentemente en datos falsos, como por ejemplo en los nombres de los hoteles extranjeros donde supuestamente habían tenido lugar reuniones conspiradoras con los enviados de Trotski? Con todo, entre los observadores

---

[75] Robert Conquest, *Am Anfang starb Genosse Kirow. Säuberungen unter Stalin*, Düsseldorf, 1970, p. 145. (Título original: *The Great Terror.*) En 1936, 1937 y 1938 se publicaron los informes taquigráficos de los tres juicios públicos, en francés y en inglés. En la actualidad sólo son interesantes desde el punto de vista de la psicología social o, mejor dicho, de la psicología del partido.

occidentales prevalecía la opinión de que las declaraciones de los acusados resultaban verosímiles, y varios famosos juristas ingleses juzgaron totalmente correcto el proceso. Las primeras olas de indignación no tardaron en calmarse, máxime cuando se había llegado a la cima de las esperanzas despertadas por la nueva "Constitución de Stalin". La Unión Soviética parecía haberse integrado en forma definitiva al círculo de las potencias democráticas, y todos los amigos occidentales de la política de la gran resistencia se mostraban convencidos de que la alianza antifascista de todas las potencias amantes de la paz lograría poner el alto a la expansión fascista.

Aun los más decididos partidarios hubieran sentido gran consternación de haber sabido cuántas instrucciones, preparativos, purgas del partido y procesos se habían llevado a cabo ya a puerta cerrada durante el año y medio transcurrido desde el asesinato de Kirov, y de haber conocido la extraña forma en que se entrelazaban la intensificación de la propaganda patriótica, la disolución de la Sociedad de los Viejos Bolcheviques en mayo de 1935 y el sucesivo agravamiento de las leyes penales (por ejemplo, la extensión de la pena capital a niños de 12 años en adelante). Y se hubieran inquietado más aún de haber conocido el telegrama enviado por Stalin y Schdanov a algunos miembros del Politburó en Moscú el 25 de septiembre de 1936, el cual rezaba: "Nos parece imprescindible y urgente que se nombre comisario del pueblo para Asuntos Interiores al camarada Yeshov. Yagoda ha demostrado en forma definitiva su incapacidad para desenmascarar al bloque de trotskistas y zinovievistas. La GPU lleva cuatro años de retraso en este asunto. Han reparado en ello todos los funcionarios del partido y la mayoría de los miembros de la NKWD."[76] El telegrama alude inconfundiblemente al caso de Riutin. Lo que Stalin no había podido imponer en 1932 debía ser realizado ahora, pero en lugar de una sola víctima, Riutin, decenas de miles, es más, cientos de miles de miembros del partido serían las víctimas; ni siquiera se perdonaría a Yagoda, que en 1934 había llegado a dirigir la Comisaría del Interior como jefe de la GPU. De esta manera tuvo comienzo la "yeshovchina".

Al principio pasó casi desapercibido que durante el proceso contra Zinóviev y Kámenev uno de los acusados menores admitió haber entablado contactos con la Gestapo, y que algunas declaraciones mencionaban los nombres de dirigentes del partido y altos oficiales militares hasta entonces libres de cargos. Sin embargo, el 23 de enero de 1937 se inició otro juicio, el juicio contra el centro paralelo trotskista, y en esta ocasión algunos de los hombres nombrados se encontraban delante de la barra. La acusación ya no era principalmente por atentados terroristas, sino por sabotaje y por relaciones con los enemigos alemán y japonés. Nada menos que Grígori Piatakov, distinguido por Lenin con una mención en su testamento y principal organizador de la industializa-

---

[76] Jruschov, *op. cit.* (nota 40, capítulo III), p. 875.

ción, fue acusado de haber pretendido, junto con los otros acusados, revocar la industrialización, hacer concesiones territoriales a Alemania y practicar actos de sabotaje en caso de guerra. Se decía que en una reunión sostenida con Trotski en Oslo, Piatakov se había enterado por éste de una junta con Rudolf Hess en que se acordó colaborar tanto en tiempos de guerra como de paz. La inclusión de la Alemania nacionalsocialista en el proceso fue subrayada particularmente por la presencia de Karl Radek entre los acusados, el hombre que en 1919 había fungido como delegado de Lenin en la Revolución alemana y que en 1923 pidió una alianza entre comunistas y nacional-revolucionarios alemanes en su discurso dedicado a Schlageter. Radek confirmó expresamente que Trotski pretendía establecer un régimen "bonapartista" en Rusia y que estaba dispuesto a ceder Ucrania a Alemania. Vishinski calificó de "Judas" a todos los acusados, afirmando que habían caído más bajo que los peores secuaces de Denikine o de Kolchak, y todos fueron condenados a muerte y fusilados, con excepción de Radek y Sokolnikov, uno de los 12 hombres que el 23 de octubre de 1917 habían tomado la decisión de iniciar el levantamiento. Ambos fueron sentenciados a 10 años de prisión, pero según parece no tardaron en fallecer en uno de los campamentos de trabajo.

Este juicio causó una impresión más profunda que el primero en la opinión pública occidental y también en muchos comunistas, en gran medida porque Trotski se encargó de organizar una especie de contrajuicio en Nueva York, en el que se pudieron demostrar graves irregularidades. Empezó a plantearse con frecuencia la pregunta de si Stalin quería destruir físicamente a todos los viejos bolcheviques y compañeros de lucha de Lenin, después de haberles sustraído ya hacía tiempo todo poder político. A veces se expresó la sospecha de que la GPU debió obtener esas extrañas confesiones por la fuerza, mediante chantajes, promesas o apelaciones a la profundamente arraigada lealtad al partido. Tampoco pasó desapercibido que desde fines de septiembre Nikolai Yeshov había sustituido a Yagoda. Con todo, muchos observadores occidentales seguían opinando que las confesiones eran verosímiles y que el juicio se estaba llevando a cabo correctamente, entre ellos el nuevo embajador estadunidense Joseph Davies, aunque éste relacionaba con el proceso, como capitalista favorablemente dispuesto hacia Stalin, la esperanza de que tuviese lugar un cambio trascendental en el régimen soviético.

El mundo no cobró conciencia de que algo monstruoso estaba ocurriendo en la Unión Soviética hasta el 11 de junio de 1937, cuando se reveló que varios de los más altos comandantes del Ejército Rojo habían sido detenidos como sospechosos de alta traición; al día siguiente se dio la noticia de que habían sido juzgados y ejecutados, entre ellos el mariscal de la Unión Soviética Mijail Tujachevski, y los generales del ejército Yakir y Uborévich. Ciertamente es muy posible que de esta manera Stalin haya pretendido poner un fin definitivo a las discusiones en torno al restablecimiento de la institución de los comisarios

políticos, las cuales al parecer precedieron a la decisión correspondiente
tomada en mayo, pero desde el punto de vista de la opinión pública prevalecía
el hecho de que los ocho comandantes, entre ellos varios judíos, habían sido
acusados de ser traidores y espías al servicio de Alemania.

No se dio a conocer nunca información más precisa ni tuvo lugar un juicio
público; es más, muchos de los altos oficiales que fungieron como jueces fueron
fusilados también al poco tiempo de estos sucesos. Sin embargo, por declaraciones hechas por oficiales de la SS se sabe que bajo la dirección de Reinhard
Heydrich y aparentemente con la anuencia de Hitler fue falsificado un expediente sobre Tujachevski, que de hecho había sostenido relaciones, si bien de carácter
completamente oficial, con el Ejército del Reich durante el periodo de Weimar,
de modo que había firmas suyas en los archivos.[77] Este expediente se le hizo llegar
a Stalin a través de Benesch y no es imposible que le haya hecho caso. Naturalmente, el móvil de Hitler y Heydrich era el deseo de debilitar la fuerza combativa
del Ejército Rojo, pero también hay indicios de que, por el contrario, fue Stalin
quien hizo que se sugiriese dicha falsificación a los alemanes, para que éstos
adquiriesen una idea falsa acerca de sus propias posibilidades y las repercusiones
de sus actos. En todo caso es imposible imaginar que Stalin haya tomado por
espías al servicio de Alemania y de Japón al enorme número de oficiales que
fueron ejecutados por miles hasta fines de 1938, en un verdadero atropello de
la policía secreta contra el ejército. De cinco mariscales sólo sobrevivieron dos;
de 14 comandantes, también dos; de ocho almirantes no quedó ninguno con
vida; de 67 comandantes de cuerpo fueron fusilados 60; y de 199 comandantes
de división, 136.[78] Ningún ejército del mundo había sufrido jamás a manos del
enemigo tal cantidad de bajas entre los altos rangos del cuerpo de oficiales como
el Ejército Rojo durante los años de paz de 1937 y 1938. Sin embargo, Yakir
murió gritando: "Viva el partido, viva Stalin"; y no fue el único, ni mucho menos,
que hasta la muerte guardó la lealtad hacia el hombre y el partido que estaban
cubriéndolo de lodo y destruyéndolo a él y a sus camaradas.

Los informes secretos de los diplomáticos alemanes no contienen ningún
indicio de que las autoacusaciones de Radek y Piatakov y los cargos levantados
contra los oficiales tuviesen siquiera un grano de verdad. El embajador alemán
en Moscú, el conde Von der Schulenburg, señaló, por el contrario, que era
"completamente absurda" la idea de que, después de haber sostenido una
guerra contra la Unión Soviética, Alemania hubiera querido encumbrar en el
poder en Moscú a Trotski-Bronstein y Radek-Sobelsohn. De acuerdo con este
diplomático, la intención real del segundo proceso era prevenir a todos los
"que se niegan a comprender la política de Stalin, apuntada a incrementar la
fuerza militar de Rusia, y que siguen andando por ahí con los tratados de Lenin

[77] Walter Schellenberg, *Aufzeichnungen*, Wiesbaden y Munich, 1979, pp. 44-50 (primera
edición: Londres, 1956, con el título *The Schellenberg Memoirs*).

[78] Conquest, *op. cit.*, p. 577.

bajo el brazo". Al mismo tiempo se pretendía comprometer públicamente a Alemania y a Japón, imputándoles injerencia en los asuntos internos de la Unión Soviética y atribuyendo de esta manera a los enemigos "lo que el propio Moscú hace".[79] En lo referente a los oficiales, Von der Schulenburg no desechó por completo la posibilidad de que fueran "germanófilos", pero le parecía más importante el temor de "Stalin a la presencia de líderes destacados e independientes dentro del ejército, por constituir posibles puntos de cristalización para el descontento o para las ambiciones que pudiera haber", por lo cual procuraba eliminarlos de manera oportuna.[80]

El destino de los perseguidores no fue menos duro que el de los perseguidos, que a su vez habían sido los vencedores y perseguidores de la Guerra Civil. La destitución de Yagoda suscitó una ola de autoacusaciones y denuncias recíprocas en la GPU, descrita de manera muy gráfica por Krivitski.[81] Con muy pocas excepciones fueron eliminados los jueces de instrucción que por medio del sistema de interrogatorios interminables o torturas habían logrado las confesiones de Zinóviev y Kámenev, de Radek y de Piatakov; fueron sustituidos por los hombres de Yeshov, que eran mucho peores.

Estos últimos prepararon el tercero y más grande de los juicios públicos, iniciado el 2 de marzo de 1938 contra el bloque de la derecha y de los trotskistas. En esta ocasión, tres ex miembros del Politburó de Lenin ocupaban el banquillo de los acusados, Bujarin, Rikov y Krestinski. Junto a ellos había varios ex comisarios del pueblo, como es el caso de Yagoda, acusado ahora de haber asesinado a Kirov y también a Gorki, por cierto. De nueva cuenta se habló de la disposición de Trotski a ceder Ucrania a los alemanes y Bujarin la confirmó sin involucrarse en el hecho, pero el énfasis principal fue puesto en actos criminales como homicidios por envenenamiento. De ser correcto el cuadro que se presentó, se estaba confirmando la vieja tesis esgrimida por los emigrantes más reaccionarios: los círculos dirigentes soviéticos (excepto Stalin y sus partidarios más íntimos) no eran más que una banda de criminales, incluso en lo que se refería a su comportamiento entre ellos. En esta ocasión, Vishinski comparó a los acusados con "perros sarnosos" antes de solicitar la pena capital, y en efecto fueron condenados a muerte todos excepto tres. Sin embargo, Bujarin sólo había hecho una confesión parcial y hasta el final negó la afirmación de que el bloque había sido organizado por orden del servicio secreto fascista. De esto y de la reacción predominantemente negativa que se produjo en Occidente, Stalin sacó la conclusión de que no tenía caso realizar más procesos públicos.

No obstante, aún faltaba mucho para que el horror llegase a su fin; antes de que esto pudiese suceder, la yeshovchina adquirió más fuerza todavía.

[79] ADAP, C, t. VI.1, pp. 381-382.
[80] Ibid., t. VI.2, pp. 913 y ss.
[81] Krivitski, op. cit. (nota 214, capítulo II), pp. 167 y ss.

Desde hacía mucho tiempo ya no se trataba sólo de destruir a los cuadros dirigentes. También en los estratos inferiores del partido se desató una verdadera histeria de denuncias recíprocas y autoacusaciones en todo el país; para ello desempeñaba un papel de particular importancia el origen personal como un estigma indeleble. Un sinnúmero de respetados miembros del partido fue desenmascarado como hijos e hijas de *kulaks* o de comerciantes, aunque desde hacía muchos años no tuviesen ya contacto con sus padres; muchas veces bastaban acusaciones como la de que la sobrina de alguien había tenido relaciones con un "elemento trotskista" para provocar la expulsión del partido, con todo lo que esto implicaba. Un amigo de Krivitski fue detenido y desapareció sin dejar huella por haber recibido una carta del esposo de su ex mujer y porque su hermano había pintado la mitad de la cara de Radek en la pared de un club para obreros.[82] El archivo de Smolensk guardaba autoacusaciones como la siguiente:

> Después de que el Comité Central del partido desenmascaró a la banda de espías trotskistas-bujarinistas en el distrito occidental, dirigidos por Uborévich, Rumiantsev y Shilman, el pleno de la *obkom* desenmascaró a unos enemigos del pueblo y los sacó de los puestos dirigentes, pero dejó que continuara un departamento integrado por antiguos obreros que no ayudó mucho en la lucha contra los enemigos del pueblo. Yo mismo me hice culpable de este tipo de negligencias.[83]

Resultaba en cierta forma consecuente que un partido que desde siempre se había dedicado principalmente a combatir y destruir a sus *enemigos* ahora buscara al enemigo en sus propias filas. Sin embargo, el proceso no dejó de afectar a la población común, que ya había sufrido mucho. Es imposible que los casi 8 millones de personas deportados a los "campamentos correccionales de trabajo" hayan sido todos miembros del partido, y como causa para ser deportado bastaba hacer una declaración tan inofensiva y correcta como la de que los zapatos soviéticos eran de calidad inferior. Dichos campamentos, subordinados al departamento principal "GULag" de la NKWD, desde hacía mucho tiempo habían adquirido una importancia económica especial que los hacía realmente imprescindibles, sobre todo en los inmensos y aún vírgenes territorios del norte de Siberia, como Kolima, pero muchos de ellos eran auténticos campos de exterminio en que la expectativa promedio de vida ascendía a dos años, de modo que cada año perecía la mitad de los detenidos. En las vueltas que daba este molino de la muerte, casi no constituía ya un procedimiento extraordinario que Yeshov hiciera llegar por telégrafo instrucciones como la siguiente al jefe de la NKWD en cualquier ciudad grande: "Se le confía la tarea de destruir a 10 000 enemigos del pueblo. Avise del cumpli-

82 *Ibid.*, p. 175.
83 Merle Fainsod, *Smolensk under Soviet Rule*, Londres, 1958, p. 424.

miento por radiograma."[84] Durante la guerra se descubrieron fosas comunes en Vínnitsa que contenían más de 9 000 cadáveres. Todas las víctimas habían muerto por tiros en la nuca; como fecha de muerte se fijó el verano de 1938. Las estimaciones de las cifras totales ascienden a más o menos un millón de ejecutados y por lo menos dos millones de muertos en los campamentos.[85] Por lo tanto, toda la población fue afectada por este proceso y prácticamente no había familia numerosa en que no se hubiese deportado o ejecutado por lo menos a uno de los miembros. Eran castigados con particular dureza los familiares de los destacados líderes del partido u oficiales, a pesar de que la promesa de perdonar a las esposas y los hijos constituía un importante recurso al arrancar sus confesiones. Murieron casi todos los parientes de Tujachevski, por ejemplo. Para levantar cargos bastaba con la designación "esposa de un enemigo del pueblo".[86] Muchas veces se obligaba a los hijos a aprobar públicamente la ejecución de sus padres.

También fue particularmente dura la suerte de los comunistas y refugiados extranjeros. Del Politburó del KPD desaparecieron no menos que cuatro miembros, entre ellos Heinz Neumann y Hermann Remmele, quien en 1932 había cantado la gloria de la Unión Soviética en una obra de dos volúmenes.[87] Hans Kippenberger también fue arrastrado por el remolino de la muerte, al igual que Hugo Eberlein, el único alemán entre los fundadores de la Tercera Internacional. La purga cobró a un número considerable de víctimas entre judíos, letones y polacos y, de manera general, entre los integrantes de las minorías nacionales. Zinóviev, Kámenev, Gamarnik, Yakir y otros más eran judíos; era letón el general J. K. Bersin, que durante muchos años había dirigido el servicio secreto del Ejército Soviético y luego desempeñó un papel destacado en la Guerra Civil española; casi todos los polacos pertenecientes a la Internacional Comunista perdieron la vida y el Partido Polaco fue disuelto por completo debido a una supuesta infiltración por agentes fascistas. Fueron afectados casi en igual medida los gobiernos de las repúblicas de la Unión que habían guardado cierta autonomía o sólo pretendían conservar las tradiciones y la identidad de sus pueblos. En Ucrania se quitó del camino al probado comunista Skripnik, que se había distinguido en la lucha contra el "nacionalismo burgués", y Nikita Jruschov extirpó también de los rangos inferiores a todos los elementos que aún soñaban con la independencia ucraniana dentro del contexto de la "unión soviética".

En el verano de 1938, el partido de Lenin había sido destruido prácticamente en su totalidad, con excepción de los más probados secuaces de Stalin. Más o menos por esta época fue limitado el poder de Yeshov y en diciembre lo

---

[84] Conquest, *op. cit.*, p. 629.
[85] *Ibid.*, p. 634.
[86] *Ibid.*, p. 365.
[87] Hermann Remmele, *Die Sowjetunion*, Hamburgo y Berlín, 1932, 2 vols.

sustituyó en la jefatura de la NKWD un paisano de Stalin, Lavrenti Beria, que a su vez purgó a los purgadores y envió a la muerte a casi todos los hombres de Yeshov. Cuando en marzo de 1939 se reunió el 18º Congreso del PCUS, habían muerto o desaparecido no menos de 1 108 delegados de los 1 966 que asistieron al 17º Congreso en 1934. E incluso de los restantes, sólo 59 volvieron a presentarse en el auditorio. Hasta ese momento ningún partido comunista del mundo había sufrido una matanza semejante, ni siquiera el KPD a manos de Hitler. Ningún gobierno había infligido jamás tantas bajas a su propio pueblo en tiempos de paz. En comparación, la Alemania nacionalsocialista, con sus pocos campos de concentración y un máximo de 30 000 presos políticos, casi parecía un Estado europeo occidental normal en 1937 y 1938.

Con todo, la Unión Soviética siguió siendo el país del desarrollo y de la exaltación del desarrollo, a pesar de estos sucesos, que hacían temer constantemente por su posición y su vida a todos excepto Stalin. El segundo plan quinquenal, ya no tan ambicioso como el primero, llegó a feliz término; un sinnúmero de *komsomols* seguía ofreciéndose en forma voluntaria para trabajar y viajaba con entusiasmo a territorios salvajes, para ahí erigir, en las condiciones más penosas, nuevos e inmensos centros industriales; no se trataba de un simple truco de propaganda cuando los periódicos celebraban con panegíricos entusiastas las grandes hazañas de los aviadores y exploradores árticos soviéticos; es imposible que se hayan debido a meras manipulaciones los mítines masivos en que cientos de miles de personas exigían con fervorosa agitación la "muerte de los traidores". El número relativamente alto de turistas que en el verano de 1937 afluyó a Moscú conoció una ciudad palpitante y llena de vida. En las numerosas ediciones nuevas de su libro, Sidney y Beatrice Webb siguieron alabando a la Unión Soviética, sin encontrar muchas objeciones, como el comienzo de una "nueva civilización", como un país sin crisis y sin los "ingresos inmerecidos" de existencias parasitarias.

Por lo tanto, probablemente sería un error buscar la causa de la gran *chistca* sólo en la desenfrenada ambición de poder de Stalin. En todo caso se trataba de la tercera gran revolución que cobraba millones de víctimas en Rusia y la Unión Soviética, y desde este punto de vista sería posible calificarla de consecuente. Durante la Guerra Civil desencadenada por el partido bolchevique al tomar el poder, éste había destruido a todos los que consideraba sus "enemigos de clase" y que precisamente por ello se convirtieron en sus enemigos implacables; de hecho se trató de clases enteras: la aristocracia, la intelectualidad, la burguesía y además los enemigos pertenecientes a grupos social-revolucionarios y mencheviques dentro del mismo partido. Durante el periodo de la colectivización, el campesinado relativamente acomodado dedicado al cultivo individual fue blanco de los ataques, y no resultaba absurdo especular que de esta manera se pretendía erradicar de manera definitiva el esfuerzo nada utópico ni irreal de Stolipin por lanzar una línea occidental-individualista de desarrollo agrícola y simultáneamente de industrialización, en contraposición a la tradición colectivista del *mir*. También en el interior del partido existía esta tendencia occidental-individualista. Es probable que el autor de la "Carta de un viejo bolchevique" haya acertado al evaluarse a sí mismo y a sus compañeros en la siguiente forma: "Sin querer, nuestros pensamientos son críticos del orden establecido; en todo buscamos los puntos débiles. En resumen, todos somos críticos y destructores, no fuerzas constructivas [...] Es imposible crear algo con este tipo de material humano, con críticos y escépticos."[88]

El contenido del marxismo sin duda no era de carácter individualista, pero con todo había surgido totalmente de la tradición occidental de la crítica, y muy pronto se había puesto de manifiesto que también era posible aplicar los términos marxistas, con intención crítica, precisamente a la realidad soviética; o sea, términos como clase, explotación e independización del poder estatal. Desde mediados de los años veinte, Stalin personificaba al partido; si el partido había de lograr una auténtica identificación con ésta su personificación, tenía que eliminar el elemento crítico contrario representado por Trotski, Zinóviev y numerosos personajes menores. A fin de cuentas, sólo se estaba cumpliendo la profecía hecha por Trotski en 1904, cuando dijo que la organización leninista del partido conduciría primero a la incapacitación de los miembros de éste en beneficio del Comité Central y luego a la sustitución del Comité Central por un dictador.[89] El hecho de que la mayoría de los principales representantes de la tendencia crítica occidental o intelectual fueran judíos facilitó su eliminación, pese a que la Unión Soviética era el único país del mundo que estipulaba la pena de muerte por antisemitismo.[90] No es posible pasar por alto el carácter xenófobo de la gran purga. La tendencia crítica del partido correspondía a las inclinaciones anarquistas o al menos autonomistas de la población y de las distintas nacionalidades. El terror que pendía sobre cada individuo permitía intuir, al mismo tiempo, el poder propio de la unión colectiva y, por consiguiente, el propio poder, de modo que no sólo despertaba sentimientos de temor, sino también de fascinación. A su vez, el cuerpo de mando había sido reclutado en gran parte entre los veteranos de la Guerra Civil. Muchos de estos hombres, dueños de sus propios méritos, probablemente creían ser verdaderos "camaradas" de Stalin y no hijos que debieran una obediencia incondicional al "padre de los pueblos" y "hombre más grande de todos los tiempos". Por último, la extensa destrucción del partido y del cuerpo de oficiales desocupó un sinnúmero de cargos, al igual que durante la primera y la segunda revoluciones, y Stalin podía contar con la lealtad incondicional de estos nuevos dirigentes del partido y oficiales. De ser posible siquiera comprender el monstruoso suceso de la *chistca*, si no ha de juzgarse como un estallido colectivo

[88] Zagoria, *op. cit.* (nota 43, capítulo III), p. 61.
[89] Merle Fainsod, *How Russia is Ruled*, Cambridge, 1963, p. 42.
[90] Stalin, *Werke*, t. 13, p. 26.

de locura, entonces su mejor definición es un concepto utilizado por Hitler: la creación de un "cuerpo del pueblo duro como el hierro", el cual pone su totalidad unida al servicio de la voluntad de su personificación, el *voshd*, de modo que es capaz de soportar hasta lo imposible sin sufrir una escisión y mucho menos un desmoronamiento.

¿Cuál era el fin de esta unidad con la que (por decirlo de alguna manera) el espíritu del pueblo se preparaba para una prueba extraordinaria?

La respuesta parece fácil. En todos los sucesos de los años 1936 a 1938 es palpable la constante referencia a Alemania y los fascistas así como a los japoneses. Nada debía parecerle más evidente al ciudadano común que la preparación de los fascistas alemanes para el ataque y la existencia de muchos cómplices suyos dentro del partido y el ejército. La gran purga puede interpretarse, por lo tanto, como una medida inevitable de preparación para la guerra defensiva de vida o muerte. Con este cuadro encajan perfectamente las medidas definidas por muchos observadores extranjeros como restaurativas o no marxistas: el fortalecimiento de la familia; el realce positivo otorgado a las tradiciones nacionales, como a Alexander Nevski, en importante medida triunfador sobre los alemanes; la supresión de los historiadores pronunciadamente marxistas, que siempre se habían limitado a criticar la historia rusa.

No obstante, al lado de esta opinión dominante existe desde hace mucho tiempo una segunda interpretación, planteada primero por Walter Krivitski, al parecer, que también en la actualidad cuenta con sus partidarios. De acuerdo con esta teoría, casi desde el principio Stalin buscó establecer un entendimiento con Hitler, al que temía y admiraba al mismo tiempo. Es obvio que debía destruir al viejo partido y enviar a la muerte a los héroes de la Guerra Civil si realmente aspiraba a lograr tal giro.

Una tercera interpretación ve en Stalin al inflexible revolucionario internacional que debía eliminar a los revolucionarios retóricos si quería afianzar la única fortaleza con que se contaba en la lucha contra el capitalismo y el fascismo. Se le contrapone completamente, como cuarta posibilidad, el juicio del todo negativo y muchas veces marxista de que por medio de esta purga Stalin se convirtió en un déspota oriental o en una especie de nacionalsocialista.

Todas estas corrientes de interpretación ya existían en 1938, aunque sólo haya sido en forma implícita o en afirmaciones desprendidas de todo desarrollo teórico. Antonov-Ovseyenko, por ejemplo, le espetó, lleno de desprecio, la siguiente frase al juez de instrucción de la NKWD cuando éste lo tachó de enemigo del pueblo: "*Usted* es el enemigo del pueblo. Es un auténtico fascista."[91] Pero el juez de instrucción no era más que un instrumento. Para que la acusación tuviera sentido, debía dirigirse contra Stalin.

De ser correcta esta apreciación, se trataría de una de las máximas victorias

---

[91] Conquest, *op. cit.*, p. 547.

logradas por Hitler en el año triunfal de 1938. De ser falsa, en aquel año surgió para Stalin, como personificación de la Unión Soviética bolchevique y orientada a la revolución mundial, la más peligrosa de todas las amenazas dirigidas contra su existencia.

### 6. LOS TRIUNFOS DE HITLER Y EL CONSENSO DE LA COMUNIDAD DEL PUEBLO

En 1938, mientras Stalin, en opinión de muchos observadores eminentes, se dedicaba a debilitar su ejército y a desorganizar su partido, Hitler conquistó triunfos como ningún estadista los había logrado jamás en tiempos de paz. Apeló al derecho de autodeterminación para incorporar 10 millones de personas al Reich alemán, haciendo desaparecer una nación de la Europa central y mutilando a otra. De esta manera convirtió a Alemania en el Estado más poderoso de Europa, y al mismo tiempo excluyó a tal grado a la Unión Soviética del concierto de las naciones que parecía haberse producido el gran acuerdo al que siempre había aspirado. Sin embargo, sus medios pacíficos consistían en amenazas de guerra y en métodos que con toda probabilidad sólo podrían utilizarse una vez; además, el hasta la fecha mayor triunfo del derecho de autodeterminación era contradictorio en sí mismo. Para Hitler, el gran año de 1938 llegó a un fin prematuro en octubre y noviembre, cuando este director de los acontecimientos no tardó en convertirse en dirigido, debido a sus propias acciones, y erigió a Stalin en juez del destino de Europa.

El 5 de noviembre de 1937, Hitler convocó a una conferencia en la Cancillería del Reich a sus colaboradores más cercanos: el ministro de Relaciones Exteriores Von Neurath, el ministro de Guerra Von Blomberg y los comandantes en jefe del ejército, la marina y la fuerza aérea, Fritsch, Raeder y Göring. También estuvo presente el edecán coronel Hossbach, quien poco después redactó las actas de la sesión; una copia de éstas, el llamado "protocolo de Hossbach", fue encontrada por los aliados después de la guerra.[92] Hitler tenía la intención de anunciar a este núcleo del gobierno el inminente paso a una política exterior activa. La situación objetiva era favorable. Faltaba mucho para concluir el rearme, pero en los dos años anteriores Alemania había gastado más en ello que todas las potencias occidentales juntas, Estados Unidos inclusive; la amistad del Eje parecía firmemente establecida tras la visita de Mussolini; la victoria del Frente Popular en Francia a todas luces representaba al mismo tiempo una victoria de la pereza, como podía confirmarlo cualquiera que hubiese conocido las participaciones alemana y francesa en la Feria Mundial de 1937; en Inglaterra, Neville Chamberlain se había hecho cargo del gobierno en

---

[92] ADAP, serie D, t. I, pp. 25 y ss.

mayo de 1937, como sucesor de Baldwin, lo cual se traducía en un considerable fortalecimiento de la corriente del *appeasement*, y la Unión Soviética se encontraba desgarrada por la gran purga. En una conversación con el embajador estadunidense en París, William C. Bullitt, Göring señaló que ya no había necesidad de tomar en serio al Ejército Rojo como fuerza militar y que ninguno de los 5 000 tractores fabricados anualmente en la Unión Soviética servía por más de dos años.[93] Sin embargo, Hitler no insinuó ni con una sola palabra que esta feliz constelación por fin brindaba a los alemanes la oportunidad de hacer valer su derecho de autodeterminación. Tampoco dilucidó la posibilidad de saldar cuentas con el bolchevismo, por ser el enemigo universal del mundo. Su discurso se refirió exclusivamente a la "solución de la cuestión alemana", la cual para él no era otra cosa que la "escasez de espacio"; es decir, había que conquistar un mayor espacio vital. Según él, esta aspiración había conducido a la formación de estados y originado migraciones de pueblos en todos los tiempos. El momento que corría representaba, de acuerdo con sus palabras, una era de imperios económicos en que el impulso a la colonización estaba volviendo a su estado primitivo, como lo ponían de manifiesto los ejemplos de Italia y Japón, mientras que los "estados saciados", como era de comprender, sólo tenían interés en conservar sus propiedades ya adquiridas. En ambos casos, los "motivos económicos" resultaban decisivos; respecto a Alemania, la única opción de que disponía para asegurar su fuente de alimentación era el territorio europeo. El recurso de la violencia era inevitable, Alemania estaba "obligada a pasar a la ofensiva" y él había tomado, por lo tanto, la decisión irrevocable de resolver el problema alemán del espacio a más tardar para 1943-1945. Las circunstancias específicas determinarían si se pudiera entrar en acción antes; en todo caso, la primera meta debía ser "someter a Checoslovaquia y al mismo tiempo a Austria". La incorporación de estas dos naciones podría "significar una adquisición de alimentos para 5 a 6 millones de personas", siempre y cuando se lograse "forzar la emigración de dos millones de personas de Checoslovaquia y de un millón de Austria". Hitler presentó el caso hipotético de una posible guerra de Italia contra Francia e Inglaterra como una buena oportunidad para realizar dichos planes.

El Hitler que estaba hablando era el autor del "testamento político" de *Mi lucha*,[94] y al comenzar su discurso en efecto calificó sus exposiciones de "legado testamentario"en caso de que falleciera. Aquí, Hitler se reveló una vez más como lo que realmente era: un obsesionado por completo con los sucesos de 1917-1918 (en este caso con el bloque de los aliados) que al mismo tiempo tenía en forma paradigmática y probablemente sin saberlo él mismo la posición que resultó al desprenderse de las fuerzas del internacionalismo y el humanis-

[93] IMG, t. XXXVII, pp. 594 y ss.
[94] *Cfr.* p. 149.

mo la doctrina marxista de la lucha de clases, lo cual por cierto llegó a insinuarse de vez en cuando hasta en Marx y Engels.[95] Sin embargo, el pensamiento de Hitler no se limitaba al biologismo marxista ni al darwinismo social. Por debajo de la confianza y el ansia de conquistas mostrada por el protagonista de la "raza superior", se manifiesta incluso en este caso la preocupación, es más, el temor con que observaba un proceso que no encajaba del todo en su visión biologista del mundo, "las devastaciones económicas provocadas por el bolchevismo", equiparadas por él con "la disolución provocada por el cristianismo" que había resultado en la derrota del imperio romano ante el asalto dirigido por los germanos, un imperio cuya extensión y duración representaban un inconfundible punto de referencia para Hitler. Evidentemente, Hitler sólo hubiera tenido que dar un pequeño paso para toparse con el supuesto autor de dicha disolución, pero no menciona la palabra "judío". Señala la posible "intervención militar de Rusia", pero descarta pronto esta posibilidad al referirse a Japón.

Cabe preguntar por qué Hitler presentó a sus colaboradores más cercanos una visión caracterizada por una unilateralidad tan provocadora. La respuesta más probable es que pretendía someterlos a una especie de prueba. De hecho Neurath y Fritsch se opusieron con bastante vehemencia, señalando la superioridad francesa, pero al poco tiempo Neurath murió de un ataque al corazón. De esta manera, Hitler se dio cuenta de que no sería posible contar con Neurath y Fritsch, ni siquiera con Blomberg, para poder poner en marcha la política exterior activa. Ciertamente él era gobernante único, pero dentro de un sistema cuyos elementos contaban aún con considerables vestigios de su antigua independencia. Aún le faltaba mucho para adquirir el poder necesario para simplemente destituir a estos tres hombres de sus cargos. Con todo, supo aprovechar en forma rápida y sin escrúpulos una oportunidad que se le presentó al poco tiempo; también en este caso se puso de manifiesto que su vieja capacidad de resolución podía ser limitada o modificada en sus efectos por las circunstancias del momento, pero que no cambiaba nunca de manera esencial.

Las fuerzas armadas aún estaban lejos de constituir un *ejército pardo*, ya que sus componentes principales encarnaban tres periodos diferentes de la historia alemana: el ejército era cristiano-prusiano-conservador; la marina, burgués-nacionalista; y la aviación podía calificarse de nacionalsocialista. Las rivalidades entre el Departamento de las Fuerzas Armadas encabezado por el general Keitel en el Ministerio de Guerra, y el Estado Mayor del Ejército con Ludwig Beck a la cabeza, poseían un matiz ideológico. Esta situación se daba también, en forma aún más marcada, entre el ejército y la SS, que paulatinamente fue formando unidades de tropas armadas que fungían como "policía de seguridad del Estado". El espíritu nacionalsocialista había penetrado desde abajo en el

---

95 *Cfr.* Ernst Nolte, *op. cit.* (nota 42, capítulo II), pp. 466 y ss.

cuerpo de los oficiales jóvenes y también, debido al servicio militar obligatorio general, en el ejército. Prácticamente ninguno de los generales del ejército, que seguía siendo por mucho la sección más importante de las fuerzas armadas, era nacionalsocialista, y antes de 1938 ni siquiera Ludwig Beck debió ser un adversario político de Hitler. Más bien, todos los militares estaban ocupados con el rearme, que desde hacía mucho tiempo constituía su más vivo deseo. Sin embargo, ninguno de ellos sentía inclinación por las aventuras; todos se guiaban por la idea objetiva de la preparación y entendían poco de factores psicológicos y políticos. En este sentido, Hitler les era muy superior. Con todo, la apreciación correcta de aquéllos de que los métodos de Hitler pudieran poner en peligro la existencia del pueblo alemán formó el punto de partida para su resistencia, aparentemente pragmática y sobre todo de principios.

La necedad de viejo cometida por Blomberg al casarse con una mujer "con pasado" sirvió a Hitler de pretexto bienvenido para deshacerse del ministro de Guerra del Reich. Al mismo tiempo, una infame intriga escenificada por Göring y la Gestapo también permitió destituir al general en jefe del ejército y de esta manera decapitar, por decirlo de algún modo, al Alto Mando de las fuerzas armadas. Al revelarse que las acusaciones levantadas contra Fritsch carecían de todo fundamento, ya era demasiado tarde (salvo para su rehabilitación formal): había tenido lugar el gran cambio de organización y el relevo de personal del 4 de febrero de 1938. Hitler se hizo cargo personalmente del mando supremo de las fuerzas armadas y el Departamento de las Fuerzas Armadas del antiguo Ministerio de Guerra ahora se encontraba de manera directa bajo sus órdenes con el nombre de Alto Mando de las Fuerzas Armadas; el capitán general Von Brauchitsch era comandante en jefe del ejército y el nacionalsocialista Joachim Von Ribbentrop sustituyó a Neurath a la cabeza del Ministerio de Relaciones Exteriores. Göring no alcanzó su meta de convertirse en ministro de Guerra, pero sí en mariscal general. De esta manera, se asestó otro duro golpe a la independencia y el tradicional pundonor de las fuerzas armadas. En caso de que se tratase de una purga, no era posible equipararla ni en lo más mínimo, en cuanto a alcance y carácter, con la purga efectuada dentro del Ejército Rojo: en lugar de decenas de miles de fusilamientos sólo hubo unas cuantas jubilaciones, y también en esto se puso de manifiesto la diferencia entre ambos sistemas sociales. Sin embargo, había siete personas que podían apreciar el verdadero resultado de dichos cambios: se había eliminado a los tres hombres que el 5 de noviembre de 1937 mostraron oposición o duda, y de esta manera se despejó el camino hacia la política exterior activa, es decir, la política de provocación directa de guerras o de amenaza concreta de ello, basada en las raíces del nacionalsocialismo sobre la experiencia positiva de la guerra y observada por la Rusia soviética durante el primer periodo de la posguerra, por otros motivos y con diferentes fines, pero en ese entonces abandonada completamente por ésta.

Al mismo tiempo, Hitler estaba utilizando la política exterior, el fin de sus acciones, como medio. Esto se puede apreciar en una anotación hecha por el coronel Jodl en su diario el 31 de enero de 1938: "El *Führer* quiere distraer la atención de las fuerzas armadas, no darle descanso a Europa y no dar con el cambio de personal en varios cargos una impresión de debilidad sino la idea de una concentración de fuerzas. Schuschnigg no debería cobrar valor, sino ponerse a temblar..."[96]

Muchos observadores habían predicho que el asunto de Austria llegaría a su fase decisiva en la primavera de 1938. De hecho se trataba de uno de los problemas más difíciles en la historia alemana, cuya simple existencia era sintomática de la singular situación del pueblo alemán en Europa, porque ningún otro pueblo vivía repartido entre dos estados diferentes, ya fuese inglés, francés o italiano. Por otra parte, esta situación no había sido impuesta por una potencia extranjera, sino que la Prusia de Bismarck, el fundador del Reich, había excluido a Austria por ser un "Estado separado eficaz" de la Confederación Germánica (es decir, del Reich), al cual perteneció durante muchos siglos, efectuando de esta manera la "división de Alemania". En 1918-1919 pareció haber llegado el momento de que por voluntad de la abrumadora mayoría de su población la Austria alemana, como fragmento de la desaparecida monarquía de Habsburgo, se uniera al imperio de Bismarck, ya liberado de sus minorías y confirmado en su existencia, a fin de formar el auténtico Estado nacional de todos los alemanes. Sin embargo, esta unificación hubiera significado que Alemania, pese a su derrota, hubiese salido de la Guerra Mundial convertida en el Estado, por mucho, más grande de Europa, exceptuando a Rusia.

Pese a sus proclamaciones de estar luchando por la democracia y la autodeterminación, los Aliados antepusieron consideraciones políticas de poder a estos principios e impidieron a los alemanes, mediante una "prohibición de unificación", ejercer el derecho de autodeterminación asegurado para las naciones eslavas occidentales de Polonia y Checoslovaquia. Ciertamente no tardó en ponerse de manifiesto que la autonomía austriaca no era del todo artificial, pero de todas maneras los Aliados ya habían creado un irredentismo en el territorio de habla alemana y producido, de esta manera, una posición muy parecida a la que la Unión Soviética decía ocupar respecto al movimiento obrero en todo el mundo. La Alemania nacionalsocialista pudo apoyar en Austria un movimiento popular de evidente carácter revolucionario porque negaba la existencia de dicho Estado. Por otra parte, también era posible levantar la acusación de que el Estado grande sólo estaba utilizando este movimiento popular, que no alcanzaba a ser mayoritario, como un medio al servicio de objetivos superiores. Asimismo, el movimiento nacionalista llevó a cabo una espectacular acción que el movimiento de clases, en colaboración

---

[96] IMG, t. XXVIII, pp. 356-357.

con el Estado soviético, no pudo realizar hasta 1938, o sólo en regiones periféricas, y lo hizo ante los ojos de todo el mundo y sin que se pudiera hablar, de ninguna manera, de un simple "atropello" de Austria.

Incluso después del acuerdo de julio de 1936, los nacionalsocialistas radicales seguían formando una oposición sumamente activa en este país, aunque las milicias fascistas e italófilas fueron perdiendo fuerza en el Estado de Schuschnigg, caracterizado por un catolicismo militante, pero también de pronunciado carácter alemán. Sin embargo, el apoyo político exterior por parte de Italia se debilitó cada vez más, y la situación estaba prácticamente perdida cuando el 12 de febrero de 1938 Hitler recibió a Schuschnigg en Berchtesgaden, a fin de sostener una conferencia que tuvo poco parecido con una conversación entre estadistas. En esa ocasión, Hitler trató al canciller austriaco como el líder de un partido gubernamental firmemente establecido trataría a un miembro reacio de la oposición; se jactó de haber creado en Alemania a un pueblo que no conocía "partidos, clases ni divisiones" y en el que todos deseaban lo mismo. Le dijo a Schuschnigg que él, por el contrario, perseguía y oprimía a la población de su pequeño Estado y no podría mantenerse en el poder ni por un instante si él, Hitler, tal vez "el alemán más grande de toda la historia", llegara a Viena de un día al otro "como la tormenta de la primavera".[97] Después de grandes concesiones por parte de Schuschnigg y un último intento de resistencia por medio del proyecto de un plebiscito, dicha tormenta de primavera en efecto se desató el 12 de marzo, pero al principio tuvo el carácter de una amenaza y manipulación dirigidas por Göring, incluso contra los nacionalsocialistas moderados como el posterior gobernador Seyss-Inquart. Por debajo de las medidas tomadas en el nivel más alto, los nacionalsocialistas radicales iniciaron manifestaciones masivas y acciones violentas que ya no encontraron oposición decidida, al igual que en Alemania en febrero y marzo de 1933. Por otra parte, la amenaza desde arriba y la violencia desde abajo pronto perdieron toda importancia, cuando una inesperada demostración de entusiasmo casi universal cubrió de flores a las tropas alemanas que entraban al país y cuando el propio Hitler fue aclamado como libertador por las masas jubilosas. La historia pareció haber juntado todas sus paradojas cuando el materialista biologista de las actas de Hossbach logró el triunfo menos sangriento del derecho de autodeterminación democrática, y al mismo tiempo se encargó de destruir, también en Austria, todo vestigio de marxismo. Mussolini aprobó los hechos, las potencias occidentales casi no reaccionaron y la Unión Soviética lamentó las acciones de los "estados agresivos", a pesar de haber declarado ser, durante tantos años, el mayor enemigo del *statu quo*.

Existían muy buenos motivos para sospechar, como muchos lo hicieron, que ahora "el turno" le tocaba a Checoslovaquia. En junio de 1937, Blomberg

---

[97] Kurt von Schuschnigg, *Ein Requiem in Rot-Weiss-Rot*, Zurich, 1946, pp. 38-44.

había firmado la "Orden para la preparación centralizada de la guerra por las fuerzas armadas", en la que se hacía distinción entre el caso "rojo" (oeste) y el "verde" (sudeste); este último se refería sobre todo a Checoslovaquia y era definido expresamente como "asalto".[98] La planificación en general era de carácter defensivo, pero esta circunstancia perdía toda significación desde la primera frase, la cual afirmaba que Alemania probablemente no sufriría ningún ataque. El 21 de diciembre de 1937 se redactó un apéndice en el que se hablaba de una "guerra ofensiva" contra Checoslovaquia, misma que habría de llevarse al cabo con el fin de resolver el problema alemán del espacio aunque cualquiera de las grandes potencias interviniese en la lucha contra Alemania.[99] Como objetivo militar se citaba "la rápida ocupación de Bohemia y Moravia y la solución simultánea de la cuestión austriaca, en el sentido de la incorporación de Austria al Reich alemán". En esencia, este plan no cambió después de los sucesos de marzo, pese a que, según señaló Hitler, primero había que digerir a Austria, y no tenía la intención de realizar en breve una acción militar para aplastar a Checoslovaquia de no ocurrir alguna provocación por parte de ésta. Por otra parte, siempre se reservaba la posibilidad de aprovechar una situación particularmente favorable, y de manera extraña se tomó en cuenta la eventualidad de que ocurriese un "incidente", como "el asesinato del enviado alemán después de una acción hostil contra Alemania".[100]

La realización sin mayores rodeos de dichos planes militares por parte de Hitler hubiera hecho estallar de inmediato una guerra mundial basada en la gran resistencia. Su oportunidad radicaba en que la acción no constituyese tampoco en este caso un simple ataque militar.

La situación de los alemanes de los Sudetes era parecida a la de los austriacos, pero todos los factores mostraban un cariz más intenso y agudo. Los 3.5 millones de alemanes que vivían en las montañosas zonas periféricas de Bohemia habían formado el grupo dominante en esta región durante el periodo de la monarquía de Habsburgo, además de contar con mucha fuerza en Praga misma; después de la derrota de 1918, estos alemanes se manifestaron a favor de ser incorporados a la Austria alemana, aunque en algunos casos carecían de vínculo geográfico con ésta. De haberse cumplido la voluntad de sus poblaciones, Austria y también los alemanes de los Sudetes se hubieran convertido en ciudadanos del Reich alemán en ese entonces. Sin embargo, en el caso de los Sudetes no había que enfrentar sólo la voluntad de los Aliados, sino también el largo pasado y la fuerte realidad de Bohemia, considerada durante siglos por sus habitantes como una patria común. Por otra parte, los "conflictos étnicos" poseían una antigua tradición precisamente en estas regiones, y antes que en otros lugares surgieron

98 IMG, t. XXXIV, pp. 734 y ss.
99 ADAP, serie D, t. VII, pp. 547 y ss.
100 IMG, t. XXV, p. 415.

aquí partidos de un tipo novedoso que se hacían llamar "nacionalsocialistas", tanto del lado de los checos como del de los alemanes.

Al menos en potencia, los enfrentamientos tuvieron que agudizarse en gran medida cuando al finalizar la Guerra Mundial las hábiles manipulaciones de los checos, encabezados por Masaryk y Benesch, lograron separar de la herencia húngara e integrar a su Estado a los eslovacos, pueblo perteneciente a la misma extracción racial pero muy distinto desde el punto de vista sociocultural, convirtiendo a su Estado en un pilar del "sistema de Versalles" dirigido contra Alemania. Con todo, las penurias y dificultades experimentadas por los alemanes en Checoslovaquia no habían recibido ni por mucho la misma atención en la Alemania de Weimar y de los comienzos del Tercer Reich como las penurias y las dificultades de los alemanes radicados en Polonia, máxime cuando era posible explicarlas, con bastante razón, como resultado de la desfavorable situación económica de las zonas pobladas por ellos, las más industrializadas del país. No obstante, al igual que siempre y en todas partes la economía y la política terminaron por confundirse, aparte de que no carecía de fundamento señalar la discriminación sistemática de que era objeto la población de los Sudetes por parte del gobierno de Praga, pese a que desde 1926 los partidos alemanes activistas estaban representados en el parlamento.

En Checoslovaquia la exigencia de autodeterminación plena no era, por lo tanto, incomprensible ni ilegítima de principio, pero encontró dificultades mucho más grandes que en el caso de Austria, ya que allí los alemanes sólo eran una minoría y su incorporación a Alemania violaría el Derecho Público Bohemio, destruyendo así una vida comunitaria de siglos, además de restringir en considerable medida el derecho de autodeterminación de los checos, en el sentido del derecho de mantener un Estado independiente. ¿Cómo iban los 7 millones de checos a conservar una autonomía real en medio del mar alemán de 75 millones que los rodearía por tres lados? Todos los problemas del derecho de autodeterminación, al parecer tan plausible, se concentraban en este caso como en un espejo ustorio, y la pregunta clave era la siguiente: ¿era posible conciliar la autodeterminación de los pueblos eslavos occidentales, garantizada por el Tratado de Versalles, con la autodeterminación de los alemanes, o antes bien se trataba de dos opciones mutuamente excluyentes que, en caso de darse preferencia a Alemania terminarían por restablecer el antiguo estado de dependencia y minoría de edad de los polacos y los checos, siendo que éstos acababan apenas de librarse del dominio alemán (y ruso)?

Los socialdemócratas alemanes de los Sudetes probablemente no estaban dando la debida importancia al asunto al declarar que mantener la buena relación con el "pujante mundo eslavo"[101] representaba una consideración central para ellos, porque estaban pasando por alto la forma poco consecuente

---

[101] Wenzel Jaksch, *Europas Weg nach Potsdam, Schuld und Schicksal im Donauraum*, Stuttgart, 1958, p. 509.

y de hecho temeraria en que la autodeterminación de los polacos y los checos se basaba en una debilidad temporal de los alemanes y los rusos. Por otra parte, el punto de vista opuesto podía conducir a la consecuencia mucho peor de negar de manera fundamental el derecho de los pueblos pequeños a la autodeterminación. En la Europa central perdía toda autoridad cualquier concepto trascendental que pretendiese neutralizar las contradicciones del derecho de autodeterminación, como Lenin lo poseyó o creyó poseerlo con el socialismo, aunque durante la gran purga tuvo que surgir la duda seria de si en la Unión Soviética dicho concepto trascendental no estaba sirviendo sólo para ocultar la vieja realidad del dominio ruso. En cuanto a Hitler, sólo contaba con un *contraconcepto*: el dominio de la nación o raza más grande y fuerte; por ello, para él el concepto de la autodeterminación no constituía una máxima suprema, como tampoco lo fue para Lenin, y supo explotarlo de manera igualmente ventajosa.

El hecho de que Hitler pudiera pensar siquiera en aprovechar el derecho de autodeterminación en beneficio de sus verdaderos intereses se debió no sólo a la fuerza intrínseca del concepto, sino también a la circunstancia de que dicha idea trascendental del socialismo había impedido el desmoronamiento del imperio ruso y derivado en una exigencia universal considerada en muchos países de Europa como la peor de todas las amenazas, y no sólo por los estrechos círculos de la burguesía. Ciertamente existían múltiples motivos para la "política del *appeasement*" seguida por el gobierno de Chamberlain, la cual era sostenida por la mayor parte de los conservadores y apoyada por el *Times* así como por el llamado "*Cliveden set*" de la familia Astor: el deseo de ganar tiempo, la aspiración a mantener intacto el imperio británico, el pacifismo y cierta sensibilidad hacia las injusticias creadas por el Tratado de Versalles. No obstante, cuando lord Edward Halifax, entonces todavía lord del Sello Privado y al poco tiempo ministro de Relaciones Exteriores, visitó a Hitler en el Obersalzberg el 19 de noviembre de 1937, es probable que en su fuero interno haya estado de acuerdo con éste: la verdadera catástrofe era el bolchevismo; todo lo demás tenía arreglo. Desde el comienzo de la conversación calificó a Alemania de "baluarte del Occidente contra el bolchevismo".[102] El antibolchevismo constituía, sin duda, el principal punto de coincidencia entre ambos políticos, pero también saltaba a la vista la grave desavenencia entre ellos, incluso cuando al parecer estaban ventilando la cuestión práctica de los pasos que debían seguirse a continuación. Halifax pareció conceder a su interlocutor "cambios en el orden europeo", entre los cuales se refirió explícitamente a "Danzig, Austria y Checoslovaquia", pero no sólo puso como condición para el manejo de estos asuntos el "camino de la evolución pacífica", sino que al mismo tiempo sugirió el retorno de Alemania a la Sociedad de las Naciones y una reducción de sus armamentos.[103]

---

[102] ADAP, serie D, t. I, pp. 55 y 47.
[103] *Ibid.*, p. 52.

En dicha conversación, Halifax estuvo lejos de avalar los planes que la Unión Soviética atribuía al gobierno de Chamberlain en muchas de sus afirmaciones, los cuales era lógico que le atribuyera en caso de ser correcta la suposición de una identidad fundamental entre Alemania e Inglaterra dentro del capitalismo y, por lo tanto, en la enemistad contra el socialismo. De acuerdo con los soviéticos el gobierno inglés pretendía inducir al fascismo alemán a agredir a la Unión Soviética, y Stalin le comentó al embajador estadunidense Davies que tras la política de los elementos reaccionarios en Inglaterra, la cual era defendida por el gobierno de Chamberlain, se ocultaba en última instancia la intención de fortalecer a Alemania contra Rusia. Por otra parte, también agregó que dicha política probablemente se frustraría porque "a los dictadores fascistas se les irá la mano en el asunto".[104] Casi el mismo día, el embajador francés informó desde Washington que en una conferencia personal el presidente Roosevelt había dado rienda suelta a "su aversión contra los estados totalitarios y la política de brutal rapacidad" seguida por éstos, para finalmente agregar "con tono de total convicción": "Si Francia llegara a hundirse, nosotros evidentemente nos hundiríamos con ella." De esta frase el embajador dedujo que, con el fin de defender la democracia y la libertad, Estados Unidos se colocaría firmemente del lado de Francia e Inglaterra en caso de que éstas llegaran a tener algún conflicto "con las potencias fascistas".[105] En consecuencia, la política de Hitler conllevaba indudablemente la posibilidad de que bajo el nuevo estandarte del antifascismo universal volvieran a unirse contra Alemania todos sus adversarios de la Guerra Mundial, Estados Unidos inclusive. Por otra parte, resulta evidente que Roosevelt entendía el término *totalitario* en el sentido de *fascista*, pero su simpatía se enfocaba antes que nada en Inglaterra y Francia, y existen pocos motivos para creer que considerase a la Unión Soviética de Stalin una democracia liberal. Por lo tanto, a la concepción antifascista de la política mundial se oponía la anticomunista y, potencialmente, la antitotalitaria; de tener razón la ideología comunista, la concepción anticomunista se revelaría como la más fuerte, puesto que la unidad del capitalismo era aún más poderosa que sus diferencias internas. Por el contrario, de ser la Unión Soviética, Inglaterra y Estados Unidos antifascistas, en primer lugar, la tesis de Lenin habría estado equivocada y el mundo estaría viviendo otra época, no la correspondiente a la revolución mundial proletaria.

En todo caso, Stalin tuvo que recurrir a la misma receta dada por Lenin a su delegación al enviarla a la conferencia de Génova en 1922: había que separar a la parte pacifista del sector activista de la burguesía. Litvinov hizo lo posible por mantener en el juego a la Unión Soviética y por reforzar la idea sobre la resistencia colectiva en contra de las potencias agresivas. Sin embargo, el dominio de la concepción anticomunista también entre los franceses en

104 Joseph E. Davies, *Als USA-Botschafter in Moskau...*, Zurich, 1943, p. 266.
105 *Roosevelts Weg in den Krieg...*, Berlín, 1943, pp. 47-48.

posiciones de autoridad puede desprenderse de una declaración hecha por el embajador francés en Moscú, Robert Coulondre quien, de acuerdo con el conde Von der Shulenburg, en agosto de 1938 afirmó: "Sinceramente espero que no se produzca un conflicto germano-francés. Usted sabe tanto como yo a favor de quién estaríamos trabajando si llegáramos a pelearnos entre nosotros."[106]

Mas la Unión Soviética ocupaba una posición clave. Estaba unida por pactos de asistencia tanto a Francia como a Checoslovaquia y de ella dependía por completo la política de la gran resistencia, que de acuerdo con todas las premisas parecía ser la más indicada. Por otra parte, la desconfianza que tenía que enfrentar incluso por parte de Checoslovaquia se puso de manifiesto en una cláusula especial pedida por los checos, en el sentido de que la obligación soviética de ayudar sólo tendría lugar de haber cumplido antes Francia con la suya. Además, Checoslovaquia y la URSS no contaban con ninguna frontera común y las tropas rusas hubieran tenido que atravesar Polonia o Rumania para intervenir, países que con toda seguridad le hubieran permitido el paso. Ciertamente algunos oficiales franceses congeniaban con la idea de obligar a Polonia y Rumania a ceder, dado el caso, pero Stalin podía estar seguro de que pese a todas sus aseveraciones de cumplimiento contaría con plena libertad de acción en cuanto las potencias occidentales y Alemania estuvieran involucradas en una guerra. Ésta era precisamente la apreciación de todo el cuerpo diplomático en Moscú, según el informe de Schulenburg, y también coincidía de manera exacta con la opinión de Stalin, aún desconocida en ese entonces porque sólo la había manifestado en un discurso secreto en 1925: la Unión Soviética no podría sustraerse a una guerra, pero sería la última en intervenir en ella.[107]

Esta sospecha o intuición generalizada produjo una grave contradicción entre lo que hubiera sido la reacción natural de cualquier potencia política ante la desmedida adquisición de poder por parte de una potencia rival, y el antibolchevismo general en que coincidían todos los estados europeos fuera de Rusia, si bien en grados muy distintos entre sí. Por otra parte, era sólo temporal y aparente la identidad de las demandas de autodeterminación de los alemanes en los Sudetes, que cada vez se hacían más radicales y se acercaban más a la concepción hitleriana de una solución al problema del espacio. En conjunto, entre la primavera y el otoño de 1938, los móviles y las tácticas se entrelazaron en un todo difícil de desentrañar. Simplificando las cosas y sin olvidar cierto escepticismo, sería posible decir lo siguiente: la interacción objetiva entre la demanda de autodeterminación presentada por los alemanes de los Sudetes y la voluntad de Chamberlain de satisfacer o apaciguar la situación ante el temor a las intenciones ulteriores de Stalin, permitió el máximo triunfo de Hitler, el cual parecía hacer valer el derecho de autodeterminación pangermano, pero este

---

[106] ADAP, serie D, t. II, pp. 501 y ss.
[107] Jane Degras, *op. cit.* (nota 133, capítulo II), t. II, p. 2.

derecho en realidad sólo constituía el fundamento de una intención ulterior, opuesta a la de Stalin y al mismo tiempo afín a ella. La verdadera causa determinante de los acontecimientos era, por lo tanto, la existencia de dos nuevos estados ideológicos y hostiles, la cual otorgó a los problemas y las tensiones constantes del sistema de las potencias europeas un carácter que hubiera sido inconcebible antes de 1914, porque entonces no había dos partidos supranacionales, los filofascistas y los antifascistas, que dividieran a Europa e involucraran al continente en una posible guerra civil.

Cabe repasar a grandes rasgos los sucesos más importantes: el 20 de febrero de 1938, el discurso de Hitler sobre los "diez millones de alemanes oprimidos", que también contenía ataques sumamente fuertes contra el comunismo y la Unión Soviética,[108] inauguró de manera oficial la cuestión de los Sudetes desde antes de haberse resuelto el asunto de Austria. En marzo, el líder del Frente Patrio Alemán de los Sudetes, Konrad Henlein, recibió instrucciones para pedir tanto, que fuese imposible satisfacer sus demandas. La movilización parcial checa del 20 de mayo, provocada por las engañosas noticias publicadas por ciertos periódicos ingleses, en verdad enfureció a Hitler, puesto que desde su punto de vista equivalía a una pérdida de prestigio para él. Sin embargo, no impidió que el partido de Henlein reuniera aproximadamente 90% de los votos alemanes en las elecciones municipales celebradas más o menos al mismo tiempo. Las notas de la prensa alemana sobre la "Checoslovaquia bolchevique", como portaviones soviético incrustado en la Europa central, adquirieron desde ese preciso momento el carácter de una campaña desenfrenada que encontró el apoyo de la prensa derechista francesa y de los periódicos ingleses de Rothermere; inclusive las protestas levantadas por el Partido de los Alemanes de los Sudetes contra los "elementos bolchevique-husitas" que el gobierno de Praga supuestamente era incapaz de controlar[109] fueron apartándose cada vez más de la experiencia real y se convirtieron en un fuego de tambor propagandístico. El envío de lord Runcimans como mediador y varios artículos del *Times* indujeron al presidente Benesch y al gobierno checoslovaco a hacer considerables concesiones en septiembre, las cuales prácticamente cumplían con las demandas de autonomía presentadas por el llamado "Programa de Karlsbad". Por otra parte, la voluntad de guerra desplegada por Hitler por primera vez provocó auténticos impulsos de resistencia entre los generales y

---

[108] Hay un solo Estado con el que no hemos buscado entablar relaciones ni deseamos estrechar nuestra relación con él: la Rusia soviética. Ahora más que nunca, el bolchevismo encarna el impulso humano de la destrucción. No responsabilizamos de esta atroz ideología de la destrucción al pueblo ruso como tal. Sabemos que es una pequeña clase alta judía e intelectual la que ha conducido a un gran pueblo a este estado de locura. Por eso observaremos con repugnancia todo intento por difundir el bolchevismo, sin importar dónde esto tenga lugar, y responderemos con enemistad cuando nos amenace directamente [...] (*UuF*, t. XI, p. 377).

[109] *Ibid.*, t. XII, p. 341.

diplomáticos alemanes, que sin excepción se dejaban guiar en ello por motivos patrióticos, es decir, por el miedo a un *"finis Germaniae"*; de esta manera, se hizo palpable la posibilidad de un golpe de Estado militar contra Hitler.[110]

Los discursos pronunciados por Hitler y Göring en el Congreso del partido en Nuremberg contaban como única base para su contenido desenfrenado, visceral y al mismo tiempo arrogante con las noticias sensacionalistas publicadas por los periódicos alemanes sobre persecuciones inventadas o "arregladas" por un funcionario del Ministerio de Propaganda. En realidad, el Cuerpo de Voluntarios Alemán de los Sudetes ya se había convertido en agresor, y al igual que sucedió en Georgia en 1921, el apoyo de los movimientos nacionales de insurrección por una potencia extranjera se había convertido en una realidad palpable en el centro de Europa, aunque con implicaciones del todo diferentes. El viaje realizado por Chamberlain a Berchtesgaden el 15 de septiembre sustrajo toda posibilidad de éxito a los planes de la oposición alemana, y el 21 de septiembre el gobierno de Praga, sometido a enorme presión, tuvo que aceptar la sugerencia de ceder los territorios alemanes de los Sudetes. Cuando el 23 de septiembre el primer ministro inglés se reunió nuevamente con Hitler en Godesberg, éste exigió la ocupación inmediata de dichas regiones por tropas alemanas, haciendo referencia nuevamente a las supuestas atrocidades cometidas por los checos, además de pedir que se resolviera la situación de las otras minorías en Checoslovaquia.

Las negociaciones parecían a punto de fracasar, y el 26 de septiembre, en un discurso dado en el Palacio de los Deportes de Berlín, los ataques dirigidos por Adolfo Hitler contra Benesch y los checos convirtieron sus palabras en un ejemplo sin par de demagogia desatada. Aunque ahí lo rodearon los aplausos frenéticos de la multitud, al día siguiente tuvo que comprobar que el paso demostrativo de una división de tanques por las calles de Berlín no despertaba entusiasmo de guerra en la población, sino sólo sobresalto y temor. Con todo, Hitler ignoró la apelación de Roosevelt, pero aceptó la oferta de mediación hecha por Mussolini, y el 29 de septiembre se reunió con Chamberlain, Daladier y Mussolini en la conferencia de Munich, la cual cumplió con todas sus exigencias, efectuando sólo unas cuantas modificaciones insignificantes. No fue invitado ningún representante de la Unión Soviética. El 30 de septiembre, Hitler y Chamberlain firmaron una declaración en que con tono optimista expresaban el deseo de ambos pueblos de "no enfrentarse nunca más en una guerra", y al regresar a Londres Chamberlain habló de la "paz honrosa" que había logrado en Alemania, la cual alimentaba en él la esperanza de que "mientras estemos

---

110 El término *"finis Germaniae"* aparece en los apuntes de conferencias hechos por Beck para el comandante en jefe del Ejército (Wolfgang Foerster, *Ein General kämpft gegen den Krieg. Aus nachgelassenen Papieren des Generalstabschefs Ludwig Beck*, Munich, 1949, p. 102).
Sobre la resistencia en general, véase el capítulo IV.

con vida" reine la paz. A los pocos días, Benesch salió de Praga al exilio. La entrada de las tropas alemanas fue recibida por la población con un júbilo aún más unánime que en Austria. Pese al temor que hubieran tenido a una posible guerra, ni siquiera los enemigos más acérrimos de Hitler podían dudar que la mayoría abrumadora de la nación alemana respaldaba, como "comunidad del pueblo", al hombre que en ese momento podía considerarse la personificación del espíritu popular, cuya voluntad de resarcir la "injusticia de Versalles" había sido predicha veinte años antes, de una u otra manera, por Lenin y Lansing, Rosa Luxemburgo y la *Humanité*.[111]

Desde el punto de vista de la política mundial y vista en retrospectiva, la conferencia de Munich se presenta como la última ocasión en que las potencias europeas resolvieron un problema europeo por cuenta propia y con exclusión tanto de la Unión Soviética como de Estados Unidos. En este concierto de cuatro potencias sin duda fue Hitler quien llevó la voz cantante. Inglaterra y Francia tuvieron que ceder, pero no se puede decir que hayan sido violadas, puesto que a final de cuentas sólo aprobaron de manera consecuente un principio sostenido por ellos mismos. Es cierto que Chamberlain y Daladier no eran *germanófilos*, pero Hitler no podía esperar que hubiese gobiernos mejor dispuestos hacia él en Inglaterra y Francia, donde barreras infranqueables separaban del poder a hombres como Oswald Mosley y Marcel Déat. Parece evidente que los intereses propios más elementales de Hitler debieron haberlo inducido a encaminar su política por las sendas abiertas mediante la declaración germano-inglesa y posteriormente la germano-francesa, así como a esforzarse por relegar al olvido de la manera más expedita y completa posible ingredientes tales como la amenaza brutal, la mentira, el orgullo desmesurado y la irreflexión que se habían manifestado en forma aún más alarmante en las declaraciones de algunos de sus secuaces que en sus propios discursos.[112] Ciertamente no existe ni el menor indicio de que alguno de los estadistas responsables de Inglaterra y Francia lo haya animado alguna vez, en 1938 o 1939, a realizar una guerra contra la Unión Soviética, o siquiera insinuado esta posibilidad. Sin embargo, es posible que Hitler haya confiado en la fuerte corriente de fondo existente en Inglaterra y descrita por el embajador polaco en Londres, Edward Raczynski, en diciembre de 1938, al señalar que todos los acontecimientos y problemas que ocurrían en la Europa Oriental eran considerados por la población, por debajo de la "opinión pública" oficial, un "mal menor" que servía para alejar el peligro del imperio inglés.[113]

---

111 Las predicciones en el sentido de que la paz de Versalles, es decir, una paz violenta, forzosamente daría como resultado otra guerra o por lo menos una fuerte reacción nacionalista fueron tan numerosas en 1919 y a comienzos de los años veinte que no hace falta detallarlas.

112 Ribbentrop, según ADAP, D, II, p. 473; jefe de distrito Forster, según *ibid.*, pp. 529 y ss.

113 *Dokumente und Materialien aus der Vorgeschichte des Zweiten Weltkrieges*, Moscú, 1948, t. I, p. 323.

Por otra parte, justo el político respecto al cual se hubiera tenido que suponer, debido a sus antecedentes, que sería el primero en adoptar la concepción de una cruzada contra el bolchevismo, se hallaba en las primeras filas de la oposición a Hitler, o sea, Winston Churchill. Los diplomáticos de Hitler, tanto en Inglaterra como en Estados Unidos, una y otra vez le señalaron con mucho énfasis que "la campaña difamatoria de la prensa judía" no era de ninguna manera la única culpable de inspirar desconfianza hacia la Alemania nacionalsocialista en el ciudadano inglés y estadunidense común, sino que una tradición de siglos se indignaba ante la supresión de la libertad de prensa y las medidas antijudías y antieclesiásticas. Ningún ideólogo ha mostrado nunca moderación en el triunfo, pero Hitler no procedió ni siquiera con prudencia táctica. En octubre decidió dar un discurso que apuntaba precisamente en la dirección contraria de lo que hubiera sido una política sensata, y en noviembre incluso permitió ciertas acciones antijudías que por primera vez adquirieron el carácter de un pogrom general. Por este motivo su gran año, 1938, finalizó para él semanas antes del 31 de diciembre, y la destrucción del resto de Checoslovaquia en marzo de 1939 operó un cambio en la situación que habría de convertir a Stalin, todavía algo así como el "hombre enfermo de Europa"[114] y casi una figura marginal, cada vez más en objeto de los requiebros de dos grupos hostiles de potencias.

### 7. EL FRACASO DEL CONCEPTO ANTICOMUNISTA Y ANTIFASCISTA EN LA GRAN POLÍTICA EUROPEA

El pronunciado sesgo contra las democracias occidentales que Hitler adoptó en su discurso de Saarbruck el 8 de octubre de 1938 al parecer se debió a su decepción en vista de las reacciones negativas provocadas por los acuerdos de Munich en grandes sectores de la prensa inglesa, francesa y estadunidense. Ninguna persona razonable hubiera exigido a los estados obligados a ceder en un desplazamiento de poder semejante que desplegaran un entusiasmo unánime, pero Hitler, además de presentar declaraciones críticas, se dejó arrebatar y recurrió a la acepción más general de la más antigua de sus explicaciones causales: presentó el antisemitismo ya no sólo como cresta del antibolchevismo, sino como acusación a ciertas tendencias fundamentales del mundo occidental, es decir, al liberalismo. Se refirió con términos respetuosos a Chamberlain y Daladier, pero se manifestó acerbamente contra la "estructura interna" de sus países, la cual hacía posible que tales hombres fuesen remplazados en cualquier momento por personajes como Duff Cooper y Winston

[114] Según William Bullitt en una conferencia sostenida con el embajador polaco en Washington, el conde Jerzy Potocki, el 19 de noviembre de 1938 (*Polnische Dokumente zur Vorgeschichte des Krieges*, primera serie, Berlín, 1940, pp. 8-9).

Churchill, quienes hablaban con toda franqueza de su intención de iniciar una nueva guerra mundial. Hitler no tocó el sobreentendido *si es que* manejado por Churchill y Cooper —"*si es que* Alemania insiste en imponer su política por medio de exacciones y agresiones"—, sino que prosiguió con una afirmación no del todo inequívoca: "Además, sabemos que ahora, al igual que antes, en el fondo sigue al acecho el enemigo judío internacional, que se ha establecido y encontrado su expresión estatal en el bolchevismo. Y conocemos asimismo el poder de cierta prensa internacional que sólo subsiste de mentiras y difamaciones."[115] El *asimismo* no señalaba una mera adición; es probable, más bien, que Hitler aún no haya querido sacar totalmente a la luz la tesis de la afinidad esencial entre el bolchevismo y dicha prensa internacional. En cambio, arremetió contra Chamberlain y Halifax al rechazar cualquier "tutela aleccionadora" y recomendar a los ingleses que mejor resolvieran la cuestión de Palestina.

El suceso casual del asesinato del secretario de legación Ernst vom Rath por Herschel Grynszpan, de 17 años de edad, ocurrido el 7 de noviembre de 1938 en la embajada del Reich en París, no fue, por lo tanto, el único factor desencadenante de la llamativa reaparición del antisemitismo justo en el momento en que todo parecía indicar que cualquier política, para tener éxito, debía concentrarse de manera exclusiva en el anticomunismo. Bajo los auspicios de las leyes de Nuremberg, los judíos alemanes habían vivido varios años de relativa tranquilidad, durante los cuales recibieron apoyos para emigrar, y el gran número de judíos que permaneció en el país desarrolló una vida comunitaria dotada de asombrosa diversidad y vitalidad. En la economía, las posiciones judías estaban intactas y quien reparase en el hecho de que, además de la firma de Adolfo Hitler, las leyes económicas con bastante frecuencia estaban signadas por varios banqueros judíos, no tenía que ser economista para convencerse de que los poderes reales de la economía se impondrían fácilmente a la simple ideología del partido. Esta ideología del partido incluso pareció haberse replegado a su guarida más infame, la publicación pornográfica y difamatoria de Julius Streicher, *Der Stürmer*, si bien es cierto que ésta se distribuía hasta en los pueblos más remotos y reiteraba una y otra vez la exigencia de "aplastarle la cabeza a la serpiente de la Judá universal". Con todo, la tercera fase de la política nacionalsocialista referente a los judíos tuvo comienzo en abril de 1938, con el Decreto contra la Ayuda en el Enmascaramiento de las Empresas Industriales Judías y la disposición de registrar las empresas y las fortunas judías. Es muy probable que no se hayan tenido planes exactos, y nadie puede decir cuál hubiera sido la evolución posterior de no cometer Grynszpan dicho homicidio.

Tampoco es seguro que haya sido inevitable la "noche de los cristales", según

---

[115] Domarus, *op. cit.* (nota 9, capítulo III), t. 1, pp. 954 y ss.

se bautizaran más tarde los sucesos restándoles gravedad. Sin duda hubo manifestaciones de indignación espontáneas, y no sólo por parte de los integrantes radicales de la SA. No obstante, cuando en 1936 el jefe regional del organismo nacionalsocialista externo en Suiza, Wilhelm Gustloff, fue asesinado por el joven David Frankfurter con evidentes intenciones demostrativas, el gobierno no permitió desmanes por consideración a las próximas olimpiadas. Y ahora estaban en juego cosas más importantes que el transcurso tranquilo de unos juegos olímpicos. A pesar de ello, el gobierno mostró todo menos moderación y los acontecimientos aparentemente espontáneos tuvieron su origen de manera inequívoca en la asamblea realizada en Munich, por la "vieja guardia", en ocasión del aniversario de la marcha hacia la Feldherrnhalle, y sobre todo en una conversación susurrada entre Hitler y Goebbels. Casi en toda Alemania tuvieron lugar acciones antijudías dirigidas por jefes del partido y de la SA, y no siempre con la habilidad y discreción que le hubieran gustado a Goebbels. Por una noche, Alemania se convirtió en la Rusia zarista: sinagogas fueron incendiadas, tiendas judías asaltadas y saqueadas; después de forzar la entrada a consultorios médicos, los instrumentos se arrojaron a la calle; muchos judíos sufrieron golpizas y vejaciones; miles fueron transportados a campos de concentración; hubo docenas de asesinatos, y los daños ascendieron a varios cientos de millones. Es imposible hacer caso omiso del elemento de lucha de clases presente en todo ello, pues fueron detenidos sobre todo judíos acomodados, y durante el transporte se llegaron a pronunciar amenazas como la siguiente: "Nos encargaremos de que desaparezcan esas barrigotas."[116] Sin embargo, las secuelas fueron aún más significativas que los acontecimientos mismos, los cuales desde luego no se comparaban ni remotamente, en lo que se refiere al número de víctimas, con los grandes pogroms de la Rusia soviética y mucho menos con la lucha de clases general de la Revolución rusa. El 12 de noviembre, en un artículo publicado por el *Völkischer Beobachter*, el ministro del Reich Joseph Goebbels señaló que el trasfondo del asesinato podía encontrarse en la campaña difamatoria protagonizada por los grandes diarios judíos del mundo, y llegó a la siguiente conclusión: "El judío Grünspan representaba al judaísmo. El alemán Von Rath representaba al pueblo alemán. Por lo tanto, en París el judaísmo le disparó al pueblo alemán."[117] El mismo día, el mariscal general Hermann Göring impuso a la comunidad judía alemana en conjunto una "multa" de 1 000 millones de marcos e incluso confiscó en beneficio del Reich los pagos hechos por las aseguradoras, de modo que los judíos tuvieron que pagar ellos mismos los daños que habían sufrido. Por lo tanto, si bien estos sucesos no igualaron ni por mucho los acontecimientos correspondientes en Rusia, poseían un carácter mucho más repugnante por haber sido ejecutados por un grupo superfuerte contra uno débil y aprobados expresamente por el gobierno. Es cierto que la adjudicación

116 *UuF*, t. XII, p. 585.
117 *Ibid.*, p. 581.

colectiva de culpa, que consideraba las acciones individuales como simples emanaciones de una mentalidad o situación de intereses colectiva, estaba determinada por la premisa básica del nacionalsocialismo al igual que por la teoría marxista de clases y la práctica de la lucha de clases de los bolcheviques, pero por primera vez se había puesto de manifiesto en acciones muy visibles y plenamente accesibles a la opinión pública mundial, y la impresión que causó en el extranjero fue sumamente fuerte.

Desde ese momento se empezó a excluir a Alemania del círculo de los estados civilizados, pero quien recuerde que la misma negación fue aplicada en 1918 y 1919 a la Rusia bolchevique y reiterada con bastante frecuencia en ocasión de los procesos de Moscú en 1937 y 1938, fácilmente podía sacar en conclusión que desviarse de las normas sencillas de la civilización basada en el Estado constitucional en circunstancias aún relativamente abiertas y aunque la cantidad de víctimas fatales fuese mucho menor, resultaba peor que cometer semejante desviación en una situación caracterizada por el desmoronamiento, la guerra civil y un dominio totalitario plenamente establecido.

Sin embargo, Hitler interpretó esta conclusión tan evidente como síntoma de una conspiración maliciosa, y el tema antisemítico, que siempre había figurado entre sus móviles más sinceros aunque a veces fuera solapado por otros, se manifestó al poco tiempo de una manera como hasta ese momento no se había visto en ninguna declaración pública del "líder y canciller del Reich". En su discurso del 30 de enero de 1939 ante el Reichstag, lo más sintomático y sobresaliente no fue tanto la famosa predicción, muchas veces citada posteriormente, del "exterminio de la raza judía en Europa" (en caso de que la comunidad financiera internacional judía volviera a enfrentar a los pueblos en una guerra mundial), porque otras afirmaciones paralelas hacen probable que no se haya referido a la destrucción física. Resultó mucho más reveladora otra frase: "La consigna judía 'Proletarios de todas las naciones, uníos' será vencida por una proposición superior: 'Miembros trabajadores de todas las naciones, reconoced a vuestro enemigo común'."[118] Nunca antes Hitler había dado a conocer al mundo con tal claridad que para él antibolchevismo, antimarxismo y antisemitismo formaban una sola unidad, y que sus objetivos no se limitaban de ninguna manera sólo a la revisión del Tratado de Versalles, la conquista del derecho de autodeterminación para el pueblo alemán o la creación del espacio vital para un "Imperio germánico" en la Europa Oriental, sino que al mismo tiempo predicaba una doctrina de salvación del mundo, dirigida de manera básica a toda la humanidad y exactamente correspondiente a la doctrina marxista, aunque diametralmente opuesta en su contenido.

No es posible descartar la posibilidad de que Hitler haya manifestado su

[118] Domarus, II.1, p. 1058.

antisemitismo también por razones tácticas, con el deseo de aliarse con las corrientes antijudías que existían en Inglaterra y Estados Unidos. En tal caso pasó por alto que en efecto estaba muy difundida una aversión en cierta forma intrínseca a los judíos en las clases superiores de dichos países, pero que Chamberlain y Halifax no eran ni podían ser antisemitas en el sentido ideológico de la palabra. Si a nivel internacional aspiraba a una alianza bajo el estandarte del anticomunismo, entonces el antisemitismo tenía que resultar contraproducente de modo distinto que ante Hugenberg y Papen en Alemania.

Por otra parte, el número relativamente alto de personas que escuchó sus dos discursos secretos pronunciados en estos meses, entre Munich y Praga, incluso hubiera podido plantearse la pregunta de si el antisemitismo de Hitler en verdad iba dirigido totalmente o siquiera de manera fundamental contra los judíos como un grupo claramente delimitado, y si su antimarxismo se hallaba tan lejos del marxismo como lo creían sus aliados nacionalistas.

En una recepción efectuada la noche del 10 de noviembre de 1938 en el Führerbau de Munich, Hitler se dirigió a unos 400 representantes de la prensa alemana. Se vanaglorió de los triunfos obtenidos durante el año y manifestó su aprecio al papel desempeñado en ello por la propaganda y, por lo tanto, por la prensa. Sin embargo, según afirmó, aún faltaba mucho para concluir la educación del pueblo en materia de confianza nacional, máxime cuando el tono pacifista que hasta ese momento había tenido que adoptar ya no servía de nada. Desde la guerra mundial, dicha confianza había sido sacudida por "la histeria de nuestros grupos de intelectuales". Al primer fracaso, estas "gallinas" seguramente volverían a fallar y perjudicarían la unidad de la nación: "Cuando veo a nuestros intelectuales pienso que es una lástima que los necesitemos; de otro modo sería posible algún día, no sé, exterminarlos o algo así."[119] ¿Representaban los judíos para Hitler sólo un sector particularmente visible de la intelectualidad? ¿No cabía preguntar si bajo su gobierno la intelectualidad alemana terminaría por sufrir una suerte parecida a la de la *intelligencija* rusa bajo Lenin, pese a que el horror provocado por el "exterminio de la intelectualidad nacional" en Rusia había constituido una de las emociones más elementales de Hitler? ¿Ocultaba este miedo cierta fascinación y el espantajo un modelo a seguir?

¿No hubiera sido posible hacer una pregunta semejante respecto a la burguesía alemana, de la que partes considerables se habían aliado con Hitler precisamente a fin de librarse para siempre de la amenaza del comunismo? Como sea, muchos burgueses hubieran calificado de marxista la conclusión que Hitler sacó de una experiencia relatada por él a unos jóvenes oficiales en la Cancillería del Reich el 25 de enero de 1939: "He llegado a pasar un sinnúmero de veces junto a las cuadrillas de trabajadores ocupadas en la

---

[119] Wilhelm Treue, "Rede Hitlers vor der deutschen Presse (10. November 1938)", *Vjh. f. Ztg.*, año 6, 1958, pp. 175-191 y 188.

construcción de caminos, sobre todo cuando los tiempos eran difíciles; veía ahí a los alquitranadores tiznados y mugrosos y los coches que debían detenerse, 10, 12 automóviles. En los autos iban ciudadanos acomodados, comerciantes, banqueros y otra gente así, y en la calle estaban los proletarios; cuando comparaba los rostros de unos y otros, veía brillar debajo del hollín y de la suciedad, en muchos de los trabajadores del camino, ojos tales que me hacían pensar: en realidad habría que meter a aquél en el coche y poner a éste a trabajar en la calle."[120] ¿Acaso era posible que el marxismo después de todo hubiese acertado con su tesis principal de la contradicción irreconciliable entre la burguesía moribunda y el proletariado en ascenso? ¿Se encontraba Hitler a punto de hacer realidad dicha tesis principal? De habérsele planteado tal pregunta, Hitler probablemente hubiera respondido que se refería a proletarios individuales, no al proletariado, y que no aspiraba a crear una sociedad carente de dominio y caracterizada por la igualdad general, sino por el contrario, a formar una "nueva élite social" capaz de ejercer el dominio sobre toda Europa. ¿Acaso estaba tan lejos de esto Lenin con sus discursos sobre el "granito" del partido que todo lo transformaría, y sobre Rusia como el "Estado más fuerte del mundo"? En todo caso, debía estar claro para el auditorio, y en el fondo también para los lectores de sus libros y discursos, que el antisemitismo de Hitler no equivalía a una simple hostilidad hacia los judíos, y que su antimarxismo se encontraba más cerca del marxismo real de la Unión Soviética de lo que hubieran estado dispuestos a admitirlo tanto los marxistas doctrinarios como el propio Hitler.

Los periodistas y escritores de Inglaterra y Estados Unidos con toda certeza no formaban parte del auditorio de dichos discursos y los menos habían leído *Mi lucha*. Con todo, no cabe duda de que tan sólo los discursos y hechos públicos ocurridos entre octubre de 1938 y marzo de 1939 hubieran bastado para propagar una gran inquietud en Inglaterra y Estados Unidos y con mayor razón en Francia, aunque en dichos países no hubiese existido un solo periodista judío ni un solo capitalista judío. Hasta los anticomunistas más acérrimos no hubieran podido sustraerse a dicha inquietud.

Hizo falta que Hitler destruyera el resto de la república checa para hacer surgir un nuevo elemento en la crítica y la resistencia y para herir de muerte a la idea anticomunista del gran acuerdo, aunque de ésta subsistieran algunos débiles vestigios. Hasta la fecha no ha sido posible aclarar de manera convincente qué fue lo que indujo a Hitler a pasar del móvil de la "autodeterminación" al del "espacio vital", sin antes ocuparse seriamente del más antiguo *desideratum* de la autodeterminación alemana, el de Danzig y la población alemana de Polonia. Sin duda se ofrecían como punto de partida la visión de Europa central defendida por Friedrich Naumann, entre otros, así como la

---

[120] Hans-Adolf Jacobsen y Werner Jochmann, *Ausgewählte Dokumente zur Geschichte des Nationalsozialismus. Lieferung II 1933-1945*, "Rede vom 25.I.1939", p. 7.

antigua realidad austriaca, pero el nuevo gobierno de Praga de suyo estaba
perfectamente consciente de tener que colaborar de manera incondicional con
el Reich pangermano, y el problema eslovaco pareció resolverse para satisfacción de todos cuando un parlamento eslovaco eligió para presidente del
Consejo de Ministros de su Estado federado autónomo al cura Josef Tiso. Sin
embargo, esta solución no contentó a algunos radicales eslovacos y desde
mediados de octubre de 1938 Göring les comunicó la opinión de que sería
"muy importante, para la entrada en acción de la aviación alemana hacia el
oriente, contar con una base aérea en Eslovaquia".[121] Es probable que también
haya influido de manera decisiva un móvil personal, en el sentido más estrecho
de la palabra, carente de analogías en el caso de Stalin: el sentir de Hitler de
que le quedaba poco tiempo de vida y de que por ello debía tomar rápidamente
las "grandes decisiones".

Por otra parte, es de suponer que también haya intervenido el gusto mucho
más banal por los éxitos impresionantes y las entradas triunfales. Como sea, sus
amenazas casi abiertas empujaron a los radicales eslovacos al camino del separatismo, al que sólo se opuso el gobierno central de Praga por no contar con
instrucciones específicas sobre los deseos del gobierno del Reich. La destitución
de Tiso por el nuevo presidente Hacha, el 10 de marzo de 1939, fue la
oportunidad deseada y buscada por Hitler. El 12 de marzo mandó que el ejército
redactara las "demandas de un ultimátum". En Brünn, Iglau y Pressburg, la
minoría alemana salió a la calle con el fin de provocar a los checos, pero tuvo
relativamente poco éxito. Hitler prometió ceder a Hungría los Cárpatos ucranianos, que le habían sido negados en la decisión de Viena del 2 de noviembre de
1938, y en Pressburg los radicales de la *Rodobrana* se pusieron a la cabeza de la
Eslovaquia independiente. La noche del 14 de marzo, Hacha y el ministro de
Relaciones Exteriores Chvalkovski fueron recibidos por Hitler en la Cancillería
del Reich. Hacha desplegó una actitud muy débil y sumisa, pero fue necesario
recurrir a amenazas extremas para persuadirlo de firmar el "tratado" que
incorporaba la república checa al Reich alemán en calidad de "protectorado".
De esta manera, no sólo se revocó la emancipación estatal de 1918, sino que se
inauguró una nueva categoría de derecho inferior, desconocida hasta ese
momento en Europa y que iba de salida incluso en el resto del mundo debido a
los movimientos anticolonialistas. La prensa alemana presentó la ocupación de
la república checa como una conquista: "Las banderas de la esvástica ondean
sobre Praga", rezaba uno de los titulares, y Hitler tomó posición del Hradschin
como si después de una guerra victoriosa hubiese entrado a la capital del
enemigo. Sin embargo, en esta ocasión las tropas alemanas no fueron recibidas
con manifestaciones de júbilo, flores y besos: había puños que se cerraban,
lágrimas que brotaban y las mujeres les escupían la cara a los soldados alemanes.

---

[121] ADAP, D, t. IV, p. 76.

De esta manera, el concepto anticomunista del gran acuerdo fracasó antes de haber cristalizado del todo. Incluso las personas que en Occidente se habían inclinado por esta solución se basaban en la condición tácita de que Hitler no recurriese a la violencia ni aspirara a una expansión mayor; es decir, no estaban dispuestas a ir más lejos que el reconocimiento ulterior del derecho de la autodeterminación nacional. De haber sostenido los gobiernos de Inglaterra y Francia una posición anticomunista, o sea, antibolchevique pura, hubieran entendido la incorporación de la república checa al Reich alemán como un refuerzo más de posiciones, necesario para la próxima lucha decisiva, y de hecho éste hubiera tenido que ser su punto de vista de considerarse representantes del capitalismo. Mas, ¿cómo iban a estar seguros de que Hitler fuese un anticomunista puro? ¿No significaría el anticomunismo para él, a fin de cuentas, un simple instrumento al servicio de otros objetivos, como evidentemente lo era también el derecho de autodeterminación? Por otra parte, aunque Chamberlain y Halifax hubiesen confiado en Hitler, la opinión pública de sus países no les hubiera dado manos libres, porque en esta opinión pública había llegado a prevalecer el antifascismo, por inconfundibles que fuesen también las corrientes contrarias. Resultó muy significativo el informe del embajador polaco en Washington, Jerzy Potocki, que el 7 de marzo comunicó a su ministro de Relaciones Exteriores, con un claro matiz de aversión y crítica, que el presidente Roosevelt y la prensa procuraban influir en la población estadunidense con la intención de "fomentar el odio contra todo lo que huele a fascismo".[122] Contaban a la URSS entre los estados democráticos, de la misma manera en que durante la Guerra Civil española se había tomado a los loyalistas por defensores de las ideas democráticas. Por otra parte, en Inglaterra el Partido Laborista sostenía opiniones semejantes, en paradójico consenso con la oposición conservadora reunida en torno a Churchill, y en Francia los partidos del Frente Popular aún eran lo bastante poderosos como para tratar de lograr una renovada transición a la política de la gran resistencia bajo el estandarte del antifascismo. Dicha tendencia forzosamente tuvo que adquirir enorme impulso en todo Occidente después de la ocupación de Praga.

Llama la atención la cautela mostrada por Chamberlain en sus declaraciones iniciales, pero el 17 de marzo, en Birmingham, se vio obligado a manifestar con insistencia el temor a encontrarse ante un intento por "dominar al mundo por la fuerza", y terminó el discurso con la siguiente frase: "...no podría cometerse un error más grave que el de creer que nuestra nación, por opinar que la guerra es algo carente de sentido y cruel [...] haya perdido a tal grado su valor como para no oponerse a tal desafío, en caso de que ocurra, hasta el límite máximo de sus fuerzas."[123] Con palabras aún más breves y contundentes,

---

122 *Roosevelts Weg in den Krieg, op. cit.* (nota 105, capítulo III), p. 73.
123 *Blaubuch der Britischen Regierung über die deutsch-polnischen Beziehungen und den Ausbruch der Feindseligkeiten zwischen Grossbritannien und Deutschland am 3. September 1939*, Basilea, 1939, pp. 5-12.

Halifax le indicó poco después al embajador alemán Von Dirksen que entendía el gusto de Hitler por las victorias sin derramamiento de sangre, pero que la próxima vez estaría obligado a verterla.[124] En principio daba igual cuándo se diera esta próxima vez; si se quiere equiparar la voluntad de oponer dicha resistencia con la voluntad de librar la guerra, Inglaterra sin duda estuvo decidida a hacer la guerra a Hitler desde la ocupación de Praga siempre y cuando presentara mayores demandas territoriales y procurase imponerlas por la fuerza. Al mismo tiempo se trataba de un retorno a la política estatal simple; el cambio trascendental experimentado por esta política estatal debido al surgimiento de los estados ideológicos era pasado por alto, sin desaparecer por completo. En todo caso, los sucesos no convirtieron en antifascistas a Chamberlain y Halifax, ni tampoco a Daladier y Bonnet, aunque sólo haya sido por no querer contrariar a Italia.

Lo curioso era que de hecho Hitler estaba presentando nuevas demandas, pero en un principio adoptaron un tono muy amistoso y de marcado carácter anticomunista. En el sentido estricto de la palabra, no se trataba de demandas territoriales, sino que, por el contrario, implicaban renuncias que Stresemann no hubiera estado dispuesto a hacer bajo ninguna circunstancia. Nada había sido más doloroso e insoportable para los alemanes de la República de Weimar que la existencia del "corredor" polaco, el cual separaba a la Prusia Oriental del territorio del Reich, y que la existencia independiente, por lo tanto, de la "Ciudad Libre de Danzig". En ningún otro lugar los alemanes tenían tanta razón para quejarse de las discriminaciones, privaciones de derechos y persecuciones sufridas por sus compatriotas. En enero de 1934, Hitler realizó una inversión radical de la política seguida por la República de Weimar a este respecto, y nadie más que él hubiera sido capaz de ello. Su móvil era evidentemente la simpatía anticomunista con el régimen del mariscal Pilsudski, que en 1920 tal vez hubiera podido derrotar a los bolcheviques de haberse decidido a apoyar al último ejército ruso blanco. Cuando a fines de octubre de 1938 Hitler sugirió al embajador polaco Lipski, por medio de Ribbentrop, que se autorizara el retorno de Danzig al Reich y la construcción de una carretera exterritorial así como de una línea correspondiente de ferrocarril por el corredor, tenía las miras puestas en un "arreglo general" que eliminara todas las posibilidades de roce existentes, el cual constituiría "la coronación de la obra inaugurada por el mariscal Pilsudski y el *Führer*".[125] El trasfondo era, evidentemente, la perspectiva de una lucha conjunta contra la Unión Soviética, y las conversaciones sostenidas por Hitler y Ribbentrop con Lipski y el ministro de Relaciones Exteriores Beck a lo largo de los siguientes meses tocaron de manera significativa el tema de Ucrania, sin que se notara ningún rechazo por parte de los polacos. Por otro lado, desde el principio Lipski hizo saber que

[124] The Earl of Birkenhead, *Halifax: The Life of Lord Halifax*, Londres, 1965, p. 434.
[125] ADAP, D, t. V, pp. 87 y ss.

Danzig revestía una importancia simbólica especial para Polonia y que una carretera exterritorial representaría una grave pérdida de soberanía. En efecto, Hitler había logrado un arreglo general con Italia al renunciar formalmente al Tirol Sur en beneficio de sus objetivos superiores, y en el caso polaco estaba pidiendo algo similar aunque en principio se tratase sólo de la renuncia a una situación jurídica, o sea, la pertenencia de la ciudad libre de Danzig a la zona aduanera polaca, sin tomar en cuenta el hecho de que un Estado fascista radical está en situación de hacer concesiones ante el fondo de sus metas finales de alcance mucho más trascendental, mientras que un nacionalismo fascistoide es el menos capaz de hacer este tipo de tratos. Así, el ambiente amistoso de las conferencias se fue perdiendo cada vez más y el estado de ánimo de la población polaca mostró un palpable giro negativo; se propagó la indignación ante el papel de Alemania en impedir una frontera común entre Polonia y Hungría en la decisión de Viena, y se tomaron medidas bastante severas contra la minoría alemana.

Sin embargo, la situación no se deterioró por completo hasta el 15 de marzo. Ahora, la opinión pública polaca estaba convencida de que Polonia sería el siguiente país "a quien le tocara el turno", y la protección alemana de Eslovaquia sin duda significaba un extraordinario debilitamiento de la situación estratégica de Polonia en caso de considerarse adversario y no aliado del Reich alemán. A pesar de todo, Beck no aceptó la opción más lógica de todas a su alcance, la cual le fue propuesta por el gobierno inglés: que Polonia emitiera una declaración conjunta con Inglaterra, Francia y la Unión Soviética para expresar la resolución de ofrecer una resistencia unida a toda amenaza contra la independencia política de cualquier Estado europeo. Incluso la política del gran acuerdo implicaba peligros para la Polonia de la guerra victoriosa contra la Rusia soviética en 1920, y el gobierno polaco de los coroneles era menos capaz de aceptar la inconfundible tendencia al antifascismo ideológico que el Partido Conservador en Inglaterra. Por lo tanto, Beck abogó por un acuerdo bilateral, y el 31 de marzo Chamberlain declaró ante la Cámara de los Comunes que el gobierno inglés brindaría al polaco la ayuda a su alcance en caso de tomarse una acción "que amenace claramente la independencia polaca y a la que el gobierno polaco crea imprescindible responder con las fuerzas armadas nacionales".[126] Esta formulación no era del todo clara y las propuestas de Hitler no amenazaban necesariamente la independencia de Polonia. Por otra parte, era posible interpretar dicha declaración como una garantía unilateral —y desprovista de todo antecedente en la historia inglesa— que comprometía al gobierno inglés a poner en marcha una intervención armada sólo con que el gobierno de Danzig declarase su integración al Reich y Polonia se opusiera con la fuerza de las armas. De esta

---

[126] *Blaubuch, op. cit.*, pp. 44-45.

manera, la decisión entre guerra y paz fue puesta en manos de los polacos, pese a que Beck había ocultado hechos significativos en Londres y no obstante la definición dada por Henderson de la causa alemana como "de ninguna manera injustificada o inmoral", y de los polacos como "heroicos, pero también necios".[127] Incluso entre los polacos destacados se manifestaron grandes reservas, y el embajador de Polonia en París, Juliusz Lukasievicz, se expresó en términos muy negativos acerca de los móviles de Chamberlain dentro del ámbito de la política interna, que en su opinión iban dirigidos a librar una "guerra ideológica contra el hitlerismo" y a provocar un cambio de régimen en Alemania.[128] Beck a su vez dedujo de su propio anticomunismo la convicción de que Hitler era materialmente incapaz de tomar en cuenta siquiera un acuerdo antipolaco con la Unión Soviética.[129]

Por lo tanto, las negociaciones en torno a un pacto de asistencia mutua que durante los meses del verano tuvieron lugar entre las potencias occidentales y la Unión Soviética no hubieran tenido grandes probabilidades de éxito aunque hubiese sido posible llegar a un acuerdo acerca de una línea de lucha común contra el fascismo hitleriano. En primer lugar, se trataba de Polonia, la cual sólo podía esperar ayuda contra Alemania de permitir a las tropas soviéticas la entrada a su país. Sin embargo, Beck y el mariscal Rydz-Smigly estaban convencidos de que esto derivaría en la pérdida de los territorios orientales que Polonia había quitado a los rusos en la paz de Riga, y no había en Polonia prácticamente nadie dispuesto a entregar Brest-Litovsk y Lemberg al Belcebú soviético a fin de defender Danzig contra el demonio alemán. Puesto que la Unión Soviética insistía, además, en tratar la cuestión de la seguridad de los estados que bordeaban el Báltico, las negociaciones se vieron caracterizadas por una descomunal desconfianza mutua. Los rusos temían que las potencias occidentales tuviesen la intención de enfrentar a la Unión Soviética y Alemania, a fin de que se destruyeran mutuamente sobre los campos de batalla polacos. Por otra parte, en el Ministerio de Relaciones Exteriores inglés aún estaba muy viva la sospecha contraria y más antigua de que la Unión Soviética pretendía involucrar a las potencias occidentales en una guerra contra Alemania, a fin de poder extender, posteriormente, su dominio a toda Europa y someterla al sistema soviético. Por lo tanto, las negociaciones conducidas en julio y agosto con el mariscal Voroshílov en Moscú por una misión militar franco-inglesa progresaron muy lentamente. Cayó como un rayo de un cielo ligeramente nublado la noticia de que el 23 de agosto arribaría a Moscú el ministro de Relaciones Exteriores del Reich Von Ribbentrop, a fin de celebrar un pacto de no agresión entre Alemania y la Unión Soviética. De esta manera, fracasó también el concepto antifascista, que nunca había sido más que una tendencia

---

[127] DBFP, serie III, t. V, pp. 422-423.
[128] *Polnische Dokumente zur Vorgeschichte des Krieges. Erste Folge*, Berlín, 1940, pp. 28 y ss.
[129] Grigore Gafencu, *Europas letzte Tage. Eine politische Reise im Jahre 1939*, Zurich, 1946, pp. 55 y ss.

aislada dentro de la política de la gran resistencia. Se había impuesto la quinta gran opción de la política mundial, al parecer imposible por razones ideológicas y apenas tomada en cuenta durante mucho tiempo: la avenencia entre enemigos que parecía resucitar la política de Rapallo. Fue conjurada así la amenaza de guerra mundial, pero también se frustró la alternativa más probable para encadenar a Hitler. En caso de que las potencias occidentales insistieran en cumplir con sus obligaciones frente a Polonia, se había dado la señal de salida para una guerra parcial europea.

## 8. EL PACTO ENTRE HITLER Y STALIN COMO COMIENZO DEL PRELUDIO EUROPEO A LA SEGUNDA GUERRA MUNDIAL

No se trataba, ciertamente, de una sorpresa total. La prensa francesa e inglesa había publicado numerosas notas y comentarios en 1938 y a comienzos de 1939, en los que anunciaban o presentaban como posible una aproximación entre Alemania y la Unión Soviética. También puede ser que dichas noticias hayan sido de carácter tendencioso, y las declaraciones hostiles de Hitler, como las que expresó en el discurso del 30 de enero de 1939, al parecer sustraían todo fundamento a dichas expectativas y temores. Sin embargo, desde octubre de 1938 el ministro de Relaciones Exteriores francés sabía que un alto diplomático soviético había reaccionado al acuerdo de Munich con la siguiente exclamación: "¡No veo que nos quede ya otra opción que dividir a Polonia por cuarta vez!"[130] Todo mundo pudo sacar sus propias conclusiones cuando el 10 de marzo de 1939, en el 18º Congreso del Partido, Stalin pronunció el llamado "discurso de las castañas", en el que repartía sus reproches por partes iguales entre ambos bandos, sin dejar de imputar a las potencias occidentales la intención de incitar a Alemania contra la Unión Soviética para luego presentarse en el lugar de los hechos con tropas frescas y dictar sus condiciones a los debilitados contrincantes de la guerra. En todo caso, afirmó que la Unión Soviética se negaba a "sacar las castañas del fuego" para los instigadores de la guerra. Tres semanas después, Hitler utilizó la misma metáfora de las castañas en un discurso dado en Wilhelmshaven. El 3 de mayo, el mundo fue sorprendido por la noticia de que el ministro soviético del Exterior, Litvinov, había sido destituido y remplazado por el presidente del Consejo de los Comisarios del Pueblo, Viacheslav I. Molotov. ¿Por qué se destituía al paladín más importante de la orientación occidental soviética justo en el momento en que parecía indispensable el acuerdo con las potencias occidentales? ¿No quería Stalin dar a conocer con toda claridad que no tenía la obligación de arreglarse con nadie en particular y que, después de su aislamiento total de unos cuantos

---

[130] Robert Coulondre, *Von Moskau nach Berlin, 1936-1939*, Bonn, 1950, p. 240.

meses atrás, se había convertido en la figura clave para el destino de Europa y del mundo?

En Alemania, la "línea de Rapallo" tampoco se había extinguido por completo en ningún momento, y Hermann Göring hizo mucho para evitar que se desgarrasen los delgados hilos que el agente comercial soviético en Berlín, David Kandelaki, procuraba conservar y reforzar entre las dos potencias. Por debajo del fuego de tambor propagandístico, desde hacía algún tiempo se estaban dando reflexiones en Alemania que creían reconocer un debilitamiento de la oposición ideológica y que hacían constar la "nacionalización del bolchevismo", tal como lo afirmaran algunas voces entre los emigrantes rusos 15 años antes.[131] Es cierto que Hitler rechazó un tanteo de Kandelaki a comienzos de 1937, pero así y todo comentó lo siguiente a Neurath: "Sería distinto si la situación en Rusia se desarrollara en dirección hacia un despotismo absoluto apoyado en el ejército. En tal caso, ciertamente no tendríamos que dejar pasar el momento oportuno para volver a conectarnos con ella."[132] Además, la premisa básica del nacionalsocialismo también encerraba la posibilidad de hacer resaltar la oposición con los judíos en Occidente. Si se pudiera incluir en las consideraciones, como un hecho seguro, la negativa polaca y rumana al paso por su territorio de las tropas soviéticas, entonces los contactos germano-soviéticos son los que tuvieron desde el principio el mayor peso en la primavera y el verano de 1939.

La iniciativa partió más de la Unión Soviética que de Alemania ya que, a fin de cuentas, el riesgo era mucho mayor para esta última porque en caso de una indiscreción, las potencias occidentales probablemente hubieran considerado una simple argucia, normal y perdonable, el hecho de que Stalin buscara mejorar su posición en las negociaciones con ellas entrando en contacto con Alemania. Por el contrario, hubiera podido tener consecuencias fatales para el prestigio de Hitler y su relación con Japón e Italia que Stalin diera a conocer la aproximación entre ellos, para luego concluir un trato con las potencias occidentales. Por lo tanto, no es de sorprender que este suceso de importancia histórica mundial haya sido preparado, en un inicio, principalmente por funcionarios de tercer rango.[133]

Inmediatamente después de la destitución de Litvinov, el encargado de negocios soviético, Astajov, se dirigió al consejero de legación del Departamento de Política Económica del Ministerio de Relaciones Exteriores, Schnurre, para tratar de averiguar si dicha medida podía mover a Alemania a cambiar de actitud hacia la Unión Soviética. Después de 15 días, Molotov habló personalmente con el embajador alemán en Moscú, Von der Schulenburg, sobre la necesidad de encontrar un "fundamento político" para las negociaciones económicas que se

---

[131] *Cfr.* capítulo IV, apartado 7.
[132] ADAP, serie D, t. VI, 1, pp. 426-427.
[133] *Cfr.* ADAP, D, VI, 2 *passim*.

estaban proyectando, pero no precisó sus deseos. El 3 de junio, los rusos recurrieron al enviado estonio, que en una conversación con el subsecretario de Estado Von Weizsäcker señaló que los estados democráticos inspiraban en Moscú más desconfianza que los totalitarios y que al parecer sólo se estaba esperando una señal pública de buena voluntad para manifestar dicha convicción. Astajov se expresó con más franqueza aún en una conversación sostenida con el enviado búlgaro el 15 de junio, la cual desde luego fue trasmitida al Ministerio de Relaciones Exteriores de inmediato: la Unión Soviética contaba con tres opciones para la acción, de las que "intuitivamente" daba la preferencia a una aproximación con Alemania. De encargarse Alemania, mediante un pacto de no agresión, de disipar el temor ruso a un ataque por vía de los estados bálticos o Rumania, la Unión Soviética renunciaría a un acuerdo con Inglaterra.[134] Puesto que al mismo tiempo se paralizaron las negociaciones alemanas de un pacto militar con Japón, Ribbentrop y Hitler parecen haber tomado en cuenta seriamente por primera vez la idea de un pacto de no agresión.

El siguiente paso de importancia fue dado de nueva cuenta en un nivel inferior, el 27 de julio durante una cena en el restaurante Ewest a la que Schnurre invitó al encargado de negocios Astajov y al director de la agencia comercial, Barbarin. En esta ocasión, Schnurre expuso reflexiones de carácter sumamente peculiar sobre la relación entre el bolchevismo y el nacionalsocialismo, las cuales en épocas pasadas hubiesen provocado la protesta vehemente o la huida horrorizada de los funcionarios soviéticos: pese a todas las diferencias, existía un rasgo común en la ideología de Alemania, Italia y la Unión Soviética: su oposición a las democracias capitalistas. Según Schnurre, ya no era posible hablar de un antagonismo extremo entre Alemania y la Unión Soviética, porque la Internacional Comunista ya no llevaba la batuta, el bolchevismo estaba integrándose cada vez más a la historia nacional de Rusia y Stalin había aplazado la revolución mundial *ad calendas graecas*. Por lo tanto, le parecía factible una aproximación en tres etapas entre los dos estados. En su respuesta, Astajov puso énfasis en la importancia que esa conversación tenía para él, y sin duda redactó enseguida un informe para Molotov.[135]

A continuación, la iniciativa comenzó a pasar al lado alemán y adquirió un carácter cada vez más urgente, mientras que Moscú negociaba con la misión militar franco-inglesa que había arribado por vía marítima. El 3 de agosto, Ribbentrop hizo comunicar a Molotov el deseo alemán de elevar las relaciones germano-rusas a una "base nueva y definitiva"; el 14, dio a conocer su disposición a viajar a Moscú a fin de concluir el pacto de no agresión, pues resultaba incontestable que "las democracias occidentales capitalistas" eran "enemigos irreconciliables" tanto de Alemania como de la Unión Soviética.[136]

[134] *Ibid.,* p. 529.
[135] *Ibid.,* pp. 847-848.
[136] *Ibid.,* t. VII, p. 52.

Molotov recibió este comunicado "con máximo interés", pero subrayó la necesidad de preparar con cuidado el viaje del ministro de Relaciones Exteriores del Reich, y por primera vez mencionó un "protocolo especial" que debía formar parte intrínseca del pacto planeado. El mismo día, Ribbentrop indicó estar dispuesto a negociar tal protocolo e instó a que se procediera con rapidez. Este tipo de insistencia desde luego otorgaba una posición extremadamente fuerte a la otra parte en las negociaciones, y el 20 de agosto Molotov reiteró al embajador la necesidad de la "preparación" debida. No obstante, sólo media hora después de haber finalizado esta conversación, el embajador fue llamado nuevamente al Kremlin, donde se le entregó el borrador de un pacto de no agresión y el gobierno soviético se declaró conforme con recibir a Ribbentrop en Moscú el 26 o 27 de agosto. Evidentemente, estas instrucciones provenían de Stalin en persona. El mismo día, Hitler también intervino personalmente. En un telegrama dirigido al "Señor Stalin, Moscú", Adolfo Hitler solicitó urgentemente que su ministro de Relaciones Exteriores fuese recibido en Moscú el 22 de agosto, a más tardar el 23. La noche del 21 de agosto, Stalin dirigió a su vez un telegrama "al canciller del Reich alemán, el señor A. Hitler", para manifestar la anuencia del "gobierno soviético" para recibir a Ribbentrop el 23 de agosto.[137]

De esta manera, unos cuantos días, es más, unas pocas horas bastaron para tomar una decisión que habría de modificar la situación mundial de manera fundamental y que obligaría a la misión militar franco-inglesa a marcharse con las manos vacías. Se había derrumbado la política de la gran resistencia después de que todos los esfuerzos por mantener al menos con vida virtual a la política de la pequeña resistencia se hicieran obsoletos de manera definitiva al firmarse el Pacto de Acero germano-italiano el 22 de mayo. No se había logrado tampoco un acuerdo ni pequeño ni grande entre las potencias occidentales y Alemania, pese a las negociaciones al parecer prometedoras sostenidas todavía en julio por el director ministerial Wohlthat con sir Horace Wilson, por medio de las cuales, en opinión de Dirksen, Chamberlain quería promover en secreto "la única meta importante y deseable: el acuerdo con Alemania".[138] Sin embargo, Inglaterra no estaba en situación de ofrecer a Hitler lo que éste ahora pretendía con todas sus fuerzas, el sometimiento de Polonia, y tampoco podía conceder a la Unión Soviética lo que Hitler le proponía. Pese al "pleno poder" del que se hallaba investido Ribbentrop, el 23 de agosto se vio obligado a trasmitir a Hitler desde Moscú la pregunta de si debía aceptar la sorpresiva demanda de Stalin y Molotov de que se reconociera como "esferas de interés" de la Unión Soviética, los puertos letones Libau y Windau; la respuesta inmediata de Hitler fue: "Sí, de acuerdo." De esta manera, quedó totalmente despejado el camino para la firma del Pacto de No Agresión y del Protocolo Adicional Secreto.

[137] *Ibid.*, pp. 140-141.
[138] *Dokumente und Materialien zur Vorgeschichte des Zweiten Weltkrieges*, Moscú, 1948, t. II, p. 127.

El Pacto de No Agresión se basaba en el borrador soviético, pero fue modificado de manera sintomática, evidentemente a petición de Ribbentrop. En la primera versión, la Unión Soviética y Alemania eran guiados "por el deseo de fortalecer la causa de la paz entre los pueblos"; el texto final sólo hablaba de fortalecer la paz entre Alemania y la Unión Soviética. En el borrador, el decisivo Artículo II decía: "Si alguna de las partes contratantes llegara a ser objeto de un acto de violencia o de un ataque por una tercera potencia, la otra parte contratante no brindará ningún tipo de apoyo a dichas acciones de esta potencia." La versión definitiva, en cambio, sólo hablaba de "acciones militares tomadas por una tercera potencia" contra una de las partes contratantes, sancionando expresamente, de esta manera, la guerra ofensiva, del mismo modo en que lo hacía el Pacto de Acero.[139]

La diferencia radical respecto a la ideología de la Sociedad de las Naciones e incluso del Pacto de Acero se puso de manifiesto en el Protocolo Adicional Secreto, producto exclusivo de la iniciativa soviética, aunque con certeza también Von Ribbentrop había elaborado un documento de contenido semejante varias semanas antes, garantizando protección a los intereses rusos. Punto de partida, condición intrínseca y objetivo franco de este acuerdo era el "caso de una reorganización política territorial" en las regiones comprendidas por los estados bálticos y Polonia. Desde este punto de vista, las esferas de interés de ambos estados fueron delimitadas por la frontera septentrional de Lituania y por la línea que formaban el Narew, el Vístula y el San. Cualquier duda acerca de su intención quedaba eliminada por la siguiente idea: "La cuestión de si desde el punto de vista de los intereses de ambas partes parece recomendable la continua existencia de un Estado polaco independiente y de las fronteras que habría de tener este Estado sólo podrá ser aclarada de manera definitiva en el curso de la evolución política ulterior."[140]

No cabe la menor duda de lo que este pacto significaba. La Unión Soviética estaba dejando libre el camino a Alemania para la guerra contra Polonia: se trataba de un pacto de guerra. Al mismo tiempo esta guerra debía conducir a la división de la Europa Oriental en esferas de interés: el pacto constituía un pacto de división. La división, al menos en el caso de Polonia, no se limitaba al establecimiento de zonas de influencia, sino sugería la desaparición del país en cuanto Estado: el pacto era un pacto de destrucción. Como pacto de guerra, división y destrucción, no tenía paralelo en la historia europea de los siglos XIX y XX. Los dos estados que lo estaban celebrando tenían que ser estados de un orden muy particular.

Y también de un orden muy particular fue la conversación sostenida la noche del 23 al 24 de agosto en el Kremlin entre Ribbentrop, Stalin y Molotov.

---

[139] ADAP, *op. cit.*, t. VII, pp. 125-126 y 205-206.
[140] *Ibid.*, pp. 206-207.

Stalin culpó la "necedad de los otros países" por el hecho de que Inglaterra dominara al mundo. Ribbentrop declaró que en el fondo el pacto contra la Internacional Comunista no estaba dirigido en contra de la Unión Soviética, sino de las democracias occidentales. Molotov brindó por Stalin y señaló que éste había sido el responsable de dar inicio al giro en las relaciones políticas entre ambos países, con su discurso del 10 de marzo. El propio Stalin pronunció "espontáneamente" (según el redactor alemán del acta de la sesión) un brindis por Adolfo Hitler: "Sé cuánto ama el pueblo alemán a su líder; por eso quiero brindar por su salud." Ribbentrop indicó, a su vez, que en Alemania "sobre todo la gente común" veía con beneplácito el entendimiento con la Unión Soviética. Al despedirse, Stalin le aseguró al ministro de Relaciones Exteriores del Reich que el gobierno soviético tomaba muy en serio el nuevo pacto y dio su palabra de que la Unión Soviética no traicionaría a su aliado.[141]

Pero, ¿cuáles eran en ese momento las implicaciones palpables de este suceso que en todo el mundo produjo un gran asombro, y en muchos lugares estupefacción y horror? Un resultado era seguro desde el primer instante: no se trataba de un pacto de no agresión común. La formulación del Artículo II, y la partida de Moscú de la misión militar de los Aliados subrayaba dicha circunstancia. En todo caso lo que había ocurrido era un desplazamiento de gravedad en los factores de influencia de la política mundial, y los primeros comentarios alemanes señalaban con gran satisfacción que se habían reencontrado los dos pueblos unidos en las guerras de liberación contra Napoleón, los cuales sólo 15 años antes habían concluido el Tratado de Rapallo. Algunos, después de las simpatías nada naturales mostradas hasta el momento por Hitler hacia Polonia, parecían interpretar el pacto como un retorno a Bismarck y a la razón. De hecho el bloque ruso-alemán era imposible de atacar y de conquistar, y muchas afirmaciones posteriores de Stalin aludirían a esta circunstancia con tono de lamento. Lo que en realidad se destrozó con este pacto fue la credibilidad de ambos estados en cuanto líderes ideológicos. Era cierto que Lenin había firmado el Tratado de Brest-Litovsk y que Radek había propuesto colaborar con los nacionalistas alemanes en 1923, pero en el primero se trató de simple supervivencia y en el segundo siempre estuvo claro quién hubiera empuñado la palanca más fuerte. Aunque se apoyara el punto de vista de que la revolución nacionalsocialista era tan débil que sólo la existencia de la Unión Soviética podía garantizar su permanencia, ¿era permisible que el Estado de dicha revolución recurriese a cualquier cosa y diera la mano al peor de sus enemigos? Evidentemente no se trataba de un caso de supervivencia: Hitler no hubiera atacado nunca a Polonia de existir una gran potencia enemiga en la frontera oriental de ésta. De hecho el pacto asestó una segunda y honda sacudida, después de los procesos de Moscú, a la hasta

141 *Ibid.*, pp. 191 y ss.

entonces muy sólida lealtad de muchos comunistas en Occidente, y un número considerable de ellos se apartó de manera definitiva del hombre y de la potencia que habían traicionado el frente antifascista con tal de adquirir ventajas de poder. La Internacional Comunista iba a tener que recurrir a la interpretación verdaderamente desconcertante sugerida por Schnurre y Ribbentrop al señalar la afinidad interna de los dos regímenes, o bien optar, al menos en insinuaciones, por la explicación más lógica y verosímil: Stalin había involucrado a su enemigo mortal en una guerra de desgaste contra los que objetivamente eran los amigos de éste, y le asestaría el golpe mortal en cuanto ingresara al campo de batalla, como último contrincante y con las fuerzas intactas. Se trataba del concepto de la guerra de la revolución mundial esbozado ocasionalmente y al margen por el propio Marx, y hubiera convertido hasta al último pacifista burgués en enemigo de un Estado tan belicoso.

Por su parte, Hitler había perdido de manera definitiva su credibilidad como paladín de la causa anticomunista. No se repetiría nunca una afirmación como cuando lord Halifax le dijo a un enviado de Hitler, sólo un año antes, que la meta de su trabajo era ver entrar al palacio de Buckingham, entre las aclamaciones de la multitud, al *Führer* junto con el rey inglés.[142] Incluso los mejores amigos de Alemania entre los estadistas ingleses y franceses tenían que ver en Hitler al hombre revelado por él mismo el 22 de agosto en sus dos discursos ante los generales: el despiadado político en busca de poder, cuyas "maniobras" habían colocado a Polonia en una situación en que él podía proceder a la "destrucción del enemigo", además de que creía tener dominado a Stalin, porque éste supuestamente debía temer la victoria de sus soldados tanto como su derrota.[143] El pacto también causó una conmoción difícil de superar entre los nacionalsocialistas convencidos de la vieja guardia: "Se me hace que este pacto con Moscú en algún momento se vengará del nacionalsocialismo", apuntó Alfred Rosenberg en su diario el 25 de agosto. Según él, equivalía a una solicitud dirigida por una revolución al líder de otra, a pesar de haber sido la derrota de ésta el ideal aparente de una lucha de 20 años. "¿Cómo podemos hablar aún de salvar y estructurar Europa si debemos pedir ayuda al destructor del continente?" Así y todo, Rosenberg señalaba a Ribbentrop como principal responsable e incluso lo tachaba de "criminal", ya que el ministro carecía de convicciones políticas, aparte de su odio hacia Inglaterra.[144] A su vez, ¿no debió Hitler tomar, para quedar airoso ante sí mismo, la decisión de sostener otro tipo de guerra de la revolución mundial, cuando entregó a Stalin Finlandia y los estados bálticos, la mitad oriental de Polonia y Besarabia? Así lo indicaba por lo menos la "singular declaración" hecha por Hitler a Carl

---

[142] *Ibid.,* p. 541.
[143] *Ibid.,* p. 170.
[144] Hans-Günther Seraphim (comps.), *Das politische Tagebuch Alfred Rosenbergs aus den Jahren 1934-1935 und 1939-1940,* Gotinga, 1956, pp. 75 y 72.

J. Burckhardt, comisario de la Sociedad de las Naciones en Danzig, durante una conversación sostenida con él el 11 de agosto en el Obersalzberg: "Todo lo que hago va dirigido contra Rusia; si el Occidente es demasiado necio y ciego para comprenderlo, me veré obligado a arreglarme con los rusos, derrotar al Occidente y, una vez vencido éste, arrojar mis fuerzas reunidas contra la Unión Soviética. Necesito Ucrania para que no sea posible obligarnos otra vez a rendirnos por hambre como sucedió en la última guerra."[145] No obstante, incluso esta afirmación revelaba más al político interesado en el "espacio vital" que al anticomunista revolucionario que apelaba a la voluntad de liberación de los pueblos oprimidos y tenía la intención de librar al mundo de la pesadilla de un régimen de terror sin precedentes. Por otra parte, otra declaración aún más singular hecha por Hitler el 19 de abril de 1939 ante el ministro de Relaciones Exteriores rumano pone de manifiesto el grado hasta el que permanecían vivas en Hitler las viejas inquietudes y temores, a pesar de toda su política de poder y de su aparente confianza en la victoria: "¿Y para qué todas estas matanzas inconcebibles? Al final todos, vencedores y derrotados, yaceremos bajo los mismos escombros, y sólo servirá a uno, a ese que está en Moscú."[146]

Con todo, Hitler salió a mostrar otra vez al mundo, durante 10 días decisivos, el rostro del simple revisionista, del hombre que luchaba contra la injusticia de Versalles. Fue entonces que Stalin corrió un enorme riesgo. Para Hitler, el objetivo inmediato del pacto era impedir que las potencias occidentales interviniesen en favor de Polonia. De lograrlo, Stalin habría celebrado el pacto en vano, porque tendría que enfrentarse solo al enorme poder de Hitler. Polonia estaba perdida. Muchos indicios corroboraban la profecía hitleriana de que el imperio inglés no sobreviviría a una guerra, cualquiera que fuese el desenlace de ésta. Hitler limitaba aún sus exigencias a Danzig y el corredor; es más, en sus últimas propuestas dadas a conocer públicamente incluso sugirió que se realizara un plebiscito en el corredor, que con toda probabilidad hubiera tenido un resultado desfavorable para Alemania. Aseguró a Henderson, con plena sinceridad subjetiva, que deseaba la amistad de Inglaterra más que ninguna otra cosa en el mundo y que estaba dispuesto a garantizar que se respetaría el imperio mundial inglés. El 26 de agosto revocó la orden de ataque ya dada, aunque esto le acarreó una considerable pérdida de prestigio entre los militares, y su adversario más firme entre los altos oficiales, el coronel Hans Oster de la Defensa, vaticinó el próximo fin de Hitler. Todos sus actos externos parecieron razonables y moderados durante estos días. Sus opositores cayeron en errores evidentes de apreciación: Josef Lipski esperaba revueltas en Alemania y el avance de tropas polacas contra Berlín; Chamberlain a todas luces no tomaba en serio la idea del ocaso del imperio inglés. Sin embargo, los pre-

[145] Carl J. Burckhardt, *Meine Danziger Mission 1937-1939*, Munich, 1960, pp. 339 y ss.
[146] Gafencu, *op. cit.* (nota 129, capítulo III), p. 88.

cedentes "Munich" y "Praga" restaban todo valor a las declaraciones y los actos de Hitler, y tanto Beck como Chamberlain obedecieron a la opinión pública de sus países, la cual no hubiera tolerado concesiones de última hora. El concepto del honor se estaba imponiendo y se convirtió en la piedra que desataría la avalancha. Molotov, a su vez, adelantó la ratificación del pacto por un día al 31 de agosto.

La mañana del 1 de septiembre, tropas alemanas cruzaron las fronteras polacas desde el oeste, el norte y el sur, y Hitler pronunció ante el Reichstag un discurso que más parecía el arrebato de un hombre perseguido que expresión de la serena confianza de una persona convencida de sus derechos: "Desde las 5:45 se está respondiendo al fuego. De ahora en adelante cada bomba será pagada con otra [...] No he aprendido nunca el significado de una palabra: capitulación [...] Al mundo quiero decir lo siguiente: ¡no se repetirá nunca en la historia alemana otro noviembre de 1918!"[147] Hitler no halló palabras emotivas y memorables como las pronunciadas por Guillermo II en 1914: "Ya no veo partidos, sólo veo alemanes." Las calles no se llenaron de muchedumbres regocijadas como en 1914; una atmósfera opresiva y sombría reinaba en Alemania. Durante dos largos días, la balanza no pareció haberse inclinado en forma definitiva por la gran guerra y Mussolini hizo un último intento de conciliación. Sin embargo, puesto que Hitler no quiso y probablemente tampoco hubiera podido aceptar la exigencia aliada de mandar replegarse a sus tropas victoriosas hasta las fronteras del Reich, los embajadores inglés y francés entregaron las declaraciones de guerra de sus países el 3 de septiembre. Hitler había caído en un error de apreciación, y Stalin había previsto correctamente que las potencias occidentales no estarían dispuestas a ceder una vez más y que Hitler no podría resistirse a la seducción de la línea Narew-Vístula-San. De esta manera, Stalin logró una hazaña mayor que Lenin: no sólo se sirvió de las potencias capitalistas para enfrentarlas unas a otras, sino que logró involucrarlas en una guerra que terminaría por erigirlo en vencedor sobre ambas partes, después de que éstas se agotaran mutuamente.

Hitler había perdido algo más que una estratagema astutamente concebida. Su receta para la victoria política interna, al igual que la de Mussolini, había consistido en destruir al enemigo revolucionario con la ayuda de aliados conservadores y luego privar a éstos de su poder. Para imponerse en el ámbito de la política exterior, debía proceder de acuerdo con la misma regla. Sin embargo, en opinión de los potenciales aliados de Hitler, después de la gran purga, el enemigo revolucionario ya no tenía ni por mucho el mismo aspecto amenazador que había tenido en 1933 para Papen y Hugenberg en vista de los 100 mandatos comunistas en el Reichstag, y la identificación interna era menor, porque, desde el punto de vista de Chamberlain y de Halifax, el

---

[147] Domarus, t. II.1, p. 1315.

anticomunismo no estaba estrechamente enlazado con el antisemitismo. Por consiguiente, Hitler había hecho un pacto con su enemigo y atacado a sus amigos a cambio de una ventaja relativamente insignificante. De no ofrecerse una salida imprevista, la guerra estaba perdida para él desde el momento en que mandó que se disparara el primer tiro.

El 3 de septiembre, Adolfo Hitler dirigió un llamamiento al NSDAP en el que responsabilizaba de la guerra al "enemigo mundial judeodemócrata", señalándolo también como "los capitalistas instigadores a la guerra de Inglaterra y sus satélites".[148] Además de aliarse con el enemigo, el Führer había adoptado el lenguaje de éste. ¿Cómo se le iba a creer jamás al volver a hablar del "enemigo mundial bolchevique" o incluso del "bolchevismo judío"?

Es verdad que Hitler aún no estaba involucrado en una guerra mundial. El ataque contra Polonia dio inicio a una guerra europea, que al principio incluso habría de manifestarse como una especie de guerra a medias. Sólo se convertiría en el preludio de una guerra mundial si Hitler llegara a aliarse con Stalin hasta las últimas consecuencias o tratara de derrotar a éste sin que existiese la condición elemental de un entendimiento con las potencias conservadoras o establecidas. Era en sumo grado improbable que Estados Unidos, por lo pronto aún limitado por sus leyes de neutralidad, se mantuviese al margen en cualquiera de los dos casos.

Dos hechos de tipo muy singular indicaban, por otra parte, que la guerra ya era mucho más que una guerra normal librada entre algunas de las grandes potencias europeas, como la de 1870-1871.

Hitler mandó poner fecha del 1 de septiembre a un decreto que encomendaba a los líderes nacionales del Partido Nacionalsocialista, el doctor Brandt y Bouhler, "ampliar de tal manera las facultades de los médicos por nombrarse que les sea posible otorgar la eutanasia a los enfermos incurables según todas las reglas de la ciencia, tras haber realizado con máximo sentido crítico una evaluación de su estado de salud".[149] Con este decreto, parecía que Hitler, de manera intencional y explícita, quería poner de manifiesto que al estallar la guerra había iniciado una nueva era en que el nacionalsocialismo se hallaba libre de todas las cadenas impuestas a él por el estado de paz, a fin de impulsar la depuración del pueblo exigida por su ideología. Sólo al iniciarse la guerra el nacionalsocialismo adquirió su carácter destructivo específico y en todo caso biológico, mientras que el bolchevismo había mostrado la voluntad de efectuar la destrucción social desde los comienzos de su dominio, precisamente en forma de una lucha por la paz.

El 5 de septiembre, el *Times* publicó el texto de una carta abierta dirigida por el doctor Chaim Weizmann, presidente de la *Jewish Agency for Palestine*, al

---

148 *UuF*, t. XIII, p. 637.
149 IMG, t. XXVI, p. 169.

primer ministro inglés. En ella, Weizmann confirmaba la declaración, hecha antes del 1 de septiembre, de que los judíos se pondrían del lado de Inglaterra y lucharían por las democracias. Es verdad que la *Jewish Agency for Palestine* no era el gobierno de ningún Estado, pero no se trataba tampoco de una simple organización privada. De haber alguien en el mundo capacitado para hablar por todos los judíos, no sólo los de Palestina, ese alguien era Chaim Weizmann, que en 1917 había negociado con lord Balfour y durante muchos años encabezó la organización mundial sionista. Por ende, no resulta de ninguna manera absurdo hablar en principio de una "declaración de guerra judía contra Hitler". Además, Weizmann sólo estaba articulando lo que todos los judíos en el mundo tenían que sentir. Hitler había declarado la guerra al judaísmo mucho tiempo antes, no sólo como representante de un partido sino también como estadista. Dicha declaración de guerra era, por lo tanto, una respuesta, y como tal estaba completamente justificada. Sin embargo, no se trataba de una *quantité négligeable* y no cabe hacer caso omiso de ella, como sucede en casi todos los análisis. Hitler había convertido en enemigo mortal suyo a un grupo de personas que ciertamente no eran ni por mucho tan poderosas como él lo reiteraba una y otra vez, pero que sin duda ejercían gran influencia en Inglaterra y Estados Unidos. Seguirá sin respuesta la pregunta de si la declaración de Weizmann no fue imprudente a pesar de todo, o por el contrario, muy sensata, puesto que se debía contar con la posibilidad de que los judíos alemanes fueran recluidos y de esta manera contaran con protección, en forma análoga a la suerte difícil pero con todo segura corrida por los ciudadanos alemanes en Francia e Inglaterra. Cabe descartar por completo la posibilidad de que Weizmann haya sospechado, siquiera remotamente, alguna relación con aquel decreto biológico del 1 de septiembre, cuya existencia desconocía. Weizmann podía estar consciente del hecho de que la guerra de 1939 se distinguía de manera fundamental de la primera Guerra Mundial, no sólo debido al pacto entre Hitler y Stalin, sino también a causa de su propia declaración; pero el grado en que finalmente habría de distinguirse del conflicto anterior tenía que serle aún inconcebible en septiembre de 1939. Es probable que lo mismo pueda decirse de Himmler y Heydrich, que se disponían a iniciar una "guerra étnica" de suma dureza en Polonia.

### 9. La alianza frágil: triunfos, ventajas, tensiones

En seguida hubo sucesos imprevistos, pero en sí no ofrecían salida alguna. En unos cuantos días, el ataque concentrado de los alemanes infligió derrotas decisivas al Estado polaco, lo cual se debió en gran medida al dominio aéreo rápidamente establecido. El 8 de septiembre, el cuerpo blindado del general Hoepner llegó a las afueras de Varsovia. Es de dudar que las "felicitaciones y saludos" trasmitidos ese día por Molotov al gobierno del Reich[150] hayan expresado una alegría auténtica, y el gobierno soviético aparentemente se vio en apuros cuando Berlín lo instó a proceder a su vez a ocupar la zona de influencia prevista. Hasta el 17 de septiembre, cuando la mayor parte de las tropas polacas ya había caído en la gran batalla del lazo del Vístula, el Ejército Rojo entró a las zonas orientales de Polonia para acudir en auxilio de "los pueblos hermanos ucranio y bielorruso".[151] A partir de ese momento el mundo ya no pudo engañarse respecto a que el "pacto de no agresión" era de hecho un pacto de división, y el espíritu de los tratados con Polonia (si bien no su texto literal) debió haber inducido a las potencias occidentales a declarar también la guerra a la Unión Soviética. De haber subsistido dudas respecto a los primeros informes recibidos, fueron borradas por el discurso que Molotov pronunció el 31 de octubre, en que el comisario del pueblo recalcaba mucho las relaciones amistosas con Alemania y hacía hincapié, lleno de orgullo, en que "dos golpes, asestados rápidamente primero por las Fuerzas Armadas alemanas y luego por el Ejército Rojo", no habían dejado vestigio de "ese desagradable producto del Tratado de Versalles".[152]

Sin embargo, las potencias occidentales no se movilizaron contra Alemania ni siquiera en sus frentes, y tuvo comienzo una extraña guerra, la "guerra de brazos caídos" o "*phony war*", que habría de prolongarse hasta el mes de mayo del año siguiente. El 28 de septiembre, cuando Ribbentrop realizó su segunda visita a Moscú, Alemania y la Unión Soviética quedaron unidas por un Tratado de Fronteras y Amistad que comprendía varios protocolos adicionales secretos y otros confidenciales. De esta manera se tomó la decisión, a raíz de una iniciativa de Stalin, de no dejar sobrevivir el Estado polaco y de que correspondería exclusivamente a Alemania y a la Unión Soviética asegurar a la población radicada en la antigua Polonia "una existencia pacífica adecuada a su carácter étnico particular".[153] También la Unión Soviética estaba adoptando, por lo tanto, el lenguaje de su enemigo aliado. El Protocolo Adicional Secreto del 23 de agosto se modificó en gran parte por la determinación de que Lituania, excepto el extremo de Mariampol, quedaba incluida dentro de la esfera de interés de la Unión Soviética, mientras que Alemania se apoderaba de gran parte de la Polonia etnográfica, de modo que la frontera occidental de la Unión Soviética coincidía, salvo algunas desviaciones, con la "línea Curzon" de 1920. Se trataba de una modificación de extraordinaria trascendencia, puesto que quitaba a los alemanes incluso la vista a las naciones bálticas y al mismo tiempo les cargaba todo el peso del dominio sobre los polacos, pero Ribbentrop la aceptó en una "negociación relámpago" que tuvo algunas analogías con

---

[150] ADAP, D, t. VIII, p. 27.
[151] Degras, *op. cit.* (nota 133, capítulo II), t. III, p. 374.
[152] *Ibid.*, pp. 190 y ss.
[153] *Dokumente der Deutschen Politik und Geschichte*, t. V, Berlín, s.f., p. 131.

la "guerra relámpago" en lo referente al factor tiempo, pero no respecto a su éxito arrollador. Constituía un compromiso desigual el acuerdo entre ambas partes de "no tolerar en sus zonas ninguna agitación polaca que pueda extenderse a las zonas de la otra parte".[154] Por el contrario, era posible interpretar como ventaja extraordinaria para Alemania la declaración conjunta de ambos gobiernos de que Inglaterra y Francia serían los responsables de prolongar la guerra en caso de sustraerse a los esfuerzos conjuntos de ambas potencias por restablecer el estado de paz. Evidentemente, el gobierno soviético tenía buenas razones para creer que las potencias occidentales no transigirían, y sus propios actos contribuyeron en gran medida a ello, porque el proceder de la Unión Soviética desató una ola de indignación en Inglaterra y Francia; era inconcebible que, como precio por la paz, las potencias occidentales se contentaran con menos que el restablecimiento del Estado polaco, sus territorios orientales inclusive.

En cambio, pertenecía al ámbito de las realidades inmediatas el acuerdo de que la Unión Soviética permitiría a toda la población de ascendencia alemana radicada en sus zonas de interés emigrar a Alemania. Esto prácticamente significaba el fin de la presencia alemana en las tierras bálticas y al mismo tiempo era un mal augurio respecto a la suerte de los estados periféricos con los que la Unión Soviética por lo pronto sólo celebró "pactos de asistencia", para poder apostar a sus tropas en determinados puntos. Eran igualmente realistas los acuerdos económicos que aportaron grandes ventajas a ambas partes: de la Unión Soviética, un río de materias primas fluiría a Alemania, y ésta suministraría a aquélla un gran número de máquinas de primera calidad, entre ellas mucho material de guerra. De la misma manera en que la Unión Soviética había hecho posible que comenzara la guerra, ahora estaba poniendo la base para su continuación.

Sin embargo, mucho más característico que los acuerdos públicos y secretos era lo que estaba teniendo lugar en las tinieblas de las dos zonas polacas de ocupación, lo cual era ignorado en su mayor parte incluso por el gobierno polaco en el exilio londinense. De ambos lados del Bug, en cercanía inmediata una con otra, estaban haciéndose cargo de la situación las dos revoluciones —la original de 1917 y su reacción de 1933— que llevaban inscrita en sus estandartes la destrucción del enemigo.

Al este de dicha frontera pasó lo mismo que en 1917-1918, y Ribbentrop tuvo que darlo por hecho al firmar el Protocolo Adicional Secreto. El Ejército Rojo proclamó la "liberación" de los hasta entonces oprimidos ucranianos y bielorrusos; las grandes fincas fueron expropiadas y supuestamente entregadas a los campesinos; no tardó en desatarse la persecución de terratenientes, oficiales y sectores cultos de la población, que casi sin excepción eran polacos

---

[154] ADAP, D, t. VIII, p. 129.

y en conjunto formaban la parte más extensa y culturalmente dominante de la población. Los terratenientes y los oficiales muchas veces eran ejecutados en el acto, frecuentemente con la ayuda de la población nativa, y las burguesías polaca y judía de las ciudades, que al principio habían permanecido intactas, se vieron sujetas a las mismas medidas que la burguesía rusa después de 1917, una vez fundada la República Soviética de Ucrania y la de Bielorrusia: expropiaciones y deportaciones. En total, se calcula que 1.5 millones de personas fueron transportadas al interior de la Unión Soviética y nunca ha sido posible aclarar cuántas de ellas murieron en el proceso. Todos los oficiales detenidos ingresaron a campos de concentración, y de los muchos miles cuyas últimas señales de vida salieron al mundo exterior en la primavera de 1940, sólo volvieron a aparecer unos 5 000, pero como cadáveres, muertos por la NKWD con un tiro en la nuca, según lo revelaron las fosas comunes de Katyn descubiertas por las tropas alemanas en 1943. De esta manera, un pequeño poblado cerca de Smolensk se erigió en símbolo de las medidas de destrucción que eran consecuencia del concepto de "enemigo de clase" y que fácilmente podían ser aplicadas a los "enemigos del pueblo" extranjeros.

Con todo, dichas acciones de exterminio se basaron en una realidad social, aunque en los documentos alemanes sólo aparecen referencias muy marginales sobre ésta. Por ejemplo, después de la campaña polaca el *Berliner Illustrirte Zeitung* publicó un dibujo que representaba los suntuosos interiores del palacio de un magnate polaco en el momento que era saqueado por los campesinos.[155] Sin embargo, la razón profunda de estos hechos estaba en la implacable lucha étnica contra la nacionalidad polaca como tal. En los inmensos territorios del "distrito del Warta" incorporados al Reich, se expropió una gran cantidad de pequeñas explotaciones campesinas, y los dueños fueron asignados como peones a las grandes fincas o transportados a Alemania como "obreros sin gobierno".[156] El gobernador general Frank, que residía en el Wawel de Cracovia, incluyó a la intelectualidad polaca en su programa de exterminio, y los "grupos de acción" de la SS llevaban a cabo "tareas políticas populares" que muchas veces consistían en ejecuciones al azar y en atroces torturas a polacos y judíos. Nada menos que el comandante en jefe de los territorios orientales, el capitán general Blaskowitz, protestó vehementemente en reiteradas ocasiones contra el "desmedido embrutecimiento y depravación moral" que habían dado lugar a la matanza de "unos 10 000 judíos y polacos";[157] pero la única respuesta que obtuvo fueron los duros reproches de Hitler por su "actitud pueril" ante la cuestión de la lucha étnica en el este.[158] Evidentemente tampoco tuvo importancia para Hitler la observación

---

[155] Edición del 28 de diciembre de 1939, p. 1959.
[156] "Denkschrift Himmlers über die Behandlung der Fremdvölkischen im Osten (Mai 1940)", *Vjh. f. Ztg.*, año 5, 1957, pp. 194-198 y 198.
[157] *UuF*, t. XIV, p. 171.
[158] Martin Broszat, *Nationalsozialistische Polenpolitik 1939-1945*, p. 41.

del mismo general sobre que la numerosa población campesina, a la que sin duda alguna sería posible ganar para la causa alemana o al menos asegurar su neutralidad, estaba siendo arrojada a los brazos del enemigo. Desde el punto de vista de Hitler, la verdadera realidad consistía en la lucha étnica sostenida en el tiempo de la Sociedad de las Marcas Orientales, o sea, entre "alemanes" y "polacos", aunque al poco tiempo habría de hablar de "arios" y hasta hacía poco había hablado de "bolcheviques".

De este modo, la idea propuesta por Himmler de raptar a los hijos de las familias polacas de "buena raza" y enviarlos al territorio del Reich a ser "germanizados"[159] era el único tipo de "liberación" a que los polacos podían aspirar. Por lo tanto, queda claro que en Polonia los alemanes no contaban, como el Ejército Rojo, con una consigna, y las medidas de la SS, sus ejecuciones y expropiaciones, constituían copias materiales de los métodos soviéticos, pero carecían de toda fuerza de convocatoria y de convicción, porque sólo sabían contraponer a una nación contra otra y provocaban la indignación hasta de los propios compatriotas, que llegaron exclamar como lo hizo el entonces teniente coronel Helmut Stieff: "Me avergüenzo de ser alemán."[160] Lo que alguna vez había sido un sentimiento sincero de consternación y exigido respuestas ahora buscaba una salida en forma de una copia desfigurada. No obstante, la referencia original siempre fue clara y cuando en el verano de 1940 Himmler reflexionó sobre el "trato que se daba a las etnias ajenas en el este", calificando a los polacos de analfabetas, y a ucranianos y gorales de "pueblos minoritarios", creyó tener derecho a rechazar "por convicción íntima, como algo ajeno al carácter germano, el método bolchevique del exterminio físico de un pueblo".[161] Mas de los dos horrores que habían descendido sobre esta infeliz nación, ¿no era el más antiguo también el más consecuente consigo mismo y dueño de un mayor porvenir en un mundo en que la propaganda y la desinformación, aunque no la propagación del analfabetismo, estaban más de acuerdo con el espíritu de los tiempos?

En todo caso, en vista de los acontecimientos que tenían lugar en la Polonia oriental no era posible negar una cosa: el proceder del bolchevismo seguía siendo el mismo y aún tenía sentido hablar de "bolchevización".

En un llamamiento que dirigió al NSDAP el 1 de enero de 1940, Hitler enfocó su ira exclusivamente contra las "potencias plutocráticas" y en el "enemigo mundial judeo-capitalista" que estaba a punto de perecer, mientras que el futuro pertenecía a "las naciones y los sistemas jóvenes".[162] De acuerdo con la única interpretación posible de este llamamiento, Hitler estaba incluyendo

159 En "Denkschrift", *op. cit.*, p. 197.
160 Hans Rothfels, "Ausgewählte Briefe von Generalmajor Helmut Stieff", *Vjh. f. Ztg.*, año 2, 1954, pp. 291-305 y 300.
161 "Denkschrift", *op. cit.*, p. 197.
162 *Jahrbuch für auswärtige Politik*, año 7, 1941, pp. 183 y ss.

entre los "sistemas jóvenes" a la Unión Soviética. De hecho en los meses siguientes a ese discurso las declaraciones de Hitler fueron las más positivas que habría de hacer jamás sobre la Unión Soviética. El 8 de marzo de 1940, por ejemplo, escribió a Mussolini que Rusia, desde el triunfo definitivo de Stalin, sin duda estaba experimentando una transformación del principio bolchevique para acercarse a un modo de vida nacional ruso; en vista de este cambio trascendente, que el ministro de Relaciones Exteriores del Reich había conocido de primera mano, no podía haber interés ni motivos para un enfrentamiento con ella, máxime cuando los dos espacios económicos se complementaban de manera extraordinaria.[163] Curiosamente Mussolini era el que ahora desempeñaba el papel del fascista radical e instaba a Hitler a no abandonar "el estandarte antisemítico y antibolchevique" y a seguir luchando por la destrucción del bolchevismo, que resolvería al mismo tiempo su problema del espacio vital.[164] Sin embargo, ¿qué oportunidad iba a tener su intervención si el ministro de Relaciones Exteriores del Reich aseguraba haber tenido, al igual que el líder de distrito Forster, la impresión de estar tratando "con viejos compañeros de partido" durante su segunda visita a Moscú?[165]

Entretanto, una de las contingencias imposibles de prever de la guerra había producido la primera de las grandes alternativas, la de una auténtica alianza, es más, la de una unión de destinos entre Alemania y la Unión Soviética. Esta causa hizo que Stalin, en el curso de poco más de medio año, imitara a su manera los métodos y los éxitos de Hitler para incorporar a su imperio, sin grandes conflictos y evocando necesidades de defensa, circunstancias históricas, geográficas y sobre el derecho de autodeterminación, más países y pueblos de los que Hitler había podido apropiarse antes del mes de agosto de 1939. Las exigencias dirigidas en octubre a Finlandia no se distinguían de las que los tres estados bálticos se habían visto obligados a aceptar, pero comprendían la cesión de territorio finlandés en el istmo de Carelia, por el que ciertamente se ofrecía una compensación territorial. En comparación con la supuesta "amenaza a Leningrado", las declaraciones alemanas respecto a Checoslovaquia como portaviones soviético habían sido plausibles y razonables, y el sentido del honor de los finlandeses no era inferior al de los polacos. La Unión Soviética aprovechó el incidente de Mainila, provocado por ella misma —una especie de "Gleiwitz" más grande y obvio—, para iniciar el ataque contra Finlandia a fines de noviembre sin haberle declarado la guerra. Mas Stalin hizo algo a lo que Hitler no había podido o querido recurrir: bajo la dirección de un destacado miembro de la Internacional Comunista, el finlandés Otto Kuusinen, mandó que se constituyera un "gobierno popular" en el pueblito de Terijoki, cerca de la frontera, de modo que las agresiones supuestamente no iban dirigidas contra el "pueblo finlandés". Con todo, los

---

[163] ADAP, D, t. VIII, pp. 685 y ss.
[164] *Ibid.*, pp. 474 y ss.
[165] *Ibid.*, pp. 695 y ss.

hombres y las mujeres de Finlandia, prácticamente sin excepción, apoyaron a su gobierno burgués y reaccionario, y al principio el Ejército Rojo sufrió graves derrotas. Cabe suponer que Moscú depositó esperanzas sinceras en los socialistas de izquierda y en que Kuusinen y su gente no estaban empleando sólo fórmulas propagandísticas al definir la Finlandia "burguesa" como "infierno de la Guardia Blanca para la clase obrera".[166] En 1917-1918, los bolcheviques de hecho habían sido muy fuertes en Finlandia, y sólo la ayuda de los alemanes permitió a los Blancos encabezados por el general Mannerheim someter a las tropas rojas e imponer su dominio, inicialmente con métodos muy brutales. En 1939 el ejército finlandés era encabezado por el mismo mariscal Mannerheim, el "terrateniente báltico" que había comandado a los Guardias Blancos en 1917-1918. Por debajo de la diplomacia y de los respectivos problemas de actualidad, las emociones básicas de 1917-1918 evidentemente estaban tan vivas en Moscú como en Berlín. No obstante, la situación era muy diferente ahora ya que Alemania se ciñó al Protocolo Adicional Secreto y dio manos libres a la Unión Soviética en la esfera de influencia de ésta, pero en Suecia, Noruega, Inglaterra, Francia, y también en Estados Unidos, cundió la indignación sobre este "asalto" realizado por una gran potencia contra una "nación pequeña y valerosa". Por primera vez, una ola de emociones, y no sólo aislados tratados doctos, estableció una distinción entre la Alemania nacionalsocialista y la Rusia bolchevique en cuanto estados "totalitarios" y rapaces, por un lado, y las democracias pacíficas, por otro, y en muchos lugares se pidió la intervención armada a favor de Finlandia. Ciertamente no tardó en presentarse la misma dificultad experimentada pocos meses antes respecto a Polonia: Suecia y Noruega, a pesar de sus simpatías por Finlandia, no querían conceder a las tropas aliadas el derecho de atravesar su territorio. Los estados mayores de los Aliados tomaron en cuenta, sin muchos escrúpulos, la posibilidad de violar la neutralidad de estos países, sobre todo porque esto encajaba con un plan de alcances mucho mayores: la idea de destruir los campos petrolíferos soviéticos de Bakú con ataques aéreos y de esta manera quitar a Alemania el petróleo de sus aliados, sin el cual no hubiera podido continuar en la guerra.[167] De haberse realizado estos planes, Alemania y la Unión Soviética hubieran quedado unidas hasta las últimas consecuencias y la guerra hubiera tomado un curso por completo distinto. Resulta sumamente improbable que hubiese finalizado con una pronta derrota de los dos estados totalitarios, como Londres y París se lo imaginaban. Sin embargo, después de hacer intervenir a enormes cantidades de tropas en la guerra contra Finlandia, el conflicto tuvo un desenlace favorable para la Unión Soviética. El tratado de paz del 12 de marzo desplazó la nueva frontera hasta una distancia considerablemente mayor de Leningrado, pero hubo que abandonar a Kuusinen, y la evolución poco gloriosa de la guerra reforzó el menosprecio que tanto los Aliados como los alemanes

---

[166] *Der völkerrechtliche Hintergrund des russisch-finnischen Konfliktes*, Estocolmo, 1940, pp. 37-38.
[167] *Cfr. Die Geheimakten des französischen Generalstabes*, Berlín, 1941.

tenían al Ejército Rojo, evaluación que habría de determinar en gran medida el curso posterior de la segunda Guerra Mundial.

Al mismo tiempo que dicha alternativa se daba en el norte surgió otra en Occidente. Hitler insistía en atacar a Francia lo más pronto posible (ese mismo otoño) aunque se violara la neutralidad de Bélgica y de Holanda, y esta intención provocó la fuerte oposición de los generales, basada principalmente en el recuerdo de la primera Guerra Mundial y en el gran respeto que se tenía al ejército francés. Pero la clara conciencia de las carencias que los franceses tenían por la precipitación del rearme, y sobre todo el conocimiento de que éstos carecían de un "armamento de profundidad", otorgó un peso adicional a los argumentos de varios altos comandantes, como los capitanes generales Von Leeb y Von Rundstedt.

Para otro sector de la oposición, el más fuerte de todos los argumentos era precisamente la amistad recién entablada con la Unión Soviética. Alemania no había estado nunca tan lejos de sus mejores tradiciones ni tan cerca del bolchevismo como después de los seis años del régimen de Hitler, según indicaba un memorándum redactado por el enlace del Ministerio de Relaciones Exteriores con el Alto Mando del Ejército, Hasso von Etzdorf. De acuerdo con este documento, el régimen se había encargado de entregar al bolchevismo a 20 millones de personas, además de poner en grave peligro las prometedoras posibilidades de la política revisionista alemana con la insensata e inútil "campaña del Hradschin". Sólo la caída del régimen de Hitler haría posible la "moderación en el triunfo" conforme al modelo de Bismarck, el único camino capaz de otorgar a Alemania una posición segura dentro de sus fronteras etnográficas así como la influencia que legítimamente le correspondía en la Europa Central, cumpliendo asimismo el interés más elemental de las potencias occidentales, es decir, impedir la expansión ulterior del bolchevismo en Europa.[168] De hecho se entablaron contactos muy prometedores con el gobierno inglés, y por un tiempo pareció que el capitán general Von Brauchitsch, comandante superior del Ejército, encabezaría una conspiración. A la alternativa de la alianza de guerra entre los "jóvenes sistemas" contra los pueblos decrépitos de Occidente se opuso, de esta manera, la otra alternativa, la del gran acuerdo entre los estados civilizados de Europa, una vez que se concluyera con éxito la revisión de Versalles al tenor del derecho de autodeterminación. Dentro del marco de esta alternativa, Hitler y su partido hubieran constituido un instrumento de utilidad temporal. Hasta la Unión Soviética no hubiera tenido que temer tanto a un acuerdo de esta naturaleza como a una posible paz entre Hitler y las potencias occidentales, la cual éstos parecían promover con sus propias tomas de posición.

Por otra parte, ¿no había Bismarck tenido también que recurrir primero a

168 Erich Kordt, *Nicht aus den Akten...*, Stuttgart, 1950, pp. 359 y ss.

las armas para resolver la lucha contra Austria, antes de poder desplegar la moderación de Nikolsburg? ¿Era Hitler tan sólo un político entre otros tantos, al que se podía destituir sin provocar el alzamiento de su partido? ¿De veras la lucha de Inglaterra y Francia sólo se dirigía contra el orgullo desmesurado de un hombre que pretendía "conquistar al mundo mediante la violencia"; o no se oponía, más bien, a Alemania como potencia hegemónica de la Europa Central, precisamente como la pintaba Von Etzdorf? No pudieron haber sido sólo coincidencias las que impidieron la realización de la segunda alternativa, la pacífica.

En su discurso del 23 de noviembre de 1939 ante los generales en jefe, Hitler probablemente tenía razón al afirmar que las posibilidades de una victoria sobre Francia eran mucho mayores en ese momento que al arranque de la ofensiva de Ludendorff en 1918 y que no se trataba, en conjunto, de una acción aislada sino de la conclusión de la guerra mundial. De haber recordado los oyentes de Hitler las innumerables predicciones hechas por las voces más diversas en 1918 y 1919, entre ellas la de Rosa Luxemburgo, en el sentido de que una paz por la fuerza —ya fuese dirigida contra Rusia o contra Alemania— en realidad sólo representaría un armisticio y daría lugar a otra guerra, con la misma seguridad con que la semilla produce la planta, de hecho hubieran tenido que preguntarse si Hitler, con su indomable voluntad de triunfo, no sería en efecto la encarnación de la voluntad de la historia y del espíritu del pueblo alemán, por muy grande que fuese el anhelo de paz entre los alemanes y con mayor razón entre los franceses. Al mismo tiempo, un pavor absoluto tuvo que apoderarse de los generales ante dicha encarnación del espíritu del pueblo y la voluntad de la historia al escuchar decir a Hitler:

> Me reprocharán que he traído guerra y más guerra. En la guerra veo el destino de todos los seres [...] Constituye un problema eterno lograr la relación adecuada entre el número de alemanes y la tierra [...] No sirven las argucias, la única solución es la espada [...] Hoy podemos hablar de una lucha racial. Hoy luchamos por campos petrolíferos, caucho, materias primas y demás [...] Quiero destruir al enemigo... Viviré o caeré con esta lucha. No sobreviviré a la derrota de mi pueblo. Hacia el exterior, no habrá capitulación; en el interior, no habrá revolución.[169]

Si los alemanes se hallaban ante un hombre dispuesto a apostarlo todo a una sola carta y que no parecía conocer otra cosa que la victoria total o la destrucción total, ¿cómo se le hubiera podido pedir moderación en el triunfo? ¿No equivalía de suyo la voluntad de obtener tal triunfo a una derrota frente al marxismo? Las palabras de Hitler coincidían exactamente con las acciones emprendidas por los estados capitalistas, de acuerdo con la tesis marxista, en sus luchas por los tesoros del mundo. Con todo, ¿no estaba revelándose al

---

[169] IMG, t. **XXVI**, pp. 327 y ss.

mismo tiempo como marxista a medias, al atacar con particular frecuencia durante estos meses al "mundo judeocapitalista", a los magnates financieros, a los "barones internacionales, judíos y no judíos, de la banca"? De acuerdo con sus propias palabras, ¿no debía su mejor versión del socialismo (la "comunidad social del pueblo de Alemania"), con su asistencia social y eliminación de las diferencias de clases,[170] fundarse solamente en dicha conquista de espacio vital, puesto que cualquier aglomeración de las masas en zonas industriales reducidas y orientadas a la exportación tenía que resultar en comunismo? ¿No era sobremanera irracional la "solución de la razón" que recomendó a los ingleses como medio para evitar la "solución de la locura",[171] tarde o temprano inevitable de otro modo, o sea (como sin duda había que entenderlo) el bolchevismo?

De igual manera, sólo en apariencia Hitler adoptó una actitud razonable y moderada al frustrar el proyecto inglés de la expedición a Noruega con la que pretendían cortarle el suministro de las imprescindibles materias primas mediante una expedición propia, de audacia casi igual que cuando obligó a Francia a capitular tras una marcha triunfal sin precedentes que duró del 10 de mayo al 23 de junio. El "ofrecimiento de paz" que presentó a los ingleses en su discurso del 19 de julio ante el Reichstag empleaba términos tan vagos y estaba acompañado por un arrebato tal de triunfalismo, por una parte, y de la diatriba más violenta por otra, que probablemente el único que lo hubiese aceptado hubiera sido Oswald Mosley, considerado por muchos el futuro primer ministro de Inglaterra antes de su periodo fascista, pero en ese momento Mosley se encontraba en la cárcel. Ni siquiera estaba a la cabeza de Inglaterra lord Lothian, que tal vez hubiera iniciado negociaciones, sino Winston Churchill, y en esto radicaba una de las paradojas más extrañas de la guerra, ya que además de haber sido el más decidido de todos los antibolcheviques de Inglaterra, Churchill, en su peculiar relación con la guerra, era de todos los ingleses el que más podía equipararse con Hitler. Sin embargo, ahora quería salvar al mundo de la oscura "maldición de Hitler",[172] con la misma fuerza y convicción con que antaño había querido librarlo del bolchevismo, y al hablar de la Gestapo usaba giros semejantes a los que antes le habían servido para referirse a la checa. No se pasó simplemente del antibolchevismo al antitotalitarismo, sino que al mismo tiempo se apropió el antiguo concepto inglés del equilibrio para luchar contra los alemanes con la misma dureza que contra los nazis. Lo duro que sabía pelear se puso de manifiesto enseguida del armisticio, cuando no vaciló en mandar destruir en Mers-el-Kebir a la mayor

---

170 *Deutschland im Kampf*, editado por A. I. Berndt y el teniente coronel Von Wedel, Berlín, 1939, "Lieferung 5", pp. 28 y ss.

171 Hillgruber, *op. cit.* (nota 177, capítulo III), t. II, pp. 522 y ss. *Der Grossdeutsche Freiheitskampf*, discursos de Adolfo Hitler, t. I/II, Munich, 1943³, p. 276.

172 Winston Churchill, *His Complete Speeches*, Londres, 1974, vol. VI, p. 6250.

parte de la flota francesa, que sólo unos instantes antes había sido su aliada, en vista de que su posible paso al lado alemán hubiera significado un "peligro mortal"[173] y representado —cabe señalarlo— otra de las alternativas en las vicisitudes de esta guerra. Por otra parte, el 13 de mayo, a los tres días de haber asumido el cargo de primer ministro, Churchill opinó que sólo la victoria garantizaría la supervivencia del imperio mundial inglés, y en esto se equivocó, ante el acierto de Hitler, quien el 19 de julio vaticinó que de rechazar Inglaterra el ofrecimiento de paz se vería destruido su gran imperio mundial. La paradoja más extraña de la guerra se produjo cuando Hitler, probablemente por amor al imperio mundial inglés, dio a Churchill la oportunidad de defender con éxito su isla, al ordenar, a fines de mayo, que las tropas blindadas alemanas se detuvieran ante Dunkerque y salvar de la destrucción, de esta manera, al cuerpo expedicionario inglés. Cabe preguntar, por lo tanto, si Inglaterra fue salvada por los pilotos de combate de la Real Fuerza Aérea, por el clima o más bien por la anglofilia de Hitler. Al verse en la necesidad de aplazar por tiempo indefinido la "operación león marino" en septiembre, Hitler enfrentaba una situación sumamente difícil a pesar de su gran victoria, y el principal responsable de ello era la Unión Soviética.

A pesar de que la Unión Soviética seguía imitando a Hitler, Inglaterra ya no respondió a ello con reproches serios, sino más bien con el esfuerzo desesperado por mejorar las relaciones y lograr que ésta ingresara en la guerra contra Alemania. Después de dirigir un ultimátum a los estados bálticos, la Unión Soviética los sometió a la ocupación militar y los incorporó una vez llevada a cabo la usual sovietización; en julio, la amenaza de un ataque obligó a Rumania a cederle Besarabia y el norte de Bucovina —fuera de los límites estipulados por el Protocolo Adicional Secreto—. De esta manera, Stalin se acercó mucho a la zona petrolífera de Ploesti, totalmente imprescindible para la economía de guerra alemana. Además, había muchos indicios de que dirigiría más exigencias a Finlandia, las cuales también resultarían en la incorporación de este país. La experiencia había mostrado que la Unión Soviética solía reducir, interrumpir o aumentar los suministros de materia prima a Alemania de acuerdo con las circunstancias. Tuvo que imponerse la sospecha de que quería ver involucrado a Hitler en la guerra, pero que al mismo tiempo trataba de impedir, con todas sus fuerzas, la victoria definitiva de su parte.

Abstracción hecha de las condiciones, situaciones y circunstancias particulares, así como de todo juicio moral, no es posible calificar de fortuita ni de poco natural la situación que reinaba en el otoño de 1940. El sistema de Versalles había llegado a su fin definitivo y los dos pueblos más grandes del continente, el alemán y el ruso, estaban prevaleciendo junto con sus estados satélite y zonas dependientes, papel que por naturaleza les correspondía

---

[173] *Ibid.*, p. 6242.

mucho más, en todo caso, que a Francia después de 1919. A partir de este momento hubiera sido posible formular la declaración hecha por Stalin en 1949: que dichos dos pueblos poseían, "en Europa, el mayor potencial para realizar grandes acciones de trascendencia mundial".[174] No se había dado nunca una situación semejante, ni siquiera en la época napoleónica, porque siempre habían existido otras grandes potencias en el continente, y sólo por esto Inglaterra había podido poner en marcha la "política del equilibrio", cuyo fin era ayudar a las potencias más débiles a afirmarse ante las más fuertes.

En principio, el sistema germano-ruso hubiera podido ser tan estable como lo fue la pentarquía del siglo XIX, siempre y cuando se observaran las estipulaciones del tratado y ninguna de las dos potencias interviniese, aunque sólo fuera por medios propagandísticos, en la esfera de la otra. Sin embargo, una de ellas se encontraba en guerra contra una isla situada en la periferia de Europa que aún era dueña de un imperio mundial y que contaba con el respaldo de una gran potencia, al parecer neutral, pero que en realidad ya estaba tomando parte en el conflicto. Posiblemente muchos ingleses creían estar luchando por el antiguo equilibrio, pero la verdad es que estaban peleando, apoyados en Estados Unidos, por la supervivencia de un sistema político-ideológico que había pertenecido a toda Europa y que ahora parecía haberse borrado del continente.

Aun de no haber desaparecido dicho sistema en Alemania y de haber logrado imponerse en Rusia, de modo que el predominio de las dos potencias vencidas en 1918 se hubiese dado por una simple evolución normal si bien belicosa, la autoridad responsable del Reich alemán no hubiera podido actuar de manera diferente a la de Hitler en ese momento: hubiera pedido al Alto Mando del ejército que elaborase planes de contingencia para una guerra contra Rusia y hubiera procurado, al mismo tiempo, llegar a un acuerdo seguro con ésta. Era insostenible que el Estado neutral estuviese en situación de cortar en cualquier momento las fuentes de energía elementales del Estado en guerra. La fuente de energía más importante para Alemania era el petróleo rumano, pero también el níquel finlandés y, en términos generales, la "calma en el mar Báltico". Por otra parte, la Unión Soviética sin duda tenía derecho a quejarse de intervenciones en su esfera de interés. Tras haber cedido Besarabia y Bucovina del Norte a la Unión Soviética, además de grandes partes de Transilvania a Hungría, Rumania, uno de los principales beneficiados del sistema de Versalles, se había visto reducida a sus fronteras etnográficas más estrechas, y las potencias del Eje le dieron una garantía sin consultar antes con la Unión Soviética, lo cual evidentemente fue interpretado en Moscú como una violación del tratado y una afrenta. Además, "tropas de asesoría" alemanas fueron enviadas a Rumania. La presencia de tropas alemanas en Finlandia

---

[174] *Dokumente zur Deutschlandpolitik der Sowjetunion*, Berlín, 1957, t. 1, pp. 238 y ss.

revestía igual gravedad, aunque sólo se encontrasen ahí en forma temporal, para el tránsito hacia el norte de Noruega. También planteaban problemas la cuestión de los estrechos y Bulgaria, dos viejos objetivos de la política rusa.

A fines de julio de 1940, Hitler encargó a su Estado Mayor la elaboración de planes militares de contingencia, apuntados a "eliminar" a Rusia cuando en apariencia todas sus fuerzas estaban dedicadas a preparar la operación "león marino"; lograr un acuerdo general con Alemania —posibilidad que no había que descartar al fin y al cabo— era el propósito de la visita efectuada a Berlín por Molotov del 12 al 14 de noviembre. Se preveía el ingreso de la Unión Soviética al Pacto de los Tres firmado el 27 de septiembre por Alemania, Japón e Italia, el cual constituía una alianza defensiva contra Estados Unidos y no contenía estipulaciones territoriales, aunque se pretendía reescribirlo en tal forma que asignara a cada una de las cuatro potencias un vasto espacio como zona de influencia, así como parte del "activo de la quiebra" del imperio inglés. Se trataba, por lo tanto, de un plan para "redistribuir el mundo" entre varias grandes y pujantes potencias nuevas, tal como lo mencionaba con tanta frecuencia la teoría marxista, y para la Unión Soviética se tenía destinada la parte más valiosa del botín, aunque también la más remota, o sea, la India. Molotov no mostró de ninguna manera una actitud negativa hacia este plan, pero insistió mucho en tratar los problemas más inmediatos y tuvo la sinceridad de responder, a una pregunta hecha por Hitler al respecto, que proyectaba para Finlandia una "depuración [...] de iguales alcances que las de Besarabia y los estados periféricos".[175] Quince días después, la Unión Soviética se declaró dispuesta a ingresar al Pacto de los Cuatro, por escrito y oficialmente, pero repitió sus pretensiones respecto a Finlandia, Bulgaria y una base militar en los estrechos, además de solicitar la modificación de que le fuera reconocida, como principal área de sus aspiraciones, la región al sur de Batùm y Bakú, en dirección general hacia el golfo Pérsico; es decir, quería el dominio sobre las zonas petrolíferas del Cercano Oriente. Hitler no se dignó responder esta carta y mandó elaborar de manera definitiva el plan de operaciones "Barbarroja", que preveía someter a la Unión Soviética mediante una rápida campaña. Es difícil entender por qué Stalin y Molotov no entendieron la falta de respuesta por lo que era, o sea, el aviso de la alternativa militar, pero de todas formas estaban ocupados con el enorme esfuerzo de preparar la guerra y por lo visto esperaban que Hitler les presentase un ultimátum de negociación.

De haberse tomado la decisión de Hitler sólo con base en consideraciones relacionadas con la política de poder, seguramente se hubiera podido esperar un último intento en este sentido. Sin embargo, era posible compararlo con una planta que posee raíces de distintas extensiones. El simple cálculo de poder político en que en su lugar hubiera podido caer cualquier otro estadista

---

175 ADAP, D, t. XI/1, pp. 462 y ss.

penetraba a muy poca profundidad en la tierra, al igual que el móvil de la política revisionista. Niveles más hondos eran tocados por otra raíz, la cual había hecho indicar a Mussolini que asentaría a los tiroleses del sur en una bella región que aún no poseía, pero que con toda certeza conseguiría, mientras que al mismo tiempo definía a Stalin como un "autócrata absoluto" (y, por ende, un aliado confiable).[176]

Lo más característico de él fue su redescubrimiento, por decirlo así, del bolchevismo e incluso del "bolchevismo judío" hacia fines de 1940, o sea que volvió a sacar esta convicción a un nivel claro de la conciencia desde las profundidades a las que había estado relegada. El 20 de noviembre de 1940, le comentó al primer ministro húngaro, el conde Teleki, que Rusia adoptaba a discreción una postura bolchevique o bien nacionalista rusa, de acuerdo con las circunstancias.[177] El 3 de diciembre, se reveló otra vez claramente como el autor de *Mi lucha* en una conferencia con el embajador búlgaro Draganoff. Afirmó no querer que Rumania y Bulgaria se convirtiesen en un "desierto bolchevizado" como ya lo eran los estados bálticos, donde la intelectualidad y el sector medio habían sido exterminados y sustituidos por comisarios incapaces.

> Describió con palabras fuertes las condiciones terroristas, ejecuciones y deportaciones sufridas por la intelectualidad en trenes que nunca llegaron a su destino. Según él, las condiciones ahí son simplemente espantosas para Europa. Que en Galitzia fue igual [...] Dice que también en Besarabia, mientras aún se encontraba ahí nuestra gente, se efectuó una matanza entre los terratenientes y otros miembros de los sectores dirigentes a manos de su propio pueblo amotinado, mandado por judíos, y el mismo destino espera a los Balcanes.

Incluso en la cuestión de los estrechos, según Hitler, establecer bases militares no representaba el único interés de los rusos, sino que pretendían "llevar a cabo su bolchevización desde ellas".[178]

De esta manera, para fines de 1940 se estableció con certeza, en vista de la continuación del conflicto con Inglaterra, que el nuevo sistema europeo no sería un sistema germano-ruso, sino que, después de un enfrentamiento decisivo, prevalecerían sólo los alemanes o bien sólo los rusos, a no ser que en algún momento transigieran para concertar la paz o los anglosajones resucitaran la democracia y un sistema análogo al de Versalles en parte de Europa. No obstante, debido a la variedad de los móviles que animaban a Hitler y a las fuertes tradiciones en las que todos éstos se apoyaban, no era posible determinar la forma que adoptaría la guerra. Un enfrentamiento decisivo basado en

---

[176] ADAP, D, t. IX, pp. 1 y ss.

[177] Andreas Hillgruber (comp.), *Staatsmänner und Diplomaten bei Hitler. Vertrauliche Aufzeichnungen über Unterredungen mit Vertretern des Auslandes 1939-1941*, Francfort, 1967, p. 345.

[178] *Ibid.*, pp. 384-385.

consideraciones políticas de poder tendría un aspecto diferente al de una cruzada antibolchevique; una guerra conducida bajo el estandarte de la liberación tenía que distinguirse de manera fundamental de una campaña para adquirir espacio vital. La planificación de los últimos meses resultaba muy reveladora, pero no fue posible emitir un juicio definitivo hasta no ocurrir los acontecimientos del segundo semestre de 1941.

Antes de que llegara ese momento, varios de los sucesos imprevistos más extraños de la guerra modificaron el punto de partida. A fines de octubre de 1940, Mussolini atacó Grecia movido sólo por ambiciones frustradas, sin antes consultar con Hitler; esto le costó una derrota inesperada en la zona fronteriza de Albania. Al mismo tiempo, las tropas italianas se mostraron incapaces de sostenerse en el norte de África, lo que aumentó considerablemente la confianza de los ingleses e hizo inevitable la intervención por parte de Alemania. De esta manera, se puso de manifiesto que Italia ya no era el aliado del Eje más pequeño, sino más bien uno de los estados satélite de Alemania y auxiliar de ésta. A comienzos de abril, un pequeño grupo de oficiales efectuó un golpe de Estado contra el gobierno de Cvetkovic en Yugoslavia, el cual se había incorporado al Pacto de los Tres, como antes Bulgaria, y la Unión Soviética apoyó enseguida al nuevo gobierno de Simovic mediante la firma de un pacto de no agresión y amistad. De nueva cuenta, las fuerzas armadas alemanas emprendieron una de sus triunfales campañas relámpago, y en pocas semanas toda la región balcánica e incluso Creta quedaron en manos de Hitler. No obstante, para ello tuvo que recurrir a una parte de las tropas destinadas para "Barbarroja" y ya no fue posible cumplir con el plazo previsto.

El preludio europeo a la segunda Guerra Mundial se acercaba a su fin, aunque también del lado alemán había muchos que hasta el último momento esperaron el comienzo de conversaciones decisivas, las cuales con toda probabilidad hubieran conducido a grandes concesiones y promesas por parte de la Unión Soviética. Al abstraer las circunstancias, se podía afirmar que el carácter de la guerra no era lo único que no se había definido; tampoco estaba definido el proceder de los ingleses y mucho menos de Estados Unidos. No era posible descartar de antemano que Alemania fuera a aliarse con los elementos antibolcheviques o antirrusos que debían subsistir en la Unión Soviética, y aún más probable resultaba que en Estados Unidos fuese a prevalecer, mediante una paradójica inversión del significado original, la tesis leninista de los "bandidos" peleados entre sí.

El 22 de junio no tuvo comienzo la guerra entre Alemania y Rusia, sino entre la Rusia bolchevique y la Alemania nacionalsocialista, las cuales —en formas muy diferentes— representaban la una para la otra tanto un motivo de temor como un modelo a seguir. Ha llegado el momento de comparar algunos elementos estructurales de ambos sistemas, antes de describir los rasgos fundamentales de la guerra y después de haber expuesto los antecedentes desde 1918 y las interacciones desde 1933. La Unión Soviética, el más antiguo de los dos sistemas, ocupará siempre el primer lugar, y habrá que poner de relieve tanto la fuerza supranacional de convocatoria a la guerra civil inherente a toda ideología, como las peculiaridades nacionales que ninguna ideología es capaz de erradicar por completo.

# IV. LAS ESTRUCTURAS DE DOS ESTADOS UNIPARTIDISTAS

## 1. Los partidos de Estado y sus caudillos

A LOS adalides del temprano movimiento obrero no se les ocurrió nunca que algún día unos partidos socialistas de Estado encabezados por un solo caudillo o por un pequeño grupo de caudillos pudieran llegar a dominar un Estado por completo. Por lo menos los representantes del *socialismo comunal*,[1] como Fourier y Owen, dedujeron justamente lo contrario de la incipiente manifestación del antagonismo entre Estado y sociedad, al concebir una suplantación completa del primero por la segunda. En su opinión, la sociedad consistiría en un sinnúmero de comunas, los falansterios o "villas de unidad y cooperación"; en ellas, las personas llevarían una vida libre de las limitaciones de nacionalidad, división del trabajo y superstición religiosa, puesto que cada una de las pequeñas comunidades constituiría un cosmos autárquico y fácil de abarcar en todos sus aspectos. Salta a la vista que esta idea no era más que la reacción a lo nuevo, para lo que poco tiempo después de 1800 empezó a difundirse como "Revolución industrial": el surgimiento de un sistema de relaciones económicas dotado de una movilidad extraordinaria, que encerraba para todos sus participantes un alto grado de riesgo e inseguridad, pero que asimismo abría posibilidades inauditas de éxito, ligadas a su vez mucho más a la organización que a lo tradicionalmente llamado trabajo; es decir, el sistema de la naciente economía del mercado mundial, con frecuencia llamado sistema de competencia y, posteriormente, modo de producción capitalista. La negación de este fenómeno nuevo así como de las realidades a él vinculadas, como la ganancia, el interés y la diferencia entre empresarios y obreros, constituyó la característica principal del naciente movimiento obrero, no sólo del socialismo comunal. Por otra parte, este movimiento obrero, que fue formándose poco a poco entre los oficiales de artesano y la población campesina llegada a las ciudades industriales, en sí era un elemento novedoso; por evidente que fuese la orientación de Fourier y Owen hacia el idilio rural, al mismo tiempo resultaba sumamente moderna su pretensión de representar una "ciencia social" y de aprobar sin reservas la tecnología, en la medida

---

[1] Respecto a las distinciones conceptuales y al asunto de la relación entre socialismo temprano y marxismo, *cfr.* Ernst Nolte, *Marxismus und Industrielle Revolution*, *op. cit.* (nota 42, capítulo II), particularmente pp. 272-280 y 457-460, así como Nolte, "'Vormarxistischer Sozialismus'-'utopischer Sozialismus'-'Frühsozialismus'-Probleme der Begriffsbildung", en Manfred Hahn y Hans-Jörg Sandkühler (eds.), *Sozialismus vor Marx*, Colonia, 1984, pp. 19-24 ("Studien zur Dialektik").

en que fuese posible aplicarla a la facilitación del trabajo en los falansterios. Otros pensadores, por su parte, reconocieron con claridad el aspecto orientado hacia el pasado y retrospectivo del socialismo comunal, y lo sustituyeron por la idea del socialismo de Estado, la cual extrapolaba otros rasgos de la Revolución industrial y erigía en postulado una conclusión lógica: la "anarquía de la producción" debía ser sustituida por una economía dirigida en la que el Estado, como empresario único, atendiera al bien de todos los individuos. También en este caso se eliminaban, junto con la competencia, las ganancias individuales y todo tipo de ingreso rentista, de modo que la sociedad debía dividir y regular el trabajo. Por lo tanto, fue inevitable incluir conceptos como división del trabajo y autoridad, y empezó a vislumbrarse la posibilidad de que un partido rigiera el Estado.

Sin embargo, también el socialismo de Estado partía de ideas cuya intención era la contraria, o sea, eliminar los motivos de roce entre los estados al igual que entre los individuos, y como motivos se consideraban la propiedad particular de los individuos o los grupos, la existencia de unidades armadas y punitivas en los estados antagónicos, la codicia de dinero y la subordinación de los individuos a necesidades materiales que limitaban su felicidad. Tanto el socialismo de estado como el socialismo comunal se remitían al antiquísimo concepto del estado natural en que, según las enseñanzas de los antiguos filósofos y también de los Santos Padres de la Iglesia cristiana, habían estado comprendidas todas esas características, antes de ser destruidas por el pecado original o bien por la irrupción de la codicia. Sin embargo, ninguno de los socialistas de Estado, ni Louis Blanc ni Constantin Pecqueur lograron demostrar de manera convincente que los estados, como empresarios únicos, *no* serían dueños de propiedad particular, y entre los adversarios de los socialistas, es más, entre estos mismos, no tardó en aparecer la sospecha de que la eliminación de todo poder pudiera conducir precisamente a una hasta entonces desconocida concentración del poder. Por lo tanto, el surgimiento del movimiento obrero constituyó una suprema necesidad histórica, puesto que estaba vinculado directamente con el proceso más revolucionario ocurrido en la historia europea moderna, la Revolución industrial, pero su desarrollo posterior no tuvo el mismo grado de necesidad: podía apuntar su lucha a obtener las mejores condiciones posibles para sus integrantes, dentro del marco del sistema al que debía su surgimiento, como lo hicieron las *trade unions* inglesas desde su nacimiento; podía erigirse en promotor de un sistema de tipo completamente distinto, cuyos rasgos fundamentales se orientaban hacia conceptos arcaicos y al mismo tiempo anunciaban, en parte, un probable futuro; por último, podía desprenderse, en la práctica e incluso en teoría, del ideal de la humanidad con la que en sus inicios estuvo ligado de manera tan estrecha, y convertirse de esta manera en un socialismo de Estado de tipo peculiar. Era de suponer que dichas tendencias aparecieran simultáneamente y lucharan entre sí, sin fijar los límites de manera inequívoca. En todo caso, el movimiento obrero como tal y dentro de sus distintas corrientes indudablemente tuvo que desempeñar un papel significativo en la evolución posterior en cuanto inscribió sobre sus estandartes la exigencia de introducir el sufragio general, la cual parecía constituir el lema triunfal del siglo. Por otra parte, ¿no era inevitable que surgiesen nuevas diferencias dentro del movimiento obrero al adoptar los distintos estados posiciones por completo diferentes entre sí con respecto al derecho de sufragio general, al hacerse distinción entre estados absolutistas, medio absolutistas y democrático-liberales?

No cabe exponer aquí hasta qué punto el marxismo quiso sintetizar las tendencias presentes dentro del movimiento obrero y no obstante prolongó las contradicciones entre ellas: las corrientes reformistas, basadas en la paciencia y que aprobaban el capitalismo al menos para el presente inmediato; las cosmopolitas, orientadas hacia el derecho natural; y las socialistas de Estado. Se anticipó mucho al futuro la interpretación del marxismo como variante autoritaria y de tendencias dictatoriales del socialismo de Estado, defendida desde el principio por los enemigos más decididos del Estado y la autoridad entre los socialistas, los anarquistas de Bakunin. Sin embargo, prácticamente no había marxista que tomara en serio las críticas de Bakunin ni se inquietara por las ambivalencias de su propia doctrina cuando en 1890 la Segunda Internacional —unión de partidos marxistas— declaró el 1 de mayo día universal del trabajo, anunciando de esta manera su ambición de liberar a la humanidad trabajadora, en el futuro próximo, de las cadenas impuestas por el dominio del capital y por el imperialismo.

Incluso los marxistas más convencidos no tardaron en darse cuenta de que debían establecerse distinciones significativas dentro del "ejército del proletariado mundial" cuando los partidos socialdemócratas del Imperio ruso tocaron las puertas de la Internacional. El Partido Socialdemócrata del Reino de Polonia y Lituania, fundado en 1894 y encabezado por Rosa Luxemburgo, Leo Jogiches y Félix Dserschinski, rechazaba de manera contundente la demanda de autonomía nacional, porque en su opinión el espacio macroeconómico ruso constituía un elemento progresista, y sólo deseaban llevar a cabo su lucha dentro del contexto de éste; el Partido Socialista Polaco con Josef Pilsudski a la cabeza, por el contrario, veía la independencia de Polonia como una indispensable primera fase de la lucha, puesto que según él la libertad nacional era requisito para la liberación social. En los congresos de la Internacional chocaron con suma hostilidad los representantes de estos dos partidos obreros rivales, que comprendían en dos formas tan distintas la relación entre los elementos nacional y social así como entre los factores económico y político, y que eran dirigidos por descendientes de la pequeña aristocracia o de la burguesía. Ni siquiera el partido obrero de la propia Rusia estaba libre de este tipo de diferencias.

En 1897 fue fundada la Liga, unión de los obreros judíos de Rutenia y Ucrania, la cual, aunque se caracterizaba por poseer una "conciencia de clase" muy desarrollada, trabajaba casi sin excepción en negocios de artesanado industrial o de la pequeña industria, y se distinguía de los obreros rusos porque se observaba el *sabbat* como día de descanso. Los rusos tardaron un año en seguir su ejemplo en el congreso fundador celebrado en Minsk, al que sólo asistieron unos cuantos delegados por lo que de ninguna manera podía calificarse de representativo. Un suceso más llamativo tuvo lugar en la comunidad de emigrantes, que desde la década de 1880 albergaba al grupo Liberación del Trabajo fundado por Georgi Plejanov, que asignaba a Rusia, de acuerdo con el espíritu marxista, la vía normal de la evolución capitalista y rechazaba de manera contundente la visión de los populistas nacionales *(narodniki)*. Al unirse Lenin a dicho círculo se creó la revista *Iskra*, que se convirtió en punto de convergencia de las tendencias marxistas. Sus seis editores prepararon el segundo congreso del "Partido Obrero Socialdemócrata de Rusia" en 1903, el verdadero congreso fundador que en el acto ocasionó la escisión efectiva del partido entre las fracciones de los bolcheviques y los mencheviques, así como la separación de la Liga. El concepto sostenido por Lenin acerca del papel clave de los revolucionarios profesionales distinguía en sumo grado a los bolcheviques de los partidos de la Internacional procedentes de la Europa Occidental y Central, los cuales se mantenían más cercanos a los mencheviques.

Por otra parte, respecto a su ortodoxia marxista los bolcheviques superaban incluso a los socialdemócratas alemanes, puesto que Lenin no vaciló en formular la tesis de que el marxismo era omnipotente por ser correcto. De esta manera, desde el principio se trató de un tipo muy peculiar de partido o de fracción de partido. No cabe exponer en este lugar la historia de los intentos reunificadores y el papel de las dos fracciones en la Revolución rusa de 1905 así como en los parlamentos subsiguientes; baste el señalamiento general de que los bolcheviques eran ante todo un partido disciplinado, dentro del cual Lenin aún no era el caudillo pero sí *el viejo* que casi siempre imponía su voluntad en el Comité Central. No resultó muy sorprendente que un hombre como Trotski, desde tempranas fechas viera en él al futuro dictador.[2] Con ello forma un curioso contraste la gran simpatía disfrutada por el partido entre la burguesía y la intelectualidad, ya que se presentaba como el opositor más resuelto de la autocracia zarista; la literatura menciona una y otra vez los nombres de ricos bienhechores y bienhechoras cuyos donativos facilitaron la supervivencia y el trabajo al partido.[3] Desde el punto de vista sociológico, prácticamente no había diferencia entre bolcheviques y mencheviques, y

---

[2] *Cfr.* p. 250.

[3] Adam B. Ulam, *The Bolsheviks*, Londres, 1965, pp. 128-129. Una de las bienhechoras, la señora Popova, murió de hambre en 1921, como "enemiga de clase" (p. 129).

ambas fracciones o partidos (desde 1912) también compartían la dificultad fundamental de querer ser partidos marxistas a pesar de vivir en un entorno premarxista. Por este motivo, al principio ambos creyeron que los partidos obreros en Rusia habrían de desempeñar un papel particularmente importante y activo en la revolución burguesa aún pendiente. Pese a las críticas de los mencheviques no fue inconsecuente que después de la Revolución de Octubre Lenin hiciera de la paradójica "revolución burguesa bajo la dirección del proletariado" una auténtica "revolución socialista", si bien ésta estaba obligada a esperar la revolución mundial hora por hora, por decirlo de algún modo, a fin de verse confirmada en la autenticidad de su marxismo.

Éste no es el lugar para exponer con detalle los conflictos internos del partido después de su toma del poder ni los pasos seguidos en su organización.[4] Antes bien, es preciso poner de relieve algunas características generales del mismo, que fueron ratificadas una y otra vez o al menos desarrolladas por dichos procesos.

El Partido Comunista de la República Soviética Federativa Socialista Rusa (Bolcheviques), como se hacía llamar desde el verano de 1918, constituyó desde noviembre de 1917 el primer partido socialista del mundo que gobernaba un país en forma exclusiva. Asumir el poder único se convirtió en la verdadera intención de Lenin desde la primavera, y sólo por esto hizo que el levantamiento armado tuviese lugar en vísperas del segundo congreso soviético, el cual sin duda hubiera instituido un gobierno socialista de todos los partidos. La alianza temporal con los social-revolucionarios de izquierda era sólo de carácter táctico, y al finalizar la guerra civil prácticamente no provocaba ya oposición alguna dentro del partido la opinión sostenida por Lenin de que la cárcel era el lugar indicado para mencheviques y social-revolucionarios.

Con todo, el partido gobernante era y siguió siendo un partido de la minoría. Aun en el más favorable de los momentos recibió sólo una cuarta parte de los votos en las elecciones para la Asamblea Constituyente. Cuando el comunismo de guerra mostró con gran claridad la otra cara del dominio bolchevique en relación con casi todos los campesinos y con un gran número de obreros, incluso los mencheviques recuperaron a la mayoría de los seguidores que habían perdido en el otoño de 1917. Mas el partido gobernante ya había implantado un derecho electoral abierto y desigual y estaba en situación de encarcelar o ejecutar a discreción a sus adversarios. En 1921 sólo había 10 000 miembros del partido en el distrito de Smolensk, de una población de dos millones; y desde antes de la colectivización hubo observadores que de manera fidedigna opinaron que el partido semejaba un ejército en un país ocupado.[5]

La simple conservación del poder no era el único interés de dicho partido.

[4] Respecto a los conflictos internos del partido, *cfr.* pp. 128 y ss.
[5] Fainsod, *op. cit.* (nota 164, capítulo II), pp. 35 y 123.

A pesar de formar un "granito" o "puñado", lo siguió dominando la voluntad incondicional de lograr una transformación total, aunque ésta probablemente constituyera un requisito indispensable para conservar el poder. Era el partido de la destrucción social y la guerra civil prolongada. Trotski definió las ideas de Lenin como "pensamientos terribles, sorprendentemente simples, mortales".[6] La minoría estaba apelando a las emociones básicas de la gran mayoría al encauzar contra los *burshui* y los oficiales toda la indignación y el odio acumulados durante la guerra por las masas de soldados y obreros. Sin embargo, el partido no pudo limitarse a destruir a la burguesía, "blanda" en palabras de Lenin, ni a la intelectualidad locuaz, porque también subsistían otras realidades premarxistas en el país. No era en absoluto un fenómeno solamente estalinista la gran guerra civil que en 1928 se puso en marcha contra los campesinos, en que el partido hablaba de *kulaks* para referirse a cualquier tipo de explotación individual. Ni siquiera la gran purga debe achacarse sólo a Stalin, porque desde 1921 el partido venía sometiéndose a limpias periódicas, y en todas ellas se trataba de desenmascarar a los "enemigos de la sociedad" supuestamente infiltrados en sus filas, que mediante sabotajes o críticas se oponían a las directivas de los líderes.

Aun así, el partido de la destrucción social se concebía como el partido del progreso, y en ciertas áreas ni siquiera sus enemigos más acérrimos podían impugnar esta pretensión. Enseñó a leer y a escribir a un pueblo de analfabetas y arremetió contra la suciedad, la "falta de cultura" y el alcoholismo;[7] según lo expresó Lenin, no vaciló en "bañar, limpiar, carmenar y abatanar"[8] también a los proletarios y a los militantes sencillos del partido; propagó el "espíritu científico" contra la superstición y registró con profunda satisfacción que incluso en Lubavichi, centro del "más oscuro" espíritu hasídico, algunos artesanos habían dejado de observar el *sabbat*.[9] No fue tan sorprendente, por lo tanto, que Bujarin y Piatakov se negasen a abandonar la fe en el partido incluso cuando al hacerse víctimas de las peores difamaciones y ver de frente a la muerte —desde su punto de vista, separarse del partido— hubiera significado apartarse de la mejor parte de su vida y pasar del agua corriente de la historia al estancamiento de la existencia particular anónima.[10]

Sin embargo, toda la resolución, el entusiasmo y el carácter progresista del mundo no hubieran bastado para mantener al partido en el poder y asegurar, de esta manera, sus posibilidades de acción, de no haberse preservado la organización que Lenin le dio. Del Politburó, el Comité Central y la Secretaría de éste, la cadena de mando pasaba por los comités distritales (*oblasty*) y

---

6 Trotski, *op. cit.* (nota 14, capítulo II), p. 58.

7 Hacia fines de los años veinte, la Unión Soviética ciertamente volvió a ser un país del alcohol, en donde con frecuencia era más fácil obtener vodka que pan.

8 Lenin,*Werke*, t. 33, p. 209.

9 Fainsod, *op. cit.*, p. 442.

10 Conquest, *op. cit.* (nota 75, capítulo III), pp. 157 y ss.

departamentales (*rayony*) hasta los comités de las ciudades y los pueblos, donde un "primer secretario" desempeñaba en todas partes el papel más importante, entre otras razones por manejar la nomenclatura que contenía los puestos y los nombres susceptibles de elección por los gremios subordinados. Sin importar los cambios que tuviesen lugar en la composición del Politburó, las directivas decisivas siempre se originaban en él; sin importar cuántos integrantes del partido fuesen expulsados en las purgas, todas las escuelas grandes, las empresas, las universidades, los regimientos del Ejército Rojo y las secciones de la GPU contaban con "células del partido" que se reportaban con las respectivas instancias superiores y recibían sus indicaciones de éstas. En el ejército, los oficiales eran acompañados por comisarios políticamente subordinados a una división central dentro del Alto Mando militar; en cada base de máquinas y tractores existía un "departamento político" del que también formaba parte un delegado especial de la GPU. De esta manera, el partido disponía de ojos y oídos en todas partes, y todos estos ojos y oídos se controlaban y examinaban mutuamente y eran a su vez examinados por otros órganos relativamente independientes, como la GPU, por ejemplo. Al contrario de cualquier otro partido del mundo, éste no ejercía sólo el poder político, sino que dirigía —y poseía, en cierta forma— toda la vida económica del país. Por lo tanto, tenía que ser omnipotente, y a esta omnipotencia llamó "socialismo", si bien el socialismo, según afirmaba el mismo partido, aún no había cumplido con su fin ulterior: acabar con todo tipo de poder de los hombres sobre los hombres y con todos los obstáculos para la realización de cada individuo. Por lo pronto, el más fuerte de todos los estados, el de la economía del partido, seguía siendo requisito para que en el futuro pudiera suprimirse el Estado, pero es probable que no sólo sus enemigos llegaran a preguntarse si este partido de izquierda, en un principio el más derechista de todos, no lo sería sólo en sus sueños y elementos mitológicos, habiendo creado en realidad la más eficiente de todas las estructuras estatales de poder que se hubiese dado jamás en la Tierra. Cual cabeza de Jano, el partido fijaba su aguda vista en las realidades contemporáneas y ocupaba, en una dictadura socialista de Estado en vías de desarrollo, el lugar que en otra estructura mucho más relajada correspondía a la burguesía económica del sistema liberal; pero también dirigía una mirada ensoñadora hacia el futuro lejano y seguía siendo el partido del universalismo militante que con la arremetida de sus argumentos creía poder derribar todas las barreras y estupideces.

Sin importar que de hecho haya logrado unir dichos extremos o tan sólo utilizara al segundo como pretexto del primero, la figura del caudillo no era indispensable por necesidad, sino que el partido hubiera podido ser dirigido por un gremio central de integrantes anónimos. No obstante, cuando en 1937 Stalin lo comparó con un ejército y equiparó a los aproximadamente 3 000 dirigentes superiores con el Estado Mayor; a los 40 000 miembros de los grados medios, con el cuerpo de oficiales; y a los 150 000 militantes sencillos, con los suboficiales,[11] evidentemente se sobreentendía, desde su punto de vista, que él mismo era el generalísimo de dicho ejército. Lenin ciertamente concebía el "organismo de liderazgo" como una colectividad, pero siempre fue el primer hombre dentro de ella, y desde el principio hubiera sido posible preguntar, como en efecto lo hizo Trotski, si Lenin realmente era el primero entre iguales. Desde 1918, en los artículos de periódico y discursos lo llamaban con gran naturalidad "el caudillo" (*woshd*) del proletariado ruso y del proletariado mundial, y al igual que bajo el sistema del feudalismo, también a sus seguidores más íntimos les confirió el título de "caudillo", con delimitaciones regionales; Zinóviev, por ejemplo, era el caudillo de la comuna septentrional.[12] Los congresos brindaban ovaciones "al caudillo Ilich", aunque éstas al mismo tiempo se dirigieran al "camarada Lenin". De hecho, durante toda su vida Lenin no pudo tomar por sí solo ninguna decisión trascendente, sino que tuvo que ganarse siempre a la mayoría del Politburó y los congresos del partido, lo cual en muchas ocasiones sólo fue posible mediante duras luchas y conflictos. No obstante, al muy poco tiempo de su muerte, Trotski lo llamó, entre gritos de aclamación, el "hombre más grande de nuestra era revolucionaria",[13] y el mismo Trotski tocó uno de los problemas más peculiares del marxismo al afirmar que Lenin, al lado de Marx, había sido el único genio entre los dirigentes de la clase obrera, la cual, aunque ciertamente también hubiera cumplido con sus deberes históricos mundiales aun sin contar con estos genios, "lo hubiera hecho de un modo más lento".[14] Al comparar esta declaración con otra, también de Trotski, en el sentido de que sin la insistencia de Lenin los bolcheviques nunca hubieran conquistado el poder, puesto que la burguesía no hubiera tardado en concluir la paz, modificando así la situación de manera fundamental,[15] sería posible llegar a la conclusión de que tanto el nuevo Estado como la clase obrera rusa debían su existencia a este único genio. Por lo tanto, cabe afirmar que desde sus inicios el Partido Comunista de la Rusia soviética fue un "partido de caudillo" también en el sentido más estricto; es más, dio lugar a un auténtico culto al caudillo, que con relación al mausoleo de Lenin fue calificado muchas veces de "culto de reliquias" y comparado con fenómenos religiosos incluso por observadores simpatizantes. ¿Sería posible que después de la muerte del "caudillo genial" el partido fuese dirigido de manera colectiva por hombres promedio? Lev Kámenev recibió muy poco aplauso cuando en el 14º Congreso del Partido se opuso al concepto del "gobierno por un solo hombre" y a la "creación de un caudillo".[16] En calidad de secretario

---

[11] Fainsod, *op. cit.* (nota 89, capítulo III), p. 178.
[12] *Severnaya Kommuna*, 19 de septiembre de 1918.
[13] Trotski, *op. cit.*, p. 142.
[14] *Ibid.*, p. 146.
[15] *Ibid.*, pp. 67-68.
[16] Schapiro, *op. cit.* (nota 27, capítulo III), p. 315.

general del partido y único hombre que al mismo tiempo formaba parte de los cuatro gremios superiores más importantes —el Politburó, el Comité Central, la Secretaría y la Oficina de Organización—, Stalin de hecho ya había asumido la sucesión de Lenin; en 1926, sus estatuas se encontraban en muchas plazas públicas de la Unión Soviética. Al poco tiempo se instauró la costumbre de hablar del "partido y su caudillo, Stalin", y a partir de ese momento no faltaron en ningún discurso público referencias muy aplaudidas a la grandeza del liderazgo de Stalin. Trotski invirtió de manera ingeniosa el reproche dirigido alguna vez contra él mismo y acusó al *estalinismo* de constituir un régimen bonapartista, pero no tomó en cuenta que Martov había levantado el mismo cargo contra Lenin desde antes de la guerra.[17] Por lo tanto, formaba parte de la naturaleza del partido mismo tener en la cúspide a un solo hombre que ejercía un poder extraordinario. Con todo, tanto Lenin como Stalin siempre fueron vistos sólo como personificaciones del partido, formalmente incluso de la clase, por curiosa que parezca esta segunda atribución en vista del origen y los antecedentes de ambos. El hecho de que el partido finalmente extendiera su elemental intención destructiva a sí mismo, es decir a los miembros que se oponían al caudillo, probablemente formaba parte del concepto del mismo, por fortuita que fuese la magnitud adquirida por la gran purga. Otro asunto muy distinto es el hecho de que con el tiempo Stalin —probablemente desde 1937— no haya requerido más que la aprobación formal de cualquier gremio al tomar sus decisiones y de que hacia el final de su vida muchas veces no consideró necesario ni siquiera convocar al Politburó. Con ello atentaba contra el espíritu del partido, que siempre fue colectivista, aun cuando se sometía a la voluntad de un caudillo. Por otra parte, también el pensamiento del Partido Nacionalsocialista era de carácter colectivista, pese a haber surgido en el marco de una tradición muy diferente y de ser, indudablemente, un partido de caudillo en otro sentido muy diferente.

La parte más grande e influyente del movimiento obrero se ubicó dentro de la tradición que contaba entre sus orígenes a la Revolución francesa y, sobre todo, a la fase jacobina de la misma. La tradición contraria era la de la derecha, que interpretaba la Revolución francesa principalmente como agente de disolución, descomposición y caos. Al parecer se impone por sí sola la visión que considera simples defensas del feudalismo y, por lo tanto, de los intereses de la aristocracia contra lo moderno, la teoría de la conspiración del abad Barruel, la apología de la evolución orgánica por Edmund Burke, la caracterización de la revolución como "satánica" por Joseph de Maistre y los ataques de Adam Müller al concepto jurídico romano de la propiedad y la religión privadas. No obstante, si la Revolución industrial, no carente de raíces, había encarnado ante todo lo nuevo, la Revolución francesa más bien represen-

17 Ulam, *op. cit.*, p. 199.

taba lo viejo con apariencia nueva, y desde 1793 hubo ex liberales que al calificarla utilizaban los mismos términos dirigidos anteriormente contra otros adversarios por completo distintos, como "sínodo despótico", "misioneros" y "tribunal de la Inquisición". Por lo tanto, a sus ojos era retrógrado lo que se decía progresista; a la inversa, los escritores conservadores no tardaron en aprender a manejar los medios de los volantes y los ataques demagógicos. La realidad histórica de Europa no conocía el progreso puro encarnado por personas concretas ni una reacción pura que pudiera definirse con ciertos nombres, sino que la determinaban exageraciones, polivalencias, formas mixtas, apropiaciones y cambios de orientación. Por lo tanto, sólo había vivido revoluciones incompletas y eras de reacción imperfectas, entre ellas la Revolución francesa. ¿Quién realizó, durante el siglo XIX, actos objetivamente más progresistas que los reaccionarios subjetivos Robert Peel, Louis Bonaparte, Otto von Bismarck y Benjamin Disraeli? De esta manera, el antisemitismo de la era guillermina constituyó una modernización de la tradicional teoría de la conspiración, y las ideas social-darwinistas de fin de siglo no eran sólo un instrumento defensivo de la burguesía nacionalista liberal, sino que podían apoyarse en nuevos descubrimientos de la ciencia, como la herencia de las características personales estudiada por Francis Galton. No obstante, del mismo modo en que la izquierda, en todas sus variaciones y formas, siempre pudo reconocerse por su afinidad con la doctrina de la liberación de los individuos hacia el surgimiento de la humanidad pura sin estructuras, la derecha siempre se caracterizó por el temor al posible caos social así como por el despotismo que finalmente resultó de aquél. Dicho temor era el complemento de la convicción de que el orden tradicional y, por lo tanto, las categorías institucionalizadas de rango constituían el fundamento más elemental de la convivencia humana. Por ende, también la derecha desde tempranas épocas encerraba la tendencia a un concepto destructivo, en este caso el de la eliminación de los "conspiradores" o los autores de la disolución que alrededor de 1900 se puso de manifiesto sin tapujos en alguien como Eugen Dühring, mediante el giro contra los judíos como raza de parásitos. No obstante, Dühring provenía justamente de la izquierda, y mientras más envejecía la derecha, más se incorporaba rasgos que originalmente habían pertenecido a la izquierda. A pesar de todo, seguía siendo idéntica consigo misma a través de todos los cambios mientras el orden, desde su punto de vista, revistiera más importancia que la liberación. El orden ciertamente no constituiría nunca un ideal de la humanidad, en el mismo sentido en que lo era la liberación a fin de vivir en un estado de paz y libre de coacción, porque el concepto no resultaba en absoluto tan trascendental como éste y debía orientarse siempre hacia un orden existente. Aun así, cobró virulencia en todos los periodos de la historia en el momento en que la conmoción de lo existente empezaba a parecerle insoportable a un gran número de personas, cuando cundía el temor a la disolución de la sociedad. Era de suponer que en el siglo XX dicho concepto sólo sería capaz de arrastrar a las masas en caso de unirse con el principio de la liberación.

Por consiguiente, el gran catalizador de la primera Guerra Mundial tuvo que engendrar inesperadas posibilidades para un partido izquierdista de derecha, en los países en que el orden establecido no estaba tan desacreditado como la autocracia en Rusia, ni tan firme e intacto como en las potencias victoriosas de Occidente. Primero se impuso un prototipo nuevo de partido en Italia, que lamentaba la "victoria trunca": el fascismo, un partido sostenido por amplios círculos de la clase media, apoyado por la gran burguesía y fundado por hombres que fueron marxistas e izquierdistas. El nacionalsocialismo alemán ponía de manifiesto la tendencia izquierdista desde el nombre mismo y en su programa pedía "eliminar los ingresos que se hubieran obtenido sin trabajo y sin esfuerzo"; se apropió la exigencia anteriormente radical de izquierda de la homogeneidad del pueblo y no obstante mantuvo también la posición del liberalismo extremo, bajo la forma del libre juego de fuerzas. Sin embargo, resultó más fuerte y convincente el prototipo derechista: la creencia en la puñalada de enemigos y conspiradores, el odio a los apóstoles difamadores de la izquierda marxista, la orientación hacia una grandeza pasada, el señalamiento de la Revolución francesa como "terrible erupción volcánica" y el aferramiento resuelto a *lo propio*. De esta manera, el tipo del partido nacionalsocialista era fascista; fascista radical, para ser más preciso. Probablemente, en igualdad de circunstancias, hubiera subsistido entre otros grupos siempre como un grupo desgarrado por los conflictos de las fracciones internas, de no haberse colocado en su cúspide un hombre que en las conversaciones con su colaborador más íntimo afirmó que era posible trazar la historia del bolchevismo "desde Moisés hasta Lenin"[18] y que rechazaba transigir con cualquiera, hasta con el "excursionismo escolar nacionalista", con la misma resolución mostrada por Lenin hacia los mencheviques y los social-revolucionarios. No inventó la ideología de su partido, de la misma manera en que Lenin tampoco inventó la del suyo, pero también él puso los acentos decisivos y formuló las frases de mayor autoridad. Ante todo, desde el principio ocupó, en este partido compuesto de veteranos de guerra que se identificaban con su pasado y querían liberar a Alemania mediante la destrucción de los *enemigos del pueblo*, una posición diferente de la que Lenin pudo y quiso ocupar en su partido, compuesto de emigrantes y de soldados cansados de la guerra.

En la escala social, Adolfo Hitler nació dos tramos debajo de Lenin y no asistió nunca a una universidad o escuela superior; respecto a su origen y grado de instrucción, acusaba más bien cierto parecido con Stalin, haciendo abstracción de sus inclinaciones y habilidades artísticas. No obstante, el Partido Obrero

---

18 Nolte, *op. cit.* (nota 120, capítulo II), pp. 404-408.

Alemán al que ingresó en 1919 no poseía en absoluto el carácter conspirador del bolchevique y de entrada ofrecía mayores oportunidades a un orador popular, puesto que se desarrollaba en una sociedad libre y liberal en comparación con la rusa. Sin embargo, también se caracterizaba por su cercanía a los cuerpos de voluntarios, cuyo principio no era sólo de tipo militar sino mucho más arcaico, en cuanto vínculo personal y directo de un número relativamente reducido de hombres con su respectivo líder. De esta manera, al comienzo se dieron en forma simultánea el principio democrático de la decisión por asambleas de miembros y el principio del mando; la historia de Hitler, quien en un principio sólo era el "jefe de propaganda" y séptimo miembro del gremio dirigente, es la historia de la ampliación del poder del caudillo, semejante a la de Mussolini.

Desde que recibió "poderes dictatoriales" en 1921, Hitler, muy al contrario de Lenin, no estuvo sujeto a ningún comité central. El principio del mando había triunfado muy pronto sobre el principio democrático de la elección y la discusión. Inicialmente tuvo mentores y compañeros de lucha del mismo rango, pero el golpe de noviembre de 1923 representó una obra exclusivamente suya, que no decidió, ni siquiera confirmó algún gremio del partido. Después de volver a fundar el partido, Hitler debió superar muchas dificultades con el ala establecida en el norte de Alemania, pero supo atraer de las filas de estos izquierdistas, entre otros, al protagonista del culto al caudillo, Joseph Goebbels. Hasta 1930, el "líder supremo de la SA", Franz Pfeffer von Salomon, aún gozaba de relativa independencia, pero a partir de ese momento Hitler se encargó personalmente de dirigir esta sección del partido, sin duda la más importante. Más que otro partido alemán cualquiera, mucho más incluso que los bolcheviques antes de tomar el poder, alrededor de 1930 el NSDAP ya poseía el carácter de un Estado dentro del Estado; el culto al caudillo o *Führer* constituía el factor más importante de integración del partido, en el que se congregaron tendencias muy distintas entre sí. Una y otra vez se puso de manifiesto la superioridad objetiva de Hitler, a cuya voluntad estaban francamente entregados hombres como Hess, Himmler y Goebbels, aun cuando la opinión pública en muchos casos todavía lo consideraba un "pálido remedo" de Mussolini.[19]

De esta manera, el 30 de enero de 1933, Hitler, que no pertenecía al Reichstag, fue llamado a ocupar el puesto de canciller del Reich como caudillo del movimiento nacionalsocialista. Pese a haber jurado la Constitución desde el principio, no representó sólo un factor entre varios; prevaleció en forma decisiva porque encabezaba de manera incontestable el movimiento popular nacionalsocialista y, de esta manera, dirigía la revolución de éste, realizada al amparo del Estado y que se entendía sobre todo como contrarrevolución. Desde agosto de 1934, a más tardar, la voluntad del caudillo se erigió en ley

---

[19] Así opinó todavía en 1934 Arthur Rosenberg, por ejemplo (*Historicus, Der Faschismus als Massenbewegung. Sein Aufstieg und seine Zerstörung*, Karlsbad, 1934, p. 5).

suprema. La decisión sobre guerra y paz, para la que según la Constitución de Weimar se hubiera requerido de una ley del Reich, pasó a ser de la única incumbencia de Adolfo Hitler. Lenin no poseía ni con mucho tal plenitud de poderes, y Stalin sólo la adquirió de manera efectiva después de 1937. Por lo tanto, en 1939 no podía existir la menor duda respecto a la responsabilidad única de Hitler de la guerra contra Polonia, y sólo su frente fue cubierta por el laurel de la victoria.

La definición del poder del caudillo por los juristas del nacionalsocialismo era en gran parte de carácter casi teológico y místico. De acuerdo con ellos, el caudillo encarnaba la verdadera voluntad del pueblo y defendía, por lo tanto, la "idea objetiva de la nación contra la arbitrariedad subjetiva de un espíritu popular descaminado". Su autoridad era indivisible, y su poder "no es limitado por garantías ni controles, amparos autónomos ni derechos individuales bien adquiridos, sino que es libre e independiente, exclusivo y absoluto". Con todo, según ellos, dicho poder no era en absoluto arbitrario, sino que estaba ligado al destino y la misión del pueblo. Por otra parte, sólo al caudillo correspondía determinar el destino y la misión del pueblo, encauzando la "aplicación de la fuerza política unida del pueblo hacia los grandes objetivos comunes". De esta manera, las encuestas de la opinión pública no pretendían ayudar a fijar sus resoluciones, sino que su función era confirmar las decisiones del caudillo y manifestar la confianza del pueblo en ellas.[20]

Desde antes de estallar la guerra, el principio del Estado de caudillo se había consumado a tal grado que al lado de Hitler, según dijo Göring, él y todos los demás dirigentes del Estado y del partido no tenían más competencia en las cuestiones importantes que las piedras sobre las que estaban parados.[21] El hecho de que debajo de este nivel se dieran numerosos conflictos de competencia entre los subdirigentes se ha sabido prácticamente desde que terminó la guerra, por las memorias de los involucrados en ellos, pero esta circunstancia sólo fue otra condición más para asegurar la libertad de Hitler de tomar decisiones en el marco de la política mundial. Por lo tanto, los juristas del nacionalsocialismo tuvieron razón al rechazar la equiparación del Estado del caudillo con una dictadura o siquiera con una monarquía absoluta. De hecho, ningún dictador, ningún monarca absoluto habían ejercido jamás tanto poder como Hitler. Ni siquiera la voluntad del emperador militar Napoleón I era necesariamente idéntica a la del Estado. Carece de todo fundamento la suposición de que esto hubiera sido preciso aun si los objetivos se hubiesen reducido a recuperar la categoría de Alemania como gran potencia o a fundar un reino pangermano. Es probable que se haya tratado de la única "constitución" bajo la cual era posible que un Estado vencido aspirase al "dominio

[20] Ernst Rudolf Huber, *Verfassungsrecht des Grossdeutschen Reiches*, Hamburgo, 1939, pp. 196, 230, 223 y 202.
[21] Sir Nevile Henderson, *Failure of a Mission*, Nueva York, 1940, p. 297.

mundial", a pesar de las circunstancias y las reservas manifestadas por todos los expertos. La sencillez arcaica de la creación de voluntad, propia de una tribu guerrera, se unió a la eficiencia moderna de una organización estatal regida por la división del trabajo. Por otra parte, también representaba el único tipo de Estado en el que un individuo era capaz de arrastrar a toda una nación a la derrota total e incluso a la ruina física. Desde el punto de vista filosófico se trataba de la expresión más extrema de una teología pervertida: el caudillo era considerado Dios o por lo menos un salvador semidivino, y en esto radicaba la oposición histórica más extrema respecto a la tradición alemana y europea en general.

Los tratados jurídicos sobre la posición ocupada por el caudillo absoluto del pueblo dentro del derecho público no afirmaban que dicho dios o semidiós fuera simultáneamente paladín de un "concepto del mundo" que pretendía atraer no sólo a los alemanes, sino a muchas más personas: por lo menos a los germanos y quizá incluso a todos los arios. La realidad no coincidía en lo más mínimo con los conceptos y postulados. El pueblo alemán no era una estirpe fácil de abarcar, que levantara con confianza los ojos hacia su patriarca, sino una sociedad moderna, muy compleja y dotada de múltiples diferenciaciones históricas. Por lo tanto, el caudillo requería de un organismo que no fuera idéntico al pueblo, y el concepto del mundo defendido por él tenía que proceder de este organismo, de la misma manera en que a su vez lo impregnaba. Si bien el NSDAP fue la primera y la más primordial creación de Hitler, él era a su vez, en cierta forma, su criatura. El Tercer Reich constituía, por ende, tanto un Estado unipartidista como un Estado de caudillo, y la ley del 1 de diciembre de 1933, enfocada a asegurar la unidad entre partido y Estado, fijó dicha circunstancia también en el marco del derecho formal al definir al partido como "la fuerza que guía y mueve al Estado nacionalsocialista". Si el carácter de caudillo puede interpretarse como liberación del poder monárquico tradicional, el carácter partidista del Estado era algo del todo nuevo en la historia, que se podía remitir aún menos a las tradiciones de la derecha que a las doctrinas del socialismo. Sin embargo, la Rusia soviética le llevaba 15 años de ventaja a Alemania.

El NSDAP desde el principio no fue un partido de notables, sino un bien organizado partido de masas, como hasta ese momento sólo lo habían sido, en Alemania, el SPD y, desde 1920, también el KPD. Sin embargo, además de ampliar mucho el poder del caudillo, atrajo a más personas que el SPD y que el PCUS. Al tomar el poder, el NSDAP contaba con más de 700 000 miembros, mientras que el partido de los bolcheviques no tenía más que 200 000 en el otoño de 1917; en 1935, el número de militantes nacionalsocialistas, que ascendía a 2.5 millones, más o menos igualaba al del PCUS, los candidatos inclusive. El NSDAP era, por lo tanto, mucho menos un partido de élite que el PCUS, y no efectuó en ningún momento extensas limpias internas. Hitler nunca comparó su partido con la casta de los samurai o con una "orden de la espada", como lo hicieron Trotski y Stalin con el suyo.[22] Por otro lado, a diferencia del PCUS, el NSDAP se organizó como un Estado desde antes de tomar el poder; desde 1930, la Dirección del Reich, ubicada en Munich, era como un gobierno. Los integrantes de la SA, el ejército del partido, con sus planas mayores y su jerarquía militar, eran mucho más numerosos que los de la Guardia Roja en Petrogrado en 1917. Sin embargo, el partido alemán y su ejército no tuvieron que llevar a cabo una auténtica guerra civil, y si bien destruyeron a los otros partidos, de ninguna manera acabaron con clases sociales enteras; en lo que se refiere al "enemigo principal", la comunidad judía, la intención del destierro fue realizándose sólo en forma muy paulatina. Por lo tanto, la SA no se convirtió en el ejército del Estado, como en cierta forma sucedió con la Guardia Roja; el Partido Nacionalsocialista sin duda ejercía gran influencia, pero siempre se mantuvo como Estado dentro del Estado y durante muchos años no hubiera podido tomar en cuenta ni remotamente una medida como el avasallamiento, es más, la apropiación de la economía practicada por el PC en la Rusia soviética. A diferencia de la Rusia de 1917 y con mayor razón que la de 1920, la economía de Alemania, aunque debilitada, era muy productiva y estaba en estado de buen funcionamiento, integrada en múltiples formas al mercado mundial y en gran parte dependiente de éste. El intento de expropiarla y reorganizarla sin contar con la aprobación expresa y avasalladora de los electores hubiera provocado el caos y la ruina que en Rusia siguieron a la guerra y la Guerra Civil. Por esto, el poder del partido era mucho más limitado y en gran medida se conservó el pluralismo social, cosa que no sucedió con el político. Con todo, algunos líderes de determinados órganos del partido, como Joseph Goebbels, por ejemplo, consiguieron dar el salto a los puestos estatales correspondientes, pero Alfred Rosenberg no logró hacerse cargo del Ministerio de Relaciones Exteriores, como tampoco Ernst Röhm del Ministerio del Ejército del Reich. Ciertamente fueron haciéndose cada vez más frecuentes las uniones personales entre cargos del partido y del Estado, pero en principio el Estado y el partido permanecieron separados. La situación efectiva consistía en la enconada competencia entre los distintos jefes del partido y sus divisiones por participar en el poder estatal, lo cual también dio como resultado una confusa coexistencia de pretensiones y competencias, que podría llamarse neofeudalismo, pero que de ningún modo constituía una policracia, puesto que nunca existió la menor duda respecto al hombre que debía tomar las decisiones importantes. Hitler incluso fomentó explícitamente cierta confusión, del mismo modo en que Stalin y Lenin apoyaron la coexistencia de varios organismos rivales. Es cierto que en Alemania se conservaban vestigios mucho más fuertes que el tradicional individualismo y mayores posibilidades para la iniciativa particular, mientras que en la Unión Soviética la multiplicidad de competencias servía de manera mucho más pronunciada al control mutuo y, de esta manera,

---

[22] Heller-Nekrich, *op. cit.* (nota 20, capítulo III), pp. 75 y 123.

al dominio de la cúpula, que llegaba hasta los asuntos más insignificantes. La diferencia fundamental entre el NSDAP y el PCUS radicaba en que este último tuvo que dedicar toda su actividad y sus esfuerzos a crear una sociedad industrial capaz de hacer la guerra, después de las desolaciones sufridas en la guerra y la Guerra Civil, mientras que el primero sólo debía cumplir con la tarea más sencilla de preparar para la guerra, o por lo menos para la posibilidad de expresar unas amenazas creíbles de guerra, a una sociedad de por sí altamente industrializada, sumida en una crisis en tiempos de paz. Por lo tanto, el NSDAP compartía la mayoría de las características formales del PCUS, por ejemplo su activismo y voluntad destructiva, pero antes de estallar la guerra fue mucho menos pronunciado el desarrollo de estos rasgos.

Por su parte, era característico que el partido, además de sus divisiones —la SA, la SS, la Sección Motorizada, la Juventud Hitleriana, la Liga Estudiantil y la Liga de Mujeres—, también contara con asociaciones anexas, como la Federación de Médicos y las asociaciones de juristas alemanes nacionalsocialistas, maestros y empleados públicos alemanes del Reich, lo cual pone de manifiesto la subsistencia del pluralismo social.

La organización dirigente del partido tenía lugar mediante el reparto de funciones en la Dirección del Reich, que conservó su sede en Munich, la "capital del movimiento". No obstante, Rudolf Hess, quien se podía comparar con el secretario general del PCUS, de hecho contaba con muchas menos posibilidades de intervenir en el ámbito estatal, pese a que tenía considerables derechos de participación en el proceso legislativo y el nombramiento de todos los funcionarios. Durante su estancia en Berlín del 13 al 14 de noviembre de 1941, Molotov visitó a Hess, entre otros, y se supone que conversaron sobre cuestiones de organización de los dos partidos.[23] De ser cierta esta referencia, se trataría de la única cumbre que tuvo lugar entre el PCUS y el NSDAP. Es imposible determinar si tuvieron lugar cumbres de carácter completamente distinto bajo Martin Bormann, que después del misterioso viaje a Inglaterra de Hess se convirtió, como jefe de la Secretaría del Partido, en uno de los hombres más poderosos del Tercer Reich.[24]

Con Hess y Bormann los "jefes nacionales" fungían como una especie de ministros; entre ellos figuraban, por ejemplo, Robert Ley, jefe del Frente Alemán del Trabajo, así como los líderes de las grandes divisiones del partido, como Heinrich Himmler y Baldur von Schirach. No existía la "instrucción" de áreas completas del Estado por secciones especiales del partido —como los departamentos del Comité Central en la Unión Soviética—, sin embargo,

---

[23] Hilger, *op. cit.* (nota 8, capítulo I), p. 301.

[24] Al parecer, el propio Reinhard Heydrich concibió la sospecha de que Bormann podía ser extorsionado debido a un suceso ocurrido durante su tiempo con el cuerpo de voluntarios y a que trabajaba como agente de Stalin (Schellenberg, *op. cit.* [nota 77, capítulo III], pp. 256-257); posteriormente, el general Gehlen hizo una afirmación semejante (*Der Dienst*, Mainz y Wiesbaden, 1971, pp. 48-49). Sin embargo, no se presentaron pruebas concluyentes.

todos los grupos asociados estaban asignados a determinada oficina en la Dirección del Reich. Hacia abajo, la organización del partido abarcaba las direcciones de los distritos, los municipios, las poblaciones y las células, hasta la unidad más baja, es decir, el bloque, que comprendía de 40 a 60 familias. Todos los funcionarios del partido usaban uniformes con distintivos de rango, aunque éstos no eran tan conocidos y mucho menos tan populares como los uniformes y los distintivos de la SA y la SS.

El jefe de bloque tenía la tarea de cobrar las cuotas en la raíz de la organización, además de la de asesorar, vigilar y llevar la propaganda de boca en boca, de igual manera sólo entre los "camaradas del pueblo" comunes. En cada edificio de departamentos había un Pizarrón del NSDAP: "Aquí habla el NSDAP. Camaradas del pueblo: si necesitáis consejos o ayuda, dirigíos al NSDAP." Seguían el nombre del jefe de bloque y el domicilio de su oficina. En la mitad inferior se fijaban los comunicados del partido.

La presencia del partido gobernante en medio de la base social ciertamente ya estaba dada en Petrogrado, Moscú y otras ciudades grandes de Rusia desde antes de estallar la Guerra Civil de 1918. Ahí se formaron "comités de casa", generalmente compuestos del personal de servicio o de los habitantes más pobres, que muy pronto asumieron la tarea de desalojar a las familias de ideas contrarias, de redistribuir el espacio de las viviendas y por lo menos de ejercer una vigilancia sumamente estricta sobre los *burshui*. Durante muchos años no existió analogía alguna de esto en la Alemania nacionalsocialista, ni siquiera respecto a los habitantes judíos de las casas, por desagradables que fuesen los controles y con frecuencia las molestias que les ocasionaban los funcionarios inferiores del partido. El sistema alemán era mucho más un sistema de control que de cambio, un sistema capilar capaz de suprimir cualquier acto espontáneo, pero que al mismo tiempo representaba una institución democratizadora que animaba a la actividad. Muchos de los jefes de bloque, un considerable número de jefes de municipio y algunos jefes de distrito eran obreros, lo habían sido o al menos eran de extracción humilde; se había abierto un amplio terreno al deseo de obtener títulos y distinciones. No obstante, por incómodos que se sintiesen el mayorista y el concejal bajo la mirada desconfiada del jefe de bloque, que tal vez siguiera siendo un simple empleado de oficina, ellos también seguían siendo lo que eran, mayorista y concejal, y podían acudir a los tribunales en caso de cometerse algún abuso contra ellos, siempre y cuando no tuviesen que temer una denuncia a la Gestapo por ser miembros activos de algún partido disuelto. En Moscú y Petrogrado, por el contrario, los comités de casa ejercían un gobierno casi soberano en sus pequeños dominios, y no era raro que cualquier desacato serio fuese castigado en el acto.

A este nivel, muy por debajo de los dirigentes de los partidos y mucho más de los respectivos caudillos, parece revelarse el meollo de la diferencia entre ambas organizaciones. El PCUS constituía un organismo de proletarios que se había puesto por objetivo destruir todas las diferencias de clase, y el NSDAP era un partido de pequeñoburgueses cuyo interés principal, pese a su activismo político, radicaba precisamente en conservar las condiciones sociales.

Sin embargo, dicha tesis sencilla resulta dudosa por el simple hecho de que en el momento de tomar el poder el NSDAP era más de cinco veces más fuerte, en relación con la población en total, que el partido de los bolcheviques. Cierto es que se carece de datos precisos y fidedignos respecto a los comienzos del posterior PCUS, pero se ha calculado que en agosto de 1917 cuando mucho 5% de los obreros industriales pertenecía al partido. De los 171 delegados del 6º Congreso del Partido que llenaron los cuestionarios recibidos, 92 eran rusos, y 29, judíos, 94 tenían educación universitaria, 72 eran obreros y soldados. La edad promedio era de 29 años.[25] Se trataba, pues, de un partido de intelectuales, obreros y campesinos vestidos de soldados. No es posible determinar cuántos obreros trabajaban en negocios de artesanado o en la pequeña industria y que, por ende, tenían rasgos pequeñoburgueses; en Petrogrado, sin duda era considerable la participación de los obreros que trabajaban en las fábricas Putilov de la gran industria. Por supuesto, resultó particularmente notable la gran participación de "otras nacionalidades", no sólo de judíos, sino también de letones, y en general la baja edad promedio de los militantes del partido. En el 2º Congreso del Partido, que tuvo lugar en Londres, la mitad de los delegados era judía, y mucho más de 50% eran intelectuales. En ello se reconoce claramente el origen de la expresión "bolchevismo judío". Rasgo fundamental de la Revolución rusa fue el hecho de contener, en importante medida, el levantamiento de las "otras nacionalidades" oprimidas o de constituir, por lo menos, un movimiento simultáneo al de éstas: judíos, letones, lituanos, finlandeses, georgianos y muchos más. Además, una buena parte de aquella mitad de los delegados pertenecía a la Liga y a los mencheviques; de habérseles hecho la pregunta correspondiente, es probable que todos los bolcheviques judíos hubieran dado la misma respuesta con la que el comisario del pueblo Mejlis posteriormente contestó a un comentario antisemítico de Stalin: no era judío, sino comunista.[26] Es sumamente probable que acierte la

---

[25] Con respecto a la información estadística sobre el partido, véanse los capítulos correspondientes de Schapiro, *op. cit.*

[26] Una aportación conmovedora y reveladora del tema de la relación entre judaísmo y bolchevismo puede encontrarse al principio de las memorias de Walter Krivitski, que en realidad se apellidaba Ginsburg:

A los 13 años ingresé al movimiento obrero. Fue una acción entre madura e infantil. Escuché cómo las lamentaciones entonadas por mi tribu doliente se mezclaban con los nuevos himnos a la libertad. En 1917 era joven y vivía la Revolución bolchevique como la solución absoluta a todos los problemas: pobreza, desigualdad, injusticia. Ingresé al partido bolchevique con todo el corazón. El credo de Marx y de Lenin fue para mí un arma para arremeter contra la injusticia, contra la que antes me había rebelado por instinto (Krivitski, *op. cit.* [nota 38, capítulo III], p. 8).

tesis según la cual la comunidad judía de las provincias occidentales rusas —todavía un pueblo claramente reconocible y con todo entregado ya a un proceso de desprendimiento de la fe que parecía constituirlo— representaba la reserva más grande de energía y capacidad jamás concentrada en un espacio tan reducido, que de súbito recibió posibilidades casi ilimitadas de acción. De esta manera se explica que al principio la participación judía en los puestos dirigentes superiores haya sido extraordinariamente alta, pero esto de ninguna manera prueba que el bolchevismo como tal haya sido judío, tan sólo demuestra con particular claridad la poca correspondencia que, en vísperas de tomar el poder, tenía el partido bolchevique con el esquema marxista de la vasta mayoría de los proletarios y la diminuta minoría de los magnates del capital. Ningún cálculo sociológico de porcentajes podrá cambiar el resultado al que llega el análisis histórico: en 1917, el partido bolchevique aún era un partido muy poco desarrollado y relativamente pequeño, compuesto de intelectuales, obreros y "otras nacionalidades", que se colocó a la vanguardia de los deseos de paz en el caso de prácticamente todos los soldados, y de tierra en el de casi todos los campesinos, en la situación de una derrota militar aún no consumada. Puesto que desde el principio se había declarado marxista, después de asumir el poder único no pudo limitarse a la simple conclusión de la paz y el reparto de las propiedades de los terratenientes, según lo exigían los social-revolucionarios, sino que tuvo que expropiar también la industria y proceder a la destrucción social de la burguesía, encarnada tanto por los dueños de propiedad privada como por la intelectualidad de antaño. Por lo tanto, fue el partido del trastorno social general; si se denomina "revolución" a cualquier tipo de cambio trascendental que también es justificado desde el punto de vista progresista e histórico, entonces de hecho era un partido revolucionario y progresista en armonía con la evolución histórica. Mas *no* fue el partido correspondiente al concepto básico del marxismo.

Menos valor aún poseen los datos sociológicos relacionados con los años posteriores a la toma del poder y la Guerra Civil, puesto que el partido estaba moldeando la realidad social y pudo manipular su propia composición reduciendo temporalmente el ingreso, por ejemplo, sólo a obreros y campesinos pobres, al mismo tiempo eliminando en sus limpias a muchos empleados y representantes de la intelectualidad anterior. Ya que todos los cargos dirigentes de importancia en el enorme Estado tenían que ser cubiertos por miembros del partido, con pocas excepciones, éste prácticamente se volvió idéntico a la élite gobernante, pese a que en 1919 todavía casi 90% eran personas con educación primaria o analfabetas y no obstante que el número de obreros y campesinos que en efecto realizaban trabajos manuales ascendía cuando mucho a la décima parte de su composición total. En vista de la inexistencia de una ciencia de la sociología, no ha sido posible decidir de manera definitiva si bajo el manto del vago término de empleados o nueva intelectualidad se operaron distinciones trascendentales y se formó una nueva clase o incluso una casta.

Por el contrario, existe abundante material referente al NSDAP, que se desarrolló durante 14 años, antes de tomar el poder, en el seno de una sociedad que no tenía ninguna característica social fundamental que la distinguiera de las otras sociedades europeas. Todas estas sociedades pueden definirse como pequeñoburguesas, es decir, no se componen en su gran mayoría de campesinos y obreros, sino que cuentan con un sector medio muy extenso en comparación, dedicado a mediar y a organizar. Junto con las antiguas clases de la burguesía culta y la pequeña aristocracia, este sector abarca casi la mitad de la población debajo de la clase alta, que consiste en la gran burguesía y la aristocracia. No forma tanto una clase como una atmósfera que todo lo penetra; es en cierto modo el depósito filtrador de la nación y la sociedad que no asume nunca una posición política homogénea y que posee lazos igualmente estrechos con el sector superior de la clase obrera como con la parte "trabajadora" de la gran burguesía. En virtud de esta heterogeneidad, el sector medio no ha desarrollado nunca un ideal heroico de sí mismo, sino que más bien se critica sin cesar, y precisamente por ello ha aportado a la sociedad una movilidad que resulta tan extraña a la sociedad aristocrática militar como a un Estado formado por pequeños campesinos. En 1870 y aún en 1920 se planteaba la cuestión de si dicho elemento básico de todas las sociedades occidentales estaba retrocediendo o avanzando; Karl Marx no presentó de ningún modo sólo la primera tesis, sino también la segunda. Incluso sería posible afirmar, con ciertas reservas, que el concepto de proletariado revolucionario y de socialismo en general fue una invención de la pequeña burguesía, derivado de la aversión que en las personas de procedencia pequeñoburguesa inspiraban ciertos rasgos del mundo de su juventud, de hecho muchas veces obsoletos. En todo caso, no representa nada nuevo calificar al NSDAP de movimiento pequeñoburgués y confirmar o modificar de manera insignificante, una y otra vez, los datos que pueden encontrarse hasta en las estadísticas oficiales del partido de 1935, de los cuales se desprende que la representación de los obreros dentro del partido, correspondiente a 32%, era baja en comparación con 47% que formaban de la población en general, y que dicha representación se reducía a 8% en el nivel de los jefes de distrito.[27] Es posible encontrar circunstancias comparables, es decir, discrepancias con respecto a una supuesta o postulada igualdad de representación, en todos los estados y partidos en que el concepto de representación significa algo; lo importante respecto al nacionalsocialismo es exclusivamente la participación obrera, muy alta si se considera que se trataba de un movimiento del sector medio.[28] Asimismo

[27] Cfr. Michael Kater, *The Nazi Party. A Social Profile of Members and Leaders 1919-1945*, Oxford, 1983.

[28] Respecto a esta cuestión, véanse sobre todo los trabajos de Jürgen W. Falter.

carece de sustancia la tesis de los "desclasados", cierta, hasta determinado punto, para cualquier partido radical. Por lo demás, en tales casos el proceso del "desclasamiento" con mayor frecuencia suele ser el resultado que se obtiene de la actividad de un partido, y así fue también en el caso del NSDAP. El número relativo de militantes del partido en las distintas regiones dependía mucho menos de la composición social de éstas que de factores ajenos a la sociología, como la cercanía de una frontera, la religión y la participación voluntaria en la guerra. En importante medida, tanto el NSDAP como el PCUS eran partidos de la juventud. Mucho más reveladora que exposiciones estadísticas sobre porcentajes de clases o sectores sociales que primero es preciso definir, es la declaración que Clara Zetkin hizo en 1923, en el sentido de que una tendencia inherente a los partidos fascistas hacía que atrajeran a los más fuertes y decididos (y también a los más excitables, como habrá que agregar) "elementos de todas las clases".[29] Con igual derecho sería posible afirmar que en 1917 el partido bolchevique reunió a los elementos más enérgicos y activos de la intelectualidad rusa y no rusa así como de los obreros. Sin embargo, la cuestión decisiva de las razones por las que tanto en Rusia como en Alemania dichos elementos decidieron formar un partido no puede explicarse con base en razonamientos sociológicos, sino sólo por medio de la historia. Es cierto que la diferencia entre ambos partidos se explica hasta cierto punto a partir de condiciones sociológicas e históricas, pero su evolución y sobre todo las tomas del poder fueron resultado de situaciones y sucesos muy específicos.

Aunque de ninguna manera dichas tomas del poder representaron simples golpes de Estado ni pueden remitirse a intrigas o coincidencias banales, los nuevos partidos de Estado encontraron suficiente oposición, en todos los sectores de la sociedad, que no les permitió arreglárselas sin la ayuda de poderosos órganos diseñados para imponer y asegurar su dominio. Dichos órganos eran, al lado de los partidos, el elemento estructural más importante de la forma estatal para cuya descripción, desde antes de 1933, empezó a generalizarse el uso del término totalitario.


## 2. LOS ÓRGANOS ESTATALES DE SEGURIDAD Y DE TERROR

Las primeras unidades armadas encargadas de garantizar la seguridad del Gobierno Interino de los Obreros y Campesinos en Petrogrado y luego en Moscú eran las mismas que habían conquistado el poder para éste: unidades rebeldes del antiguo ejército, particularmente grupos de marinos de la Flota Báltica y divisiones de la Guardia Roja. Montaban la guardia delante del Instituto Smolny, en espera constante, al principio, de un ataque por parte de tropas contrarrevo-

---

29 Ernst Nolte (comp.), *Theorien über den Faschismus*, Königstein/Ts., 1979⁵, p. 92.

lucionarias; y posteriormente protegían el Kremlin de Moscú. La disolución del antiguo ejército y la formación de uno nuevo se llevaron a cabo simultáneamente desde fines de diciembre de 1917; la primera diferencia fundamental establecida entre ellos fue la eliminación de todos los rangos y grados de servicio, así como de todas las órdenes y condecoraciones. El ejército revolucionario de la república rusa debía reunir a ciudadanos libres e iguales —de origen proletario en cuanto a su procedencia social— sometidos a un sistema voluntario de obediencia y mandados por ellos mismos mediante los comités de soldados. Muy pronto se puso de manifiesto que este ejército no merecía llamarse así y que no tenía la menor oportunidad de imponerse a la resistencia ofrecida por los restos del antiguo ejército, mucho menos de vencer a las tropas alemanas. Por lo tanto, desde marzo el comisario de Guerra León Trotski organizó el Ejército Rojo más de acuerdo con el modelo del ejército zarista que con el de la Guardia Roja, y al poco tiempo la mayoría de sus comandantes eran antiguos oficiales. Con todo, fueron unos regimientos letones compuestos de acérrimos bolcheviques los que en julio de 1918 salvaron al gobierno de Lenin del levantamiento de los social-revolucionarios de izquierda; también el ejército en general conservó su carácter partidista original.

A lo largo de las vicisitudes de la Guerra Civil, durante mucho tiempo resultó prácticamente imposible marcar una separación clara entre los elementos de adentro y los de afuera, entre el poder armado y las fuerzas de seguridad especiales. Casi todos los altos comandantes pertenecían al partido y un considerable número de ellos —como Yeronim Uborévich, hijo de campesinos lituanos— desempeñó un importante papel en la organización de la Guardia Roja. Al lado de los antiguos oficiales se colocaron comisarios de Guerra como delegados del partido, y los jefes de éste, que como Trotski y Stalin no habían recibido instrucción militar alguna, ocuparon los puestos superiores. Fue Trotski quien en agosto de 1918 dispuso que se establecieran los primeros campos de concentración, y pretendió impedir que los antiguos oficiales zaristas se pasaran al lado de los Blancos tratando a sus mujeres e hijos como rehenes y fusilándolos, de ser necesario. En todo caso, también durante los primeros meses que siguieron a la toma del poder era posible distinguir entre seguridad externa e interna en el sentido de que durante noviembre y diciembre de 1917 significó una amenaza mucho más grave contra el gobierno de los comisarios del pueblo la huelga de los empleados de los ministerios y los bancos que las acciones militares. Nadie contribuyó más a la conclusión de esta huelga que Félix Edmundovich Dsershinski, cofundador de la socialdemocracia del reino de Polonia y Lituania. De joven fiel devoto de la Iglesia católica, este hijo de nobles polacos transfirió todo el fervor de su fe al movimiento revolucionario. Al igual que Rosa Luxemburgo, escribió cartas muy bellas y sensibles desde la cárcel y el exilio, pero, puesto que además de a los niños amaba a la humanidad, ni Lenin lo superó en la resolución de defender la revolución proletaria contra todos los enemigos.

El Consejo de Comisarios del Pueblo acertó, por lo tanto, al colocar a Dsershinski a la cabeza de la Comisión Extraordinaria para la Lucha contra la Contrarrevolución y el Sabotaje, fundada el 7 de diciembre de 1917. Denominada "checa" o "vecheca" por sus siglas,[30] la nueva autoridad se dio a conocer al detener a un considerable número de social-revolucionarios de derecha y extirpar violentamente los centros anarquistas en Moscú. Para ello requería de tropas y de poder ejecutivo propios. Recibió ambas cosas y no volvió a renunciar a ninguna de ellas. Sin embargo, hasta entrado el mes de julio de 1918 se limitó a la ejecución administrativa de criminales, puesto que varios de los miembros de su gremio superior eran social-revolucionarios de izquierda que se oponían a la imposición de sentencias de muerte por razones políticas. En efecto, en el periódico *Novaya Shisn* editado por Máximo Gorki, cuya publicación fue prohibida en junio de 1918, y en la que se daba a conocer un gran número de acusaciones y quejas, prácticamente no se encuentra mención alguna de la checa. Sin embargo, precisamente los social-revolucionarios de izquierda pertenecientes a la checa instigaron el asesinato del embajador alemán Mirbach, y en la revuelta del 6 al 7 de julio también participaron tropas de la checa, que por breve tiempo arrestaron incluso a Dsershinski, pero les faltó voluntad para tomar el poder en su partido.

Al tener en cuenta estas circunstancias, es posible fijar el inicio de la verdadera historia de la checa en el comienzo del dominio absoluto de Dsershinski y su círculo internacional de colaboradores —los letones Latsis y Peters, los judíos Unschlicht y Yagoda, el ruso Kedrov y el alemán Roller—, pero sin duda resultó sintomático que junto con el primer criminal se ejecutara también, sin titubear, a la amante de éste.[31] Por lo tanto, era del todo consecuente que, tras los atentados dirigidos contra Uritski y Lenin el 30 de agosto, la checa, como autoridad encargada de la investigación, no hiciera ningún esfuerzo por identificar a los cómplices de Leonid Kannegiesser y Fanniia Kaplan entre los social-revolucionarios; sus ejecuciones de rehenes sólo representaron una manifestación más de la brutalidad elemental expresada, por ejemplo, en el siguiente llamamiento redactado por un comité del ejército y firmado, entre otros, por Smilga: "Apelamos a los obreros de Petrogrado: camaradas, venced a los social-revolucionarios de derecha sin piedad ni compasión; no hacen falta cortes ni tribunales. La ira de los obreros se desatará. Debe correr la sangre de los social-revolucionarios de derecha y de la Guardia Blanca. ¡Exterminad físicamente al enemigo!"[32] Las ejecuciones "administrativas" de la checa sólo continuaban la línea definida por este

---

[30] *Črezvyčajnaja Kommissija* o bien *Vsesojuznaja Č. K.* Había un gran número de "comisiones extraordinarias" y por lo tanto "checas", pero la de Dsershinski superaba en importancia a las demás, a tal grado que todo mundo sabía a qué comisión se refería la abreviatura.

[31] George Leggett, *The Cheka: Lenin's Political Police*, Oxford, 1981, p. 58.

[32] *Severnaya Kommuna*, 4 de septiembre de 1918.

llamamiento, el cual deja entrever los actos de violencia anárquicos —pero al mismo tiempo sancionados y alentados desde arriba— que tuvieron lugar en el vasto territorio ruso. La checa sólo expresaba el pensamiento colectivista específico del partido al no dirigir sus golpes sólo contra el partido de los social-revolucionarios, posiblemente culpable, sino también contra la "enemiga principal" supuestamente escondida detrás de éste, la burguesía. M. Latsis manifestó el concepto básico del partido de manera particularmente brusca al escribir lo siguiente:

> Estamos exterminando a la burguesía como clase. No es necesario probar que fulano o zutano contravino los intereses del poder soviético en palabra u obra. Lo primero que deben preguntar a un detenido es lo siguiente: ¿a qué clase pertenece, de dónde es, qué educación recibió y cuál es su profesión? Estas preguntas decidirán el destino del acusado. Ésta es la quintaesencia del Terror Rojo.[33]

Por consiguiente, perseguir la condición social en lugar de la acción individual sólo puede calificarse de distintivo peculiar de la checa en un sentido técnico; en 1927, Stalin tuvo buenos motivos para ponderar a ésta como la "espada desnuda del proletariado".[34] Si bien la exigencia "mil [de ellos] por uno [de los nuestros]" probablemente se quedó en la aserción verbal, en la realidad sí se daban proporciones de 150 a uno.[35] Esto casi significaba un retorno conciliador al principio de culpa de ejecutar a un sacerdote por haber dedicado una misa a "Nicolás Romanov".[36] Todas estas acciones de Dsershinski y sus colaboradores más cercanos no se originaron por crueldad personal, sino porque estaban convencidos de estar sirviendo al humanismo práctico y a los objetivos supremos de la humanidad, en el sentido de las palabras citadas arriba.[37] De acuerdo con todos los conceptos tradicionales eran criminales y asesinos múltiples, pero desde su punto de vista estos crímenes y matanzas constituían precisamente los postulados de una moral superior, la "revolucionaria", que en forma definitiva inauguraría el reino de la justicia y la ética. No se dejaron disuadir del camino elegido ni por el hecho de que, según ellos mismos admitieron, un gran número de sádicos y criminales entraba a su servicio, con plena conciencia del poder ilimitado conferido por Lenin a este organismo como esencia de la dictadura proletaria, a fin de cometer atrocidades inconcebibles, al lado de las cuales palidecían los peores excesos del Terror Blanco. De hecho, la sangre debió helarse en las venas del lector occidental

[33] David Shub, *Lenin*, Wiesbaden, 1957, p. 377. La traducción de Scheibert, *op. cit.* (nota 19, capítulo II), es un poco diferente y señala otra fecha. La fuente evidentemente es el primer número de la revista *Krasny Terror* (inaccesible para mí), publicada en Moscú el 1 de octubre o bien el 1 de noviembre.

[34] Stalin, *Werke*, t. 10, p. 204.
[35] Leggett, *op. cit.*, p. 113.
[36] *Ibid.*, p. 112.
[37] *Cfr.* p. 68-69.

que después de 1924 leyera el libro sobre el "terror rojo en Rusia de 1918 a 1923" escrito por el eminente historiador y socialista popular S. P. Melgunov.[38] Además de los remotos centros de tortura y muerte ubicados en la provincia, el edificio central de la checa en la Lubianka, en el centro de Moscú, no tardó en convertirse en un sitio de terror del que empezaron a circular noticias desde comienzos de los veinte, que coincidían en gran medida con las descripciones hechas muchos años después por Solzhenitsin. Una vez concluida la Guerra Civil, la checa no desapareció, sino que se institucionalizó e incluso se hizo más grande. El régimen del partido bolchevique sin duda debió enfrentar a muchos enemigos activos después de 1920 y la checa descubrió a un gran número de organizaciones de oposición; por otra parte, también puso un fin violento a numerosas huelgas, supuestamente instigadas por "enemigos". No obstante, lo creado durante la Guerra Civil —el servicio secreto con sus divisiones asignadas a los respectivos enemigos, las tropas fronterizas, las tropas internas, como ejército paralelo del Ejército Rojo, y por último las divisiones especiales, que quizá componían la "expedición punitiva andante de la checa" que en la ciudad de Nikoláievsk en el Amur supuestamente ejecutó a 6 000 "enemigos" en tres meses[39]— fue convirtiéndose cada vez más en un fin en sí mismo que ya no tenía nada de extraordinario, sino que representaba un elemento acostumbrado y omnipresente de la vida cotidiana. Las conspiraciones empezaron a ser provocadas, en lugar de sólo descubiertas; se enviaron agentes y espías a todo el mundo en colaboración estrecha, si bien celosa, con la Internacional Comunista, el servicio secreto del ejército y las comisarías industriales; las fronteras de la Unión Soviética fueron cerradas herméticamente y se detenía a los extranjeros a fin de acusarlos de sabotaje o de cambiarlos por revolucionarios presos en Alemania y en otros lugares; se tomaba como crimen cualquier relación de un nacional con extranjeros independientes; todo el país fue cubierto por una red tan estrecha de personas de confianza e informantes que ni siquiera los miembros del partido se atrevían ya a pronunciar una sola palabra imprudente. En 1921, la checa mantenía ya más de 100 campos de concentración, en los que había aproximadamente 60 000 detenidos. Al comenzar el proceso de colectivización, los campos correccionales de trabajo fueron convirtiéndose en factores económicos cada vez más importantes; la gran industrialización no fue impulsada sólo por *komsomols* entusiastas, sino también por millones de trabajadores forzados. Ciertamente había cambiado el nombre de la autoridad dirigente. Un considerable número de militantes del partido había manifestado su preocupación cuando lo que

[38] *Cfr.* p. 111.

[39] Georg Popoff, *Tscheka. Der Staat im Staate*, Francfort, 1925, p. 277. La obra original a la que se remite Popoff pinta un cuadro un poco diferente en el sentido de que atribuye a varias fuerzas, por ejemplo a los partisanos, las matanzas ocurridas en la pequeña ciudad del Lejano Oriente, ocupada por las tropas soviéticas durante sólo tres meses (A. J. Gutmann, Anatoly Gan, *Gibel–Nikolajevska na Amure, Stranicy iz istorii graždanskoj vojny na dal'nem vostoke*, Berlín, 1924).

parecía constituir una institución propia de la Guerra Civil se negó a desaparecer una vez lograda la victoria. En tanto que el comisario de Cultura, Anatoli Lunacharski, lamentó que el Partido Comunista parecía haberse transformado de un partido de trabajadores en un belicoso partido de soldados,[40] muchos sin duda fueron un paso más lejos y temían que el partido pudiera convertirse en instrumento de la policía secreta. Por lo tanto, en 1922 la checa fue rebautizada como GPU[41] y, después de fundarse la Unión Soviética, como OGPU, y se le retiró la facultad de realizar ejecuciones administrativas. Sin embargo, casi todos los informes coinciden en que en esencia no cambió prácticamente nada, porque la GPU sabía eludir las restricciones. Más bien recibió nuevas obligaciones debido a los conflictos temporales entre las fracciones internas, porque ahora se imponía a los camaradas del partido el deber de informar a la GPU y al Comité Central acerca de todas las actividades fraccionarias de las que tuviesen conocimiento. También en este contexto, la GPU supo sacar a la luz lo que deseaba descubrir, y en 1928 Trotski se quejó amargamente de que un agente de la GPU hubiera establecido contacto con la oposición, para luego ser "desenmascarado como oficial de Wrangel".[42]

En 1934, la OGPU finalmente fue integrada a la Comisaría del Interior (NKWD), pero esta fusión con la policía común y la administración interna redundó en provecho de la policía secreta política, ya que el jefe de ésta, Guenrich Yagoda, asumió la dirección de la nueva autoridad. La gran purga destruyó casi en su totalidad a la vieja guardia de los chequistas y al servicio secreto rival del ejército en el extranjero, la GRU. No obstante, pese a que casi sin excepción también fueron ejecutados los encargados de la purga, los hombres de Yeshov, la NKWD siguió siendo tan poderosa como antes con su nuevo jefe Lavrenti Beria, paisano georgiano de Stalin. El "departamento de reconocimiento" volvió a instalar sus residencias tanto legales como ilegales en el extranjero; la "administración política secreta" vigilaba la vida interna de la Unión Soviética en todos sus aspectos y es probable que también haya organizado las extensas deportaciones efectuadas desde las recién adquiridas regiones de Polonia y los estados periféricos. El departamento del GULag administraba las huestes de los millones de trabajadores forzados y otros detenidos, repartidas en aproximadamente 80 sistemas de campos de concentración de 20 a 100 campos individuales cada uno, en toda la Unión Soviética. En vísperas de la guerra, Beria se encontraba a cargo no sólo de las tropas fronterizas y de transporte y de numerosas escuelas de la NKWD; también lo estaba de las unidades de barrera destinadas a operar tras el frente y de ejecutar a cualquier soldado que huyese del campo de batalla. Sin embargo, al parecer los rangos superiores ya no poseían la fe ascética de Dsershinski. A comienzos

---

[40] Fainsod, *op. cit.* (nota 89, capítulo III), p. 124.
[41] *Glavnoe politiceskoe upravlenie* = Administración Política Central.
[42] León Trotski, *Die wirkliche Lage in Russland*, Hellerau, s.f., p. 8.

de los años treinta, ya circulaban numerosos informes acerca de la lujosa disposición de los despachos mantenidos por altos funcionarios de la GPU, y cuando las publicaciones soviéticas llamaron "monstruo" a Beria, después de su ejecución en 1953, esta afirmación aparentemente se refería también a su vida privada. En todo caso, ya en 1934 la antigua Comisión Extraordinaria se había convertido en un gigantesco aparato compuesto de policías profesionales y soldados especiales, lo cual debió extrañar a todos los lectores del texto *Estado y revolución* de Lenin, que aún equiparaba el socialismo, en forma completamente tradicional, con la eliminación del ejército (profesional) y de los empleados públicos.

La policía de la Alemania nacionalsocialista también tenía una relación particularmente estrecha con el partido; es decir, para ser más preciso, con una de las divisiones de éste, la SS, y en 1939 también constituía un aparato gigantesco, pero esta circunstancia no era irreconciliable con el enfoque ideológico básico del nacionalsocialismo. La Central de Seguridad del Reich fundada en septiembre de 1939, en la que bajo la dirección de Reinhard Heydrich se unieron principalmente el cuerpo de seguridad (es decir, la policía secreta del Estado y la policía judicial) y el servicio de seguridad (o sea, el servicio secreto), no representaba, como la temprana GPU, la sección más importante del Ministerio del Interior, sino que éste conservó su independencia y formalmente incluso ejercía poder directivo sobre Heinrich Himmler, "jefe de la policía alemana". A diferencia de lo que sucedía en la Unión Soviética, el Ejército del Reich no era un ejército del partido y en ningún momento se efectuaron llamamientos "desde el frente", como la mencionada exhortación dirigida por Smilga y otros a los obreros de Petrogrado. Por el contrario, las fuerzas armadas alemanas desde un principio sirvieron únicamente a la seguridad exterior del Estado, y aún en 1937 podía haber sin duda varios generales en cuya opinión el movimiento nacionalsocialista existía para garantizar la seguridad del ejército, es decir, para permitir que se restableciera la libertad de defensa nacional sustraída por Versalles al antaño mejor ejército del mundo. Incluso la victoria sobre Francia, en gran medida un triunfo de Hitler, no cambió el hecho de que las fuerzas armadas se encontrasen en gran medida libres de las influencias directas del partido y con mayor razón aún de la SS, pese a que un gran número de jóvenes oficiales se sentía estrechamente unido al primero.

La existencia de la SS, en cambio, se fundaba en su relación con el jefe del partido y protagonista de la ideología, y de ello no existió paralelo en Rusia ni en la Unión Soviética, ni antes ni después de 1917. En 1923, la "falange de Hitler" fue fundada como guardia personal y tropa de choque y, después, al salir Hitler de prisión en 1925 se formó una Guardia de Plana Mayor, con algunos hombres completamente confiables dirigidos por Julius Schreck. Al poco tiempo, también se crearon tropas semejantes en otros lugares y se difundió la denominación "escuadrón de defensa". Su tarea primordial era cuidar de la seguridad de los dirigentes del partido; después de pronunciarse la sentencia en el "proceso de la checa" de Leipzig, además de otras revelaciones acerca del aparato de terror y militar montado por el KPD, parecía muy necesario tomar medidas defensivas de este tipo. Sin embargo, al poco tiempo se rebasó el ámbito de la utilidad práctica. Desde enero de 1929, Heinrich Himmler se hizo cargo de la dirección de la SS, como "comandante nacional", y no tardó en conferirle un rostro propio a la organización al subrayar ideas de élite, raza y colonización. La meta era construir una comunidad de "sanas estirpes germanas", la cual debía fundarse en la llamada "orden de casamiento": había que eliminar la arbitrariedad subjetiva y erigir en objeto de planificación deliberada, en primer lugar, no la economía, como lo hacían los socialistas marxistas, sino la reproducción, puesto que de otro modo no sería posible borrar los daños y las perversidades de la civilización, que hasta el momento, de acuerdo con numerosas declaraciones de Himmler, evidentemente habían culminado en la Revolución de 1918 y en los partidarios "racialmente deficientes" de los Soviets de los Soldados. Desde el otoño de 1931, a partir de comienzos sumamente modestos, Reinhard Heydrich, un oficial de Marina destituido, organizó un servicio de defensa que después de la toma del poder recibió el nombre de Servicio de Seguridad del Comandante Nacional de la SS (SD).

Como canciller del Reich, Hitler fundó una nueva tropa de defensa completamente personal, que se convirtió en la Guardia de Honor Adolfo Hitler. Respecto a la conquista del poder posteriormente manejado por la SS, lo más importante fue el hecho de que, a diferencia de la SA, consiguió penetrar pronto en el ámbito estatal, en la policía, como era lógico. Puesto que era mucho más grande e importante, la SA hubiera tenido que encargarse del Ejército del Reich, lo cual hubiera equivalido a una auténtica revolución aun de acuerdo con los conceptos tradicionales; por ende, el camino más discreto emprendido por la SS correspondía mucho mejor al novedoso prototipo de la revolución fascista. No cabe seguir aquí las distintas etapas ocurridas en dicha toma del poder dentro de la toma del poder general;[43] en todo caso, desde junio de 1936, como "comandante nacional de la SS y jefe de la policía alemana en el Ministerio del Interior", Himmler era de hecho el ministro de Policía del Tercer Reich y después de él ejercía las facultades más importantes Heydrich, como jefe del cuerpo de seguridad y del servicio secreto. De esta manera, llegó a su culminación lógica la tendencia a la centralización perceptible desde el tiempo de Weimar, si bien la magnitud del fenómeno hubiera sido inconcebible en ese entonces. Por otra parte, hasta el título del cargo indicaba la fusión efectuada entre los puestos del partido y del Estado, cuya única analogía puede encontrarse en el de "caudillo y canciller del Reich". La

---

[43] Cfr. *Der Faschismus in seiner Epoche*, pp. 472-482. Para mayores detalles existen numerosos libros, entre ellos los de Gerald Reitlinger y Heinz Höhne.

duda era la siguiente: ¿adoptaría la SS un carácter estatal o se acercaría la policía al partido? El hecho de que la segunda posibilidad era la más probable fue demostrado, entre otras cosas, por la evolución de los campos de concentración desde 1933. Theodor Eicke, comandante del campo de Dachau, nominalmente de carácter estatal, evidentemente se sentía sobre todo comandante de la SS; al tratar de inspirar en sus hombres un odio inextinguible hacia los detenidos en cuanto "enemigos del Estado", éstos eran para él, en primera instancia, enemigos del partido. Cuando el 1 de julio de 1934 mató al comandante superior de la SA por orden directa de Hitler, se convirtió, por decirlo de algún modo, en un "asesino del Estado", como ejecutor de una orden extraestatal del *Führer*, y es posible señalar un paralelo característico del postulado "no hacen falta cortes ni tribunales",[44] si bien al mismo tiempo se trataba de algo *toto coelo* distinto del "terror de masas" soviético.

Como división ahora independiente del NSDAP, después del 30 de junio de 1934 la SS recibió la autorización para formar unidades armadas, las cuales debían constituir una policía de seguridad del Estado en forma de "tropas disponibles" y correspondían en gran medida, de este modo, a las tropas internas de la GPU y la NKWD, aunque por consideración al ejército no manejaban armas pesadas. Formaban parte de esta policía de seguridad del Estado las unidades que en abril de 1936 fueron subordinadas a Theodor Eicke, "jefe de las Unidades de la Calavera de la SS y de los campos de concentración", las cuales al principio comprendían cinco batallones de asalto. Incluso en 1939, el sistema alemán de campos de concentración en su totalidad no podía equipararse ni remotamente con el sistema de la NKWD, ni por el número de los cuerpos de guardia ni por el de los detenidos, y mucho menos con respecto a su importancia económica; hizo falta la guerra para producir un cambio significativo a este respecto. Hasta estallar la guerra contra Polonia, también los futuros Escuadrones de Defensa Armados (Waffen-SS) aún eran relativamente débiles: comprendían la Guardia de Honor Adolfo Hitler, la unidad Germania de Hamburgo, la unidad Der Führer de Viena, Graz y Klagenfurt, así como varias unidades de asalto especiales y las escuelas de oficiales ubicadas en Tölz, Brunswick y Klagenfurt. En total se trataba, por lo tanto, cuando mucho de dos divisiones, y al comienzo de la guerra todas las unidades, con la única excepción de los cuerpos de guardia, fueron incorporadas al ejército a fin de hacerse cargo de funciones de combate.

La importancia de la SS en general, la verdadera división del partido, no podía compararse con la de la policía y los escuadrones armados; en conjunto, la SS presentaba una imagen muy heterogénea en 1939. No obstante, su unidad estaba asegurada por los conceptos ideológicos básicos: el *Führer* como soberano absoluto, el Reich como meta, la destrucción de los enemigos como

---

[44] *Cfr.* p. 325.

misión y el fomento de la "buena sangre" como sentido de la vida. Al igual que Himmler, Heydrich interpretaba esta idea principalmente como contraideología del bolchevismo. En su texto *Metamorfosis de nuestra lucha*, de 1935, eligió las siguientes palabras:

> Como sucede siempre en la vida de la naturaleza, también la vida de los pueblos consiste en la eterna lucha entre el más fuerte, noble y de elevado valor racial, y el hombre bruto e inferior [...] La lucha de nuestro líder y del movimiento arrancó en una época del dominio disfrazado de la humanidad inferior, que estaba encaminada a conquistar, mediante el bolchevismo, el dominio abierto dirigido a la brutal destrucción de todo [...] Las fuerzas vivas del enemigo son siempre las mismas: el judaísmo universal, la masonería mundial y el conjunto de empleados eclesiásticos, en gran parte de carácter político [...] Sus múltiples ramificaciones y formas se mantienen firmes en el objetivo de destruir a nuestro pueblo [...] Como en toda lucha auténtica, es muy claro que sólo existen dos opciones: vencer al enemigo de manera decisiva o desaparecer.[45]

A pesar de la franca conciencia de fuerza y pretensiones de superioridad, se pone de manifiesto el trasfondo defensivo de la expansión nacionalsocialista y su oposición, en cuanto a contenido, a la doctrina bolchevique e incluso la marxista, pese a la gran semejanza formal entre ellas: seguridad, defensa, conservación, orden, pero llevados por el ímpetu del "todo o nada" que en pensamientos conservadores, hasta ese momento, se había mostrado a lo sumo en forma verbal y que recordaba mucho más el "quién-a quién" de Lenin. Por otra parte, si bien resulta evidente la interpretación predominantemente negativa que este modo de pensar hacía de la evolución inaugurada con la Revolución industrial, equiparando "vida sana" con "vida campesina", no es posible dar por hecho que el término *reaccionario* sea definición suficiente. En una declaración hecha en septiembre de 1940 sobre los Escuadrones de Defensa Armados, Adolfo Hitler una vez más expresó su emoción básica sumamente simple al afirmar: "Esta unidad [como policía militar del Estado], llena de orgullo de su pureza, no fraternizará nunca con el proletariado ni con el inframundo dedicado a minar la idea que nos guía." Aquí se pone de manifiesto la mengua de significado sufrida a estas alturas por la palabra "proletariado" en todo el mundo occidental, incluso cuando era recuperada como expresión de un retorno sentimental al pasado. Hitler obviamente no equipara "proletariado" con "la clase trabajadora", y su policía militar del Estado no hubiera existido siquiera de no llevarse a cabo antes una profunda "democratización". Por lo tanto, resulta más probable que dos fenómenos dueños de una resolución semejante se hayan enfrentado de manera hostil, pero ubicados cada uno a la misma distancia del concepto marxista básico de

---

[45] Reinhard Heydrich, "Wandlungen unseres Kampfes", *Das Schwarze Korps*, 1 de mayo de 1935, p. 9.

la "mayoría avasalladora" impulsada hacia el socialismo. En todo caso, correspondía de manera exacta y antagónica a la antes citada declaración de Stalin un discurso pronunciado por Himmler en 1935, en el que calificó a la SS de "espada justiciera" que destruiría la "revolución judeo-bolchevique del hombre inferior" si ésta alguna vez volviera a ser desencadenada en Alemania por fuerzas externas o internas.[46]

De esta manera, aun antes de estallar la guerra germanosoviética existía ya el enfrentamiento entre las dos emociones básicas de la primera Guerra Mundial, la experiencia negativa de la guerra y la positiva, en forma de gigantescos aparatos de seguridad y de terror, y la única duda era si el desarrollo de las dos había sido de igual modo consecuente hasta llegar a estas organizaciones. En cuanto aparato, el soviético era más antiguo y es de suponer que también de carácter más fundamental, puesto que sus enemigos alemanes lo tenían presente como realidad y, en cierta forma, como modelo a seguir. En un discurso de enero de 1937, Himmler hizo referencia a su "profundo conocimiento del bolchevismo".[47] Cuando Walter Schellenberg organizó los dispositivos de seguridad para la visita de Hitler a Italia en abril de 1938, eligió para los hombres de su servicio secreto "el sistema ruso de la colaboración entre grupos de tres personas"; y en julio de 1941 Hitler le hizo llegar la orden de armar un eficaz sistema de comunicaciones en Rusia, "no inferior en ningún aspecto a la NKWD".[48]

Las noticias sobre el bolchevismo y la Unión Soviética que hasta 1933 podían leerse en la prensa derechista, así como los libros que después de la toma del poder nacionalsocialista fueron distribuidos en grandes tirajes por la editorial de la Antiinternacional Comunista, eran de tipo propagandístico y unilateral, pero se apartaban menos de la realidad que la mayoría de las narraciones de los *fellow-travellers* y coincidían en gran parte, en sus rasgos fundamentales, con la literatura de tendencias no marcadamente anticomunistas.[49] Entre 1939 y 1941 se dio una colaboración directa entre los organismos de seguridad de la Unión Soviética y Alemania, y no hay indicio alguno de que la Gestapo se haya creído la organización más antigua y dueña de mayor experiencia.[50]

---

[46] Heinrich Himmler, *Die Schutzstaffel als antibolschewistische Kampforganisation*, Munich, 1939[5], p. 29.

[47] Discurso sobre naturaleza y misión de la SS y la policía. IMG, t. XXIX, p. 217.

[48] Schellenberg, *op. cit.* (nota 77, capítulo III), pp. 55, 199.

[49] Un ejemplo: *Und Du Siehst die Sowjets Richtig. Berichte von deutschen und ausländischen "Spezialisten" aus der Sowjetunion*, editado por Dr.-Ing. A. Laubenheimer, Berlín y Leipzig, Nibelungen-Verlag, 1935.

[50] Una cuestión que amerita mayor investigación es la siguiente: después del 22 de junio de 1941, policías franceses y alemanes descubrieron un sótano secreto en la Embajada Soviética de París, que servía para matar a personas no gratas (entre ellos probablemente al general Blanco Miller) y para hacerlos desaparecer sin rastro mediante la incineración y la descomposición química. La prensa alemana publicó fotografías de estos "crematorios". ¿Horrorizó este descubrimiento a la policía de Estado alemana, como lo sugiere Schellenberg (pp. 298-299)?; ¿sólo vino a confirmar una opinión ya establecida?, o bien ¿se trató de una manipulación enfocada a preparar a la población alemana para la deportación de los judíos y la "solución final"?

De hecho carecería de fundamento la afirmación de que la ss y la Central de Seguridad del Reich dominaban en forma tan completa a Alemania, en 1939 e incluso a comienzos de 1941, como la NKWD, un instrumento de Stalin, dominaba a la Unión Soviética. Además de ser considerablemente más alto el nivel de vida promedio de la población, se habían conservado en Alemania restos apreciables de importantes elementos del sistema liberal: una economía reglamentada, sin duda, pero con todo aún relativamente libre, la cual brindaba refugio a numerosos opositores al régimen; un ejército en que no existían células del partido y mucho menos "divisiones especiales" de la policía política; un sistema judicial que con bastante frecuencia daba pruebas aún de considerable autonomía; iglesias que muchas veces se referían al régimen del propio país al predicar contra los campos de concentración de la Unión Soviética. Por totalitaria que pareciera Alemania en 1939 al lado de Inglaterra y Francia, adoptaba definitivamente una imagen liberal a los ojos de cualquiera capaz de realizar una comparación auténtica con la Unión Soviética. Lo mismo es cierto con respecto a los campos de concentración, y no sólo desde el punto de vista cuantitativo. Cuando el ex comunista y comisario interino del pueblo Karl Albrecht fue puesto en libertad por la GPU en 1934 y entregado a Alemania, donde enseguida lo tomó bajo su custodia la Gestapo, reparó principalmente en "la higiene y limpieza ejemplares" y sintió que estaba escapando de una pesadilla, porque ya no tenía que escuchar "gritos de muerte por la noche".[51] Margarete Buber-Neumann, esposa de Heinz Neumann, que en 1939 fue entregada a la Gestapo por la NKWD junto con otros muchos ex comunistas, se preguntó, incrédula: "¿Se supone que esto es un campo de concentración?", al ser llevada al campo de Ravensbrück y ver las jardineras dispuestas al otro lado de la entrada.[52] Es cierto que no tardó en darse cuenta de que no había llegado a un sanatorio, ni siquiera a un lugar semejante a la cárcel modelo de la NKWD en Moscú, Sokolniki, pero las "condiciones siberianas" en las que había vivido en la Unión Soviética eran mucho peores, desde su punto de vista.

Hubiera podido agregar que en ninguna parte vio un letrero con una contraconsigna correspondiente a la inscripción leída quince años antes en la Lubianka por el estudiante alemán Kindermann: "¡Viva la GPU, la vanguardia de la revolución mundial!"[53] Lo significativo radicaba en que Hitler y

51 Karl I. Albrecht, *Der verratene Sozialismus. Zehn Jahre als hoher Staatsbeamter in der Sowjetunion*, Berlín y Leipzig, 1939, p. 625. Este libro también fue editado por la editorial Nibelungen-Verlag y es a su vez prueba fehaciente de que la Antiinternacional Comunista no se dedicaba a la "propaganda pura", como tampoco lo hacía la propia Internacional Comunista. Por otra parte, después de la guerra Karl Albrecht declaró que la editorial había recortado su texto por su propia cuenta y agregado pasajes no autorizados, probablemente de la misma forma en que lo hizo con otros libros, sobre todo de carácter antisemítico (Institut für Zeitgeschichte, Zeugenschrifttum, zs 804). También es interesante su afirmación de que desde mayo de 1941 trabajó durante algún tiempo en el Departamento para Asuntos Orientales del Ministerio de Propaganda, junto con los ex presidentes de las fracciones comunistas del Reichstag y del Landstag prusiano, Torgler y Kasper, respectivamente.

52 Margarete Buber-Neumann, *Als Gefangene bei Stalin und Hitler*, Munich, 1949, p. 180.

53 Kindermann, *op. cit.* (nota 173, capítulo II), p. 50.

Himmler no veían la continua liberalidad de la vida en Alemania como una ventaja, sino sólo como un signo de debilidad e imperfección. De hecho, dicha liberalidad era resultado, en buena parte, de la paz que siguió reinando en Alemania también después de 1933. Sin embargo, este tiempo de paz sólo coincidió con la primera mitad del régimen nacionalsocialista, probablemente la menos característica. Dicho régimen no había tenido que probarse en una guerra civil decidida por las armas, pero en 1939 Adolfo Hitler comunicó con toda franqueza a los generales que no había construido el ejército para *no* pelear, y la expectativa de la guerra representó un hecho fundamental de 1933 a 1937, pese a todas las proclamaciones de paz. Por otra parte, tampoco los bolcheviques creían que sus objetivos ulteriores pudiesen realizarse sin una guerra y había buenos motivos para definir su "socialismo" como continuación de la economía de guerra por otros medios. Sólo en tiempos de guerra sería posible comparar los dos regímenes de manera exhaustiva y quizá mostrarían, entonces, ser desiguales en otros aspectos. Es admisible efectuar una comparación de las estructuras y condiciones existentes en 1939, pero no agota la materia. El forzado carácter artificial de la contrafé que pretendía remitir todas las guerras y conflictos a las maquinaciones del "judaísmo internacional", pese a que a su vez veía en estas guerras y conflictos el verdadero sentido de la vida, era muy evidente incluso en 1939.

No obstante, Hitler y Himmler atribuyeron las dificultades encontradas en la realidad a que todavía perduraba la reacción y depositaron sus esperanzas en la juventud. No era ninguna casualidad que existiesen relaciones particularmente estrechas entre la SS y la Juventud Hitleriana. Sin embargo, durante los últimos años de su vida también Lenin abandonó por completo la esperanza de que su generación pudiese vivir aún el "triunfo del proletariado mundial", y la organización juvenil del partido asumió "padrinazgos" sobre ciertas partes del Ejército Rojo en la Unión Soviética. Además de los órganos de seguridad, las organizaciones juveniles formaban las subdivisiones más importantes tanto del PCUS como del NSDAP.

### 3. Las unidades juveniles

Antes de la Revolución de Febrero de 1917, el Partido Socialdemócrata de Rusia, como agrupación ilegal, naturalmente no contaba con su propia organización juvenil. Sin embargo, en cuanto comenzaron los pocos meses comparables con el "tiempo de lucha" de 14 años vivido por el NSDAP durante la República de Weimar, se fundó en las fábricas Putilov de Petrogrado el primer grupo juvenil bolchevique, la Liga Socialista de la Juventud Obrera, dirigida por el joven comunista V. Alexeyev. Un año después de la toma del poder, tuvo lugar el congreso fundador del Komsomol.[54] De acuerdo con su estatuto se trataba de una "organización independiente subordinada a la dirección del partido", que llegó a cubrir toda Rusia y posteriormente toda la Unión Soviética y que constituía, a su vez, una sección de la Internacional Juvenil. El término "juventud" era interpretado de manera generosa y al poco tiempo llegó a incluir hasta los 28 años de edad, de modo que la agrupación poseía la tendencia inherente de convertirse en una organización de masas al lado de la organización de élite del partido; pretendía reunir al mayor número posible de integrantes de la generación joven y colocarlos bajo la dirección de éste. Por lo tanto, los miembros del partido constituían una minoría dentro del Komsomol, pero a partir del hecho de que el límite de edad no se aplicaba a los puestos directivos, el papel dirigente del partido no tardó en volverse inobjetable.

La organización estructural del Komsomol era paralela a la del partido: en las provincias, los distritos, los municipios y las ciudades, los comités formaban el gremio competente entre congresos, y les correspondía, a nivel nacional, el Comité Central del Komsomol. Todos los comités elegían para su región una oficina y una secretaría, encabezada por un primer secretario. En sus comienzos, el Komsomol se apoyaba en esta estructura democrática para los argumentos manejados durante la fuerte polémica contra las asociaciones juveniles burguesas, sobre todo los exploradores, cuya disciplina, según el Komsomol, era de tipo militar, porque sus miembros no tenían derecho a votar. Puesto que además se acusaba a los exploradores de simpatizar con los Blancos, no se hizo esperar la proscripción de las organizaciones juveniles rivales, pero el "derecho electoral de los miembros" pronto se limitó considerablemente también en el Komsomol, de acuerdo con el ejemplo del partido; todas las elecciones debían ser ratificadas por las instancias superiores e incluso el nombramiento de los candidatos quedó por completo en manos de las respectivas fracciones comunistas que constituían el esqueleto de la asociación, formalmente siempre autónoma.

Durante los primeros años se hicieron notar ciertas tendencias que otorgaban a la juventud, y por ende al Komsomol, tanto el papel de una vanguardia como intereses de clase particulares. En los primeros congresos se expresaron con particular insistencia los objetivos y las esperanzas de los comunistas: la sociedad futura creada por una humanidad unida en convivencia amistosa, sin jefes ni gobernantes, sin terratenientes ni capitalistas, sin ociosos ni parásitos, pero con Moscú como centro de esta república mundial comunista; y se produjeron grandes muestras de entusiasmo cuando Preobrashenski calificó a los *komsomols* como miembros de una "gran clase" que en conjunto tendría

---

54 Kommunisticeškij Soiuz Molodeži. Respecto a la exposición siguiente, *cfr.* Laszlo Révész, *Organisierte Jugend. Die Jugendbewegung in der Sowjetunion*, Berna, 1972.

que triunfar y triunfaría, aunque por ello hubiese que pedir el sacrificio de la vida a un sinnúmero de individuos.[55]

Pronto el partido moderó dicho vanguardismo y, al poco tiempo, el énfasis de las exigencias ya no se ponía en la protección a los jóvenes, sino en el incremento de la producción. Sin embargo, incluso después de la Guerra Civil los *komsomols* no se distinguían sólo por un compromiso particularmente fuerte, sino también por una tendencia a la crítica que podía llegar al extremo de comparar, de manera negativa, el gasto que destinaba a la educación el gobierno soviético con el presupuesto correspondiente del gobierno zarista.[56] No es de sorprender que los conflictos suscitados entre las fracciones del partido hayan producido fuertes repercusiones en el Komsomol y que Trotski contara con muchos partidarios en éste. Con todo, las bases seguían siendo incuestionables: el Komsomol debía emprender una labor de ilustración sobre todo en las poblaciones rurales y luchar contra la generación lenta de entendimiento de los mayores, al igual que contra el ascendiente de los popes, mediante la "navidad roja" y las "pascuas rojas", por ejemplo; le correspondía promover el proceso de alfabetización y combatir el prejuicio de que las mujeres no necesitaban educación. En sus principios, el Komsomol también defendía en primer término una nueva moral sexual, y el punto de partida dado por la teoría del "vaso de agua" con frecuencia conducía hasta las llamadas "noches africanas", pero el propio Lenin se opuso a estas tendencias, y durante la segunda mitad de los años veinte se combatió, además del abuso del alcohol, el desenfreno sexual.

El objetivo del fortalecimiento físico fue adoptado de las organizaciones de exploradores, pese a la enemistad general hacia ellas, y la instrucción premilitar no tardó en erigirse en una tarea principal. En diciembre de 1929, el Comité Central del Komsomol tomó la siguiente decisión:

> El Komsomol participa en la educación de la juventud antes de unirse a sus filas. Sus tareas son instruir a los futuros cuadros del Ejército Rojo mediante el entrenamiento físico y la enseñanza premilitar antes del servicio; propagar y organizar la educación premilitar entre la juventud; crear una conciencia política entre los futuros reclutas y darles un ejemplo de disciplina y cumplimiento de las obligaciones.[57]

Desde la época de la Guerra Civil, el Komsomol estableció una relación especialmente estrecha con ciertas secciones del Ejército Rojo, mediante la adopción de "padrinazgos", y en 1930 podía jactarse de que no menos de 70% del personal de aviación pertenecía al partido y al Komsomol.[58] Sin embargo, los

---

[55] Ralph Talcott Fisher, Jr., *Pattern for Soviet Youth. A Study of the Congresses of the Komsomol, 1918-1954*, Nueva York, 1959, p. 41.

[56] *Ibid.*, p. 94.

[57] Révész, *op. cit.*, pp. 74-75.

[58] Fisher, *op. cit.*, p. 175.

vastos proyectos del primer plan quinquenal —que contribuyeron más que cualquier otro factor a llevar a ex trotskistas al bando de Stalin— despertaron un entusiasmo aún mayor que la educación premilitar y el servicio en el ejército. Muchos miles de *komsomols* fueron movilizados para ayudar a construir la fábrica de tractores de Stalingrado y la gigantesca estación eléctrica de Dniepropetrovsk. Trabajaban como "obreros de choque" (*udarniki*) y líderes de la "competencia socialista"; en su honor se bautizó "Komsomolsk" un nuevo centro industrial en el Amur.[59] El ingeniero de construcción de 29 años de edad, Avraani Savenya-guin, fue a los Urales en 1930, donde construyó el centro siderúrgico de Magnitogorsk sobre la base de enormes yacimientos de magnetita, junto con miles de entusiastas *komsomols*, de los que muchos murieron congelados debido a las temperaturas de 60 grados bajo cero y la ropa inadecuada.[60]

El Komsomol también tuvo una intensa participación en la campaña de colectivización, por lo cual Bujarin, a pesar de haber declarado, en uno de los congresos, que la máxima principal de la nueva moralidad era el odio mortal hacia el enemigo de clase, ahora recibía fuertes ataques precisamente por parte del Komsomol, por su supuesto deseo de mitigar dicho odio y de vivir "en paz con todo el mundo".[61] El entusiasmo y el odio también eran transmitidos a los más jóvenes dentro de la juventud, a la unidad de Jóvenes Pioneros así como a los aún más pequeños "octiabristas". Pavel Morozov, de 14 años de edad, se erigió en héroe nacional cuando al denunciar a las autoridades las acciones contrarrevolucionarias de su padre cayó víctima de la venganza familiar. La *gran clase* estaba triunfando sobre todas las lealtades no clasistas, y parecía estarse realizando el viejo ideal de los educadores comunistas de "nacionali-zar", "forjar y fraguar"[62] a toda la juventud.

A principios de los años treinta resultaba prácticamente imposible distin-guir entre "clase" y "patria socialista", y desde el jardín de niños se inculcaba a éstos el amor a la patria soviética y a su caudillo, el gran Stalin; les quedaba profundamente grabada en la memoria la imponente ceremonia de ingreso en que los Jóvenes Pioneros recibían sus uniformes, o sea, la camisa blanca y la corbata roja. A continuación, los *komsomols* que fungían como jefes de brigada se encargaban de formarles una conciencia patriótica y comunista en los "campos de pioneros", y los mejores finalmente ingresaban como candida-tos al partido. De esta manera, se cerraba el círculo y el nuevo hombre se perpetuaba a través de las generaciones, conduciendo al pueblo soviético cada vez más homogéneo hacia victorias siempre mayores. Al mismo tiempo, resultaba cada vez más difícil de imaginar que dicho pueblo fuese capaz de renunciar, en la futura sociedad universal, a su identidad, la lengua rusa y el

59 Fainsod, *op. cit.* (nota 11, capítulo IV), pp. 283-306.
60 Michael Morozov, *Die Falken des Kreml*, Munich, 1982, p. 93.
61 Fisher, *op. cit.*, pp. 82 y 147.
62 Heller-Nekrich, *op. cit.* (nota 20, capítulo III), t. I, p. 171.

Estado. ¿No se manifestaba más bien la tradicional pretensión al dominio mundial cuando Lasar Kaganóvich delante de un congreso del Komsomol exclamó: "Seréis los amos de todo el mundo"?[63]

La Juventud Hitleriana, por su parte, cantaba las estrofas "Hoy nos pertenece Alemania; y mañana, todo el mundo", a voz en cuello y con confianza en todas las calles de Alemania, y en 1937 reunía, como "juventud del Estado", no sólo a un porcentaje considerable de la juventud, como el Komsomol (que contaba con aproximadamente 10 millones de miembros en 1940), sino a casi todos los jóvenes entre los 10 y los 18 años de edad, con la única excepción de los judíos. Mientras el Komsomol exigía una "constitución social totalmente limpia" para su cuerpo dirigente,[64] la limpieza de la constitución racial se interpretaba de manera mucho menos exclusiva en la Juventud Hitleriana (HJ), en forma sintomática de una sociedad en que hubiera sido simplemente inconcebible excluir a pequeñoburgueses y grandes propietarios. El carácter general de la agrupación revelaba una paradoja semejante. La HJ se apoyaba, mucho más que el Komsomol, en la tradición del "movimiento juvenil"; por mucho que también haya habido "exploradores" en Rusia, el movimiento juvenil como tal era algo específicamente alemán.

Por una parte, se trataba de un típico movimiento de emancipación, fundado por los alumnos de un instituto de enseñanza media de Berlín: la rebelión de la juventud contra la hipocresía guillermina, las convenciones caducas y la rigidez de la sociedad clasista alemana, y en este sentido representaba, sin duda alguna, un fenómeno muy moderno. Por otra parte, buscaba su ideal de vida en la caballería medieval y en la sana vida del campo; a este respecto sería posible calificarlo de reaccionario.[65] No obstante, cuanto más desarrollada, es decir, cuanto más compleja es una sociedad, más síntesis habrá entre el ideal del progreso puro y el ideal de la reacción pura, porque una cultura sin contradicciones es pobre, por simpática y virtuosa que sea.

La característica distintiva de la HJ no radicaba en los rasgos que compartía con el movimiento juvenil, sino en su integración decidida a la lucha política de masas. Su consigna no era el paseo del excursionista, sino el desfile ante el *Führer*; no era la amistad de los elegidos que se gozaba alrededor de las fogatas de la corporación, sino la camaradería de una organización masiva. No obstante, si la comparamos con el Komsomol saltan a la vista las semejanzas de la Juventud Hitleriana con el movimiento juvenil: el principio "la juventud debe ser dirigida por la juventud", por ejemplo; sus canciones; el carácter muchas veces bastante lúdico de sus ejercicios en el campo, que en los años de paz no podían considerarse seriamente como "educación premilitar". A pesar de su desdén hacia las diferencias sociales, no puso en duda en ningún

[63] Fisher, *op. cit.*, p. 178.
[64] *KPdSU über den Komsomol und über die Jugend*, Berlín, 1958, pp. 56-57.
[65] Walter Z. Laqueur, *Die deutsche Jugendbewegung*, Colonia, 1962.

momento la existencia de éstas, y en conjunto se ubicaba en todos los aspectos, hasta en el de su imagen exterior, casi a la misma distancia del "movimiento juvenil obrero" alemán que del Komsomol.

Desde antes de 1923 se fundaron los primeros grupos juveniles del NSDAP, y en 1926 se formó el Movimiento Juvenil Pangermano en Plauen/Vogtland.[66] Durante el congreso del partido celebrado en Weimar, dicha agrupación fue reconocida oficialmente como organización juvenil del NSDAP y rebautizada, por sugerencia de Julius Streicher, como Juventud Hitleriana, Liga de la Juventud Obrera Alemana. Al principio aparentemente fue tomada como organización preparatoria para la SA, por lo cual estaba subordinada a la dirección suprema de ésta. En 1929 se formó la Liga de Escolares Nacionalsocialistas bajo la dirección de Adrian Rentelns; en 1930, la Liga de Muchachas Alemanas. Fue mucho mayor la importancia política adquirida por la Liga Nacionalsocialista de Estudiantes Alemanes, que mediante diversas acciones y manifestaciones hizo sentir su presencia en un gran número de universidades y que en 1931 efectuó, por medio de elecciones libres, una especie de toma del poder dentro de la Asociación General de Estudiantes Alemanes. Su líder, Baldur von Schirach, hijo de un director artístico de teatro, fue nombrado jefe juvenil nacional del NSDAP y librado, en marzo de 1932, de la subordinación a la SA, como secuela de la prohibición de la SA por Brüning y Gröner. En el Día Nacional Juvenil de la Juventud Hitleriana que tuvo lugar en Potsdam el 1 y 2 de octubre de 1932, Hitler observó durante más de siete horas, con el brazo levantado, el desfile de aproximadamente 100 000 muchachos.

El trabajo de agitación y de masas realizado por la HJ colocó a esta organización en evidente oposición a las asociaciones juveniles burguesas, y de hecho la elevada participación de jóvenes obreros y aprendices de artesano entre los integrantes era notable; ascendía más o menos a 70%. Con todo, la HJ en conjunto sólo constituía una minoría muy pequeña entre las organizaciones juveniles alemanas, porque el Comité Nacional de Asociaciones Juveniles Alemanas contaba con 5 o 6 millones de miembros en total. Sin embargo, después del 30 de enero de 1933 tuvo lugar un golpe de mano parecido al de los sindicatos: el 5 de abril, la oficina de dicho comité fue ocupada, y la dirección, usurpada, sin que se opusiera una verdadera resistencia. Las organizaciones juveniles políticas fueron disueltas y prohibidas así como los partidos correspondientes; algunos de los grupos derechistas, como la Juventud de Bismarck y la de Hindenburg, fueron integradas en parte a la HJ. La "juventud corporativa" presentó mayores dificultades. Primero se unió en la Liga Juvenil Pangermana bajo las órdenes del almirante Von Trotha. El conflicto con ella no era de principios, porque desde 1919 las convicciones del ala derecha del movimiento juvenil eran de carácter nacional. La diferencia fue posteriormen-

---

[66] Respecto a lo que sigue, cfr. Hans-Christian Brandenburg, *Die Geschichte der HJ*, Colonia, 1968.

te definida por Schirach de la siguiente manera: "Me repugnaba sobre todo la ideología de esa liga. Se calificaba de élite; y a nosotros, de masa. Nosotros éramos la 'juventud del pueblo'; ellos, la 'juventud selecta'. El Estado nacionalsocialista no podía tolerar esa forma de pensar."[67]

En esta ocasión se recurrió al poder estatal. El 17 de junio de 1933, Hitler nombró a Schirach "líder juvenil del Reich alemán" y su primer acto oficial fue la disolución de la Liga Juvenil Pangermana. De todas las demás asociaciones, sólo la Liga de los Artamanes fue incorporada a la JH en forma corporativa y transformada en el Servicio Rural de la Juventud Hitleriana. La Juventud Protestante fue integrada a la HJ a fines de 1933, mediante un acuerdo con el obispo del Reich, Müller, sin perder por completo su identidad, aunque ésta se expresara exclusivamente en el área pastoral. Opusieron mucha más resistencia las organizaciones juveniles católicas, como la liga de escolares Nueva Alemania, pues contaban, hasta cierto grado, con la protección del concordato, pero al cabo de unos cuantos años, las múltiples medidas de presión y de censura terminaron por neutralizarlas.

En una época, el sábado se reservaba para la HJ como Día Estatal de la Juventud. El 1 de diciembre de 1936 se dictó la Ley de la Juventud Hitleriana, misma que responsabilizaba a ésta de toda la educación física, intelectual y moral recibida por los jóvenes fuera de la escuela y de la casa paterna. A partir de ese momento, la JH servía ante todo como un sistema rigurosamente organizado de alistamiento para el propósito de la educación premilitar, en un sentido no limitado sólo al aspecto técnico. Resultaban características la "JH de la marina", la "JH motorizada" y las unidades de aviación. En 1938, la JH incluso creó su propio Servicio de Patrulla, una especie de cuerpo de seguridad; comprendía una escolta (150 hombres) en cada distrito. Un acuerdo entre Schirach y Himmler estableció una relación especial con la SS: los nuevos ingresos a las unidades de la SS debían proceder, en primer lugar, del Servicio de Patrulla de la HJ, mientras que el Servicio Rural había de constituir la reserva más importante de campesinos para el ejército.

La organización estructural correspondía a la de las demás asociaciones nacionalsocialistas y se basaba totalmente en los principios de jerarquía y mando, adversa a la existencia de gremios que tomaran decisiones y discutieran: desde el jefe superior, la cadena de mando pasaba por los jefes de regiones, distritos, "tribus", "escoltas" y "tropas", hasta los "jefes de camaradería", una especie de suboficiales. Los rangos superiores, hasta el jefe de región (que fungía como un comandante de regimiento), eran de carácter profesional, pero fue posible evitar en gran medida el peligro de la burocracia. No existía, en cambio, nada semejante a la "caballería ligera" del Komsomol, destinada a combatir la burocratización del Estado, y mucho menos elementos parecidos

---

67 Baldur von Schirach, *Die Hitlerjugend. Idee und Gestalt*, Berlín, 1934, p. 34.

a los comités, las oficinas y las secretarías de la organización soviética. La JH tampoco fue movilizada para librar "batallas de producción" ni para construir nuevas instalaciones industriales. Durante la guerra sí se recurrió a ella para la cosecha y la protección antiaérea, además de que prestaba servicios auxiliares en el correo, la policía, el ferrocarril y el "transporte infantil dentro del país". Sólo en 1941 se empezó a emplear como "ayudantes antiaéreos" a los jóvenes hitlerianos; el mismo año, Artur Axmann sustituyó a Schirach como jefe nacional juvenil, ya que éste había sido nombrado jefe de distrito del NSDAP en Viena.

En forma correspondiente a sus subdivisiones, el trabajo de la HJ en general acusaba diferencias bastante grandes.

El Pueblo Joven Alemán (DJ) era el que más recordaba el "movimiento juvenil": excursiones, tiendas de campaña, juegos al aire libre. Aun así, en este caso tampoco salían a pasear bandas caracterizadas por la espontaneidad individual, sino marchaban columnas que recibían orden de formarse y que debían obedecer las llamadas. Los cuchillos de excursionista que usaban todos estos "muchachillos" llevaban grabada la consigna "sangre y honor". Un estadunidense no hubiera podido distinguir, a primera vista, entre un grupo del Pueblo Joven y uno de Jóvenes Pioneros, de haberlos podido ver uno al lado del otro. No obstante, en el Pueblo Joven hubiera sido completamente irrealizable integrar a los niños a la lucha de clases, como lo hizo el movimiento infantil revolucionario de Alemania durante el periodo de Weimar.[68]

La verdadera JH estaba compuesta de los muchachos de 14 a 18 años de edad y constituía, por lo tanto, una agrupación de adolescentes, mucho más que el Komsomol. Ponía énfasis en los campos de preparación militar y en los campeonatos nacionales de tiro, pero en las fuerzas armadas mismas desde luego no podía haber secciones de la JH, como tampoco podía haber células del partido en ésta; muchos jóvenes hitlerianos ingresaron al partido y se hicieron soldados al mismo tiempo, mientras que un integrante del Komsomol muy bien podía ser también un probado miembro del partido y un soldado veterano. Se daba menos importancia a la instrucción ideológica que en el Komsomol; algunos de los principales temas tratados eran los mitos nórdicos, las causas de la derrota alemana, las medidas necesarias para preservar la pureza de la sangre alemana, Adolfo Hitler y sus compañeros de lucha, el pueblo y su espacio vital. Por otra parte, también resultaban inconfundibles los rasgos socialistas, como la quema de gorras escolares, la propaganda a favor de vacaciones para los jóvenes obreros y las "competencias nacionales de los

---

[68] Véase, por ejemplo, el poema publicado en un "libro ilustrado para niños obreros", que en una estrofa dice: "Desde temprano el niño de los pobres anda brincando/Con sus panecillos calientitos./El niño burgués sigue acostado,/Durmiendo, se pondrá gordo y marrano." (*Seid bereit für die Sache Ernst Thälmanns. Eine Auswahl von Dokumenten zur Geschichte der revolutionären Kinderbewegung in Deutschland*, Berlín, 1958, p. 149).

oficios". La continuidad mantenida con respecto a la tradición del movimiento juvenil se ponía de manifiesto en los desfiles acompañados de música y en los juegos, pero también en los comienzos de una labor cultural más exigente, como los Días Nacionales de Teatro de la JH.

Por parte de la juventud femenina, las asociaciones correspondientes eran las Muchachas Jóvenes y la Liga de Muchachas Alemanas (BDM, hasta los 21 años de edad). Era anexa la Labor-BDM Fe y Belleza. En muchos sentidos se advertía en estas asociaciones una continuación de las "excursiones femeniles" del movimiento juvenil; por otra parte, eran regidas en forma extrema por la idea directriz de la "madre alemana".

¿Representaba también la HJ una instancia de educación totalitaria? Parece oponerse a ello el hecho de que aparentemente imponía un límite de calidad a su pretensión cuantitativa global: la escuela y la casa paterna eran reconocidas expresamente como poderes educativos equivalentes. Se daba por sentado, ciertamente, que la escuela y la casa paterna no tuviesen convicciones antinacionalsocialistas, pero no se exigía un conformidad positiva. Un sinnúmero de casas paternas en Alemania mantenían considerables reservas ante el régimen y en muchas escuelas alemanas, cuando mucho, los profesores de deportes y de biología eran nacionalsocialistas, mientras que la gran mayoría de los maestros procuraba conservar, si acaso, el espíritu del levantamiento nacional. El pluralismo social se conservó, pues, también en este ámbito, y durante todo el Tercer Reich hubiera sido inconcebible que un niño de 12 años solicitase en Alemania la pena de muerte para su propio padre en el contexto de una purga, como sucedía en la Unión Soviética.[69] A pesar de todo y aunque no se erigiera en héroe nacional a ningún Pavel Morozov, un gran número de padres temía hacer cualquier comentario contra el régimen en presencia de sus hijos fanáticos, y, de hecho, existían algunos puntos de infiltración organizada. Por ejemplo, las escuelas Adolfo Hitler eran manejadas por la JH y no estaban subordinadas al ministro del Reich para Ciencia, Educación e Instrucción Popular, sino a la Dirección Juvenil del Reich. El transporte infantil dentro del país no representaba sólo una medida de emergencia; también se dirigía a contrarrestar la influencia de la casa paterna. Además, el concepto de educación al parecer había sido anulado por el principio de la dirección de la juventud por la juventud misma. Sin embargo, el objetivo no era crear un mundo juvenil, sino prepararse para el servicio militar, más en el sentido interno que en el técnico exterior.

En *Mi lucha*, Adolfo Hitler describió su ideal educativo con palabras claras:

Toda la labor educativa del Estado del pueblo debe hallar su coronación en la inculcación instintiva e intelectual del sentido y el sentimiento de la raza en el corazón y el cerebro de la juventud que está a su cargo [...] En vista de este hecho,

[69] Heller-Nekrich, *op. cit.*, t. I, p. 198.

el Estado del pueblo no debe enfocar toda su labor educativa al fin de trasmitir simples conocimientos, sino a criar cuerpos completamente sanos. En segundo lugar sigue el desarrollo de las capacidades intelectuales [...][70]

En realidad, este desarrollo no sólo no ocurrió en segundo lugar, sino que no se realizó nunca, puesto que por una parte permanecía a cargo de la escuela, que en esencia era la misma de antes, y por otro lado era entendido, cuando mucho, en el ámbito de la JH, como preparación para las competencias nacionales de los oficios.

Por lo tanto, el principio rector era un radicalismo dirigido contra el intelectualismo en la educación, que Hitler evidentemente consideraba producto de la "descomposición judía", aunque en verdad era al mismo tiempo consecuencia y condición de la evolución moderna. A este respecto, Lenin se mostró incomparablemente más moderno al tratar de inculcar con insistencia al Komsomol, "aprender, aprender, aprender". Sin embargo, a su vez demostraba, precisamente de esta manera, que vivía en condiciones mucho menos modernas, en las que faltaba mucho para que el progreso y la modernidad alcanzaran el nivel de desarrollo en que se pudiera reconocer su potencial peligrosidad. Asimismo, la consecuencia más sutil de la educación totalitaria ya se había puesto de manifiesto con gran claridad en el desprecio de Lenin hacia la "antigua intelectualidad": no sólo en la Alemania nacionalsocialista, sino mucho más aún en la Rusia bolchevique, la posibilidad de la comparación crítica y de la reflexión independiente fue cortada de raíz y sustituida por la alabanza incondicional del partido y su caudillo. Mas ¿qué contraste hubiera podido ser mayor, por otra parte, que el existente entre la pretensión del Komsomol de difundir la concepción materialista de los fenómenos de la naturaleza y de instalar cuartos de lectura en los pueblos, y la afirmación de Hitler de querer a una juventud "veloz como galgo, correosa como el cuero y dura como el acero de Krupp"?[71]

Tanto el Komsomol y la Juventud Hitleriana, como la GPU y la Gestapo, eran en igual medida disímbolos y semejantes. Se podía afirmar que lo primero era el resultado de la diferencia entre una sociedad más joven y menos desarrollada y otra más antigua y compleja. Con todo, no era posible pasar por alto la coincidencia de ambos en la orientación hacia el servicio militar. Si bien existía mucho cinismo y brutalidad obtusa tanto en la GPU como en la Gestapo, no es posible cuestionar de ninguna manera que la juventud tanto de Alemania como de la Unión Soviética —a diferencia del grueso de la juventud en los estados democráticos liberales— era en gran parte una juventud fiel y dispuesta al sacrificio. Ni en un caso ni en el otro es posible explicar este fenómeno de manera satisfactoria a partir del monótono adoctrinamiento efectuado duran-

[70] MK, p. 452.
[71] Ibid., p. 393.

te el horario escolar y las reuniones vespertinas. Tenía que haber otro elemento en juego, más fuerte, no tangible ni exclusivo de la juventud, pero que era absorbido con particular fuerza por ésta por el hecho de derivar directamente de las experiencias y las emociones básicas características de los conceptos del mundo de ambos partidos.

#### 4. LAS IMÁGENES PROPIA Y AJENA EN LITERATURA Y PROPAGANDA

Las experiencias y emociones básicas son el fundamento del que nacen las ideologías. Las ideologías nunca las inventan los pensadores individuales; en ellas se esclarecen y se articulan, traducidas a formas ideales, experiencias y emociones determinantes para un gran número de personas. El terreno en que echan raíces es una situación fundamental compartida, posiblemente, por personas radicadas en muchos países, por diversas clases sociales y varias generaciones, pero también puede tratarse de circunstancias más limitadas en el tiempo y el espacio. De no concretarse este síndrome de situación, experiencia, emoción e ideología, la gente sólo actúa de acuerdo con sus intereses. Cuando está dado, se forman grupos y partidos que contrastan con "los otros" y que tienen una imagen definida tanto de sí mismos como de los otros, con la tendencia inherente a verse a sí mismos como "los buenos", y a los otros, como "los malos" o "los enemigos".

En su forma más sutil, la imagen propia del grupo o partido, al que siempre corresponde una imagen ajena, se expresa como literatura; en la forma más burda, como propaganda. A continuación, el término "literatura" no se referirá a la gran literatura de autores como Shakespeare, Goethe y Dostoievski —que siempre asciende a mucho más que la literatura ideológica de cualquier partido, por mucho que sea posible interpretarla conforme a los conceptos de éste—, sino en primer lugar a las canciones y celebraciones en las que miles, es más, cientos de miles de personas profesan su pertenencia a una comunidad, así como su gusto por las novelas que describen, en forma comprometida o bien relativamente distanciada, los hechos y conflictos que trastornan la época contemporánea. Ambos tipos de literatura, a diferencia de la filosofía y la gran literatura, no se encuentran separados por ninguna zanja de propaganda y agitación, pero el partido que sólo sabe hacer propaganda, siendo incapaz de producir una canción o narración novelística de buena calidad, constituye una simple alianza de intereses o empresa dedicada a la conquista del poder. El Estado en que sólo existieran este tipo de partidos no sería totalitario ni podría contarse entre el sistema liberal, sino representaría sólo una sociedad comercial.

La mejor demostración de dichas reflexiones nos la brindan la literatura y la propaganda del movimiento obrero, que ponen de manifiesto, además, que las grandes disputas políticas del periodo entre guerras no fueron de ninguna manera determinadas en su totalidad por las experiencias de la primera Guerra Mundial, sino que estaban arraigadas en un terreno más antiguo. Las experiencias básicas del movimiento obrero se originaban, por ejemplo, en la vida económica y en una sociedad basada exclusivamente en principios económicos, desde su punto de vista. A los "condenados de esta Tierra" apelaba la canción escrita por Eugène Pottier en 1871,[72] y llamaba la atención de todos los "que aún son obligados a sufrir hambre" sobre los "cuervos" y los "buitres" que debían ser ahuyentados para que el Sol pudiera brillar "sin cesar" para los pobres, para el "ejército de los esclavos". ¿Cómo iban a sostenerse por mucho tiempo los "opresores" y los "ociosos", si los pobres constituían "el más fuerte de los partidos" y eran capaces de "liberarse" ellos mismos "de la miseria", sin necesidad de recurrir a la ayuda de un "ser superior", llámese Dios, emperador o tribuno? El coro repite una y otra vez las líneas que expresan las pretensiones universales del movimiento, con igual claridad que su militancia y orientación hacia el futuro:

> ¡Pueblos, escuchad las señales!
> ¡A librar el último combate!
> La Internacional
> conquista el derecho natural del hombre.

Durante muchas décadas, "La Internacional" fue entonada en toda Europa y América cada vez que se congregaban grandes masas de obreros en ocasión de algún festejo. Sembraba terror entre los enemigos y esperanza entre los amigos. El que tenía conocimientos históricos posiblemente extrajera confianza adicional de la afirmación de que las personas que todavía no eran "nada" dentro de poco lo serían "todo", porque de esta manera el movimiento obrero se enlazaba con el escrito polémico más famoso de la Revolución francesa.

La confianza en la historia y la seguridad del futuro eran, de hecho, los rasgos fundamentales del movimiento obrero antes de la primera Guerra Mundial, y en ningún lugar encontraron estas emociones una expresión más bella que en una canción creada en 1897 en la celda de una cárcel de Moscú, la cual no fue dada a conocer en Alemania hasta después de 1918, en la versión de Hermann Scherchen:

> Hermanos, al Sol, a la libertad.
> Hermanos, salid a la Luz.
> En la oscuridad del pasado
> brilla luminoso el futuro.[73]

---

[72] *Lieder der Partei*, compilación de Inge Lammel y Günter Hofmeyer, Leipzig, 1961, pp. 7-8.
[73] *Ibid.*, pp. 9-10.

La conciencia de ser los creadores de todas las riquezas y de sufrir, no obstante, grandes penurias, se pone de manifiesto de manera aún más sugestiva en una canción escrita por Johann Most y publicada por primera vez en 1871, "Los hombres trabajadores":

> ¿Quién extrae el oro?
> ¿Quién martilla el mineral y la piedra?
> . . . . .
> ¿Quién da a los ricos todo su pan
> y no obstante vive penurias extremas?
> Los hombres trabajadores,
> el proletariado.
> Reunid vuestras fuerzas
> y jurad por la roja bandera
> . . . . .
> ¡Acelerad la caída de los déspotas!
> ¡Cread la paz en el universo!
> ¡A luchar, hombres trabajadores!
> ¡Adelante, proletariado![74]

Salta a la vista que la primera Guerra Mundial tuvo que convertirse, para dicha confianza y conciencia de fuerza, en la experiencia más dura posible, y no obstante también en la más estimulante. ¿No era cierto que "los hombres trabajadores" de Europa se habían asesinado mutuamente, en lugar de estrecharse las manos? ¿No parecía el futuro luminoso haberse alejado mucho más de lo que ya lo estaba? ¿Cómo había sido posible que los "buitres" y los "cuervos" lograsen hundir al proletariado internacional unido en tal desgracia? De no querer admitir, con desconsuelo, que el proletariado no estaba unido, que no tenía convicciones internacionalistas ni abarcaba a la gran mayoría de la población, el tono tenía que tornarse mucho más duro; había que levantar acusaciones mucho más violentas y resultaba que no se estaba enfrentando sólo a unos cuantos "cuervos" y "buitres", sino a un enemigo poderoso y malicioso al que ante todo había que odiar.

Una colección de poemas y canciones rojos publicada en 1924 en Berlín pone aún más énfasis en la experiencia y las secuelas de la guerra que en lamentarse sobre la monotonía del trabajo fabril o en la oposición entre las "pieles, joyas y vestidos de seda" de los burgueses, por un lado, y el "hambre y desempleo" de los proletarios, por otro. Uno de los poemas, "A los soldados", dice como sigue:

Hombre del traje de colores, ahora debes decidir
si eres de los bandidos o de los que tenemos hambre.

[74] *Ibid.*, pp. 26-27.

Nuestra enconada lucha se dirige contra los bandidos de este mundo
y contra todos los que se nos opongan.
Pero si dices apoyarnos a los proletarios hambrientos
debes combatir con nosotros: queremos matar a los bandidos.[75]

Los Orgesch, es decir, los cuerpos de voluntarios, y también Hitler desempeñaban un papel considerable en estas canciones. Si bien Hitler, Dietrich Eckart y sus nazis aún aparecían como figuras ridículas, a los Orgesch se dirigían las siguientes palabras muy serias:

No lograréis
ejecutar a millones, Orgesch;
de nuestra sangre brotará
el juicio proletario.[76]

La canción de la "Guardia Joven" era la más resuelta:

Formamos la primera fila,
los de rompe y rasga,
somos la Guardia Joven,
atacamos, atacamos.

El sudor del trabajo sobre la frente,
el estómago vacío y hambriento, sí, vacío,
la mano cubierta de hollín
empuña el rifle.

Así se dispone la Guardia Joven
a la lucha de clases.
Sólo cuando sangren los burgueses
estaremos libres.
. . . . .
Viva la Rusia soviética.
¡Escuchad! Estamos marchando ya.
¡Nos lanzamos bajo el símbolo
de la revolución de los pueblos!

Tomad las barricadas,
salid a la guerra civil, sí, a la guerra,
plantad las banderas soviéticas
para la victoria, roja como la sangre.[77]

[75] *Rote Gedichte und Lieder*, Berlín, 1924, p. 31.
[76] *Ibid.*, p. 77.
[77] *Ibid.*, p. 76.

Con todo, los llamamientos a la guerra y la guerra civil permanecían ligados, en última instancia, a la idea de una vida pacífica, armoniosa, conforme a las leyes de la naturaleza y sencilla, la cual parecía tan cerca y no obstante había sido alejada a distancias remotas por una fuerza misteriosa que se denominaba "los bandidos" o "la reacción":

¡Echad abajo las bolsas!
Y también los bancos
y todo lo demás que nos aflige.

Haced explotar todo el horror.
No preguntéis qué será;
nos quedará, seguro,
la rica tierra.

¡Produce lo suficiente
para dar placer y vida
a cada ser humano!
Pan y vid.
. . . . .
Sabemos lo que estamos haciendo
al destruir.
Es una obra apasionada,
un juicio sagrado.

Es la guerra más transparente
por el derecho más puro.
Sonora se escucha la consigna:
ni amo ni siervo.[78]

Respecto a los comienzos es posible citar canciones alemanas, con toda confianza, para ilustrar el espíritu de la Revolución rusa, de carácter completamente internacionalista por encima del deseo elemental de tierra y paz y cuyos paladines, profundamente conmovidos, entonaron "La Internacional" la noche del 8 de noviembre, entre los delegados aún presentes del 2º Congreso Soviético. Consciente de haber dado un paso de importancia histórica mundial, después de esta fecha la revolución pudo ponerse en escena ella misma, una y otra vez, en sus grandes celebraciones.[79] A pesar del hambre y la miseria, a comienzos de los veinte Petrogrado y Moscú aún eran ciudades muy animadas en las que se presentaba mucha espontaneidad, por omnipresentes

---

[78] *Ibid.*, p. 67.
[79] Lo que sigue se basa en René Fülöp-Miller, *Geist und Gesicht des Bolschewismus*, Zurich, Leipzig y Viena, 1926, pp. 182-196.

que ya fuesen la conducción y el control ejercidos por el partido. Los observadores creían reconocer un rasgo fundamental del carácter ruso cuando las escenas improvisadas en las calles conducían a la interacción natural de los actores con el público. Los obreros de una fábrica de pieles, por ejemplo, metieron a una gran jaula y pasearon por toda la ciudad, ante grandes manifestaciones de simpatía de los circunstantes, muñecos provistos de máscaras que retrataban a Mussolini, Lloyd George y otros políticos del mundo capitalista, con el letrero: "Pieles de las fieras del mundo, curtidas y elaboradas por la Fábrica de Pieles Sorokumoff." Otra jaula contenía una araña gigantesca que llevaba la inscripción "El capital". La multitud aplaudió cuando la araña fue extraída y quemada. También se reunían grandes masas al efectuarse simulacros de procesos contra criminales ausentes, como el juicio contra los asesinos de Rosa Luxemburgo o contra Wrangel.

Todo ello fue mucho más una fiesta que simple propaganda, al borrarse las divisiones entre actores y espectadores, las celebraciones culminaban con grandes festejos masivos en que la revolución y los actores de ésta reproducían y conmemoraban sus propios actos. Delante del Palacio de Invierno de Petrogrado se construía un enorme escenario, por ejemplo, sobre el cual unos gordos burgueses y sus amantes se ponían a comer, iluminados por una luz brillante, mientras que en la plaza, delante y debajo de ellos, comenzaba a agitarse una oscura multitud, imposible de distinguir del público. Se oían detonaciones, se formaban divisiones de la Guardia Roja, se acercaban tanques. Los *burshui* que estaban disfrutando el banquete enmudecían de miedo, se ponían de pie y huían, mientras que las formaciones revolucionarias se precipitaban al frente entre gritos y tiros. La elevada pared al fondo descendía; detrás de ella se revelaba el árbol de la libertad, adornado con listones rojos, y gran cantidad de uniformados acudía en masa y cambiaba las armas por guadañas, bieldos y martillos: la gran alianza de toda la humanidad en el trabajo pacífico sustituía el conflicto militar, sonaba La Internacional y los fuegos artificiales proyectaban su resplandor sobre la escena, en que actores y espectadores terminaban por fundirse en una unidad homogénea. De esta manera, los individuos superaban su individualidad y estrechez particulares y se veían elevados hacia la fuerza sin límites de la masa. Lo cotidiano y la división del trabajo habían desaparecido; la representación se anticipaba al nuevo mundo y al nuevo hombre, en un acto que era al mismo tiempo epílogo y preludio.

La fiesta se convirtió en culto: después de la muerte de Lenin el cadáver embalsamado del fundador del Estado halló su última morada en el mausoleo de la Plaza Roja. Todos los días, muchos miles de personas esperaban con paciencia en largas filas la oportunidad de echar una mirada a la única y más alta reliquia de la Unión Soviética.

En este entorno resonaban las canciones y los poemas de Demyan Bedny, que se preciaba de ser un don nadie y un ignorante, lo cual según él le permitía, precisamente, retratar la realidad de las masas:

> Millones de pies: un cuerpo. El pavimento retumba...
> Masas de millones: ¡un corazón, una voluntad, un paso!
> ¡Marcha a compás! ¡Marcha a compás!
> Vienen marchando. Vienen marchando.
> Marchad, marchad...[80]

De esta manera se confundieron la fiesta y la propaganda, y ésta adquiría una forma sucesivamente más pura cuanto más pronunciado era el esfuerzo de los individuos o los grupos por influir en otros a la distancia y por comunicarles las opiniones correctas. Durante muchos años, la Unión Soviética en su totalidad parecía constituir un enorme muro completamente tapizado de consignas, imágenes, amonestaciones y denuncias que señalaban todas en la misma dirección, ya fuera que de hecho pudieran encontrarse sobre los muros y las columnas estatuarias o bien en folletos y libros. El "enemigo capital" aparecía en forma de un hombre gordo de rasgos desagradables en medio de un sinnúmero de monedas de oro; la Sociedad de las Naciones, encarnada por tres hombres con sombreros de copa y las panzas rellenas de monedas, identificados por sus colores nacionales como Francia, Inglaterra y Estados Unidos, se reúne sobre un podio alto frente a una masa pobre y oprimida, bajo la inscripción "Capitalistas de todas las naciones, uníos"; un ángel vuela, esparciendo flores sobre una gran multitud congregada para celebrar la "fiesta de los trabajadores de todas las naciones".

Los carteles del periodo de la Guerra Civil muestran a Wrangel como figura semihumana con dentadura animal y puñal; ponen a unos obreros a cargar una gigantesca granada como "obsequio para el Pan blanco" (los terratenientes y capitalistas polacos); reproducen un mapamundi en el que la bandera roja ondea en toda Europa.[81] Las imágenes y las descripciones son prácticamente imposibles de distinguir de las que publicaban los Blancos: sótanos llenos de cadáveres, cabezas cortadas y ejecuciones masivas; también está ausente cualquier indicio del terror practicado por el propio bando. Una analogía peculiar y no del todo creíble de los propios procedimientos puede encontrarse, en cambio, en la afirmación de que los Blancos fusilaban, sin mayores investigaciones, a todos los prisioneros detenidos en circunstancias sospechosas que tuviesen las manos callosas por el trabajo. Una diferencia auténtica se revela en las imágenes de azotamientos, que en efecto, al parecer, sólo llevaban a

---

[80] Demyan Bedny, *Die Hauptstrasse*, Viena, 1924, pp. 11-12.
[81] Harrison E. Salisbury, *Bilder der russischen Revolution 1900-1930*, Berlín, 1979, pp. 69, 133, 233, 265 y 261.

cabo los Blancos.[82] Por otra parte, la propaganda soviética se volvía inverosímil para el extranjero al hablar de las ejecuciones en masa de mujeres proletarias alemanas y las terribles torturas sufridas por comunistas encarcelados en Alemania.[83]

Al finalizar los años veinte cambió el rostro de la propaganda. Ahora las grandes panorámicas sólo mostraban la Unión Soviética, señalando en muchos puntos los grandes proyectos del plan quinquenal, y por doquier se inculcaba a las personas la resolución tomada en el 15º Congreso del Partido de que había que "alcanzar y rebasar", dentro de un breve plazo, el nivel de desarrollo industrial de las naciones capitalistas más avanzadas. Por otra parte, también eran ejemplo de propaganda los viajes cuidadosamente preparados para las delegaciones extranjeras que deseaban reunirse con el pueblo, pero que sólo conocían a agentes de la checa o de la GPU;[84] eran propaganda las audiencias del "presidente" Mijail Kalinin, desprovisto de todo poder; y "agitación y propaganda" constituían la única tarea de uno de los departamentos más grandes del Comité Central del PCUS. En 1941, la Unión Soviética seguía siendo el país de la propaganda, pero incluso en las expresiones más rutinarias y burdas de ésta aún estaba presente algo del espíritu de aquellas primeras canciones y celebraciones en que se habían revelado las emociones y los conceptos básicos de un gran movimiento internacional.

La tradición en que se fundaban las canciones del movimiento nacionalsocialista era por completo distinta. También ella se remitía al tiempo de la preguerra. Si bien las canciones del movimiento obrero nunca hablaban seriamente de ciencia, hasta 1914 predominó totalmente el espíritu optimista de la era del progreso. No obstante, desde hacía mucho tiempo algunos filósofos importantes habían expresado severas críticas contra un concepto demasiado banal y superficial del progreso; la literatura y la ciencia habían descubierto la significación del mito y el culto en la antigüedad; el "excursionista" había redescubierto y abrazado a la patria y sus tradiciones:

> Tierra más bella que la nuestra
> no hay, en este tiempo,
> donde disfrutamos bajo los tilos
> la reunión vespertina.[85]

En este caso, la guerra no podía interpretarse ante todo como desmoronamiento de esperanzas y obra de una minoría malvada, la clase dominante.

---

[82] Annelie y Andrew Thorndike, *Das russische Wunder*, Berlín, 1962, pp. 108, 122-123, 109.

[83] *Cfr.* Kindermann, *op. cit.* (nota 173, capítulo II), p. 32.

[84] Véase las narraciones de Tamara Solonewitsch, *Hinter den Kulissen der Sowjetpropaganda. Erlebnisse einer Sowjetdolmetscherin*, Berlín, 1937.

[85] Las canciones y los poemas alemanes citados se pueden encontrar en muchas antologías; la "Lied der jungen Garde" adaptada por la SA está incluida en el *Liederbuch der schlesischen SA*.

Millones de alemanes la habían vivido más bien como liberación de la rutina, como movilización para sacrificios heroicos y como confirmación de antiguas convicciones, e incluso, en agosto de 1914, para la gran mayoría de los socialdemócratas era una verdad palpable que Alemania, con su cultura mucho más elevada, tenía que defenderse contra la amenaza de la Rusia zarista, latente desde hacía mucho tiempo y que ahora se había vuelto aguda. Después de la derrota se puso de manifiesto que el contenido sentimental antaño depositado en la religión tenía la capacidad, justo en estos apuros, de enlazarse con el patriotismo y de producir algo muy parecido a la antigua unidad del servicio a la patria y a Dios contemplada con ojos nostálgicos aun antes de la guerra. Como ejemplo es posible mencionar el "Juramento alemán" de Rudolf Alexander Schröder:

> Patria sagrada, en tus apuros
> tus hijos listos están para defenderte,
> rodeada por peligros, Patria Sagrada,
> mira, las armas fulguran en todas las manos.
> . . . . .
> Entre las estrellas está escrito nuestro juramento,
> el que guía los astros nos escuchará;
> antes de que el extranjero te robe tus coronas,
> Alemania, caeremos cuerpo a cuerpo.
>
> Patria Sagrada, levanta intrépida
> tu rostro en esta hora,
> mira a todos tus hijos enardecidos.
> Tú has de permanecer, nosotros desapareceremos.

En vista de los horrores de las modernas luchas técnicas era posible mofarse del tono propio de un himno; se podía cuestionar que un país de fábricas, bancos y largas jornadas mereciera tales cantos de alabanza. No obstante, si Alemania en realidad no hubiera sido más que otro ejemplar de la sociedad global compuesta de unos cuantos explotadores y de un sinnúmero de explotados, el poema no hubiese tenido eco. Tal vez se opinara que su influencia estaba limitada a los círculos burgueses, pero en tal caso se planteaba la cuestión de lo extensos o reducidos que eran los círculos cuyo sentir y pensar no giraba exclusivamente en torno a la "oposición [universal] de capital y trabajo". Como sea, durante los combates del Ruhr el socialdemócrata Karl Bröger dijo en esencia lo mismo que Rudolf Alexander Schröder, si bien puso mayor énfasis en la tarea de "dar forma":

> Nada nos robará el amor y la fe
> en nuestra tierra; fuimos enviados

para preservarla y darle forma.
Aunque muramos, nuestros sucesores
tendrán el deber de preservarla y de darle forma.
Alemania no morirá.

Estas canciones no fueron escritas por nacionalsocialistas. Las emociones en que se basaban no eran artificiales ni limitadas a círculos reducidos. Se trataba, más bien, de la fuente más extensa a la que el nuevo movimiento pudo recurrir para extraer sus fuerzas; de no haber existido esta abundancia en manantiales, los "resentimientos sociales de los pequeñoburgueses desclasados" no hubieran dado lugar más que a un nuevo partido de clase media orientado a la defensa de los intereses económicos del artesanado y de la pequeña industria. En cambio, una característica del nacionalsocialismo era su capacidad de adoptar las canciones del movimiento obrero para otorgarles un tono nacionalista y antisemítico. (Por cierto, también el lado contrario modificaba canciones populares y de soldados, a fin de ponerlas al servicio de la propia causa.) La Juventud Hitleriana entonaba, por ejemplo, "Hermanos, al Sol, a la libertad", agregando una estrofa nueva:

Hitler es nuestro caudillo, no recibe la paga en oro
que los tronos judíos arrojan a sus pies.

La SA de Silesia modificó de la siguiente manera la canción de la "Guardia Joven":

Somos las columnas de asalto, los de rompe y rasga,
formamos la primera fila, ¡atacamos con valor!
El sudor del trabajo sobre la frente, el estómago vacío y hambriento.
La mano cubierta de hollín y callos empuña el rifle.
. . . . .
La granada de mano en el cinturón, el rifle en el hombro,
¡así marchan las columnas de asalto, ebrias de victoria!
El judío comienza a temblar, rápido abre el arca,
liquida, hasta el último centavo, la cuenta del pueblo.

Hubiera sido más que ridículo que sólo los "hijitos de familia burguesa" o los "dandys" interpretaran estas canciones, según la simplificación de los hechos presentada por la propaganda contraria. La Juventud Hitleriana se constituía en gran parte de elementos proletarios y lo mismo era cierto con respecto a la SA. Si forzosamente tenía que sangrar un sector de la población, casi se imponía sola la elección de los judíos, fácilmente reconocibles y no demasiado numerosos, para sustituir a los burgueses, en cuyo caso nadie sabía con exactitud si el término se refería sólo a los financieros, también a los empresarios o bien a todos los "consumidores de plusvalía", teniendo que incluir, posiblemente, incluso a los obreros calificados. ¿No era "Rothschild" el nombre que para el movimiento obrero inicial había encarnado todo lo digno de odiarse en el sistema?

Una vez obtenida la victoria, volvió a pasar al primer plano la solemnidad ampulosa y sentimental que como tal probablemente no se encuentra en los cantos de ningún otro pueblo, si bien mezclada con el tono más duro y nervioso del gusto por el combate, por este mismo, y con la amenaza de destruir al "enemigo universal":

> ¿Observas en el Este la aurora, signo de la libertad, del Sol?
> estaremos unidos en la vida y en la muerte, venga lo que sea,
> por qué seguir dudando, dejad de discutir,
> aún fluye sangre alemana en nuestras venas,
> ¡el pueblo a las armas, el pueblo a las armas!—
> . . . . .
> Jóvenes y viejos, todos los hombres sujetan el estandarte de la cruz gamada.
> Burgués, campesino y obrero, todos blanden la espada y el martillo.
> Por Hitler, por la libertad, por el trabajo y el pan. ¡Despierta Alemania,
>     muera Judá!
> ¡El pueblo a las armas, el pueblo a las armas!

Por otra parte, desde el presente a menudo se hacía referencia a un pasado muy remoto:

> Larga era la noche y grande la penuria, yacíamos cansados y abandonados.
> ¿No caminaban furtivamente por los callejones la peste y la muerte, con
>     rostro gris?
> Haz sonar el tambor jubiloso, ¡cómo crepitan ya las banderas!
> Tambor, Dios quiere llamarnos. ¡Pueblo, ponte en marcha!
> Levantaos y escuchad en masa el cortejo del tambor, para triunfar o morir,
>     libres y alegres, a la manera de los normandos...
> El triunfo en apuros, ahí mostrad vuestro valor; quien titubea ya está
>     perdido.
> Dios es la lucha; y la lucha, nuestra sangre; por eso nacimos...

En plena era industrial se estaba conjurando la mítica unidad primigenia de Dios, lucha y sangre. De ser reaccionario esto, había que encontrar una nueva definición para el término y despejarlo de las inofensivas ideas del siglo XIX. Sin embargo, ¿no era cierto que también los revolucionarios se orientaban hacia un pasado aún más remoto y menos tangible?

Lo más característico del nacionalsocialismo eran las canciones que tenían por tema al *Führer*. Will Vesper dice, por ejemplo:

Valgan nuevamente las costumbres de los primeros padres: surge el caudillo
del seno del pueblo.
Caudillo del Reich que nosotros buscamos lo has sido desde siempre, en el
corazón de los tuyos.
Antes, no se conocía ni corona ni trono. Conducía a los hombres su hijo
más capaz...
Quien marchaba delante del ejército era llamado caudillo.
Caudillo del Reich...

Si se requieren conceptos, poemas como éstos son testimonio de un
colectivismo cesarista y populista. Los conservadores cristiano-germanos del
siglo XIX no hubieran podido concebir nada más revolucionario y vituperable
que esto. Desde 1936, en la Unión Soviética tampoco se hablaba ya de clases,
sino sólo del pueblo, al que ciertamente esperaba todavía, como Unión
Soviética, cumplir con su misión revolucionaria mundial. Las canciones nacionalsocialistas siempre giraban en torno a la liberación del propio pueblo. En
este sentido, eran regidas por el particularismo.

De esta manera, dichas canciones conducían a un tipo particular de celebración que no tardó en adquirir el carácter de un culto: la celebración de la
patria y el culto a la encarnación personal de ésta, al caudillo como enviado
divino o incluso como Dios mismo. Estas celebraciones normalmente consistían en desfiles; el tono concomitante era la consonancia de las botas; el medio
eran las banderas, los estandartes y los pilares; el bastidor era el *"Heil"*
vociferado por muchos miles de voces. Los ritos eclesiásticos evidentemente
sirvieron de modelo, pero también el esplendor del Imperio. El Tercer Reich
era el imperio de las celebraciones como finalidad en sí y autorrepresentación,
circunstancia que provocó la severa crítica de Oswald Spengler. Sin embargo,
estos actos marcaron un pronunciado contraste con la República de Weimar,
de cara gris y sobria, y no era posible descartar la posibilidad de que las fiestas
estuviesen pensadas para engendrar la fuerza y los triunfos que en opinión de
Spengler tenían que existir como condición para aquéllas. Los días festivos del
calendario nacionalsocialista se leen como el calendario de la Iglesia católica.

El 30 de enero de cada año se festejaba el Día de la Toma del Poder, con la
marcha tradicional de los portadores de antorchas por la Puerta de Brande-
burgo; en marzo, la actividad central era el Día de la Conmemoración de los
Héroes, como ahora se llamaba el Día de Duelo Nacional de la República de
Weimar; el 20 de abril el Aniversario del *Führer* solía celebrarse con un vasto
desfile; el 1 de mayo, el Día del Trabajo Nacional, toda Alemania se vestía de
verde y empuñaba banderas y tan sólo en Berlín un millón y medio de obreros
y empleados marchaban hasta el campo de Tempelhof; el 21 de junio, muchos
de los líderes del partido daban discursos ante fogatas resplandecientes en
todas las regiones del Reich, en el solsticio vernal; septiembre era el mes de

los congresos anuales del Partido Nacionalsocialista, espectáculo muy impresionante también para extranjeros, porque hacía vibrar a todos los sentidos y satisfacía una necesidad primigenia de escalofríos; a comienzos de octubre tenía lugar la Acción de Gracias en el Bückeberg cerca de Hameln; el 9 de noviembre se conmemoraba a los caídos del movimiento, llevando los 16 ataúdes de los muertos el 9 de noviembre, a tambor batiente, de la Feldherrnhalle a la Plaza Real en Munich, donde se llamaba a los muertos por su nombre, según el ejemplo del fascismo italiano, y las voces de jóvenes hitlerianos contestaban con un fuerte "presente"; en diciembre prevalecía la fiesta navideña, pero estaba previsto sustituirla por el "solsticio hiemal" al término de la guerra.

Todo esto no era un simple barullo ni puede definirse adecuadamente con el término *panem et circenses*. Sin embargo, ya que la celebración constituía a tal grado una finalidad en sí misma y pretendía tocar en forma tan exclusiva las fuerzas irracionales en el hombre, saltaba a la vista, mucho más que en la Unión Soviética y entre los comunistas alemanes, la distancia que existía entre el contenido emocional y la escenificación a la organización racional.[86] Por lo tanto, la propaganda no era simple continuación del canto y la celebración. Mientras se basó ante todo en la polémica contra Versalles llamando la atención, una y otra vez, sobre las "fronteras sangrantes de Alemania", pudo enlazarse con muchas actividades desarrolladas durante el periodo de la República de Weimar en la escuela y en la vida pública. Sin embargo, ningún director de la Oficina Central para Expatriados se hubiera expresado jamás en forma tan fría y cínica sobre la necesidad de la mentira, el primitivismo y la repetición, como recursos imprescindibles de la propaganda, como lo hizo Hitler en *Mi lucha*. Es fácil imaginarse a Joseph Goebbels como director general de una gran empresa de publicidad, y como tal seguramente hubiera tenido mucho éxito. Reconoció enseguida las extraordinarias posibilidades de la radio y las aprovechó de manera astuta; en 1938 se instalaron incluso "columnas nacionales para altavoces". Todas las emisoras alemanas transmitían con regularidad los discursos del *Führer* y también producían efecto en este medio, aunque al aislar la voz los puntos débiles resultaban más evidentes que en el contexto más complicado de las asambleas masivas. Goebbels manipulaba hábilmente a la prensa, pero aun así sólo pudo fijar un tono dominante para la prensa alemana y se conservaron considerables vestigios de la antigua pluralidad, a diferencia de lo que pasaba en la Unión Soviética, donde la propaganda del partido impregnaba la vida hasta en los rincones más remotos. El cine ponía mucho énfasis en los grandes acontecimientos de la historia alemana, mas no en el antisemitismo, y cuando durante la guerra Goebbels

---

[86] Un análisis revelador de la propaganda nacionalsocialista por parte del principal propagandista del KPD se encuentra en Willi Münzenberg, *Propaganda als Waffe*, París, 1937.

hizo producir por Veit Harlan la película *Jud Süss*, fue más bien una excepción. La revista *Stürmer* de Julius Streicher podía encontrarse, ciertamente, en innumerables escaparates, pero hasta muchos de sus compañeros de partido la consideraban una vergüenza para la civilización. Incluso durante la guerra era notable el porcentaje de entretenimiento ajeno a temas políticos, no sólo en el cine, sino también en las revistas ilustradas.

A continuación se definirán las experiencias y las emociones básicas vinculadas con la Revolución rusa, que aun cuando no eran las únicas, sí fueron las más importantes, según detallan en forma distanciada algunas novelas contemporáneas. Se hará referencia a tres novelas y un diario, escritos todos antes de 1933 y no expuestos, por lo tanto, a la influencia del Tercer Reich: una obra que apoya el bolchevismo y con todo no es un ejemplo de simple literatura del partido; y tres libros redactados por autores del otro bando, el antibolchevique, no el nacionalsocialista. Sólo se recurre a un ejemplo en el primer caso, porque sus opiniones son sencillas e inequívocas; y a tres en el segundo, pues se pretende trasmitir por lo menos una noción de la complejidad y la ambivalencia que caracterizaron a este grupo.

Mijail Shólojov escribió las primeras partes de su serie de novelas el *Don apacible* alrededor de 1930, y en el presente contexto reviste interés sobre todo el segundo libro, *Guerra y revolución*. La narración comienza en octubre de 1916 con una unidad de cosacos del ejército ruso, sobre el que ya se proyectan las sombras de la derrota. El hartazgo de la guerra ha cundido; un agotamiento mortal determina la situación, pero a los ojos de los oficiales todos los soldados a cargo de las ametralladoras están "contaminados", porque circulan entre ellos los volantes de los bolcheviques, los cuales exhortan a poner fin a la guerra y extirpar con el fuego y la espada a los responsables de la gran carnicería: el zar, los nobles, los magnates de la industria internacional, los *burshui* rusos, es más, los oficiales mismos, esos "perros" que daban o bien ejecutaban las despiadadas órdenes que habían hecho correr ya cantidades interminables de sangre. Uno de los suboficiales de los cosacos, Bunchuk, comparte los sentimientos de los soldados, de modo que deserta y se integra a una organización bolchevique clandestina. Una ira sorda llena a los demás contra esos "bacilos del cólera", los bolcheviques, que pretenden entregar Rusia al enemigo alemán, pero en el país se propagan el abatimiento y el derrotismo y el rico comerciante de un pueblo de cosacos siente temblar la tierra bajo sus pies, pues nunca ha podido reprimir la mala conciencia ocasionada por su actividad explotadora. De manera muy semejante, los oficiales perciben que los soldados cosacos se escapan a su control cuando la unidad es enviada a Petrogrado para defender el gobierno, porque aunque ahora están dispuestos a entablar discusiones, no saben responder a las "convicciones mortalmente sencillas" de los soldados acerca de la necesidad de hacer la paz y castigar a los responsables. Ya no se impone el generalísimo Kornilov, que exige la destrucción sin miramientos de todos los bolcheviques por considerarlos mortíferos portadores de bacilos, sino el ex suboficial Bunchuk, que reaparece como agitador dentro de la unidad y a su vez levanta la despiadada exigencia: "Ellos a nosotros o nosotros a ellos [...] No se tomarán prisioneros [...] Ésos [como el capitán Kalmikov] deben ser erradicados como insectos dañinos."

Más adelante, después de que los bolcheviques toman el poder, el frente se desintegra y los soldados "robaban por el camino y avanzaban por la patria como una incontenible y torrencial avalancha", matando a sus oficiales. La unidad de cosacos también regresa a su pueblo, y los hombres no sospechan "que en los umbrales de sus chozas se acechaban los horrores más terribles y sucesos aún más espantosos de los que habían vivido en la guerra". Muy pronto solicitan su ayuda los cosacos acomodados y respetados que desean lograr la independencia de la región del Don contra el imperio ruso, pero los soldados también son cortejados por agitadores bolcheviques. Bunchuk participa en los combates de Rostov, pero en ninguno de los dos bandos se toman prisioneros. Finalmente, el atamán Kaledin, desesperado, se pega un tiro y una procesión de 5 000 Blancos, entre ellos el ex presidente del Parlamento Rodsianko, busca alcanzar a pie la región del Kubán. "Rusia se va al Gólgota [...] la flor de Rusia, pensó Listnitski [...] El mismo odio y la misma ira sin límites que braman en mi interior rugen en cada uno de estos 5 000 condenados a muerte." Sin embargo, el otro bando siente el mismo odio y una ira igualmente enconada. Bunchuk es llamado a participar en el tribunal revolucionario: "Casi todos los días se sacaba a los sentenciados a muerte de la ciudad en camiones de carga; ellos mismos y la Guardia Roja cavaban las tumbas a toda prisa [...]." Bunchuk con frecuencia se siente abatido, pero se consuela pensando que: "Antes de sembrar flores y árboles, hay que limpiar la suciedad." No obstante, esta "suciedad" incluye a muchos trabajadores y cosacos sencillos y Bunchuk no logra superar su abatimiento. Al final, su división de la Guardia Roja sufre una grave derrota en la región cosaca y todos son fusilados, también Bunchuk y el bolchevique más fervoroso entre sus camaradas, hijo de un pope.[87]

En su novela *Zwischen Weiss und Rot* (Entre el blanco y el rojo), Edwin Erich Dwinger habla de combates de mucho mayor envergadura y de una procesión mucho más vasta de personas condenadas a muerte: la lucha de las tropas comandadas por el almirante Kolchak, a las que se han integrado oficiales alemanes prisioneros de guerra, y su avance triunfal casi hasta el Volga; pero también, después de la supuesta traición cometida por los checos y los aliados, viene la terrible retirada por la Siberia invernal, en cuyo transcurso muere un millón de personas entre oficiales, soldados, mujeres y niños, la flor de la burguesía rusa, en palabras del autor. No faltan relatos prolijos de las atrocidades cometidas por ambas partes: las ejecuciones de simples sospechosos

---

[87] Mijail Shólojov, *Der stille Don*, traducción de Olga Halpern, Gütersloh, s.f., pp. 493, 509, 516, 611, 621 y 623.

realizadas al azar por los Blancos; la muerte por azotamiento que infligen a los comisarios y las selecciones que efectúan entre los prisioneros. También se relatan las castraciones y las "pruebas con ratas" practicadas por el otro bando. Asimismo en este caso se formula el sencillo concepto del mundo en que se apoyan los Blancos: la lucha contra el "caos asiático", la autoafirmación contra el "Moloc", la "cruzada por la cultura occidental". Con todo, resulta más notable la descripción de los bolcheviques como fieles que pretenden conducir la "Tierra hacia el alumbramiento de un nuevo tiempo" y que cantan, con convicción fervorosa: "El mundo ha cambiado de raíz. Los esclavos tomaron el poder." Ante este fondo, muchos de los oficiales blancos se ven asaltados por profundas dudas respecto a la validez de su propia causa: "¿Así se supone que debemos triunfar? ¿Y contra gente que proclama ideales?" "¿De veras estarán completamente equivocados los rojos?" "Somos perversos y decadentes, podridos de cuerpo y alma [...] ¡Hay que acabar con nosotros!" De esta manera, la búsqueda de una idea propia parece convertirse en un simple postulado, en un grito de desesperación. Lo que más logra prevalecer es el ansia que incluso los soldados rasos alemanes sienten por regresar a su patria, a su tierra y al orden, donde el fanatismo y el horror de su experiencia rusa estarán lejos y deberán permanecer así.[88]

Siegfried von Vegesack describe el mundo de la Alemania báltica y, en lo particular, de la Alemania livonia, como una Alemania en pequeño; mejor dicho, como una Alemania antigua en pequeño. También para él, las torres de Riga son "símbolo y guardianes de la cultura alemana en el más extremo Oriente". Describe este mundo con simpatía y cariño: la vida cercana a la naturaleza y al mismo tiempo culta de la aristocracia alemana en sus grandes fincas; las animadas relaciones sociales, la mayoría de las veces entre parientes; su fidelidad como vasallos hacia el Zar, pese a los intentos de rusificación hechos por las autoridades; el acuerdo íntimo entre los sirvientes y arrendatarios letones y los grandes señores y las grandes señoras alemanes, ya que, según afirma una de las criadas: "La Tierra pertenece sólo a los señores, al igual que el Cielo pertenece sólo a Dios. Así están dispuestas las cosas." Además, el autor describe sobre todo el trastorno sufrido por todo lo que hasta ese momento resultaba natural: las quejas y protestas de los obreros urbanos durante la revolución de 1905, a pesar de que la Señora de Kazán, apenas al comienzo de la guerra contra Japón, había recorrido toda Rusia en una procesión especial como patrona del Imperio, en la que fue recibida de rodillas por la población en todas partes; la "insolencia reciente" de la gente; por último, la destrucción por el fuego de un gran número de fincas y el asesinato precisamente de los miembros más populares de los reducidos círculos intelectuales letones, que se sentían parte de la cultura alemana.

[88] Edwin Erich Dwinger, *Zwischen Weiss und Rot. Die russische Tragödie 1919-1920*, Jena, 1930, pp. 474, 96, 126 y 440.

Como reacción a todo esto surge una nueva moral entre los alemanes más jóvenes, que se dedican a combatir el terror con resueltas medidas de contra-terror y pretenden sustituir a los peones letones por alemanes procedentes de Volinia, mientras que la "gran señora" de la generación mayor persevera con aún más tesón en sus viejas máximas cristianas: "Si de veras llegara a estable-cerse la nueva moral de aplicar dos clases de justicia a letones y alemanes, se habría acabado nuestro tiempo aquí. Porque justicia siempre será justicia; e injusticia, injusticia." Por otra parte, también hay alemanes jóvenes que dudan cada vez más respecto al propio modo de vivir, al sentido de una vida dedicada a "cazar, montar, pescar cangrejos y beber abundantemente todas las noches", de modo que la exclamación de un joven conde: "Cómo odio este pasado", ya no representa algo aislado.

Entonces comienza la guerra y estalla la revolución. Por fin las tropas alemanas ocupan Riga, pero ellas mismas se desintegran al recibir las noticias de la revolución en Alemania; el Ejército Rojo arriba a Riga y empieza el Terror Rojo. Docenas de alemanes son llevados a un río congelado, donde tienen que desvestirse para ser empujados a una muerte espantosa en un agujero recién abierto en el hielo; en Dorpat, a los difuntos duques de Kurland los sacan de la sepultura y los vuelven a matar con las bayonetas; 300 hombres y mujeres deben excavar fosas comunes para sí mismos y formarse en el borde, donde son fusilados. No obstante, cuando la milicia báltica y las tropas de los rusos blancos liberan Riga, sin poder impedir el asesinato de numerosos hombres y mujeres en la cárcel principal, el contra-terror practicado por ellas no es menos brutal: racimos enteros de bolcheviques ejecutados cuelgan de los árboles, no se toman prisioneros, hombres indefensos son muertos a tiros. Al imponerse un gobierno letón con la ayuda de los ingleses, la tierra de las grandes fincas es repartida y la justicia se revela como proceso de nivelación y afeamiento. El héroe de la narración, un antihéroe lleno de escrúpulos y de dudas de sí mismo se va al único lugar donde aún puede vivir, a Alemania.[89]

A Alemania, mejor dicho a Austria, también se va, finalmente, Alexandra Rajmanova, hija de burgueses rusos, cuyos diarios intitulados "Estudiantes, amor, checa y muerte" contaban con muchos lectores durante la República de Weimar. También ella comienza con la descripción de la vida culta y libre de preocupaciones que aun durante la guerra lleva la familia de un médico en alguna ciudad de la provincia. La revolución empieza como una promesa y su posterior prometido cuenta, orgulloso y feliz, sus experiencias de las manifes-taciones en que ha participado como aspirante a oficial con el rango de sargento. No obstante, el ambiente cambia muy pronto a causa de las hordas de soldados borrachos, en su mayoría desertores, que se dedican a ofender a los oficiales de todas las maneras habidas y por haber. También los estudiantes

---

[89] Siegfried von Vegesack, *Baltische Tragödie. Eine Roman-Trilogie*, Berlín, 1935, pp. 216, 32-33, 390 y 256-257.

participan en la revuelta y exigen ser liberados del yugo de los profesores. Los criados corren constantemente a las asambleas y por todas partes se echan pestes contra los "cerdos *burshui*" y los ricos, cuyas fortunas deberían repartirse entre los pobres.

Después de la toma del poder de los bolcheviques, un mozo es nombrado comisario del hospital cuyo director médico es el padre de Alexandra, y el torbellino de la revolución arrastra luego al abismo no sólo a la burguesía y a la Iglesia, sino también al sector de la intelectualidad que la había preparado con tanto entusiasmo. Matar y morir a tiros se convierten en una realidad cotidiana. Un comisario le propone matrimonio a la esposa de un consejero privado; cuando ésta responde, espantada, que ya es casada, el comisario indica, como si nada: "Eso es muy fácil de resolver: simplemente lo mataremos." A fin de erradicar la superstición entre el pueblo, se saca a un famoso *stárets* de la isla donde vive y es empalado, sufriendo una muerte dolorosa. Asimismo llevan a un pope para que ore por el *stárets* y así pruebe la impotencia de su arte, después de lo cual lo matan a culatazos junto con su mujer y sus hijos. Tras el atentado contra Lenin, también los periódicos exigen oficialmente la vida de 1 000 *burshuis* por la muerte de cada bolchevique.

Por fin la ciudad es conquistada por las tropas blancas. No se habla mucho del terror blanco. Con todo, también el diario de Alexandra Rajmanova muestra un aspecto análogo a las dudas de sí mismo y el pesimismo presentes en Dwinger y Vegesack. Después de la liberación aparecen de inmediato, en abundancia, todos los productos cuya carencia se había sentido muchísimo durante el régimen de los bolcheviques, y en el acto se restablece una animada vida social. "La mayoría vive igual que antes de que llegaran los rojos y nadie piensa ya en el frente, todos se han tranquilizado." ¿No era lógico, por lo tanto, que sus parientes ricos en Irkutsk negaran cualquier ayuda digna de mención a ella y a su familia y que incluso desearan el término del régimen blanco, una vez llegados a la meta de la terrible retirada de su ejército? Hasta del libro de Alexandra Rajmanova se deriva la misma pregunta: ¿acaso, a final de cuentas, la burguesía y la intelectualidad rusas merecían su terrible suerte, o por lo menos influyeron en gran medida en las causas de ésta?[90]

Ninguno de los cuatro libros es el simple panegírico de algún partido. En el fondo todos ellos, el de Shólojov inclusive, pintan un cuadro concordante de los horrores del gran trastorno, pero también de sus causas profundas. Llama la atención que casi no aparezcan judíos, con excepción de algunas escenas en Shólojov; es evidente que ninguno de los autores opina que sucesos de esta magnitud puedan explicarse con base en las acciones de un solo grupo étnico.[91]

[90] Alexandra Rajmanova, *Studenten, Liebe, Tscheka und Tod. Tagebuch einer russischen Studentin,* reedición: Munich, 1978 (primera edición: 1931), pp. 199 y 260-261.

[91] Esta afirmación no es válida, por cierto, para la literatura que se puede tomar completa-

Al tratar de abarcar el conjunto de estas experiencias y emociones básicas, se impone la conclusión de que las experiencias en que se fundaba el movimiento obrero —que fueron adoptadas o apropiadas por la Unión Soviética, en las variantes originadas por la guerra, como base para la imagen que tenía de sí misma y de los otros— influyeron en un gran número de personas de manera más fuerte y duradera que cualquier otra experiencia básica de la época. La situación de clase de los obreros comunes constituía una realidad avasalladora y la consecuencia del "llamamiento a la lucha de clases" podía parecer irrefutable, si bien no carecía de alternativas. Si pertenecer a la burguesía consistía en no compartir, o sólo en reducida medida, dicha situación de clase del trabajo manual físicamente agotador, paga insuficiente y exclusión de educación y cultura, entonces era imposible que la burguesía desarrollara emociones básicas tan intensas y difundidas como las de los obreros, y clara prueba de ello es la política del periodo guillermino.

Sin embargo, la poderosa realidad de dicha situación de clase no era invariable ni suprahistórica precisamente en la sociedad burguesa, por paulatinos que fuesen los cambios dentro de su contexto, y forzosamente en aquellas emociones tenía que influir el hecho de que el hambre en todo caso fuese sólo una metáfora para un gran número de obreros, que la jornada laboral estuviese limitada por las leyes y que se abrieran numerosas posibilidades para la adquisición de conocimientos y educación. En estas circunstancias, los revolucionarios aferrados a los antiguos conceptos tenían que intensificar mucho su diatriba contra los reformistas, y los burgueses, sentir un temor mucho más profundo, máxime cuando una guerra mundial y la Revolución habían producido un estado de cosas completamente nuevo en un país vecino, hasta entonces temido y menospreciado por igual.

Aun de suponerse que la burguesía y la intelectualidad rusas provocaron su propia suerte y por lo tanto eran merecedoras de ella, ¿era en verdad posible esperar que no surgiese en ninguna parte de la extensa y plural burguesía alemana la voluntad decidida de oponer resistencia preventiva a dichos hechos, despertando las simpatías de un amplio sector de la población? Lo que antes pareciera totalmente disímbolo, podía acercarse mucho en estas circunstancias; las emociones fuertes y unidas se podían dividir mientras que las contraemociones débiles y dispersas se concentraban. Una contrafé podía oponerse

mente en serio como tal. En *Budjonnys Reiterarmee* de Isaak Bábel, por ejemplo, publicada por primera vez en alemán en 1926, hacia el final se encuentra una profecía que al mismo tiempo muestra cuán poco *nacionales* eran ciertas emociones básicas:

El campesino me obligó a fumar su cigarrillo. "A los judíos se les echa la culpa de todo —dijo—, de nuestra desgracia y de la de ustedes. Después de la guerra sólo quedarán muy pocos. ¿Cuántos judíos hay en todo el mundo?" "Diez millones", contesté y empecé a acomodar los arreos del caballo. "Sólo quedarán doscientos mil", exclamó el campesino y me tocó la mano, como si tuviese miedo de que me fuera. No obstante, salté a la silla y me dirigí al lugar donde se encontraba la plana mayor (reedición: Olten, 1960, p. 146).

a la fe del movimiento obrero, afectada de tal manera por las circunstancias y los sucesos que ahora parecía haberse convertido, en opinión de muchos, en propiedad exclusiva de un partido ruso; a la celebración podía oponerse una contracelebración; a las imágenes propia y ajena, imágenes propia y ajena contrarias. De esta manera, el dominio de la fe en Rusia podía remitirse precisamente al rezago en las condiciones del país; y el poder de la contrafé en Alemania, al adelanto de éstas. A consecuencia de ello, forzosamente tenían que borrarse las líneas claras e invertirse las condiciones.

No obstante, una diferencia siempre fue claramente visible y resultaba fundamental. La literatura nacionalsocialista acusaba y combatía al adversario comunista y soviético, pero no se burlaba de él, porque le inspiraba un respeto demasiado inquietante, incluso aunque el hecho de que un considerable número de alemanes declarase que la Unión Soviética era su patria provocase una ira desconcertada. Era muy distinta la suerte del nacionalsocialismo y del Tercer Reich en manos de los escritores o propagandistas comunistas e incluso liberales de izquierda, ya sea que se encontrasen en Alemania, en la emigración o en la Unión Soviética. Durante mucho tiempo, Hitler y el Tercer Reich fueron más caricaturas que espantajos. Bertolt Brecht parodió la canción de Horst Wessel en la siguiente forma:

> Detrás del tambor trotan los becerros.
> Ellos mismos dan la piel para el tambor.
> El carnicero llama. Los ojos bien cerrados.
> El becerro marcha con pasos firmes y pausados.
> Los animales cuya sangre ya se derramó en el matadero
> mentalmente lo acompañan.[92]

No se sabía si esta burla racionalista fuera a resultar más poderosa que el desencadenamiento de las fuerzas irracionales, ni se decidía aún si ella misma descansaba sobre un fondo irracional de suposiciones y esperanzas, pero todo parecía indicar que en la cultura se manifestarían con más claridad aún las diferencias entre ambos movimientos y regímenes.


### 5. LA CULTURA POLITIZADA

En el apogeo de la hegemonía mundial europea, entre 1875 y 1900, ningún concepto era más apreciado que el de la cultura. Según el punto de vista dominante, la comunidad de los estados cultos estaba a punto de elevar las regiones rezagadas del mundo a un nivel más alto de cultura, y Nietzsche se contaba a sí mismo y a sus semejantes entre los "hombres de cultura eximidos".

---

[92] *Die Gedichte von Bertolt Brecht in einem Band*, Francfort, 1981, p. 1219.

Cultura significaba la totalidad de las manifestaciones vitales más elevadas, si bien desde hacía mucho tiempo no se apoyaba ya en una actitud religiosa fundamental, como sucedía en las altas culturas mesopotámica, griega y medieval, las cuales comprendían un conocimiento o fe común sobre el universo y el motivo de la existencia del mundo, así como la vida correcta de los hombres. En cambio, desde el comienzo de la era moderna se dividía en varios ámbitos parciales relativamente autónomos, como religión, filosofía, ciencia y arte, fragmentados a su vez en elementos diferenciados entre sí. Lo que en opinión de algunos era el progreso cultural podía ser interpretado por otros como lamentable desintegración del entendimiento común de la vida en que todos los miembros de un pueblo o de una nación encuentran su unidad. Con todo, ni los panegiristas ni los críticos de la cultura contemporánea hubieran concedido, alrededor de 1900, que cualquier manifestación de la cultura estuviese subordinada por completo a la política, y precisamente los marxistas tenían la intención de liberar a la cultura de las presiones políticas a las que aún era sometida por la sociedad capitalista.

Rusia, por su parte, se encontraba en una situación sumamente peculiar entre los estados cultos de Europa. Los grandes logros de su cultura, como las obras de Pushkin, Dostoievski y Tolstoi, de ningún modo se quedaban atrás de las máximas hazañas de la cultura occidental y gozaban de gran reconocimiento en Berlín y París, Viena y Londres. Se trataba, en gran medida, de una cultura confiada, de la cultura propia del sector dominante de una de las potencias mundiales, que incluso reclamaba una condición misionera y que quería ser considerada la "Tercera Roma". Sin embargo, prácticamente sin excepción los representantes de esta cultura estaban muy conscientes de que su número era reducido y de que los interminables territorios del imperio se caracterizaban, en opinión de sus semejantes en Occidente, por la ausencia de cultura, es decir, estaban poblados por muchos millones de campesinos analfabetos. Por otra parte, la devoción ortodoxa y la fidelidad de estos campesinos al Zar era una realidad a la que se le podía dar un sentido positivo en comparación con la ausencia de fe y la fragmentación occidentales. De esta manera, en la vida intelectual rusa, mucho más que en la francesa o incluso en la alemana, dominaba el esfuerzo por encontrar el propio camino y la desesperación ante la propia falta de cultura y rezago, por una parte, y la orgullosa conciencia de una existencia homogénea y arraigada en la religión, por otra. No obstante, un número considerable de "occidentófilos" adoptó la conciencia misionera y el sentido de la superioridad de sus adversarios, y muchos de los eslavófilos se convirtieron en populistas que se oponían tajantemente a la autocracia y a la religión ortodoxa.

Por otra parte, también en el caso del socialismo europeo, que se caracterizaba por la crítica del liberalismo, el individualismo, el aislamiento y la alienación, se hicieron concebibles curiosas síntesis o sincretismos. Un "occidentófilo" como el crítico literario Belinski no titubeó, por ejemplo, en pedir la eliminación de cientos de miles de parásitos y reaccionarios, a fin de hacer posible una vida feliz para los millones de hombres comunes;[93] dos miembros de la alta aristocracia, Bakunin y Kropotkin, se erigieron en los fundadores del anarquismo en Europa y al mismo tiempo otorgaron a Rusia un papel eminentemente contrario al de Occidente. No obstante, el deseo de una vida íntegra y el rechazo de la atomización y la codicia individualista del Occidente constituían rasgos fundamentales de casi toda la intelectualidad rusa. Los únicos que contundentemente repudiaban cualquier tipo de desarrollo particular para Rusia parecían ser los marxistas reunidos en torno a Plejanov, pero pronto entre los observadores perspicaces se despertó la duda de si el dogmatismo intolerante de Lenin y su odio hacia todo lo pequeñoburgués no lo acercaban a él y a su grupo, en realidad, a Bakunin o incluso a los eslavófilos.

De esta manera, antes de estallar la primera Guerra Mundial, la cultura rusa era más política que la alemana o la inglesa; por ejemplo, los círculos del arte puro y de la ciencia objetiva eran más reducidos, pero, con todo, no se trataba de una cultura orientada exclusivamente a eliminar el rezago y destruir condiciones anticuadas. Todas las tendencias del arte y la ciencia europeos encontraron un eco fuerte y productivo en Rusia: simbolismo y futurismo, cubismo y constructivismo, criticismo empírico y pragmatismo, positivismo y filosofía práctica hallaron cabida en los estudios, las academias y las universidades de Petersburgo y Moscú, al igual que en las metrópolis del mundo occidental.

La revolución de los bolcheviques planteó una disyuntiva fundamental a todos los artistas y científicos: aprobar o rechazar, participar o emigrar. Todo arte puro y toda ciencia pura fueron barridos como por una tempestad, aunque sólo haya sido porque sus representantes ya no sabían de dónde sacar el pan de cada día. Escritores y poetas luchaban junto con los ejércitos rojos, y otros poetas y escritores combatían del lado de los Blancos; eruditos y profesores se declaraban partidarios de un bando o del otro y por lo general se refugiaban en el extranjero al quedar entre los perdedores. Aun así, los primeros años después de la Guerra Civil fueron una época animada y viva para la cultura rusa. El más famoso de los simbolistas, Alexandr Blok, celebraba la revolución; y el más conocido de los futuristas, Vladimir Maiakovski, incluso se erigió en su paladín. (Su modelo y maestro, Filippo Tommaso Marinetti, tuvo un acercamiento al fascismo por la misma época.) Constructivistas y cubistas proclamaban que sus respectivas corrientes representaban el auténtico arte revolucionario, y con la misma resolución ejecutaban sus ataques contra todo lo *viejo*, *caduco* y *burgués*. En su poema "150 millones", Maiakovski fue el que de la manera más eficaz expresó el mito del nuevo colectivismo:

---

[93] Nikolai Berdiaev, *The Origins of Russian Communism*, Ann Arbor, 1960, p. 41.

¡Abajo el mundo del romanticismo!
¡Abajo los lamentos de los salterios derrotistas!
¡La fe pesimista del pasado!
¡Abajo la manía de la propiedad, en la forma que sea!...
¡El hacha debe danzar sobre la calva de limosneros y
    egocéntricos!
¡Matar! ¡¡Matar!!
Bravo, y las tapas craneanas son excelentes ceniceros.
Lanzamos nuevos mitos,
encendemos una nueva eternidad...
¡Reuníos!
¡Salid de la oscuridad de los milenios!
¡A compás! ¡Marchad!...
La venganza es el maestro de ceremonias.
El hambre, el organizador.
Bayoneta, browning, bomba...
¡Avanzad! ¡Pronto![94]

El ardiente impulso de abandonar lo viejo, conquistar lo nuevo, perderse
en la colectividad liberadora, disolver todas las separaciones artificiales y
construir una nueva unidad vital colmaba, en esa época de máxima penuria
material, un gran número de creaciones literarias, inspiraba muchos cuadros,
e impregnaba bastantes diseños de construcciones monumentales. Se hizo
posible algo nunca antes visto en Europa: la crítica ingeniosa y entendida por
uno de los estadistas más importantes del país, León Trotski, de los poemas y
las novelas de los nuevos *poetas proletarios*, y de los *compañeros de camino*
pertenecientes a la vieja intelectualidad, los *popuchiki*: isleños y "hermanos de
serapion", "herreros" y futuristas, Andrei Belyi y Alexandr Blok, Vladimir
Maiakovski y Boris Pilniak. Justo en estos ensayos de 1924 sobre literatura y
revolución, el comisario de guerra formula una profesión de fe que, en vista
de su confianza sin límites en la ciencia y de su activismo irrefrenable,
probablemente representó el testimonio más extremo, y con todo sintomático,
del idealismo en que se fundaba el "materialismo histórico":

El hombre socialista quiere dominar la naturaleza en su totalidad, al urogallo y a los
esturiones inclusive, y lo logrará con la ayuda de las máquinas [...] En cuanto haya
racionalizado, es decir, llenado de conciencia y sometido a sus propósitos el orden
económico, el hombre no dejará piedra sobre piedra en su actual vida cotidiana
privada, perezosa y podrida de cabo a rabo [...] No es posible que la humanidad haya
dejado de arrastrarse ante Dios, los emperadores y el capital, sólo para rendirse,
sumisa, a las oscuras leyes de la herencia y de la ciega selección sexual [...] El hombre
se fijará la meta de dominar sus propios sentimientos, de elevar sus instintos al nivel
de la conciencia y otorgarles una claridad transparente, de penetrar con su voluntad

---

94 Fülöp-Miller, *op. cit.* (nota 79, capítulo IV), pp. 215-216.

hasta en las más grandes profundidades del subconsciente y de subir, así, a un nivel en que se creará un tipo social-biológico más elevado y, si se quiere, al superhombre [...] El tipo humano promedio se elevará al nivel de Aristóteles, Goethe y Marx. Y sobre esta cadena de montañas se alzarán nuevas cimas.[95]

Estas esperanzas entusiastas, estos vuelos, estos propósitos irresistibles no se perdieron nunca por completo en la cultura soviética. No obstante, incluso sus comienzos más convincentes se caracterizaron por el enorme abismo que los separaba de la realidad pobre y gris predominante en los territorios infinitos de Rusia, la cual constituía más bien un precipicio o, en el mejor de los casos, un estancamiento, en comparación con el tiempo de la preguerra. Ni lo uno ni lo otro podía enlazarse con la sutileza, la cultura social y el trabajo académico cotidiano. Los espíritus más delicados, como Anna Ajmatova o Boris Pasternak, se refugiaron en el anonimato o emigraron; un creciente número de viejos profesores fue sustituido por la nueva y mal preparada generación egresada del Instituto del Profesorado Rojo. En el curso de la limpieza efectuada en las universidades para eliminar los elementos extraños y enemigos, la GPU podía acusar a un profesor de haber cometido un claro acto de sabotaje por gastar 500 rublos de los fondos públicos en un ejemplar del canto de Igor, ese "monumento al chauvinismo de los príncipes del siglo XII". Un médico podía ser atacado y destituido de su puesto por expresar la "opinión incorrecta" de que la mortalidad infantil sólo había bajado muy poco en la Unión Soviética y que no era posible pasar completamente por alto el factor de la herencia.[96]

A principios de los veinte se fundó una autoridad estatal de censura, "Glavlit", que cuidaba con ojos de lince que ningún secreto del Estado u opinión enemiga llegase a la prensa; por principio, el Estado era el único editor. Se daba por sentado que toda actividad pedagógica y artística debería estar impregnada del espíritu de la lucha de clases y que no podía haber una ciencia pura. Con todo, durante muchos años aún fue posible que la Asociación de Escritores Proletarios rechazara la intervención directa del partido en sus actividades literarias y que prestigiosas revistas literarias, como *Nuevos horizontes rojos* de Voronski o la publicación *Lef* del Frente izquierdista, se opusieran a la identificación simple de arte y política.[97]

Después de que arrancó el primer plan quinquenal, no sólo los científicos perdieron las últimas posibilidades de hacer planteamientos individuales y discrepantes; también se privó de su autonomía a las escuelas de artistas

---

[95] León Trotski, *Literatur und Revolution*, Berlín, 1968, pp. 212 y ss. (primera edición: Moscú, 1924).

[96] Fainsod, Smolensk, *op. cit.* (nota 164, capítulo II), pp. 349 y 351.

[97] Para mayores detalles, *cfr.* Robert A. Maguire, *Red Virgin Soil. Soviet Literature in the 1920's*, Princeton, 1968, y Edward James Brown, *Russian Literature since the Revolution*, Cambridge, Mass., y Londres, 1982.

y escritores, hasta entonces aún bastante heterogéneas, a fin de limitarlas estrictamente a servir a la construcción del socialismo. La Asociación de Escritores Proletarios fue disuelta y se creó una asociación única de escritores; con base en un artículo de Lenin del año 1905, en el que afirmaba que toda la literatura socialdemócrata debía ser literatura del partido,[98] un decreto del Comité Central estableció que la agudizada lucha de clases no admitía ningún tipo de neutralidad; "ejércitos culturales" recorrían el país en "campañas culturales", a fin de reducir el índice de analfabetismo, que aún era muy alto. Con la colaboración de Gorki se creó con el realismo socialista una nueva norma, que debía destacarse por el partidismo y el populismo y tomar como objeto lo típico en el sentido de no describir la realidad casual sino plasmar lo futuro, que ya estaba contenido en el presente, y que por lo tanto era normal.[99]

Ahora se escribían novelas como *Campos roturados* de Shólojov, en la que los personajes positivos y negativos estaban perfectamente definidos, al contrario del *Don apacible*; *Cómo se templó el acero*, de Nikolai Ostrovski, cuyo estilo de composición ha sido comparado con la estructura de las vidas bizantinas de los santos;[100] o *Energía* de Gladkov, en la que describir los procesos industriales parece revestir mayor importancia que los personajes vivos. En abril de 1930, Maiakovski se suicidó. De las pinturas desapareció todo lo atrevido, superfluo o constructivista: alegres obreros forjan el hierro; las campesinas de un koljós cantan en el camino al trabajo agrícola, tiradas por un tractor de oruga; muchachas fuertes asisten en la construcción del metro y marinos listos para combatir posan delante de los cañones en sus acorazados de batalla. De esta manera, la cultura, en todos sus aspectos, de hecho volvió a convertirse en parte inmediata del conjunto social en la Unión Soviética estalinista de los años treinta, en criada al servicio de la gran tarea única de la producción, que sin duda implicaba recuperar el tiempo perdido, pero que al mismo tiempo pretendía rebasar; que estaba transformando una arcaica nación agraria en un moderno Estado industrial, pero que con todo se distinguía de los demás estados industriales de manera fundamental en el exclusivismo de su autoensalzamiento y que precisamente por ello debía parecer tanto más amenazadora en cuanto potencia militar.

La política cultural nacionalsocialista surgió hacia fines de la década de los veinte, con el ataque dirigido contra las personas que más o menos al mismo tiempo se convirtieron en blanco de censura en la Unión Soviética: los llamados "bolcheviques culturales". Postulaba cultivar lo que al poco tiempo también fue cultivado en la Unión Soviética: el arte popular arraigado en la historia nacional. Por supuesto todavía no se daba ninguna exaltación cons-

---

[98] C. Vaughan James, *Soviet Socialist Realism. Origins and Theory*, Londres y Basingstoke, 1973, p. 104.

[99] Hans Günther, *Die Verstaatlichung der Literatur*, Stuttgart, 1984, pp. 33 y ss.

[100] *Ibid.*, pp. 96 y ss.

tructiva, y en Alemania no había motivo para realizar campañas culturales a fin de combatir el analfabetismo. Por lo tanto, hasta el final de la República de Weimar, la política cultural nacionalsocialista prácticamente era imposible de distinguir de la de los nacionalistas alemanes.

En 1929, Alfred Rosenberg fundó la Liga para la Defensa de la Cultura Alemana, la cual inició una campaña contra la "decadencia cultural" y a favor del "renacimiento espiritual" de los alemanes. La vanguardia artística siempre se equiparaba con el "caos bolchevique": Le Corbusier fue calificado de "Lenin de la arquitectura"; y el Bauhaus, de "Bastilla del enemigo en el seno de la patria alemana".[101] El arquitecto e historiador de arte Schultze-Naumburg se refirió, en numerosas conferencias, al enfrentamiento de las ideologías dentro del arte, comparando en este contexto obras de Nolde, Barlach, Heckel y Hofer con fotografías de deformidades físicas y "degeneraciones raciales". Como ministro del Interior y de Educación Popular en Turinga, Wilhelm Frick emitió decretos como "Contra la cultura negra, a favor de la identidad nacional alemana"; también llamó al investigador racial Hans F. K. Günther a ocupar una cátedra en Jena, contra la voluntad de los demás profesores.

Resultaba, pues, consecuente que hiciera sacar a los modernos del Schloss-museum de Weimar; ya no se permitía exponer a Feininger, Kandinski, Klee, Barlach, Kokoschka y Marc, entre otros. En todo el territorio del Reich, el historiador de literatura Adolf Bartels ejercía una influencia considerable; su *Historia de la literatura alemana*, ampliamente difundida, parecía más una caza de judíos y de "judíos de espíritu". Con bastante frecuencia se escuchaba la petición de una "dictadura nacional en cuestiones de arte".

En 1933, esta demanda fue realizada sin demora. En muchos lugares se designaron comisarios del arte, entre ellos Hans Hinkel, el posterior "cuidador nacional de cultura" en el Ministerio de Instrucción Popular y Propaganda. A principios de abril, se inauguró en Karlsruhe una gran exposición intitulada "Arte gubernamental de 1918 a 1933", cuya intención era comprometer públicamente, por el simple hecho de mostrarlos, a pintores de *Die Brücke, Der Blaue Reiter* y expresionistas más jóvenes, entre otros. La sección literaria de la Academia Prusiana de las Artes fue sometida a una especie de gran purga; Heinrich y Thomas Mann, Käthe Kollwitz, Alfred Döblin, Rudolf Pannwitz y Franz Werfel, entre otros, fueron expulsados, y la mayoría emigró.[102] La Ley para el Restablecimiento de los Funcionarios de Carrera funcionó como pretexto para despedir a todos los colaboradores del Bauhaus; de los grandes músicos, Arnold Schönberg, Bruno Walter, Otto Klemperer y Fritz Busch, entre otros, abandonaron Alemania. Wilhelm Furtwängler trató de defender a los músicos judíos y en abril de 1933 escribió a Goebbels que a final de cuentas sólo

---

101 Hildegard Brenner, *Die Kunstpolitik des Nationalsozialismus*, Hamburgo, 1963, p. 12.

102 Para mayores detalles *cfr.* Hildegard Brenner, *Ende einer bürgerlichen Kunst-Institution*, Stuttgart, 1972.

reconocía una línea divisoria, la que existe entre el arte bueno y el malo; la respuesta del ministro hubiera podido ser de Lenin: "No debe haber arte en el sentido absoluto, como lo conoce el democratismo liberal."[103] El 10 de mayo, largas columnas de estudiantes alemanes desfilaron por las plazas de muchas ciudades del país para efectuar una gran quema de libros, y en Berlín, Joseph Goebbels y el nuevo catedrático de pedagogía política, Alfred Baeumler, pronunciaron apasionados discursos contra la descomposición intelectual que según ellos había reinado en Alemania durante los últimos 14 años. Fueron quemados, entre otros, libros de Sigmund Freud, Friedrich Wilhelm Foerster, Karl Marx y Erich Maria Remarque; algunas de las "declaraciones ante el fuego" decían así: "Contra la decadencia y la depravación moral. ¡Por la disciplina y las buenas costumbres en la familia y el Estado!, entrego a las llamas los escritos de Heinrich Mann, Ernst Glaeser y Erich Kästner." "Contra la estimación exagerada de la sexualidad, que corroe el alma, y por la nobleza del alma humana, entrego a las llamas los escritos de Sigmund Freud." "¡Contra la traición literaria al soldado de la Guerra Mundial, por la educación del pueblo conforme al espíritu de la veracidad!, entrego a las llamas los escritos de Erich Maria Remarque."[104] El germanista Hans Naumann interpretó el suceso en Bonn con las siguientes palabras: "Nos sacudimos una dominación extranjera, levantamos la ocupación"; en Berlín, Alfred Baeumler dijo que el nacionalsocialismo significaba, respecto al ámbito intelectual, "la sustitución del erudito por el soldado".[105]

Las quemas de escritos y libros así como de muñecos que representaban a personajes políticos tenía una larga tradición, por la mayor parte progresista, no sólo en Alemania sino también en Inglaterra, desde Lutero hasta la "fiesta de Wartburg" y la quema de muñecos simbólicos de paja durante la época del cartismo. Algunos de los autores censurados también eran inaccesibles para el lector común en la Unión Soviética, donde el Comité de Educación Popular condenó incluso a Platón y a Schopenhauer, a principios de los años veinte, y donde las bibliotecas públicas instalaron grandes secciones especiales en las que guardaban la literatura indeseable. Sin embargo, en Berlín se encontraba reunida toda la prensa mundial y sus corresponsales no estaban sujetos a la censura previa, por la cual a los periodistas occidentales en Moscú no les pareció recomendable de entrada, incluso en 1925, informar acerca de las palabras valientes y duras con las que el estudiante alemán Kindermann enfrentó a los jueces en el llamado "proceso de los estudiantes". Por lo tanto, en todo el mundo fue atacado como medieval algo que en el fondo era consecuencia del totalitarismo antiliberal, y la Alemania nacionalsocialista sufrió una grave derrota mental en esta ocasión, por ser aún mucho más

---

103 *UuF*, t. IX, p. 485.
104 *Ibid.*, p. 490.
105 Brenner, *Kunstpolitik, op. cit.*, pp. 188-189.

accesible y abierta que la Unión Soviética. El inconfundible conservadurismo, cuyo respeto hacia las fuerzas armadas resultó ventajoso respecto al rearme y la preparación para la guerra, sólo le acarreó extrañeza al nacionalsocialismo en esta forma espectacular y radicalizada, incluso entre los ingleses más conservadores, precisamente porque Alemania aún era considerada, sin duda alguna, como parte de la comunidad cultural europea.

El periodo hasta comienzos de 1934, por cierto, aún constituyó una etapa de transición, fomentada principalmente por la rivalidad existente entre Goebbels y Rosenberg, de los cuales el primero era más liberal, o bien menos dogmático. Algunos miembros de la Liga Nacionalsocialista de Estudiantes Alemanes trataron de salvar el expresionismo como movimiento alemán, y de hecho era posible hacer referencia a Hanns Johst, que alguna vez se había colocado al lado de Johannes R. Becher como artista, pero que entretanto —como Becher del lado contrario— pretendía ser sobre todo un paladín del partido y pronunció la frase tristemente célebre de que al escuchar la palabra "cultura" sacaba el revólver.[106] Los restos de la izquierda nacionalsocialista a su vez se oponían con vehemencia a la reacción artística y pedían una revolución total, que también transformara el arte. El propio Hitler se pronunció tanto contra el dogmatismo nacional como contra la modernidad de la vanguardia. La base de organización más importante para la cultura nacionalsocialista fue creada el 22 de septiembre de 1933: la Ley de la Cámara Nacional de Cultura convirtió el ejercicio del arte, por lo menos de manera implícita, en tarea del Estado nacional. Las cámaras individuales, como la Cámara Nacional de Literatura y la Cámara Nacional de Artes Plásticas, imponían una rigurosa disciplina a sus miembros, como asociaciones de pertenencia obligatoria, y ser expulsado conllevaba la prohibición de ejercer la profesión, es más, de trabajar siquiera; de esto, la víctima más conocida fue Ernst Barlach. Las más importantes instancias oficiales del partido relacionadas con la cultura eran la oficina del comisionado del *Führer* para la supervisión de la instrucción y educación ideológicas del NSDAP en su totalidad, a cargo de Alfred Rosenberg, y la Comisión Examinadora para la Protección de la Literatura Nacionalsocialista, bajo su director nacional Philipp Bouhler. Es posible comparar a ambas con "Glavlit" y en parte también con el departamento del Comité Central a cargo de propaganda y agitación, mientras que la Cámara Nacional de Literatura correspondía a la Asociación de Escritores.

A partir de comienzos de 1934, oficialmente sólo existía el "arte nacionalsocialista", además del amplio terreno del entretenimiento apolítico. No obstante, puesto que muchas editoriales particulares seguían activas, un gran número de autores disidentes pudo seguir publicando sus obras, siempre y cuando éstas no se opusieran al régimen de manera evidente. La supremacía

---

[106] Para mayores detalles, *cfr. ibid.*, pp. 63-86.

absoluta correspondía a la "literatura del pueblo", dentro de la cual las novelas rurales ocupaban un lugar destacado. Al lado de esta literatura de "sangre y tierra" se encontraban la representación de la experiencia positiva de la guerra en Werner Beumelburg, P. C. Ettighofer y Hans Zöberlein; la mitificación de la historia alemana en Hans Friedrich Blunck y Wilhelm Schäfer; la lucha étnica en Hans Grimm y Wilhelm Pleyer; la metafísica de lo germánico en Erwin Guido Kolbenheyer.[107] Con todo, no basta con definir esta literatura como el "triunfo de la provincia más vulgar": el vínculo con figuras literarias importantes como Stefan George, Ernst Jünger y Gerhart Hauptmann muchas veces resultaba obvio. Sería mejor decir que tuvo lugar la concentración en una sola corriente importante de la literatura alemana, la cual de esta manera fue condenada a la esterilidad y al aislamiento, como se puso de manifiesto de manera particularmente gráfica en el caso de Gottfried Benn, quien primero recibió con gusto al Tercer Reich y luego se vio obligado a optar por la emigración interna en las fuerzas armadas. En 1938, la literatura producida en Alemania no contaba dentro del contexto mundial, al igual que la literatura del "realismo socialista": quería ser sólo alemana, y también en su caso se mostró que la literatura como tal no puede nutrirse de una sola raíz.

En el campo de las artes plásticas la evolución fue semejante. El interés personal de Hitler era mucho mayor en este caso. Hizo organizar la exposición "Arte desnaturalizado" con propósitos negativos; pretendía ser una "exposición de los 'documentos culturales' del bolchevismo" y de hecho despertó intensa y sincera indignación entre muchos de los numerosos asistentes. Las "grandes exposiciones de arte alemán" debían surtir efectos positivos y por lo general eran inauguradas por el propio Hitler en la Casa del Arte Alemán de Munich. En ellas se reunían, además de muchas naturalezas muertas, el romanticismo rural de Sepp Hilz, los desnudos naturalistas de Adolf Ziegler y la plástica monumental de Josef Thorak y Arno Breker; un ejemplo curioso del culto al caudillo era el *Portaestandarte Hitler* de Hubert Lanzinger, que retrata a Hitler con armadura. Todo lo difícil, complicado y sorpresivo había desaparecido; dominaban las líneas simples, pensadas para un imperio de mil años en el que no se registraría el paso del tiempo.[108]

En el ámbito del teatro, los "Thing-Stätten"* deben considerarse un experimento nacionalsocialista independiente. En este caso, al igual que en el de Meyerhold en Moscú, se pretendía eliminar la separación entre artistas y público. En 1933 se presentó, por primera vez en esta forma, la "Pasión alemana" de Richard Euringer. Sin embargo, no se logró la transición al

---

[107] De esto se encuentra un análisis muy detenido en Hellmut Langenbucher, *Volkhafte Dichtung der Zeit*, Berlín, 1941⁶ (1933¹).

* Originalmente, el sitio dedicado a las reuniones tribales de los antiguos pueblos nórdicos [N.T.]

[108] Véanse la comparación con el realismo socialista y una serie de imágenes sintomáticas en Martin Damus, *Sozialistischer Realismus und Kunst im Nationalsozialismus*, Francfort, 1981.

mundo simbólico pagano y en 1937 fue abandonado el experimento. En principio, el teatro del periodo nacionalsocialista seguía siendo un teatro educativo burgués, que tuvo en Hermann Göring a su protector más importante; y en Gustaf Gründgens, al actor más famoso.

La situación era muy distinta en la arquitectura. Hitler mostraba en ésta un interés más personal. Por encargo suyo, Albert Speer diseñó extensos planes para transformar a Berlín, cuyo carácter monumental igualaba los correspondientes del periodo soviético inicial; en Nuremberg, las instalaciones para los congresos del partido fueron terminadas al menos en parte. La Nueva Cancillería del Reich y la Casa del Arte Alemán hubieran sido clasicistas; las casas profesas, sombrías y amenazadoras; mientras que el modelo de la Escuela Superior merecía, en todo caso, el calificativo "trivia monumental". Los posteriores diseños para monumentos a los caídos en la estepa rusa eran pesadillas de exorbitancia casi oriental. La intención arquitectónica nacionalsocialista no se entiende sin tomar en cuenta el fondo de la crítica a la cultura y el deseo de acabar con la alienación moderna, pero sólo hizo realidad, por el contrario, la ley de todos los grandes regímenes despóticos.[109]

Dicha atmósfera resultó particularmente paralizadora para la filosofía y la ciencia. Aun así, tampoco en este caso ocurrió sólo un desmoronamiento externo. Desde principios del siglo, la vieja oposición entre filosofía y ciencia se había desarrollado hasta el anticientificismo. El filósofo más importante de Alemania y el jurista más conocido se colocaron del lado de los nacionalsocialistas. Por cierto, Heidegger cambió de parecer en 1934, y finalmente, el partido también terminó por sospechar de Carl Schmitt. Las distintas ciencias ofrecían muchos puntos de enlace para el nacionalsocialismo, aunque sólo un número muy reducido de profesores pertenecía al partido. Sin embargo, incluso un hombre como Eduard Spranger aprobaba la liberación de marxismo y psicoanálisis, y la *Situación mental de la época* de Karl Jaspers, de 1930, no sirvió para alejar a ningún joven lector del nacionalsocialismo, puesto que se acercaba al espíritu de la revolución conservadora. Desde el principio del periodo de Weimar, la gran mayoría de germanistas e historiadores estaba del lado nacional; si bien hasta 1933 habían formado más bien un contrapeso a las expansivas ciencias sociales, ahora parecían dominar el terreno de manera por completo indiscutida. El mayor porcentaje de profesores judíos se encontraba en las áreas apolíticas, como la medicina y las ciencias naturales, pero

---

[109] Para mayores detalles, *cfr.* Jost Dülffer, Jochen Thier, Josef Henke, *Hitler Städte. Baupolitik im Dritten Reich. Eine Dokumentation*, Colonia y Viena, 1978, así como Joachim Petsch, *Baukunst und Stadtplanung im Dritten Reich*, Munich y Viena, 1976. Véase asimismo el volumen ilustrado *Albert Speer: Architecture 1932-1942*, Bruselas, 1985. La fuente original más importante son, evidentemente, los libros del propio Albert Speer. Una de las anotaciones más extrañas de éste es que Hitler reaccionó con gran enfado al enterarse de que la Unión Soviética también planeaba construir, en honor de Lenin, un congreso que rebasaría los 300 metros de altura (*Erinnerungen*, Berlín, 1969, p. 170).

también en especialidades aún no del todo reconocidas, como la sociología y las ciencias políticas. Los estudiosos alemanes opusieron muy poca resistencia al despido o la expulsión de sus colegas judíos e izquierdistas, pero en muchos casos la solidaridad ya había sido traicionada desde antes, y no siempre por el mismo lado. Con todo, no era posible hablar de una *universidad parda*. Es cierto que tuvo lugar una especie de revolución en las escuelas superiores, pero partió de los estudiantes y también en este caso intervinieron motivos viejos, como la lucha contra el dominio de los catedráticos y a favor de la cogestión estudiantil. La espontaneidad emanada desde abajo no tardó en ser sustituida por el estricto ejercicio de la autoridad desde arriba, porque el rector y los decanos se convirtieron en jefes y líderes. Persistió una gran insatisfacción entre los jóvenes, que no todos lo eran de edad, al coincidir en el deseo de fundar una ciencia nacionalsocialista. Entre ellos figuraban, por ejemplo, Ernst Krieck, Alfred Baeumler y Walter Frank. El ataque dirigido por este último contra uno de los hombres más respetados del gremio, Hermann Oncken, publicado en el *Völkischer Beobachter* con el título "L'Incorruptible", probablemente despertó más temor que indignación. De todas maneras, el Instituto Nacional para la Historia de la Nueva Alemania encabezado por Frank no se convirtió nunca en contraparte del Instituto del Profesorado Rojo y se limitó, en gran medida, a "investigaciones sobre la cuestión judía". En la importante revista *Historische Zeitschrift*, Friedrich Meinecke fue remplazado por Karl Alexander von Müller como editor, pero éste también figuraba entre los eruditos establecidos y Frank no consiguió modificar la sustancia de la publicación, que siguió consagrada a la vieja línea científica.

El nacionalsocialismo de hecho se oponía totalmente al principio de la ciencia. Al poner de manifiesto esta circunstancia en forma particularmente gráfica el premio Nobel Philipp Lenard en el título de su libro *Física alemana*, la distancia del concepto de la "objetividad de la ciencia" demostraba ser mucho mayor que en el caso de la "ciencia del proletariado" en la Unión Soviética, porque el proletariado se adjudicaba el principio de la generalidad, al contrario de lo que hacía "lo germánico". Por lo tanto, desde el punto de vista objetivo era injusto que muchos intelectuales en las democracias occidentales prácticamente pasaran por alto a los millones de víctimas de la colectivización y de la hambruna derivada de ésta, para verter toda su indignación contra la Alemania nacionalsocialista, pero desde el punto de vista de la cultura su conducta era justificada o por lo menos no incomprensible.

Un Estado agrario que lleva a cabo su industrialización con un supremo esfuerzo y mediante la aplicación despiadada de la violencia, privando a la cultura de toda autonomía y obligándola a entrar por completo al servicio del objetivo supremo, tal vez despierte horror y sea peligroso para sus vecinos. Sin embargo, una nación industrial moderna que en *Thingstätten* celebra las hazañas de guerra y a los dioses de sus antepasados —aunque sólo sea de intención— representa un fenómeno falso y sólo es posible en forma temporal y en condiciones muy específicas, aunque no recurra a medidas violentas de persecución, incluso tomando en cuenta que la sociedad industrial permite precisamente el surgimiento de formas de vida no industriales.

Por lo tanto, si a pesar de llevar a cabo el mismo tipo de politización las diferencias entre los regímenes se ponían de manifiesto con particular claridad en el ámbito de la cultura, es posible que su semejanza destaque nuevamente en mayor grado al tratar los fundamentos de la existencia cotidiana, el derecho y la ausencia de derechos.

## 6. Derecho y ausencia de derechos

La idea soviética del derecho y de la ausencia de derechos deriva de los principios básicos evidentes para Lenin y sus compañeros de lucha, de los que resultó fácil derivar consecuencias prácticas.

En octubre de 1920, en un congreso del Komsomol, Lenin afirmó: "La moralidad es lo que sirve a la destrucción de la vieja sociedad de explotadores y a la unión de todos los trabajadores."[110] Esta definición emana a su vez de los propósitos declarados del socialismo, señalados como "el desarme general, la paz eterna y la cooperación fraternal entre todos los pueblos de la Tierra", según lo establecía el "Decreto sobre la instrucción obligatoria en el oficio de las armas", de abril de 1918.[111] En el interior del país había que librar, según lo formuló el chequista Peters, una guerra sistemática contra la burguesía, a fin de convertirla de una clase parasitaria en una comunidad de trabajadores y, de esta manera, hacerla desaparecer como clase;[112] en la política exterior, había que promover de todas las maneras habidas y por haber la transferencia de los medios de producción a las manos de la clase trabajadora y erigir, así, al movimiento comunista internacional en el "sepulturero de la sociedad burguesa".[113] Por lo tanto, la dictadura proletaria no podía estar sujeta a leyes, ni siquiera a las propias, puesto que una y otra vez se podía requerir la aplicación directa de violencia, a fin de ayudar en el triunfo del "sentido revolucionario del derecho". De esta manera, Léon Trotski pudo calificar la ejecución del Zar y su familia de "justicia de urgencia", la cual debía mostrar, a seguidores y a adversarios por igual, que los líderes del proletariado estaban decididos a sostener una lucha despiadada y a aceptar sólo la alternativa "triunfo o desaparición total".[114] Poemas como el siguiente, de Demyan Bedny,

---

110 Louis Fischer, *Russia's Way from Peace to War 1917-1941*, Nueva York, 1969, p. 78.
111 León Trotski, *Die Geburt der Roten Armee*, Viena, 1924, pp. 50-52.
112 Leggett, *op. cit.* (nota 31, capítulo IV), pp. 118-119.
113 *Cfr.* p. 223.
114 Kohn, *op. cit.* (nota 11, capítulo II), p. 498.

encajaban perfectamente con dicha exaltación del acto de limpiar la Tierra de toda injusticia y maldad:

> ¡Arriba! ¡Arriba! Pueblo vengador del sufrimiento del mundo,
> ¡despierta, levántate! ¡Mata, mata!
> Mata a todos, a los traidores del pueblo,
> a los que han robado nuestro pan.[115]

Esta petición tal vez fuese una exageración poética, pero el derecho de la revolución exigía con tono imperioso privar de todo derecho a los enemigos. En un discurso pronunciado ante el Consejo Central de los sindicatos, Lenin señaló enérgicamente el Artículo 23 de la Constitución de la República, en el que decía que la RSFSR retiraba a los individuos y a los grupos individuales los derechos que éstos usaran en detrimento de los intereses de la revolución socialista, y continuó:

> Hemos declarado con toda franqueza y advertido de antemano que durante el periodo de transición, caracterizado por enconadas luchas, además de no conceder libertades ni a la derecha ni a la izquierda sustraeremos sus derechos a los burgueses que se opongan a la revolución socialista. ¿Y quién los juzgará? Los juzgará el proletariado.[116]

En otras declaraciones, Lenin pronto dejó muy claro que la fuerza revolucionaria debía dirigirse también contra los elementos titubeantes e indecisos de la clase obrera misma. Por lo tanto, el derecho no era más que la voluntad sin límites del partido, es decir, de los dirigentes del partido, y la ausencia de derechos era el estado en que, conforme a derecho, quedaban todos los enemigos de dicha voluntad. De esta manera, también la checa pertenecía al ámbito de la administración de la justicia; los "jueces populares" eran órganos del partido que carecían de toda independencia; y la ausencia de derechos de los enemigos no hacía ninguna excepción, ni siquiera en un caso como el de la esposa de un pope muerto muchos años atrás, la cual debía vivir privada de todos sus derechos de ciudadanía y sin cartillas de racionamiento. En 1922 se llevó a cabo el primero de los grandes procesos de simulacro, contra 22 social-revolucionarios, y fueron movilizadas grandes cantidades de niños para gritar delante del tribunal: "muerte a los social-revolucionarios, muerte a los enemigos del pueblo".[117] Nunca antes en la historia europea un grupo de personas había identificado de manera tan total su voluntad con la voluntad de la historia y la salvación de la humanidad; nunca antes una clase dirigente erigió de manera tan abierta sus propios intereses en el criterio supremo para

---

115 Fülöp-Miller, *op. cit.* (nota 79, capítulo IV), p. 212.
116 Lenin, *Werke*, t. 29, p. 287.
117 P. E. Mel'gunova-Stepanova, *Gde ne slyš no smecha. Tipy, nravy i byt Č-K*, París, 1928, pp. 189 y ss.

la acción, puesto que pretendía ser la última de las clases dirigentes y precursora del fin de todo dominio. En el "juicio de los estudiantes" de Moscú adornaban las paredes de la sala de audiencias consignas como las siguientes: "Los obreros y campesinos juzgan conforme a los principios de la lucha de clases"; "El tribunal proletario protege los intereses de los trabajadores"; "El tribunal proletario es el órgano de la dictadura revolucionaria".[118]

Por lo tanto, no constituía ninguna injusticia si la checa, en oposición extrema a todos los principios constitucionales desarrollados en el curso de muchos siglos de historia europea, fungía como policía y autoridad pública, juez y verdugo en una sola. En un sentido mucho más estrecho, se creó un sistema jurídico en el que los tribunales y las fiscalías representaban autoridades especiales y las leyes formaban la base del procedimiento. Con todo, las estipulaciones del código penal de 1926 de la RSFSR demostraron que esto no equivalía de ningún modo a una separación fundamental.[119]

Los objetivos humanitarios estaban implícitos en las afirmaciones de que la ley pretendía tomar medidas de "protección social de tipo correctivo jurídico, médico o correctivo médico" y que no se proponía ejercer venganza ni castigo; por lo tanto, prescindía de causar daños físicos o de menoscabar la dignidad humana. No obstante, la "más dura medida de protección social" era el fusilamiento o la "declaración como enemigo de los trabajadores", vinculados sin excepción a la confiscación de bienes. Los delitos descritos en los 14 párrafos del Artículo 58 eran prácticamente en su totalidad crímenes "contrarrevolucionarios" en detrimento de la seguridad del Estado; estaban definidos de manera tan vaga que incluso el intento de debilitar los "logros fundamentales" de la revolución se castigaba con la pena de muerte. El mismo castigo estaba previsto, según el párrafo 1, también para acciones del mismo tipo "dirigidas contra otro Estado de trabajadores —no perteneciente a la unión de las RSS— [...] en virtud de la solidaridad internacional de los intereses de todos los trabajadores". El párrafo 1a) calificaba de "traición a la patria", también penada con la muerte, la "deserción al enemigo" y la "huida al extranjero", entre otras cosas; de igual manera, según el párrafo 3 estaba penado "mantener relaciones con un Estado extranjero o con representantes individuales del mismo, con intenciones contrarrevolucionarias", así como, según el párrafo 8, "cometer acciones terroristas contra representantes del poder soviético o funcionarios de organizaciones revolucionarias de los obreros y los campesinos". En el párrafo 14 se amenazaba incluso con castigar con el fusilamiento

---

118 Kindermann, *op. cit.* (nota 173, capítulo II), p. 224.

119 *Strafgesetzbuch (Ugolovnyj Kodeks) der Russischen Sozialistischen Föderativen Sowjet-Republik (RSFSR) vom 22. November 1926 mit den Änderungen bis-zum 1. August 1930,* traducido por el doctor Wilhelm Gallas, Berlín y Leipzig, 1931. Texto original: *Ugolovnyj Kodeks* RSFSR *Redakcii 1926 goda s postatejno –sistematizirovannymi materialami na 1 marta 1932 g. Sostavili S. S. Askarchanov* i.A. N. Jodkovskij, Moscú, 1932. Se citan algunos pasajes en *Der Sowjetkommunismus* (nota 157, capítulo II), t. II, pp. 204 y ss.

el "cumplimiento intencionalmente insatisfactorio de ciertas obligaciones", al existir circunstancias agravantes y la intención de menoscabar el poder del gobierno y de perjudicar el funcionamiento del aparato estatal. Sin embargo, no sólo los crímenes se consideraban acciones sino también las omisiones, y el párrafo 1c) introducía la detención familiar en el caso de la huida de un militar al extranjero y castigaba con cinco años de deportación a remotas regiones de Siberia y pérdida de los derechos electorales incluso a los familiares mayores de edad del traidor aunque no hubieran tenido conocimiento del hecho. Hasta 1929, el Artículo 12 estaba formulado de tal manera que permitía la pena de muerte también para niños desde los 12 años de edad, sólo por robar. El párrafo se refería, evidentemente, a los "*besprisorniis*", los niños abandonados que en ocasiones llegaban a formar bandas de ladrones; este artículo de la ley presta cierta verosimilitud a las afirmaciones en el sentido de que la GPU eliminó en forma administrativa a muchos miles de estos niños.

Una ley tan antihumanitaria basada en una argumentación tan humanitaria representaba un caso único en el mundo de 1926. Al poco tiempo le siguió la ley para la protección de la propiedad social, con base en la cual, según Solzhenitsin, seis campesinos de un koljós fueron fusilados por haber cortado para sus propias vacas la hierba de un prado, ya segado, del koljós.[120] ¿Cómo hubiera podido haber un derecho de huelga en un Estado como éste, pese a que Lenin, durante sus últimos años de vida, reconoció expresamente la posibilidad de una oposición de intereses entre los obreros y los directores de la industria nacionalizada? ¿Cómo hubieran podido ser independientes los jueces o se hubiera dado siquiera una relación de confianza entre los acusados y sus defensores? ¿Cómo hubiera podido hablarse de objetividad del derecho y de la administración de justicia, si en 1932 el fiscal general Krilenko incluso pidió que se pusiera fin a la neutralidad del ajedrez?[121]

Por otra parte, a las personas que no descendían de una "clase enemiga" y que evitaban toda acción "contrarrevolucionaria", la Constitución estalinista de 1936 otorgaba derechos ausentes de las demás constituciones europeas: el derecho de trabajo en el Artículo 118, el derecho de descanso en el Artículo 119, el derecho de educación gratuita en el Artículo 121. Ciertamente podía surgir la duda de si en verdad había valido la pena efectuar un cambio tan radical en los principios de justicia e injusticia, para que al final solamente fuesen introducidos unos cuantos derechos de ciudadano que de por sí se imponían cada vez más en los países occidentales en su camino hacia el Estado social, sin contar el derecho de trabajo, que en la práctica redundaba en la obligación de trabajar. Resultaban aún más serias estas objeciones en caso de que Trotski tuviera razón, cuando en octubre de 1936 describió en el *Boletín de la oposición* las condiciones sociales en la Unión Soviética de la siguiente

120 Alexander Solzhenitsin, *Der Archipel Gulag*, Berna, 1974, p. 414.
121 Heller-Nekrich, *op. cit.* (nota 20, capítulo III), t. I, pp. 251-252.

manera —desde el extranjero, naturalmente—: "Algunos viven en chozas y calzan zapatos rotos; otros manejan coches de lujo y viven en casas suntuosas. Los unos luchan por alimentar a su familia; los otros tienen personal de servicio, una dacha cerca de Moscú, una finca en el Cáucaso, etc."[122] De ser cierto todo esto, una clase dirigente se había asegurado el dominio mediante una identificación sin precedentes con el derecho, y la ausencia de derechos era precisamente la suerte de todos los trabajadores, controlados desde 1932 por "pasaportes nacionales" y que desde 1940 podían ser castigados con dos años de cárcel por llegar a trabajar con un atraso de veinte minutos. ¿O había que tomar en serio los objetivos establecidos para el código penal de 1926, siendo todas las diferencias de condición de vida sólo de carácter temporal, porque la Unión Soviética no tardaría en erigir el orden social comunista y en someter de manera definitiva a la agotada burguesía mundial? ¿O bien identificaría Stalin su poder con el derecho sólo porque en breve su Estado tendría que luchar por la simple supervivencia?

En Alemania, el Estado constitucional tenía una tradición mucho más antigua y consolidada que en Rusia. El principio de la igualdad de todos los ciudadanos alemanes ante la ley estaba vinculado, desde hacía mucho tiempo, con el concepto de la independencia del poder judicial, el carácter público de la administración de la justicia, la posibilidad de efectuar una comprobación judicial ulterior de las decisiones administrativas y el principio "*nulla poena sine lege*", el cual de esta manera se hacía realidad. Sólo así era posible "hacer públicos" los conflictos sociales y políticos y al mismo tiempo "domesticarlos", es decir, mitigarlos y simultáneamente restarles violencia. Con todo, el concepto jurídico liberal no se limitaba a las relaciones internas: implicaba, al parecer, la igualdad de todos los hombres, sin tener en cuenta raza, origen o religión. En este aspecto mostraba ser, con mayor razón todavía, un concepto límite que no coincidía con la realidad. En ninguna parte del mundo los extranjeros tienen los mismos derechos que los ciudadanos; incluso dentro de un Estado determinado no siempre es posible un trato completamente igual, porque en épocas agitadas, y tanto más en un periodo revolucionario, todos los estados juzgan las mismas circunstancias en formas distintas, según si han sido motivadas por la intención de minar o de apuntalar el poder estatal, y el derecho de guerra implica una diferencia esencial entre soldados y civiles. Tampoco es posible pasar por alto que el concepto del Estado constitucional liberal conduce a un monopolio jurídico por parte del propio Estado y corta, como positivismo jurídico, el vínculo con la base antropológica, la única capaz de legitimar algo así como "derechos humanos inalienables" y de fijar límites a la posible arbitrariedad de las decisiones tomadas por la mayoría.

En todo caso, de los sistemas jurídicos existentes después de la primera

---

[122] *Ibid*, p. 271.

Guerra Mundial, sin duda alguna el orden jurídico liberal era el que mayor margen de libertad y mayores posibilidades de acción confería a sus propios enemigos. No hubo nada semejante en la Rusia zarista ni en los países islámicos bajo el dominio de la "sharia". La revolución del bolchevismo conservó justamente este principio del trato desigual a *fieles* e *infieles*; es más, lo llevó a un extremo hasta entonces desconocido.

Dichas circunstancias, que repercutieron en toda Europa y de manera especial en Alemania, plantearon una disyuntiva elemental al sistema jurídico liberal. ¿Debía mantenerse el principio de éste, pese a que saltaba a la vista el carácter diferente de la realidad, o debía aspirarse a una nueva identidad de derecho y realidad, desarrollando principios que correspondieran mejor a la situación social y estatal de lucha? La segunda alternativa era la concepción del nacionalsocialismo (y antes del fascismo italiano): el derecho, en este caso, no era considerado la superación, por cierto incompleta, de los conflictos sociales y estatales mediante la regulación pacífica de los problemas inevitables, de modo que se posibilitara la coexistencia de las diferencias, sino precisamente como expresión e instrumento de dichos conflictos. Justo en esto radicaba desde siempre la esencia del concepto jurídico soviético y marxista, y la teoría propuesta por Carl Schmitt de las circunstancias excepcionales, la insuficiencia de la norma y del carácter de lo político, como una relación amigo-enemigo, constituía una respuesta y una correspondencia con aquél. La suerte de la justicia de Weimar se decidió al percibir con mucha mayor intensidad el ataque frontal comunista contra el derecho burgués que el ataque nacionalsocialista por la espalda, que al principio pareció ser una acción de socorro, pero que se originaba, no obstante, en un espíritu más hostil que dicho ataque frontal, por no considerar la ausencia de derechos de determinados grupos como medida temporal de emergencia enfocada a la realización de una posterior igualdad jurídica y de vida más completa, sino como manifestación del derecho eterno mismo. A pesar de todo, esta concepción fue desarrollada y establecida en forma institucional sólo de manera paulatina; durante todo el Tercer Reich siguieron existiendo el concepto jurídico tradicional y el sistema jurídico vigente, y en ningún momento pudo Adolfo Hitler decir que había ganado de manera definitiva la lucha contra los "juristas reaccionarios".

Sin embargo, desde los primeros meses del Tercer Reich se dieron grandes pasos en el camino hacia un sistema jurídico en el que derecho y política serían idénticos. El decreto del presidente del Reich del 4 de febrero de 1933, para la protección del pueblo alemán, creó una prerrogativa política que debía redundar en beneficio del partido gobernante, pero aún no se distinguía de principio de las medidas semejantes tomadas por la República de Weimar, como la Ley de Protección a la República, por ejemplo. En cambio, el llamado Decreto del Incendio del Reichstag del 28 de febrero —emitido por el presidente del Reich para proteger al pueblo y al Estado— anulaba las disposiciones del derecho fundamental de la Constitución de Weimar y no imponía límites al carácter excepcional de las medidas tomadas "para la defensa contra actos de violencia comunistas contra la seguridad del Estado". En este sentido, el Estado constitucional ya había sido eliminado y sustituido por una ley marcial permanente, que sólo podía legitimarse como "orden sano del pueblo". Igual importancia revistió la derogación del principio "*nulla poena sine lege*", solicitado desde la reunión del consejo de ministros del 7 de marzo por el ministro del Interior Frick, con referencia al incendiario Van der Lubbe, pero el subsecretario de Estado del Ministerio de Justicia, Schlegelberger, se opuso en vano, señalando que los únicos lugares donde dicho principio no tenía validez eran Rusia y China, así como algunos cantones menores de Suiza.[123] Las leyes para restituir a los funcionarios de carrera, en abril, y para prevenir descendencia que padeciera una enfermedad hereditaria, en julio, encerraban igualmente un alejamiento consciente de los principios del Estado constitucional. De esta manera, el 21 de marzo de 1933, la institución de tribunales especiales representó uno solo de los pasos con los que debía crearse una justicia política de lucha; la fundación del Tribunal del Pueblo, el 24 de abril de 1934, que sustituía al Tribunal Supremo de Justicia del Reich en asuntos de alta traición y traición a la patria, constituyó por el momento una culminación de dicho proceso. Las acciones del 30 de junio de 1934 decididamente sólo podían calificarse de asesinatos de Estado, pero hasta esto fue justificado por el profesor en derecho más destacado del Reich, Carl Schmitt, al afirmar que la ceguera para la justicia de la que adolecía el pensamiento legal liberal había hecho del derecho penal la Carta Magna del criminal; y del derecho constitucional, de la misma manera, la Carta Magna de los culpables de alta traición y de traición a la patria. Según él, el acto del *Führer* no estaba sujeto a la justicia, sino constituía en sí la más alta justicia.[124] Así, Carl Schmitt se acercó a una forma extrema de correspondencia que superaba el ejemplo soviético también de pensamiento, del mismo modo en que la manera de obrar de Hitler lo había superado de hecho en el caso de Röhm.

Los esfuerzos por reformar el derecho penal, impulsados sobre todo por el ministro de Justicia Hans Frank, tuvieron más bien el propósito de contraponer a la "justicia de clase" soviética una "justicia nacional", cuya meta debía ser "preservar el orden nacional concreto de la comunidad, extirpar los elementos y castigar las conductas antisociales, y dirimir los conflictos entre los miembros de la comunidad".[125] Se reconocía cierta tendencia democrática en el ataque

---

[123] *Akten der Reichskanzlei. Die Regierung Hitler*, Boppard, 1983, primera parte: 1933-1934, pp. 163-165.

[124] Carl Schmitt, *Positionen und Begriffe im Kampf mit Weimar-Genf-Versailles*, Hamburgo, 1940, p. 200. Sin embargo, no debe pasarse por alto del todo que el artículo de Schmitt también tenía otro enfoque: contra todos los actos de violencia que no tuvieron lugar los días 30 de junio y 1 de julio o que no contaron con la autorización expresa de Hitler.

[125] *Deutsche Rechtswissenschaft*, editado por Karl August Eckhardt, Hamburgo, 1936, t. 1, p. 123.

contra los "juristas ajenos al pueblo" y en la demanda de que la actividad jurídica fuera "cercana al pueblo y no a la condición social". Las "Leyes de Nuremberg" eran fáciles de conciliar con esta forma de pensar, porque la orientación hacia la sangre como estado de causa básico ya había servido de fundamento a la ley de funcionarios y a la Ley Nacional sobre la Admisión a la Abogacía del 7 de abril de 1933, la cual redujo en una tercera parte el número de notarios prusianos. Sin embargo, la reforma del derecho penal no progresó en cuanto derecho escrito y en la práctica más bien se llevó a cabo bajo mano mediante la represión de la justicia por parte de la Gestapo y la creación de sanciones independientes de la justicia, en forma de internaciones administrativas en los campos de concentración.

Con todo, al estallar la guerra, la "vieja justicia" no había desaparecido de ninguna manera; el número de los detenidos en campos de concentración no igualaba ni con mucho las cifras soviéticas y tampoco los judíos habían sido privados de todos sus derechos, aunque estuvieran sujetos a un derecho especial y por más que las *arizaciones* de la economía fueran acercándose cada vez más a simples confiscaciones.

Por el contrario, hasta el comienzo de la guerra e incluso después se hicieron posibles sentencias judiciales sorprendentes en Alemania. En mayo de 1935 se confirmó todavía la posibilidad de impugnar las disposiciones de la Gestapo. Más o menos por la misma época tuvo lugar el llamado proceso de Hohnstein contra Jähnichen, jefe de un batallón de asalto de la SA, y otros 22 acusados, que en la primavera de 1933 habían maltratado a unos presos en el campo de concentración de Hohnstein. Pese a las fuertes presiones por parte del partido, fueron condenados a extensas penas de prisión. Posteriormente, ambos escabinos fueron expulsados del NSDAP y en noviembre de 1935, Hitler perdonó el resto de la sentencia.

En el proceso de Niemöller, a principios de 1938, se pronunció una condena ligera de siete meses de detención, que además se consideró cumplida por el tiempo pasado en prisión preventiva. Por cierto, el fundador de la Liga de Emergencia de los Pastores no fue puesto en libertad, sino llevado al campo de concentración Sachsenhausen como "prisionero [personal] del *Führer*".

La fiscalía levantó cargos contra un pastor renano, porque al final de un sermón había exclamado "¡ay de Alemania!". Sin embargo, puesto que se refería al *Mythus* de Rosenberg, el tribunal no abrió un plenario, alegando que el libro del ministro del Reich era un trabajo particular.

Aun durante la guerra se rechazó castigar a unos judíos berlineses que en opinión del partido habían adoptado una conducta provocadora al presentarse para que les dieran una ración especial de café.[126]

Con todo, el cambio cualitativo del 1 de septiembre de 1939 no se debió a

126 Hubert Schorn, *Der Richter im Dritten Reich*, Francfort, 1959, pp. 641 y ss., 584, 649 y ss.

la introducción de leyes sumamente duras, que amenazaban de muerte incluso al que escuchaba emisoras extranjeras, sino a que, mediante el decreto de esa fecha, Hitler hizo posible destruir "la vida que no merece vivir", poniendo de manifiesto, de esta manera, que la lucha militar por la existencia permitiría la realización oportuna de su interpretación del derecho como una forma de lucha contra todo lo "enfermo, decadente, perjudicial y peligroso". Por lo tanto, el derecho en el sentido de la ausencia de derechos de todos los enemigos y elementos antisociales no se convirtió en una característica estructural del Estado nacionalsocialista sino hasta que estalló la guerra, y se desarrolló plenamente después de iniciarse la contienda contra la Unión Soviética. Hasta ese momento, en el fondo sólo había habido principios y prefiguraciones. No obstante, en abril de 1942, Hitler aún tuvo motivos para pronunciar ante el Reichstag un discurso desbordante de ira contra juristas y funcionarios, en el que pidió autorización para pasar por alto los "derechos bien adquiridos" y destituir también a los jueces, sin mayores formalidades, si en su opinión no estaban cumpliendo con sus deberes. Sólo hay que detenerse por un momento para imaginar a Stalin dando un discurso de esta naturaleza en el verano de 1942 o incluso en 1932, a fin de reconocer la fuerza que las concepciones fundamentales del Estado constitucional conservaron en Alemania hasta avanzada la guerra.

De esta manera, ciertamente no fue casualidad que se manifestara en tiempos de guerra, el 11 de octubre de 1942, una toma de posición reveladora del jefe de la Oficina III en la Central de Seguridad del Reich, el jefe de brigada de la SS Ohlendorf, puesto que se trataba de una diatriba dirigida contra el gobernador general y ministro de Justicia del Reich Hans Frank, que en varias conferencias se había presentado como defensor de la seguridad jurídica y la independencia judicial, pero en principio dichos argumentos también hubieran podido esgrimirse en tiempos de paz.[127]

De acuerdo con dicho punto de vista y según el concepto nacionalsocialista, el individuo ya no realizaba sus derechos en el enfrentamiento aislado contra el Estado y la comunidad, sino sólo de manera conjunta con ésta y como miembro de la comunidad del pueblo. Por lo tanto, sólo percibía una amenaza contra la seguridad jurídica la persona que no estaba dispuesta a someterse a los vínculos con la comunidad del pueblo como un sentimiento interior de la obligación, sino que por el contrario los experimentaba como una imposición externa. Conforme a la misma línea de pensamiento, el gobierno político no necesitaba intervenir en la actividad del juez, en gran medida, "si la justicia [tenía a su disposición] un cuerpo de jueces dueño de una orientación política e ideológica homogénea". Este tipo de hombres no se caracterizaría ya por su alienación del pueblo, sino que sería capaz de extraer la justicia del sentido

---

[127] Peter Schneider, "Rechtssicherheit und richterliche Unabhängigkeit aus der Sicht des SD", *Vjh. f. Ztg.*, t. 4 (1956), pp. 399-422 y 419.

vivo del derecho del pueblo, sin capitular ante la letra de la ley ni pasar por alto las exigencias políticas. De esta manera, el derecho no pertenecería ya a una casta de juristas, como una especie de propiedad privada; volvería a ser asunto de todo el pueblo, mediante la incorporación de las demandas ideológicas y políticas del nacionalsocialismo.

No obstante, respecto a la actualidad, Ohlendorf hizo constar, aún en octubre de 1942, que no existía tal cuerpo de jueces marcado por la ideología, y en 1939 hubiera podido hacer esta afirmación con mayor razón todavía. También respecto al derecho, pese al enfoque colectivista fundamental de ambos, los dos regímenes mostraron más diferencias que semejanzas en tiempos de paz, pero en este caso —a diferencia del de la cultura— precisamente porque en Alemania se habían preservado más las características que en casi todo el mundo eran consideradas indicio de modernidad. Este hecho no se debía al nacionalsocialismo, sino a la resistencia contra él, la cual no puede compararse sin más ni más con la resistencia ofrecida contra el bolchevismo o bien el estalinismo en la Unión Soviética.


## 7. EMIGRACIÓN Y RESISTENCIA

En el sentido más amplio, la emigración y la resistencia han existido desde la antigüedad clásica y en los comienzos de la era moderna, aunque no es posible aplicar dichos conceptos a la Edad Media; sin embargo, en el sentido más específico, no se debió hablar de emigración y resistencia hasta que se desarrolló el Estado del sistema liberal en las regiones más importantes del mundo, que se convirtió en paradigma casi en todas partes. Este Estado brinda protección institucional a la contradicción y las acciones discordantes (es más, éstas son promovidas); criticar, pues, al gobierno no representa un acto de resistencia, sino de oposición. Puesto que no existe la resistencia, tampoco se conoce la emigración por motivos políticos. Entre 1870 y 1914 en ninguna parte del extranjero vivían grupos de ingleses, franceses o alemanes que por protesta hubieran abandonado su patria y combatieran el gobierno de sus respectivos países. Este tipo de emigración y la correspondiente resistencia, es decir, la prohibida, no existió más que entre los rusos y en Rusia. No obstante, sólo era posible hablar de estas realidades y conceptos porque se estaba comparando también a Rusia con el Occidente progresista. En el sentido más estricto y propio de la palabra, sólo se debe hablar de emigración y resistencia si una situación en que hubiera sido posible la oposición retorna, de algún modo, a otra en que ya no se admite en el Estado en cuestión una formación de opiniones libre y sin peligros para los participantes, puesto que ha llegado al poder un partido que ve como "enemigas" a las demás agrupaciones políticas y procura destruirlas.

La idea del imperio zarista ruso era la de un Estado patriarcal en el que la voluntad del autócrata era idéntica a la voluntad general, y la lealtad incondicional de la masa de los campesinos probaba el sólido arraigo de dicha idea en la realidad. No obstante, en las dos capitales —bajo la influencia de los conceptos europeos occidentales— la unidad del Estado patriarcal se ponía en duda cada vez más; primero por algunas partes de la aristocracia y luego por muchos protagonistas de la burguesía y la intelectualidad. Los comienzos de una revolución industrial y la agudización de las diferencias sociales incrementaron cada vez más el parecido de Rusia con el resto de Europa, bajo el manto de la censura zarista, y la Revolución de Febrero pareció convertirla en la nación más libre del mundo, emancipada de manera definitiva de la autocracia y la Iglesia nacional. Las quejas y la renuencia de los representantes del *ancien régime* no pueden calificarse de resistencia; todas las fuerzas de importancia política —desde los "octobristas" y los "cadetes" hasta los socialdemócratas— estaban de acuerdo en su aprobación de la revolución. Probablemente hubieran seguido así, de no haber influido sobremanera en el proceso de cambio la situación de una guerra casi perdida y de no requerir esta situación la toma de decisiones trascendentes y sumamente controvertidas.

Al tomar los bolcheviques el poder, bajo el estandarte de la paz inmediata y la expropiación de bienes de los terratenientes, la misma noche del 8 de noviembre se fundó en Petrogrado el Comité para la Defensa de la Patria y la Revolución, que debe considerarse como la primera organización de resistencia contra la "contrarrevolución" bolchevique. Tuvieron una parte considerable en esta acción los miembros de los otros partidos socialistas, contra los cuales, en el fondo, se dirigía el golpe. El gobierno de los comisarios del pueblo se impuso a mano armada a este comité, con la misma contundencia como lo hizo contra el intento de Kerenski de reconquistar la capital con la ayuda de tropas leales. La crítica manifestada por destacados bolcheviques hacia la formación de un gobierno unipartidista corresponde más bien al concepto de oposición que al de resistencia. Sin embargo, el decreto que en 1917 proscribió a los demócratas constitucionales fue un acto gubernamental que, como franca medida persecutoria, tuvo que crear una situación de resistencia contra un gran partido. El primer acto de resistencia que produjo víctimas fue la manifestación de protesta efectuada después de disolverse la Asamblea Constituyente; de esta manera, el régimen no sólo cruzó de manera definitiva los límites de la legalidad, sino que por vez primera derramó la sangre de obreros, si bien los llamó "pequeñoburgueses", en un temprano ejemplo de guerra semántica. ¿Cómo no iban a formarse centros de resistencia militar, después de que en mayo de 1918 el propio régimen había iniciado la Guerra Civil con la intención de desarmar a los checoslovacos? El gobierno de Samara y Ufá estaba respaldado por el "Komuch", integrado por miembros de la Asamblea Constituyente, y con cierta razón podía considerarse el gobierno legal del país;

cuando Fanniia Kaplan fue arrestada, después del atentado contra Lenin, afirmó que éste había traicionado el socialismo por haber desintegrado la Asamblea Constituyente, y que toda Rusia debía congregarse en torno al gobierno de Samara.[128] No obstante, una vez derribado este gobierno mediante un golpe de Estado efectuado por su ministro de Guerra, el almirante Kolchak, ya no era posible hablar de legalidad por parte de nadie y al parecer sólo las armas de la Guerra Civil tomaron la palabra.

Con todo, de ambos lados siguieron manifestándose impulsos de oposición y diversas formas de resistencia. Los destituidos socialdemócratas tuvieron una parte considerable en la derrota de Kolchak; en la provincia controlada por Denikine, pareció desarrollarse un sistema de partidos del cual sólo estaban excluidos los bolcheviques. Durante bastante tiempo estos últimos desistieron de proscribir a los mencheviques, que colaboraron en los soviets. Sin embargo, se ejercía tal presión sobre ellos y eran tan reducidas sus oportunidades de triunfo en las elecciones abiertas para los soviets, que representaba un acto de resistencia más que de oposición el que destacados mencheviques expresaran críticas sumamente severas contra la dictadura bolchevique en revistas o panfletos; en una carta particular, Martov incluso habló del "monstruoso y belicoso sistema de gobierno asiático"[129] que había hecho volver a Rusia a un pasado bárbaro anterior a la autocracia zarista. Con todo, Martov y Dan, Liber y Nikolaievski titubearon en dar el paso decisivo, es decir, en cambiarse al lado de los Blancos, actitud determinada en importante medida por el hecho de que los ejércitos blancos con cierta frecuencia realizaban pogroms contra los judíos. Por lo tanto, los mencheviques y los social-revolucionarios, pese a toda su oposición y a muchas muestras de resistencia, siguieron formando más bien un peso favorable a los bolcheviques sobre el platillo de la balanza, y después de que terminó la Guerra Civil fueron metidos en prisión u obligados a exiliarse de manera definitiva.

Se trató del último grupo en integrarse a los emigrantes en el extranjero, a esa forma de resistencia que ya no podía expresarse en el propio país, pero que de múltiples maneras mantenía el contacto con los impulsos de resistencia en la patria, por ejemplo mediante la revista *Socialistíčeskij Vestnik*, que era editada en Berlín primero por Martov y luego por Boris Nikolaievski, y de la que continuaron llegando a Rusia, durante muchos años, numerosos ejemplares que contaban con un público ansioso.[130]

En conjunto, el fenómeno de la emigración rusa fue el mayor que se hubiese dado en el mundo hasta ese momento. A principios de los años veinte

[128] *Severnaia Kommuna*, 2 de septiembre de 1918.
[129] Israel Getzler, *Martow. A Political Biography of a Russian Social Democrat*, Cambridge, 1967, p. 195.
[130] Leonard Schapiro, *The Origin of the Communist Autocracy. Political Opposition in the Soviet State. First Phase 1917-1922*, Londres, 1956, p. 201.

comprendía aproximadamente a un millón y medio de personas. Todas habían abandonado por motivos políticos, ante una amenaza directa contra sus vidas, el país en que cientos de miles de sus compañeros de partido o de clase habían muerto asesinados o de hambre y de frío.

Entre estos emigrantes figuraban, sobre todo, los líderes y un gran porcentaje de los secuaces de todos los partidos no bolcheviques.

En Rusia, los monárquicos habían constituido la columna vertebral de los ejércitos blancos. Emigraron, prácticamente sin excepción, los oficiales y las tropas del ejército del general Wrangel, que en noviembre de 1920 abandonaron Crimea y que al principio fueron mantenidas como fuerza armada, con la titubeante ayuda de los franceses, en Gallípoli y otros lugares. La suerte ulterior de estos hombres fue difícil; se convirtieron en fugitivos libres y fueron repartidos en varios países. No obstante, por regla general las condiciones de vida de los demás emigrantes también eran miserables. En el año 1923, tan sólo en Berlín unos 300 000 rusos dependían del desempeño de labores sencillas o del apoyo de terceros; un considerable número murió de hambre.

En la emigración, los liberales no tardaron en desintegrarse en una fracción derecha y una izquierda; bajo la dirección de Pavel Miliukov, la segunda fue acercándose cada vez más a los social-revolucionarios de derecha.

De los social-revolucionarios, un considerable número se jactaba abiertamente de haber sido quienes con su actividad tras los frentes de los ejércitos monárquicos de Rusia salvaron a ésta del reaccionario "general sobre el caballo blanco". Por lo tanto, la mayoría de los monárquicos odiaba casi con la misma intensidad a los "traidores social-revolucionarios" y a los bolcheviques.

Muchos mencheviques se pasaron al lado de los bolcheviques en el curso de los años 1917 y 1918, pero Julius Martov y los dirigentes principales siempre se opusieron al régimen gobernante. No obstante, en cierta forma su crítica sirvió para legitimar el régimen bolchevique y, cuando emigraron de manera definitiva, se conservó una ambivalencia característica. En 1926, su partido ya estaba pidiendo el reconocimiento *de jure* de la Rusia soviética, por lo cual los monárquicos solían verlo como "medio bolchevique".[131]

Por otra parte, los monárquicos tampoco formaban una unidad cerrada, sino que se dividían entre el tronco principal al mando del gran duque Nikolai Nikolaiévich en París, simpatizante de los aliados, y una minoría más bien germanófila dirigida por el gran duque Kiril Vladimiróvich. Entre esta minoría figuraban los emigrantes rusos que se encontraban en Baviera, que mantenían una estrecha relación con Max von Scheubner-Richter y que después se pusieron del lado del Tercer Reich, bajo la dirección del general Biskupski.

Existía un sector considerable de la emigración rusa cuyas motivaciones no eran fundamentalmente políticas, sino literarias y científicas. No tardaron en

---

[131] Hans von Rimscha, *Der russische Bürgerkrieg und die russische Emigration 1917-1921*, Jena, 1924, p. 114.

desaparecer de las universidades áreas completas como, por ejemplo, "economía nacional burguesa" y "filosofía idealista", y en la de historia unos cuantos profesores antiguos, que gozaban de particular respeto, con grandes dificultades lograron sostenerse hasta comienzos de los años treinta. Un gran número de eruditos, como en el caso de los filósofos Nikolai Berdiaev y Semion Frank, fueron expulsados en 1922 simplemente por el concepto que tenían del mundo. También emigraron muchos poetas y escritores importantes, entre ellos Dimitri Merezhkovski y el posterior premio Nobel Iván Bunin. Entre los emigrantes internos estaban Anna Ajmatova y Ossip Mandelstam, acaso también Boris Pasternak; el gran poeta Gumiliov fue ejecutado por vía administrativa por la checa en 1921, con base en una acusación poco verosímil. A pesar de que fundaron varias editoriales y revistas importantes, los escritores exiliados no lograron hacer valer su afirmación de representar a *la* literatura rusa.[132] En primer lugar, el público occidental no tomó parte muy activa en sus esfuerzos, debido a la barrera del idioma; y, por otra parte, varios de los escritores más destacados permanecieron en Rusia y en algunos casos incluso se pusieron de parte de la revolución. Además, surgieron en Rusia nuevos nombres que no tardaron en darse a conocer en el extranjero, como Isaak Bábel y Boris Pilniak, y un número no del todo despreciable de emigrantes terminó por volver a la patria, entre ellos Alexei Tolstoi, que se convirtió en un muy estimado "escritor soviético".

El fenómeno más peculiar de la emigración rusa fue el llamado "cambio de caminos" ("*smena vej*"). En 1921, seis autores publicaron una antología con este título, en la que practicaban una dura autocrítica. Según ellos, los emigrantes se habían dejado guiar por la idea equivocada de que los bolcheviques constituían una cuadrilla internacional de ladrones, ajena al pueblo ruso. No obstante, entre tanto se había mostrado que dicho partido salvó a Rusia de la ruina y que poseía profundas raíces en el pasado del país. De acuerdo con estas opiniones, no era ninguna casualidad que el general más famoso del ejército zarista, Brusílov, se hubiera prestado a servir en el Ejército Rojo. Una doctrina internacional se había erigido en realidad nacional y de ello había que sacar las consecuencias; es decir, cambiar los indicadores del camino y regresar a Rusia.[133]

Dicho retorno, ciertamente, no adquirió dimensiones masivas, puesto que el partido gobernante se mostraba mucho menos deferente hacia los oficiales blancos que hacia los escritores. Como quiera que sea, la primera expresión fue una poderosa tendencia a ello y representó un mal augurio para la resistencia, que potencialmente era muy fuerte en el interior del país, pero que carecía de un núcleo de cristalización —una vez desintegrado el antiguo

---

[132] Hans-Erich Volkmann, *Die russische Emigration in Deutschland 1919-1929*, Wurtzburgo, 1966, p. 125.
[133] V. Rimscha, *op. cit.*, pp. 127-128.

ejército, nacionalizada la industria y expropiada y privada de sus derechos la Iglesia ortodoxa— y era combatida de manera muy eficaz por la GPU.

Así, el adversario más tenaz del bolchevismo, Boris Savinkov —en algún momento famoso terrorista, como social-revolucionario, y luego subsecretario de Guerra durante Kerenski—, fue atraído con engaños a la Unión Soviética en 1924, donde esperaba encontrar organizaciones de resistencia. Después de ser detenido hizo una confesión, en un proceso espectacular, respecto a sus múltiples actividades, entre las cuales incluso figuró, durante la guerra soviético-polaca, el plan de formar un ejército de liberación con los prisioneros de guerra rusos. Al poco tiempo se suicidó en la cárcel, en circunstancias poco claras.

Es probable que su fin haya tenido relación con la existencia de una de las más extrañas organizaciones de resistencia en la Unión Soviética, la llamada TRUST,[134] nacida del contacto entre un oficial emigrado y un funcionario soviético llamado Yakushev. La organización estaba integrada por muchos oficiales zaristas y antiguos miembros de los partidos desaparecidos, que en su mayoría ocupaban posiciones influyentes y pretendían derribar el régimen. No tardaron en entrar en contacto con destacados emigrantes y la organización dio muchas pruebas de su conocimiento e influencia, pero siempre trató de disuadir a los emigrantes de realizar acciones precipitadas, puesto que según ella la toma del poder era segura. Hasta 1927 no se reveló que Yakushev había sido detenido después de aquel primer contacto, y que había sido "volteado" por Dsershinski en persona. De esta manera, la GPU logró desenmascarar a muchos enemigos internos y evitar, al mismo tiempo, que los emigrantes entraran en acción. Al poco tiempo se encontró en situación de hacer secuestrar y eliminar al más activo de los oficiales emigrados, el general Kutiepov.

Cuando la oposición del Partido Comunista, desde su supresión oficial en 1927-1928, adoptó el carácter de resistencia, nació una tendencia contraria. León Trotski, por ejemplo, que anteriormente no había podido sostenerse frente a las "pandillas de alborotadores fascistas" —según él los llamaba—,[135] y Christian Rakovski, siguieron desempeñando animadas actividades de correspondencia en el destierro y procuraron armar una red ilegal de seguidores. Sin embargo, al poco tiempo les taparon la boca y miles de sus partidarios fueron enviados a los campos de concentración, donde formaron el núcleo de una resistencia bastante activa y también ruidosa, mientras aún sobrevivían algunos vestigios de los privilegios otorgados a prisioneros políticos. Muchos de éstos tarde o temprano se pasaron al bando victorioso de los estalinistas, de la misma manera en que unos años antes se había unido a los bolcheviques un gran número de mencheviques y, principalmente, toda la Liga.

La resistencia de algunas minorías nacionales contra las tendencias de

---

134 Roland Gaucher, *Opposition in the USSR 1917-1967*, Nueva York, 1967, pp. 123-154.
135 Fainsod, *op. cit.* (nota 89, capítulo IV), p. 153.

centralización emanadas desde Moscú era de otro tipo, aunque bajo la dura mano de Stalin al poco tiempo dejó de dar señales de vida; es igualmente cierto, respecto a la resistencia de los campesinos contra la expropiación y la colectivización, que por momentos casi parecía una guerra civil, aun cuando fuera una guerra civil de carácter sumamente unilateral, hasta que desapareció debido a las deportaciones y la muerte por hambre de muchos millones.

A continuación, el propio Stalin despertó en todo el mundo la impresión de que en la Unión Soviética existía una fuerte y decidida resistencia contra el régimen, al diezmar el partido y el Ejército mediante la gran purga. No obstante, la conducta de los altos oficiales y también de los dirigentes del partido no admite la conclusión de que hayan urdido intrigas y preparado un golpe de Estado. Por el contrario, se dejaron llevar "como ovejas al matadero". A lo largo de 15 años, Stalin logró acabar con cualquier tipo de independencia institucional y ejercer una presión y una vigilancia tan absolutas sobre cada miembro de la sociedad, dentro del contexto de las grandes tareas nacionales, que realmente dejó de existir cualquier punto de partida estructural, mucho menos de difusión, para llevar a cabo una resistencia eficiente. Es probable que los emigrantes hayan tenido razón al afirmar que, pese a la concentrada propaganda alusiva a la construcción y la unidad del país, divulgada después de las terribles experiencias de la colectivización y la gran purga, una profunda insatisfacción o por lo menos una vaga desazón impregnaban toda la sociedad, que producirían una amargura y un odio avasalladores si algún día llegara a soltarse la abrazadera de hierro del régimen. Los interrogatorios efectuados durante la guerra finlandesa entre los prisioneros de guerra soviéticos resultaron muy reveladores en este sentido.[136] Se imponía la conclusión de que aunque en la Unión Soviética de Stalin no existían ni oposición ni resistencia, sí estaban dadas todas las condiciones para reanudar la guerra civil con frentes del todo distintos.

En Alemania no tuvo lugar una guerra civil en el sentido más estricto de la palabra, y en 1940 nadie creía seriamente que pudiera producirse un conflicto interno en caso de dificultarse la situación militar del Reich. En 1933, el llamamiento de los comunistas a la huelga general posiblemente hubiera acabado en una guerra civil de haberlos apoyado los socialdemócratas, pero el poder del movimiento nacionalsocialista aparentemente le parecía arrollador al SPD; y los comunistas estaban demasiado seguros de que el gobierno de Hitler no tardaría en desprestigiarse solo, como para tener fe en el éxito de su iniciativa. Los últimos vestigios de oposición por parte de los demás partidos con menos razón pueden calificarse de resistencia; por lo tanto en Alemania, al contrario de lo que sucedió en Rusia, la emigración antecedió a la resistencia. Desde el principio, esta emigración se distinguió de la rusa porque sus razones

---

[136] Nikolai Tolstoi, *Stalin's Secret War*, Nueva York, 1981, pp. 150 y ss.

no eran exclusivamente políticas; también existían razones de tipo racial. Con todo, este último factor tuvo poca importancia para los primeros inmigrantes, puesto que la identificación del enemigo como "marxismo judío" ponía mucho más énfasis en "marxismo" y la persecución afectaba a marxistas judíos y no judíos por igual. La emigración específicamente judía, por lo menos en parte, fue más bien una expatriación voluntaria que obedecía al viejo postulado del sionismo. Por lo tanto, la emigración temprana desde Alemania, al igual que la rusa, era antes que nada de carácter político y literario-científico.

La magnitud de la discrepancia que existía entre los distintos partidos y el nacionalsocialismo casi puede derivarse en forma cuantitativa del porcentaje de sus grupos dirigentes que fue obligado a emigrar o que cayó víctima de la persecución.

Los directivos de los comunistas emigraron casi en su totalidad, cuando no eran detenidos, como Ernst Thälmann, o morían al tratar de continuar su trabajo en forma ilegal, como John Schehr. Al principio, los acontecimientos no provocaron ninguna crisis o cambio intelectual; se siguió hablando de la "situación revolucionaria" y de la culpa de los social-fascistas; con bastante frecuencia, las publicaciones comunistas daban la impresión de que no había cambiado nada en Alemania en comparación con el fascismo de Brüning y el fascismo de Papen.

A finales de la primavera de 1933, los socialdemócratas parecían enfrentar la inminente escisión del partido entre la junta directiva emigrada y los diputados que habían permanecido en el país, hasta que la prohibición del partido puso fin a esta evolución y un gran número de sus miembros alemanes eligieron el camino de la resignación o el esfuerzo por sobrevivir. La presidencia del partido, que emigró a Praga, creyó poder resolver la crisis intelectual, imposible de pasar por alto o de encubrir, mediante el recurso del marxismo revolucionario, pero la dificultad fundamental se echó de ver con toda claridad en el manifiesto optimista del 18 de junio de 1933, en el que se declaraba, al mismo tiempo, que el comunismo había constituido un crimen contra la clase obrera alemana. Los mayores impulsos de renovación, de naturaleza poco convencional, se manifestaron entre la izquierda joven, la cual trató de tender un puente entre el KPD y el SPD, y pretendía cambiar ambas agrupaciones por igual. El Grupo Nuevo Comienzo fue el que más destacó, encabezado por los ex comunistas Walter Löwenheim y Richard Löwenthal. Ambos publicaron escritos notables bajo los seudónimos "Miles" y "Paul Sering", respectivamente, los cuales debían servir a la reorientación planteando de un modo diferente la cuestión de la naturaleza del fascismo.[137] Por otra parte, también los antiguos reformistas se expresaron en el órgano más importante de autoexamen, la

---

[137] Miles, *Neubeginnen! Faschismus oder Sozialismus. Diskussionsgrundlage zu den Streitfragen des Sozialismus in unserer Epoche*, Karlsbad, 1933. Paul Sering, "Der Faschismus", *Zeitschrift für Sozialismus*, año 2, núm. 24-27.

*Zeitschrift für Sozialismus*, y el ex encargado de asuntos políticos externos del *Vorwärts*, Viktor Schiff, declaró que la causa del fascismo no era el espíritu reformista, sino el revolucionario.[138]

De los directivos del partido del Centro, casi ninguno eligió la emigración. El prelado Kaas fue a Roma, pero difícilmente sería posible calificarlo de emigrante; en junio de 1934, Heinrich Brüning huyó de una amenaza directa de muerte y guardó grandes reservas después de esta fecha.

De los partidos liberales y de nacionalistas alemanes sólo emigraron varios artistas y científicos que simpatizaban con estas agrupaciones.

Por otra parte, sí existió una emigración nacionalsocialista, del mismo modo en que después surgiría la resistencia de los disidentes o ex nacionalsocialistas, cuya figura principal era Otto Strasser, quien se dirigió primero a Checoslovaquia, donde un cercano colaborador suyo, el especialista en radio Rolf Formis —quien había saboteado un discurso electoral de Hitler en febrero de 1933, en Stuttgart, como director técnico de la emisora y con uniforme de la SA—, fue asesinado por agentes de la Gestapo a comienzos de 1935.[139] En 1936, el ex presidente nacionalsocialista del Senado de Danzig, Hermann Rauschning, viajó al extranjero occidental, donde adquirió fama mundial por su libro *Gespräche mit Hitler*. Cuando ya era inminente la guerra, también Fritz Thyssen optó por el exilio, después de haber sido durante mucho tiempo el único partidario importante y patrocinador de Hitler entre los grandes industriales activos.

En comparación con la emigración política rusa, las proporciones cuantitativas entre los partidos eran otras; pero en conjunto, tanto en un país como en el otro, fueron expulsados todos los representantes destacados de la clase política, incluyendo a miembros eminentes del partido gobernante mismo.

Por lo tanto, no sólo la izquierda estuvo representada en la emigración alemana, como tampoco había sólo derechistas exiliados de Rusia. La emigración literaria y científica tampoco era exclusivamente de judíos, aunque sin duda los intelectuales judíos de izquierda integraban un contingente particularmente fuerte.

Sobra enumerar los grandes nombres de esta emigración. Lo más notable es que haya logrado imponer su pretensión de ser considerada como *la* literatura alemana en mucha mayor medida de lo que consiguió hacerlo la parte correspondiente y cuantitativamente mayor de la emigración rusa. Con las debidas reservas, es posible afirmar que emigraron la Alemania izquierdista y burgués-pacifista, al igual que la marcadamente de vanguardia, desde Arnold Zweig y Willi Münzenberg hasta Thomas Mann y Walter Gropius. Quedaron las Alemanias nacionalista, provinciana y metafísica, desde

[138] *Ibid.*, año 1 (1933-1934), núm. 9, pp. 295 y 298.

[139] Desde antes fue víctima de los agentes de la Gestapo en Checoslovaquia el filósofo Theodor Lessing, hombre que a su manera era un fenómeno tan paradójico como el saboteador de Hitler vestido con el uniforme de la SA: adversario decidido de la cultura judeocristiana, era de ascendencia judía; *cfr.* nota 191, capítulo II.

Ernst Jünger hasta Hans Zöberlein y Erwin Guido Kolbenheyer, aunque un número considerable de representantes de estas últimas no tardó en refugiarse en la emigración interna. Aun así, la situación no era tan simple en este caso, como lo ponen de manifiesto los nombres de ex socialistas y poetas obreros como Paul Ernst, Heinrich Lersch y Karl Bröger. De un tipo muy particular fue el caso de Stefan George, considerado uno de los heraldos del nuevo Imperio, quien se sustrajo a todos los homenajes emigrando a Suiza, y murió en diciembre de 1933.

Una separación casi igualmente tajante, pero también vaga, dividía a la ciencia. Resultó particularmente conmovedora la suerte del gran número de judíos nacionales entre los eruditos, que en su mayoría hubieran deseado unirse al movimiento nacional, de buen grado y sinceramente, como lo ponían de manifiesto en sus declaraciones. Fue sintomático un escrito fechado el 20 de abril de 1933 dirigido por el medievalista Ernst Kantorowicz al ministro prusiano de Ciencia, Arte y Educación Popular; según él, las nuevas disposiciones no lo afectaban, puesto que había sido voluntario de guerra, soldado en el frente y combatiente de posguerra contra Polonia y los espartaquistas, pero a pesar de ello renunciaba a su labor docente, puesto que últimamente se había convertido en un defecto político tener sangre judía en las venas.[140] Las primeras despedidas de abril de 1933 no sólo afectaron, entre otros, a Moritz Julius Bonn, Karl Mannheim y Max Horkheimer, sino también a profesores no judíos como Paul Tillich, Günther Dehn y Wilhelm Röpke. Hasta 1939 emigraron no menos de 800 profesores titulares y 1 300 no titulares, casi la tercera parte de todo el cuerpo docente, entre ellos 24 estudiosos de las ciencias naturales que ya habían recibido el premio Nobel o bien lo recibirían.

Sin duda también hubo eruditos muy destacados y varios premios Nobel que se quedaron en el país: Martin Heidegger y Karl Jaspers, de los filósofos; Friedrich Meinecke y Otto Hintze entre otros muchos historiadores; Max Planck, Werner Heisenberg, Philipp Lenard y Johannes Stark, en lo que se refiere a las ciencias naturales. No obstante, algunos de ellos se convirtieron en enemigos declarados del régimen. Se trató de una inmensa sangría para la cultura y la ciencia alemanas, que redujo mucho el prestigio de Alemania en el mundo y contribuyó en gran medida a la ventaja adquirida por los angloamericanos en el campo de las ciencias naturales y, de este modo, a la posterior victoria de éstos. No existió nada semejante al "cambio de caminos" en la emigración alemana, pese a que los alemanes experimentaron su suerte mucho más como un destierro, a diferencia de los rusos, para quienes, en muchos casos, la emigración significó la anhelada salvación de un peligro inmediato de muerte o de condiciones insoportables de vida.[141]

---

[140] *UuF*, t. IX, pp. 454-455.

[141] Maria Reese, ex diputada comunista en el Reichstag, regresó voluntariamente de la emigración. En 1938 publicó, en la editorial de la Antiinternacional Comunista, un "Ajuste de

No es fácil determinar con exactitud la hora en que nació la resistencia alemana interna. En todo caso, no deben calificarse como tal los intentos de los comunistas alemanes por mantener su organización con vida en la ilegalidad y por prepararse para el momento de su propia toma del poder. No se hablaría tampoco de una resistencia bolchevique si éstos hubiesen perdido la Guerra Civil en Rusia, al igual que en Hungría. Fueron los iniciadores y los atacantes y de este modo se distinguían de todos los que estaban dispuestos a coexistir en el mismo sistema con otras orientaciones. Las características esenciales de cualquier resistencia son: una pizca de aprobación inicial y un posterior cambio de opinión; sólo hay que leer los apuntes contemporáneos de Julius Leber para reconocer que los socialdemócratas y los nacionalsocialistas con toda certeza mostraron ciertas afinidades en su crítica contra el marxismo dogmático.[142] La diatriba contra la democracia formal no califica como un punto de coincidencia semejante entre comunistas y nacionalsocialistas; más bien hay que establecer una enemistad enconada e inconmovible como situación básica, dentro de la cual el nacionalsocialismo también puede definirse como resistencia militante contra el comunismo. La posibilidad de contar a los comunistas entre la resistencia alemana sólo se produce en la transición a la política del frente popular, y cabe preguntar si dicha transición derivó de un verdadero cambio de opinión o constituyó un mero recurso táctico para lograr la victoria total. Es más fácil responder a la pregunta de si la brutalidad con la que comunistas y socialdemócratas fueron reprimidos despertó suficiente indignación del lado burgués para que una serie de personas o instituciones enteras decidieran unirse a la resistencia. En conjunto, la respuesta tiene que ser negativa, lo cual debe extenderse incluso a las primeras medidas tomadas contra los judíos, porque el recuerdo de los sucesos que habían tenido lugar en 1917-1920 en Rusia y en Alemania evidentemente aún era tan vivo que el proverbio de la viruta producida al cepillar al parecer bastó para explicar los hechos, máxime cuando al principio se había hecho valer una clara distinción entre judíos nacionales y antinacionales. El movimiento nacionalsocialista también contó desde el principio con adversarios enconados y duros por parte de la derecha, como Erich Ludendorff y Ewald von Kleist-Schmenzin, por ejemplo, pero sería posible calificar esta oposición

cuentas con Moscú" [*Abrechnung mit Moskau*], cuyos comentarios antisemíticos aparentemente fueron agregados por la editorial. Con todo son reveladoras sus anotaciones sobre la vida que llevó en la "jaula dorada" Clara Zetkin, amiga personal suya, y la afirmación de ésta de que "Ulbricht, Florin, Heckert y compañía" ya habían preparado una lista de ministros a comienzos de 1933 (pp. 64 y ss.).
Curt Geyer, destacado miembro del USPD, indica en sus memorias que durante una de sus estancias en Moscú lo abordó una señora de la antigua burguesía vestida de andrajos, para suplicarle que se casara con ella a fin de escapar de esa miseria. No existen referencias a una experiencia semejante en Alemania antes de la guerra (Curt Geyer, *Die revolutionäre Illusion. Zur Geschichte des linken Flügels der USPD*, Stuttgart, 1976, pp. 266 y ss.).
[142] *Cfr.* nota 1, capítulo III.

de sectaria o reaccionaria; en todo caso, algunos de los hombres más conocidos pertenecientes a la resistencia posterior, como Claus von Stauffenberg y Henning von Tresckow, simpatizaban con el movimiento nacional, mientras que Fritz-Dietlof von der Schulenburg y Arthur Nebe incluso ocuparon altos cargos en el partido. La primera indignación moral equiparable a la de Martov, que en 1918 había afirmado que en vista de los sangrientos crímenes cometidos por los bolcheviques sentía vergüenza ante sus antiguos enemigos, los burgueses cultos,[143] fue suscitada por los asesinatos del 30 de junio; Hans Oster habría de hablar de los "métodos de una cuadrilla de ladrones" a la que se debió haber contenido en el momento oportuno.[144] Resultó igualmente sintomático el proceso que transformó a Martin Niemöller en adversario del nacionalsocialismo; este hombre, miembro del cuerpo de voluntarios, de convicciones más nacionales que ninguno, se vio obligado a hacer un examen de conciencia acerca de la abismal contradicción entre su fe cristiana y la doctrina racial nacionalsocialista. La tercera gran motivación que provocó un cambio de parecer entre los amigos del nacionalsocialismo, o por lo menos del levantamiento nacional, fue la conciencia de que Hitler estaba a punto de involucrar a Alemania en una guerra mundial y de violar, de esta manera, el imperativo más elemental de la restitución nacional: que no se repitiera nunca la situación del combate en varios frentes que se había dado durante la guerra mundial anterior. En torno al jefe del Estado Mayor Ludwig Beck se formó una resistencia decidida a actuar, y también Claus von Stauffenberg dijo: "El necio quiere la guerra."[145] Ewald von Kleist-Schmenzin y Carl Friedrich Goerdeler no dudaron ya en establecer contactos con el gobierno inglés que podían calificarse de "traición a la patria". Friedrich Wilhelm Heinz, ex combatiente de los cuerpos de voluntarios, fundó una tropa de choque que debía detener a Hitler. Los grupos comunistas estaban prácticamente destrozados, pero los más prudentes socialdemócratas, que por vías secretas recibían los informes sobre Alemania enviados por la presidencia de su partido en el exilio, podían considerarse una red de colaboradores potenciales entre las masas. No obstante, el viaje de Chamberlain a Berchtesgaden y la conferencia de Munich pusieron fin a la más prometedora acción intentada por los adversarios alemanes de Hitler.

Al año siguiente, el comienzo efectivo de la guerra no produjo una resistencia digna de mención, entre otras razones, quizá, porque incluso Göring se empeñaba con verdadero frenesí en conservar la paz, y en importante medida también porque estaba ampliamente difundido el punto de vista de que de nueva cuenta se trataba de un *bluff* del *Führer*, que seguramente volvería a ganar

---

[143] *Cfr*. p. 96-97.

[144] *Spiegelbild einer Verschwörung. Die Kaltenbrunner-Berichte an Bormann und Hitler über das Attentat vom 20. Juli 1944*, Stuttgart, 1961, p. 451.

[145] Eberhard Zeller, *Geist der Freiheit. Der Zwanzigste Juli*, Munich, 1957, p. 160.

la jugada otra vez. Tampoco carecía de importancia el hecho de que el "corredor" polaco constituyera la demanda más antigua y procediera del nacionalismo alemán, si bien era mucho más difícil de justificar con base en el concepto del derecho de autodeterminación que la incorporación de Austria y de los Sudetes. La firma del pacto entre Hitler y Stalin resultó demasiado inesperada como para provocar una resistencia seria inmediata.

Como tal, la victoria en Polonia no creó una situación nueva para los miembros de la resistencia militar, pero sus secuelas sí la modificaron. El proceder de la SS y de la Policía de Seguridad intensificó en extraordinaria medida la motivación moral, y muchos integrantes de las fuerzas armadas, desde el comandante en jefe de la región este hasta los soldados rasos, entendieron por primera vez que estaban involucrados en una guerra muy distinta de la primera Guerra Mundial. En aquel entonces, los judíos polacos habían recibido a los alemanes como liberadores; en este caso, mostraron de entrada o al muy poco tiempo una gran enemistad, que no podía sorprender a nadie. ¿Qué alto oficial hubiera escrito alguna vez, durante la primera Guerra Mundial, que se avergonzaba de ser alemán?[146]

Del mismo modo se intensificó la motivación ideológica, es decir, la conciencia de que la ideología y la forma de proceder de Hitler se volvían cada vez más extrañas. La celebración del tratado entre Hitler y Stalin ciertamente produjo en la mayoría de los comunistas un estado de desconcierto total, pero ni siquiera los comunistas franceses se convirtieron en amigos del fascismo, por mucho que contribuyeran a inmovilizar la voluntad de resistencia. Para los anticomunistas de la alta burocracia, las fuerzas armadas, el pueblo e incluso el partido, el pacto constituía, por el contrario, una acción definitivamente incomprensible y amoral, mediante la cual se había entregado a Stalin todo el este de la Europa Central y que anulaba, en gran parte, los logros de la colonización alemana en esta región. Las negociaciones que durante el invierno se sostuvieron con Inglaterra, por mediación del Vaticano, fueron dominadas por la convicción de tener que impedir que Hitler apostara todo a la carta soviética y desprendiera a Alemania de manera definitiva del contexto de Europa o el Occidente.

La motivación que más fuerza adquirió fue la de la evasión de la guerra, es decir, de una guerra mundial. La cúpula de las fuerzas armadas nunca, ni antes ni después, había estado tan cerca de la insubordinación como lo estuvo durante los últimos meses de 1939, cuando Hitler una y otra vez emitía órdenes para dar comienzo al ataque en el oeste y una y otra vez las revocaba por

---

[146] *Cfr.* p. 291. En noviembre de 1914, un conocido líder sionista alemán declaró, antes de la guerra de Alemania contra Rusia, que casi era posible llamarla una "guerra judía" (*Dokumente zur Geschichte des deutschen Zionismus 1882-1933*, editado por Jehuda Reinharz, Tubinga, 1981), porque no sólo la gran masa de los judíos rusos, sino también de los estadunidenses, tenía "sentimientos proalemanes" (Richard Lichtheim, *Die Geschichte des deutschen Zionismus*, Jerusalén, 1954, p. 212).

razones pragmáticas.[147] No cabe duda de que el recuerdo de la primera Guerra Mundial y la convicción de la calidad sobresaliente del ejército francés influyeron de manera determinante en la oposición de los generales, pero igual fuerza revistió la idea de que Alemania posiblemente no fuera capaz de sostenerse en una guerra mundial en que tarde o temprano también intervendría Estados Unidos. Al finalizar las seis semanas de la campaña de Francia era evidente que la evaluación hecha por Hitler de la situación militar y psicológica había sido más exacta que la del Alto Mando del Ejército, pero no habían disminuido las preocupaciones ocasionadas por la duración indefinida de la guerra en general. Resultó sumamente sintomático el vuelo de Rudolf Hess a Inglaterra, en cuya preparación intervinieron los consejos de Albrecht Haushofer, o sea, de un hombre a quien había que contar entre la resistencia.

No obstante, significaría reducir demasiado el campo visual si sólo se tomara en cuenta a los oficiales y diplomáticos que adoptaron una posición crítica ante la política y el concepto del mundo de Hitler, puesto que dicha crítica nació en considerable medida de la "lucha de las iglesias"; en cualquier país totalitario, la simple autoconservación de determinadas instituciones y formas de pensar disidentes debe valer como una forma especial de resistencia. Así, la autoafirmación de las iglesias representó un acto de resistencia, que tuvo un éxito incomparablemente mayor que en la Unión Soviética, entre otras razones por el hecho de que al principio hubo diversas manifestaciones de simpatía hacia Hitler. Lo que de esto podía derivar fue revelado con mayor claridad en 1940 y 1941 por las reacciones de religiosos y legos a las ejecuciones de los enfermos mentales. El partido se vio obligado a suspender estas acciones y entre los fieles cundió la convicción de que *esta* Alemania no debía ganar la guerra. Por lo tanto, las instancias del partido pudieron afirmar, a su vez, que el catolicismo político aparentemente deseaba la derrota de Alemania.[148] La profunda insatisfacción de Hitler con la justicia era un hecho conocido. No obstante, incluso cabía dudar de que el trabajo de la Gestapo, con su considerable proporción de investigadores criminales heredados del periodo de Weimar, cumpliese o pudiese cumplir con la eficiencia deseada por Hitler. En el Ministerio Nacional de Aviación trabajaba, por ejemplo, el teniente Harro Schulze-Boysen, nieto del gran almirante Tirpitz, en cuya boda fungió como testigo Göring en persona. Hasta 1933, Schulze-Boysen fue nacional-revolucionario y editó la revista *Gegner*, en la que él y sus amigos atacaban al "anquilosado Occidente" y la "americanización", de la misma manera en que el joven George Lukács lo había hecho antes de pasarse al marxismo. Después de la toma del poder sufrió una terrible golpiza por parte de la SA, y al poco tiempo entró en contacto con la agencia comercial soviética. La Gestapo no sabía nada de todo esto o no ató

---

[147] *Cfr.* pp. 294 y ss.
[148] Heinz Boberach, *Meldungen aus dem Reich. Auswahl aus den geheimen Lageberichten des Sicherheitsdienstes der SS 1939-1944*, Neuwied-Berlín, 1965, *passim*.

los cabos correctamente. Tampoco estaba enterada del doctor Richard Sorge, que durante la primera Guerra Mundial se convirtió en comunista convencido y luego publicó artículos en revistas comunistas. Por lo tanto, pudo ingresar al NSDAP y ascender a hombre de confianza del embajador alemán en Tokio. No debe olvidarse tampoco la industria privada, en la que muchos adversarios de Hitler encontraron un refugio relativamente seguro.

Hitler había llegado al poder en un país cuya sociedad era del tipo europeo, ganándose en presentaciones públicas la aprobación de grandes sectores de la población y el apoyo vacilante del grupo dirigente. De esta manera, estuvo en situación de llevar a cabo una revolución política cuya única analogía se había dado en Italia. A continuación pudo detener a los grupos dirigentes de sus enemigos y someter a sus propios amigos a su voluntad, discriminar a un pequeño y supuestamente ajeno sector del pueblo y nivelar la cultura. No obstante, a pesar de todo la estructura de la sociedad alemana permaneció en esencia inalterada. Hitler era autócrata, ciertamente, pero con todo, en tiempos de paz no pudo efectuar medidas de exterminación física de gran alcance contra los sectores o las clases fuertes e importantes del pueblo, por el simple hecho de que hasta 1939 el Reich alemán, pese a todos los deseos de cambio y a la incorporación de 10 millones de personas, era considerado sin duda alguna una parte de Europa que no enfrentaba la marcada enemistad de los demás gobiernos. Por lo tanto, existían potenciales focos de resistencia en un sinnúmero de puntos dentro de la sociedad alemana y precisamente en algunas de las instituciones más importantes. Si bien hacia fines de 1940 se desvanecieron las esperanzas de lograr un pronto acuerdo de paz y cundió una profunda resignación ante la perspectiva de una guerra prolongada, Alemania de ninguna manera se dejaba moldear como cera en las manos de Hitler.

Los bolcheviques, por el contrario, tomaron el poder en el momento de la derrota y la ruina del país y estaban convencidos, con base en su ideología, de ser los destinados a limpiar la Tierra de toda la suciedad y las inmundicias que según ellos representaban inevitables fenómenos concomitantes del sistema capitalista. Habían sostenido y deseado sostener una guerra civil, pese a tener enemigos de otra procedencia y mucho más numerosos de los que según la doctrina debía haber; durante la Guerra Civil y después de ella destruyeron a extensas clases, sectores y grupos de su nación multiétnica; es más, finalmente incluso a cientos de miles de miembros de su propio partido. En 1930 enfrentaban una resistencia mucho más generalizada, pero también mucho más impotente y desorganizada que los variados impulsos de resistencia existentes en Alemania en 1935. En 1940, con toda probabilidad habían dejado de existir incluso los puntos de partida estructurales más modestos para la resistencia contra Stalin. También estaba mucho más difundida, prácticamente en todo el pueblo, una resignación apática con la que formaba un curioso contraste la convicción de algunos círculos del partido y del ejército de que el

Ejército Rojo era superior a todas las fuerzas armadas del mundo y pronto lograría la victoria definitiva sobre sus enemigos, empeñados en debilitarse entre ellos.

Mientras sólo podía dedicarse a la política interna, el sistema bolchevique cobró un número incomparablemente mayor de víctimas; los protagonistas evidentemente no tenían escrúpulos y de hecho construyeron un sistema de economía dirigida que representaba una auténtica alternativa del sistema del libre mercado, hasta entonces el único considerado como moderno. Por su parte, el nacionalsocialismo emprendió un "tercer camino", considerado por algunos de sus adversarios como demasiado capitalista o falto de método; y por otros como demasiado socialista o reglamentado. No se registraron protestas entre las filas del Partido Comunista o de la policía secreta contra brutalidad exagerada en la lucha contra los enemigos (abstracción hecha de las objeciones provocadas por medidas de evidente arbitrariedad); se sale completamente de lo corriente un informe no garantizado según el cual Dsershinski, ebrio, suplicó a los asistentes a un banquete en el Kremlin que le pegaran un tiro, puesto que había derramado ríos de sangre.[149] Por el contrario, no es posible pasar por alto el tono de inseguridad, brutalidad forzada y apología propio de casi todas las declaraciones de Himmler hasta avanzado el primer año de la guerra. Los bolcheviques sostenían la lucha contra sus enemigos políticos internos en tiempos de paz con una brutalidad mucho mayor y con base en una fe más antigua y auténtica que los nacionalsocialistas. Es probable que ambos sólo hayan podido actuar como lo hicieron porque las situaciones históricas y sociales respectivas eran muy distintas. La oposición que encontraron y que debía contarse entre las características estructurales de los regímenes estaba a su vez relacionada muy estrechamente con la estructura de las respectivas sociedades. Sin embargo, si los dos regímenes tenían relaciones distintas con la guerra y los conflictos entre los estados, las realidades destructivas debían transformarse de manera fundamental en cuanto ingresaran en una guerra, especialmente en una gran guerra. Sin embargo, antes de tratar el tema de la guerra cabe echar una mirada a otra característica estructural, la movilización, que ambos regímenes quisieron realizar ante todo y en todo, pero que no obstante partió de condiciones por completo distintas y poseyó caracteres diferentes.

## 8. LA MOVILIZACIÓN TOTAL

La movilización total es considerada, con fundada razón, como el rasgo estructural más básico en el que coinciden todos los estados de constitución

---

[149] Leggett, *op. cit.* (nota 31, capítulo IV), p. 252.

totalitaria. Sin embargo, no debe pasarse por alto que cierto tipo de movilización constituía una característica básica del tipo liberal de sociedad, que hasta el momento de estallar la Guerra Mundial solía verse como el más moderno. Éste se encontraba en oposición a la sociedad tradicional o estática en que la agricultura representa por mucho el ramo más importante de la producción (el sistema financiero tiene una significación menor, las comunicaciones están poco desarrolladas y las distintas posiciones sociales coexisten más o menos aisladas entre sí). La Revolución industrial vino a disolver paulatinamente esta estructura tradicional. Pese a que la Revolución francesa no representó de ninguna manera, en todos sus factores y manifestaciones, una continuación lineal o consecuencia de la revolución anterior y más trascendente, sí contribuyó de manera considerable al avance de dicha movilización al borrar los límites entre las posiciones sociales, promover la banca, incluir en el libre comercio los bienes de la aristocracia y la Iglesia y crear, sobre todo, una nueva organización militar que sustituyó la contratación de mercenarios por el servicio militar obligatorio. La liberación de los campesinos en Prusia formaba parte de este contexto, al igual que el incipiente desarrollo de la prensa y los partidos. No obstante, sólo los socialistas del Estado proyectaban una movilización tal que hubiera equivalido al sometimiento completo de todos los individuos al servicio del Estado, el cual, como único empresario, organizaría a inmensos ejércitos de trabajo para el bien de todo el pueblo. En última instancia, el fin era la libertad auténtica del individuo, prometida pero no realizada por el liberalismo, porque según aquéllos éste no había podido rebasar un concepto simplemente negativo y por lo tanto egoísta de la libertad.

Al hacer caso omiso de sus objetivos ulteriores y esperanzas globales, la Revolución rusa, justamente con base en varias afirmaciones inequívocas de Lenin, resulta no ser más que una movilización general nacida de la necesidad que reunía las reducidas fuerzas del país mediante la concentración y la sindicalización obligatoria y que ponía a cada individuo al servicio del Estado, de la autodeterminación y el desarrollo de éste.[150] En los inicios, el énfasis estaba totalmente puesto en el aspecto militar. En el llamado de Lenin del 21 de febrero de 1918, "La patria socialista se encuentra en peligro", se pedía

---

[150] Cuanto más pobre es un país en elementos técnicamente capacitados e intelectuales en general, más urgente es la necesidad de decretar la unión forzosa, de la manera más rápida y decidida posible, y de empezar su realización con los establecimientos industriales más grandes, porque precisamente la unión ahorrará elementos intelectuales y permitirá explotar en su totalidad a los que hay y distribuirlos de la manera más oportuna (Lenin, AW, t. II, p. 111, fines de octubre de 1917).

Todos los ciudadanos deben convertirse en empleados y trabajadores de un "sindicato" estatal que abarca a todo el pueblo [...] Toda la sociedad será *una* oficina y *una* fábrica, con el mismo trabajo y el mismo salario (*ibid.*, p. 236).

[...] nuestra resolución inquebrantable de lograr, a cualquier precio, que Rusia deje de ser pobre e impotente, de hacerla poderosa y rica en el sentido pleno de la palabra (*ibid.*, p. 353).

movilizar todos los recursos y aplicar, de ser necesario, la táctica de la tierra quemada, tomando en cuenta la posibilidad de que los alemanes reanudaran la guerra. El peligro pronto fue conjurado por la paz de Brest-Litovsk, pero al poco tiempo el inicio de la Guerra Civil no permitió que el país volviera a la normalidad, y se consiguieron recursos, hasta entonces inconcebibles, que sirvieron para hacer surgir de los escombros del viejo ejército uno nuevo, y que finalmente habría de comprender a varios millones de soldados. El generalísimo del Ejército Rojo, S. S. Kámenev, declaró más tarde que durante estos años había sido una total novedad de la milicia la demanda de "subordinar a la guerra toda la vida interna del país".[151]

En el sentido literal, esto no era del todo cierto, como lo demuestra la referencia al "programa de Hindenburg", programa alemán de 1916, y las demandas correspondientes de Ludendorff. Es un hecho por demás conocido, la gran fascinación que el ejemplo de la economía de guerra alemana ejercía sobre Lenin.[152] El verdadero factor distintivo y novedoso fue, más bien, que incluso al finalizar la Guerra Civil el Ejército Rojo no se desmovilizara de inmediato y que se prolongase la economía de guerra. Por orden de Trotski, a comienzos de 1920 varias unidades del Ejército Rojo fueron reorganizadas en forma de ejércitos de trabajo y utilizadas en conjunto en la economía. Por el contrario, el trabajo agrícola fue militarizado y se convocó a las labores más diversas a 6 millones de campesinos, con aproximadamente el mismo número de caballos. También se recurrió a la ayuda de la población urbana, mediante los "sábados comunistas" en que los miembros del partido ponían el ejemplo de prestar su trabajo no remunerado.

En vista del carácter del PCUS como partido del cambio, el progreso y la energía, desde un principio no cabía duda de que la introducción de la nueva política económica sólo significaría una limitada fase de distensión. Desde 1920 se estableció un departamento especial (*Ujraspred*) dentro de la burocracia del Comité Central, que sería responsable de "movilizar, transferir y nombrar a los miembros del partido".[153] Al poco tiempo, este tipo de movilizaciones incluyó también a los *komsomols* y podía implicar tanto la obligación de participar en las obras de construcción del Lejano Oriente como la de cumplir con ciertas tareas en la dirección del partido o de la asociación juvenil. Lo que en todo Occidente fue resultado de un desarrollo paulatino en el que intervinieron muchos factores, aquí se produjo mediante órdenes emanadas de la central y decisiones volitivas. La nueva legislación matrimonial también representaba una especie de movilización que permitía el divorcio por decisión unilateral de uno de los cónyuges y se interpretaba como consecuencia de la

---

[151] Peter Gosztony, *Die Rote Armee*, Viena, Munich y Zurich, 1980, p. 97.

[152] *Cfr.* p. 98-99. "Aprended disciplina a los alemanes, porque de otro modo nuestro pueblo estará perdido y condenado a una esclavitud eterna" (AW, II, p. 348).

[153] Fainsod, *op. cit.* (nota 89, capítulo III), pp. 157-158.

total emancipación de la mujer, emancipación que sirvió sobre todo para introducir la fuerza de trabajo de las mujeres en todas las ramas de la economía. Al igual que en la Turquía de Kemal Ataturk, desaparecieron de las regiones musulmanas de la Unión Soviética los velos y los harenes, y luego también las escuelas coránicas y las mezquitas, por obra de la voluntad de la autoridad suprema y de su partido. Los camellos fueron sustituidos por camiones y las máquinas textiles remplazaron a las trabajadoras manuales en la producción de alfombras. La movilización más extensa y de mayor éxito fue la colectivización y el primer plan quinquenal. La vida de todos los campesinos se transformó de manera fundamental; surgieron instalaciones industriales y poblaciones en medio de estepas y selvas; entre las casas de madera de las ciudades antiguas aparecieron edificios de oficinas y calles pavimentadas. También se importaron muchas instalaciones industriales acabadas del extranjero capitalista, que se construían bajo la dirección de ingenieros estadunidenses o alemanes; esto imponía exigencias inauditas a los trabajadores, que en muchos casos tuvieron que asimilar en unos cuantos meses lo que en Estados Unidos había sido el resultado de muchos años de trabajo.

Sin embargo, había que pagar las importaciones, y el lado oscuro de la industrialización fue la tala sin escrúpulos de inmensos bosques; el despiadado uso del trabajo forzado de los *kulaks* expulsados de sus regiones de origen; unas condiciones de vida paupérrimas y un racionamiento que apenas cubría las necesidades más elementales de vida de cada individuo. El extenso espionaje industrial que se llevaba a cabo en los países occidentales probablemente también debe contarse entre estos lados oscuros. Desde este punto de vista, era posible considerar a la Unión Soviética como una dictadura subdesarrollada que mediante un esfuerzo consciente y sacrificios muy específicos estaba realizando el mismo proceso de industrialización y modernización que en la Europa occidental y en Estados Unidos se había llevado a cabo en forma subcutánea, por así decirlo, y en todo caso de tal manera que nunca fueron empleadas ni movilizadas con este fin todas las fuerzas disponibles.

Sin embargo, la Unión Soviética se distinguía de todas las dictaduras subdesarrolladas por el hecho de ser la nación más grande del mundo, en cuanto a su territorio, y de ser gobernada por un partido que se adjudicaba una misión de alcances globales. De esta manera, la construcción de la industria pesada fue al mismo tiempo la de la industria del armamento; y no era de sorprender que a los ojos de los estados vecinos la concentración en la industria y la mecanización de la agricultura fuesen idénticas a una concentración en el rearme y a la amenaza de guerra. En 1927 se fundó la Ossoaviajim, la Organización para Promover la Defensa, la Aviación y las Armas Químicas, y todos los *komsomols* entraron en contacto con ella.[154] Todo el país estaba dominado por la atmósfera creada por

---

[154] Morozov, *op. cit.* (nota 60, capítulo IV), p. 98.

las presiones y las órdenes incesantes emanadas desde arriba, cuya cúspide se encontraba en el Kremlin, pero que, después de pasar por los distintos niveles de organización, se hacía sentir hasta en los koljoses más remotos, a los cuales se imponía un volumen casi inconcebible de suministros obligatorios, de modo que muchas veces los campesinos sólo conservaban apenas lo más indispensable para subsistir. Por lo tanto, todos los privilegios concedidos a los dirigentes del partido, los especialistas o los obreros del Stajanov eran de carácter sumamente precario y en conjunto podían considerarse una especie de condecoraciones de guerra que a la menor falla eran retiradas de nuevo.

No es posible determinar con certeza cuántos recursos fueron asignados a la industria del armamento, puesto que el rublo era una moneda de circulación interna y las cantidades adjudicadas al ejército en el presupuesto nacional representaban sólo una fracción de los verdaderos gastos, escondidos en los presupuestos de otros muchos ministerios y ramas industriales. En todo caso, la suma de 5 000 millones gastada en 1935 era de por sí muy apreciable y considerablemente mayor que los gastos alemanes en armamento del mismo año, y en 1938 dicha cantidad aumentó a 23 000 millones de rublos. Probablemente sean más reveladoras las indicaciones incluidas en una circular de Stalin fechada a fines de junio de 1937, que no fue publicada pero que se halló en el archivo de Smolensk, de acuerdo con la cual desde el principio de la colectivización se habían creado 5 616 estaciones de máquinas y tractores cuyas existencias consistían en 41 000 tractores de oruga, 270 000 tractores y 86 000 segadoras-trilladoras.[155] En 1939, la Unión Soviética era el tercer productor más grande de acero en el mundo, después de Estados Unidos y Alemania; respecto a la producción industrial, en conjunto ocupaba, con una participación de casi 20%, el segundo lugar después de Estados Unidos. Se trataba de un éxito notable y de una razón suficiente para sentir un orgullo legítimo, siempre y cuando no se incluyera en los cálculos los millones de víctimas; por otra parte, también era un aviso alarmante para los demás estados, sobre todo al tomar en cuenta la doctrina militar del país en cuestión, que ciertamente hablaba siempre de agresores imperialistas, pero que desde 1939 se puso el objetivo de derrotar de manera contundente los ejércitos de dichos agresores en varios frentes.[156] Ni siquiera la Alemania nacionalsocialista podía proponerse un objetivo semejante, pese a que también pretendía movilizar todas sus fuerzas y que aún en tiempos de paz concibió un plan similar a la economía de guerra diseñada por el programa de Hindenburg.

Al hacerse caso omiso de esta meta posible o probable, la movilización de la Unión Soviética sustituyó, en parte, la movilización capitalista, y en parte la continuó de manera más intensa. Un enorme número de campesinos fue puesto en libertad, un alto porcentaje de la renta nacional se destinó a las

155 Fainsod, *op. cit.* (nota 83, capítulo III), p. 293.
156 Gosztony, *op. cit.*, p. 123.

inversiones necesarias para la industrialización y un grupo dirigente animado por el deseo de industrializar el país ocupó el lugar de una clase gobernante tradicionalista. No obstante, lo que en Europa se había llevado a cabo de manera relativamente lenta, aquí tuvo lugar en forma muy acelerada, por el esfuerzo extremo de eliminar cualquier rezago respecto a aquélla, y clases enteras, que en Europa sólo habían pasado a segundo término sin dejar de hacer aportaciones significativas, fueron destruidas en la Unión Soviética. Sin duda esto sirvió para acentuar cada vez más, simultáneamente, la diferencia esencial entre la dictadura capitalista de un Estado unipartidista y el pluralismo capitalista liberal, pero desde el punto de vista exclusivamente económico es admisible interpretar la movilización de la Unión Soviética como el camino de una dictadura subdesarrollada.

Dicho camino no era viable para Alemania. Alrededor de 1930, al igual que en 1910, el Reich alemán constituía una nación industrial plenamente desarrollada dentro del contexto de la situación mundial: la primera potencia industrial del continente y la segunda en el mundo después de Estados Unidos, enormemente favorecidos por las circunstancias. Hacia 1930, su problema no era la falta de desarrollo, sino la ausencia de ocupación plena para el aparato de producción y, por lo tanto, la falta de empleos para los trabajadores. No se trataba de crear una industria de la nada ni a partir de comienzos relativamente débiles, sino de devolver a la actividad plena una industria ya existente. A fin de lograr este objetivo, también el NSDAP creyó necesario destruir los obstáculos —la diversidad de los partidos políticos, por ejemplo—, puesto que éstos parecían entorpecer la necesaria concentración de la voluntad, pero tal destrucción no continuaba aquella movilización original para darle una forma nueva y extrema, sino que se oponía a ésta en varios puntos esenciales. Así lo muestra no sólo la justificación del antisemitismo del partido, sino también los conceptos de raza y de sangre y el ejemplo de la ley del patrimonio familiar.

Si el nacionalsocialismo no quería limitarse a ser un movimiento clasemediero y campesino, de carácter simplemente reaccionario y carente de toda probabilidad de éxito, debía echar a andar una movilización propia de tendencias contrarias al proceso primario, pero, con todo, salida de un tronco común. No es posible reconocer su peculiaridad en el análisis aislado de las medidas económicas. Los fundamentos de la soberanía exclusiva del *Führer* formaban parte de ella, al igual que la función capilar del partido; el terror, al igual que la educación de la juventud. Sólo en este contexto las medidas económicas se revelan como lo que eran: preparación consecuente para la guerra, con una energía que igualaba la soviética, pero que no disponía de la misma posibilidad de efectuar una reorientación de la economía de guerra a la economía de paz en cuanto se hubiesen cumplido los objetivos más próximos sin que se hicieran realidad ciertos temores.

Al reprimir también a la izquierda moderada y aterrorizar a sus partidarios, se eliminó el núcleo más firme del pensamiento pacifista e internacionalista, y la oposición a la influencia eclesiástica abrió el camino para el dominio del espíritu expresado en la siguiente línea de una canción: "Dios es la lucha; y la lucha, nuestra sangre, y para eso nacimos."[157] En cambio, al principio las medidas económicas se mantuvieron por completo dentro de los límites del viejo sistema y continuaban las introducidas por los gobiernos de Papen y Schleicher; no fue casualidad que se efectuaran bajo la dirección del ex director del Banco Federal de la República de Weimar y ahora ministro de Economía, Hjalmar Schacht.

Entre 1929 y 1932, el descenso en la producción provocado por la crisis económica mundial ascendió a nada menos que 47% en Alemania; a causa de la reducción en los precios de las importaciones, la disminución de la renta nacional no fue tan grande, pero aun así fue considerable. Al cancelarse los créditos extranjeros bajaron mucho las reservas de oro y las divisas. Brüning trató de sanear la situación introduciendo el control de cambios y una política fiscal restrictiva, es decir, mediante la deflación. Sin embargo, esto intensificó el proceso de contracción y agudizó la situación política, puesto que debido a la fuerza de los sindicatos no era posible reducir el monto relativo de los salarios. Papen efectuó un significativo cambio de rumbo. Con él tuvo comienzo lo que al poco tiempo habría de volverse famoso con el término *deficit spending*, obra de John Maynard Keynes: la creación de empleos mediante pedidos del Estado, primas de salarios para los empresarios por cada obrero adicional que emplearan, bonos fiscales, etc. Todas estas medidas, que continuaron durante el gobierno de Hitler, fueron complementadas por otras, como la construcción de autopistas y el llamado programa Reinhardt, que fijaba préstamos de nupcialidad y grandes subsidios para trabajos de renovación en edificios de vivienda. Sin embargo, no se anularon los aumentos de impuestos decretados por Brüning; evidentemente lo que se pretendía era contener el consumo y poner todo el peso en el fomento de las industrias de bienes de inversión. En este contexto arrancaron las medidas de rearme en 1934, cuyo financiamiento fue posible, en gran parte, gracias a la genial artimaña de las "letras Mefo" ideada por Schacht. En 1934 ya se estaban gastando 4 000 millones de marcos, en comparación con los 750 millones de 1933; en 1935, más de 5 000 millones; y en 1936, más de 10 000 millones. Por supuesto, la deuda nacional flotante también aumentó en forma correspondiente, de 3 000 millones a 12 000 millones de marcos. Con todo, los gastos de armamento fueron valiosos como impulso inicial. Más o menos por esa misma época, Keynes estuvo dilucidando, con argumentos convincentes, la utilidad económica de los gastos improductivos, como la construcción de pirámides, por ejemplo, o el simple acarreo de tierra. En este sentido, Hitler

[157] *Cfr.* p. 355.

fue el primero en elegir un camino también emprendido, después de él, por Roosevelt y Léon Blum.

En 1936, Alemania llegó a una encrucijada. Schacht quería cambiar de rumbo, al parecer, y reducir los gastos de armamento a fin de lograr una coyuntura autosuficiente. No obstante, precisamente en 1936 arrancaba el segundo plan cuatrienal, a cuya cabeza se colocó Hermann Göring como encargado y, por lo tanto, potencial dictador económico de Alemania. En agosto de 1936, en su memoria sobre los propósitos del plan cuatrienal, Hitler hizo referencia expresa al "plan gigantesco" del Estado soviético al solicitar que, "en forma semejante al rearme y la movilización militares y políticos de nuestro pueblo", debía tener lugar otro proceso similar en el terreno económico; finalizó con las siguientes frases: "I. En cuatro años, el Ejército alemán debe estar listo para el servicio. II. En cuatro años, la economía alemana debe ser capaz de sostener una guerra."[158] Amenazó claramente con la ruina a "algunos economistas"; un año después declaró, con palabras aún más francas, que el Estado asumiría el control total si la economía privada no se ajustaba al plan cuatrienal. Göring subrayó, a su vez, la voluntad de autarquía en que se basaba el plan, y no admitió dudas respecto al hecho de que tanto la consideración de las ganancias como la observación de las leyes carecían de toda importancia en vista de la magnitud de la tarea. Schacht se opuso vehementemente y en público a estas ideas y presentó su renuncia en noviembre de 1937. Los gastos de armamento subieron a 11 000 millones de marcos en 1937 y a 23 000 millones en 1938; según otros cálculos, se elevaron a 17 000 millones. La deuda nacional aumentó en total a la cantidad de 42 000 millones de marcos, inmensa para la época. Al mismo tiempo, la construcción de las Fábricas Nacionales Hermann Göring en Salzgitter marcó el inicio de una economía del Estado o de partido. Sin embargo, hasta 1939 no hubo llamamientos al trabajo comparables con los de la Unión Soviética, ni siquiera para construir el "baluarte occidental".[159]

No es posible determinar con certeza hasta qué punto haya existido realmente, en 1936, la posibilidad de reorganizar el Estado como Estado social. En todo caso, la realización de este propósito hubiera implicado contentarse con la restitución nacional y el establecimiento de la capacidad de defensa. Por lo tanto hubiera sido idéntico al del objetivo de la República de Weimar y por esto resultaba inadmisible para Hitler. El hecho de que *su* método prometía éxitos fue demostrado, ciertamente, por los sucesos ocurridos entre marzo

---

[158] Wilhelm Treue, "Hitlers Denkschrift zum Vierjahresplan 1936", *Vjh. f. Ztg.*, año 3, 1955, pp. 204-210; p. 209: "La economía alemana asimilará las nuevas tareas económicas o bien se habrá mostrado incapaz de sobrevivir en estos tiempos modernos, en los que el Estado soviético ha concebido un plan gigantesco. Mas no perecerá Alemania, sino cuando mucho algunos economistas."

[159] Pueden encontrarse detalles sobre el desarrollo económico, entre otros, en René Erbe, *Die nationalsozialistische Wirtschaftspolitik 1933-1939 im Lichte der modernen Theorie*, Zurich, 1958; Alan S. Milward, *Die deutsche Kriegswirtschaft 1939-1945*, Stuttgart, 1966

de 1938 y marzo de 1939, los cuales, desde el derribamiento de Schuschnigg hasta la incorporación de los Sudetes y la ocupación de Praga y del "resto de la república checa", prácticamente constituían acciones de guerra sin derramamiento de sangre. No obstante, por el enorme incremento en las deudas, desde 1936 Hitler, y con él Alemania, habían emprendido un camino sin retorno con el destino final de la guerra, o al menos de triunfos logrados sin derramamiento de sangre por medio de amenazas de guerra. La contribución judía y la ocupación de Checoslovaquia fueron actos manifiestos de una economía de rapiña. El gasto total de armamento ascendía aproximadamente a 60 000 millones de marcos hasta septiembre de 1939. En las *Tischgespräche*, Hitler comentó posteriormente que había invertido toda la fortuna del pueblo alemán en armas;[160] por lo tanto, sólo una guerra lucrativa serviría para explotar adecuadamente dicha fortuna.

Con toda certeza, una amenaza de guerra sostenida con éxito hubiera cumplido el mismo fin de igual manera, incluso mejor. No obstante, cabe preguntar si de veras podía suponerse que Polonia e Inglaterra habrían de ceder en el verano de 1939, porque en vista del sorprendente despliegue de fuerzas de Alemania se convencerían de que era inevitable resignarse ante el hecho de que el continente europeo fuera de la Unión Soviética, estuviese dirigido, de ahí en adelante, por el Estado que sin duda era el más fuerte, ubicado por añadidura en posición central. Alemania evidentemente no era lo bastante fuerte ni gozaba de la suficiente popularidad entre los demás europeos como para imponer tal demanda sin enfrentar una oposición decidida. Además, había razones de mucho peso para suponer que dicha dirección equivaldría al dominio y a la explotación de un sistema que negaba los distintivos principales de la historia de Europa, disponiéndose a borrarlos cada vez con mayor resolución. Por lo tanto, pese a la aparente insignificancia de la ocasión, no hubiera podido haber reacción más consecuente que la resistencia de Polonia, Inglaterra y Francia y, por ende, de la guerra en septiembre de 1939. Después de esta fecha, Adolfo Hitler probó que Alemania, en efecto, era la potencia más fuerte de Europa, muy superior a lo que cualquiera, con excepción de él mismo, se hubiese imaginado en el verano de 1939, y no era posible remitir esta circunstancia exclusivamente al hecho de haber gastado en armamento, hasta 1939, lo mismo que, en conjunto, Francia, Inglaterra y Estados Unidos. Por lo tanto, efectivamente resultaron ciertas las predicciones

[160] Felix Kersten, *Totenkopf und Treue. Heinrich Himmler ohne Uniform*, Hamburgo, 1952, p. 326. En esta conversación, sostenida el 18 de diciembre de 1942, Hitler continuó en un tono que parecía proyectar no tanto una campaña de rapiña como una guerra de defensa ideológica, además de anticiparse a la Guerra Fría: según él, cuando se acabara el armamento alemán, Estados Unidos e Inglaterra tendrían que ocupar "nuestro lugar", porque el pueblo alemán sería incapaz de producir un segundo armamento. Estados Unidos e Inglaterra aún no lo comprendían, pero ya llegaría ese momento. Véase, por otra parte, a Henry Picker, *Hitlers Tischgespräche im Führerhauptquartier 1941-1942*, Bonn, 1951, pp. 136, 141-142 y 237.

de sus adversarios en el sentido de que se vería obligado a sostener una guerra, pero sólo fue así porque Hitler no estaba en situación de exigir cualquier sacrificio a la población ni de reducir el nivel de vida de la gran masa al mínimo de subsistencia, como lo había hecho la Unión Soviética. Esta última, de no haber enfrentado amenazas y de haberse distanciado de los planes para conquistar el mundo basados en su ideología, en 1941 hubiera podido decidir, en vista de su riqueza en espacio y materias primas, de aprovechar la industrialización por fin lograda, para ir aumentando paulatinamente el nivel de vida del pueblo. En 1939, Hitler no podía intentar nada semejante. De hecho estaba obligado a sostener una guerra; a saber, una guerra de conquista a fin de obtener botín. El problema era si en mayo o junio de 1941 su posición seguía siendo la misma. Sus tropas se encontraban en el cabo Norte y en el desierto libio, a las orillas del Bug y en la frontera pirinea de la España aliada. Los recursos de toda la Europa continental se hallaban a su disposición. Alemania se había erigido, sin lugar a dudas, en la potencia que dirigía el continente. Prácticamente no se percibía resistencia seria, ni siquiera en Francia. Esta Alemania ciertamente había convertido a dos naciones europeas, la checa y la polaca, en una especie de pueblos coloniales y no era muy seguro el apoyo positivo de los regímenes conservadores y de los movimientos fascistas, ni siquiera de la Italia de Mussolini. El tipo de movilización específico efectuado por Hitler, ubicado a la misma distancia del método de la dictadura desarrollada y del sistema del Estado social, lo había conducido a esta cima de su poder al echar a andar nuevamente un aparato industrial improductivo en beneficio del único fin posible, la guerra. No obstante, como señor de la Europa continental se encontraba en estado de guerra con la potencia marítima de Inglaterra y prácticamente también con Estados Unidos; y la Unión Soviética, que había gastado más que él en armamento y preparativos de guerra, lo enfrentaba en la tierra en una posición de neutralidad que le impedía poner fin al conflicto con Inglaterra mediante una invasión de la isla. Hubiera tenido que recurrir contra la Unión Soviética al medio de la guerra o de la amenaza de guerra aun de haber sido Rusia un Estado democrático o bien de hallarse bajo el dominio de un zar, mientras el Estado ruso no ofreciera por su propia cuenta garantías totalmente seguras. Por otra parte, a lo largo de toda su vida política Rusia había representado para Hitler un motivo de temor y al mismo tiempo un modelo a seguir, en algunos aspectos, como lo demuestra la explicación que diera del plan cuatrienal. Su propio Reich debía constituir la única respuesta adecuada a Rusia y su ideología; contra Rusia y su ideología había apelado a la comunidad de las mejores fuerzas de todos los pueblos arios, que debían reconocer en el judaísmo a su enemigo común. No obstante, muchos de sus secuaces y generales también sostenían opiniones muy decididas respecto al bolchevismo y la Unión Soviética y no era seguro de antemano que Hitler pudiera imponerse, sin más ni más, a todas estas opiniones. Cuando tomó la decisión definitiva, después de la visita de Molotov, de "someterla [a la Unión Soviética] en una campaña rápida", pese a la ligereza de este giro y de otras declaraciones semejantes, debió ser muy claro para él, en el fondo, que esta decisión tenía un peso muy distinto al que tenían las decisiones de atacar Polonia, Francia o Yugoslavia. La forma en que había movilizado al pueblo alemán no respondía de manera contundente a la más importante de todas las preguntas: ¿representaría esta guerra una lucha decisiva entre Alemania y Rusia por la supremacía en Europa; una guerra antibolchevique de liberación en alianza con muchos europeos y aún más rusos y ucranianos; o bien una guerra de exterminio sostenida a fin de conquistar gigantescos espacios vitales y de extirpar el judaísmo, supuesto enemigo mundial de todos los pueblos?

# V. LA GUERRA GERMANO-SOVIÉTICA, 1941-1945

## 1. El ataque a la Unión Soviética: ¿enfrentamiento decisivo?, ¿campaña de liberación?, ¿guerra de exterminio?

EL EJÉRCITO alemán llevaba una hora y media de haber cruzado las fronteras de la Unión Soviética la mañana del 22 de junio de 1941 en un solo frente, desde el mar Báltico hasta el Mar Negro, cuando el embajador alemán en Moscú entregó al ministro de Relaciones Exteriores, Molotov, una declaración que indicaba, en sus conclusiones, que la política exterior de la Unión Soviética había ido adquiriendo un cariz cada vez más antialemán y que el gobierno soviético había violado los tratados firmados con el Reich al desplegar sobre la frontera a sus fuerzas armadas, listas para atacar por la espalda a Alemania, enfrascada en su lucha por la supervivencia. Por lo tanto, el comandante del ejército había dado la orden de enfrentar dicha amenaza con todos los recursos a su disposición.[1] De acuerdo con este comunicado, Hitler entendía la campaña contra la Unión Soviética como una guerra preventiva. En su contestación, por el contrario, Molotov calificó dicha explicación de un "mero pretexto", porque se trataba tan sólo de "maniobras especiales" cerca de la frontera occidental, que el gobierno soviético hubiera suspendido de habérsele trasmitido el deseo correspondiente del gobierno del Reich. Por lo tanto, Alemania había violado, de una manera sin precedente en toda la historia, el pacto de no agresión y amistad que la unía a la Unión Soviética. Esta frase evidentemente equivalía a la tesis de que Alemania había iniciado una guerra ofensiva sin haber sido provocada. De hecho, gran parte de la aviación soviética ya estaba destruida en ese momento. Por lo tanto, sólo fue consecuente que Molotov concluyera sus declaraciones con las siguientes palabras: "No merecíamos esto."[2] Así, desde las primeras horas de la guerra se contrapusieron y enfrentaron de manera tajante las dos tesis opuestas, en sus formulaciones oficiales: Alemania sostenía una guerra preventiva o bien una guerra ofensiva; la Unión Soviética constituía una amenaza intolerable o bien era la víctima desprevenida de un asalto. Hasta la fecha esta cuestión no ha sido resuelta de manera concluyente,[3] y desde el tiempo inmediatamente anterior al inicio del conflicto, así como

---

[1] *Monatshefte für Auswärtige Politik*, año 8, 1941, pp. 551-563.

[2] Hilger, *op. cit.* (nota 8, capítulo I), pp. 312-313.

[3] Véase a este respecto la primera colaboración de Joachim Hoffmann en *Der Angriff auf die Sowjetunion*, Stuttgart, 1983, pp. 38-97 ("Das Deutsche Reich und der Zweite Weltkrieg", t. 4), así como Ernst Topitsch, *Stalins Krieg*, Munich, ²1986.

durante las primeras semanas de la guerra, cada uno de los adversarios pudo presentar argumentos de peso. No obstante, tanto en un caso como en el otro quedaron dudas.

No se podía negar que la Unión Soviética había violado la letra y el espíritu de los tratados al pedirle la Bucovina a Rumania y al no establecer sólo bases militares en Lituania, sino concentrar ahí a un considerable número de divisiones. Además, el apoyo que brindó al golpe de Estado en Belgrado y el hecho de haber llegado inmediatamente a un acuerdo con el gobierno de Simovič, no eran acordes con un pacto de amistad. Asimismo, las tropas alemanas encontraron en la legación soviética de Belgrado unos documentos que con toda claridad revelaban intenciones hostiles hacia Alemania. No obstante, la prueba más contundente se estableció durante los primeros 15 días de la guerra: los tres grupos del Ejército alemán, el del norte, el del centro y el del sur, comandados por los mariscales generales Von Leeb, Von Bock y Von Rundstedt, disponían de aproximadamente 3 500 tanques en total, y tan sólo en la batalla de la bolsa de Bialystok y Minsk el grupo del centro destruyó o bien ganó un total de 6 000 tanques enemigos.

En la curva saliente de Bialystok estaba concentrado, pues, un número mucho mayor de tanques de los que el ejército alemán del este poseía en su totalidad. El general de división soviético Piotr Grigorenko, si bien un disidente, seguramente acertó al comentar que una formación de este tipo sólo tiene razón de ser si se encuentra destinada a un ataque sorpresivo.[4] Por cierto, consideraba eso precisamente como un grave error por parte de Stalin, puesto que éste en realidad no tenía tal intención ofensiva. En todo caso, es poco probable que del lado alemán se haya sentido una amenaza inmediata. El general de división Marcks, por ejemplo, que elaboró el primer plan de operaciones el 5 de agosto de 1940, lo basó en la idea de que "los rusos no nos harán el favor de atacarnos";[5] el propio Hitler afirmaba aún en enero de 1941 que Stalin era un hombre listo que no enfrentaría a Alemania de manera abierta, sino que se limitaría a causarle cada vez más dificultades.[6] Por lo demás, todos los proyectos y las conferencias preliminares respecto a "Barbarroja" revelan la sumamente confiada conciencia de fuerza que animaba a casi todos los participantes, quienes se creían aptos para "derrotar a Rusia en una campaña breve";[7] si bien Hitler advirtió en varias ocasiones del peligro de subestimar al adversario, también a él se le llegaron a escapar, de vez en cuando, afirmaciones como la de que el Ejército Rojo no era más que un chiste.[8]

[4] Piotr Grigorenko, *Der sowjetische Zusammenbruch 1941*, Francfort, 1969, p. 94.

[5] Hans-Adolf Jacobsen, *1939-1945. Der Zweite Weltkrieg in Chronik und Dokumenten*, Darmstadt, 5 1961, p. 164.

[6] *Kriegstagebuch des Oberkommandos der Wehrmacht (Wehrmachtführungsstab)*, Francfort, 1965, t. I, pp. 255 y ss.

[7] *Hitlers Weisungen für die Kriegsführung*, Francfort, 1962, p. 84.

[8] Hillgruber, *op. cit.* (nota 177, capítulo III), p. 385.

Una guerra preventiva no puede partir sólo de hechos objetivos; el concepto entraña, necesariamente, la impresión de una amenaza directa por parte del atacante. Por otra parte, una guerra ofensiva no es forzosamente un asalto porque no es una guerra preventiva. Puede tratarse de una lucha decisiva de fundamentos objetivos e inevitables. Sólo unas cuantas semanas después, el 11 de septiembre de 1941, Roosevelt, en una de sus "pláticas frente a la chimenea", comparó los "submarinos y los buques piratas de los nazis" con víboras de cascabel que debían ser destruidas antes de que se lanzaran al ataque; así fue como justificó la orden de disparar que había dado a los buques de guerra estadunidenses.[9] Sin embargo, los submarinos alemanes estaban bloqueando una nación con la que Alemania se encontraba en estado de guerra, y Estados Unidos era un país neutral que de momento no estaba involucrado en una guerra en ninguna parte. Por lo tanto, la situación de Alemania era muy diferente. Había buenos motivos para recordar, además, declaraciones como la que hizo el jefe de la administración política central del Ejército Rojo, L. S. Mejlis, durante el 17º Congreso del Partido en marzo de 1939: la URSS aprovecharía la ahora previsible "segunda guerra imperialista" para trasladar sus operaciones de guerra al territorio del enemigo y multiplicar el número de las repúblicas soviéticas.[10] Este tipo de declaraciones no eran raras en la literatura y la vida soviéticas y fueron comunicadas al gobierno alemán en numerosos informes. Debían considerarse como acciones militares mentales e incluso se podía plantear la duda de si un país totalmente aislado y al mismo tiempo armado hasta los dientes no representaba, por esta forma de existencia, una peligrosa amenaza para sus vecinos.

El propio Stalin parece haber estado convencido de que debía producirse una decisión y de que Alemania no se conformaría por mucho tiempo con el hecho de verse limitada en sus posibilidades de acción contra Inglaterra debido a la posición de la Unión Soviética. Sin embargo, es muy probable que según él esta decisión no necesariamente debiera tener lugar por vía de una guerra entre Alemania y la Unión Soviética. Su conducta de los últimos meses antes del 22 de junio encierra muchas incógnitas y ha provocado diversas tentativas de explicación. Al parecer no tomó en serio las advertencias que le llegaban de muchas fuentes y adoptó frente a Alemania una marcada política de apaciguamiento. Formó parte de ello la escena muchas veces descrita de la estación de ferrocarril de Moscú en abril, cuando partió el ministro de Relaciones Exteriores japonés Matsuoka; Stalin abrazó al agregado militar alemán, el coronel Krebs, y le dijo lo siguiente: "Seremos sus amigos, pase lo que pase";[11] tampoco debe olvidarse el incremento en los suministros de materias primas, y por lo menos el embajador alemán Von der Schulenburg

9 *The Public Papers and Addresses of Franklin Delano Roosevelt 1941*, p. 390.
10 Gosztony, *op. cit.* (nota 151, capítulo IV), p. 185.
11 Hermann Teske (comp.), *General Ernst Köstring*, Francfort, s.f., p. 301.

interpretó el hecho de que el 6 de mayo de 1941 Stalin se hiciera cargo de la regencia en el sentido de que estaba decidido a dedicar todos sus esfuerzos a mejorar las relaciones con Alemania.[12] La suspensión de relaciones con los gobiernos exiliados de Yugoslavia, Bélgica y Holanda, ordenada por Stalin, encaja bien con este cuadro. Los gobernantes de la Unión Soviética de ninguna manera estaban profundamente dormidos en la noche del 21 al 22 de junio, como lo muestran claramente las memorias de Georgi Shukov, pero la mayor parte de las tropas sin duda fue sorprendida por el ataque alemán y gran parte de la aviación se encontraba sin velo sobre los aeropuertos cercanos a la frontera. Por lo tanto, desde las revelaciones hechas por Jruschov en su discurso secreto, el proceder de Stalin con bastante frecuencia ha sido severamente criticado por los textos soviéticos. No obstante, se ofrecen tres explicaciones razonables.

En Teherán, Stalin le comentó a Churchill: "Hubiera deseado contar con medio año más de plazo."[13] De esto se podía deducir cierta confirmación de la tesis alemana de la guerra preventiva, pero el hecho de la sorpresa seguiría sin explicación.

Es posible que Stalin haya querido presentarse como el asaltado, como la víctima desprevenida de un despiadado ataque, porque sólo en estas circunstancias podía esperar la ayuda incondicional de Inglaterra y Estados Unidos. En este caso, hubiera previsto con gran exactitud el curso efectivamente tomado por la guerra, aspirando en forma consciente a la alianza con las potencias anglosajonas. A ello se opone, sin embargo, el hecho de haberse involucrado de esta manera en una guerra contra Alemania que por lo menos durante algunos meses sería una lucha en un solo frente y que pondría a las potencias anglosajonas en la situación que él mismo deseaba ocupar, es decir, la situación del tercero que, con las fuerzas intactas, finalmente vence a los dos antagonistas agotados. Al parecer le cabían pocas dudas —el viaje hecho por Rudolf Hess a Inglaterra en mayo lo inquietó sobremanera— respecto al hecho de que al final la potencia principal del capitalismo agregaría su peso al platillo de la balanza correspondiente al Estado militar capitalista-fascista y en contra de la sexta parte socialista del mundo.

La tercera posibilidad, y la más probable, se deduce de la extraordinaria frecuencia con que la palabra "negociaciones" fue mencionada durante estas semanas. El famoso mentís publicado por la TASS el 14 de junio afirmaba que Alemania no había planteado ningún tipo de exigencias a la Unión Soviética ni propuesto un tratado nuevo y más estrecho, por lo cual no pudieron tener lugar negociaciones al respecto.[14] Esto sonaba a una urgente exhortación a iniciar tales negociaciones, impresión reforzada al tener presente que más

---

[12] ADAP, D, t. XII, 2, p. 608.
[13] Winston S. Churchill, *The Second World War*, Londres, 1951, vol. IV, p. 443.
[14] ADAP, D, t. XII/2, pp. 855-856.

tarde Molotov y Stalin hicieron hincapié en el hecho de que Alemania había invadido la Unión Soviética sin antes proponer negociaciones.[15] Todo parece indicar que hasta el último momento Stalin esperaba recibir un ofrecimiento de negociación en forma de un ultimátum por parte de Alemania, y que estaba inclinado a aceptarlo. Es probable que haya encargado a Molotov plantear demandas máximas durante su visita a Berlín, de acuerdo con el método generalizado, y que ahora estuviese dispuesto a desistir de ellas, es decir, a adherirse al bloque continental proyectado, renunciar a sus pretensiones europeas, incrementar los suministros e incluso, de ser necesario, retirar el Ejército Rojo de las zonas fronterizas. Esta versión es apoyada por la circunstancia de que Stalin, según Jruschov, se sintió presa de la desesperación al estallar la guerra, y exclamó: "Hemos perdido todo lo creado por Lenin";[16] y también porque, según su hija, aún seguía comentando varios años después, lleno de un profundo pesar: "En alianza con los alemanes hubiéramos sido invencibles."[17] De hecho estaba obligado a elegir este camino si quería realizar su propósito básico dentro de la política exterior: mantener involucradas en la guerra a las potencias del capitalismo, para finalmente salirse con la victoria.

Ningún sacrificio era demasiado grande para lograr este fin, y es posible que incluso hubiera arrendado Ucrania a los alemanes para la explotación directa —según especulaban los contemporáneos—, porque no cabe duda que reconocía, con mucha más exactitud que Hitler, la inmensa fuerza de producción de Estados Unidos, y estaba convencido de que Alemania terminaría perdiendo la guerra contra las potencias marítimas anglosajonas, después de haberles infligido enormes pérdidas. Por el contrario, si en una alianza con Estados Unidos lograba derrotar a Alemania, asumiendo la carga principal él mismo, corría el peligro de ser vencido, y la probabilidad de la derrota, desde su propio punto de vista, era sumamente grande.

Como sea, existen buenos motivos para suponer que Stalin estuvo tan convencido como Hitler de la necesidad de que se produjera una decisión, sólo que no creía que ésta pudiera darse ya en forma de una guerra entre Alemania y la Unión Soviética. De ser cierto esto, Hitler y Alemania no eran responsables de haber creado la situación que era preciso decidir —Stalin había contribuido a ella tanto como Hitler—, pero sí de determinar que la decisión tuviese lugar en forma de una guerra germano-soviética.

Al elegirse este camino, otra alternativa exigía una respuesta clara. La guerra contra Francia había terminado con una victoria militar para Alemania y en Francia se formó un nuevo gobierno dispuesto a colaborar con ésta. El nuevo gobierno introdujo un cambio del sistema e instaló un régimen

15 Según un comentario de Stalin a Harry Hopkins, 31 de julio de 1941 (Robert E. Sherwood, *Roosevelt und Hopkins*, Hamburgo, 1950, p. 263).

16 Jruschov, *op. cit.* (nota 40, capítulo III), p. 883.

17 Svetlana Alliluyeva, *Only One Year*, Londres, 1969, p. 392.

autoritario encabezado por el hombre más respetado del país, el mariscal Pétain. Éste podía aceptar que Alsacia-Lorena volviera a perderse, pero no debía temer una debilitación mayor, al menos no de momento. En todo caso, el triunfo militar sobre la Unión Soviética también hubiera dado como resultado un nuevo gobierno y un nuevo sistema; un Pétain ruso se hubiera declarado dispuesto a colaborar con Alemania y seguramente también a conceder que el federalismo ficticio de la Unión Soviética fuera sustituido por un federalismo auténtico.

En medio de los conflictos entre los estados y a pesar de ellos, la guerra civil europea se hubiera revelado como la realidad determinante, a fin de cuentas. Sin embargo, desde el punto de vista "alemán nacional" existía una enorme diferencia entre Rusia y Francia: la nueva Rusia sólo hubiera sido más débil que Alemania en el aspecto militar, pero en población y riqueza de materias primas hubiera conservado su superioridad. De no quererse guiar por la confianza en el aliado y la seguridad respecto a las propias capacidades, había que tomar en cuenta una debilitación más sustancial de Rusia. Ésta era, precisamente, la intención de Alfred Rosenberg, al que Hitler nombró, en julio, "ministro de las regiones ocupadas del Este". En una memoria fechada el 2 de abril, ya había desarrollado el plan de dividir la federación rusa entre las regiones étnicas y de "mantener en jaque" a la futura "Moscovia" mediante un círculo de estados independientes que serían Ucrania, Bielorrusia, la zona del Don y la región caucásica.[18] De la misma manera en que las potencias occidentales habían formado un *cordon sanitaire* alrededor de la Rusia soviética en 1919, basado en estados cuyo territorio había pertenecido totalmente o en parte al Imperio zarista, y del mismo modo en que dichas potencias victoriosas no habían tolerado la creación de una nación pangermana, sino que rodearon Prusia-Alemania de estados hostiles, Alfred Rosenberg aspiraba a una solución versallesca para contener el núcleo del único rival que Alemania tenía en Europa. Analizada en forma abstracta, se trataba de una forma de pensar política característica de las luchas decisivas, y no merece ni más ni menos crítica moral que la forma de proceder de las potencias aliadas en 1919. No obstante, desde el principio se establecía de esta manera una relación difícil con otro aspecto del complejo problema, circunstancia que se puso de manifiesto en forma clarísima cuando Rosenberg afirmó, en un discurso del 20 de junio de 1941:

> No estamos llevando a cabo, hoy por hoy, una "cruzada" contra el bolchevismo con el único fin de liberar para siempre a los "pobres rusos" de él, sino para promover la política mundial alemana y asegurar el Imperio alemán [...] Remplazar a Stalin con un nuevo zar o incluso instalar a un líder nacionalista en esta región movilizaría aún más a todas las energías contra nosotros.

18 IMG, t. XXVI, pp. 547 y ss.

La idea de la Rusia unida, común hasta ese momento, había sido sustituida por una concepción completamente distinta de la situación del Este.[19] De constituir la guerra una lucha decisiva en este sentido, no hubiera inducido a ponerse del lado de Alemania ni siquiera a los *antiguos* de Rusia, privados de todos sus derechos, así como tampoco a los *kulaks*, víctimas de las expropiaciones, ni a los hijos de ambos.

Sin embargo, no cabía duda de que los iniciadores de la guerra también la entendían como reanudación de la guerra civil y que cobraron nueva vida todas las emociones que alguna vez habían reinado en Rusia y Alemania. Es posible que se redujeran a giros de rutina, como cuando el Ministerio de Relaciones Exteriores declaró, en su nota del 21 de junio, que el pueblo alemán tenía la misión "de salvar a todo el mundo civilizado de los peligros mortales del bolchevismo";[20] o cuando la "Información diplomático-política alemana" del 27 de junio afirmó que la lucha de Alemania contra Moscú se convertiría en la cruzada europea contra el bolchevismo, destinada a conservar y a restablecer los grandes principios básicos de toda convivencia humana y nacional, o sea, a restaurar la dignidad y la libertad de la personalidad humana, la familia, la propiedad privada, la libertad de la fe y la autonomía cultural de los pueblos y grupos étnicos de toda Europa.[21] En este tipo de declaraciones resurgía de nueva cuenta, en cierto modo, el espíritu del levantamiento nacional de 1933, pero el 8 de mayo Alfred Rosenberg expresó en forma mucho más directa las experiencias, la amargura y el odio sentidos durante la primera etapa de la posguerra al incluir en su instrucción general para los comisarios del Reich en las zonas ocupadas del Este, la idea de que los alemanes de la Europa Oriental, que a lo largo de muchos siglos habían realizado hazañas inmensas, habían perdido todos sus bienes sin indemnización alguna, y que cientos de miles fueron deportados o murieron de hambre.[22]

El que más profundizó en las emociones del periodo de la guerra civil, sin embargo, fue el propio Adolfo Hitler, en un discurso que el 30 de marzo de 1941 pronunció ante los generales. Según él, el bolchevismo equivalía a una criminalidad asocial y el comunismo representaba un inmenso peligro para el futuro. "Debemos distanciarnos del punto de vista de la camaradería militar. El comunista no es un camarada, ni antes ni después del combate [...] Hay que librar la lucha contra la ponzoña de la disolución [...] Los comisarios y la gente de la GPU son criminales y deben ser tratados como tales."[23]

De hecho, durante la guerra civil a nadie se le había ocurrido ver en el enemigo Rojo o Blanco a un camarada a quien hubiera que tratar en forma

[19] *Ibid.*, pp. 610 y ss.
[20] *Monatshefte, op. cit.*, p. 563.
[21] *UuF*, t. XVII, pp. 253 y ss.
[22] IMG, t. XXIV, pp. 191 y ss.
[23] Generaloberst Halder, *Kriegstagebuch*, Stuttgart, 1963, t. II, pp. 335 y ss.

caballerosa. También del lado soviético se mantuvieron siempre despiertos los recuerdos de las atrocidades cometidas por los Blancos, e incluso durante la guerra finlandesa no se reducían a simple propaganda las advertencias hechas a los Rojos de que morirían torturados en caso de caer en manos de los "carniceros Blancos finlandeses". También el atamán Kaledin calificó de "criminales asociales" a los bolcheviques, porque con la consigna "roben lo robado" apelaban a los instintos más primitivos, y la "disolución" le había obstruido el camino a la capital al general Kornilov. Es cierto que Hitler sólo rara vez hacía referencia directa a los sucesos de la guerra civil, y mostraba una aversión patente hacia los emigrantes rusos, que a sus ojos habían fracasado. Sin embargo, no cabe duda de que tenía muy presentes los acontecimientos más importantes, lo cual se nota también en comentarios fortuitos hechos al margen, como por ejemplo (en una fecha posterior) el de que unos ucranianos habían asesinado al mejor amigo de su pueblo, el mariscal Eichhorn, en Kiev en 1918.[24] De esta manera, cuando hablaba de una guerra de exterminio se trataba del exterminio de una ideología y de sus paladines, intención sobreentendida por todos los participantes en la guerra civil. También debe considerarse dentro del mismo contexto la "orden de los comisarios", en efecto una disposición "inhumana" y "contraria al derecho internacional público", pero derivada de una condición que asimismo había sido condición de ambos bandos durante la guerra civil: el adversario con toda seguridad cometería actos criminales y contrarios al derecho internacional público. Por lo tanto, el "programa" del 8 de junio decía lo siguiente:

> En la lucha contra el bolchevismo, no es posible confiar en que el enemigo se apegue a los principios de la humanidad o del derecho internacional público. Sobre todo de los comisarios políticos de todo tipo, que son los verdaderos protagonistas de la resistencia, puede esperarse un trato cruel e inhumano a nuestros prisioneros.[25]

Por este motivo no era posible reconocerlos como soldados; había que separarlos y eliminarlos.

Al examinar dicha orden dentro del contexto de la guerra de las ideologías mundiales, esto no resulta criminal, sino consecuente. El crimen se ubica en un nivel mucho más profundo, en el desencadenamiento de tal guerra sin causas apremiantes. Una vez más se presenta el problema de si fue una guerra preventiva o la lucha decisiva inevitable. En todo caso se trató de una orden necia, porque los dirigentes alemanes no habían entendido que entre tanto el gobierno soviético había dado un paso más allá de las realidades y emociones de la guerra civil. Ahora tachaba de desertores a todos los integrantes del

[24] Alexander Dallin, *Deutsche Herrschaft in Russland 1941-1945*, Düsseldorf, 1958, p. 171.
[25] Heinrich Uhlig, "Der verbrecherische Befehl", en *Vollmacht des Gewissens*, Francfort y Berlín, 1965, t. II, pp. 287-410, 360 (documentación).

Ejército Rojo que quedaran prisioneros y castigaba en forma colectiva a sus familiares por dicho acto de cobardía y de traición.[26] Por lo tanto, a los ojos de su propio gobierno los comisarios presos eran criminales que merecían morir, y Hitler se convertía en cómplice de Stalin al hacerlos eliminar. De hecho, la orden no fue observada en la mayoría de los casos y en 1942 se revocó. Posteriormente, varios ex comisarios políticos figuraron entre los colaboradores más cercanos de Vlásov.

Si la guerra contra la Unión Soviética se basaba en emociones que ya habían pertenecido a la Guerra Civil rusa y al enfrentamiento entre comunistas y nacionalsocialistas en la República de Weimar, no podía tratarse de una simple campaña de venganza o únicamente de la "defensa de Occidente", a pesar de que la orden contra los comisarios, por un lado, y las declaraciones del Ministerio de Relaciones Exteriores, por otro, quizá sugiriesen dichas interpretaciones. Independientemente de la voluntad de su instigador, la guerra tenía que representar, en tal caso, una guerra de liberación, y debía ser experimentada como tal por grandes sectores de la población, a no ser que la tesis sostenida por los directivos del partido respecto a la unidad moral y política total del pueblo soviético fuera acertada precisamente debido a la colectivización, la gran purga y las deportaciones efectuadas en la Polonia oriental y los países bálticos. Es cierto que muchas unidades del Ejército Rojo se defendían con valor extremo, es más, con un fanatismo sumamente extraño para los alemanes, que con bastante frecuencia inducía a los últimos defensores de una posición a suicidarse en forma conjunta. No obstante, desde las primeras semanas de la guerra cientos de miles prefirieron quedar prisioneros; en todas las ciudades y pueblos de Lituania y Letonia, las tropas alemanas eran recibidas con júbilo; en Ucrania se les ofreció el pan y la sal en un sinnúmero de lugares; desde antes de que ocuparan Lemberg, se había formado ahí un gobierno provisional que aparentemente estaba dispuesto a cooperar plenamente con Alemania. También en estos casos, por cierto, se vinculaban estrechamente la liberación y la venganza. Las tropas de la NKWD en Lemberg y en otros lugares asesinaron de manera atroz a todos los presos y también a algunos pilotos alemanes que habían caído en sus manos, y la población ucraniana se vengó de manera igualmente terrible de los que suponía eran los culpables, de modo que pareció anunciarse una nueva era de pogroms judíos. No obstante, era de esperar que el Ejército alemán pusiera fin a tales acciones espontáneas y que la liberación constituyera una realidad más trascendental que la venganza. Esto parecía indicar, en todo caso, el tono de la propaganda militar dirigida por el departamento "WPr" desde el Cuartel Gene-

---

[26] Hoffmann, *op. cit.*, en su colaboración "Die Kriegführung aus der Sicht der Sowjetunion", p. 720. A manera de demostración y confirmación, es posible remitir a numerosas declaraciones hechas por oficiales soviéticos prisioneros de guerra y citadas por el conde Bossi-Fedrigotti, oficial de enlace del Ministerio de Relaciones Exteriores con el Alto Mando militar 2 (Pol. Archiv AA, Abtlg. Kult. Pol. Geheim, t. 108).

ral del Ejército, que en millones de volantes y carteles presentaba a Adolfo Hitler como el liberador de los oprimidos.

Nadie probó de manera más gráfica que Stalin cuán fértil era el terreno sobre el que caía dicha propaganda. Por segunda vez en su vida, el 3 de julio pronunció un discurso trasmitido por la radio, y por vez primera se dirigió a sus escuchas con las palabras "hermanos y hermanas" y "amigos míos".[27] Por supuesto atacó primero la "falta de palabra" y la "invasión" de los alemanes y aseguró que las mejores divisiones militares y unidades de aviación del enemigo ya estaban destrozadas. Alemania había vuelto a ser "fascista" para él, y calificó a Hitler y a Ribbentrop de "monstruos y caníbales". Sin embargo, no admitió ninguna duda respecto al "peligro serio [que] se cierne sobre la patria". También él se apoyó en las emociones y en los conceptos de la guerra civil al declarar que el objetivo del enemigo consistía en restablecer el poder de los terratenientes, restaurar el zarismo, robar la autonomía a los pueblos libres de la Unión Soviética y convertirlos en "esclavos de los príncipes y barones alemanes". Asimismo era posible remitir a un giro de Lenin el término "guerra patria del pueblo". Un fenómeno nuevo fue la alusión de Stalin, con un "sentimiento de gratitud", al histórico discurso de Churchill del 22 de junio y a la declaración correspondiente hecha por el gobierno de Estados Unidos, que prometía su ayuda al pueblo soviético ahora que Hitler se había puesto en evidencia "como agresor sanguinario ante los ojos de todo el mundo". Lo que más llamó la atención fue el enorme énfasis que puso en los "derrotistas y cobardes, los sembradores de pánico y desertores", y luego otra vez en los "desorganizadores de provincia, desertores, sembradores de pánico, propagadores de rumores, espías y saboteadores", solicitando el apoyo de los "batallones de la policía militar". No cabía duda alguna de que no confiaba en la lealtad incondicional de todo el pueblo soviético, sino en el método que posteriormente habría de describirle a Churchill de la siguiente manera: en la Unión Soviética todo mundo era un héroe, porque todos sabían que tenían posibilidades de sobrevivir al atacar al enemigo, pero que dar marcha atrás significaría su muerte irremediable.[28] Así y todo, confiaba en recibir suficiente apoyo seguro como para anunciar la táctica de la tierra quemada y llamar a "hacer estallar la guerra de partisanos".

Sin embargo, Adolfo Hitler ni siquiera parece haberse dado cuenta de que Stalin reveló en este discurso lo quebradizo del terreno que pisaba y cuán inmensamente numerosas eran las personas incapaces de creer su afirmación de haberlas conducido al "trabajo libre y la prosperidad". En una conferencia con el embajador japonés Oshima que tuvo lugar el 15 de julio, Hitler sólo se refirió, en cambio, a la orden de destrucción, de la cual sacó en conclusión que tendrían que morir millones a causa de esta medida de Stalin, puesto que

---

[27] J. Stalin, *Über den Grossen Vaterländischen Krieg der Soujetunion*, Berlín, 1945, pp. 5-11.
[28] *Foreign Relations of the United States, 1943. The Conferences at Kairo and Tehran*, 1943, p. 583.

Alemania era incapaz de proporcionar a la población rusa carbón y alimentos.[29] Ocho días después dio a conocer de manera expresa, a través de Keitel, que la tropa debía sembrar el terror, único medio adecuado para quitar todo deseo de resistir a "la población".[30] Al tomar en cuenta que un día antes Hitler le había comentado al mariscal croata Kwaternik que al parecer de 70 a 80% del pueblo ruso actual eran mongoles,[31] se revela claramente que estaba resuelto a no contentarse con la destrucción de una ideología, sino que aspiraba a destruir la sustancia biológica de los "pueblos orientales", porque pretendía apoderarse de su tierra como espacio vital para colonizadores alemanes y como zona de seguridad para futuras guerras, tal como lo había postulado en los discursos de su primera época y en *Mi lucha*. En una junta con Rosenberg, Lammers, Keitel, Göring y Bormann, celebrada el 16 de julio, habló exactamente en el mismo sentido del "gigantesco pastel" que se debía dividir de manera adecuada para poderlo "primero dominar, luego administrar y finalmente explotar".[32] Si bien es cierto que no hacía caso omiso de la "propaganda", "de que somos los liberadores", ¿cómo iba la población soviética, sin embargo, a creer las declaraciones de un hombre y de un régimen que tenían la intención de limpiar a la Crimea de todos los elementos extraños y de poblarla con colonizadores alemanes; de incorporar al Imperio alemán Galitzia, todo el territorio báltico e incluso la colonia del Volga; de devastar Leningrado y Moscú, y de convertir la región alrededor de Bakú en una colonia militar alemana? ¿Cómo hasta los emigrantes más germanófilos y los integrantes del Ejército Rojo que con mayor encono odiaban a Stalin hubieran podido ponerse a disposición, en conciencia, del hombre que no quería permitir "nunca [...] que alguien aparte de los alemanes porte armas"?[33]

No cabía duda alguna: el hombre que había otorgado a Alemania fuerza suficiente para desencadenar una lucha decisiva por la supremacía en Europa, y que compartía todas las emociones anticomunistas del tiempo de la posguerra, pretendía librar una guerra de exterminio y esclavización contra los pueblos eslavos y estaba pensando en llevar a cabo una destrucción aún más radical de los judíos como tales, según lo insinuara en el discurso del 30 de enero de 1939.

De esta manera, se preparó la inversión de los hechos más sorprendentes de todas. Stalin había mandado matar a un número mucho mayor de rusos, ucranianos y judíos que los alemanes, incluso los judíos y los polacos muertos por Hitler antes y después de septiembre de 1939. No obstante, tuvo que erigirse en personificación de la voluntad de autodeterminación y supervivencia de casi todos los pueblos de la Unión Soviética si Hitler pretendía debilitar o incluso

29 ADAP, D, t. XIII, 2, pp. 829 y ss.
30 *Hitlers Weisungen...*, *op. cit.*, pp. 142 y ss.
31 Hillgruber, *op. cit.*, p. 613.
32 IMG, t. XXXVIII, pp. 86 y ss.
33 *Ibid.*, p. 88.

destruir la sustancia biológica de rusos, ucranianos y judíos. Hitler había devastado la vida intelectual y política de los alemanes, pero aun así los había guiado hasta el pináculo del poder, y ahora se convertiría en el causante de que su nación se autodestruyera, en caso de que intervinieran otras potencias en la decisión pendiente y de que Stalin se dejara guiar por su ejemplo.

De esta manera, los tres aspectos de la guerra germano-soviética son imposibles de separar, y en Hitler incluso se unieron en tal forma que debido a su emoción antibolchevique sólo quería reconocer como decisión auténtica la destrucción física o bien el debilitamiento definitivo de los asiáticos reunidos en la Unión Soviética. A pesar de todo, no se trataba de meras abstracciones, sino de tendencias y posibilidades dueñas de múltiples implicaciones y que podían presentarse en varias combinaciones. Ni siquiera Adolfo Hitler era lo bastante poderoso como para que sus ideas básicas e intenciones tuvieran que imponerse siempre y en todas las circunstancias. Resulta oportuno, pues, iluminar los hechos principales del transcurso de la guerra en tal forma que cada vez se destaque a uno solo de ellos. En un último paso antes de las consideraciones finales, habrá que indagar cuál será la forma más adecuada de caracterizar el triunfo final de la Unión Soviética bolchevique y la derrota de la Alemania nacionalsocialista.

## 2. Imperativos, casualidades y alternativas en la guerra germano-soviética

En lo sucesivo, los términos "imperativo" y "casualidad" no deben entenderse en el sentido filosófico, sino en el histórico. Como *casualidad* se considerará lo que depende de la decisión de un hombre o de un pequeño grupo de personas, de tal forma que una acción distinta del mismo hombre o del mismo grupo, o de otro hombre u otro grupo que sustituyera la de los primeros, no se hubiera topado con obstáculos insuperables. También se tomará como casual un suceso en que chocaran tendencias distintas dueñas más o menos de las mismas fuerzas, cuya decisión fuera propiciada por circunstancias especiales o por las actividades de un número relativamente reducido de personas. Asimismo son casuales, en el sentido histórico, los fenómenos naturales que producen trascendentales efectos en el ámbito humano, pero que resultaban imposibles de predecir con seguridad o siquiera con alta probabilidad. Como *imperativo* se considera aquello que no posee el carácter de lo casual. Del entrelazamiento de los imperativos y las casualidades es posible derivar las alternativas que con toda probabilidad hubieran podido realizarse, de haberse dado de otro modo las circunstancias casuales. La enfermedad que significó la muerte de Alejandro Magno fue casual, en este sentido; por lo tanto, debe valer como alternativa que su ejército hubiera podido avanzar hasta el Ganges, en lugar de retirarse; la derrota de Aníbal fue imperativa después de que no logró tomar Roma al primer asalto, pese a que hubiera podido tener lugar en un plazo mayor o menor y en otra forma. Cabe establecer otra distinción entre la "mera casualidad" y el "imperativo casual" de ciertas acciones.

El ataque dirigido por Hitler contra la Unión Soviética era casual en el sentido de que probablemente existiese la alternativa de llegar a un nuevo acuerdo con Stalin; no obstante, poseía el carácter de "imperativo casual" en el sentido de que Hitler había señalado una y otra vez el "enfrentamiento con el bolchevismo" y la "solución del problema alemán del espacio" como su "verdadera misión". En cambio, el momento elegido para iniciar la guerra estuvo mucho más marcado por la mera casualidad. La decisión impulsiva de Mussolini de atacar a Grecia obligó a que se desatara la campaña alemana de los Balcanes, por lo cual no fue posible dar comienzo al ataque el 15 de mayo o por lo menos a principios de junio, como estaba previsto, sino hasta una fecha que no daba ni cuatro meses de respiro antes de que se iniciara el periodo de lodo y de nieves más temprano.

Por el contrario, de acuerdo con todas las premisas, eran imperativos el llamamiento de Stalin a la guerra de partisanos (contraria al derecho internacional público) y la promesa de ayuda dada por Churchill a la Unión Soviética el mismo 22 de junio. Esta promesa, ciertamente, sólo puede calificarse de imperativa porque al mismo tiempo probaba que el agua no le llegaba a Inglaterra nada más al cuello, sino hasta el borde de los labios. Nadie hubiera podido hablar con mayor resolución ni emplear invectivas más duras que como lo hizo Churchill en esta ocasión: según él, Hitler era un "monstruo de la infamia", un "delincuente sanguinario" cuya "banda de nazis" era presidida por el "emblema diabólico de la esvástica", mientras que "oficiales prusianos, agitando los sables", dirigían a la "masa bruta de la soldadesca huna como a un enjambre de langostas pululantes". Señaló como el "objetivo único y definitivo" de Inglaterra la destrucción de Hitler y de todo vestigio del régimen nazi.[34] De esta manera, se trató de una promesa incondicional de ayuda. Si bien Churchill demostró con su discurso que Lenin y Hitler no eran los únicos que tendían a deshumanizar al enemigo con términos como "insectos" y "bacilos", pese a toda esta pasión ninguno de sus oyentes hubiera dudado de que Churchill consideraba prácticamente segura la victoria de Hitler sobre la Unión Soviética y que tomaba este conflicto sobre todo como un respiro para la acosada Inglaterra. Con ello compartía la opinión de muchos expertos ingleses y estadunidenses que llegaron a comentar al respecto durante las semanas subsiguientes. De haber creído Churchill que era posible el triunfo militar de la Unión Soviética, de hecho su proceder hubiera sido del todo incomprensible. Al fin y al cabo, la Unión Soviética era el país que había destruido la existencia estatal y repartido con Hitler al único aliado de Inglaterra, cuya

---

34 W. S. Churchill, *His Complete Speeches*, Londres, 1974, vol. VI, pp. 6428-6429.

protección de las moderadas demandas de Hitler había sido el motivo por el cual ésta se involucró en la guerra, y el deber más elemental de lealtad hacia Polonia debió haber sido poner como condición de ayuda la devolución de las regiones robadas.

Sin embargo, Churchill no dijo una sola palabra a este respecto, pero evidentemente sintió peligrar tanto su propia credibilidad que, de paso, comentó que resultaba imposible distinguir el régimen nazi "de las peores manifestaciones del comunismo" y que no se retractaba de una sola palabra dicha sobre el comunismo a lo largo de 25 años. Por lo tanto, era un imperativo inevitable que esta alianza tan precipitada resultase sumamente difícil y frágil, en caso de convertirse para Inglaterra en más que la prolongación de un respiro.

Dos días después, Roosevelt anunció que Estados Unidos brindaría toda la ayuda posible a la Unión Soviética. Esta promesa también hubiera resultado incomprensible de haber opinado el presidente estadunidense que la Unión Soviética era un rival medianamente equiparable con Alemania. Los estadunidenses que recordasen a Napoleón y se basaran simplemente en el punto de vista de sus propios intereses, de hecho no podrían llegar a una conclusión diferente a la del senador Harry S. Truman, quien aconsejó dejar que los dos bandidos en pleito decidieran solos su conflicto, interviniendo, en todo caso, un poco más adelante.[35] ¿No había protestado con vehemencia toda la prensa estadunidense sólo un año y medio antes, debido al ataque de Stalin contra Finlandia?; ¿no sabían los círculos enterados que a causa de Finlandia Inglaterra había planeado romper las hostilidades contra la Unión Soviética, junto con Francia, y que los militares ingleses habían continuado la elaboración de planes para transformar Bakú en un mar de llamas mediante un ataque aéreo de gran envergadura?[36] Además, la corriente pacifista era muy fuerte en el país americano. Había extraído mucha energía de las investigaciones sobre la influencia de los intereses de la industria del armamento en el ingreso de Estados Unidos en la primera Guerra Mundial; no podía desecharse la posibilidad de que se aliara con la corriente antibolchevique, que también era muy vigorosa, sobre todo entre los estadunidenses de ascendencia italiana y polaca.

El 18 de julio de 1941, el ex embajador en Moscú, Joseph Davies, escribió un memorándum dirigido a Harry Hopkins, donde afirmaba que estaba consciente de que en Estados Unidos "amplios sectores de la población odian a los soviéticos al grado de depositar todas sus esperanzas en el triunfo de Hitler sobre Rusia".[37] De acuerdo con el mismo texto, había que apoyar a Stalin con todas las fuerzas precisamente por esta razón, puesto que de otro modo existía el peligro de que

[35] Denna F. Fleming, *The Cold War and its Origins 1917-1960*, Norwich, 1961, t. II, p. 135. Respecto a las distintas "corrientes" en Estados Unidos, *cfr.* Nolte, *op. cit.* (nota 42, capítulo II), pp. 97-108.

[36] *Cfr.* p. 293.

[37] Sherwood, *op. cit.* (nota 15, capítulo V), pp. 238 y ss.

éste, como buen "oriental y frío realista", hiciera la paz con Hitler. Quince días después, Roosevelt le hizo entregar a Stalin, a través de Hopkins, el mensaje de que consideraba a Hitler el "enemigo de la humanidad" y que, por lo tanto, estaba decidido a ayudar a la Unión Soviética en su lucha contra Alemania.[38] Esto sin duda implicaba más que el esfuerzo oportunista de ganar un respiro y un poco de tiempo; contenía un auténtico tono de convicción ideológica. Sobre esta base, Roosevelt hizo todo lo posible por involucrar a Estados Unidos en la guerra contra Hitler y también contra Japón, y no titubeó en recurrir a burdas mentiras, como la afirmación de haber visto mapas y documentos secretos del gobierno alemán en donde se exponían planes para dividir a Sudamérica y destruir todas las religiones, la hinduista inclusive.[39]

No era del todo incomprensible que tras Roosevelt, Hitler creyese percibir las maquinaciones del "poder de la prensa judía", pero tampoco en Estados Unidos logró inducir al antibolchevismo indudablemente presente, e incluso muy fuerte, a abrazar también el antisemitismo. De haber estado dispuesto a revisar sus opiniones preferidas, probablemente hubiera tenido que llegar a la conclusión de que un Estados Unidos germánico con mayor razón aún no hubiera podido tolerar que mediante acciones militares se formara en Europa un imperio mundial que modificase por completo las relaciones de poder globales. El hecho de que Roosevelt se viera incapacitado para recorrer un camino recto, y que estuviera obligado a recurrir a mentiras, difamaciones y violaciones de neutralidad, se debía, en primer lugar, a que no quería eliminar a sus adversarios políticos internos, como Hitler lo había hecho. Por grande que fuese la influencia de las casualidades en las decisiones de las potencias anglosajonas, por muchas falsedades que implicaran estas determinaciones y por numerosas que fuesen las fuerzas contrarias, a final de cuentas se manifestaba en todo ello un imperativo más profundo. Por lo tanto, Hitler debió de haber dado por sentado que al cruzar el Bug empujaría no sólo a Inglaterra, sino también a Estados Unidos, a ponerse del lado de la Unión Soviética. Desde el punto de vista de estos dos países no existió ninguna alternativa auténtica, porque en Inglaterra y en Estados Unidos prácticamente nadie creía ni podía creer que la Unión Soviética fuese capaz de oponer resistencia a Alemania, por su propia cuenta, por más de unos meses.

Era distinto el caso de la última de las cinco potencias mundiales: Japón. Desde 1937 estaba unido a Alemania por el Pacto Antiinternacional Comunista; desde 1940, por el Pacto de los Tres. Nada hubiera sido más natural que la sugerencia de Alemania de que Japón atacara a la Unión Soviética por el Este, a fin de crear así un segundo frente, el cual hubiese aumentado considerablemente las posibilidades alemanas de triunfar. No obstante, para ello había que dar por hecho que sólo existía una sola posibilidad. Hitler, en cambio,

38 *Ibid.*, p. 255.
39 *The Public Papers...*, *op. cit.* (nota 9, capítulo V), p. 439.

estaba tan seguro de su triunfo que no quería hacer partícipe de su éxito más grande e importante a ninguna potencia del mismo nivel que Alemania. Él mismo animó al ministro de Relaciones Exteriores Matsuoka, en abril de 1941, a celebrar un pacto de no agresión con la Unión Soviética y a poner las miras hacia el sur, en la futura "gran esfera asiática oriental de prosperidad". La opinión de Ribbentrop no concordaba con la de Hitler a este respecto y después del 22 de junio instó reiteradas veces a los aliados para que intervinieran. Existían poderosas fuerzas en Japón, sobre todo en el ejército, que estaban de acuerdo con él, aun cuando el recuerdo de las graves derrotas sufridas en los combates de 1939 en la frontera entre Mongolia y Manchukuo sirviese de advertencia. Es muy probable que de haber tenido que sostener esta lucha en dos frentes, la Unión Soviética se hubiera derrumbado antes de llegar el invierno, y antes de recibir envíos importantes de armas de Estados Unidos e Inglaterra. Sin embargo, Hitler no se expresó con claridad y la Marina japonesa impuso su plan de hacer un último intento de negociar con Estados Unidos, antes de soltarse la llave de estrangulamiento de las sanciones económicas impuestas por este país mediante la expansión hacia las Indias holandesas y el ataque a la flota estadunidense.

De esta manera, Hitler no tenía razón del todo al comentar a uno de sus generales el 3 de febrero de 1941: "Cuando arranque Barbarroja, el mundo contendrá el aliento y se quedará inmóvil."[40] De hecho el mundo observaba los sucesos sin aliento, puesto que enseguida se produjo la sensación de que se estaban echando los dados por el destino de la Tierra, pero no se mantuvo inmóvil, a tal grado que las tres grandes potencias, cuyas decisiones habrían de influir en el desenlace, tomaron en el acto medidas muy trascendentes o al menos las prepararon. Como sea, durante medio año Alemania y la Unión Soviética parecieron estar solas en el mundo, y la duda era si la Unión Soviética aún seguiría existiendo cuando empezara el invierno.

Los acontecimientos en los campos de batalla tenían un marcado parecido con los ocurridos en Polonia en septiembre de 1939, pero, con todo, se manifestó un imperativo de otro tipo muy diferente. En Polonia, el ejército del Estado industrial nacionalsocialista había vencido a las fuerzas armadas de un Estado agrario nacionalista, lo cual evidentemente representaba un imperativo.[41] En las llanuras de Bielorrusia y Ucrania, un ejército incrustado en la tradición de las tropas de la Guerra Mundial estaba combatiendo a otro creado en oposición a dicha tradición. La confianza del Ejército Rojo en sí mismo se basaba en que había vencido a sus adversarios como potencia revolucionaria y que ahora era mandado por un cuerpo de comandantes de los que un considerable número había participado en la guerra civil, como los mariscales Voroshílov y Budyonni. En cambio, el Ejército alemán, pese a todas sus

---

[40] IMG, t. XXVI, p. 396.
[41] *Cfr.* pp. 287-288.

transformaciones y modificaciones, en el fondo seguía siendo el mismo ejército del Imperio. Ahora se demostró que Hitler había acertado, dentro del contexto de sus objetivos, al preferir al general Bomberg en lugar del comandante superior de la SA, Röhm.

El factor sorpresa explicaba algunos hechos, y la simpatía generalizada de la población hacia las tropas alemanas, muchos más, pero evidentemente las fuerzas armadas alemanas estaban mejor entrenadas y dirigidas.[42]

El grupo del norte llegó a Riga el 2 de julio y continuó su avance hacia Leningrado, ciudad a la que simultáneamente se acercaban los finlandeses desde el norte; el grupo del centro derrotó, después de la batalla de la bolsa de Bialystok y Minsk, a las fuerzas del mariscal Timoshenko cerca de Smolensk y conquistó esta ciudad, la *llave de Rusia*, el 16 de julio; el grupo del sur se adentró profundamente en Ucrania, reforzado por tropas rumanas más allá del Prut, y al avanzar hacia Odessa puso las miras en Kiev como el siguiente objetivo. El jefe del Estado Mayor, Halder, ya creía ganada la guerra a comienzos de julio, pero entonces se mostró que en muchos lugares la resistencia era más dura de lo que se había esperado y que la Unión Soviética seguía enviando a la lucha cada vez más tropas y tanques, pese a que a principios de agosto el número de los prisioneros de guerra soviéticos se acercaba al millón y se habían destruido más de 10 000 tanques.

Ante todo se puso de manifiesto que los tanques soviéticos más modernos y fuertes, sobre todo el "T 34" y el "KW", eran superiores en calidad a los alemanes. Ciertamente sólo había como mil en todo el frente, pero Alemania perdió un considerable número de sus 3 500 tanques y la industria del armamento no era capaz de mandar más que 200 de remplazo al mes. Con todo, la voluntad y la seguridad de triunfo de los soldados alemanes seguían intactas y el grupo del centro suponía, optimista, que a pesar de todas las dificultades y de las bajas podría reanudar el avance a partir del impulso ya adquirido y coronar la campaña de manera decisiva, en unas cuantas semanas, mediante la conquista de Moscú. No obstante, Hitler, que en tantas ocasiones había mostrado su sensibilidad psicológica, ahora actuaba como economista y decidía cortarles a los rusos ante todo el acceso al petróleo del Cáucaso. Además, le parecía muy grande el peligro que representaba la presencia de las tropas soviéticas aún apostadas en Kiev; por lo tanto, dispuso que el grupo del centro permaneciera en su lugar y todavía separó algunas fuerzas de él para la gran batalla envolvente de la curva del Dniéper, la cual tuvo un desenlace muy favorable y puso en manos de los alemanes a varios cientos de miles de soldados soviéticos más. El grupo del centro no recibió una nueva orden de ataque sino hasta principios de octubre, y ahora requirió de sus últimas fuerzas para

---

[42] Respecto al transcurso de la guerra, véase el resumen y la bibliografía en Jacobsen, *op. cit.* (nota 5, capítulo V), y la detallada exposición en *Der Angriff auf die Sowjetunion, op. cit.* (nota 3, capítulo V).

avanzar lentamente hacia Moscú. En la doble batalla de Viasma y Briansk se impuso a poderosas fuerzas enemigas, y las avanzadas se acercaron a pocos kilómetros de Moscú. Del 16 al 18 de octubre reinó el pánico, casi la anarquía, en la capital soviética: los miembros del partido destruían los carnets de afiliados; los soldados se deshacían de sus armas; se saqueaban los comercios; el gobierno abandonó la ciudad y, de ser correctos los informes al respecto, también Stalin se hizo llevar a su tren especial, pero cambió de opinión en el último momento y regresó al Kremlin.[43]

El día 19, el nuevo comandante en jefe, el general Shukov, proclamó la ley marcial; tropas frescas venían en camino desde Siberia, porque el confidente del embajador alemán, el probado miembro del partido y agente Richard Sorge, había enviado desde Tokio noticias tranquilizadoras sobre la posición japonesa; y a continuación se desataron las grandes lluvias de otoño que transformaron todos los caminos en un pantano intransitable. Durante unos cuantos días, una helada tolerable volvió a prestar movilidad a las tropas alemanas, pero entonces comenzó en fechas extraordinariamente prematuras el más severo invierno, y los alemanes no enfrentaban ya sólo a los soldados y los malos caminos como sus únicos enemigos, sino también una fuerza natural demasiado poderosa y desacostumbrada, la cual congelaba el combustible en los motores de los tanques y a veces pegaba los rifles a las manos de los soldados de infantería. En Londres, en Washington, en Tokio y en París se observaba con incredulidad que Moscú, el centro de la vida y el movimiento soviéticos, no había caído en manos del enemigo contra lo que todos esperaban, y que Hitler tal vez sufriese la misma suerte que Napoleón en los desiertos de hielo de Rusia.

De esta manera surgió la primera gran alternativa desfavorable para Hitler. Si las fuerzas alemanas comenzaban a retroceder posiblemente no habría forma de detenerlas, porque no se habían preparado posiciones de retención y no había cuarteles de invierno seguros hasta cerca de la frontera alemana. Era cierto que el ejército soviético se había reducido al menor número de tropas desde el principio de la guerra, 2.9 millones de hombres, que en su mayor parte eran soldados mayores o muy jóvenes, además de mal entrenados. Sin embargo, las formaciones sibirianas de élite tal vez hubieran podido arrastrarlos, y no se podía descartar la posibilidad de que una guerra invernal abierta conducida en dirección de este a oeste hubiera terminado en una catástrofe para Alemania y que las divisiones rusas, como en 1814, hubiesen llegado hasta París y el canal de la Mancha.

Fue Hitler, y por lo visto sólo él, quien después de asumir el mando supremo personal sobre el ejército el 19 de diciembre esencialmente mantuvo el frente en el mismo lugar, mediante una extraordinaria fuerza de voluntad y órdenes de aguantar dadas sin miramiento alguno, aunque sí fue necesario ceder

---

[43] Morozov, *op. cit.* (nota 60, capítulo IV), p. 270.

terreno sobre todo en el sector central y en el frente del sur se volvió a perder la apenas conquistada ciudad de Rostov. Los mariscales Von Bock y Von Rundstedt fueron sustituidos; el capitán general Hoepner, que había dado la orden de retirada a sus formaciones blindadas delante de Moscú, fue dado de baja del ejército; y el general Von Sponeck, que había fracasado en la Crimea, fue condenado a muerte, sentencia cambiada por la prisión militar. (En julio, Stalin había mandado fusilar a más de la mitad de los generales de aviación, a dos capitanes generales y a toda una plana mayor.)[44]

De esta manera, Moscú ciertamente empezó a transmitir noticias de triunfo, pero no emitió ningún comunicado sobre una catástrofe alemana. Por otra parte, para Hitler los sucesos redundaron de todas maneras en la primera gran pérdida de confianza entre la población alemana. La colecta de ropa caliente de invierno para el frente realizada con mucho esfuerzo hizo sospechar hasta al partidario más fiel que Hitler tal vez fuese el más exitoso de todos los estrategas, pero seguramente no el mejor, puesto que evidentemente había cometido gravísimos errores de apreciación. Casi de mes en mes el pueblo había esperado el victorioso término de la guerra y con él, la paz; el impulso que empujó a los ejércitos alemanes hacia Moscú en gran parte se había alimentado de la expectativa de poder volver a casa para Navidad. Nadie podía engañarse ya de que había llegado a su fin la era de las campañas y los triunfos relámpago; amenazaba una guerra prolongada y dura.

Con todo, el invierno de 1941-1942 estuvo lleno de sensacionales noticias de triunfo, aunque ya no se trataba de triunfos alemanes sino japoneses. El 7 de diciembre, los japoneses atacaron la escuadra del Pacífico de la flota estadunidense en Pearl Harbor, destruyéndola en gran parte. De esta manera se abrieron camino hacia el sudeste asiático y unas cuantas semanas después habían conquistado Indonesia, las Filipinas y Singapur. No obstante, también hicieron posible así el ingreso de Estados Unidos a la guerra, largamente anhelado y preparado por Roosevelt, y confrontaron a Hitler con la última decisión fundamental de su vida. Al igual que cuando el ataque de Mussolini a Grecia, se hallaba frente a la decisión independiente de un aliado, porque los japoneses no habían convenido el ataque con él. Era cierto que varias veces los había alentado a realizarlo, pero por otro lado hubiera tenido muchas razones para enojarse ante el hecho de que, además de no participar en la guerra contra la Unión Soviética, los japoneses ni siquiera habían impedido el envío de armamento estadunidense a Vladivostok.

El texto del Pacto de los Tres no lo obligaba a secundar una acción ofensiva. De haber observado Hitler cierta reserva, Roosevelt se hubiera visto en grandes apuros. Al presidente estadunidense le interesaba en primer lugar la guerra contra Alemania, pero la opinión pública (que en esta ocasión no era idéntica

44 *Ibid.*, p. 261.

a la opinión publicada por la prensa nacional) lo hubiera obligado a concentrar sus esfuerzos militares en los responsables del "infame asalto". Sin embargo, Hitler evidentemente no soportaba la idea de que durante todo un severo invierno no aparecieran noticias de triunfo en la prensa, y es probable que también lo haya animado el deseo de por fin saldar cuentas con Roosevelt, después de haber tenido que soportar durante tanto tiempo acciones que eran todo menos neutrales. Por lo tanto, el 11 de diciembre declaró la guerra a Estados Unidos, y en un apasionado discurso ante el Reichstag atacó a Roosevelt como el "principal responsable" de la guerra, por haber torpedeado con "diabólica mala fe" el posible entendimiento entre Alemania y Polonia, además de cometer una serie de "gravísimos crímenes contra el derecho internacional público" y de encauzar, bajo la influencia de sus "secuaces judíos" —como descendiente de plutócratas, odiaba de entrada a su antagonista, nacido en la pobreza—, los problemas de su "estado socialmente rezagado" hacia afuera y contra la "Alemania socialista".[45]

Si bien Hitler quizá estuviera satisfecho de poder enfrentar ahora "al judío" tanto en el aspecto democrático como en el bolchevique, debió haberse dado cuenta de que estaba cayendo, en una escala mayor, en el mismo grave error que había cometido en 1939: iniciar la guerra contra una potencia cuya ayuda o al menos cuya neutralidad necesitaba para vencer al bolchevismo. Ahora se hallaba en estado de guerra contra un imperio mundial y dos grandes potencias continentales, las cuales tenían excelentes perspectivas de convertirse en potencias mundiales superiores o superpotencias. El volumen de producción citado por Roosevelt a comienzos de 1942, como meta para 1942 y 1943, era tan vasto que la sola superioridad material tenía que barrer con Alemania. Hitler había iniciado la campaña contra la Unión Soviética con 3 500 tanques y 2 000 aviones; los estadunidenses querían construir 45 000 tanques y 60 000 aviones tan sólo en 1942.[46] Si únicamente la vigésima parte de ellos consiguiese llegar a la Unión Soviética, Stalin obtendría la superioridad material que por cuenta propia era incapaz de lograr después de las graves pérdidas sufridas durante el primer año de guerra; y la industria alemana sería destrozada por los ataques incesantes de muchos miles de pesados bombarderos desde el portaaviones Inglaterra.

Por consiguiente, diciembre de 1941 con frecuencia ha sido señalado como el mes en que cambió el curso de la guerra. Según se dice, ahora que Alemania se encontraba en estado de guerra contra la Unión Soviética, Estados Unidos y el Imperio británico, los recursos materiales estaban repartidos en forma tan

[45] Der grossdeutsche Freiheitskampf, Munich, 1943, t. III, pp. 113-148, especialmente 130, 133, 142 y ss.

[46] The Public Papers, op. cit., 1942, p. 37. La enorme subestimación de la capacidad industrial estadunidense por parte de Hitler se puso de manifiesto con particular claridad cuando el 15 de julio de 1941 comentó a Oshima que Estados Unidos requeriría por lo menos cuatro años para construir los 8 000 tanques destruidos por el Ejército alemán en el Este (ADAP, D, t. XIII, 2), pp. 829 y ss.

desigual que sólo era cuestión de tiempo para que Alemania se derrumbase. No obstante, estos cálculos pasan por alto el hecho de que la Unión Soviética había perdido una parte considerable de su industria así como a aproximadamente 70 millones de habitantes, además de que primero había que llevar dichos recursos a los campos de batalla. Por otra parte, Alemania era la potencia hegemónica de Europa, y en su discurso Hitler había puesto mucho énfasis en la idea de una comunidad europea de cultura e intereses. Japón tenía el potencial de ser no sólo una potencia mundial militar sino también industrial, si bien esto no habría de revelarse de manera contundente hasta varias décadas después de la guerra, y había extendido su ocupación casi a todo el sudeste asiático. Podía pensarse que, si Alemania y Japón lograsen aprovechar al máximo todos estos recursos, sería muy insignificante su inferioridad material en comparación con los tres adversarios. Sin embargo, era de dudar que tuviesen éxito en tal empeño. En el balance de las luchas decisivas internacionales influían factores imposibles de derivar del simple cálculo de materias primas y potenciales industriales, factores resultantes sobre todo de la diferencia entre territorios conquistados y propios, o al menos dominados desde hacía mucho tiempo. No obstante, después de haber logrado mantener el frente en Rusia, en 1942 Hitler ni siquiera tuvo que renunciar al objetivo por excelencia de su lucha, en la medida en que se trataba de una lucha política por el poder y la decisión: la conquista de la posición de superpotencia para Alemania, en lugar de la Unión Soviética.

Aún podía alimentar la esperanza de derrotar completamente a la Unión Soviética. Al reanudarse la ofensiva en mayo y después de rechazar un contraataque llevado a cabo contra Járkov y Ucrania por el grupo del ejército comandado por Timoshenko, las tropas alemanas avanzaron incontenibles, al parecer, hacia el Volga y el Cáucaso. El tono de las órdenes dadas por Stalin revela claramente cuán crítica resultaba la situación para él; eran idénticas a las órdenes emitidas por Hitler el invierno anterior.[47] A principios de noviembre, la conquista de Stalingrado parecía inminente y la bandera alemana ondeaba sobre el pico más alto del Cáucaso, el Elbrus. La zona petrolera de Maikop, aunque dañada, se hallaba en poder de los alemanes; en cuanto fuera alcanzada la ciudad de Grosnyi, ubicada a sólo 150 kilómetros de distancia, y se pudiera cerrar el Volga a cualquier transporte, ya no sería necesario conquistar o destruir Bakú desde el aire, y la Unión Soviética habría perdido la guerra de manera definitiva.

La isla inglesa se había vuelto inexpugnable, pero no sucedía lo mismo respecto al imperio mundial británico y sus líneas de comunicación. Tropas blindadas alemanas comandadas por el general Rommel acudieron en ayuda de los italianos en el norte de África y cruzaron las fronteras de Egipto a fines de junio. Todos los sectores de la población aguardaban con regocijo su arribo a

---

[47] Ortwin Buchbender, *Das tönende Erz. Deutsche Propaganda gegen de Rote Armee im Zweiten Weltkrieg*, Stuttgart, 1978, pp. 300-302.

Alejandría y El Cairo, incluyendo a Gamal Abdel Nasser, en aquel entonces aún miembro de una organización que se calificaba de fascista. Al este de Egipto, los árabes de Palestina esperaban la hora decisiva y su portavoz, el gran muftí de Jerusalén, mantenía contacto directo con Hitler. Un llamamiento de éste posiblemente hubiera tenido como consecuencia el levantamiento de todo el mundo árabe contra los ingleses, pero Hitler era o demasiado precavido o aún amaba demasiado el imperio mundial inglés. No brindó apoyo enérgico tampoco al indio Subhas Chandra Bose, que parecía estar remplazando a Nehru a la cabeza de la lucha de emancipación contra los ingleses.

Inglaterra misma seguía siendo una isla sitiada que luchaba por su simple existencia. En mayo de 1942, los submarinos y aviones alemanes hundieron 170 buques con casi un millón de toneladas brutas de registro; en julio destruyeron casi en su totalidad, en el mar Glacial Ártico, un gran convoy angloamericano compuesto por 38 buques mercantes y un gran número de buques de guerra; en agosto, tres portaviones y muchos buques mercantes fueron destruidos o gravemente dañados en el Mediterráneo.

A fines de septiembre, Hitler de hecho tenía motivos para creer que habría ganado la guerra en cuanto los tanques alemanes avanzaran hasta Grosnyi, Rommel llegara a El Cairo y se pusieran en servicio a otras tres docenas de submarinos nuevos. No obstante, los grandes triunfos se habían logrado, al igual que el año anterior, movilizando hasta las últimas reservas. En el momento decisivo, la balanza se inclinó a favor de los Aliados, porque éstos contaban con el armamento de profundidad cuya falta había sido lamentada en 1939 por expertos alemanes como el general Thomas.

A fines de octubre, los ingleses iniciaron el contraataque en Egipto y rompieron las posiciones de El Alamein; más o menos al mismo tiempo disminuyeron sensiblemente los éxitos de los submarinos, porque los ingleses y los estadunidenses habían desarrollado mejores formas de defensa; en Rusia, las tropas soviéticas destruyeron el frente del Tercer Ejército rumano, que debía proteger Stalingrado. De nueva cuenta, al igual que el año anterior, se había pretendido alcanzar una gran meta con el último vestigio de fuerzas justo antes de irrumpir el invierno, pero en esta ocasión no se perdió sólo un poco de terreno, sino que todo un ejército bajo el mando de un mariscal general tuvo que capitular el 31 de enero de 1943 en Stalingrado. Un número muchísimo mayor de soldados soviéticos había quedado prisionero de los alemanes durante aquel año, pero dicha capitulación fue percibida en todo el mundo como un acto simbólico que marcaba el giro decisivo en el curso de la guerra. El hecho de que los ingleses y estadunidenses desembarcaran en el norte de África en noviembre constituía una grata música de acompañamiento; la circunstancia de que en enero de 1943 Roosevelt fuera capaz de exigir la "capitulación incondicional" de Alemania en Casablanca arrojaba viva luz sobre el cambio en la situación; y la capitulación de las tropas alemanas e italianas en la cabeza de puente de Túnez en mayo de 1943 ya sólo fue considerada por los Aliados como un epílogo. No cabía ya la menor duda de que Hitler no ganaría la guerra.

Con todo, carecería de fundamento declarar que ya la había perdido por completo. Desde principios de 1942, Stalin había proclamado, a su vez, que "no [estaba] lejos" el día en que las banderas rojas volvieran a ondear, victoriosas, sobre la liberada patria soviética,[48] pero en el verano de 1943 Hitler aún estuvo en situación de dar inicio a la mayor batalla de tanques de toda la guerra en la región central de Rusia, cerca de Kursk, ocasión en que los nuevos modelos alemanes, los "Tigres" y sobre todo los "Panteras", demostraron su superioridad técnica. Ciertamente hubo que suspender la Expedición Ciudadela por falta de éxito, pero los aliados occidentales aún estaban muy lejos de armar el segundo frente prometido en Francia, y era posible prever con certeza que también durante el tercer invierno de la guerra grandes partes de la Unión Soviética permanecerían bajo el dominio de los alemanes. En el otoño de 1943 sucedieron cosas curiosas. Soldados y oficiales alemanes prisioneros de guerra de la Unión Soviética fundaron, junto con algunos comunistas alemanes, el Comité Nacional Alemania Libre y la Liga de Oficiales Alemanes; las publicaciones arrojadas desde aviones sobre las posiciones alemanas estaban provistas de un marco negro, blanco y rojo. Generales soviéticos comunicaron a sus semejantes alemanes las ideas de la cumbre de su Estado, que equivalían a la coexistencia de Alemania y una Unión Soviética restablecida dentro de las fronteras de 1939. Al mismo tiempo, Moscú empezó a tantear el terreno diplomático, al parecer con la finalidad de llegar a una paz por separado. Sin duda es posible aducir buenos argumentos a favor de que, tanto en un caso como en otro, se trataba de tácticas astutas de Stalin enfocadas a ejercer presión sobre sus aliados. Hitler, por su parte, rechazó todas las tentativas de contacto.[49]

No obstante, si se tiene presente el pacto entre Hitler y Stalin así como los sucesos precedentes y posteriores, no resulta de ninguna manera improbable que en el otoño de 1943 Stalin hubiese preferido poner fin a la guerra también con base en reflexiones meramente políticas, para dejar sobre el continente, al lado de la Unión Soviética, una Alemania medianamente fuerte y gobernada por fuerzas *nacionales*, en lugar de unos Estados Unidos superfuertes. Sólo cuando en la conferencia de Teherán de noviembre y diciembre de 1943 Roosevelt y Churchill le ofrecieron, a expensas de Polonia y Alemania, concesiones mucho mayores de las que el mariscal general Paulus o el general Von

[48] J. Stalin, *Über den Grossen Vaterländischen Krieg, op. cit.* (nota 27, capítulo V), p. 34.
[49] La cuestión de la posibilidad o imposibilidad de una paz por separado entre Alemania y la Unión Soviética ha sido discutida desde que Peter Kleist, uno de los participantes en los hechos, publicó en 1950 su libro *Zwischen Hitler und Stalin*. La hasta ahora última contribución a esta polémica corre a cargo de Ingeborg Fleischhauer, *Die Chance des Sonderfriedens. Deutsch-sowjetische Geheimgespräche 1941-1945*, Berlín, 1986.

Seydlitz hubieran podido hacerle nunca, Stalin parece haber descartado su idea predilecta de la superpotencia soviético-alemana, en la que ahora, a diferencia de lo que según él hubiera sido el caso en el verano de 1941, la Unión Soviética hubiera desempeñado el papel del *senior partner*. En este sentido, Teherán significó el último y definitivo giro en el curso de la guerra.

A pesar de todo, Alemania aún pudo guardar ciertas esperanzas para 1944. En lo que a él mismo y a su régimen se refería, Hitler ciertamente sólo pudo apoyarlas en el desarrollo de armas prodigiosas. De hecho fueron colocados los cimientos para toda la evolución posterior de la técnica de cohetes en Alemania, y los primeros reactores representaban una invención de gran porvenir. Sin embargo, no fue casual que destacados físicos alemanes se quejaran del rezago de la física alemana ante la estadunidense. Hitler no había dado precisamente un trato preferente a los científicos y a los intelectuales, y desde el principio resultaba muy probable que las armas prodigiosas de mayor importancia fuesen producidas en Estados Unidos. Por otra parte, los círculos de la resistencia alemana estaban desarrollando planes para una Alemania de orientación occidental o bien oriental, preservada como gran potencia, pero sin Hitler, y también en la SS y entre los dirigentes del partido parecía haber hombres que de manera paulatina y prudente se acercaban a tales ideas. Dentro del contexto del imperativo general de la victoria de los aliados, tal vez aún quedara cierto margen para unas cuantas últimas casualidades y alternativas. La más curiosa de todas era la conciencia de que la guerra no constituía sólo una lucha decisiva entre potencias mundiales por el futuro aspecto del mapamundi político, sino también una guerra ideológica entre la Unión Soviética bolchevique y la Alemania nacionalsocialista, una guerra civil, por lo tanto, en la que rusos podían decidirse contra Rusia; alemanes, contra Alemania; italianos, a favor de Stalin; y franceses, es más, incluso árabes e indios, por Hitler. En este conflicto las potencias anglosajonas (en las que pese al antisemitismo generalizado y por lo menos latente, casi nadie se decidió a favor de Hitler y contra los propios estados) ocupaban, como últimos bastiones de la democracia liberal, una posición no definida de antemano con claridad.

### 3. ¿GUERRA MUNDIAL DE LAS IDEOLOGÍAS?

En 1930, una delegación de la Liga Alemana de Combatientes del Frente Rojo viajó a Siberia, y su portavoz aseguró al (futuro) mariscal Blücher que el proletariado alemán atacaría a la burguesía por la espalda en caso de que ésta agrediera a la Unión Soviética.[50] Un año más tarde, el fundador del movimiento paneuropeo, Richard von Coudenhove-Kalergi, se mostró tan convencido de

---

[50] Hilger, *op. cit.* (nota 8, capítulo I), p. 218.

dicha opinión, expresada una y otra vez por los comunistas desde 1919, que en su libro *Stalin und Co.* escribió lo siguiente: "Cualquier ejército europeo que tratara de luchar contra Moscú [...] tendría a un sinnúmero de enemigos en la espalda."[51] Aún en 1936, el presidente de la Profintern, Losovski, declaró con gran seguridad que los imperialistas, o sea Alemania, Polonia y Japón, podían tener la certeza de que una guerra contra la Unión Soviética significaría el estallido de otra en el propio país: "Sabemos a quién apuntarán con sus armas los proletarios de estos países. Si quieren la guerra, señores, adelante. Y habrá guerra en sus propias empresas, fábricas y colonias."[52] No se requieren mayores pruebas para dejar claro que algunos partidarios y adversarios del bolchevismo estaban convencidos por igual, al menos hasta 1939, de que la Unión Soviética, como paladín de una ideología —es decir, de una doctrina universal sobre la naturaleza del movimiento histórico y el futuro destino de la humanidad—, contaba con un sinnúmero de secuaces en todas las naciones del mundo, los cuales no titubearían en empuñar las armas para defender a la Unión Soviética y asegurar su victoria. Estos secuaces pertenecían a un grupo claramente definible, el proletariado, que como productor de la plusvalía derrotaría a la clase explotadora de la burguesía, a fin de instalar el estado del socialismo en todo el mundo, sin clases, estados ni alienación. Incluso Galeazzo Ciano, ministro de Relaciones Exteriores de la Italia fascista y yerno de Mussolini, pero en el fondo un ciudadano anglófilo, medroso se preguntó en su diario, la noche del 21 de junio de 1941: "Si el ejército soviético tuviese una mayor fuerza de resistencia que los países burgueses, ¿qué reacción provocaría esto entre las masas proletarias del mundo?"[53] En efecto, el Alto Mando del ejército alemán hizo constar en una fecha tan temprana como el 16 de septiembre, que desde el 22 de junio habían estallado movimientos insurgentes comunistas en todas las regiones ocupadas por Alemania, dirigidos en forma centralizada desde Moscú, los que hacían necesario tomar medidas muy severas.[54]

Por otro lado, en su respuesta al comunicado de Hitler sobre el comienzo de la ofensiva, Mussolini expresó su confianza de que "todas las corrientes antibolcheviques del mundo" apoyarían ahora al Eje,[55] y en su discurso del 3 de octubre de 1941 Adolfo Hitler señaló que el bolchevismo y el capitalismo eran dos extremos ubicados a la misma distancia del "principio de la justicia", en beneficio del cual las potencias del Eje estaban sosteniendo su lucha por dar un aspecto nuevo y mejor a Europa.[56] De esta manera, también el nacionalsocialismo formulaba con mucho énfasis una pretensión supranacional, como lo muestra su solidaridad con el compañero fascista del Eje, y a

---

51 Richard Coudenhove-Kalergi, *Stalin und Co.*, Leipzig y Viena, 1931, p. 23.
52 Schulthess, 1936, p. 438.
53 Galeazzo Ciano, *Tagebücher 1939-1943*, Berna, 1947², p. 337.
54 ADAP, D, t. XIII/2, pp. 443-444.
55 *Ibid.*, t. XIII, 1, p. 7.
56 *UuF*, t. XVII, p. 388.

menudo proclamaba que una lucha mundial unía a toda Europa en la defensa contra el "monstruo bolchevique" y el "Moloc financiero" estadunidense. Ciertamente se percibió con bastante frecuencia el trasfondo defensivo y la diferencia en la severidad de las acusaciones, porque una y otra vez se acusaba al bolchevismo de haber "masacrado a toda la intelectualidad nacional" en Rusia[57] y de querer deparar el mismo destino a todos los sectores dirigentes del mundo, mientras que el cargo principal dirigido contra la democracia era el de haber despejado el camino al bolchevismo. De vez en cuando se reveló un profundo pesimismo precisamente en las afirmaciones de Hitler, al vaticinar a Churchill y a Roosevelt que algún día el bolchevismo desintegraría también a sus pueblos.[58] Sin embargo, la ideología de Hitler no debe ser reducida por completo a las emociones de la defensa y el miedo: con bastante frecuencia prevalecía el orgullo de haber llevado a cabo una revolución de otro tipo y mejor que la del bolchevismo, una revolución que había abierto todos los cargos estatales hasta al más pobre, sin limitar "la fuerza creativa de las antiguas clases" ni destruir la propiedad nacional.[59] Por lo tanto, Hitler podía remitirse no sólo a temores supranacionales, sino también a esperanzas supranacionales. Su lucha también era de carácter ideológico e implícitamente supranacional, si bien no debe pasarse por alto que esta ideología se fundaba en un nacionalismo tajante, que se concentraba a tal grado en "el pueblo alemán", a lo más en la "sangre nórdica", que incluso la solidaridad con el fascismo italiano parecía pisar terrenos desmoronadizos.[60]

Sin embargo, no se produjo la situación prevista por Coudenhove-Kalergi y Losovski: la revolución proletaria en Europa como respuesta a la guerra de Alemania contra el primer *Estado obrero*. Casi ningún soldado alemán se pasó al lado del enemigo que afirmaba ser un amigo; no hubo huelga que paralizara la industria del armamento; incluso en el protectorado la industria siguió trabajando sin problemas y Francia permaneció, en esencia, tranquila. Por el contrario, Hitler estaba seguro de provocar un eco en millones cuando afirmaba, en tono de profundo desprecio, que ahora los soldados alemanes habían conocido a fondo el llamado "paraíso de los obreros y campesinos".[61]

Por otro lado, no podía negar que él mismo había pactado con dicho

---

[57] *Ibid.*, p. 407.

[58] *Ibid.*, p. 463.

[59] *Ibid.*, t. XVIII, p. 54; t. XIX, p. 276.

[60] En un discurso ante el cuerpo de oficiales de la Guardia de Honor Hitler, el 7 de septiembre de 1940, Himmler declaró que la orden de la SS debía "atraer a nosotros a toda la sangre nórdica del mundo", de modo que los adversarios se quedaran sin ella. Evidentemente se trataba de una copia, traducida a términos biológicos, de la idea comunista de la defensa de la Unión Soviética por el proletariado mundial. Sin embargo, puesto que los seguidores nacionalsocialistas pertenecientes a otras nacionalidades no pensaban en términos universalistas, como lo hacían los seguidores de la Unión Soviética, había que prever resistencia en las propias filas, con aún mayor seguridad que dentro del movimiento mundial comunista (IMG, t. XXIX, p. 109).

[61] *UuF*, t. XVII, p. 382.

régimen, abriéndole el camino hasta Lemberg y Riga, donde ahora se descubrieron tantas víctimas de la NKWD. De esta manera, en su discurso del 8 de noviembre de 1941, tuvo que admitir que el año anterior quizá pudo haber sentido "cierta carga" ante los caídos del movimiento; sólo ahora contemplaba sus tumbas "casi consolado".[62] Después del "pacto de amistad" de 1939, la ideología de Hitler ya no podía expresarse con la firmeza y confianza que aún poseía, por ejemplo, en el Congreso del Honor de 1936.

No obstante, también Stalin hablaba en forma extraña. No hizo ningún llamamiento al proletariado europeo para que se rebelara contra sus opresores y los verdaderos inspiradores de Hitler, o sea, los capitalistas. Por el contrario, en su discurso del 24º aniversario de la Revolución, el 6 de noviembre de 1941, comentó, satisfecho, que los "estrategas alemanes" no habían logrado intimidar lo suficiente, con el "fantasma de la revolución", a los círculos dirigentes de Inglaterra y Estados Unidos como para concretar una coalición general contra la URSS; en cambio, la gente de Hitler estaba denostando, según él, el régimen interno de Inglaterra y Estados Unidos como un "régimen plutocrático". Stalin ya no interpretó la diferencia entre los países capitalistas como un aspecto superficial; estableció un marcado contraste entre las libertades democráticas y los Parlamentos de los angloparlantes, y el "partido de la reacción medieval y los pogroms más oscuros" encabezado por Hitler.[63] Evidentemente había renunciado a equiparar fascismo y capitalismo, tesis que durante tanto tiempo fue la principal de los partidos comunistas, de manera aún más resuelta de lo que ya venía haciéndolo desde 1935, dado que tal paralelo de hecho postulaba una coalición que hubiera resultado mortal para la Unión Soviética.

En efecto, a Roosevelt le hubiera resultado imposible volver a las ideas de Wilson y proclamar, como una meta de Estados Unidos, "limpiar al mundo de los viejos males y las viejas enfermedades",[64] si Stalin a su vez hubiera hecho resaltar las ideas leninistas de 1918. En tal caso hubiera tenido que llegar a la conclusión de que Hitler no era el único según el cual él y sus Estados Unidos representaban una enfermedad mundial y un "asqueroso pantano", según se expresara Molotov, supuestamente, en el verano de 1940, en una conversación con el ministro de Relaciones Exteriores lituano.[65] En todo caso, el comentario de Molotov, en la misma plática, de que la burguesía alemana algún día llegaría a un acuerdo con la aliada, contra el levantamiento del proletariado hambriento, coincidía mucho más con el contenido esencial de la convicción bolchevique; entonces intervendría la Unión Soviética y en algún lugar cerca del Rhin se libraría "la batalla final entre el proletariado y la burguesía degenerada".[66] Stalin no podía

[62] *Ibid.*, p. 411.

[63] J. Stalin, *Über den Grossen Vaterländischen Krieg, op. cit.* (nota 27, capítulo V), pp. 14-15 y 20-21.

[64] *The Public Papers, op. cit.* (nota 9, capítulo V), 1942, p. 41.

[65] *UuF*, t. XVII, pp. 14-24 y 22.

[66] *Idem.*

afirmar nada semejante ahora, ni Roosevelt tomar nota de nada parecido. Al igual que la ideología nacionalsocialista, también la bolchevique y la internacionalista liberal habían sido debilitadas en Estados Unidos por los acontecimientos del momento. Cierto es que uno de los aspectos de los estados enfrascados en una lucha decisiva por el destino del mundo era su ideología, pero habían perdido, en este sentido, la solidez de 1918 y de 1933, respectivamente.

En todo caso, un sinnúmero de personas, tanto dentro como fuera de Europa, adoptó una posición contraria a la política prescrita por sus gobiernos o tradiciones nacionales a fin de colocarse del lado de alguna de dichas potencias o, mejor dicho, del lado de los Aliados o bien del Eje o de Alemania sola, desde la caída de Mussolini en julio de 1943.

Sería falso afirmar que los movimientos europeos de resistencia sólo llegaron a existir realmente después del 22 de junio de 1941, o sea, por reacción de los comunistas al ataque contra la Unión Soviética. El carácter de la resistencia en el Este y el Oeste fue determinado, más bien, porque hasta junio de 1941 los comunistas prácticamente tomaron el partido de Hitler contra los imperialistas occidentales y aún negociaban con las autoridades de la ocupación alemana, en algunos lugares, mientras que en Londres el general de Gaulle ya se había erigido en la figura simbólica de la resistencia francesa. También el movimiento polaco de resistencia se constituyó mucho antes de junio de 1941. Fue Inglaterra, con su organización especial, SOE (*Secret Operations Executive*), la que promovió y alimentó todos los impulsos de resistencia en la Europa ocupada. Sin embargo, no es posible negar, por una parte, que desde principios de 1941 la Internacional Comunista manifestó abiertamente mucha hostilidad hacia la Alemania de Hitler;[67] ni tampoco, que casi en todas partes la resistencia se intensificó de manera notable desde el 22 de junio. Mucho más que antes, pasó al primer plano la intención de provocar severas represalias por medio de atentados contra soldados alemanes, a fin de sembrar en la población un odio cada vez mayor contra la potencia ocupante, intención que también dominó la lucha de partisanos en la Unión Soviética. El atentado al protector del Reich en funciones, Reinhard Heydrich, planeado no por comunistas sino por el gobierno checo en el exilio y cuya consecuencia esperada o por lo menos tenida en cuenta fue la destrucción del pueblo de Lídice, se erigió en el paradigma más conocido de dicho método.[68] Como se sabe, el movimiento de resistencia de Tito en Yugos-

[67] Véase el informe del 10 de junio de 1941 dirigido por Heydrich a Himmler, incluido en el apéndice de Schellenberg, *Aufzeichnungen* (nota 77, capítulo III), pp. 377-385.

[68] Hasta la fecha no ha sido esclarecido por completo el trasfondo de dicho acto. Se ha planteado, incluso, la audaz hipótesis de que Bormann mandó matar al único hombre capaz de desenmascarar a los agentes soviéticos entre los dirigentes más altos del gobierno de Alemania y hasta de derribar a Hitler, posiblemente, en caso de que pusiera en peligro la existencia del Reich (según Schellenberg, p. 257). A pesar de todo, sigue siendo más probable que Benesch no se haya indignado tanto por las duras medidas aplicadas por Heydrich sino por el éxito extraordinario obtenido por éste entre los obreros checos. Es inexplicable o incluso sintomático el hecho de que Heydrich recorriese diariamente y por el mismo camino, sin escolta y en un coche abierto, los

lavia, apoyado por los ingleses en contra de la oposición burguesa de Draša
Mijailovich, era el más abierto en su carácter comunista, aun cuando Stalin lo
reprendió de manera interna, según el informe de Milovan Dyilas, precisamente
debido a la franqueza de sus objetivos.

La resistencia alemana constituía un caso especial. No se dirigía contra una
potencia de ocupación, sino contra el régimen del propio Estado, y en parte,
incluso, contra ciertos objetivos de este régimen más que contra éste mismo y
sus dirigentes superiores. Sin duda los cuáqueros compartían las convicciones
de sus similares en el extranjero; y los socialdemócratas activos en la ilegalidad,
las metas de la presidencia emigrada del partido. En la medida en que es
posible hablar de una resistencia de los obreros, la juventud o los estudiantes,
su punto de partida predominante eran las duras exigencias hechas con más
énfasis aún por el régimen durante la guerra. En cambio, la resistencia que
existía dentro del sector dirigente y el único capaz de actuar, es decir, sobre
todo en el ejército, era protagonizada ante todo por patriotas más o menos
nacionalistas, es decir, comprometidos en primer lugar con el principio de la
autodeterminación nacional, que luchaban contra los objetivos de Hitler,
sobre todo porque éstos amenazaban con hundir a Alemania en la desgracia.
Casi todos, y Carl Goerdeler de la manera más marcada, creyeron hasta fechas
relativamente avanzadas que los triunfos del revisionismo de Hitler, es decir,
la incorporación de Austria y de la región de los Sudetes, podrían conservarse
como resultado legítimo del derecho de autodeterminación, en caso de
lograrse una transigencia para establecer la paz después de derrocar al dictador. Si bien es cierto que en un principio tanto Tresckow como Stauffenberg
habían simpatizado con el nacionalsocialismo, el grado hasta el cual, a pesar
de ello, fueron apartados por los acontecimientos de su tradicional nacionalismo e incluso de los principios prusianos del Estado se puso de manifiesto
en las negociaciones sostenidas con los ingleses en el invierno de 1939-1940,
así como en la trasmisión de las intenciones ofensivas de Hitler al agregado
militar holandés por mediación de Hans Oster y, finalmente y en mayor
medida, en el atentado de Stauffenberg contra el generalísimo, acto que no
tiene el menor paralelo en toda la historia de Prusia y de Alemania. Por
supuesto, no todos se decidieron a favor de alguna de las dos ideologías
implícitamente rivales: Ulrich von Hassell quería jugar la carta occidental o
bien la oriental, dependiendo de las circunstancias, y los planes para reformar
la política interna concebidos por los hombres y las mujeres del círculo de
Kreisau, reunido en torno a Helmuth James von Moltke, no hubieran podido
contar con el aplauso de los demócratas estadunidenses.

También se distinguían por su conciencia nacional y patriotismo la gran
mayoría de los soldados y oficiales alemanes prisioneros de guerra en la Unión

20 kilómetros que separaban su residencia en el castillo Jungfern-Breschan de Praga, de modo
que fue un blanco fácil para los hombres experimentados que realizaron el atentado.

Soviética, que en septiembre de 1943 fundaron el Comité Nacional Alemania Libre y la Liga de Oficiales Alemanes. El hecho de que Hitler hubiera involucrado a Alemania en una guerra contra una coalición demasiado poderosa, hecho por el cual debía ser destituido para que el país pudiera salvarse, era la tónica básica de todos los manifiestos y llamamientos firmados por generales como Von Seydlitz, Korfes, Lattmann y otros muchos, el mariscal general Paulus, inclusive. Sin embargo, esta corriente no siempre se basaba en un concepto estrecho y solamente político de la patria. En mayo de 1942, en el campo de concentración de Yelabuga, el capitán y catedrático doctor Ernst Hadermann pronunció un expresivo discurso contra el sistema de la mentira y la ausencia de derechos, pero también contra la economía dirigida y la nivelación cultural,[69] y al unirse a unos comunistas alemanes en el antifascismo ambas partes estaban aceptando, por lo menos de manera implícita, algo inconcebible pocos años atrás: que la oposición entre proletarios y burgueses no era la más trascendente de la época. Cuando poco antes del 20 de julio, también en Alemania entraron en contacto con los comunistas, hasta los socialdemócratas de derecha Leber y Leuschner se sorprendieron mucho al averiguar que aquéllos al parecer sostenían opiniones menos radicales que las suyas propias y que incluso estaban dispuestos a aceptar a miembros de la gran burguesía como compañeros de lucha.

En Alemania, el paso a la identificación incondicional y activa con el adversario de la guerra sólo fue dado por el pequeño grupo de la Capilla Roja, encabezado por el nieto del gran almirante Tirpitz, Harro Schulze-Boysen, y el sobrino del teólogo más respetado de la era guillermina, Arvid Harnack. No obstante, incluso el espionaje practicado por este grupo fue determinado en gran medida por la vieja idea nacional-revolucionaria de que Alemania sólo sería capaz de conservar su integridad e independencia en colaboración con la Rusia soviética.

Por otra parte, las viejas convicciones y emociones aún seguían vivas entre los comunistas, según lo demostraron con mayor claridad los que no fueron alcanzados por las instrucciones de la central, o sólo quedaron al margen. "Muero como viví: entregado a la lucha de clases", escribió a su padre un miembro de un grupo comunista de resistencia, antes de ser ejecutado en mayo de 1943, y agregó en una posdata: "Es mejor morir por la Unión Soviética que vivir por el fascismo."[70] En un volante destinado a los obreros del Este y los combatientes del Ejército Rojo presos, un año después otro grupo aseguraba: "Las terribles contradicciones existentes entre las potencias capitalistas y sus guerras han puesto en movimiento a las masas proletarias de Europa y la URSS. El fascismo es tan sólo la lápida que cubre a una clase en extinción."[71] Más o menos a esto debió de referirse Molotov, en caso de que el ministro lituano

[69] Bodo Scheurig (compilador), *Verrat hinter Stacheldraht?*, Munich, 1965, pp. 53-73.
[70] *Deutsche Widerstandskämpfer 1933-1945. Biographien und Briefe*, Berlín, 1970, t. I, pp. 440-443.
[71] Gertrud Glondajewski y Heinz Schumann, *Die Neubauer-Poser-Gruppe*, Berlín, 1957, p. 121.

de Relaciones Exteriores reprodujera sus palabras de manera correcta, y justamente de esto no debía enterarse Roosevelt para que pudiera seguir contando a Stalin entre su *familia*. La reciente unidad entre los Aliados y los que, con sus respectivas naciones o contra ellas, se sentían solidarios con éstos, probablemente era una unidad engañosa.

No obstante, sin importar qué tan sólida haya sido la alianza extraordinariamente paradójica entre el Estado del socialismo y la potencia principal del capitalismo, nadie dudaba que el comunismo soviético era capaz de despertar una identificación supranacional auténtica y que Roosevelt estaba articulando de nueva cuenta una convicción más antigua que el capitalismo, la cual se había conservado en medio de todos los cambios. Mucho menos natural resultaba una identificación semejante con el bando contrario. Es cierto que existía un considerable número de movimientos fascistas en Europa, que, sin excepción desde el 22 de junio de 1941 a más tardar, se colocaron del lado de Hitler. Éstos fueron, además del fascismo italiano, la Guardia de Hierro de Rumania, los Flechacruzados de Hungría, la Nasjonal Samling en Noruega, el Parti Populaire Français en Francia, la Rodobrana en Eslovaquia y Ustasha en Croacia, entre otros. No obstante, en sus orígenes o tradiciones todos ellos constituían en primer lugar reacciones nacionalistas radicales a las ideas y realidades internacionalistas y en su mayoría socialistas surgidas durante los primeros años de la posguerra. Era imposible que coincidieran en su favor, puesto que la primera aspiraba a una poderosa Gran Rumania; los segundos, a una fuerte Gran Hungría; la tercera, a la separación de una federación estatal; mientras que la cuarta y más antigua deseaba restaurar el Imperio romano. Su comunidad sólo se definía en el "anti", es decir, en el "anti" de un decidido anticomunismo. Por otra parte, el comunismo a su vez también había nacido de un "anti", el anticapitalismo, y su supuesta realización dentro de un gran Estado lo había colocado en una relación curiosa con hechos como poder, estructura y ejército profesional, que originalmente había querido eliminar. Cuanto más se incrementaba el carácter amenazador de la fe comunista y mayor fuerza de convicción perdía, debido a su conexión con la realidad soviética, más podía enriquecerse el simple "anti" de los movimientos fascistas con ideas sociales y finalmente pretender constituir el "tercer camino" conforme a la época, entre los extremos del comunismo soviético y el capitalismo estadunidense. La duda era si la solidaridad supranacional de una ideología era capaz de prevalecer sobre el punto de partida de la simple autoafirmación nacional o étnica, y cómo pudiese lograr tal cosa.

Una solución clara se ofreció cuando el carácter sumamente ajeno del Estado estalinista se presentó ante los soldados alemanes, italianos, rumanos y españoles, después de que el ataque alemán abriera la Unión Soviética. El intento más trivial y cuestionable por convertir esta experiencia de lo ajeno en ideología fue el folleto *Der Untermensch* editado por la Central de la SS en 1942.

Aparte del esfuerzo tan despreciable como necio de derivar de los semblantes desmirriados de algunos prisioneros de guerra el prototipo del hombre bruto o incluso del asiático, se evoca un motivo de temor temprano y generalizado, el del comisario sanguinario y la mujer fanática que maneja un fusil; sobre todo, las miserables chozas de madera de los campesinos y las lastimosas viviendas de los obreros rusos se comparan con las condiciones de vida mucho más ricas y cultas de Europa, en una forma que al observador iniciado ciertamente le recordaban las figuras alegres del realismo socialista, pero que pese a su patente carácter unilateral no resultaban inverosímiles para los soldados sencillos de muchas naciones europeas. En todo caso, ésta era también la visión de los soldados de infantería alemanes cuya "correspondencia militar del Este" fue publicada en 1941 por un funcionario del Ministerio de Propaganda; sin duda no lo hubiera hecho de sospechar que se trataba de simples invenciones que la masa de los soldados alemanes hubieran considerado distorsionadas o mentirosas.

Ahí se habla del país "maldito" o "deplorable" en que "se está verdaderamente ávido de ver una casa limpia o unos cuantos jardines cuidados"; donde los campesinos, privados de su tierra, vivían en una "servidumbre económica" peor incluso que en la más oscura Edad Media alemana. Las calles se reducían a caminos de terracería y los pueblos y las ciudades consistían en pequeñas chozas de madera, entre las que sólo destacaban unos pocos palacios del partido o de los "caciques"; un desempleado en Alemania vivía "como un rey en comparación con esta gente". Desde luego se imponía la pregunta de por qué la rica Alemania había atacado a un país tan pobre, a la que se responde con la indicación de las "armas buenas y modernas" exprimidas por los comisarios a dicha pobreza, y se hace responsable a éstos y también a los judíos de los terribles cuadros que varios de los autores de las cartas afirman haber presenciado personalmente: hombres, mujeres y niños clavados en las paredes; prisioneros dolorosamente muertos de asfixia en sótanos cerrados con ladrillos; incluso cámaras de tortura provistas en el interior de mecheros de gas, con los que se había martirizado a las víctimas.[72]

De todo ello resultaba forzosamente la demanda de solidaridad europea para la lucha contra un sistema inhumano y antieuropeo. ¿Quién iba a estar enterado de que una revista del fascismo italiano se había llamado *Anti-Europa*?; ¿y quién dispuesto a reconocer que no sólo en la Unión Soviética existían campos de concentración y cámaras de tortura? Eran muy pocos los que opinaban, como el teniente coronel Helmuth Groscurth, que los alemanes recibían informaciones completamente falsas sobre la Unión Soviética, además

---

[72] Wolfgang Diewerge, *Feldpostbriefe aus dem Osten. Deutsche Soldaten sehen die Sowjetunion*, Berlín, 1941, pp. 16 y ss., 24, 37, 42-43 y 46. Se anticipa a los acontecimientos futuros la siguiente frase del autor de una de estas cartas: "Para ellos, hasta la muerte más espantosa es demasiado indulgente" (p. 49).

de que la mayoría de los oficiales rusos a los que él interrogaba eran hombres inteligentes y cultos.[73]

Sea como fuere, de casi todas las naciones europeas llegaron voluntarios para luchar contra el comunismo, con los cuales se creó un considerable número de formaciones extranjeras de la SS. Los daneses integraron el Cuerpo de Voluntarios Danmark; voluntarios valones del movimiento de Degrelle formaron la Brigada de Asalto Valonia de la SS; hacia el final de la guerra, toda una división de la SS, llamada "Charlemagne", estaba compuesta por franceses.

Un considerable número de estonios y letones se incorporó al Ejército alemán poco después del 22 de junio, y posteriormente también se convertirían en divisiones de la SS. De la misma manera en que la Guerra Civil española había sido un conflicto internacional por ambas partes, también la guerra de Alemania contra la Unión Soviética fue una guerra internacional. La Unión Soviética evidentemente tampoco vio con malos ojos que el Ejército polaco formado por los camaradas de las víctimas de Katyn se pasara del lado de los Aliados occidentales, antes de integrar, en una fase posterior, tropas auxiliares propias de polacos y rumanos, y de la misma manera los voluntarios europeos lucharon hasta el final con el Ejército alemán y los Escuadrones de Defensa Armados de la SS; no cabe duda de que muchos de ellos se colocaron bajo las banderas de la Alemania nacionalsocialista por convicción y no por simple oportunismo. Es cierto, por otra parte, que justo entre los más convencidos se percibía la motivación de ganar, mediante una aportación de sangre, el derecho de independencia de sus países dentro del "nuevo orden" de la futura Europa, el derecho a una independencia que al parecer ya no consideraban natural e inviolable.

Aún faltaba ganar la futura independencia de las unidades turkestanas y tártaras en los Escuadrones de Defensa Armados de la SS, las cuales rompían incluso con el concepto *ario* de raza, después de haberse pasado por alto ya el *germánico*. Por lo tanto, era posible hablar de la tendencia inherente a un movimiento mundial contra el bolchevismo del que no estaba excluido nadie,

---

[73] Helmut Groscurth, *Tagebücher eines Abwehroffiziers 1938-1940*, Stuttgart, 1970, pp. 547 y ss. Dicha afirmación se encuentra en una carta escrita por Groscurth al capitán general Ludwig Beck el 19 de agosto de 1942. También las impresiones recibidas por el conde Bossi-Fedrigotti durante los interrogatorios que realizó discrepan en gran medida de las ideas preconcebidas sobre el sistema soviético. Un coronel y antiguo oficial zarista al parecer le aseguró, plenamente convencido, que era incondicional la lealtad del cuerpo de oficiales y los empleados públicos al sistema, puesto que éste había demostrado su legitimidad interna; algunos generales calificaban la relación entre oficiales y comisarios de buena y amigable; según otros, la proporción de comisarios judíos no ascendía a más de 1%, y se afirmó que Stalin gozaba de gran respeto y amor. Por otra parte, Bossi también menciona a 12 integrantes del Ejército Rojo, encontrados muertos de tiros en la nuca por sus comisarios, debido a la posesión de volantes alemanes; entre las ropas de varios oficiales soviéticos muertos se hallaron llamamientos que ponían de manifiesto una oposición extrema no sólo a Stalin, sino también a la forma soviética del socialismo, que de acuerdo con dichos documentos significaba tener que andar descalzo y hacer colas por un pedazo de pan (Polit. Archiv des AA, Kult Pol. Geheim, t. 108 y ss.).

a excepción de los judíos. (Ciertamente no había unidades inglesas y estadunidenses del lado alemán o italo-alemán, aunque sí algunos intelectuales eminentes o al menos interesantes, como Ezra Pound y el hijo del ex ministro para la India, Amery.) No obstante, sólo la cuestión de los voluntarios rusos puede compararse con un papel tornasolado indicado para analizar el carácter supranacional de esta pretensión ideológica.

Desde fechas tempranas hubo muchos voluntarios rusos en el Ejército alemán. No obstante, durante mucho tiempo su posición no fue reconocida y al principio se incorporaron de manera completamente pragmática. En medio de las penurias y dificultades del primer invierno de la guerra, muchas formaciones emplearon como fuerzas auxiliares a los prisioneros de guerra rusos que se ofrecían voluntariamente a ello. Puesto que las experiencias por lo general fueron buenas, se dotó de armas a un gran número de ellos, a fin de que guardaran los depósitos, por ejemplo, e incluso para la lucha contra los partisanos. En 1942 se formaron las primeras unidades auténticas, como la Brigada Kaminski, y el jefe de grupo en el Departamento de Organización del Estado Mayor del Ejército, el teniente coronel Stauffenberg —que desde entonces destacaba ya como un hombre de talento y resolución sobresalientes—, dedicó todos sus esfuerzos a hacer posible la creación de unidades compuestas por voluntarios rusos. Se topó con la decidida oposición del Alto Mando del ejército e indirectamente de Hitler, que deseaba conservar plena libertad de acción frente a Rusia, además de que evidentemente tenía muy presentes también ciertos acontecimientos de la guerra civil, como el paso de regimientos enteros al lado de los bolcheviques. Si a pesar de ello los rusos "dispuestos a ayudar" ya sumaban cientos de miles en el otoño de 1942, esto se debía a que los distintos grupos del ejército y también la plana mayor aún contaban con posibilidades de acción que permanecían fuera del alcance de Hitler. Por lo demás, la creación de legiones compuestas por las otras nacionalidades de la Unión Soviética se llevó a cabo con su total aprobación y a menudo resultaba difícil fijar los límites. ¿Por qué el "general de las tropas del Este" no debía tener también rusos bajo su mando?[74]

[74] Capítulo aparte es el caso de los emigrantes rusos, de los cuales muchísimos estaban dispuestos a integrarse a una cruzada contra el bolchevismo. No obstante, prácticamente todas las opiniones expresadas por alemanes, incluyendo a Hitler mismo, mostraban hacia ellos una gran desconfianza y aversión, dirigidas en parte contra las tendencias imperialistas rusas o bien simplemente contra la actitud monárquico-reaccionaria (véase el microfilm MA 246 en el Institut für Zeitgeschichte). Incluso el congreso de Reichenhall e implícitamente Max von Scheubner-Richter fueron juzgados en forma negativa. Con todo, un buen número de antiguos oficiales Blancos logró reanudar la guerra civil con las armas en la mano, al lado de las fuerzas armadas alemanas, para luchar al menos por una tierra cosaca libre, como lo hizo el conocidísimo general P. N. Krasnov. La mayoría de estos oficiales fue entregada a la Unión Soviética en 1945 por los ingleses, antiguos aliados en la guerra civil. Véase a este respecto, por ejemplo sobre el movimiento de Vlásov, a Nikolai Tolstoi, *Die Verratenen von Jalta. Englands Schuld vor der Geschichte*, Munich, 1977, y Joachim Hoffmann, *Die Geschichte der Wlassow-Armee*, Friburgo, 1984.

No obstante, los oficiales pertenecientes a las planas mayores de los distintos grupos del ejército —entre ellos, sobre todo el coronel Tresckow del grupo del centro—, al Estado Mayor y al Departamento de Propaganda del Ejército, conscientes del peligro de perder la guerra, se daban cuenta de que sólo la formación de un gobierno nacional ruso encabezado por un hombre conocido por la población soviética aún sería capaz de dar un giro a los acontecimientos y otorgar un sentido estimulante a la guerra. Para ellos no cabía duda de que pese a las terribles experiencias del primer invierno de la guerra había entre los prisioneros de guerra rusos suficientes, campesinos que odiaban el sistema de los koljoses y suficientes oficiales cuyos familiares habían muerto en los campos de concentración de la NKWD. Por otra parte, también estaban conscientes de que los triunfos serían muy limitados, y la propaganda dirigida a los soldados del Ejército Rojo y a la población de la provincia soviética no adquiriría credibilidad, mientras no se asociaran con ésta y con aquéllos garantías seguras respecto al futuro de Rusia. También los responsables del Ministerio del Este simpatizaban cada vez más con esta línea de pensamiento, aunque se mantenían firmes en el propósito de lograr una Ucrania independiente.

Por lo tanto, fue un gran acontecimiento el hecho de que uno de los generales soviéticos más conocidos, tomado prisionero en septiembre de 1942, no tardaría en manifestar que rechazaba a Stalin y el bolchevismo y que estaba dispuesto a colaborar con los alemanes, bajo ciertas condiciones. De acuerdo con la opinión común, el teniente general Andréi Andréievich Vlásov había mandado a la mejor de todas las divisiones soviéticas; en octubre-noviembre de 1941 fue el que más contribuyó a la defensa de Moscú, aparte de Shukov. Luego, como jefe suplente de un grupo de las fuerzas armadas y comandante del Segundo Ejército ofensivo, trató de llevar a cabo la orden poco realista de Stalin de liberar Leningrado, pero después de sostener duros combates, sus tropas perecieron en el Voljov y él mismo fue tomado prisionero en un estado de agotamiento total, después de andar errando durante varias semanas. Debía su brillante carrera, además de a su propia capacidad, al partido, al que había ingresado en 1930; pero era hijo de un campesino obligado a entrar a un koljós y en su juventud asistió a un seminario conciliar. Probablemente siempre mantuvo ciertas reservas ante el bolchevismo y contra Stalin, pero hizo falta la experiencia de la guerra para acrecentarlas hasta el odio. El relato de su descubrimiento por varios oficiales alemanes, como el capitán báltico Strik-Strikfeldt y el jefe del departamento Ejércitos Extranjeros del Este, el general de división Gehlen, se lee como una novela fantástica,[75] y Vlásov una y otra vez, perplejo de asombro, manifestó ante sus amigos alemanes el grado de iniciativa individual y de libre expresión que, al estar en confianza, aún eran posibles en la Alemania nacionalsocialista. En la primavera y en el verano de

[75] Wilfried Strik-Strikfeldt, *Gegen Stalin und Hitler. General Wlassow und die russische Freiheitsbewegung*, Maguncia, 1970.

1943, de hecho pareció ascender a líder de un gobierno nacional ruso: su "Carta Abierta" del 3 de marzo de 1943 atacaba violentamente a Stalin, como asesino de millones de rusos, y convocaba al pueblo "a la lucha para consumar la Revolución, crear una nueva Rusia y unirnos fraternalmente a los pueblos de Europa, sobre todo al gran pueblo alemán".[76]

Si bien es probable que fueran exageradas las afirmaciones de los amigos de Vlásov sobre el enorme incremento en el número de trásfugas que tuvo lugar de manera brusca después de dicho comunicado, no es posible negar que la aparición de Vlásov causó una profunda impresión tanto en las regiones aún soviéticas como en la parte de Rusia ocupada por Alemania y despertó gran inquietud en Moscú. En un viaje que hizo a las planas mayores de los grupos del centro y del norte del Ejército alemán, Vlásov fue tratado casi como igual por los mariscales de campo en funciones, y la población acudía en masa para besarle las manos. Sin embargo, esto llamó la atención de Hitler y de Himmler y se emitió la estricta prohibición de seguir apoyando a "ese ruso", excepto para simples fines de propaganda. Con todo, sorprendentemente prosiguieron los preparativos para formar un ejército nacional ruso, y medio en la ilegalidad se reunieron alrededor de la residencia de Vlásov en Berlín-Dahlem y el campo de concentración Dabendorf, cerca de Berlín, representantes de todas las fuerzas que en la guerra civil habían luchado violentamente entre sí: Vlásov, hijo de campesinos y general del Ejército Rojo; Shilenkov, comisario de un cuerpo del ejército; Zikov, comisario judío de un cuerpo del ejército y antiguo colaborador de Bujarin; el coronel Meandrov, hijo de un religioso muerto en el destierro; el coronel de aviación Malzev, cruelmente torturado por la NKWD; Sajarov, hijo del antiguo ayudante del almirante Kolchak; los generales cosacos emigrados Krasnov y Shkuro.[77]

No faltaban las tensiones, al igual que en la resistencia alemana, la cual también constituía una alianza de fuerzas heterogéneas que alguna vez se habían combatido de manera despiadada, y esto fue precisamente lo que había permitido el triunfo de Hitler. Y aunque no se supiera con exactitud cuántas personas se encontraban tras los hombres del atentado del 20 de julio de 1944, sí es seguro que los seguidores y aliados de Vlásov congregaban casi a un millón de personas. No dejará de ser meramente una especulación cuántos millones pudieron haber apoyado a Vlásov si no hubiera tenido que esperar hasta noviembre de 1944 para recibir la aprobación de Hitler y de Himmler para formar el Ejército Ruso de Liberación y fundar el Comité Nacional para la Liberación de los Pueblos de Rusia, bajo el signo de la cruz blanquiazul de San Andrés, si no hubiese contado con ella desde noviembre de 1942 o siquiera a principios de 1944. Con todo, se trata de una especulación legítima, como lo prueba la suerte que al finalizar la guerra tocó incluso a muchos de los

---

[76] Peter Kleist, *Zwischen Hitler und Stalin*, Bonn, 1950, pp. 318 y 323.
[77] Hoffmann, *op. cit.*, pp. 36 y ss.

prisioneros de guerra soviéticos ajenos a su movimiento. El fracaso y la tragedia demuestran, en todo caso, que para muchos alemanes y un sinnúmero de rusos la guerra fue en efecto una lucha de liberación, sólo condenada a fracasar porque Hitler, pese a todas sus experiencias, se aferraba rígidamente a un concepto que implicaba genocidios y soluciones finales, porque debido a su total concentración egocéntrica en la raza alemana no podía aspirar al plano ideológico, ni podía subordinarse ya al concepto usual de ideología.

### 4. LOS GENOCIDIOS Y LA "SOLUCIÓN FINAL DE LA CUESTIÓN JUDÍA"

No es posible comprender el carácter particular de los genocidios y la "solución final de la cuestión judía" de los que se hizo responsable la Alemania nacional-socialista mediante el simple acto de declararlos singulares, prescindiendo de cualquier otro discernimiento, ya que lo incomparable presupone, precisamente, la comparación, y la identidad en las designaciones con mucha frecuencia encubre la disparidad de los asuntos.

El genocidio o exterminio de un pueblo está estrechamente relacionado con la guerra, pero los dos términos no son idénticos. Ya durante la antigüedad clásica muchas guerras entre ciudades o tribus terminaban con la muerte de todos los hombres vencidos, mientras que las mujeres y los niños eran vendidos como esclavos o llevados a otro lugar. Las epopeyas de Homero dan por sentado sin falta este carácter de la guerra como genocidio. No obstante, en la época moderna e incluso la Edad Media europeas se hacían ya esfuerzos para tratar de civilizar la guerra, es decir, de discernir entre los combatientes y los que no lo eran.

Por lo tanto, de acuerdo con esta idea ya no era posible exterminar a todo un pueblo, y de manera paulatina se impuso un derecho de los prisioneros de guerra que garantizaba protección a los combatientes vencidos y dejados fuera de la pelea; el Código de la Guerra Terrestre aprobado en La Haya en 1907 es un ejemplo. Ante todo se hizo constar que la disposición a concertar un armisticio o bien a hacer la paz creaba ciertos derechos que impedían aprovechar la situación a fin de exterminar a un pueblo. Antes de estallar la primera Guerra Mundial, el mundo civilizado consideraba como normal que las fuerzas armadas de dos o más estados lucharan entre sí pasando por alto completamente a la población civil, hasta que se decidiese el asunto y se hiciera la paz mediante negociaciones. La condición básica para que esto fuera posible era poder distinguir claramente entre los ejércitos y la población civil. A comienzos de la primera Guerra Mundial, dicha condición fue comprometida cuando parte de la población belga, que con razón opinaba que su país había sido invadido injustamente, recurrió a la guerra de francotiradores y de esta manera provocó represalias por parte de los alemanes, sobre todo fusilamientos de rehenes.

Es lógico pensar que tales represalias se dirigieran a gran escala contra toda la población civil, ya que ésta brindaba protección y ayuda a los francotiradores. Si este caso del que hablamos hubiera llegado al extremo, hubiera sido posible exterminar a toda la población belga a fin de privar de apoyo a los ataques de los francotiradores; es decir, para lograr una seguridad preventiva contra actos contrarios al derecho internacional público. De esta manera, se hubiera hecho realidad un genocidio en el sentido literal, o sea, la muerte de todos los habitantes de un país. El proceder de los alemanes quedó infinitamente corto en esto, pero al proyectar hasta el extremo máximo concebible las tendencias establecidas se llegaba a dicho terrible prototipo ideal. No obstante, hasta la persona más despiadada hubiera dado por sentado que suspender la resistencia bastaba para garantizar la supervivencia del pueblo.

La distinción entre combatientes y no combatientes también se dificultó durante la primera Guerra Mundial debido al hecho de que tanto Inglaterra como Alemania recurrieron al bloqueo como recurso de guerra.

A diferencia de la lucha contra francotiradores o partisanos, el bloqueo de entrada se dirigía también contra las mujeres y los niños; en el caso extremo hubiera surgido la posibilidad de que muriese de hambre toda la población de Inglaterra o de Alemania y que los ejércitos continuaran su pelea sobre los cadáveres de las mujeres y los niños. Sin embargo, nadie tomó en cuenta tal extremo; no cabía duda alguna de que el Estado vencido ofrecería de manera oportuna hacer la paz. Con todo, durante la primera Guerra Mundial se crearon las condiciones para la deshumanización radical de la guerra, es decir, para los genocidios; al margen de dicha conflagración y a consecuencia de la misma se llevaron a cabo los primeros genocidios auténticos o por lo menos potenciales de la historia más reciente: las tensiones étnicas propias de un Estado multiétnico condujeron, en relación directa con la guerra, al genicidio de los armenios a manos de los turcos, y entre turcos y griegos ocurrió al poco tiempo un intercambio de población que no derivó en deportaciones ni en bajas masivas por la única razón de que las grandes potencias observaban el proceso con ojos atentos. La guerra aérea, en cambio, apenas se encontraba en sus comienzos, si bien encerraba la posibilidad, evidentemente, de ser aplicada de manera directa contra la población civil, el elemento más vulnerable y con todo imprescindible de cualquier guerra. El progreso mostró poseer, por ende, un paradójico semblante doble: como progreso de la sensibilidad humanitaria procuraba limitar y humanizar cada vez más la guerra, mientras que como progreso de la tecnología del armamento derribaba barreras que incluso en épocas bárbaras muchas veces habían brindado protección a la población no combatiente.

Hacia el final de la guerra nació un elemento completamente nuevo al adquirir significado práctico el postulado de la destrucción de clase. Una manifestación relativamente inofensiva de éste fue la solicitud por parte de los

Aliados de que se les entregaran 700 "criminales de guerra" alemanes, petición relacionada estrechamente con la propaganda dirigida contra los *junkers* prusianos. No obstante, con esta petición no se pretendía penar delitos particulares —el gobierno alemán se declaró dispuesto a encargarse de la investigación y los posibles castigos a este respecto—, sino desacreditar a todo un sector dirigente, y no tardó en manifestarse una extensa solidaridad en Alemania contra esta intención; incluyó hasta a muchos socialdemócratas, pese a que eliminar o reducir el poder de los *junkers* constituía uno de los objetivos de éstos. En Rusia, el principio de la destrucción de clase adquirió una realidad extensa. Ciertamente parecía imponerse el argumento de que no se podía tratar de un genocidio el hecho de que después de una guerra perdida la población de un Estado pidiera cuentas a la clase dirigente y rompiera la resistencia de ésta por la fuerza. Sin embargo, pese a las masacres de los armenios nadie era aún capaz de imaginarse siquiera el exterminio total de un pueblo, por lo cual el ataque dirigido contra clases enteras, sin detenerse a examinar la culpa individual, fue considerado como un genocidio.

Además, los bolcheviques proclamaban de manera expresa el propósito de extender la desaparición de la burguesía rusa a la "burguesía mundial". ¿Cómo se hubiera podido evitar que surgiese un clima general de preocupación y miedo, aun cuando la solidaridad efectiva de la burguesía europea con la rusa era reducida? ¿Acaso no era posible matar también a un pueblo mediante la eliminación de su clase dirigente, de la cual en la Europa moderna no formaban parte solamente los señores feudales calificados de superfluos en la famosa "parábola" de Saint-Simon, sino justamente los técnicos y comerciantes, científicos y financieros que según el mismo Saint-Simon debían remplazar a aquéllos? Muy pronto nació en algunos círculos la interpretación de que los hechos ocurridos en Rusia habían constituido un genocidio incluso en el sentido literal, porque los judíos habían asesinado a los grupos dirigentes compuestos por rusos y alemanes bálticos a fin de ocupar su lugar.

La consecuencia inmediata de esta interpretación fue, evidentemente, postular la destrucción de los judíos como castigo y medida preventiva. Puesto que los mismos judíos —y más aún en la Unión Soviética— no se sentían como comunidad religiosa o bien aún no se convertían en tal sino que se comprendían como pueblo o nacionalidad, la llamada "solución final de la cuestión judía" puede calificarse como prototipo ideal del genocidio basado en la asignación colectiva de culpa a una entidad supraindividual. Por mucho que esta conexión salte a la vista, sería completamente equivocado erigirla en punto de partida para definir la segunda Guerra Mundial como una guerra de exterminio, ya que los principios del genocidio existían en la primera Guerra Mundial desde antes de 1917 y los genocidios alemanes no fueron los únicos ni se limitaron a los judíos, aunque sí tuvieron características específicas, pero éstas sólo se revelan mediante la comparación.

La guerra contra Polonia tuvo comienzo con un genocidio implícito por parte de los polacos, el llamado "domingo sangriento de Bromberg", en el que varios miles de ciudadanos de ascendencia alemana fueron masacrados por polacos furiosos. Cabe dudar que la minoría alemana hubiese sobrevivido de prolongarse la guerra por más de tres semanas. Con todo, los ataques efectuados por los bombarderos en picada contra Varsovia y otras ciudades y las bajas que provocaron entre la población civil no constituían una respuesta a aquello, sino que de antemano formaban parte de la estrategia militar; desde Guernica y Barcelona se trataba de la primera realización, si bien muy incompleta aún, de las tendencias al genocidio inherentes a la guerra moderna.

El bloqueo declarado recíprocamente por Inglaterra y Alemania equivalía a una simple reanudación de la primera Guerra Mundial. Al igual que en ésta, fue posible soportar la penuria mediante el racionamiento uniforme de los alimentos disponibles y se hubiera podido poner fin a ella oportunamente, en caso necesario, con la conclusión de la paz. Por el contrario, era abierto y franco el genocidio implícito en la intención expresada por Churchill el 8 de julio de 1940 en un escrito dirigido a lord Beaverbrook: según él, existía una sola manera de vencer a Hitler, la cual consistía en un "ataque de destrucción absoluta efectuado por bombarderos muy pesados contra la provincia nazi".[78]

El hecho de que el primer ministro estaba hablando muy en serio al hacer este tipo de declaraciones se desprende con toda claridad de un discurso que pronunció en abril de 1941, o sea antes de la ofensiva alemana contra la Unión Soviética: "Existen menos de 70 millones de hunos malvados. A algunos se podrá curar, a los demás hay que exterminarlos."[79] De hecho los ingleses y los estadunidenses sostuvieron una guerra de exterminio —casi en su totalidad antes de la invasión de junio de 1944, y después de ésta aún en una buena parte— mediante sus ataques aéreos contra la población alemana, en los cuales fueron sacrificadas aproximadamente 700 000 personas, que en su mayoría fallecieron entre angustias mortales y tormentos antes inconcebibles. Es cierto que también Hitler quería "borrar sus ciudades". Sin embargo, hoy en día se consideraría necio el afán de establecer una distinción entre estas afirmaciones y las declaraciones correspondientes hechas por Churchill, así como postular una consecuencia unilateral de causa alemana y efecto inglés.

Pocas semanas después de estallar la guerra, Stalin mandó deportar a Siberia a la población alemana de la región del Volga. Es muy probable que durante los transportes de muchas semanas de duración, en el calor abrasador, hayan muerto no mucho menos de 20% de los deportados. Debe calcularse un porcentaje aún mayor en el caso de los lituanos, letones y estonios llevados al interior de la Unión Soviética en una segunda ola de deportaciones justo antes de comenzar la guerra. Desde 1940, el Estado Mayor soviético supuestamente

---

[78] Churchill, *op. cit.* (nota 13, capítulo V), t. II, p. 567.
[79] Churchill, *op. cit.* (nota 34, capítulo V), p. 6384.

proyectó llevar a cabo medidas especiales contra los pueblos de la región septentrional del Cáucaso, sobre todo los chechén, los ingushí y los calmucos, puesto que éstos, que durante mucho tiempo se habían resistido a la expansión rusa durante el reinado de los zares, eran considerados de poca confianza en caso de una guerra. De hecho gran parte de dichos pueblos se unió a los alemanes a cambio de la promesa de libertad e independencia, y en 1944 todos sin excepción fueron desplazados. Los tártaros de la Crimea experimentaron la misma suerte y durante los primeros 18 meses de guerra el índice de mortalidad ascendió entre ellos a casi 50%, de acuerdo con los cálculos de Robert Conquest.[80]

Después de que la colectivización de los pueblos nómadas radicados en las regiones asiáticas de la Unión Soviética ya había cobrado un número particularmente alto de víctimas, Stalin procedió a llevar a cabo genocidios entre ellos de manera por completo franca, como medidas preventivas y acciones punitivas. Al parecer también tendían al genocidio los enfrentamientos con los partisanos de la OUN[81] que el Ejército Rojo sostuvo después de recuperar Ucrania, y resulta muy significativo que Jruschov no sólo estuvo bromeando al afirmar en su discurso secreto que Stalin hubiera deportado también a los ucranianos de no haber existido tantos.[82] Cuando el mariscal Mannerheim comunicó a sus aliados alemanes que concertaría un armisticio con la Unión Soviética, señaló como explicación que su pueblo sería "sin duda deportado o exterminado" de no darse este doloroso paso de manera oportuna.[83] Por lo tanto, la forma de llevar la guerra de la Unión Soviética se distinguía por los genocidios en una medida aún mayor que la de Inglaterra, y habrá que plantear la pregunta de si no será posible asignar el concepto del genocidio incluso a los planes de Benesch respecto a la transferencia de los alemanes de los Sudetes. En todo caso, no cabe duda que pertenece a este renglón el proyecto del "desplazamiento de Polonia hacia el oeste" concebido por Churchill, el cual implicaba expulsar a la población alemana de las regiones orientales del país más allá del Oder y el Neisse.

Con todo, los genocidios de Hitler pertenecen a otra categoría. La diferencia no radica en el hecho, por ejemplo, de haber sido cuantitativamente mayores en total. En lo que se refiere a este aspecto, al parecer no fue fusilado un número notablemente mayor de antiguos oficiales en la "gobernación general" alemana que en la parte de Polonia ocupada por la Unión Soviética. No obstante, Hitler erigió el exterminio en principio y muy pronto exigió "matar a todos los representantes de la intelectualidad polaca".[84]

---

[80] Robert Conquest, *The Nation Killers. The Soviet Deportation of Nationalities*, Londres, 1970, pp. 103 y 162.

[81] "Organización de Nacionalistas Ucranianos", encabezada en 1941 por Stepan Bandera. Cfr. *"Russischer Kolonialismus in der Ukraine". Berichte und Dokumente*, Munich, 1962.

[82] Jruschov, *op. cit.* (nota 40, capítulo III), p. 886.

[83] Gustav Mannerheim, *Erinnerungen*, Zurich y Friburgo, 1952, pp. 526-527.

[84] IMG, t. XXXIX, p. 428.

En su caso se invirtió ante todo la relación entre el fin y los medios. El fin no era triunfar en una guerra defensiva, proceso dentro del cual los ataques aéreos y los desplazamientos de la población hubieran representado un medio impuesto por las circunstancias para llevar la guerra a un término victorioso, sino la creación de espacio libre; y la guerra era sólo un simple medio. Por tanto, el genocidio no terminaría al finalizar la conflagración, sino que la victoria apenas debía hacerlo posible en mayor escala. Ni siquiera la capitulación ayudaría a los pueblos afectados, y aun su disposición a colocarse del lado de los alemanes constituía un peligro para ellos. En enero de 1941, en un discurso pronunciado en el Wewelsburg, Himmler afirmó que 30 millones de personas debían desaparecer en el este de Europa;[85] aún en 1944 sostuvo el propósito de desplazar la frontera étnica 500 kilómetros hacia el oriente.[86]

El "plan general del este" tenía previsto deportar a 31 millones de personas a Siberia y "renacionalizar" a otros varios millones, y si bien durante el invierno de 1941-1942 la mortandad masiva entre los prisioneros de guerra se debió en buena parte a circunstancias imposibles de remediar (en gran medida a las órdenes de destrucción emitidas por Stalin), a ello se sumó el importante factor de la voluntad de Hitler por lograr el debilitamiento biológico del pueblo ruso, voluntad que carecía de verdaderas analogías por parte de Stalin, pese a que el llamamiento "Mata" de Ilya Ehrenburg correspondía desde 1942, en el aspecto social, a la intención de exterminio biológico de Hitler.[87]

La "política del espacio vital" obedecía sin duda a diversos motivos y no era un producto exclusivo de la voluntad de Hitler: el miedo a la superioridad demográfica de los "pueblos orientales"; los sueños sobre una sana vida campesina, la única capaz de calmar el conflicto social y de salvar a los alemanes de la "muerte por civilización"; la anglofilia convertida en afán de conquistar a una "India alemana", y también, en importante medida, el recuerdo del bloqueo impuesto por Inglaterra durante la primera Guerra Mundial y sus consecuencias. No obstante, incluso al aislar la idea más racional de Hitler (la intención de ganar para Alemania la posición de una superpotencia) se observa claramente que Vlásov y sus protectores no tenían oportunidad alguna mientras Hitler aún tuviese fe en su victoria. De la misma manera en que al parecer proyectaba la "desintegración bolchevique" como un hado inevitable en caso de no establecerse estructuras muy particulares que durasen para siempre, también estaba convencido de que la posesión de armas conducía a la independencia y de que en un tiempo no muy lejano la Rusia nacional de Vlásov sería más fuerte que el Reich pangermano, en caso de que éste se contentara con las fronteras de 1939. Por lo tanto, Erich Koch sí estaba llevando a efecto las ideas de Hitler al realizar una política colonial como la acostumbrada "entre

[85] IMG, t. IV, p. 535-536 (testimonio de Bach-Zelewski).
[86] Heinrich Himmler, *Geheimreden 1933 bis 1945*, Francfort, 1974, p. 183.
[87] Buchbender, *op. cit.* (nota 47, capítulo V), p. 305.

negros", tirando al suelo de un golpe el pan y la sal ofrecidos por las delegaciones ucranianas enviadas para recibirlo y disponiendo azotamientos una y otra vez. De esta manera, puso en práctica la política del exterminio mental de un pueblo, del genocidio por menosprecio y degradación, y llevó a cabo una curiosa experiencia que contradecía tanto sus propias convicciones como las de Hitler: la de que la población reaccionaba en forma más violenta y resuelta contra la humillación y el menosprecio que ante los fusilamientos. Los bolcheviques habían fusilado a muchas personas —según lo explicaba un memorándum—, pero no habían azotado a nadie en público, y el funcionario más inteligente del Ministerio del Este, el diplomático doctor Bräutigam, sacó de ello la conclusión de que los rusos y los ucranianos estaban combatiendo a los alemanes con el fin de lograr el reconocimiento de su dignidad humana.[88]

Por este motivo no fue posible sostener en la Unión Soviética una lucha antibolchevique por la libertad y la dignidad humana de los individuos y contra el sistema despótico de Stalin, pese a que un sinnúmero de personas —rusos, ucranianos y también alemanes— estaban dispuestos a ello, sino que a final de cuentas el choque se redujo a una guerra de conquista y destrucción que como tal carecía de ideología, porque no era más que un oscuro conflicto étnico y muestra de un egoísmo nacional sin límites. Cuando una nación se declara "superior" y pretende limpiar la Tierra de todo lo "inferior", los enfermos mentales inclusive, a fin de ejercer, en principio, un dominio supuestamente natural y al mismo tiempo para "hacer su agosto" en un sentido por completo material, esto no constituye ninguna ideología, y tal nación no debe sorprenderse si finalmente se levantan en su contra todas las demás naciones y si pierde incluso a los pocos amigos que aún le quedaban a raíz de otro tipo de afirmaciones y fines.

En cambio, la llamada solución final de la cuestión judía parece haber constituido un acto basado por completo en motivos ideológicos, puesto que Hitler y Goebbels en reiteradas ocasiones, y al parecer con pleno convencimiento subjetivo, proclamaron como "servicio a la humanidad" la eliminación del "peligro judío". De hecho, la conexión con el antibolchevismo es mucho más fácil de reconocer en este caso que en el de la política del espacio vital, pero por otra parte es indiscutible que el antisemitismo nacionalsocialista constituía un estrechamiento y una agudización extraordinarios del antibolchevismo y con mayor razón aún del antimarxismo, porque poseía el carácter de una interpretación mucho más que el de una experiencia.[89] Por lo tanto, el antisemitismo sólo pertenecía al género del antibolchevismo como una especie particular, y ni siquiera todos los nacionalsocialistas lo adoptaron con la misma convicción. A pesar de ello, sin duda ejercía una fuerza de convocatoria supranacional y en este sentido debe designarse como ideología. No obstante,

[88] IMG, t. XXV, pp. 331 y ss.
[89] Cfr. pp. 115-116.

también esta subordinación requiere del establecimiento de distinciones como aún habrá de mostrarse.

Es posible fijar como comienzo de la realización práctica de la *solución final* el boicot del 1 de abril de 1933, y seguramente también merece un análisis determinar si la Ley para Prevenir el Nacimiento de Niños Afectados por Enfermedades Hereditarias, del 14 de julio de 1933, deba interpretarse como una primera anticipación de la política del genocidio.

Sin embargo, pese a que resulta evidente que afirmaciones muy tempranas de Hitler aludían a la destrucción física de los judíos,[90] no puede deducirse de ello la idea de que desde 1933 o incluso desde 1923 Hitler se haya guiado por un plan concreto. Por otra parte, él no era el único impulsor de la política referente a los judíos, por indiscutible que haya sido su posición como el más importante de todos los factores individuales que intervinieron en ella, ya que esta política, lo mismo que cualquier otra, dependía de muchas circunstancias externas. Los esfuerzos de determinados autores por armar un "proceso de destrucción" continuo en el que participó toda la burocracia alemana adolecen de falta de diferenciación.[91] En cambio, cabe distinguir entre diversas fases e impulsos que al principio no cumplían con el concepto de genocidio y que finalmente lo rebasaron en método, intención, y en el carácter absoluto inherente a sus pretensiones de exterminio.

La primera fase duró hasta 1941 y puede designarse como fase de discriminación. La meta principal consistía en imponer la caracterización de los judíos como pueblo en lugar de religión. Esta tendencia no era exclusiva del nacionalsocialismo, sino que había cobrado mucha fuerza incluso entre los propios judíos, y a fin de cuentas derivaba de la propia imagen judía, incapaz de aceptar sin más la posibilidad de que su comunidad milenaria quedara reducida a una simple fe dentro de un Estado neutral en lo referente a las cuestiones religiosas. En este sentido, los sionistas eran los judíos más auténticos y su aspiración a crear un Estado judío de ningún modo se debía sólo al deseo de escapar de persecuciones antisemíticas. La lucha de los sionistas contra los "asimilistas" equivalía al esfuerzo por conservar la particularidad amenazada, mientras que la burguesía culta por regla general aprobaba la desaparición de la etnicidad tradicional, si bien conservaba la esperanza de poder imprimir al mundo moderno algunos rasgos fundamentales del judaísmo. De esta manera, desde la segunda década del siglo XX los hijos y las hijas sionistas de la burguesía culta judía enfrentaban a sus semejantes socialistas o bien comunistas; las dos alas extremas en un choque de suma hostilidad.

[90] Nolte, *op. cit.* (nota 120, capítulo II), pp. 407-408.

[91] La tesis de la enorme participación de la burocracia alemana es defendida, entre otros, por Raul Hilberg, *Die Vernichtung der europäischen Juden*, Berlín, 21982; destaca Uwe Dietrich Adam en el esfuerzo por demostrar la ausencia de un plan preconcebido (*Judenpolitik im Dritten Reich*, Düsseldorf, 1972).

En 1921, en su texto *Der staatsfeindliche Zionismus*, Alfred Rosenberg expresó la sospecha de que esta situación no era más que una astuta colaboración apuntada a lograr el dominio mundial judío. En la práctica, el nacionalsocialismo triunfante se colocó completamente del lado de los sionistas y fomentó más que ningún otro Estado la colonización judía de Palestina por medio del Tratado de Haavara de 1935. No obstante, los hechos fueron deformados de manera burda por la posterior afirmación de Adolf Eichmann en el sentido de que la SS y los sionistas eran "hermanos" en los objetivos que se fijaban.[92] En el caso de los judíos no se trató nunca de una discriminación en la acepción neutral de la palabra, es decir, como distinción o diferenciación, sino de una discriminación negativa que implicaba la degradación o separación. Así lo pusieron de manifiesto las Leyes de Nuremberg, que convertían en un delito criminal el contacto sexual entre judíos y alemanes, mientras que todos los demás ciudadanos de otras nacionalidades no estaban sujetos a limitaciones específicas en sus relaciones con alemanes. Por lo tanto, en 1933 y 1935 ya estaba llevándose a cabo un genocidio mental comparable *ante festum* con el de Erich Koch en Ucrania, si bien con la trascendente diferencia de que la emoción fundamental no era el menosprecio sino el miedo (al *contagio*, al *envenenamiento* o a la *degeneración*).

A esto se sumó, como tercera motivación, la de expoliar a una minoría privilegiada en el aspecto material, o bien, según el lenguaje nacionalsocialista, recuperar el patrimonio nacional alemán usurpado por parásitos. En este sentido, la discriminación de los judíos era una forma de lucha y expropiación de clases lo bastante visible como para satisfacer viejos resentimientos y suficientemente limitada como para no provocar una oposición invencible; por lo tanto, se trataba de una versión de la expropiación de la burguesía, deficiente, pero la única posible en condiciones europeas. Una vez comenzada la guerra, el fomento de la emigración a Palestina fue sustituido por breve tiempo por el plan de establecer a los judíos en Madagascar, pero en un corto lapso la evolución de los acontecimientos volvió poco realista esta idea.

Desde fines de 1941 se llevó a cabo, como segunda fase, la deportación al este de los judíos alemanes y posteriormente también de los judíos radicados en muchos otros países europeos. La cuestión es si desde el principio estas deportaciones como tales formaron parte de un proceso de exterminio. También en este caso cabe hacer distinciones. La pregunta preliminar decisiva es si se podía considerar a los judíos un grupo beligerante o definitivamente hostil. Por lo menos hasta el pogrom de noviembre de 1938, hay que responder decididamente en forma negativa respecto a una parte considerable de los judíos alemanes. Pese a las Leyes de Nuremberg éstos se sentían ciudadanos alemanes (no sólo los veteranos de guerra, aunque éstos en particular medida), y si bien no era posible pedirles que fuesen partidarios y admiradores de Adolfo

---

[92] Rudolf Aschenauer, *Ich, Adolf Eichmann. Ein historischer Zeugenbericht*, Leoni, 1980, p. 505.

Hitler, también era definitivamente cierto que no le deseaban nada malo a Alemania, su patria, y no hay pruebas de que un número notable de ellos haya trabajado de manera activa por la causa de los Aliados. Con todo, este estado de cosas no puede quedar como la última ni la única palabra. Ya se mencionó la declaración hecha por Chaim Weizmann en septiembre de 1939 acerca de la lucha de los judíos al lado de los Aliados. En agosto de 1941, una asamblea de destacados judíos soviéticos dirigió a los judíos en todo el mundo el llamado, mucho más apasionado aún, de apoyar la justa lucha de la Unión Soviética y sus aliados.[93]

En 1961, el autor Raul Hilberg, que en su libro sobre el "exterminio de los judíos europeos" subraya constantemente la pasividad y la falta de resistencia por parte de éstos; formuló la siguiente frase: "Durante toda la segunda Guerra Mundial, los judíos hicieron suya la causa de los Aliados...y contribuyeron en lo posible al logro de la victoria final."[94]

Al recordar que después del 7 de diciembre de 1941 los estadunidenses llevaron a campos de concentración a sus propios ciudadanos de origen japonés, las mujeres y los niños inclusive, y que los ingleses hicieron transportar a Canadá a una parte considerable de los emigrantes alemanes antifascistas, por ser "extranjeros enemigos",[95] no es posible negar de antemano que las deportaciones como tales hayan parecido inevitables a ojos de la población alemana. En el otoño de 1941 todavía vivía, tan sólo en Berlín, el número sorprendentemente alto de más de 70 000 judíos, y si tenemos en cuenta que en su discurso realizado el 3 de julio de 1941 Stalin no omitió ni a los "alarmistas" de su enumeración de elementos peligrosos incrustados en la población soviética,[96] aún menos podrá ponerse en tela de juicio la legitimidad de medidas preventivas. No obstante, de la misma manera en que la fase de fomento a la emigración impulsada por las Leyes de Nuremberg contenía otras implicaciones aparte de las sionistas, la etapa siguiente, la de la deportación, se llevó a cabo bajo un signo del todo diferente que en el caso estadunidense-japonés o inglés, de una manera visible incluso para el observador común. Los judíos fueron marcados con la "estrella judía", lo cual significaba la regresión a un método de carácter francamente medieval. Por lo tanto, el artículo del ministro nacional de Propaganda publicado por el semanario *Das Reich* con el título "Los judíos tienen la culpa", adquirió un ominoso parecido con los gritos de *hepp, hepp* que acompañaban los pogroms judíos.

El significado de "el Este" no podía ser ignorado por completo por ningún soldado alemán y ningún paisano empleado en esta región. Por lo menos equivalía a "ghetto", y no sólo por analogía con el caso de Theresienstadt en

[93] *Ibid.*, p. 217 (documentado reiteradas veces también por otras fuentes).
[94] Hilberg, *op. cit.*, p. 710.
[95] *Cfr.* p. 287.
[96] *Cfr.* p. 420.

Bohemia, donde un grupo de judíos viejos y privilegiados llevaban una vida tolerable, si bien aislada. Ciertamente parece haber existido por breve tiempo el plan de reservar un territorio mayor para establecer un auténtico "Estado judío" cerca del Bug, pero pronto se renunció a él y los judíos deportados no hallaban lugar en ninguna parte excepto en los ghettos terriblemente sobrepoblados, asolados por el hambre y el tifus y cercados por murallas, como los de Varsovia o Lodz, que ahora se llamaba Litzmannstadt, o bien en campos de concentración construidos ex profeso.

En estos lugares se convirtió en final del trayecto lo que había constituido el punto de partida de la vida judía durante la era moderna: la *schtetl*, de cuya estrechez medieval salieron cientos de miles de judíos para transformarse en alemanes, franceses y estadunidenses o bien sionistas en el *Occidente culto*, y que ahora volvía a ser su domicilio en forma de los demasiado modernos campos de concentración.

Cabe establecer otra distinción, por regla general desdibujada por el término *solución final*, para los casos en que el ejército alemán se topaba directamente con la comunidad judía soviética en las áreas de población de ésta, aún mayormente cerradas. Se trata de las medidas tomadas por los "grupos de acción" de la SS, que como es sabido siguieron muy de cerca las tropas que penetraban en la Unión Soviética y "eliminaron" a muchos cientos de miles de judíos, según solían expresarse sus comandantes en la publicación *Ereignismeldungen UdSSR*, la cual por cierto no contenía sólo y ni siquiera de manera predominante las reiteradamente citadas frases impasibles sobre dichas matanzas masivas, sino también noticias sobre los fusilamientos llevados a cabo por la NKWD al ceder el terreno, e informes sobre la situación que muchas veces abogaban por un mejor trato para la población rusa y ucraniana. También en este caso es necesario plantear una cuestión preliminar pasada por alto muy a menudo por la literatura especializada.

No sólo los "grupos de acción" sino también una proporción considerable de los integrantes del ejército, incluso hasta el nivel de los generales, identificaban a los judíos como los principales responsables de la guerra de partisanos, por lo cual querían que las *acciones judías* se entendieran como represalia. Los conocidos decretos de los mariscales de campo Von Reichenau y Von Manstein y otros comunicados oficiales semejantes parten de este supuesto y ponen de manifiesto, en parte, cuán vivo era el recuerdo de la época de la guerra civil alemana y la lucha entre comunistas y nacionalsocialistas durante el periodo de Weimar. De hecho, hubiera sido muy extraño que no hubiese un gran número de judíos dispuestos a obedecer la orden de Stalin de dedicarse a la actividad de partisanos. No obstante, las medidas de los "grupos de acción" no sólo se caracterizaban por el hecho de rebasar a menudo la proporción de 1 a 100 observada durante la Guerra Civil, sino por identificar con los judíos a los partisanos o batallones de exterminio del Ejército Rojo, sin efectuar un examen más detenido. De esta manera, la carnicería de la quebrada de Babii Yar cerca de Kiev, en la que murieron 33 000 judíos, fue precedida por un gran incendio así como por aparatosas explosiones en la ciudad, las cuales causaron la muerte de cientos de soldados alemanes. Sin embargo, los responsables habían sido los miembros de un batallón de exterminio del ejército soviético y no existía la menor probabilidad de que éste estuviese compuesto por judíos de manera exclusiva o siquiera en su mayor parte.

En la literatura se dividen las opiniones sobre la participación judía en la lucha de partisanos. Las obras occidentales ponen énfasis en la pasividad de los judíos, y según éstas la mayor parte de las veces los judíos se dejaron conducir a la ejecución sin oponer resistencia alguna. Por el contrario, la literatura comunista está llena de indicaciones sobre actos heroicos —realizados en gran medida dentro del contexto de la lucha contra "colaboradores" y "traidores"— de judíos, mientras que las exposiciones alemanas destacan ora una actitud, ora la otra.[97] Sin embargo, según se desprende de manera indiscutible de las *Ereignismeldungen*, en un gran número de casos no se trataba en absoluto de represalias; por el contrario, miles, es más, decenas de miles de judíos eran reunidos y fusilados por los integrantes de la SS y a veces también por fuerzas auxiliares locales. Gerald Reitlinger calcula que un total de más de un millón de víctimas murió a manos de los "grupos de acción" en la URSS; Raul Hilberg afirma que fueron 1.3 millones y Krausnick-Wilhelm hablan de 2.2 millones.[98]

Justamente al tener presente los actos de la NKWD y el hecho de que Katyn con toda certeza representaba sólo un caso entre otros semejantes, es posible, más aún, se tiene que llegar a la conclusión de que la obra de los "grupos de acción" fue peor que la de la NKWD.[99] La NKWD quiso matar al sector dirigente polaco que a sus ojos era de carácter contrarrevolucionario; en cambio, los

---

[97] Un ejemplo de literatura comunista: *Faschismus —Ghetto— Massenmord. Dokumentation über Ausrottung und Widerstand der Juden in Polen während des Zweiten Weltkrieges*, editado por el Jüdische Historische Institut Warschau, Francfort, 1962.

Respecto a los conflictos entre judíos, véase Hilberg, *op. cit.*, p. 552. (En el ghetto de Varsovia, los comunistas tildaban a los revisionistas sionistas de "fascistas judíos burgueses y nacionalistas".) Por su parte, la SS atribuía la falta de resistencia al terror de 20 años ejercido por la NKWD (*ibid.*, p. 229). Entre los autores que subrayan la pasividad, de manera que toda la solución final, los actos de los "grupos de acción" inclusive, se presenta como una simple serie de homicidios, figura también Martin Gilbert, *Endlösung. Die Vertreibung und Vernichtung der Juden. Ein Atlas*, Reinbek, 1982.

[98] Gerald Reitlinger, *Die Endlösung*, Berlín, 1961⁴.

Raul Hilberg (*cfr.* nota 91, capítulo V). Helmut Krausnick/Hans-Heinrich Wilhelm, *Die Truppe des Weltanschauungskrieges*, Stuttgart, 1981.

[99] No es del todo correcto que "ni uno solo" de los integrantes de la cúpula nacionalsocialista hiciera el más mínimo intento por justificar las medidas de exterminio de Hitler (*cfr. Der Faschismus in seiner Epoche*, p. 484). Por el contrario, Otto Ohlendorf presentó la actividad de los "grupos de acción", de los cuales él mandó al cuarto ("D") durante casi un año a partir de junio de 1941, como una necesidad absoluta de la guerra, pero simultáneamente dejó claro hasta qué punto su visión era determinada por convicciones ideológicas concebidas desde mucho tiempo antes. ("Thus our experiences in Russia were a definite confirmation of the Bolshevist theory and of the practice as

"grupos de acción" se dedicaban a hacer en el extranjero lo que les era imposible en Alemania y su proceder apuntaba a exterminar a la masa de la población, considerada revolucionaria. Cuando unos contrarrevolucionarios toman como modelo con todas sus consecuencias a los revolucionarios, deben cometer actos mucho peores que los de éstos, puesto que tienen que rebasarlos en el aspecto cuantitativo. Sin embargo, el hecho de que también en este caso comunistas y nacionalsocialistas no encarnaban simplemente a los prototipos de revolución y contrarrevolución, fue puesto de manifiesto porque en realidad sólo una parte incluso de los judíos soviéticos pertenecía a la población revolucionaria, es decir, fiel a Stalin, mientras que por el contrario un gran número de rusos y ucranianos también se identificaba con el Estado soviético.[100]

Por otro lado, según Jruschov, Stalin también entró en acción contra poblaciones enteras como los alemanes de la región del Volga, a los que hizo deportar "con todo y sus comunistas y *komsomols*",[101] puesto que veía en ellos a posibles cómplices del enemigo. También en este caso se realizó una forma extrema de correspondencia, una generalización y una adjudicación colectiva de culpa, pero el número de alemanes del Volga era relativamente bajo y bastó con sólo deportarlos. Por lo tanto, los actos de los "grupos de acción" constituyen el ejemplo más radical y amplio de una lucha preventiva contra enemigos que en mucho rebasaba todas las necesidades concretas de la

we had learned about it before", p. 248.) También se identificaba con una intención propia de la orden del *Führer* que él, como intelectual, debió haber reconocido como un imposible: "luchar también contra un peligro que pudiera surgir en el futuro" (p. 284). De este deseo de "seguridad duradera" derivaba necesariamente también la ejecución de niños, que no negaba Ohlendorf (p. 356) (*Trials of War Criminals Before the Nürnberg Military Tribunal*, vol. IV, *The Einsatzgruppen Case*). El "hiato" no se aprecia en la simple indignación ante el "verdugo intelectual" (Michel Mazon, "Otto Ohlendorf, bourreau intellectuel", en *Le monde juif*, núm. 63-64 [1971]), sino al tomar en cuenta los motivos también de este acusado: "La razón fue, y esto no deben olvidarlo, el horror que sentimos ante las condiciones de vida de los grupos étnicos. En el pueblo alemán Friedenstal, por ejemplo, los varones entre 10 y 65-70 [años de edad] habían sido totalmente exterminados por los bolcheviques en tres acciones efectuadas en los años 1921-1922, 1933 y 1936-1937 ("Interrogation Otto Ohlendorf", 16 de octubre de 1947, archivo del IfZg, Munich). Por muy terrible que sea la matanza de hombres, la de niños significa el paso a otra dimensión.

[100] No todos los comandantes de los "grupos de acción" ignoraban estos hechos. Por ejemplo, un informe del grupo C del 17 de septiembre de 1941 indica lo siguiente:

Aunque fuera posible eliminar de inmediato y al cien por ciento a la comunidad judía, no habría desaparecido todavía el foco de peligros políticos. El trabajo bolchevique se apoya en judíos, rusos, georgianos, armenios, letones, ucranianos; el aparato bolchevique de ningún modo es idéntico a la población judía [...] En vista de estas circunstancias, no se cumpliría con el objetivo de la seguridad política y policiaca si se pasara al segundo o tercer plano el deber principal de destruir el aparato comunista a favor de la tarea más fácil, en cuanto a trabajo, de exterminar a los judíos.

De acuerdo con esta apreciación hecha por ellos mismos, los actos perpetrados por los "grupos de acción" al mismo tiempo se quedaban cortos y rebasaban los límites de lo necesario. (También citado, aunque en forma incompleta, por Hilberg, p. 244.)

[101] Jruschov, *op. cit.*, p. 886.

realidad inmediata de la guerra, y tanto Nikoláievsk como Katyn tenían que parecer mucho menos terribles que ellos.[102] Ante todo, estas matanzas estaban estrecha e íntimamente enlazadas, de acuerdo con la intención de su autor y la apreciación de los participantes de mayor importancia, con la etapa última y concluyente: la matanza casi industrial llevada a cabo en campos de exterminio como Auschwitz-Birkenau, Treblinka y Belzec.

Ahora bien, la autenticidad de esta fase, la última y más extrema, durante la cual aproximadamente tres millones de judíos, de los cuales ninguno provenía de las regiones de partisanos en la Unión Soviética, murieron en las cámaras de gas de los campos de exterminio, ha sido puesta en tela de juicio por algunos autores, mientras que los actos de los "grupos de acción" no han sido negados por nadie. Dichas dudas de ninguna manera han sido sólo expresadas por alemanes o por neofascistas,[103] y por lo general impugnan la autenticidad de documentos fundamentales, como las actas de la "conferencia de Wannsee" fechadas el 20 de enero de 1942, o bien señalan las manifiestas contradicciones en las declaraciones de testigos y una gran discrepancia entre

---

[102] *Cfr.* pp. 290 y 327.

[103] En efecto, llama la atención el hecho de que entre estos revisionistas se encuentre un considerable número de extranjeros, en el que se incluyen antiguos presos de campos de concentración alemanes, como Paul Rassinier. Sus motivos son diversos, pero con frecuencia honorables: aversión a la supuesta insistencia en simple propaganda de guerra, crítica de la política seguida por Israel respecto a los palestinos, la negativa de dar patadas al adversario muerto ("Mon ennemi est vaincu. Ne comptez pas sur moi pour cracher sur son cadavre", Robert Faurisson, en Serge Thion, *Vérité historique ou vérité politique. Le dossier de l'affaire Faurisson*, París, 1971, p. 196). No obstante, la mayoría de las veces estos autores se refutan ellos mismos al llevar sus tesis a extremos absurdos, como Faurisson, por ejemplo, quien afirma que Hitler no ordenó ni permitió nunca que se matara a nadie por motivos de raza o de religión (*ibid.*, p. 187).

Con todo, la posición de la literatura seria sería más sólida si analizara de manera objetiva las opiniones de estos autores, cuando no carecen manifiestamente de fundamento, en lugar de limitarse siempre a tacharlos de "radicales de derecha". Se han planteado serias dudas, por ejemplo, no sólo respecto a las actas de la "conferencia de Wannsee", sino incluso en cuanto al hecho mismo de su celebración, que, según lo que yo sé, no han sido esclarecidas detenidamente por nadie. Además de que en la lista de asistencia falta la persona más importante, o sea Reinhard Heydrich, no están anotadas ni la hora del comienzo ni la del término de las sesiones. Se ha señalado ante todo que el 19 y el 20 de enero fueron días muy importantes en Praga, durante los cuales el gobierno se reorganizó, y el protector del Reich en funciones no hubiera podido ausentarse. El *Angriff* indicó el 21 de enero de 1942, con el encabezado "Praga, 20 de enero", que el protector suplente del Reich había recibido a los integrantes del nuevo gobierno a las 19:00 horas. No es del todo imposible que Heydrich haya regresado a Praga por vía aérea el día 20 antes de las 19:00 horas, y esto incluso resulta muy probable, puesto que también Eichmann habla de la conferencia con gran naturalidad (Aschenauer, *op. cit.*, pp. 50 y ss. Véase también Günther Deschner, *Reinhard Heydrich*, Esslingen, 1977, pp. 254-255). De todas maneras sigue siendo lamentable que la regla más elemental de la ciencia, *audiatur et altera pars*, parezca haber sido abolida en forma tan sensible por la literatura seria.

Los libros del historiador estadunidense Alfred M. de Zayas constituyen muestras muy satisfactorias de la voluntad de ejercer un sentido objetivo por parte de un extranjero —fuera ya del contexto del análisis de la *solución final*—. (Respecto al tiempo anterior a 1945: *Die Wehrmacht-Untersuchungsstelle. Deutsche Ermittlungen über alliierte Völkerrechtsverletzungen im Zweiten Weltkrieg*, Munich, [4]1984.) Por otra parte, sirven precisamente para poner de relieve la diferencia cualitativa.

las cifras manejadas por los expertos. Con frecuencia se afirma que una matanza masiva por medio de gas[104] de la magnitud citada, hubiera sido imposible de realizar con los medios técnicos disponibles en ese momento. No obstante, aunque estos argumentos hicieran que uno se abstuviera de formar un juicio y pasara por alto muchos otros testimonios —entre ellos los de Eichmann,[105] los del comandante de Auschwitz Höss y los de numerosos presos en los campos de concentración—, seguiría presente el hecho de que muchos cientos de miles de personas murieron y también la circunstancia de que una proporción extraordinariamente grande de estos muertos era judía.[106]

[104] Es indiscutible que el término "gaseamiento" aparece desde las publicaciones más tempranas sobre campos de concentración y se refiere al combate de insectos; en Walter Hornung, por ejemplo, op. cit. (nota 13, capítulo I), p. 199. De la cuestión de la viabilidad técnica se ocupa en forma detenida y con resultados afirmativos —por lo que yo sé por primera vez— un manuscrito de Werner Wegner, que dentro de poco será publicado por la editorial Ullstein.

[105] Aschenauer, op. cit., p. 52.

[106] La literatura sobre la "solución final" proviene de manera preponderante de la pluma de autores judíos. Se concentra por completo, como es de comprender, en un simple "esquema de culpable-víctima", y en esto con toda certeza tiene razón, en el sentido de que las implicaciones de la iniciativa de Hitler y del nacionalsocialismo respecto a los judíos se encuentran fuera de toda duda, no sólo desde 1939, y porque los "consejos judíos" de hecho mostraban una gran disposición a cooperar. No obstante, de esta manera se pierden de vista fácilmente otros aspectos, que en muchos casos sólo se revelan en comentarios hechos al margen o bien, a veces, en las polémicas sobre cuestiones políticas de actualidad sostenidas entre los autores.

Gilbert, op. cit., señala, por ejemplo, que los comandos de la muerte encontraron apoyo efectivo en Rusia, puesto que los judíos vivían rodeados "por una población rural extremadamente hostil", de modo que en ocasiones ya estaban muertos al llegar los "grupos de acción"; además, "antisemitas locales", como las tropas rumanas, etc., ejecutaron muchos pogroms (p. 76). De esta manera, el carácter internacional del antisemitismo y de una parte de la "solución final" por lo menos no ha sido pasado por alto del todo. A su vez Reuben Ainsztain, al oponerse a la imagen de los "borregos al matadero", pone de relieve a tal grado la actividad de la resistencia judía que ha tenido que afrontar a autores judíos según los cuales su punto de vista apoya las declaraciones nacionalsocialistas. Por lo tanto, puesto que el término de "bolchevismo judío" es falso, no debe negarse el fuerte compromiso de muchos judíos con la causa del comunismo durante la guerra.

De paso, el mismo autor menciona que probablemente murieron más arios que judíos en Auschwitz. El acoplamiento exclusivo de "exterminio de los judíos" con "Auschwitz" de hecho es discutible (Jewish Resistance in Nazi-Occupied Europa with a Historical Survey of the Jew as Fighter and Soldier in the Diaspora, Londres, 1974, pp. XVIII-XXIV, 913). Ainsztain tampoco vacila en citar una frase de Chamberlain que por lo general es considerada una especie de propiedad de la literatura radical de derecha, lo cual la convierte en tabú: según el estadista inglés, fue obligado por los estadunidenses y el judaísmo mundial a involucrarse en la guerra (p. 873, según los Forrestal Diaries del 27 de diciembre de 1945). De esta manera, la literatura judía en principio también debe ponderarse en relación con las publicaciones supuestamente "radicales de derecha", en la medida en que éstas no sean de simple carácter propagandístico, pero podrían esperarse avances importantes en la comprensión de estas cuestiones tan sólo con tomar en cuenta de manera imparcial a la literatura judía. En Heften von Auschwitz, núm. 8, 1964, se relata, por ejemplo, que en julio de 1944, 400 hombres pertenecientes a un transporte de judíos griegos fueron asignados a la tarea de sacar los cadáveres de las cámaras de gas para incinerarlos; puesto que se negaron, todos ellos fueron muertos por gas e incinerados. Voice of Auschwitz Survivors in Israel (núm. 36, octubre de 1986, pp. 27 y ss.) demuestra, por su parte, que se trata de un simple rumor. Incluso en un lugar mucho más accesible, como lo es la New York Review of Books, a veces llega a aparecer un análisis que juzga de manera muy crítica los "conventional ethnic stereotypes —of German murderers, Jewish victims and Polish bystanders and collaborators", así como el "exclusive,

Además, seguirían presentes las declaraciones públicas como los reiterados vaticinios o aseveraciones hechos por Hitler sobre el "exterminio de la raza judía en Europa", el escrito de Julius Streicher en una edición de 1943 del *Stürmer*, en el que hacía constar que la comunidad judía se acercaba a grandes pasos a su "exterminio",[107] o las numerosas afirmaciones hechas por el mismo Hitler al conversar con diplomáticos extranjeros o en sus tertulias, afirmaciones que al mismo tiempo iluminan el verdadero trasfondo de su enemistad con los judíos.

El 17 de febrero de 1942, en su cuartel general, Hitler comentó a sus convidados, entre los que también se encontraba Heinrich Himmler:

> El fenómeno de la antigüedad —el ocaso del mundo antiguo— fue la movilización del populacho bajo la consigna del cristianismo, aunque este concepto carecía de todo vínculo con la religión, de la misma manera en que el socialismo marxista no tiene relación alguna con la solución del problema social [...] El cristianismo requirió 1 400 años para desarrollarse hasta el punto de su máxima bestialidad. Por lo tanto, no podemos afirmar que el bolchevismo ya haya sido superado. No obstante, entre más concienzudo sea el proceso de expulsar a los judíos, más pronto se habrá conjurado el peligro. El judío es el catalizador que enciende los combustibles. Un pueblo que carece de judíos ha vuelto al orden natural [...] Si el mundo fuera puesto en manos del profesor alemán durante varios siglos, después de un millón de años se pasearían puros cretinos por aquí: cabezas gigantescas sobre un cuerpecito de nada.[108]

Por consiguiente, lo que Hitler en realidad quería decir con la palabra "judío" no era otra cosa que la idea denominada *progreso*, con implicaciones positivas, por casi todos los pensadores del siglo XIX, ese complejo de creciente dominio de la naturaleza y alienación de ella, industrialización y libertad de acción, emancipación e individualismo, que primero Nietzsche y después de él algunos filósofos prácticos como Ludwig Klages y Theodor Lessing, declararon una amenaza contra la vida. Desde el punto de vista de Hitler, esta vida era idéntica al orden natural, es decir, a la estructura simultáneamente campesina y guerrera de la sociedad, que en su opinión aún estaba dada de la manera clásica en el Japón moderno, mientras que en Europa había sido perjudicada primero por la utopía de paz del cristianismo y luego por una industrialización desmesurada, con todas sus manifestaciones de crisis y degeneración.

Hitler estaba pensando, por lo tanto, en el mismo proceso histórico mundial

---

martyrological approach" que no hace justicia al "immensely complex world of Eastern Europe" (Norman Davies, "The Survivor's Voice", *The New York Review of Books*, vol. XXIII, núm. 18, 20 de noviembre de 1986, pp. 21-23). Cuando las reglas del examen de testigos se hayan generalizado y ya no se evalúen las declaraciones objetivas de acuerdo con criterios políticos, sólo entonces se habrá construido una base sólida para el esfuerzo por lograr objetividad científica respecto a la "solución final".

107 *UuF*, t. XIX, pp. 490-491.

108 Adolfo Hitler, *Monologe im Führerhauptquartier 1941-1944*, Hamburgo, 1980, p. 280.

que para Marx había significado progreso y decadencia al mismo tiempo, un proceso que podría denominarse la "intelectualización" del mundo. No obstante, pese a algunos acercamientos en sus obras, Marx, Nietzsche, Lessing e incluso Klages siempre quedaron muy lejos de sugerir la posible existencia de una causa humana concreta de dicho proceso. Hitler sí dio este paso en una radical inversión de todas las ideologías concebidas hasta ese momento, aunque su tesis no pueda calificarse de ideología en el sentido original, puesto que atribuye a un grupo aislado de personas el poder de desencadenar un proceso trascendental. Con todo, esta tesis no se reducía a un simple disparate, porque de hecho los judíos tenían una relación sobresaliente con aquella intelectualización, en primer lugar como "pueblo de la escritura" y luego por constituir un grupo al parecer especialmente favorecido por la emancipación, pero en realidad profundamente trastornado por ésta; sin embargo, no eran la causa, sino una de las manifestaciones. En dicho sentido, no carecía de consecuencia que en su defensa de la guerra como parte imprescindible del orden natural Hitler dirigiera las tendencias al genocidio propias de la guerra moderna sobre todo contra los judíos. No obstante, un genocidio que se lleva a cabo con esta intención ya no es un simple genocidio. Una frase dicha por Hitler al mariscal croata Kwaternik el 22 de julio de 1941 esclarece de manera irrebatible el grado hasta el cual coincidían, desde su punto de vista, la inversión de la filosofía histórica, la defensa del orden natural y la experiencia revolucionaria de 1918: "Con un solo Estado que por las razones que sea tolere a una familia judía en su seno, basta para que ésta se convierta en un foco de bacilos para una nueva degeneración."[109]

Ciertamente mencionó a continuación a Madagascar y Siberia como posibles territorios para establecer en ellos a los judíos europeos. Sin embargo, Madagascar ya se le había cerrado y Siberia también lo estaría al poco tiempo. Si se hubiera limitado a mandar a los judíos alemanes y del resto de Europa a Polonia, para que ahí viviesen en ghettos, no hubiera sido más que un hablador. Al tener lugar esta conversación con Kwaternik ya había mandado matar con gas a enfermos mentales alemanes, y es muy posible que este método le pareciera particularmente "humano". Quien toma en serio a Hitler no puede negar las acciones de exterminio de Auschwitz y Treblinka ni tampoco las cámaras de gas,[110] pero no debe equiparar Auschwitz y Treblinka, Belzec y Sobibor con las medidas de exterminio llevadas a cabo por los ustashas croatas, por ejemplo, contra la población pravoslava de su Estado. Auschwitz representaba una forma extrema de correspondencia en un sentido aún más

---

[109] Hillgruber, *Staatsmänner, op. cit.* (nota 177, capítulo III), p. 614; en ADAP, D, t. XIII.2, p. 838).

[110] Esto no significa que deba aceptar todas las cifras manejadas, lo cual de todas maneras sería imposible. Respecto a Auschwitz, la mayoría de los cálculos fluctúan entre cuatro millones y un millón.

profundo que la lucha contra los partisanos, enfocada hacia la seguridad total y por ende preventiva, y que el planificado socialismo biologista que proclamaba la "extirpación de todo lo perjudicial y corrupto", por el que fueron sacrificados tantos gitanos y que también se dirigía contra los eslavos. La *solución final* es única, y no sólo en el sentido trivial de la palabra. Sin embargo, no por ello resulta incomparable, porque el derecho de calificarla de única sólo deriva de la comparación más extensa posible, y el gran hiato de la incomprensión no debe establecerse hasta en un punto que se vislumbra después de haber recorrido un largo camino en el esfuerzo por comprender.

Por otra parte, tampoco es posible poner en tela de juicio que esta destrucción trascendental se llevó a cabo con el máximo sigilo. Al opinar o tratar de sugerir, como lo hace Hilberg, que todos los integrantes de la Central de Economía y Administración de la SS o incluso todos los ferrocarrileros que despachaban los trenes a Auschwitz debieron estar enterados de las cámaras de gas, habría que negar, de manera consecuente, el hecho de que la "orden núm. 1" (nadie debe saber más que lo totalmente imprescindible para la realización de sus tareas inmediatas) separaba a las personas aún más de lo que de suyo sucede debido a la división del trabajo en la sociedad moderna, y también que cien especialistas pueden construir tanques mientras que otros miles de especialistas creen haber producido piezas para tractores de oruga. El propio Hilberg informa que la señora Schirach fue testigo, en Amsterdam, de una batida nocturna de judíos, lo cual la alarmó a tal grado que habló de ello con su esposo. Éste le aconsejó que le señalara estas "irregularidades" personalmente al *Führer* en su siguiente visita al cuartel general. No obstante, Hitler sólo la escuchó de manera "poco condescendiente" y el matrimonio Schirach abandonó la habitación después de haber tenido un "altercado" con él.[111]

En marzo de 1945 Guderian, el más famoso de los generales de unidades blindadas aparte de Rommel, declaró con evidente y sincera convicción, ante los representantes de prensa, que había peleado en el Este durante mucho tiempo, pero que nunca se dio cuenta de los "hornos infernales, las cámaras de gas y otros productos semejantes de una imaginación morbosa", aprovechados por una orden del mariscal Shukov para tratar de excitar los "sentimientos de odio de los primitivos soldados soviéticos".[112]

La *solución final* es, sin duda, entre todas las acciones del nacionalsocialismo, la más extrema y significativa, pero su ocultación forma una parte tan esencial de ella como esa inversión de la filosofía histórica tradicional que Hitler no se atrevió nunca a exponer en público. Debido a la tendencia inherente al exterminio de un pueblo mundial, se distingue de manera básica de todos los demás genocidios y constituye la contraparte exacta de la tendencia a la destrucción absoluta de una clase mundial por parte del bolchevismo; en este

111 Hilberg, *op. cit.*, p. 688.
112 *UuF*, t. XXII, p. 392.

sentido se trata de la copia, traducida a términos biologistas, de un original social. Sin embargo, precisamente por ello no representa una simple destrucción biológica, sino que significa una decisión respecto al proceso histórico en conjunto, una decisión contra el progreso tomada sobre la base de realidades progresistas; mientras que el bolchevismo había sido una decisión a favor del progreso, pero estrechamente enlazada con realidades rezagadas. Con todo, la relación entre nacionalsocialismo y bolchevismo no debe considerarse sólo desde el punto de vista de la *solución final*. Siempre habían sido opuestos y lo fueron hasta el final, pero en ningún momento se opusieron de manera contradictoria el uno al otro, y entre más se acercaba la guerra a su desenlace, con mayor claridad se revelaba un "trueque de atributos".

### 5. El trueque de atributos y la paradójica victoria de la Unión Soviética

El término "trueque de atributos" no debe entenderse en el sentido de que en el curso de la guerra el bolchevismo haya adoptado la forma de su adversario y el nacionalsocialismo, a la inversa, la del bolchevismo. Sin embargo, sí fue posible observar en ambos regímenes hechos y tendencias que apuntaban a una aproximación interna al enemigo. Esto no atenuó la enemistad sino que más bien la exacerbó, e incluso al proyectar dichas líneas en un prototipo ideal no se produce una identidad común entre ellos.

Enemigos y amigos por igual no tardaron en declarar o bien temer que el bolchevismo se encontraba en vías de "nacionalizarse" o "estatizarse". Desde comienzos de los años veinte, emigrantes y comunistas no ortodoxos coincidían en la opinión de que el bolchevismo se había convertido en paladín de los intereses tradicionales del Estado ruso. Como prueba era posible señalar la existencia permanente de un ejército en cuadro con un cuerpo profesional de comandantes, e incluso el término *comisario del pueblo* pronto perdió el sentido original de una posición necesaria durante un breve periodo de transición, que sólo debía servir para "cerrar el negocio", según hubiera podido expresar Trotski respecto a todo el aparato burocrático.[113]

El concepto estalinista del *socialismo en un país* constituyó el siguiente gran paso y provocó la violenta resistencia de una parte considerable de la vieja guardia del partido. Sin embargo, no cumplía de ninguna manera las esperanzas de los emigrantes; la nueva Rusia no se reconcilió con la vieja, ni deseaba esto el partido gobernante. Los oficiales que volvían a casa fueron detenidos o ejecutados en el acto por la NKWD, y la fuerza social más poderosa en que se hubiera podido basar la reconciliación fue destruida como clase, o sea los

---

[113] *Cfr.* p. 219 (Louis Fisher, *op. cit.*, nota 110, capítulo IV), p. 15.

campesinos, a los que se quitó toda independencia. Ni siquiera los técnicos extranjeros, que desempeñaron un papel de suma importancia en la incipiente industrialización del país, se encontraban a salvo de persecuciones. El partido y su abstracción marxista seguían reinando en forma absoluta, y esto no cambió ni por la curiosa capacidad de transformación del lenguaje ideológico, que ahora luchaba contra el postulado tradicional de la igualdad más completa posible, tachándolo de "afán pequeñoburgués de igualación", porque había reconocido en la diferenciación de los salarios y las actividades una condición imprescindible para la industrialización ulterior. Por otra parte, ¿se trataría de una adaptación pragmática a un cambio en las circunstancias cuando dos artículos de Stalin del año 1934 dieron la señal para perseguir y eliminar a la histórica escuela de Pokrovski?[114]

Pokrovski había sido el representante más destacado del pensamiento auténticamente marxista en la historiografía, que atacaba con encono y desprecio a todas las clases dominantes, en especial a la de la antigua Rusia, e informaba incansablemente sobre zares despóticos, terratenientes explotadores y generales crueles, por un lado, y masas explotadas y esclavizadas, por otro. Sin embargo, Stalin y muy pronto varios historiadores siguiendo su ejemplo, estaban afirmando ahora que la historia del imperio ruso no era de ningún modo sólo una serie de atrocidades, sino que por su medio se había abierto paso un vigoroso progreso histórico que en muchos casos contó como aliados, es más, paladines, con los zares y sus colaboradores. De Iván el Terrible se pintó un cuadro nuevo y mucho más amable; ni siquiera estuvo permitido ya definir el régimen de Nicolás I sólo como "cruento terror policiaco".[115]

En especial se dio una interpretación mucho más positiva a las expediciones de conquista de los zares, y no faltó mucho para que la expansión de la región central de Moscú en todas direcciones, vista por Karl Marx como la amenaza más peligrosa enfrentada por Europa, fuese considerada un paradigma del progreso en la historia. En 1936, el nuevo juramento de la bandera del Ejército Rojo ya no hablaba de ningún compromiso con el proletariado mundial. Desde 1935, el Ejército Rojo era encabezado por mariscales de la Unión Soviética. La gran purga disminuyó considerablemente el carácter internacional del cuerpo de comandantes, y las posiciones superiores vacantes fueron ocupadas principalmente por jóvenes rusos y ucranianos. En junio de 1940 se restablecieron los rangos de general y de almirante, vistos hasta entonces como burgueses o zaristas, y del mismo año data la disposición que dividía a soldados y comandantes en dos categorías distintas de aprovisionamiento.[116]

Con todo, el inicio de la guerra provocó un cambio cualitativo. En su discurso del 6 de noviembre de 1941, Stalin acusó a los fascistas alemanes de

114 *Cfr.* p. 205.
115 Morozov, *op. cit.* (nota 60, capítulo IV), p. 121.
116 *Ibid.*, p. 238.

"faltos de conciencia y de honor", sobre todo por pretender "destruir a la gran nación rusa [!]... la nación de Plejanov y Lenin, de Belinski y Chernishevski, de Pushkin y Tolstoi, de Glinka y Chaikovski... de Suvórov y Kutúzov".[117] Esto implicaba por lo menos una reconciliación y acercamiento de carácter espiritual entre la Rusia vieja y la nueva: los generales feudales, los artistas burgueses y la intelectualidad progresista y marxista. De hecho, entre los emigrantes, desde Kerenski hasta Miliukov, se hicieron escuchar muchas voces que apoyaban la defensa de Rusia contra la ofensiva alemana. Por lo tanto, significó más que solamente un cambio de términos cuando en septiembre de 1941 algunas divisiones de cazadores fueron rebautizadas como "divisiones de cazadores de guardia"; durante los años siguientes, se formaron ejércitos completos de guardia. En mayo de 1942 se estableció la medalla de la Guerra Patria en dos grados, y la de Suvórov de nueva cuenta se confería en tres clases, de las cuales la más alta estaba destinada a los "generales y comandantes [...] que logren destruir mediante el ataque las fuerzas superiores del adversario".[118]

Mientras que Alemania otorgaba la Cruz de Caballero a oficiales de bajo rango incluso en sus grados más altos, las condecoraciones superiores de la Unión Soviética estaban reservadas para los generales; Vlásov, como prisionero de los alemanes, se quejó de la igualación practicada por éstos,[119] mientras que un general soviético que en 1944 viajó por el interior de Inglaterra manifestó asombro ante el hecho de que se permitiera a soldados rasos usar el mismo compartimiento del tren que los oficiales.[120] Por lo tanto, no se trató sólo de una modificación superficial de terminología cuando en enero de 1943 el cuerpo de comandantes fue denominado por primera vez cuerpo de oficiales.[121] La renovada introducción de las anchas hombreras del ejército zarista confirmó e impulsó esta evolución, la cual implicaba una marcada división de clases entre los oficiales y la tropa, pese a que aun el soldado más modesto seguía dirigiéndose al más alto oficial como "camarada general". En el despacho de Stalin colgaban ahora los retratos de Suvórov y Kutúzov, los generales zaristas que habían vencido a Napoleón. El mismo Stalin asumió el rango militar más alto, y al poco tiempo los Aliados occidentales ya sólo se referían a él como "mariscal Stalin".

El respeto extraordinario de Stalin hacia *los cuadros* se manifestó también en una declaración que provocó la protesta de Churchill en Teherán: toda la fuerza de los poderosos ejércitos de Hitler emanaba de aproximadamente 50 000 oficiales, técnicos y especialistas; de fusilar a éstos, se borraría el peligro alemán de la faz de la Tierra por tiempo indefinido.[122] De esto podía deducirse

---

[117] J. Stalin, *op. cit.* (nota 27, capítulo V), p. 22.

[118] Morozov, *op. cit.*, p. 278.

[119] Strik-Strikfeldt, *op. cit.* (nota 75, capítulo V), p. 73.

[120] Tolstoi, *op. cit.* (nota 136, capítulo IV), p. 47.

[121] Gosztony, *op. cit.* (nota 151, capítulo IV), p. 238.

[122] Winston S. Churchill, *op. cit.* (nota 13, capítulo V), t. V, p. 330. Al contrario de Roosevelt,

muy fácilmente la opinión de que la fuerza de la Unión Soviética no se debía principalmente a los millones de trabajadores y de soldados rasos, sino a la cúpula constituida por el cuerpo de oficiales superiores y los especialistas en armamento.

Pero el ejército no fue el único lugar donde las tradiciones nacionales volvieron con plenos honores. En 1943 también se aceptó como aliada a la Iglesia ortodoxa. Desde el inicio de la guerra, los altos dignatarios de la Iglesia habían orado por la victoria de la patria socialista, y ahora un gran número de iglesias fue recuperado para servicios religiosos, se reinauguraron los seminarios para la instrucción teológica y la publicación de periódicos y revistas *impíos* fue limitada o suspendida a causa de la "escasez de papel". En septiembre de 1943, Stalin recibió en el Kremlin al jefe supremo de la Iglesia, el metropolitano Serguei, de manera oficial, y al poco tiempo éste fue coronado formalmente patriarca de la Iglesia rusa en la catedral de Moscú, después de que esta función había quedado huérfana durante casi 20 años.

El mismo año, Stalin dio un paso aún más sorprendente al disolver la Internacional Comunista. Dos décadas antes había estado ampliamente difundida tanto en la Unión Soviética como en Europa la opinión de que la Internacional Comunista constituía la instancia central de la revolución mundial y que el gobierno de Moscú era sólo la sucursal que había conquistado más pronto el poder político. Pero ahora llegó a su fin sin pena ni gloria, cuando desde hacía mucho tiempo nadie dudaba ya de que se había convertido en una simple agencia del gobierno soviético. Ya no encajaba con la línea política, y para explicar su disolución a la agencia de prensa Reuter, Stalin argumentó que de esta manera se ponía en evidencia la mentira de los seguidores de Hitler de que Moscú tenía la intención de intervenir en la vida de otros estados y de "bolchevizarlos"; la medida serviría precisamente para promover el trabajo de los "patriotas de todas las naciones", para que se unieran en "campos homogéneos de libertad nacional" independientes de partidismos y de convicciones religiosas.[123] La Internacional Comunista fue víctima, por lo tanto, de la política del frente popular introducida en parte por ella misma, desde 1935, la cual en opinión de Stalin había adquirido importancia fundamental en la "lucha contra el peligro del dominio mundial por parte del fascismo hitleriano".

Con todo, Stalin tampoco prescindió en esta ocasión de hacer un llamamiento supranacional. Ya no se dirigía al proletariado del mundo, sino a los pueblos eslavos. El comunicado que anunciaba la ocupación del este de Polonia ya había hablado de consanguinidad,[124] y ahora se fundó en Moscú un Comité

Churchill defendió el honor de la tradición occidental al rechazar enfáticamente, en su respuesta, la idea de ejecuciones masivas.

[123] J. Stalin, *op. cit.*, pp. 85-86.
[124] *Cfr.* pp. 287-288.

Paneslavo, y en los desfiles usuales se paseaban grandes pancartas con exhortaciones a buscar la unión de los pueblos eslavos. En una conversación con Milovan Dyilas, Stalin comentó: "Si los eslavos se mantienen unidos y son solidarios, en el futuro nadie podrá mover ni un dedo. Ni un dedo."[125]

En diciembre de 1944 hizo una afirmación semejante a De Gaulle: "La política de los zares era mala. Querían dominar a los demás pueblos eslavos. Nosotros tenemos una nueva política. Los eslavos deben ser independientes y libres en todas partes."[126]

De Gaulle asimismo describe de manera muy gráfica un banquete que se dio en su honor en el Kremlin. Por una escalera monumental, cuyas paredes estaban adornadas por los mismos cuadros que en el tiempo de los zares, él y sus acompañantes se dirigieron al salón de fiestas, donde se encontraban reunidos ministros, diplomáticos y generales soviéticos, "todos con uniformes resplandecientes", para gozar de una "comida increíblemente opípara" en la que las mesas brillaban "con inconcebible esplendor".[127]

Después del banquete y de los brindis internacionales, Stalin se puso de pie 30 veces para brindar por sus colaboradores más íntimos y oficiales más altos. Mezclaba el elogio con la amenaza; para De Gaulle estaba decidido que todos los aludidos se quedarían helados de miedo al ser abordados más o menos en la siguiente forma: "Tienes que intervenir con nuestros aviones. Si lo haces mal, ya sabes lo que te espera."[128] En ningún momento de su vida Hitler hubiera podido tratar a sus mariscales de campo así, a la manera de un déspota oriental. Otros numerosos testimonios —como los de Dyilas, Svetlana Alliluyeva y Jruschov— no dejan lugar a la menor duda respecto al hecho de que la cúpula del "primer Estado obrero del mundo", por lo menos durante los últimos años de la guerra, se convirtió en un grupo resplandeciente y ebrio del triunfo de dignatarios distinguidos por altas condecoraciones que obedecían ciegamente a un gobernante absoluto.

Se impone aquí la objeción de que todo lo anterior se reducía a superficialidades y recursos tácticos que podían ser eliminados por el partido gobernante en cualquier momento, en caso de poner en peligro seriamente sus objetivos inalterados y conceptos estables. La certeza de este argumento salta a la vista respecto al Comité Paneslavo, y la muerte tendría que poner fin a la autocracia de Stalin en algún momento no muy lejano. La Iglesia ortodoxa se había convertido en un instrumento dócil y la lealtad de los partidos comunistas en todo el mundo estaba fuera de duda; tenía que parecer, por lo tanto, que en cualquier momento se podía resucitar la Internacional Comunista.

No obstante, aunque se supusiera que Stalin seguía viviendo como siempre

---

[125] Milovan Dyilas, *Gespräche mit Stalin*, Francfort, 1962, p. 146.
[126] Charles de Gaulle, *Memoiren 1942-1946*, Düsseldorf, 1961, p. 372.
[127] *Ibid.*, p. 367.
[128] *Ibid.*, p. 368.

en tres pequeñas habitaciones; que los generales sólo esperaban el momento de desprenderse de hombreras y condecoraciones para desaparecer en el anonimato de la sociedad mundial sin clases y que Schdanov ya había redactado el llamamiento con el que se instaría al proletariado mundial a levantarse contra los capitalistas, no era posible soslayar el hecho de que de 1941 a 1945, y en fuerte medida también antes, la Unión Soviética tuvo que recurrir a la ayuda de todas las tradiciones, fuerzas y tendencias en las que su adversario se había apoyado desde el principio. Tuvo que presentarse como nación socialista de Estado o socialista nacional a fin de sobrevivir, y existían motivos suficientes para suponer que de hecho era un país de estas características y que no sería capaz de volver a sus orígenes simplemente, aunque así lo quisiera. Esta sospecha se transformó en certeza para los que conocían las imágenes de los muchachos del cuerpo de pajes que, vestidos con uniformes que no revelaban ningún corte juvenil, escuchaban con atención las instrucciones de un robusto oficial, formados en filas perfectas bajo los retratos de generales y mariscales.[129]

No podía haber nada que sonara menos a disimulo o instrumentalismo táctico que las siguientes palabras dirigidas por Stalin a Dyilas durante la guerra: "Ante todo tuvo algo de anormal y desnaturalizado la simple existencia de un sueño comunista general en una época en que los partidos comunistas debieron haber buscado un lenguaje nacional y armado su lucha de acuerdo con las condiciones que reinaban en sus países."[130] Desde el punto de vista de Stalin, Lenin evidentemente se había equivocado al creer, en 1917, que era inminente la época de la revolución mundial proletaria.

¿Puede deducirse de este análisis que el nacionalsocialismo obtuvo la victoria interna, al mismo tiempo que sobre los campos de batalla sufría una derrota tras otra? Esta conclusión sólo sería forzosa de haber sido el nacionalsocialismo en verdad un socialismo nacional o del Estado. Las palabras compuestas sólo tienen un sentido claro si el énfasis realmente se encuentra en el sustantivo y si el adjetivo añadido a éste sólo expresa una calificación adicional, si bien significativa. El nacionalsocialismo, en cambio, no fue nunca en primer lugar un socialismo, es decir, un movimiento determinado principalmente por los motivos del enfrentamiento interno de clases, sino que constituía un nacionalismo social de tipo fascista en su manifestación más radical. Al adquirir su forma definitiva también permaneció fiel a sus comienzos, que habían creado una simbiosis precaria entre un movimiento político revolucionario y sectores dirigentes establecidos. No obstante, precisamente por este motivo le eran inherentes ciertas tendencias que anunciaban un prototipo novedoso. Éstas se hubieran realizado plenamente en cuanto ya no viera en el bolchevismo un motivo de temor, sino antes que nada un modelo a seguir. Durante los últimos años de la guerra, el nacionalsocialismo dio pasos

[129] Gosztony, *op. cit.*, p. 287.
[130] Dyilas, *op. cit.*, p. 106.

decisivos en esta dirección, aunque sin consumarlos más que en reflexiones hipotéticas.

El bolchevismo y el comunismo sin duda representaron desde el principio un modelo a seguir para los nacionalsocialistas, pero lo fueron en primer lugar respecto a los métodos de lucha, sobre todo la propaganda. Por otra parte, ya no era posible trazar una división clara entre métodos y contenidos al anotar Goebbels en su diario, en marzo de 1942, que el *Führer* respetaba mucho la forma rusa de hacer la guerra: "Las medidas severas y brutales de Stalin salvaron el frente ruso. Debemos aplicar métodos semejantes en nuestra estrategia a fin de sostenernos frente a ellos. En ocasiones nos ha faltado esa dureza y tenemos que tratar de remediarlo."[131]

Sólo un año más tarde se erigió en modelo una conducta que al comienzo de la guerra aún era considerada prueba de fanatismo ciego y de una bestialidad falta de toda cultura: el suicidio colectivo de los soldados que se hallaban en situaciones desesperadas. Cuando el 1 de febrero de 1943 Hitler recibió la noticia de la capitulación del mariscal de campo Paulus, su juicio fue categórico.

> Se entregaron como mandan los cánones —indicó—. En otro caso habría que juntarse, formar una bola y matarse con el último cartucho. Al tomar en cuenta que una mujer puede tener el orgullo de salir, encerrarse y pegarse un tiro inmediatamente sólo por haber escuchado unas cuantas palabras ofensivas, no es posible sentir respeto por un soldado que retrocede ante este acto, sino que prefiere quedar prisionero.[132]

Con estas palabras, Hitler estaba equiparando circunstancias muy diferentes y devolviendo la guerra a condiciones primitivas que precisamente buscaban superar la "civilización europea" a la que tanto se remitía. Poco tiempo después presentó a Stalin y el bolchevismo como modelo también para la estructura interna del régimen. En una conferencia ante los ministros y jefes de distrito del partido, a comienzos de mayo de 1943, alabó, en primer lugar, la limpia efectuada por Stalin dentro del Ejército Rojo, la cual había eliminado todas las corrientes derrotistas y aumentado de manera considerable la fuerza combativa de éste, al contrario de ciertas suposiciones que al principio no le habían sido ajenas tampoco a él. Prosiguió de la siguiente manera:

> Además, en comparación con nosotros Stalin cuenta con la ventaja de no tener que enfrentar oposición por parte de la sociedad. Estos impulsos también han sido liquidados por el bolchevismo durante los últimos 25 años [...] El bolchevismo se quitó oportunamente de encima este peligro y por lo tanto se encuentra en situación de dirigir toda su fuerza contra el enemigo. En el interior prácticamente no existe ya la oposición.[133]

131 *Goebbels Tagebücher 1942/1943*, editado por L. Lochner, Zurich, 1948, p. 133.
132 *Hitlers Lagebesprechungen*, editado por H. Heiber, Stuttgart, 1962, p. 124.
133 Goebbels, *op. cit.*, p. 323.

De esta manera, Hitler canceló, en cierto modo, las bases de su propio sistema. ¿No habían él y sus seguidores derivado sus emociones más fuertes y constantes de la "destrucción de la intelectualidad nacional" efectuada en Rusia y que parecía amenazar también a Alemania? ¿En qué se habían apoyado los triunfos de Hitler hasta 1941, si no en el ejército intacto y en una administración que funcionaba, ambos herencia de la República de Weimar y, en última instancia, del imperio? Si el principal de los males era la "oposición de la sociedad", es decir, de todos los sectores de la población cuya simpatía y aprobación desde siempre había tratado de granjearse, ¿qué lugar correspondía a sus acusaciones contra "judíos y bolcheviques"? ¿Radicaba entonces la única diferencia entre su régimen y el de los bolcheviques en el hecho de que uno de los partidos de la guerra civil, o sea los cuerpos de voluntarios, debió haberse impuesto en Alemania "liquidando" a adversarios e indiferentes de manera tan total como lo hizo el partido enemigo en Rusia? En efecto, Hitler y sus secuaces más cercanos tendían en creciente medida a pasar del fascismo radical a un régimen que en su interior se mostraba tan radical como el bolchevismo hacia una estructura social aún intacta en gran medida, y que precisamente por ello hubiese creado la posibilidad de perseguir sus metas políticas exteriores con desconsideración revolucionaria.[134]

No existe nombre para tal régimen, porque Hitler sólo pudo realizarlo de manera incipiente en algunos aspectos. El término "nacionalbolchevismo" no sirve para calificarlo, puesto que éste siempre había perseguido la meta suprema de la alianza entre Alemania y la Unión Soviética. Además, el sustantivo debe ser "nacionalismo", porque, si bien Hitler había extendido el concepto para incluir a la raza aria, no por ello lo perdió de vista en ningún momento. A falta de una mejor expresión podríamos hablar de bolchonacionalismo, es decir, de un sistema nacionalista o racial-biologista que enfrentara las diferencias sociales con una liquidación de carácter igualmente radical que la practicada por el bolchevismo y que aspirase de manera tan resuelta a la homogeneidad ideológica y social como lo había hecho éste, si bien se hubiera tratado, con certeza, de una homogeneidad que desde el principio implicase una jerarquía estricta y disciplina incondicional. Sin duda se dieron pasos notables hacia este tipo de igualdad en Alemania. En los Escuadrones de Defensa Armados de la SS, la relación entre tropas y oficiales se caracterizaba por una camaradería y una naturalidad mucho más estrechas que en las fuerzas armadas. No obstante, también los soldados de éstas, desde el simple soldado de infantería hasta el mariscal, recibían el mismo aprovisionamiento, lo cual cumplía con uno de los postulados más importantes de la revolución de 1918.

Respecto al trabajo de los prisioneros de guerra, no resultaba difícil de creer

---

[134] No sólo Bormann, sino también el jefe de la Gestapo, Müller, al parecer estaban totalmente convencidos, hacia el final de la guerra, de que el sistema bolchevique era el sistema totalitario más eficaz y mejor (*cfr.* Schellenberg, *op. cit.* [nota 77, capítulo III], p. 288).

que los empresarios eran los delegados del pueblo alemán, lo cual correspondía a una demanda de Karl Marx, si bien éste no había hablado del "pueblo" sino de los "trabajadores".[135] El 18 de febrero de 1943, Goebbels pronunció un discurso en el que hizo un llamamiento a la guerra total, que tuvo grandes repercusiones principalmente porque parecía proclamar la eliminación de todos los privilegios; lo mismo podía decirse del discurso de Hitler del 26 de abril de 1942, que según un informe del Servicio de Seguridad fue recibido con aplausos entusiastas sobre todo entre gente sencilla y círculos obreros, debido a sus fuertes invectivas contra la justicia y los funcionarios.[136]

Sin embargo, la principal demanda de Hitler y Himmler era el fanatismo; como modelo ejemplar de éste, paulatinamente se fue dibujando la figura del comisario político del Ejército Rojo. De manera pública y privada, Hitler se dedicó a atacar ahora a las "perezosas y decadentes clases superiores" y a los "canallas de la burguesía"; Himmler declaró expresamente que "el ruso" tenía la ventaja de poseer "un ejército politizado hasta el último culi, o sea, empapado en la ideología y dirigido a través de ella".[137]

De esta manera se creó al oficial guía nacionalsocialista y si bien a éste no le fue adjudicada la misma posición que había correspondido a los comisarios políticos del Ejército Rojo hasta la desaparición definitiva de este cargo en octubre de 1942, Hitler evidentemente lo consideraba el factor más importante del "cuerpo ideológico completamente cerrado" en que debían fundirse pueblo y fuerzas armadas. Por lo tanto, desde su punto de vista los "intelectuales científicos" eran inútiles para este puesto, y lo que es más, se les consideraba "sin valor alguno y perjudiciales".[138] El respeto personal que Hitler sentía por Stalin (que correspondía al respeto semejante que éste sentía por Hitler, aunque fundado en otras razones) se enlazó con admiración por la fuerza de la ideología: el hecho de que los rusos fueran el "único adversario realmente grande de Alemania" sólo podía explicarse, según Hitler le comentó a Antonescu en enero de 1943, por el hecho de que Rusia poseía una ideología que era encabezaba por un hombre sin duda extraordinario.[139]

El atentado perpetrado por Stauffenberg el 20 de julio de 1944 y el

---

135 IMG, t. XXV, pp. 307 y ss.

136 Boberach, *op. cit.* (nota 148, capítulo IV), pp. 259-260.

137 *Deutschland im Kampf, op. cit.* (nota 170, capítulo III), núm. 105/108, p. 111. Hitler, *Monologe..., op. cit.* (nota 108, capítulo V), p. 51. Himmler, *Geheimreden, op. cit.* (nota 86, capítulo V), p. 231.

138 Gerald L. Weinberg, "Adolf Hitler und der NS-Führungsoffizier (NSFO)", *Vjh. f. Ztg.*, año 12, 1964, pp. 455-456, 455, 446. Respecto a sus exigencias radicales, Hitler contaba con la aprobación precisamente de los oficiales más jóvenes, según lo puso de manifiesto un teniente de aviación al afirmar, en una conversación con Alfred Rosenberg, que era muy necesario crear al prototipo del oficial revolucionario; según él, muchos oficiales guía nacionalsocialistas no eran más que elementos dotados de honorabilidad burguesa, pero carentes de energía revolucionaria (conversación del 23 de octubre de 1944; BA, NS 8/269).

139 Hillgruber, *op. cit.* (177, capítulo III), Francfort, 1970, t. II, p. 208.

descubrimiento de las vastas ramificaciones de la conspiración en que dicho acto se había basado, produjeron consecuencias trascendentes en otras partes (como en París, por ejemplo), y desataron un torrente de disposiciones e invectivas que afectaron incluso a los dueños de los nombres más famosos en la historia alemana y prusiana: Moltke y Kleist, Yorck von Wartenburg y Tresckow, Von der Schulenburg y Schwerin, y a las fuerzas sociales que habían sobrevivido como tales o a través de algunos representantes eminentes, bajo la cubierta del régimen político totalitario: la alta burocracia y las iglesias, los sindicatos y los partidos. Stalin había hecho fusilar a los mariscales, comandantes y generales sospechosos a sus ojos; Adolfo Hitler mandó ahorcar al mariscal general Von Witzleben y a los generales Von Hase, Stieff y Hoepner, y no contento con castigar a los culpables, introdujo la corresponsabilidad familiar y preparó, de esta manera, la destrucción de toda una clase social. En su discurso del 3 de agosto de 1944 ante el congreso de los jefes de distrito en Posen, Himmler afirmó lo siguiente: "La familia del conde Stauffenberg será extinguida hasta el último miembro."[140]

Stalin ciertamente había dejado morir a varios familiares de Tujachevski en campos de concentración, pero no llevó a cabo nunca tal extinción, o por lo menos no la pidió en un discurso. Himmler tuvo que defenderse de los jefes de distrito del partido, que tacharon dicho procedimiento de bolchevique: "No, no me lo tomen a mal, pero no tiene nada de bolchevique, sino que se trata de una práctica muy antigua y común entre nuestros antepasados."[141] Sin embargo, no sacó de ello la conclusión de que el bolchevismo había sido el primero en recurrir a conductas arcaicas y que el nacionalsocialismo estaba a punto de copiar el bolchevismo. No se atrevió tampoco a deducir la consecuencia evidente de la afirmación de que Alemania había triunfado en Occidente por ser "revolucionaria", en comparación con dichos estados burgueses.[142] ¿Acaso se hallaba el bolchevismo a punto de lograr la victoria sobre Alemania, porque en comparación con el nacionalsocialismo encarnaba el movimiento más revolucionario? En todo caso, hubiera sido posible desarrollar en este sentido la opinión de Robert Ley, que en su discurso del 22 de julio rabió contra los "cerdos de sangre azul" y exigió, en medio de grandes aplausos, "que la revolución cumpla con todo lo que ha desatendido".[143]

Se había pasado por alto la tesis sostenida por Vlásov y sus amigos alemanes de que Rusia sólo podía ser vencida por Rusia; ¿había que inferir ahora que el bolchevismo sólo podía ser derrotado por el bolchevismo?

Cuando Hitler sostuvo las últimas conversaciones con Bormann y Goebbels

---

[140] Theodor Eschenburg, "Die Rede Himmlers vor den Gauleitern am 3. August 1944", *Vjh. f. Ztg.* 1 (1953), pp. 363-394 (p. 385).

[141] *Idem.*

[142] *Ibid.*, p. 367. Hitler se expresó en términos muy semejantes aun antes, el 8 de mayo de 1943. *Cfr.* nota 19 (Goebbels), p. 291.

[143] *UuF*, t. XXI, p. 453.

en febrero y marzo de 1945, posteriormente publicadas con el título "El testamento político de Hitler", por primera vez en su vida ejerció una autocrítica verdadera, la cual de hecho apuntaba a la creación de un concepto parecido a "bolchonacionalismo". Según él, la política alemana en su mayor parte era obra de generales y diplomáticos que habían sido "hombres de ayer" y "vulgares reaccionarios". La tarea hubiera consistido en liberar a los obreros franceses y en barrer despiadadamente con una "burguesía anquilosada, esta tipeja sin corazón ni patria". Además, Alemania debió haber estado dispuesta a llamar a los pueblos islámicos a levantarse y a liberarlos.[144] Hitler olvidaba, ciertamente, que se le habían hecho sugerencias en este sentido y que él mismo siempre las había rechazado por consideración a Mussolini y Pétain. ¿No había tomado también el partido del mariscal Antonescu contra la Guardia de Hierro?

Por mucho que Hitler se empeñara en trazar al menos en retrospectiva el perfil de un camino más radical y más revolucionario, en sus últimas afirmaciones privadas y comunicados públicos no pudo ocultar que sus emociones más fuertes no habían cambiado, dirigiéndose aún contra los judíos como el gran poder disolvente del "orden natural", y contra el bolchevismo como una peste y una monstruosidad.

Por lo tanto, siguió preciándose de haberle hecho a la humanidad el servicio de "abrir el absceso judío", porque esta guerra, más que todas las anteriores, era una "guerra exclusivamente judía".[145] Cuando después de la invasión de los angloamericanos en 1944 le llegó la noticia de que se habían proclamado "soviets" en el sur de Francia, afirmó que la ola comunista se extendería por todo el territorio francés, contagiando, finalmente, también a las tropas inglesas y estadunidenses; se había dado una situación semejante en Arkhangelsk al término de la guerra anterior, y en la actualidad habitaba en toda Francia, según él, una población totalmente indisciplinada y bolchevique.[146]

Desde el informe correspondiente al 1 de febrero de 1943, Hitler había mostrado cuán vivo y determinante seguía siendo para él el recuerdo del final de la guerra de 1918 y de la Guerra Civil rusa. En aquel entonces predijo que los oficiales presos en Stalingrado pronto aparecerían como propagandistas en la radio rusa, y justificó esta opinión de la siguiente manera: "Deben imaginarse esto: llegan a Moscú ¡y les presentan la 'jaula de ratas'! Después de

144 Hugh R. Trevor-Roper, *Hitlers Politisches Testament*, Munich, 1981, pp. 73-74.

145 *Ibid.*, pp. 70, 65. Por mucho que este comentario exagere de manera radical la influencia de la prensa judía y de los influyentes grupos judíos congregados en torno al secretario del Tesoro, Morgenthau, el juez del Tribunal Supremo, Felix Frankfurter y el rabino Wise, era un hecho que el temor sentido por los gobiernos estadunidense e inglés a una posible propagación de este punto de vista entre la población de sus propios países constituyó el principal motivo de la aversión oficial a dar gran publicidad a las noticias (escasas) sobre el exterminio de los judíos. *Cfr.* Walter Z. Laqueur, *Was niemand wissen wollte. Die Unterdrückung der Nachrichten über Hitlers "Endlösung"*, Francfort, 1981, y David S. Wyman, *The Abandonment of the Jews. America and the Holocaust 1941-1945*, Nueva York, 1984.

146 Hillgruber, *op. cit.*, t. II, pp. 514-515.

esto lo firman todo. Hacen confesiones y redactan llamamientos."[147] El pasado de la Guerra Civil rusa, un mero recuerdo para casi todos los demás, no se había desvanecido para Hitler, y si bien tenía presente al bolchevismo como admirado modelo en forma del Estado socialista nacional de Stalin, también lo entendía como el espantajo de la decadencia y de atrocidades inconcebibles percibido por tantas personas en Alemania en 1920.[148]

Nada parecía más claro que el hecho de que sólo pocos secuaces suyos estaban dispuestos a considerar realmente como modelo al bolchevismo; nadie reunía las emociones contrarias en un grado tan intenso como él mismo, y por

[147] *Hitlers Lagebesprechungen, op. cit.*, p. 128. A este respecto *cfr.* p. 111.
Del contexto se deriva de manera inequívoca que la mención de la "jaula de ratas" no se refiere a la Lubianka, según opina el editor Helmut Heiber. Hitler evidentemente está hablando del supuesto procedimiento de la checa china. El hecho de que haya insistido sobre el asunto con palabras categóricas, dos veces más, muestra cuán intensamente lo tenía presente en esta declaración libre de toda intención propagandística hecha ante sus colaboradores más cercanos (p. 130: "lo encierran en el sótano lleno de ratas [...]"; p. 134: "Ahora entran a la Lubianka y ahí los van a comer las ratas").
En realidad ninguno de los oficiales o jefes del partido detenidos en la Lubianka durante la guerra o después de ella fue sometido a esta tortura ni a ninguna que se le pareciese siquiera remotamente. Véase, por ejemplo, el relato del jefe de distrito Jordan, *op. cit.* (nota 169, capítulo II), pp. 339 y ss.

[148] *Cfr.* pp. 87-88. No obstante a la idea inexacta e irreal, tal vez incluso desde 1920, que Hitler tenía de la jaula de ratas, el hecho de que su temor a las condiciones que reinaban en el interior de la Unión Soviética no era un simple producto de propaganda difamatoria no requiere otra prueba que el relato de la colectivización y la gran purga. Un documento revelador en este sentido es la carta que Harry Tack, un ex comunista acusado de complicidad en el asesinato del muchacho hitleriano Herbert Norkus y condenado a muerte, dirigió a Adolfo Hitler durante la guerra, para suplicar perdón y permiso para ingresar a las fuerzas armadas. En ella se resume el destino de muchos alemanes del nivel más bajo y sencillo durante los años treinta y cuarenta.

[...] Quiero describirle a usted, mi *Führer*, mi vida hasta este momento [...] Mi padre murió en la Guerra Mundial... El medio en que crecí estaba compuesto por desempleados y comunistas, a los que también yo me uní, con la esperanza de que bajo dirección comunista Alemania superase el desempleo y elevara el nivel de vida de los trabajadores [...] De esta manera, viajé a Rusia en 1932, pero durante los ocho meses de mi estancia descubrí que todo lo pintado al obrero alemán como un paraíso en realidad era un infierno [...] El 4 de agosto de 1933 fui llevado ante el tribunal de guerra de Moscú. El 4 de diciembre de 1933 me condenaron a cinco años en un campo de concentración y fui enviado a Siberia para realizar trabajos forzados. Muchos alemanes fueron fusilados ahí, algunos también murieron de hambre [...]
[...] De ahí regresé a B Vorkuta, la mina de carbón, al oeste de los Urales. En 1938, el 28 de marzo, fueron fusiladas 1800 personas, entre ellas muchos alemanes; también yo me encontraba en la etapa de muerte [...] Así llegué al suelo alemán. Las experiencias que he reunido en mi corta vida me han convertido en un alemán que sabe apreciar su patria. Me entregué a la policía secreta en Alemania y ahora estoy en la cárcel [...] Por favor escuche mi ruego. Además, estoy casado. Mi mujer es una alemana del Volga, su padre murió de hambre en el campo de concentración en Rusia, su madre falleció de pena, sus dos hermanos también estuvieron en el campo [...]

Después de leer esta carta, Hitler dio instrucciones al ministro de Justicia Thierack para que no llevara a cabo la condena de muerte y pusiera en libertad a Tack después de algún tiempo, siempre y cuando se confirmara que su estancia en Rusia en efecto lo había curado del comunismo (BA, NS 26/vol. 809, fol. 368 y ss.).

lo tanto se encontraba completamente solo. Sin embargo, no por ello se desdijo, y a fines de febrero de 1945 adujo como causa de su derrota un factor que hasta ese momento no había citado nunca: ya no la "traición" de los viejos oficiales y la resistencia de la "reacción", ni tampoco el sistema social que hasta el último instante había impedido una guerra verdaderamente total,[149] sino el pueblo alemán como tal, inconstante e impresionable como él solo, que siempre solía pasar de un extremo al otro.[150]

En ello radicaba la primera paradoja de la victoria conquistada por la Unión Soviética sobre Alemania. En 1917, Máximo Gorki acusó a Lenin y a Trotski de ver al pueblo ruso únicamente como material para sus planes de liberación del mundo; Adolfo Hitler, por el contrario, poco tiempo después prometió solemnemente servir a la patria alemana y sólo a ésta. Ahora Hitler estaba condenando al pueblo alemán como material deficiente y Stalin ponderaba al ruso, cuya voluntad de autodeterminación él mismo había terminado por encarnar al oponerse a los planes de Hitler y también de Rosenberg.

La segunda paradoja se encuentra en el hecho de que dicha victoria sólo fue posible con la ayuda del enemigo más antiguo, las potencias principales, anglosajonas, del capitalismo. Pese a que hasta la fase final no aportaron ayuda militar directa de peso, sus ofensivas aéreas y enormes suministros de material de guerra resultaron decisivos.

La tercera paradoja consistía en el hecho de que Stalin consiguió poner a su servicio, tanto en su propio país como en las naciones de los Aliados, a todas las fuerzas y simpatías que Lenin había tratado de destruir por completo y que hubieran hallado en Vlásov a un representante mucho más genuino; dicho de otra manera, encauzó a su régimen, en esta época de necesidad extrema, por el camino del socialismo de Estado o nacional. Por el contrario, Hitler sólo pudo dar unos cuantos pasos en el camino opuesto hacia un mayor radicalismo social, porque en Alemania no existía ni podía haber, después de cinco años de guerra, la masa postulada de fanáticos bolchonacionalistas.

De esta manera, la guerra germano-soviética fue la parte más importante y decisiva de la segunda Guerra Mundial, pero en cuanto guerra entre el bolchevismo y el nacionalismo se entiende de manera insuficiente e incorrecta si se hace caso omiso de los cambios a que ambos partidos y regímenes estuvieron sujetos. Por otra parte, es necesario dar forma interrogativa a un último señalamiento, porque está relacionado con la más incomprensible de todas las decisiones de Hitler.

Es cierto que desde el verano de 1943 el ejército soviético había ganado

---

[149] Véase a este respecto el discurso de Hitler del 26 de abril de 1942; *cfr.* nota 2, Prefacio. Véanse también los comentarios de Joachim Hoffmann sobre la diferencia en el carácter total de las guerras totales practicadas por la Unión Soviética y Alemania, en *Der Angriff auf die Sowjetunion, op. cit.* (nota 3, capítulo V), p. 731.

[150] *Hitlers Politisches Testament, op. cit.*, p. 110.

triunfos cada vez mayores, culminando con la destrucción del grupo del centro de las fuerzas armadas alemanas en junio-julio de 1944. No obstante, en diciembre de 1944 las tropas alemanas aún se encontraban en el Vístula y las divisiones soviéticas sólo habían logrado una irrupción temporal en la Prusia Oriental, aunque ésta sembró el pánico entre la población de la zona, porque parecía demostrar que de hecho los rusos estaban llevando a cabo una campaña de destrucción y venganza contra todos los alemanes como tales.[151]

El punto de partida de una nueva ofensiva sin duda sería la cabeza de puente de Baranov, al sur de Varsovia. Al mismo tiempo, los estadunidenses y los ingleses avanzaron hasta la frontera occidental de Alemania. Entonces Hitler reunió a las reservas que le quedaban y efectuó un último ataque, pero no contra la cabeza de puente soviética, sino contra las posiciones aliadas en Bélgica. La ofensiva de las Ardenas, dirigida en última instancia hacia Amberes, el gran puerto de avituallamiento, al principio se desarrolló con gran éxito, y Hitler pudo decir a sus generales que sin duda Alemania acabaría en un dos por tres con cada uno de sus tres adversarios en la guerra.[152]

Sin embargo, Eisenhower superó los reveses rápidamente. Cuando la ofensiva soviética fue adelantada al 12 de enero, por ruegos de Churchill y de Roosevelt, Hitler ya no contaba con reservas que pudiera oponer a ella, y las tropas soviéticas recorrieron el camino hasta Berlín más o menos en el mismo breve tiempo requerido en 1941 por los ejércitos alemanes para llegar de la frontera hasta justo antes de Moscú. Lo que en 1941 no habían hecho los japoneses, ahora lo hicieron los estadunidenses y los ingleses: avanzar desde el otro lado hacia la capital enemiga. Diversos factores parecen indicar que Hitler comenzó la ofensiva de las Ardenas porque esperaba ablandar a los Aliados occidentales para la paz. De hecho, casi hasta el mismo día del suicidio de Hitler y la conquista de Berlín, Stalin creyó posible un acuerdo entre Alemania y Estados Unidos e Inglaterra dirigido en su contra. Durante estas últimas semanas de la guerra, Himmler se reveló con toda claridad como el occidentófilo que en el fondo siempre había sido. Goebbels, en cambio, pareció aspirar a un arreglo con la Unión Soviética. No está claro qué pretendía Hitler con sus últimas decisiones e ideas. Sin duda Alemania también hubiera sido dividida en zonas de ocupación de haber optado Hitler por una ofensiva contra Baranov, en lugar de las Ardenas.

No es de ninguna manera probable que los estadunidenses, que creían necesitar la ayuda de la Unión Soviética contra Japón, hubieran cedido a los posibles deseos de Churchill de romper el acuerdo de 1944 sobre la división en zonas de ocupación después de haber ocupado toda Alemania. No obstante, de esta manera se hubiera evitado a la población de las regiones orientales de

---

151 Este pánico se ligaba ante todo a la palabra Nemmersdorf, nombre de un pueblo de la Prusia Oriental que en el otoño de 1944 había caído en manos del Ejército Rojo por unos días.
152 *Hitlers Lagebesprechungen, op. cit.*, p. 741.

Alemania la terrible suerte que se desató sobre ella, no sólo debido a las acciones del Ejército Rojo y los ataques destructivos de los aliados contra Dresde, sino también a causa de los errores y las omisiones cometidos por las autoridades alemanas del partido. A pesar de todo, Hitler respondió a su ministro del Armamento Albert Speer, cuando éste lo quiso inducir a revocar la orden de destrucción idéntica a la emitida por Stalin en 1941: "Si la guerra se pierde, también el pueblo estará perdido. No hay necesidad de tener consideración con las bases que el pueblo alemán requiera para prolongar su existencia en el nivel más primitivo [...] Porque este pueblo ha demostrado ser el más débil, y el futuro pertenece exclusivamente al pueblo oriental más fuerte."[153]

Esta declaración encaja muy bien con otras afirmaciones semejantes, entre ellas la cita anterior, y por lo menos señala que al final de su vida el antiguo motivo de temor se había convertido completamente, para Adolfo Hitler, en un modelo a seguir —ahora inalcanzable—, si bien dentro del contexto de un concepto *nacional* del mundo que en realidad no puede denominarse ideología. Indudablemente no había dejado de odiar el bolchevismo. Sin embargo, esto sólo representaba una paradoja entre varias, y una contradicción entre muchas. La época estaba colmada de paradojas y contradicciones, pero en Hitler y su nacionalsocialismo éstas se concentraron más que en cualquier otro personaje o fenómeno del siglo XX.

---

[153] Albert Speer, *op. cit.* (nota 109, capítulo IV), p. 446.

# EPÍLOGO

A manera de conclusión cabe resumir el punto de vista que desde el principio ha constituido el hilo conductor de este análisis, o sea, el correspondiente al final de la década de los ochenta y a un país occidental. Asimismo se esbozará el lugar que dentro del proceso histórico moderno ocupa la guerra civil europea, el cual debe denominarse, de acuerdo con su fenómeno más distintivo, la "época del fascismo". Para ello hay que hacer constar, primeramente, que las doctrinas más importantes del bolchevismo de la Revolución rusa innegablemente estuvieron equivocadas: la burguesía no era una clase social moribunda, el capitalismo no era un sistema estancado y podrido, las clases medias no desaparecieron, los trabajadores de los países capitalistas no fueron reducidos a la miseria, no ocurrió un levantamiento armado en ninguno de estos países, las posibilidades de desarrollo del capitalismo no estaban ni remotamente agotadas y la existencia de las masas en los países occidentales, orientadas al consumo y dotadas de libertad de movimiento, constituye un ideal contemplado con envidia por casi todas las personas que cuentan con la posibilidad de efectuar una comparación con la estrechez y rigidez de las condiciones orientales. Por otra parte, es igualmente cierto que mucho de lo que amplios círculos consideraban como bolchevique en 1918 se ha establecido, entretanto, como algo natural: el mundo se ha amalgamado de una manera inconcebible al término de la primera Guerra Mundial; los pueblos coloniales de Asia y África han ingresado a la historia mundial; la emancipación de las mujeres ha progresado mucho en casi todo el mundo; partidos conformados por obreros encabezan el gobierno incluso en muchas naciones que cuentan con otros varios partidos; las tasas de impuestos han alcanzado un nivel que en 1930 aún se hubiera equiparado con la confiscación. Desde ciertos puntos de vista, la sociedad occidental se ha proletarizado, en la misma medida en que en conjunto se ha vuelto clasemediera.

No obstante, las proyecciones características efectuadas a partir de estas verdades y tendencias, como tales mucho más antiguas que el partido de los bolcheviques, tampoco han resultado ciertas: los postes fronterizos no han desaparecido en absoluto en la forma imaginada por el universalismo tecnócrata de Radek y Trotski; la libertad estatal de los antiguos pueblos coloniales no evita su dependencia económica; la emancipación de las mujeres no ha conducido en la misma medida a su participación en las posiciones de poder, y aun menos en los estados del socialismo; los partidos obreros han llegado a la conclusión de que sólo son capaces de representar los intereses de los obreros de manera eficaz al formar parte del todo, pero sin ser idénticos a éste, puesto que se ha hecho demasiado patente, en vista del ejemplo de los partidos comunistas gobernantes y en especial del PCUS, que un partido obrero que sustenta el poder en forma exclusiva ejerce un dominio máximo sobre los obreros y la masa de la población.

Si el bolchevismo de los años que siguieron a la primera Guerra Mundial mezcló de manera tan extraña el error y la razón, entonces el movimiento contrario, que pretendía igualarlo en militancia y resolución, no podía estar completamente equivocado de entrada. Mussolini acertó al hacer constar, en 1922, que el capitalismo no era un sistema decrépito, sino de mucho futuro,[1] al que aún quedaban muchas décadas de desarrollo. Adolfo Hitler tuvo razón al repetir, una y otra vez, que el traslado del comunismo soviético a Alemania se toparía con una resistencia invencible y que su movimiento representaba el síntoma más trascendente de ésta. Hasta estallar la guerra y en cierta forma incluso al término de ésta, el mundo vivido en la Alemania nacionalsocialista guardaba una afinidad mucho mayor con el sistema pluralista de las democracias occidentales que la Unión Soviética. Cuando en 1943 el profesor Kurt Huber, mentor de los estudiantes de la "Rosa Blanca", alegó en su defensa, ante el Tribunal del Pueblo, que se debía condenar al régimen porque los padres ya no podían sentirse seguros ante sus hijos, es probable que estuviera consciente de que en la Unión Soviética desde hacía mucho tiempo se celebraba como héroes nacionales a los niños que los denunciaban ante las autoridades y de esta manera los condenaban a muerte.[2]

No obstante, dicha semejanza aún existente con las democracias occidentales había ido disminuyendo desde hacía bastante tiempo, porque el gobierno la veía cada vez más como un defecto; la ideología del nacionalsocialismo también negaba rotundamente todo lo que desde hacía mucho tiempo estaba presente en Occidente, como tendencia a largo plazo, y había sido adoptado por el comunismo: el dominio mundial del hombre germánico o ario al que

[1] Benito Mussolini, *Opera Omnia*, Florencia, 1951 y ss., t. XVIII, p. 406.

[2] Christian Petry, *Studenten aufs Schafott. Die Weisse Rose und ihr Scheitern*, Munich, 1968, pp. 188 y ss. *Cfr.* p. 338. Resulta revelador el hecho de que, según un informe del Servicio de Seguridad, "los practicantes de deportes de invierno" mostraron una fuerte renuencia a entregar sus esquíes en beneficio del frente oriental en el invierno de 1941-1942 (Boberach, *op. cit.* [nota 148, capítulo IV] p. 205).

Por lo tanto, Timothy Mason se equivoca al opinar que tales consideraciones se basaban en el temor del régimen hacia los obreros y que en este sentido el proletariado sí había triunfado sobre sus enemigos nacionalsocialistas. Los fuertes vestigios del sistema liberal, aunados a convicciones bastante burguesas por parte de Hitler, produjeron tales consideraciones, en importante medida también hacia las mujeres que no trabajaban (Timothy Mason, *Arbeiterklasse und Volksgemeinschaft*, Opladen, 1975).

se aspiraba no era más que la fijación duradera de la supremacía europea en el mundo, la cual estaba en proceso de disolución por sí sola, porque exportaba a todo el mundo ideas y procesos que dentro de Europa habían conducido a la expansión de la Revolución industrial fuera de Inglaterra y a la formación de estados nacionales en regiones antes dependientes o divididas. Esto era precisamente lo que significaba la lucha contra los judíos: se pretendía combatir simultáneamente la pretensión del bolchevismo de redimir el mundo y la *decadencia* occidental, a fin de librar a éste de un doble mal cuya causa común se creía haber descubierto en dicho pueblo. En la medida en que el nacional-socialismo era ideología y una doctrina que pretendía salvar el mundo, atacó lo que el Occidente y el bolchevismo de hecho tenían en común; el pacifismo fundamental, por ejemplo, al que él oponía el enaltecimiento de la guerra como tal. De esta manera, cometió un error particularmente craso, aunque sólo sea porque de hecho estaba postulando la coalición mundial contra Alemania que en la primera Guerra Mundial había resultado en la derrota de ésta.

Sin embargo, la verdadera tendencia a la autodestrucción, que muchas veces suele ser derivada *ex post facto* del hecho de la derrota, no se determinó de dicha manera. Es cierto que el concepto político exterior específico de Hitler fracasó desde 1939, pero en comparación con la primera Guerra Mundial la situación había cambiado, por lo menos en el sentido de que en 1941 Alemania estaba aliada con otra potencia mundial, Japón, y había vencido a una ex potencia mundial, Francia. Como potencias hegemónicas, Alemania y Japón no eran inferiores a la Unión Soviética e Inglaterra en lo referente al potencial industrial; de haber coordinado sus planes con la intención de mantener a Estados Unidos fuera de la guerra, muy bien hubieran podido lograr la victoria para fines de 1941.[3] No obstante, estos *amos por naturaleza* educados de acuerdo con la máxima "correoso como el cuero, duro como el acero de Krupp y veloz como galgo", que hubieran reinado como virreyes sobre una población mantenida en el analfabetismo en los gigantescos espacios del Este,[4] también hubieran modificado a tal grado las condiciones internas del territorio del viejo imperio que hubiera existido aun menos identidad en la relación entre el nuevo gran reino germano y la antigua Alemania que entre la Unión Soviética y la Rusia de los zares. El particularismo militante de los que pretendían

[3] Si formara una parte reconocida de la ciencia historiográfica efectuar reflexiones desde otro punto de vista que el de la realidad aceptada y aparente, habría saltado a la vista desde hacía mucho tiempo que aún a fines de 1941 sólo un número relativamente reducido de judíos habían muerto por ser judíos, al contrario del gran número de polacos, enfermos mentales y prisioneros de guerra rusos. De realizarse una comparación cuantitativa de los crímenes masivos en ese momento, hubiera resultado abrumadoramente desfavorable para la Unión Soviética. Por otra parte, la memoria de Molotov del 25 de noviembre de 1941, con su enumeración de (supuestas) atrocidades inconcebibles, muestra que aun de haber ocurrido una catástrofe militar a principios de 1942 no hubieran faltado los reproches morales (Pol. Archiv AA, Kult. pol. geheim 112, t. 2).

[4] Hitler, *op. cit.* (nota 108, capítulo V), pp. 50-51.

defender Alemania contra la intención del bolchevismo de producir a una humanidad sin distinciones hubiera absorbido, como Estado racial, una influencia tal del universalismo que abre las fronteras, que al final hubiera estado separado de su punto de partida por una diferencia mayor que el *Estado de la humanidad* proyectado por la Unión Soviética, que muy pronto cayó en manos de hombres calificados por Lenin como "chauvinistas imperiales rusos".[5]

Por ello nunca tuvo lugar la "guerra civil pura" que debía inaugurarse con la "declaración de guerra civil" de los bolcheviques y que hubiera podido cobrar actualidad con el surgimiento del partido contrario de esta guerra civil. En cambio, ésta permaneció siempre vinculada con tradiciones y realidades estatales, como fue el caso también, en otra forma, de la primera guerra civil europea de la época moderna, el tiempo de la Revolución francesa y de Napoleón.

De esta manera, razón y equivocación estuvieron estrechamente entrelazadas, al parecer, por ambas partes. Sólo en caso de ser cierto cualquiera de los dos posibles escenarios sería factible afirmar que el nacionalsocialismo y el fascismo en general erraron totalmente.

La revolución mundial del proletariado pudo haber sido objetivamente posible en 1918 y 1919 pero fracasó en el lugar decisivo, o sea en Alemania, debido a la *traición* de los socialdemócratas y a la oposición violenta de los cuerpos de voluntarios, los más importantes precursores del nacionalsocialismo. De no haber sido por dichos factores desafortunados, el socialismo mundial se hubiera realizado en forma de la convivencia armoniosa y libre de todos los hombres, sin distinciones de clase o de fronteras estatales, ideal que aún está muy lejos de realizarse en el mundo actual.[6] Sin embargo, es obvio que se trata de una fantasía que da forma concreta a un concepto límite y que por lo tanto también personaliza, en forma de logreros de la guerra capitalistas o pequeñoburgueses, los obstáculos con que se topó en la realidad.

No es posible descartar por completo la posibilidad de que la derrota de las autocracias hubiese creado un mundo "seguro para la democracia" (de acuerdo con las famosas palabras de Woodrow Wilson), que la toma del poder por los bolcheviques y sus consecuencias no hubieran constituido peligro alguno y que, por el contrario, el poder revolucionario de la occidentalización hubiera provocado cambios democráticos en la Unión Soviética en cuanto se desarrollasen mejor las relaciones comerciales y otros contactos. En este caso no hubiera existido ningún motivo intrínseco para el nacionalsocialismo y el fascismo, los cuales sólo podrían considerarse regresiones desdichadas a condiciones predemocráticas.

---

[5] En 1919, Lenin comentó, en el 8º Congreso del Partido: "Ráscales a muchos comunistas y te toparás con chauvinistas del gran Imperio ruso" (Lenin, *Werke*, t. 29, p. 181). Poco antes de morir, llamó a Stalin un brutal *derschimorda* del gran Imperio ruso (*ibid.*, t. 36, p. 594).

[6] Muchas de las emociones ventiladas en las discusiones actuales se deben a la amargura que esta realidad inexistente aún es capaz de producir hoy en día.

Dicha opinión seguramente acierta en el sentido de que el sistema de la democracia occidental, así como el sistema económico del mercado mundial que le corresponde, de ninguna manera estaban tan debilitados ni se habían acercado tanto al límite de sus posibilidades como lo suponían los bolcheviques. Por otra parte, el análisis histórico muestra que la amenaza o por lo menos la impresión de una amenaza era bastante fuerte en sectores amplios y activos de todos los estados europeos e incluso de Estados Unidos, como lo demuestra el pánico a la *"red scare"*;[7] y muy fuerte en Alemania e Italia. Al fin y al cabo, el adversario declaraba una y otra vez y con gran énfasis que destruiría a la burguesía europea, es más, incluso a la burguesía mundial. Sin embargo, esta burguesía no se limitaba a un minúsculo grupo de capitalistas y grandes industriales, sino que incluía a todos los que a su vez se hubieran sentido amenazados en caso de expropiarse de manera violenta a dicho pequeño grupo, y además contaba con el apoyo de todos los que consideraban la transformación fundamental de las complejas condiciones industriales como una operación sumamente peligrosa.

En Estados Unidos, estas clases medias eran idénticas a la nación, y según se venía opinando desde Tocqueville y John Stuart Mill, esto se daba por el hecho de que todos querían formar parte de ellas y podían aspirar a lograrlo en algún momento; por lo tanto, la idea de derribarlas o de eliminarlas resultaba irreal. En Inglaterra y Francia, dicho sector de la población no era tan fuerte, pero sus naciones habían ganado la guerra. Era diferente la situación de Alemania y hasta cierto punto también de Italia, y en esta última llegó primero a ejercer el gobierno absoluto un novedoso partido del anticomunismo militante que pretendía ser básicamente antidemocrático, es decir, antiliberal. Sin embargo, ni siquiera Mussolini afirmaba que sólo la victoria de su partido había impedido el triunfo de un levantamiento armado de los comunistas, y hasta 1933 prácticamente nadie sostenía que Italia hubiera dejado de formar parte del sistema estatal europeo. Por otra parte, Alemania era el país sobre el que con mayor intensidad se proyectaba la vasta sombra de los sucesos ocurridos en Rusia, donde la burguesía había sido mucho más débil que en la Europa occidental y central y donde la situación de la guerra había creado condiciones que permitieron la toma del poder por el partido más hostil a ésta. Las consecuencias de ello eran mejor conocidas en Alemania que en cualquier otro lugar del mundo, si bien no faltaron ciertas exageraciones propagandísticas, y hubiera resultado en sumo grado sorprendente que no surgiese, precisamente en este país, un movimiento militante de oposición. Con todo, la victoria de este movimiento no era un imperativo, pero con menos

---

[7] Respecto al *"red scare"*, *cfr.* Pavel Miljukow, *Bolshevism. An International Danger*, reedición: Westport, 1981. Quien haya leído este libro no dudará que de haber desarrollado el Partido Comunista de Estados Unidos una fracción de la fuerza que poseía en la República de Weimar, hubiera nacido en el país americano un fascismo aún más violento en sus acciones internas.

razón se le puede calificar de casual en el sentido de que sólo las intrigas de un pequeño grupo de políticos y empresarios se hayan encargado de entregar el poder a Hitler. Ante todo, éste estuvo en situación de declarar que sólo su toma del poder había impedido el triunfo del comunismo, opinión que halló crédito mucho más allá de las fronteras alemanas. Sin embargo, aún menos puede considerarse un imperativo que Hitler y su movimiento hayan recurrido a una clave para convertir su compromiso anticomunista en una ideología que pretendía oponerse totalmente a la del enemigo y no obstante correspondía a ésta en cuanto a sus pretensiones globales.[8] Con todo, la toma del poder por Hitler y el establecimiento subsiguiente del régimen unipartidista demostró que Lenin se había equivocado al creer que estaba cerca la época de la revolución mundial del proletariado, y que también Wilson había cometido un grave error al opinar que el mundo en conjunto era "seguro para la democracia". En cambio en 1933 se hizo evidente que Zinóviev había acertado en 1922 al señalar (probablemente sin comprender por completo todas las consecuencias) que el mundo había entrado a una "época del fascismo".[9] La toma del poder por parte del segundo y más radical partido de tipo fascista en uno de los grandes estados europeos había hecho probable que las iniciativas más importantes emanaran, de ahí en adelante, de este sector, y que la Unión Soviética tuviera que unirse a los estados de la reacción, los antirrevisionistas, si quería sobrevivir.

Sin embargo, no basta con señalar, desde el punto de vista actual y de una región del mundo en que no es indispensable identificarse con el poder estatal, a la primera Guerra Mundial como origen inmediato del bolchevismo y el fascismo, ni con contraponer los respectivos aciertos y errores de éstos. También hay que hacer constar que ambos fenómenos contaban con profundas raíces en una sociedad desarrollada en Europa en el curso de varios siglos

---

[8] En ocasiones, se unen ambas claves en la literatura comunista de una manera que pone de manifiesto con particular claridad lo poco acertada que es en realidad la idea de una oposición contradictoria entre comunismo y nacionalsocialismo. Trotski escribió en 1936, por ejemplo, respecto a unos acusados en los procesos de Moscú:

Todos son intelectuales judíos, y no de la URSS sino de los estados satélite [...] Sus familias huyeron de la Revolución rusa, en su momento, pero los representantes de la generación más joven, gracias a su movilidad, a su capacidad de adaptación y al conocimiento que tenían de idiomas, sobre todo del ruso, se acomodaron bastante bien en el aparato de la Internacional Comunista. Descendientes todos del medio pequeñoburgués, carentes de vínculos con la clase obrera de cualquier país, sin haber recibido preparación revolucionaria ni capacitación teórica seria, estos funcionarios anónimos de la Internacional Comunista, siempre obedientes a la última circular, se convirtieron en un verdadero azote para el movimiento obrero internacional (Hermann Weber, *op. cit.* [nota 187, capítulo II] p. 310).

Ciertamente era mucho más flexible el término pequeñoburgueses, porque los comunistas con frecuencia se tachaban mutuamente de tales, mientras que los nacionalsocialistas no tenían esta oportunidad.

[9] *Cfr.* p. 196.

y que puede denominarse la sociedad de las diferencias productivas, es decir, diferencias estatales, de clase, religiosas, regionales y partidistas que no permanecen rígidamente aisladas la una de la otra, sino que son capaces de transformarse mediante el contacto mutuo y, de esta manera, de impulsarse recíprocamente hacia adelante.

Aunque con base en premisas todavía más antiguas, la Reforma llevó a cabo una escisión sin precedentes en la unidad ostentada hasta ese momento por el cristianismo, en la cual al principio se enfrentaron en guerras civiles religiosas partidos de fieles que se destruyeron mutuamente en algunos estados o regiones; finalmente estos partidos debieron reconocerse unos a otros, pese a sus continuos conflictos. Los inicios de la Ilustración se dieron al comparar entre sí los dogmas irreconciliables de las religiones, y por la contradicción existente entre éstos y las luchas de exterminio religiosas; la verdadera Ilustración equivalió en gran medida a la transformación de dichos partidos religiosos en partidos políticos, que al principio sólo tenían una existencia de carácter ideal. A mediados del siglo XVIII surgió una extrema izquierda caracterizada por su crítica intensa de las condiciones del momento, cuyo protagonista más famoso era Rousseau. Se contraponía a ella la extrema derecha compuesta por los defensores del *ancien régime*, que no se limitaban de ninguna manera a apoyar a los gobiernos, sino que movilizaron una resistencia más decidida contra las supuestas corrientes destructivas por medio del hábil manejo de los nuevos medios de comunicación: los periódicos y las revistas. Entre estas dos facciones se formó un partido del centro, que percibía el fanatismo propio de ambos extremos y promovía una civilización secular, igualmente incompatible con las bulas de excomunión y quemas de libros del *ancien régime* como con el afán de los seguidores de Rousseau por crear una sociedad pura y virtuosa de acuerdo con el modelo de la república romana o de tiempos aún más remotos.

Dicho partido del centro, que podía remitirse a Voltaire, pareció triunfar en 1789 al estallar la Revolución francesa, pero sólo tres años más tarde otra revolución más radical amenazó con destruir tanto este partido como la derecha realista. Los *sans-culottes* de París, bajo la dirección de jacobinos como Robespierre y Saint-Just, querían fundar la república igualitaria de la justicia entregando al cadalso la corrupción aristocrática y también las complicaciones modernas. 1793 y 1794 significaron el dominio de combatientes secularizados de Dios, ideólogos de la igualdad y fanáticos de la justicia, y causaron una impresión indeleble en toda Europa, la cual no condujo, prácticamente en ningún lugar, a la comprensión de que dichos ideólogos, según las circunstancias, pueden ser la sal de la tierra o bien la maldición del mundo. Por todas partes surgieron ilustradores opuestos a lo que parecía ser la secuela más extrema de la Ilustración, si bien la intolerancia de esta secuela recordaba mucho lo que la Ilustración había combatido desde el principio.[10] Sin embargo, el triunfo de Robespierre no fue permanente porque se detuvo el avance de la extrema izquierda; no se concretó la República de la Igualdad, autocomplaciente e imperturbable en su justicia, que Babeuf quiso fundar después de la caída de éste, y por lo tanto la diversidad, las posibilidades de comparación, las complicaciones y también la injusticia,[11] fueron preservadas por Napoleón y a pesar de él. Sin embargo, la extrema izquierda no se destruyó y experimentó un nuevo desarrollo durante la época de la Restauración.

El hecho de que la interacción entre crítica individualista y autoafirmación de los gobiernos (orientación hacia el pasado y proyección del futuro, extrema izquierda y extrema derecha) podía ser algo positivo, aunque produjese un considerable debilitamiento del *"juste milieu"*, y otorgara al sistema un dinamismo específico, no fue comprendido por todos los contemporáneos, que con frecuencia trataban de sustraerse a la perturbación y disolución constantes por medio de ideales contrarios. Con todo, hacia finales del siglo XIX era prácticamente indiscutido que la resolución pacífica de las diferencias en los sistemas parlamentarios o constitucionales de los grandes estados civilizados constituía la verdadera esencia de la modernidad, la cual de manera paulatina se extendería también a las regiones menos desarrolladas del mundo. Este manto de confianza en el futuro y de optimismo ocultaba, ciertamente, una inquietud considerable, porque la extrema izquierda, en forma del movimiento obrero marxista, estaba adquiriendo una fuerza sin precedentes, mientras que en el bando contrario la vieja crítica de la civilización asumía formas nuevas y más radicales. Entre ellas se encontraba el antisemitismo, que se originaba tanto en la izquierda como en la derecha y que negaba la más difícil de todas las diferencias productivas de la sociedad, la convivencia entre judíos y "cristianos", puesta en tela de juicio también por un movimiento judío, el sionismo.

Con todo, a principios de 1914 no había ningún indicio de que el movimiento obrero fuera a tomar el poder en un Estado europeo, ya sea de manera violenta o por medio de una huelga política general, porque desde hacía mucho tiempo había surgido en su seno una derecha sindicalista que parecía alejarse del marxismo. La extrema derecha, en cuya opinión hasta el emperador alemán pactaba demasiado con sus enemigos, parecía tener menos posibilidades aún.

10 *Cfr.* pp. 311-312.

11 La injusticia necesariamente engendrada por la movilidad individual y la falta de claridad resultante de ésta es mitigada cuando una sociedad adquiere tal riqueza que es capaz de proporcionar incluso a sus miembros indispuestos con el trabajo un nivel de vida considerablemente superior al mínimo de subsistencia. En este sentido, las sociedades capitalistas más desarrolladas, y sólo ellas, se han acercado actualmente, pese a todas las desigualdades, al igualitarismo de la civilización, contrario al igualitarismo de los pueblos primitivos hacia el que se orientan sectores tan amplios de la izquierda. Respecto a la formación del concepto, véase una afirmación de Tocqueville de 1835 (*Mémoire sur le paupérisme*, según André Jardin, Alexis de Tocqueville, 1805-1859, París, 1984, p. 233).

Ciertamente estaban desarrollándose extrañas tendencias en las partes del mundo que no solían contarse, o no del todo, entre los estados civilizados parlamentarios y constitucionales. En Inglaterra prevalecía la idea de que un proceso histórico a largo plazo lograría trasladar las instituciones de la madre patria también a las partes no anglosajonas del imperio, sobre todo a la India. No obstante, en Egipto se había mostrado desde la primera mitad del siglo XIX que un gobernante absoluto, Mehmets-'Alí, podía realizar reformas modernizadoras. Además, durante la segunda mitad del siglo, una larga serie de reformas trascendentales y europeizantes —la llamada reorganización (Tanzimat)— efectuadas en Turquía no resultó en la fundación de un Parlamento, y la revolución de los Jóvenes Turcos, unos años antes de estallar la Guerra Mundial, hizo sospechar que no serían déspotas individuales, sino partidos novedosos compuestos por oficiales e intelectuales que llevarían a cabo las reformas modernizadoras necesarias para poner a países rezagados en condiciones de afirmar su independencia y sus propias posibilidades de desarrollo frente a la influencia demasiado poderosa de los estados europeos. Otra evolución diferente se manifestó en Rusia, donde el presidente del Consejo de Ministros, Stolipin, inició una revolución agraria que disolvió el colectivismo tradicional, mientras que la gran industria se desarrolló rápidamente con la cuantiosa ayuda del Estado. ¿Se llevaría a cabo en grandes partes del mundo, pues, una modernización no basada en el requisito europeo para ésta, o sea, la sociedad caracterizada por diferencias productivas, sino de tipo reaccionario a ojos de los liberales promedio, por ser consecuencia del poder indiviso?

La voz de Rosa Luxemburgo fue una voz muy solitaria, pero en medio de la aprobación casi general de la guerra volvió a expresar de manera tanto más creíble la vieja emoción básica de los ideólogos y combatientes de la igualdad y la justicia absoluta, después de la simple retórica del tiempo de la preguerra: "La confraternidad mundial de los trabajadores es para mí lo más sagrado y sublime, es mi norte, mi ideal, mi patria; prefiero dar la vida que ser infiel a este ideal."[12] Precisamente por esto a ella le parecía particularmente reprochable el hecho de que la fracción socialdemócrata hubiese postulado la "matanza de inocentes" al aprobar las represalias dirigidas contra un procedimiento de los ingleses contrario al derecho internacional público.[13] No cabe duda que también el grupo directivo de los bolcheviques, Lenin, Trotski, Zinóviev y Radek, estaba animado por sentimientos semejantes; eran auténticos ideólogos de la igualdad que pretendían limpiar el mundo de todos los males e injusticias, siguiendo las huellas de una vieja tradición. Al mismo tiempo los llenaba el entusiasmo de la próxima unidad mundial, a la que, según estaban convencidos, sólo la estupidez sería capaz de oponerse. Sin embargo, de acuerdo con las premisas iniciales del movimiento obrero rebajaban la civili-

---

[12] Ernst Meyer, *op. cit.* (nota 46, capítulo II), p. 107.
[13] *Ibid.*, p. 119.

zación de los estados cultos europeos, tachándola de capitalismo, y a fin de tomar el poder agravaron una pérdida de autoridad que sólo había resultado de los hechos de la guerra y que mostraba poca semejanza, por lo tanto, con la crítica de la autoridad que desde siempre había distinguido a la izquierda europea. De esta manera, erigieron simultáneamente en principio dicha "matanza de inocentes", al declarar culpables a clases enteras en la lucha implacable por imponerse en el poder absoluto.

Resulta igualmente llamativo el hecho de que muy pronto subrayasen con particular énfasis la palabra poder y que pretendiesen poner dicho poder al servicio del desarrollo de un país rezagado, después de frustrarse las primeras esperanzas del triunfo inminente de la revolución mundial. Por lo tanto se adjudicaron el mismo papel asumido por los Jóvenes Turcos, pero no lo entendían como camino hacia la civilización europea, sino como método para destruir esta civilización mala y rapaz. Desde el punto de vista de la tradición rusa eran más eslavófilos que occidentófilos, porque consideraban inferior cualquier objetivo que no redundase en la liberación y la salvación de todo el mundo.[14] De esta manera, los fanáticos de la justicia eran al mismo tiempo ángeles vengadores y políticos del desarrollo, al contrario de lo que según la doctrina del marxismo debían ser. Por lo tanto, la forma extrema adoptada originalmente por la más antigua de todas las religiones sociales se enlazó con la disposición a emplear incluso los recursos más extremos a fin de conservar el poder, así como con la voluntad de asumir una tarea de desarrollo que parecía implicar una renuncia: la renuncia a las diferencias productivas del sistema liberal que ni siquiera durante la guerra se había concentrado totalmente en cumplir con una sola tarea. Pese a constituir una creación tan extraña, este Estado concreto podía contar con una lealtad supranacional que movió a Clara Zetkin a hacer aquella sorprendente afirmación en 1920.[15]

¿Cuándo se había presentado un desafío semejante a los estados nacionales y civilizados de Europa, que apenas un momento antes constituían el paradigma de la evolución mundial? El hecho de que debía surgir un movimiento contrario para propagar una respuesta tenía asimismo raíces históricas; Edmund Burke experimentó ante la Revolución francesa una alarma y sentido de la superioridad semejantes a los que ante el bolchevismo y la república soviética sintieron Thomas Mann, por poco tiempo, y Adolfo Hitler, como emoción básica duradera.[16] Sin embargo, Adolfo Hitler, Alfred Rosenberg y Heinrich Himmler originalmente no eran ideólogos sino artistas, ejecutantes liberales de profesiones independientes, pequeñoburgueses inquietos y perturbados por sucesos espantosos, que buscaban respuestas y se indignaban por la debilidad de los gobiernos. La concentración de su sentir y pensar en Alemania ciertamente puso en peligro

[14] Cfr. Berdiaev, op. cit. (nota 93, capítulo IV), passim.
[15] Cfr. pp. 13-14 y 171-172.
[16] Cfr. pp. 88, 109 y ss.

la tarea más inmediata impuesta por la historia, en caso de que consistiese en superar la idea del Estado nacional y lograr la unificación europea, pero esto no era sorprendente en una época que seguía siendo la del nacionalismo. El hecho de que a pesar de ello se considerasen ciudadanos europeos tal vez no era consecuente ni una máxima inviolable, pero de esta manera se colocaron del lado de un derecho histórico que reservaba un futuro importante a esta clase supranacional. El factor decisivo fue la derivación, de dicha experiencia original y emoción básica, de la exigencia de ser tan consecuentes e implacables como el enemigo, o incluso más que éste. Sólo esto los convirtió en ideólogos y sólo por esto atacaron por perjudiciales las diferencias en que se basaba la historia de Europa hasta ese momento.

El hecho de que aquella primera perturbación no consistiera más que en el agravamiento de la pérdida de autoridad de los oficiales llamada por ellos bolchevismo fue dejado claro por Hitler y Himmler en un sinnúmero de ocasiones, y aún en 1944 Himmler se expresó en forma muy semejante a cómo lo había hecho Hermann Göring en 1933: "Los soviets de los soldados nos atropellaron A NOSOTROS, nos despedazaron la bandera A NOSOTROS y NOSOTROS tenemos que remediarlo."[17] Sin embargo, la siguiente consecuencia que Himmler sacó de ello fue negar el concepto de la sociedad no totalitaria, que mantiene separados a enemigos irreconciliables y con todo los aprovecha para su propio desarrollo;[18] es decir, adoptó el "quién-a quién" de Lenin:

> En la lucha contra el hombre inferior lo importante es evitar que esta humanidad inferior ejerza el terror. Ésta es la lección de todas las revoluciones, mejor dicho, de todas las revoluciones armadas por la humanidad inferior: el que es colocado primero contra la pared ha perdido, sin tregua ni cuartel. Ante todo estará perdida toda la burguesía, y el campesino de las zonas rurales no podrá defenderse, particularmente en el Estado moderno.[19]

Himmler evidentemente no estaba pensando sólo en la Revolución de noviembre y el bolchevismo como agravamiento de la pérdida de autoridad, sino que asimismo concebía el bolchevismo, según lo demuestra la mención del desamparo de los campesinos en el Estado moderno, como establecimiento de una autoridad nueva y mucho más fuerte. También debe haber pensado en la Unión Soviética al hacer la más reveladora de todas sus afirmaciones, con la que quiso justificar el exterminio de los judíos, ya que éste era imposible de basar en forma exclusiva sobre la experiencia de la derrota, ni siquiera sobre el recuerdo de la República Soviética de Munich: "Teníamos el derecho moral y el deber ante nuestro pueblo de matar al pueblo que nos quería matar a nosotros."[20]

[17] Himmler, *op. cit.* (nota 86, capítulo V), p. 202; véase asimismo p. 36.
[18] *Cfr.* p. 185.
[19] Himmler, *op. cit.*, p. 197.
[20] IMG, t. XXIX, p. 146.

La circunstancia correcta en que se apoyaba dicha afirmación era que el partido de los bolcheviques de hecho se había propuesto derribar a la burguesía mundial. También era cierto que la desaparición de la burguesía rusa no había quedado muy lejos del exterminio total. Resultaba fehaciente en sí y de ninguna manera infundado el hecho de que Himmler, al igual que un sinnúmero de pequeñoburgueses y obreros calificados, tendía a colocarse del lado de la burguesía mundial más que de parte de las masas trabajadoras, al contrario de lo que esperaban los bolcheviques. Debido a esta circunstancia, la época fue del fascismo y de la guerra civil europea. Sin embargo, precisamente por ello fue abandonada la superioridad inherente al sistema, que consiste en *no* copiar al adversario, conservando así la productividad de la diferencia y la posibilidad de comparar en las que se originan el progreso y también la posibilidad de criticar a éste. Si este fascismo se hubiera impuesto en todo el Occidente, probablemente se hubiera detenido por siglos la tendencia revolucionaria iniciada en una parte de Europa y que ahora estaba rebasando los límites del Occidente con un nuevo aspecto. Sin embargo, la injusticia histórica y al mismo tiempo moral más grave se encerraba en la interpretación del gran enfrentamiento entre clases y culturas como la lucha a muerte entre dos pueblos, el alemán y el judío. Sólo era cierto que a causa de condiciones y circunstancias especiales un número extraordinario de judíos, que por otra parte en su mayoría ya no se consideraban como tales, participó en la Revolución rusa. No obstante, esta misma revolución mató a un elevado número de judíos, los privó de sus derechos o los obligó a emigrar; la gran purga de Stalin no afectó a ningún otro grupo de la población con tanta dureza como a los comunistas judíos. En Occidente, la posición partidista de los judíos era tan heterogénea como la sociedad en que vivían. Al hacer responsables a los judíos de un proceso que les provocaba pánico, Hitler y Himmler llevaron el concepto de exterminio original de los bolcheviques a una nueva dimensión y superaron con la enormidad de su acto a éstos, los verdaderos ideólogos, sustituyendo el punto de partida social por uno de carácter biológico.[21]

Con certeza no resulta de entrada inconcebible que ambos regímenes hubieran podido desarrollarse cada uno de acuerdo con su propia ley, sin que existiese un nexo causal unilateral o recíproco entre ellos, y que sólo representasen fenómenos paralelos, por lo tanto. Era posible trazar entonces un prototipo ideal de régimen, que interpretara al bolchevismo, por ejemplo, como la independización y acentuación parciales de las tendencias sociales e industriales propias de los estados occidentales, como concentración exclusiva en las tareas de desarrollo resueltas por Occidente en forma subcutánea, por decirlo de alguna manera. A ello podría remitirse la expropiación, el destierro e incluso la destrucción física del sector social dominante hasta ese momento.

---

[21] Para ampliar esta exposición abreviada, *cfr.* pp. 462-463.

De la misma manera era posible crear el prototipo ideal del fascismo, que redujera la esencia del régimen a la concentración exclusiva en la tarea de la autoafirmación y recuperación del Estado después de una derrota. En ello sería posible basar las medidas drásticas contra los seguidores de potencias extranjeras, contra anarquistas y pacifistas radicales, y aquí hallarían cabida los campos de concentración, tal vez incluso los fusilamientos masivos. No obstante, estos prototipos ideales definen el régimen bolchevique sólo como dictadura subdesarrollada, y los regímenes fascistas aparecen sólo como dictaduras nacionales. Desaparecen la pretensión universal y la exaltación entusiasta del bolchevismo y también las verdaderas intenciones del fascismo radical, que eran fundar el dominio mundial alemán y destruir a los judíos, los enemigos más peligrosos de esta aspiración. Por supuesto también es posible plantear la tesis de que Hitler, sus nacionalsocialistas y los alemanes en general también hubieran marchado hasta Moscú y construido campos de exterminio de haber gobernado en Petrogrado los sucesores de Kerenski, Miliukov y Martov, pero se trataría de una afirmación infundada.

No existe ningún indicio de que fuerzas notables de la sociedad alemana, grandes partes del NSDAP inclusive, hayan pensado, antes de 1933 y aún por mucho tiempo después, en otro objetivo que restablecer las fronteras de 1914 y, en todo caso, reunificarse con Austria. Toda pasión por salvar el mundo, toda idea exaltada del Estado de la raza germana o aria, sustraído para siempre a la subversión, todo temor al ocaso de la civilización, deben considerarse ante todo como reflejo de las esperanzas más antiguas de salvar el mundo, del afán más global de borrar las fronteras y de la voluntad más radical de cambio encarnados por los ideólogos victoriosos de la igualdad en Petrogrado y Moscú. Si el espantajo dibujado por los nacionalsocialistas no nació de un espanto auténtico ni poseía, al mismo tiempo, la tendencia de convertirse en modelo a seguir y así de nueva cuenta en espantajo para los que en un principio lo habían provocado, toda la historia del periodo de la Guerra Mundial se reduce a una simple hipótesis armada por historiadores que definen lo serio como no serio, los motivos básicos como pretextos y los temores como fantasías. En diciembre de 1918, el *Vorwärts* mencionó, de manera casi comprensiva, que toda presión produce una contrapresión y que a algunas personas se les estaba ocurriendo combatir el "espartaquismo con métodos espartaquistas".[22] El autor del artículo sin duda se hubiera sorprendido mucho de haberle contestado alguien que no existía ningún nexo causal entre ambos fenómenos.

La resistencia enfrentada por una explicación tan sencilla y clara probablemente resulta de la suposición de que el término nexo causal se refiere al carácter imperativo de una relación y a la pretensión global de su explicación, de modo que a final de cuentas tal vez pudiera derivar incluso en la justificación

---

[22] Edición del 7 de diciembre de 1918.

moral de la acción vinculada por un nexo causal con otro suceso. Esta opinión
es errónea. Si en una pequeña ciudad un hombre mata a otro de un balazo y
se niega a hacer declaraciones, al principio la población hablará de un hecho
misterioso e incomprensible. Si la investigación revela que el muerto había
matado al amigo del asesino y amenazado con acabar también con éste, se está
manifestando un nexo causal que explica el hecho. Tal vez éste incluso se ha
vuelto comprensible, dependiendo de los motivos del primer asesinato y del
carácter de las amenazas. No obstante, si posteriormente resultase que el
asesino sólo suponía, con base en ciertos indicios, que aquel primer hecho fue
cometido por el asesinado, aún se contaría con un nexo causal, pero éste habría
adquirido un carácter del todo diferente. La situación sería otra vez diferente
si se llegara a probar que el muerto sólo era amigo de aquel primer asesino y
que el acto del supuesto vengador se basó en una simple sospecha. El único
caso en que la existencia de un nexo causal tendría que negarse por completo
sería si nunca ocurrió el primer asesinato, dejándose guiar el homicida por
fantasías o incluso por simple sed de sangre. Sin embargo, el acto no debe
considerarse como necesario y justificado ni siquiera en el supuesto de que la
primera de las alternativas acierte sin lugar a dudas, porque hay otras muchas
personas que en una situación semejante no recurren a la defensa propia, sino
que acuden a los tribunales.

   Resulta fácil aplicar este ejemplo a la relación entre el archipiélago Gulag,
la orden contra los comisarios y Auschwitz, a pesar de que entre estados sólo
una comunidad de naciones pudiera fungir como tribunal y pese a que no
existen delincuentes colectivos a los que se pueda castigar o en los que sea
posible vengarse por medio de una atribución colectivista de culpa. No tiene
justificación moral ni siquiera una mentira, mucho menos un asesinato o una
matanza. Sin embargo, quien sólo condena moralmente una mentira y un
asesinato, pasando por alto en silencio la otra mentira y el otro asesinato, está
actuando de manera marcadamente inmoral. Quien erige en premisa exclusiva
lo que en este libro aparece como resultado del análisis y niega su nexo causal
con sucesos anteriores, aunque sea posible descubrirlo incluso mediante
investigaciones sumamente sencillas, atenta contra el deber más elemental no
sólo de los historiadores, sino de todas las personas pensantes.

   La intensidad de la resistencia provocada por la tesis de que el archipiélago Gulag fue anterior a Auschwitz y de que entre ambos existía un nexo
causal sólo puede explicarse por motivos políticos, en última instancia, que
dan pie a insinuaciones políticas. Suele creerse que esta tesis y su prueba
perturban la coexistencia deseable entre las potencias mundiales e impiden
la evolución hacia la convivencia pacífica de la humanidad, cuya multiplicación ha alcanzado números y una fuerza peligrosos en un planeta demasiado
pequeño. No obstante, la verdadera amenaza contra dicha evolución deseable consiste en afirmar que en el mundo sólo existen dos bandos y que sólo

uno de ellos es capaz de vivir en paz y está dispuesto a ello, mientras que el otro, el mal del mundo, busca agudizar todos los conflictos y aspira, a final de cuentas, al dominio mundial. Esta posición es sostenida por ambas superpotencias, y también en el sentido autocrítico incluso del lado soviético.[23] En ninguno de los dos casos carece de fundamento: la susceptibilidad a las crisis de un sistema económico de carácter individualista y descentralizado, pese a todas sus grandes empresas, promueve los conflictos tanto en el interior como hacia el exterior; la pretensión de legitimidad única enarbolada por un sistema ideológico fácilmente puede suscitar la catástrofe algún día.

No obstante, la creciente comprensión de verdades sencillas se opone a esos hechos y tendencias: no existe ningún mal mundial del que se pudiera curar el mundo; el socialismo real es un concepto límite al que ninguna realidad podrá hacer justicia jamás; entre los polos de la economía pura del Estado y el capitalismo de la escuela de Manchester, o sea la economía privada, sin barreras, existen numerosos matices entre los que una y otra vez debe restablecerse el equilibrio; los estados y las culturas constantemente van perdiendo autarquía, pero no están destinados a fundirse en una humanidad pura que hable esperanto; el naciente sistema global probablemente poseerá en conjunto el carácter del "sistema liberal" y diferencias productivas. En resumen. el mundo debe alejarse cada vez más de la "época del fascismo", la época de los enfrentamientos ideológicos más duros que estallaron primero en la guerra civil europea y finalmente en la segunda Guerra Mundial. Sólo puede alejarse de ella porque la Unión Soviética, pese al archipiélago Gulag, intrínsecamente estuvo siempre más cerca del mundo occidental que el nacionalsocialismo y Auschwitz, motivo por el cual su "reunificación con Europa"[24] no es de entrada imposible. No obstante, la Unión Soviética sólo logrará cierta distancia al reflexionar de manera seria y autocrítica sobre sí misma y renunciar a la perpetuación de la propaganda de guerra. Mientras sólo se den débiles indicios de tal evolución, las reflexiones tendrán que realizarse fuera de ella. La amable sonrisa de los estadistas puede ser una estratagema; y el entusiasmo de muchos intelectuales occidentales frente a una voluntad de reforma aún muy frágil y poco clara, revelarse como otra forma de fascinación o corrupción por el poder. Sólo se habrá dado una prueba segura del comienzo de una auténtica coexistencia cuando esté permitido leer y discutir libremente en la Unión Soviética un libro como el *Archipiélago Gulag* de Alexander Solzhenitsin o investigaciones científicas que no deban su existencia a propósitos didácticos populares, sino a la búsqueda de la verdad.[25]

---

[23] *Cfr.* Piotr Grigorenko, *Erinnerungen*, Munich, 1981, pp. 551-552.

[24] *Cfr.* pp. 127-128.

[25] Como se sabe, de acuerdo con Hegel la verdad es *el todo*. Los estudios científicos basados en un planteamiento demasiado limitado y que se dejan regir sólo por puntos de vista convencio-

No es imposible que entonces surja una forma más hermosa de libertad en el este de Europa de la que existe en Occidente, en caso de que éste siga sin derivar del recuerdo de los últimos grandes enfrentamientos ideológicos de su historia, la época del fascismo y la Guerra Fría, más que leyendas, por un lado, y consumismo, por el otro.

nales se mueven en el área de lo correcto, no de la verdad. Sin embargo, puesto que no existen los planteamientos ilimitados, nunca es posible trazar el límite con seguridad. Por otra parte, lo que no choca con nadie rara vez pertenece al terreno de la verdad.

# ABREVIATURAS

ADAP    Akten zur deutschen Auswärtigen Politik (Actas de la Política Exterior Alemana), Series C y D, Baden-Baden. Gotinga, 1950 y ss.

BA    Bundesarchiv Koblenz (Archivo Federal, Coblenza).

DBFP    Documents on British Foreign Policy (Documentos de la Política Exterior Inglesa), Londres, 1947 y ss.

IMG    Juicio llevado contra los principales criminales de guerra ante el Tribunal Militar Internacional. Nuremberg, 14 de noviembre de 1945-1 de octubre de 1946. Nuremberg, 1947-1949, 42 vols.

Inst. f. Zg. Archiv    Archiv des Instituts für Zeitgeschichte in München (Archivo del Instituto de Historia Contemporánea en Munich).

Lenin *AW*    W. I. Lenin, *Ausgewählte Werke in zwei Bänden* (Obras selectas en dos volúmenes), Berlín, 1955.

Lenin *Werke*    W. I. Lenin, *Werke* (Obras), Berlín, 1966-1973, 40 vols. y 2 tomos suplementarios.

MK    Adolfo Hitler, *Mein Kampf* (Mi lucha), edición núm. 73, Munich, 1933.

IWK    Internationale Wissenschaftliche Korrespondenz zur Geschichte der deutschen Arbeiterbewegung (Correspondencia científica internacional sobre la historia del movimiento obrero alemán).

GStA    Preussisches Geheimes Staatsarchiv (Archivo Secreto del Estado Prusiano), Berlín.

MEW    Marx-Engels, *Werke* (Obras), Berlín, 1956 y ss., 41 vols.

Pol. Archiv AA    Politisches Archiv des Auswärtigen Amtes (Archivo Político de la Cancillería de Relaciones Exteriores), Bonn.

Schulthess    Schulthess' Europäischer Geschichtskalender (Calendario Schulthess de la historia europea).

RF    *Rote Fahne.**

Stalin Werke    J. W. Stalin, *Werke* (Obras), Berlín, 1951-1955, 13 vols.

UuF    *Ursachen und Folgen. Vom deutschen Zusammenbruch 1918 und 1945 bis zur staatlichen Neuordnung Deutschlands in der Gegenwart*, editado por Herbert Michaelis y Ernst Schraepler, Berlín, 1958 y ss., 23 vols. (hasta 1945).

VB    *Völkischer Beobachter.*

Vjh. f. Ztg.    *Vierteljahrshefte für Zeitgeschichte* (Cuadernos trimestrales de historia contemporánea).

* Periódico diario publicado por el Partido Comunista Alemán durante el periodo de la República de Weimar. [N.T.]

# ÍNDICE ANALÍTICO

# ÍNDICE ONOMÁSTICO

# ÍNDICE GENERAL

Este libro se terminó de imprimir y encuadernar
en el mes de mayo de 1996 en Impresora y En-
cuadernadora Progreso, S. A. de C. V. (IEPSA),
Calz. de San Lorenzo, 244; 09830 México, D. F.
Se tiraron 3 000 ejemplares.